擊蒙要訣
격 몽 요 결

-어리석음을 깨우쳐주는 비결-

■ 後外 金 榮 煥

서울 생
한학 수학
명지대학교 인문대학 사학과(문학사)
국립대만대학교 역사학대학원(문학석사)
동 역사학대학원(문학박사)
남서울대학교 중국학과 교수(정년퇴직)
(현)한국한문교사중앙연수원 훈장반 교수
(현)서울시민 대상 무료 고전강좌 진행 중

저서는 『5胡16國時期 諸種族과 政權 연구』 상·하, 도서출판 온샘, 2021 외 10권, 역서는 『누구나 쉽게 이해할 수 있는 史記』, 경인문화사, 2013 외 7권, 논문은 「5胡16國時期 後趙의 衰亡 연구」, 『中國學報』 제93집, 2020 외 42편이 있다.

『擊蒙要訣』 - 어리석음을 깨우쳐주는 비결

초판 인쇄 2025년 5월 02일
초판 발행 2025년 5월 15일

저 자 김영환
펴낸이 신학태
펴낸곳 도서출판 온샘

등 록 제2018-000042호
주 소 서울시 용산구 한강대로62다길 30, 204호
전 화 (02) 6338-1608 팩스 (02) 6455-1601
이메일 book1608@naver.com

ISBN 979-11-92062-49-5 93190
값 55,000원

擊蒙要訣
격 몽 요 결

-어리석음을 깨우쳐주는 비결-

김 영 환

도서출판 온샘

서 문

栗谷 李珥의 저서《擊蒙要訣》에 표점, 음역, 주석, 국역, 해설을 보충하여《擊蒙要訣(격몽요결)》- 어리석음을 깨우쳐주는 비결 - 이라는 서명으로 출판하게 된 것은 아래의 몇 가지 계기가 있다.

첫째, 젊은 세대에서 우리 한문 고전의 중요성을 간과하고 있다는 점이다. 우리 한문 고전에 대한 올바른 이해를 위해서는 한자 한문 학습은 필수불가결한 일이다. 이 책은 전통적인 한문 고전 중에서 비교적 초학자들이 쉽게 학습하고 한자 한문 실력 증진에 크게 도움을 줄 수 있다. 또 인성과 예절 함양은 물론 일상생활에서도 곧바로 응용할 수 있는 내용이 풍부한 교재라고 생각되어 새로운 형식과 내용을 추가하여 출판하게 되었다.

둘째, 기존에 출판된 다수의《擊蒙要訣》국역본을 읽고 실망한 점이 몇 가지가 있다. 하나는 올바른 국역을 위해서는 원문에 정확한 표점부호가 선행되어야 한다. 정확한 표점부호가 없으면 내용 파악이 어렵고 국역도 올바르게 나올 수 없다. 다음은 대부분의 국역본은 상세한 주석이 없다는 점이다. 각 한자에 대하여 권위 있는 사전과 자전에 근거하여 올바른 주석과 의미를 도출해야 국역이 올바르게 나올 수 있음은 주지의 사실이다. 이러한 작업이 선행되지 않고 적당히 번역한 사례가 헤아릴 수없이 많았다. 그러다보니 국역한 내용을 읽어도 이해가 안 되는 부분이 너무도 많은 것에 놀라움을 금할 수 없었다. 이와 같은 문제점에 착안하여 올바른 표점부호와 상세한 주석 및 고등학생 정도의 문해력을 가진 학생이라면 쉽게 이해할 수 있는 국역본이 절실히 필요하다고 생각되었다.

셋째, 기존에 출판된 고전 번역서는 번역본을 번역한 重譯本의 만연과 역자에 따라 체제가 통일성이 없어 독자들로 하여금 많은 혼란을 주고 있다. 차제에 독자의 가독성을 증진시키기 위함은 물론 향후 한문 고전의 역주 작업에 대하여 최소한의 형식(원문, 표점, 음역, 주석, 국역, 해설)을 갖춰서 출판할 것을 널리 주장하기 위함이다.

넷째, 필자의 개인적인 이유이다. 필자는 어려서부터 家學을 학습하였다(幼承家學). 특히 松汀, 恕庵, 知止齋 ...... 靑山, 蘭谷으로 계승되어온 직계 선조들의 학문도 모두 율곡 선생의 학문을 계승하고 발전시키는데 일익을 담당하였다는 사실을 들어서 알고 있었다. 이에 후손이 율곡 선생의 저서인 《擊蒙要訣》을 바르게 해석하여 널리 전파하는 것도 큰 의미가 있으리라 생각되어 시작하였다.

이 책은 율곡 선생이 저술한 직후부터 조선시대 한자 한문을 공부하는 초학자는 물론 사대부 집안에서 자제들의 덕행과 지식의 함양을 위하여 반드시 읽어야 할 책으로 널리 유포되었다. 당시 초등과정의 교재로 《千字文》, 《訓蒙字會》, 《四字小學》, 《小學》, 《童蒙先習》, 《明心寶鑑》 등을 학습하고, 다음 단계로 《擊蒙要訣》로 이어져 교재로 널리 읽혀졌다. 仁祖 시기에는 전국의 鄕校 등 공공 교육기관에 이 책을 배포하여 교재로 삼게 하였다. 또 수백 년이 지난 현재도 초학자들의 한자 한문 학습은 물론 젊은이들의 인성과 예절 함양에 있어서 필독서의 위치를 차지하고 있는 귀중한 한문 고전이다.

이 책은 〈序文〉 이외에 〈立志〉, 〈革舊習〉, 〈持身〉, 〈讀書〉, 〈事親〉, 〈喪制〉, 〈祭禮〉, 〈居家〉, 〈接人〉, 〈處世〉 등 10장으로 구성되어 있다. 각 장절의 간략한 소개는 아래와 같다. 〈서문〉에서는 사람은 공부를 해야 하고 공부라는 것은 일상적인 행동에서 합당하게 행동하는 것이다. 합당하게 행동하기 위해서는 이치를 추구하여 도리에 맞게 행동할 방법을 알아야 한다고 강조하였다. 제1장 〈입지〉에서는 처음 공부를 하려는 학생은 반드시 어떻게 공부할 것인지 뜻을 세워서 스스로 성인이 되기를 추구할 것을 강조하였다. 제2장 〈혁구습〉에서는 공부하는 사람이 학문에 뜻을 두어도 성취하지 못하는 원인으로 8가지 낡은 습성을 타파하지 못했기 때문임을 강조하였다. 제3장 〈지신〉에서는 공부하는 사람은 세속의 저속한 일로 자신의 뜻을 어지럽히지 말고, 반드시 9容과 9思로써 스스로를 단속할 것을 강조하였다. 제4장 〈독서〉에서는 공부하는 사람은 먼저 이치를 추구하고, 이치를 추구하기 위해서는 순서에 맞게 독서를(《小學》, 《大學》, 《或問》, 《論語》, 《孟子》, 《中庸》, 《詩經》, 《禮經》, 《書經》, 《周易》, 《春秋》, 《近思錄》, 《家禮》, 《二程全書》, 《朱子大全》, 《朱子語類》와 성리학설 서적) 해야 한다. 독서하는 방법은 1권을 철저히 이해한 다음에 다른 책을 볼 것을 강조하였다. 제5장 〈사친〉에서는 어버이를 섬기는 효도의 당위성을 설명하고 잠시라도 효를 잊지 말 것을 강조하였다. 제6장 〈상제〉에서는 상례는 어버이를 섬기는데 있어 가장 큰 예절이므로 반드시 朱熹의 《家禮》에 따라서 상례를 치를 것을 강조하였다. 제7장 〈제례〉에서는 제례는 자손 된 사람이 정성을 다해서 할 일이고, 반드시 《가례》에 의해서 사당을 세우고 조상의 신주를 모시며, 祭田을 두고 제기를 갖출 것과 사당에 대한 예의 등을 지킬 것을 주장하였다. 제8장 〈거가〉에서는 집안의 살림살이, 冠婚禮, 형제, 부부, 하인관리, 자식교육, 금품수수 등 일상생활에서 마땅히 예법에 따라서 다스릴 것을 강조하였다. 제9장 〈접인〉에서는 언제나 온순하고 공경하며 사랑하고 아껴주는 태도로, 남에게 은혜를 베풀고 타인을 잘되게 해주려는 마음으로 인간관계를 유지할 것을 강조하였다. 제10장 〈처세〉에서는 벼슬을 하고 또 벼슬을 잃지 않으려고 애쓰는 것보다 처음 공부할 때에 가졌던 초심을 잃지 말 것을 강조하였다.

끝으로 《擊蒙要訣(격몽요결)》 – 어리석음을 깨우쳐주는 비결 – 의 특징을 귀납해서 정리하면 첫째, 원문의 이해를 돕기 위하여 中文에 사용되는 표점부호를 넣었다. 둘째, 원문을 각 장절별로 구분하였고, 장절에서는 중복되는 글자 이외에 모든 글자에 대해서 상세한 주석을 첨가하였다. 셋째, 각 글자(1자)는 바른 의미와 해당 글자가 포함된 4자성어를 2개씩 추가하였다. 넷째, 각 단어(2자, 3자, 4자)는 바른 의미와 해당 단어의 동의어, 4字詞語, 동일한 의미의 최초 출전과 원문 일부를 보충하였다. 다섯째, 해설은 율곡 선생이 인용한 문장의 출처, 韓中 양국에서 의미상 달리 쓰이는 글자와 단어의 해석, 기타 심화 학습이 필요한 용어는 상세한 해설을 추가하여 깊이 있는 지식을 학습하게 하였다. 여섯째, 부록으로 원문을 첨부하여 초학자부터 상급자까지 단계적으로 학습효과를 극대화시킬 수 있게 하였다.

바라건대 많은 사람들이 이 책을 읽고 어리석음을 깨우쳐서 새로운 사람으로 거듭나서 행복해지고, 초학자들은 한자와 한문을 익혀서 우리 고전 학습에 장애를 제거하고 문화 창달을 이루는데 한 구석이나마 밝히는 촛불이 되었으면 하는 심정이다.

2024. 12. 31.

後外 金 榮 煥 謹識

범 례

1. 이 책은 《栗谷先生全書》 卷之二十七에 수록된 《擊蒙要訣》 〈序〉와 제1장 〈立志章〉부터 10장 〈處世章〉까지를 臺本으로 하고, 본서 후면에 原文을 첨부하였다. 《栗谷先生全書》 卷之二十七에 수록된 《擊蒙要訣》 原文은 한국학중앙연구원 디지털장서각에서 다운 받아서 사용했다.
2. 이 책은 한문 초급자부터 상급자까지 두루 학습할 수 있는 3단계 체제로 구성되었다.
   1) 초급자는 원문, 음역, 국역을 중심으로 학습한다.
   2) 중급자는 초급자 학습범위 이외에 주석과 해설 부분을 집중적으로 학습한다.
   3) 상급자는 후면에 첨부한 原文을 보면서 스스로 심화 학습한다.
3. 본서의 배열순서는 원문, 음역, 주석, 국역, 해설의 5개 부분으로 구성하였다.
4. 원문 부분에서는..
   1) 장과 절 및 항(일부분)(예 : 1-1, 일부분은 1-1-1)의 형식으로 구분하였다.
   2) 中文 표점부호(句號。逗號, 問號? 感嘆號! 頓號、分號., 冒號.. 등)를 첨가하였다.
5. 음역 부분에서는..
   1) 두음법칙(ㄴ, ㄹ, 한자어, 고유어 등)을 적용하였다.
   2) 한국어 문장부호(마침표. 쉼표, 물음표? 느낌표! 따옴표 “ ” 쌍점.. 쌍반점., 등)를 사용하였다.(국역 부분도 동일)
6. 주석 부분에서는..
   1) 본서의 전체 문장을 글자(1자), 단어(2자, 3자, 4자), 4字成語(4자)로 분류하였고, 각 장절마다 중복된 글자 이외에는 모두 주석을 첨가하였다.
   2) 각 글자(1자)는 바른 의미와 해당 글자가 포함된 4자성어를 2개씩 추가하였다.
   3) 각 단어(2자, 3자, 4자)는 바른 의미와 해당 단어의 동의어, 4字詞語, 동일한 의미의 최초 출전과 원문 일부를 보충하였다.

4) 출전을 인용할 때는 비교적 잘 알려진 文獻은 저자를 생략하였고, 그 외에는 저자(시대)의 형식-(예)杜甫(唐)으로 서술하였다.

5) 올바른 주석을 위하여 참고한 중요 사전은 아래와 같다.

· 한국: 단국대학교 동양학연구소,《漢韓大辭典》, 서울, 단국대학교, 2008.

· 중국: 徐中舒(主編),《汉语大字典》, 成都, 四川辞书出版社, 1990.

· 대만: 中文大辭典編纂委員會,《中文大辭典》, 臺北, 文化大學出版部, 1993.

· 일본: 諸橋轍次,《大漢和辭典》, 東京, 大修館書店, 2000.

7. 국역 부분에서는..

1) 주석에 입각하여 고등학생 정도의 문해력을 가진 학생이라면 쉽게 이해할 수 있도록 평이하게 국역하였다.

2) 국역 부분에서는 가능한 한자 사용을 지양하였다.

8. 해설 부분에서는..

1) 율곡 선생이 인용한 문장은 출전과 국역을 추가하였다.

2) 해당 장절에서 비교적 어려운 내용을 선정하여 상세하게 서술하였다.

3) 중국과 한국에서 서로 다른 의미로 사용되는 글자, 단어, 4자성어를 선정하여 상세하게 서술하였다.

4) 그 외에 해설이 필요하다고 생각되는 부분을 선정하여 상세하게 서술하였다.

9. 기타 몇몇 왕조 명칭은 혼란을 방지하기 위하여 夏, 商, 西周, 春秋, 戰國, 西漢, 東漢, 蜀漢, 曹魏, 孫吳, 西晉, 東晉, 南朝(南朝,宋 ; 南朝,齊 등의 형식으로 기록), 北宋, 南宋 등으로 통일하였다.

10. 숫자는 아라비아 숫자로 표기하고, 년도 표기는 괄호 안에 숫자만 기록하였다(123-456).

차 례

머리말

人生斯世, 非學問, 無以爲人。所謂學問者, 亦非異常別件物事也。只是爲父當慈, 爲子當孝, 爲臣當忠, 爲夫婦當別, 爲兄弟當友, 爲少者當敬長, 爲朋友當有信。皆於日用動靜之間, 隨事各得其當而已, 非馳心玄妙、希覬、奇效者也。

但不學之人, 心地茅塞, 識見茫昧。故必須讀書窮理, 以明當行之路, 然後造詣得正, 而踐履得中矣。今人不知學問在於日用, 而妄意高遠難行。故推與別人, 自安暴棄, 豈不可哀也哉!

余定居海山之陽, 有一二學徒相從問學, 余慙無以爲師。而且恐初學不知向方, 且無堅固之志, 而泛泛請益, 則彼此無補, 反貽人譏。故略書一冊子, 粗敍立心、飭躬、奉親、接物之方, 名曰擊蒙要訣。欲使學徒觀此, 洗心立脚, 當日下功, 而余亦久患因循, 欲以自警省焉。

丁丑季冬, 德水李珥 書。

【序1-1원문】

人生斯世, 非學問, 無以爲人。所謂學問者, 亦非異常別件物事也。只是爲父當慈, 爲子當孝, 爲臣當忠, 爲夫婦當別, 爲兄弟當友, 爲少者當敬長, 爲朋友當有信。皆於日用動靜之間, 隨事各得其當而已, 非馳心玄妙、希覬、奇效者也。

【序1-1음역】

인생사세, 비학문, 무이위인. 소위학문자, 역비이상별건물사야. 지시위부당자, 위자당효, 위신당충, 위부부당별, 위형제당우, 위소자당경장, 위붕우당유신. 개어일용동정지간, 수사각득기당이이, 비치심현묘、희기、기효자야.

【序1-1주석】

1) 人(인)-사람. 관련 4자성어는 助人爲樂, 目中無人 등이 있다.
2) 生(생)-태어나다. 관련 4자성어는 同生共死, 自力更生 등이 있다.
3) 斯(사)-이, 이것. 관련 4자성어는 逝者如斯, 斯文掃地 등이 있다.
4) 世(세)-세상. 관련 4자성어는 世世代代, 太平盛世 등이 있다. 본문의「人生斯世」는 人生於斯世의 생략이다. 즉 사람이 이 세상에 태어나서의 의미이다.
5) 非(비)-아니면, 하지 않으면. 非는 주로 명사나 명사구, 또는 절 앞에 위치하면서 그 명사를 부정하는 구실을 한다. 不, 否, 無, 沒有, 違背 등과 유사한 의미이다. 관련 4자성어는 口是心非, 是非曲直 등이 있다.
6) 學問(학문)-공부, 학문, 학습, 지식 습득, 학습하고 질문하다. 동일한 의미의 최초 출전은《荀子》〈勸學〉「不聞先王之遺言, 不知學問之大也」에 보인다.
7) 無以(무이)-없다. 沒有와 동일하다. 동일한 의미의 최초 출전은《史記》〈魯周公世家〉「我之所以弗辟而攝行政者, 恐天下畔周, 無以告我先王太王、王季、文王」에 보인다.

8) 爲人(위인)-사람 된 자, 사람 구실(노릇)하다. 동일한 의미의 최초 출전은 王符(東漢), 《潛夫論》〈卜列〉「夫人之所以爲人者, 非以此八尺之身也, 乃以其有精神也」에 보인다.
9) 所謂(소위)-이른 바. 동일한 의미의 최초 출전은《詩經》〈蒹葭〉「所謂伊人, 在水一方」에 보인다.
10) 者(자)-~라는 것. 관련 4자성어는 逝者如斯, 來者不拒 등이 있다.
11) 亦非(역비)-또한 ~이 아니다. 也不是와 동일하다. 본문에서 亦非와 아래 문장의 只是를 연결하면 또한 ~이 아니고 단지 ~이다의 의미이다. 동일한 의미의 최초 출전은《莊子》〈秋水〉「子非魚, 亦非我」에 보인다.
12) 異常(이상)-이상한, 보통과 다른. 동일한 의미의 최초 출전은《後漢書》〈皇后紀上〉「異常之事, 非國休福」에 보인다.
13) 別件(별건)-별도의. 件別과 동일하다. 동일한 의미의 최초 출전은《新唐書》〈段秀實傳〉「十三年來朝, 對蓬萊殿, 代宗問所以安邊者, 畵地以對, 件別條陳」에 보인다.
14) 物事(물사)-물건. 事物과 동일하다. 동일한 의미의 최초 출전은 朱熹(南宋), 《朱子語類》 卷六五「既成箇物事, 便自然如此齊整」에 보인다.
15) 也(야)-조사로 문장 중간에 혹은 문장 끝에 사용한다. 관련 4자성어는 空空如也, 未嘗有也 등이 있다.
16) 只(지)-부사로 오직, 다만, 단지, ~일 뿐이다. 不過와 동일하다. 惟나 但과 같이 바로 뒤에 오는 명사를 한정한다. 관련 4자성어는 只言片語, 只字不提 등이 있다.
17) 是(시)-~이다, 이것. 관련 4자성어는 口是心非, 是非曲直 등이 있다. 본문의「只是」는 단지 ~이다의 의미이다.
18) 爲(위)-~이 되다, 하다, 만들다. 做, 作, 干, 搞 등과 동일하다. 관련 4자성어는 助人爲樂, 一言爲定 등이 있다.
19) 父(부)-부친. 관련 4자성어는 父慈子孝, 父債子還 등이 있다. 본문의「爲父」는 爲親과 동일하다. 즉 부모 된 자는, 부모라면의 의미이다.

20) 當(당)-마땅히. 관련 4자성어는 老當益壯, 以一當十 등이 있다.

21) 慈(자)-자애롭다. 관련 4자성어는 父慈子孝, 大慈大悲 등이 있다.

22) 爲子-자식 된 자는, 자식이라면. 동일한 의미의 최초 출전은 文天祥(南宋), 〈沁園春·題潮陽張許二公廟〉「爲子死孝, 爲臣死忠, 死又何妨」에 보인다.

23) 孝(효)-효도하다. 관련 4자성어는 孝悌忠信, 移孝作忠 등이 있다.

24) 爲臣-신하 된 자는, 신하라면. 동일한 의미의 최초 출전은《孟子》〈公孫丑下〉「蚳鼃諫於王而不用, 致爲臣而去」趙岐(東漢) 注 ..「三諫不用, 致仕而去」에 보인다.

25) 忠(충)-충성하다. 관련 4자성어는 忠心耿耿, 盡忠報國 등이 있다.

26) 爲夫婦-부부된 자는, 부부라면. 동일한 의미의 최초 출전은 班昭(東漢), 《女誡》「夫爲夫婦者, 義以和親, 恩以好合, 楚撻既行, 何義之存」에 보인다.

27) 別(별)-남녀를 분별하여 각자에게 적합한 역할과 예절을 따라야 한다. 관련 4자성어는 男女有別, 別來無恙 등이 있다.

28) 爲兄弟-형제 된 자는, 형제라면. 동일한 의미의 최초 출전은 蘇軾(北宋), 〈獄中寄子由二首〉「與君世世爲兄弟, 更結來生未了因」에 보인다.

29) 友(우)-친구, 우애롭다. 관련 4자성어는 良師益友, 以文會友 등이 있다.

30) 爲少者-나이 어린 자는, 나이 어리면. 爲人少者와 동일하다. 동일한 의미의 최초 출전은《禮記》〈冠義〉「責成人禮焉者, 將責爲人子、爲人弟、爲人臣、爲人少者之禮行焉」에 보인다.

31) 敬長(경장)-윗사람을 공경하다. 尊敬兄長의 생략이다. 동일한 의미의 최초 출전은《孟子》〈盡心上〉「人之所不學而能者, 其良能也., 所不慮而知者, 其良知也。孩提之童, 無不知愛其亲者., 及其長也, 無不知敬其兄也。親親, 仁也., 敬長, 義也」에 보인다.

32) 爲朋友-친구 된 자는, 친구라면.

33) 有(유)-있다. 동사이고 無, 沒과 반대이다. 관련 4자성어는 有始無終, 一無所有 등이 있다.

34) 信(신)-신의(믿음). 관련 4자성어는 半信半疑, 善男信女 등이 있다.

35) 皆(개)-모두. 관련 4자성어는 人人皆知, 有口皆碑 등이 있다.

36) 於(어)-어조사이고, ~에, ~에서, ~보다, ~를, ~에게, ~에 대해서, 이에 있어서 등의 의미로 사용되고 于와 동일하다. 관련 4자성어는 靑出於藍, 耿耿於懷 등이 있다.

37) 日用(일용)-일상생활, 일상생활 중에. 日用之閑과 동일하고, 日用動靜之間의 생략이다. 동일한 의미의 최초 출전은 朱熹(南宋), 〈答林擇之書〉 之一「今方欲與朋友說, 日用之閑, 常切点檢氣習偏處, 意欲萌處」에 보인다.

38) 動靜(동정)-행동거지, 움직이거나 쉴 때. 동일한 의미의 최초 출전은《易經》〈艮卦〉「時止則止, 時行則行。動靜不失其時, 其道光明」에 보인다.

39) 之(지)-~의. 관련 4자성어는 君子之交, 莫逆之友 등이 있다.

40) 間(간)-~사이, ~동안, ~속에서. 관련 4자성어는 伯仲之間, 頃刻之間 등이 있다.

41) 隨事(수사)-맡은바 역할(인간관계)에 따라서. 동일한 의미의 최초 출전은《後漢書》〈百官志二〉「(太常丞)一人, 比千石」 本注 曰 ..「掌凡行禮及祭祀小事, 總署曹事。其署曹掾史, 隨事爲員, 諸卿皆然」에 보인다.

42) 各得其當(각득기당)-각각 그에 맞는 합당한 안배를 얻다. 4자성어이고 各得其所, 各得其宜 등과 동일하다. 동일한 의미의 최초 출전은《周易》〈繫辭下〉「日中爲市, 致天下之民, 聚天下之貨, 交易而退, 各得其所」에 보인다.

43) 而已(이이)-~일 뿐이다, ~일 따름이다. 동일한 의미의 최초 출전은《論語》〈里仁〉「夫子之道, 忠恕而已矣」에 보인다.

44) 馳心(치심)-관심을 두다. 동일한 의미의 최초 출전은 曹植(曹魏), 〈上責躬應詔詩表〉「至止之日, 馳心輦轂」에 보인다.

45) 玄妙(현묘)-오묘한 도리. 본문의 「馳心玄妙」는 馳心於玄妙의 생략이다. 즉 오묘한 도리에 관심을 두다. 동일한 의미의 최초 출전은《呂氏春秋》〈勿躬〉「精通乎鬼神, 深微玄妙, 而莫見其形」에 보인다.

46) 希覬(희기)-헛된 생각. 妄想과 동일하다. 동일한 의미의 최초 출전은《晉書》〈劉曜載記〉「安敢欲希覬非分!」에 보인다.

47) 奇效(기효)-특효, 특별한 효과. 동일한 의미의 최초 출전은 馬之純(南宋), 〈白鷺亭和人韵〉「何必搜奇效康樂, 正應得句似玄晖」에 보인다.

【序1-1국역】

사람이 이 세상에 태어나서 공부하지 않으면 사람 노릇을 할 수 없다. 이른바 공부라는 것은 또한 이상하고 별도의 물건이 아니다. 단지 부모 된 자는 마땅히 자애로워야 하고, 자식 된 자는 마땅히 효성스러워야 하며, 신하 된 자는 마땅히 충성스러워야 하고, 부부 된 자는 마땅히 남녀를 분별하여 각자에게 적합한 역할과 예절을 따라야 하며, 형제 된 자는 마땅히 우애로워야 하고, 나이어린 자는 마땅히 윗사람을 공경해야 하며, 친구 된 자는 마땅히 믿음이 있어야 하는 것이다. 이상의 것들은 모두 일상생활과 행동거지 속에서 맡은바 역할에 따라서 각각 그에 맞는 합당한 안배를 얻을 뿐이지, 오묘한 도리나 헛된 생각 및 특별한 효과 등에 관심을 두는 것이 아니다.

【序1-1解說】

*본문의「爲父當慈, 爲子當孝, 爲臣當忠, 爲夫婦當別, 爲兄弟當友, 爲少者當敬長, 爲朋友當有信」과 관련하여《孟子》〈滕文公上〉「教以人倫 .. 父子有親, 君臣有義, 夫婦有別, 長幼有序, 朋友有信」의 5倫을 5常, 5行과 연계하여 도표로 작성하였으니 참고할 것.

5倫	5倫 상세 풀이					5常	5行
君臣有義	義	忠	禮義之道	君義臣忠	君禮遇, 臣忠職	義	金
父子有親	親	孝	尊卑之序	父慈子孝	父慈祥, 子孝順	仁	木
夫婦有別	別	忍	內外之別	平等相愛	夫主外, 婦主內	智	水
長幼有序 (兄弟有恭)	序(恭)	悌	骨肉之親	禮義相悌(恭)	長顧愛, 幼必敬 (兄顧悌, 弟必敬)	禮	火
朋友有信	信	善	誠信之德	肝膽相交	朋以誠, 友以信	信	土

【序1-2원문】

但不學之人, 心地茅塞, 識見茫昧。故必須讀書窮理, 以明當行之路, 然後造詣得正, 而踐履得中矣。今人不知學問在於日用, 而妄意高遠難行。故推與別人, 自安暴棄, 豈不可哀也哉!

【序1-2음역】

단불학지인, 심지모색, 식견망매. 고필수독서궁리, 이명당행지로, 연후조예득정, 이천리득중의. 금인부지학문재어일용, 이망의고원난행. 고추여별인, 자안포기, 기불가애야재!

【序1-2주석】

1) 但(단)-다만, 단지, 대부분은 그러나에 해당하는 역접형 접속사로 쓰인다. 관련 4자성어는 但願如此, 但求無過 등이 있다.
2) 不學(불학)-배우지 않다. 동일한 의미의 최초 출전은《論語》〈季氏〉「不學詩, 無以言」에 보인다.
3) 之(지)-~의. 관련 4자성어는 君子之交, 莫逆之友 등이 있다.
4) 人(인)-사람. 관련 4자성어는 助人爲樂, 目中無人 등이 있다. 본문의「不學之人」은 배우지 않는 사람, 학문하지 않는 사람. 즉 人不學(사람이 배우지 않으면)과 동일한 의미이다. 이에 대한 동일한 의미의 최초 출전은 王應麟(南宋),《三字經》「人不學, 不知義」에 보인다.
5) 心地(심지)-마음, 심정, 마음씀씀이. 동일한 의미의 최초 출전은 杜甫(唐),〈謁文公上方〉「願問第一義, 回向心地初」에 보인다.
6) 茅塞(모색)-어리석다, 우둔하다. 동일한 의미의 최초 출전은《孟子》〈盡心下〉「山徑之蹊間, 介然用之而成路., 爲閑不用, 則茅塞之矣。今茅塞子之心矣 !」에 보인다.
7) 識見(식견)-견해, 아는 것. 동일한 의미의 최초 출전은 劉義慶(南朝,宋),《世說新語》〈棲逸〉「郗尙書與謝居士善。常稱謝慶緖識見雖不絶人, 可以累

心處都盡」에 보인다.

8) 茫昧(망매)-모호하여 분명하지 않음. 模糊不淸과 동일하다. 동일한 의미의 최초 출전은 班固(西漢), 〈漢武故事〉「神道茫昧, 不宜爲法」에 보인다.

9) 故(고)-그런 까닭에, 그러므로. 관련 4자성어는 溫故知新, 無緣無故 등이 있다.

10) 必須(필수)-반드시~해야 한다, 꼭. 부사이고 강조의 의미로 사용하며, 뒤에 동사 또는 형용사와 연결된다. 務必, 必定과 동일하다. 동일한 의미의 최초 출전은 顔之推(南北朝~隋), 《顔氏家訓》〈後聚〉「河北鄙於側出不預人流, 是以必須重娶」에 보인다. 참고로 必需와는 다르다. 없으면 안 되는, 부족하면 안 되는 의미이다. 동사이고 뒤에 명사와 연결된다.

11) 讀書(독서)-책을 읽다. 동일한 의미의 최초 출전은《禮記》〈文王世子〉「秋學禮, 執禮者詔之., 冬讀書, 典書者詔之」에 보인다.

12) 窮理(궁리)-사물의 이치를 깊이 연구하다. 探究와 동일하다. 窮究事物之理의 생략이다. 동일한 의미의 최초 출전은 朱熹(南宋), 《朱子語類》〈學三〉「學者工夫, 唯在居敬窮理二事」에 보인다. 또 朱熹(南宋), 《性理精義》〈行宮便殿奏札二〉「蓋爲學之道, 莫先於窮理., 窮理之要, 必在於讀書., 讀書之法, 莫貴于循序而致精」 및 《宋史》〈朱熹傳〉「其爲學, 大抵窮理以致其知, 反躬以踐其實, 而以居敬爲主」에 보인다.

13) 以(이)-조사이고, ~로써. 관련 4자성어는 以德報怨, 以一當十 등이 있다.

14) 明(명)-분명하다, 밝히다. 관련 4자성어는 明明白白 明哲保身 등이 있다.

15) 當行之路(당행지로)-마땅히 행해야 할 도리. 當行之道와 동일하다. 즉 위에서 설명한 慈(사랑), 孝(효도), 忠(충성), 別(분별), 友(우애), 敬(공경), 信(믿음)을 가리킨다. 동일한 의미의 최초 출전은 朱熹(南宋), 《中庸章句》「人物各循其性之自然, 則其日用事物之間, 莫不各有當行之路, 是則所謂道也」에 보인다.

16) 然後(연후)-그렇게 한 뒤에, 연후에, 동일한 의미의 최초 출전은《禮記》〈學記〉「是故學, 然後知不足., 教, 然後知困」에 보인다.

17) 造詣(조예)-학문 등의 도달한 수준. 동일한 의미의 최초 출전은 葉適(南宋), 〈故運副龍圖侍郎孟公墓志銘〉「瞻瞬領徹, 貫穿縱横, 雖寒士之深于造詣者不能至」에 보인다.

18) 得正(득정)-정도를 얻다, 올바르게 되다. 동일한 의미의 최초 출전은 《禮記》〈檀弓上〉「吾何求哉? 吾得正而斃焉, 斯已矣」에 보인다.

19) 而(이)-그리고, 그래서, 그러나. 관련 4자성어는 不言而喩, 適可而止 등이 있다.

20) 踐履(천리)-실천. 동일한 의미의 최초 출전은 司馬光(北宋), 〈再乞資蔭人試經義札子〉「孝經、論語, 其文雖不多, 而立身治國之道, 盡在其中。就使學者不能踐履, 亦知天下有周公、孔子仁義禮樂」에 보인다.

21) 得中(득중)-적합하다. 동일한 의미의 최초 출전은 《易經》〈同人〉「柔得位得中, 而應乎乾, 曰同人」에 보인다.

22) 矣(의)-조사로 문장 끝에 사용되고 了의 의미와 유사하다. 관련 4자성어는 思過半矣, 至矣盡矣 등이 있다.

23) 今人(금인)-지금 사람들. 동일한 의미의 최초 출전은 裵駰(南朝,宋), 《史記集解》「猶今人云其事已可知矣, 皆不信之耳」에 보인다.

24) 不知(부지)-알지 못하다. 不料, 不覺, 不曉, 不知道, 不明白 등과 동일하다. 동일한 의미의 최초 출전은 《論語》〈述而〉「其爲人也, 發憤忘食, 樂以忘憂, 不知老之將至云爾」에 보인다.

25) 學問(학문)-공부, 학문, 학습, 지식 습득, 학습하고 질문하다. 동일한 의미의 최초 출전은 《荀子》〈勸學〉「不聞先王之遺言, 不知學問之大也」에 보인다.

26) 在於(재어)-~에서, ~에 있다. 동일한 의미의 최초 출전은 《孟子》〈滕文公下〉「子謂薛居州, 善士也, 使之居於王所。在於王所者, 長幼卑尊, 皆薛居州也, 王誰與爲不善?」에 보인다.

27) 日用(일용)-일상생활. 日用之閑과 동일하고, 日用動靜之間의 생략이다. 동일한 의미의 최초 출전은 朱熹(南宋), 〈答林擇之書〉 之一「今方欲與朋

友說, 日用之閑, 常切点檢氣習偏處, 意欲萌處」에 보인다.

28) 妄意(망의)-망령된 생각, 잘못 생각하다. 臆測과 동일하다. 동일한 의미의 최초 출전은 朱熹(南宋), 《朱子語類》 卷八十 「詩序(毛詩序)多是後人妄意推想詩人之美刺, 非古人之所作也」에 보인다.

29) 高遠(고원)-높고 먼, 심오하다. 高超深遠의 생략이다. 동일한 의미의 최초 출전은 葛洪(東晉), 《抱朴子》 〈疾謬〉 「不聞淸談講道之言, 專以丑辭嘲弄爲先, 以如此者爲高遠, 以不爾者爲騃野」에 보인다.

30) 難行(난행)-실행(실천)하기 어렵다. 동일한 의미의 최초 출전은 《韓非子》 〈八經〉 「法之所外, 雖有難行, 不以顯焉」에 보인다.

31) 推與(추여)-넘겨주다, 양보하다. 讓與와 동일하다. 동일한 의미의 최초 출전은 班固(東漢), 《東觀漢記》 〈承宮傳〉 「耕種禾黍, 臨熟, 人就認之, 宮悉推與而去, 由是顯名」에 보인다.

32) 別人(별인)-다른 사람. 동일한 의미의 최초 출전은 羅貫中(明), 《三國志演義》 第九回 「原來那人不是別人, 乃侍中蔡邕也」에 보인다.

33) 自安(자안)-스스로 편안히 지내다. 自我安慰의 생략이다. 동일한 의미의 최초 출전은 《荀子》 〈王霸〉 「故人主天下之利埶也, 然而不能自安也, 安之者, 必將道也」에 보인다.

34) 暴棄(포기)-포기하다. 自暴自棄의 생략이다. 동일한 의미의 최초 출전은 《孟子》 〈離婁上〉 「自暴者, 不可與有言也., 自棄者, 不可與有爲也。言非禮義, 謂之自暴也., 吾身不能居仁由義, 謂之自棄也」에 보인다.

35) 豈不(기불)-어찌(설마)~함이 아니겠는가! 동일한 의미의 최초 출전은 《詩經》 〈竹竿〉 「豈不爾思, 遠莫致之」에 보인다.

36) 可哀(가애)-가히 슬픈 일, 슬픈 일. 悲痛, 可憐과 동일하다. 동일한 의미의 최초 출전은 《左傳》 襄公二十五年 「九世之卿族, 一擧而滅之, 可哀也哉」에 보인다.

37) 也哉(야재)-감탄 등을 나타내는 조사. 동일한 의미의 최초 출전은 《左傳》 襄公二十九年 「美哉！ 泱泱乎, 大風也哉！」에 보인다. 대부분 豈不~也哉

(어찌(설마)~함이 아니겠는가! 또는 豈~也哉(어찌 ~하는 것인가)의 형식으로 사용한다.

【序1-2국역】

그러나 배우지 않는 사람은 마음이 어리석고 아는 것이 모호하여 분명하지 않게 된다. 그러므로 반드시 책을 읽고 사물의 이치를 깊이 연구하며 그렇게 함으로써 자신이 마땅히 행해야 할 도리를 밝힐 수 있고, 그런 연후에 학문 등의 도달한 수준이 올바르게 되고 그래서 실천하기에도 적합하게 되는 것이다. 지금 사람들은 공부가 일상생활 중에 있음을 알지 못하고, 매우 심오하여 실행하기 어렵다고 잘못 생각하고 있다. 그래서 공부하는 것을 다른 사람에게 양보하거거나 포기하여 스스로 편안하게 지내니, 어찌 슬프지 않겠는가!

【序1-2解說】

*「必須」

필수는 반드시~해야 한다, 꼭. 부사이고 강조의 의미로 사용하며, 뒤에 동사 또는 형용사와 연결된다. 務必, 必定, must be의 의미와 동일하다. 동일한 의미의 최초 출전은 顔之推(南北朝~隋), 《顔氏家訓》〈後聚〉「河北鄙於側出不預人流, 是以必須重娶」에 보인다. 참고로 必需와는 다르다. 꼭 필요한, 없으면 안 되는, 부족하면 안 되는 의미이다. 동사이고 뒤에 명사와 연결된다. 不可缺, necessary, to need의 의미와 동일하다. 동일한 의미의 최초 출전은 文康(淸), 《兒女英雄傳》 第二八回「一共九件東西, 這是作媳婦的事, 奉翁姑必需之物」에 보인다.

*「窮理」

궁리는 사물의 이치를 깊이 탐구하다는 의미이다. 朱熹(南宋), 《性理精義》〈行宮便殿奏札二〉「蓋爲學之道, 莫先於窮理., 窮理之要, 必在於讀書.,

讀書之法, 莫貴于循序而致精」에 보인다. 위 문장에서는 朱熹(주희)의 학문하는 순서와 방법이 窮理(궁리)→讀書(독서)→順序(순서)→致精(치정)으로 표현되어 있다. 즉 "대개 학문하는 방법은 사물의 이치를 깊이 탐구하는 것보다 우선하는 것은 없고, 사물의 이치를 깊이 탐구하는 것의 관건은 반드시 책을 많이 읽는데 있고., 책을 많이 읽는 방법은 수준별 순서에 따라서 통달하는 것보다 중요한 것은 없다"라고 하였다.

독서하는 방법에서는 첫째, 순서를 따른다는 것은(循序), 교재의 객관적 차례와 학생의 주관적 능력을 참고하여 학습에 규정된 과정이나 진도를 따르는 것이다. 둘째, 통달한다는 것은(致精), 책의 처음(首), 편(篇), 장절(章), 문장(文), 구절(句), 끝(尾) 등의 차례대로 읽고., 글자(字)는 뜻(訓)을 이해하고 구절(句)은 의미(旨)를 탐구해야 하며., 앞부분을 이해하지 못하면 뒷부분으로 넘어가지 말고., 한 권을 통달한 이후에 다른 책을 학습해야 한다고 하였다. 결론적으로 학문하는 방법에서 가장 우선시 되어야 할 부분은 궁리이고, 궁리는 사물의 이치를 깊이 탐구하는 것을 일컫는다.

【序1-3원문】

余定居海山之陽, 有一二學徒相從問學, 余慙無以爲師。而且恐初學不知向方, 且無堅固之志, 而泛泛請益, 則彼此無補, 反貽人譏。故略書一冊子, 粗敍立心、飭躬、奉親、接物之方, 名曰擊蒙要訣。欲使學徒觀此, 洗心立脚, 當日下功, 而余亦久患因循, 欲以自警省焉。丁丑季冬, 德水李珥書。

【序1-3음역】

여정거해산지양, 유일이학도상종문학, 여참무이위사. 이차공초학부지향방, 차무견고지지, 이범범청익, 즉피차무보, 반이인기. 고약서일책자, 조서입심、칙궁、봉친、접물지방, 명왈격몽요결. 욕사학도관차, 세심입각, 당일하공, 이여역구환인순, 욕이자경성언. 정축계동, 덕수이이서.

【序1-3주석】

1) 余(여)-나. 我, 吾, 予와 동일하다. 餘의 俗字이다. 관련 4자성어는 余(餘)髮種種, 四月爲余(餘) 등이 있다.
2) 定居(정거)-정착하다. 固定居住의 생략이고 定着과 동일하다. 동일한 의미의 최초 출전은 《詩經》〈采薇〉「豈敢定居, 一月三捷」 鄭玄(東漢) 箋 .. 「定, 止也」에 보인다.
3) 海山(해산)-황해도 海州를 가리킨다.
4) 之(지)-~의. 관련 4자성어는 君子之交, 莫逆之友 등이 있다.
5) 陽(양)-양지, 산의 남쪽, 강의 북쪽. 반대로 陰은 산의 북쪽, 강의 남쪽을 가리킨다. 관련 4자성어는 陰陽交錯, 三陽開泰 등이 있다.
6) 有(유)-있다. 동사이고 無, 沒과 반대이다. 관련 4자성어는 有始無終, 一無所有 등이 있다.
7) 一二(일이)-한두 명, 약간, 소수의, 일부, 차례로. 一兩個, 一點點, 一些, 少數, 次第 등과 동일하다. 동일한 의미의 최초 출전은 《書經》〈康誥〉「(文王)用肇造我區夏, 越我一二邦以修」에 보인다.
8) 學徒(학도)-학생. 동일한 의미의 최초 출전은 蔡邕(東漢), 〈司徒楊秉碑〉「于是門人學徒, 相與刊石碑, 表勒鴻勛」에 보인다.
9) 相從(상종)-서로 교류하다, 따라다니다. 동일한 의미의 최초 출전은 《史記》〈日者列傳〉「宋中爲中大夫, 賈誼爲博士, 同日倶出洗沐, 相從論議」에 보인다.
10) 問學(문학)-학문을 구하다, 배움을 구하다. 동일한 의미의 최초 출전은 《禮記》〈中庸〉「故君子尊德性而道問學, 致廣大而盡精微」 鄭玄(東漢) 注 .. 「問學, 學誠者也」에 보인다.
11) 慙(참)-부끄럽다. 관련 4자성어는 大言不慙, 魂慙色褫 등이 있다.
12) 無以(무이)-없다. 沒有와 동일하다. 동일한 의미의 최초 출전은 《史記》

〈魯周公世家〉「我之所以弗辟而攝行政者, 恐天下畔周, 無以告我先王太王、王季、文王」에 보인다.

13) 爲師(위사)-스승 된 자, 스승이 되다, 스승 될 자격. 반대로 본문의 「無以爲師」는 스승이 되어줄 수 없다, 스승 될 자격이 없다. 동일한 의미의 최초 출전은 《禮記》〈學記〉「能博喩, 然後能爲師」에 보인다.

14) 而且(이차)-또한. 동일한 의미의 최초 출전은 《荀子》〈富國〉「故知節用裕民, 則必有仁義聖良之名, 而且有富厚丘山之積矣」에 보인다.

15) 恐(공)-두렵다, 걱정이다. 관련 4자성어는 爭先恐後, 有恃無恐 등이 있다.

16) 初學(초학)-처음 배울 때, 처음 공부하는 사람, 初學者를 가리킨다. 동일한 의미의 최초 출전은 《史記》〈屈原賈生列傳〉「雒陽之人, 年少初學」에 보인다.

17) 不知(부지)-알지 못하다. 不料, 不覺, 不曉, 不知道, 不明白 등과 동일하다. 동일한 의미의 최초 출전은 《論語》〈述而〉「其爲人也, 發憤忘食, 樂以忘憂, 不知老之將至云爾」에 보인다.

18) 向方(향방)-바른 도리(正道)로 향하다. 본문의 「不知向方」은 바른 도리로 향할 줄 모르다. 동일한 의미의 최초 출전은 歸有光(明), 〈送吳純甫先生會試序〉「自少年學子稍知向方者, 必引而進之」에 보인다.

19) 且(차)-또. 관련 4자성어는 苟且偷生, 死且不虧 등이 있다.

20) 無(무)-없다. 동사이고 有와 반대이다. 관련 4자성어는 史無前例, 無邊無際 등이 있다.

21) 堅固(견고)-견고한, 굳센. 동일한 의미의 최초 출전은 劉向(西漢), 《列女傳》〈楚平伯嬴〉「伯嬴自守, 堅固專一, 君子美之, 以爲有節」에 보인다.

22) 志(지)-뜻. 관련 4자성어는 志同道合, 專心致志 등이 있다.

23) 而(이)-그리고, 그래서, 그러나. 관련 4자성어는 不言而喩, 適可而止 등이 있다.

24) 泛泛(범범)-대강대강, 깊이 들어가지 않는. 不深入과 동일하다. 동일한 의미의 최초 출전은 朱熹(南宋), 《朱子語類》 卷七四 「泛泛做只是俗事, 更

無可守」에 보인다.

25) 請益(청익)-가르침을 요청하다, 더 말해주기를 요청하다. 請敎와 동일하다. 동일한 의미의 최초 출전은 《禮記》〈曲禮〉「請業則起, 請益則起」에 보인다.

26) 則(즉)-곧, 즉. 관련 4자성어는 月滿則虧, 禮煩則亂 등이 있다.

27) 彼此(피차)-서로. 본문에서는 배우는 사람과 가르치는 사람을 의미한다. 동일한 의미의 최초 출전은 《墨子》〈經說下〉「正名者彼此。彼此可 .. 彼彼止于彼., 此此止于此。彼此不可 .. 彼且此也., 此亦可彼」에 보인다.

28) 無補(무보)-도움 될 것이 없다. 동일한 의미의 최초 출전은 《管子》〈禁藏〉「能移無益之事, 無補之費, 通幣行禮, 而黨必多, 交必親矣」에 보인다.

29) 反(반)-오히려, 반대로. 관련 4자성어는 擧一反三, 反求諸己 등이 있다.

30) 貽(이)-끼치다, 초래하다, 사다. 관련 4자성어는 養虎貽患, 貽笑萬世 등이 있다.

31) 人譏(인기)-다른 사람의 비웃음. 惹人譏笑의 생략이다. 동일한 의미의 최초 출전은 陸游(南宋), 〈自嘲用前韵〉「人譏作詩瘦, 自憫着書窮」에 보인다.

32) 故(고)-그런 까닭에, 그러므로. 관련 4자성어는 溫故知新, 無緣無故 등이 있다.

33) 略(약)-간략하게. 관련 4자성어는 略知一二, 雄材偉略 등이 있다.

34) 書(서)-명사는 책, 동사는 작성하다, 기록하다. 관련 4자성어는 四書五經, 琴棋書畫 등이 있다.

35) 一(일)-동일, 하나, 한가지. 관련 4자성어는 一言爲定, 一路平安 등이 있다.

36) 冊子(책자)-책, 서적. 子는 帽子, 卓子, 倚子 등의 경우와 마찬가지로 사물에 붙이는 접미사로 쓰였다. 동일한 의미의 최초 출전은 朱熹(南宋), 《朱子語類》 卷六七 「一日訪之, 見他案上有冊子」에 보인다.

37) 粗敍(조서)-대략적으로 서술하다. 粗는 대략적으로, 粗略과 동일하다. 敍는 서술하다. 粗略敍述의 생략이다. 동일한 의미의 최초 출전은 姚燧(元), 〈故宋太常少卿陳公神道碑〉「大德戊戌, 燧舟游湖湘, 而陳公元凱 …… 爲

粗敍陳姚同爲有虞遺裔矣」에 보인다. 또 粗略의 동일한 의미의 최초 출전은 歐陽修(北宋), 《歸田錄》 卷二 「今岳書儀十已廢其七八, 其一二僅行於世者, 皆苟簡粗略, 不如本書」에 보인다.

38) 立心(입심)-결심하다, 뜻을 세우다. 立下心願의 생략이고 立志와 동일하다. 동일한 의미의 최초 출전은 張載(北宋), 《張子語錄》 〈語錄中〉 「爲天地立心, 爲生民立道, 爲去聖繼絶學, 爲萬世開太平」에 보인다.

39) 飭躬(칙궁)-자신을 경계하다. 飭身과 동일하다. 동일한 의미의 최초 출전은 《漢書》 〈成帝紀〉 「朕親飭躬, 郊祀上帝」에 보인다.

40) 奉親(봉친)-어버이를 봉양하다. 侍奉雙親의 생략이다. 동일한 의미의 최초 출전은 胡仲弓(南宋), 〈老母適至時已見黜〉 「千里迎阿, 相見翻不樂。微祿期奉親, 親至祿已奪」에 보인다.

41) 接物(접물)-타인과의 교류. 物은 人으로 바꿔서 接人으로도 많이 사용한다. 4자성어로 接人待物이 있다. 동일한 의미의 최초 출전은 《漢書》 〈司馬遷傳〉 「教以愼於接物, 推賢進士爲務」에 보인다.

42) 方(방)-방법. 관련 4자성어는 千方百計, 教導有方 등이 있다.

43) 名曰(명왈)-사물의 명칭 또는 칭호, 이름 하여. 동일한 의미의 최초 출전은 《道德經》 第十四章 「視之不見名曰夷, 聽之不聞名曰希, 搏之不得名曰微」에 보인다.

44) 擊蒙(격몽)-어리석음(우매함)을 깨우쳐주다. 蒙은 沒知識과 동일하다. 동일한 의미의 최초 출전은 《易經》 〈蒙卦〉 「上九, 擊蒙。不利爲寇, 利御寇」 王弼(曹魏) 注 .. 「擊去童蒙, 以發其昧」에 보인다.

45) 要訣(요결)-비결, 관건. 동일한 의미의 최초 출전은 周密(南宋), 《癸辛雜識前集》 〈胎息〉 「此一段要訣, 且靜心細意, 字字研究」에 보인다.

46) 欲使(욕사)-~로 하여금 하게 하다. 想要와 동일하다. 동일한 의미의 최초 출전은 《韓非子》 〈說林上〉 「以子之所長, 游于不用之國, 欲使無窮, 其可得乎 ?」에 보인다.

47) 觀(관)-보다. 관련 4자성어는 坐井觀天, 走馬觀花(한국에서는 走馬看山)

등이 있다.

48) 此(차)-이것(이 책). 관련 4자성어는 不分彼此, 果然如此 등이 있다.

49) 洗心(세심)-나쁜 생각 혹은 잡념을 없애다. 동일한 의미의 최초 출전은 《易經》〈繫辭上〉「聖人以此洗心」에 보인다.

50) 立脚(입각)-어떤 관점을 가지다, 뜻을 세우다. 立志, 立足과 동일하다. 동일한 의미의 최초 출전은 羅貫中(明),《三國志演義》第十三回「若到山東, 立脚得牢, 必然布告天下, 令諸侯共伐我等, 三族不能保矣！」에 보인다.

51) 當日(당일)-당일, 바로 오늘. 동일한 의미의 최초 출전은 賈思勰(北魏),《齊民要術》〈造神曲并酒等〉「团麴當日使訖, 不得隔宿」에 보인다.

52) 下(하)-착수하다. 관련 4자성어는 不恥下問, 莫上莫下 등이 있다.

53) 功(공)-공부, 일, 노력. 관련 4자성어는 馬到成功, 功成名就 등이 있다. 본문의「下功」은 下功夫와 동일하다.

54) 亦-또한. 관련 4자성어는 亦復如是, 不亦悅乎 등이 있다.

55) 久(구)-오래도록. 관련 4자성어는 天長地久, 長久之計 등이 있다.

56) 患(환)-근심. 관련 4자성어는 內憂外患, 有備無患 등이 있다. 본문의「久患」과 유사한 의미로는 久病이 있다. 동일한 의미의 최초 출전은《左傳》定公十三年「久病成疾, 無藥可醫, 喜你成疾, 藥石無醫」에 보인다.

57) 因循(인순)-이전에 했던 대로 따르다, 옛 것을 답습하다. 동일한 의미의 최초 출전은《史記》〈太史公自序〉「道家無爲, 又曰無不爲, 其實易行, 其辭難知其術以虛無爲本, 以因循爲用」張守節(唐),《史記正義》..「任自然也」에 보인다.

58) 欲以(욕이)-이것으로써 ~하고자 한다. 欲以(之), 想借(此)와 동일하다. 동일한 의미의 최초 출전은《史記》〈魏公子列傳〉「侯生. ..... 直上載公子上坐, 不讓, 欲以觀公子」에 보인다.

59) 自(자)-스스로, 저절로. 관련 4자성어는 自由自在, 泰然自若 등이 있다.

60) 警省(경성)-경계하고 성찰하다. 警悟自省의 생략이다. 동일한 의미의 최초 출전은《論語》〈子張〉「是以君子惡居下流」朱熹(南宋),《論語集注》..

「子貢此言, 欲人常自警省, 不可一置其身於不善之地, 非謂紂本無罪而虛被惡名也」에 보인다.

61) 焉(언)-조사로 문장 끝에 사용되어 단정의 뜻을 나타낸다. 관련 4자성어는 輪焉奐焉, 語焉不詳 등이 있다.

62) 丁丑(정축)-宣祖10년(1557)

63) 季冬(계동)-12월, 늦은 겨울, 섣달. 臘月과 동일하다. 동일한 의미의 최초 출전은 《禮記》〈月令〉「季冬之月, 日在婺女, 昏婁中, 旦氐中」에 보인다.

64) 德水(덕수)-李珥의 본관으로 현재 황해도 개풍군을 가리킨다.

65) 李珥(이이)-이이(1536-1584)는 조선 중기의 문신이고 유학자이며 정치가이다. 호는 栗谷이다. 저술로는 《聖學輯要》, 《東湖問答》, 《經筵日記》, 《天道策》, 《易數策》, 《文式策》, 《擊蒙要訣》, 《萬言封事》, 《學校模範》, 《六條啓》, 《時弊七條策》, 《答成浩原書》 등이 있으며, 〈高山九曲歌〉 등의 문학 작품도 전해진다. 그의 저술들은 광해군3년(1611) 朴汝龍과 成渾 등이 간행한 《栗谷文集》 과 영조18년(1742)에 李縡와 李鎭五 등이 편찬한 《栗谷全書》에 실려 전해진다. 우리나라의 18대 名賢 가운데 한 명으로 文廟에 배향되어 있다

【序1-3국역】

내가 해주의 수양산 남쪽에서 정착하고 있을 때, 한두 명의 학생들이 따라다니며 배움을 구한 적이 있었는데 나는 스승이 되어줄 수 없음을 부끄럽게 여겼다. 또한 처음 공부하는 학생들이 바른 도리를 향할 줄도 모르고 또 견고한 의지도 없으면서 대강대강 가르침을 받고자 한다면, 배우는 학생과 가르치는 스승 사이에 도움 될 것이 없고 오히려 다른 사람의 비웃음을 살까 염려되었다. 그런 까닭에 간략하게 책 한권을 엮었는데, 뜻을 세우고, 자신을 경계하며, 부모님을 봉양하고, 타인과의 교류 방법 등을 대략적으로 서술해서 책 이름을 《어리석음을 깨우쳐주는 비결(격몽요결)》이라고 하였다. 학생들로 하여금 이 책을 보게 하여 나쁜 생각이나 잡념을

없애고, 뜻을 세워서 바로 오늘부터 배움의 목적을 달성하기 위하여 시간과 노력을 기우리게 하였으며, 그리고 나 자신도 또한 오랫동안 옛 것을 답습하던 태도를 근심하였는데, 이 책으로써 스스로를 경계하고 성찰하려고 하였다.

정축년(宣祖10년, 1557), 섣달, 덕수 이이 씀.

【序1-3解說】

*「請益」

청익은 가르침을 요청하다, 더 말해주기를 요청하다의 의미이다. 주로 서간문에서 사용하는 용어이다. 사용하는 경우는 어른, 상급자, 전문가, 정식적인 상황에서 상대방의 의견이나 건의, 도움 등 유익하고 기술적이며 전문적인 문제의 도움을 구할 때 사용한다. 동일한 의미의 최초 출전은 《禮記》〈曲禮〉「請業則起, 請益則起」 鄭玄(東漢) 注 ..「業, 謂篇卷也」에 보인다. 참고로 請業은 타인에게 학업을 가르쳐 달라고 요청하는 것이다. 請益, 請業, 請教는 모두 동일한 의미이다.

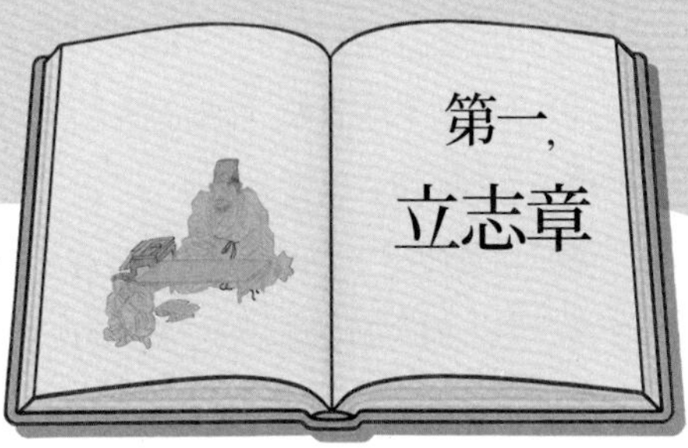

第一, 立志章

뜻을 세우는 방법

初學先須立志, 必以聖人自期, 不可有一毫自小、退託之念。蓋衆人與聖人, 其本性則一也。雖氣質不能無淸濁粹駁之異, 而苟能眞知實踐, 去其舊染, 而復其性初, 則不增毫末, 而萬善具足矣。衆人豈可不以聖人自期乎! 故孟子道性善, 而必稱堯舜以實之, 曰 .. "人皆可以爲堯舜。" 豈欺我哉?

當常自奮發曰 .. "人性本善, 無古今智愚之殊, 聖人何故獨爲聖人, 我則何故獨爲衆人耶。" 良由志不立, 知不明, 行不篤耳。志之立, 知之明, 行之篤, 皆在我耳, 豈可他求哉! 顔淵曰 .. "舜何人也? 予何人也? 有爲者亦若是。" 我亦當以顔之希舜爲法。

人之容貌不可變醜爲姸, 膂力不可變弱爲强, 身體不可變短爲長, 此則已定之分, 不可改也。惟有心志, 則可以變愚爲智, 變不肖爲賢, 此則心之虛靈, 不拘於稟受故也。莫美於智, 莫貴於賢, 何苦而不爲賢智, 以虧損天所賦之本性乎。人存此志, 堅固不退, 則庶幾乎道矣!

凡人自謂立志, 而不卽用功, 遲回等待者, 名爲立志, 而實無向學之誠故也。苟使吾志, 誠在於學, 則爲仁由己, 欲之則至, 何求於人, 何待於後哉! 所貴乎立志者, 卽下工夫, 猶恐不及, 念念不退故也。如或志不誠篤, 因循度日, 則窮年沒世, 豈有所成就哉!

【立志章1-1원문】

初學先須立志, 必以聖人自期, 不可有一毫自小、退託之念。蓋衆人與聖人, 其本性則一也。雖氣質不能無淸濁粹駁之異, 而苟能眞知實踐, 去其舊染, 而復其性初, 則不增毫末, 而萬善具足矣。衆人豈可不以聖人自期乎! 故孟子道性善, 而必稱堯舜以實之, 曰 .. "人皆可以爲堯舜。" 豈欺我哉?

【立志章1-1음역】

초학선수입지, 필이성인자기, 불가유일호자소、퇴탁지념. 개중인여성인, 기본성즉일야. 수기질불능무청탁수박지이, 이구능진지실천, 거기구염, 이복기성초, 즉부증호말, 이만선구족의. 중인기가불이성인자기호! 고맹자도성선, 이필칭요순이실지, 왈 .. "인개가이위요순." 기기아재?

【立志章1-1주석】

1) 初學(초학)-처음 배울 때, 처음 공부하는 사람, 初學者를 가리킨다. 동일한 의미의 최초 출전은 《史記》〈屈原賈生列傳〉「雒陽之人, 年少初學」에 보인다.
2) 先須(선수)-먼저 반드시. 동일한 의미의 최초 출전은 姜特立(南宋), 〈說詩〉「不止事吟哦, 先須存興寄」에 보인다.
3) 立志(입지)-뜻을 세우다. 동일한 의미의 최초 출전은 《左傳》 襄公二十七年 「志以發言, 言以出信, 信以立志, 參以定之」에 보인다.
4) 必以(필이)-반드시 ~을 들어(이용하여). 동일한 의미의 최초 출전은 左丘明(戰國), 《曹劌論戰》「公曰. 小大之獄, 雖不能察, 必以情」에 보인다.
5) 聖人(성인)-2가지 의미가 있다. 첫째, 고대에 品德이 高尙한 사람을 칭송하여 일컫는 용어이다. 둘째, 堯, 舜, 禹, 孔子 등을 가리키기도 한다. 동일한 의미의 최초 출전은 韓愈(唐), 〈師說〉「古之聖人, 其出人也遠矣」에 보인다. 본문에서는 둘째의 의미이다.

6) 自期(자기)-스스로 갈망(희망)하다. 自己期望의 생략이다. 동일한 의미의 최초 출전은 韓愈(唐), 〈南山有高樹行贈李宗閔〉「上承鳳皇恩, 自期永不衰」에 보인다.
7) 不可(불가)-할 수 없다. 可(가능, 되다, 적합, 옳다)의 반대 의미이다. 동일한 의미의 최초 출전은《孫子兵法》〈九變〉「覆軍殺將, 必以五危, 不可不察也」에 보인다.
8) 有(유)-있다. 동사이고 無, 沒과 반대이다. 관련 4자성어는 有始無終, 一無所有 등이 있다.
9) 一毫(일호)-터럭 하나, 조금이라도. 동일한 의미의 최초 출전은《列子》〈楊朱〉「古之人損一毫利天下不與也, 悉天下奉一身不取也。人人不損一毫, 人人不利天下, 天下治矣」에 보인다.
10) 自小(자소)-스스로 위축되다. 自大의 반대이다. 동일한 의미의 최초 출전은 顧炎武(明末~清初),《日知錄》「人之爲學, 不可自小、又不可自大」에 보인다.
11) 退託(퇴탁)-포기하고 물러나다, 위축되다. 退托, 退避, 萎縮과 동일하다. 동일한 의미의 최초 출전은 李贄(明), 〈答劉敬台書〉「乃咫尺而甘心退託, 其無志可知也」에 보인다. 본문의 「自小、退託之念」은 自小之念과 退託之念을 합한 것이다.
12) 之(지)-~의. 관련 4자성어는 君子之交, 莫逆之友 등이 있다.
13) 念(염)-생각. 관련 4자성어는 一念之差, 念念不忘 등이 있다.
14) 蓋(개)-대개. 관련 4자성어는 鋪天蓋地, 才華蓋世 등이 있다.
15) 衆人(중인)-일반 사람들. 凡人과 동일하다. 동일한 의미의 최초 출전은《孟子》〈告子下〉「君子之所爲, 衆人固不識也」에 보인다.
16) 與(여)-~와 더불어. 관련 4자성어는 與衆不同, 與人爲善 등이 있다.
17) 其(기)-지시대명사로 이, 그, 저 등을 가리킨다. 관련 4자성어는 若無其事, 不計其數 등이 있다.
18) 本性(본성)-사람이 태어나면서부터 가지고 있던 천부적인 성격, 즉 하늘과 땅이 사람에게 부여한 善과 惡의 본성으로 先天的本性이고 善의 근원

이다. 天地之性, 本然之性과 동일하다. 동일한 의미의 최초 출전은《荀子》〈性惡〉「然則禮義積僞者, 豈人之本性也哉」에 보인다.

19) 則(즉)-곧, 즉. 관련 4자성어는 月滿則虧, 禮煩則亂 등이 있다.

20) 一(일)-동일, 하나, 한가지. 관련 4자성어는 一言爲定, 一路平安 등이 있다.

21) 也(야)-조사로 문장 중간에 혹은 문장 끝에 사용한다. 관련 4자성어는 空空如也, 未嘗有也 등이 있다.

22) 雖(수)-비록~일지라도. 관련 4자성어는 雖死無悔, 雖死猶生 등이 있다.

23) 氣質(기질)-사람이 생성된 이후에 陰과 陽의 기운이 다름에 따라서 형성된 특수한 본성이고 惡의 근원이다. 氣質之性과 동일하다. 동일한 의미의 최초 출전은 張載,《正蒙》〈誠明〉「形而後有氣質之性, 善反之, 則天地之性存焉」에 보인다.

24) 不能無(불능무)-없을 수는 없다. 동일한 의미의 최초 출전은 劉安(西漢),《淮南子》〈氾論訓〉「夫夏后氏之璜, 不能無考., 明月之珠, 不能無纇」에 보인다.

25) 淸濁(청탁)-맑고 탁하고. 동일한 의미의 최초 출전은 白居易(唐),《和微之詩二十三首》〈和三月三十日四十韵〉「聖賢淸濁醉, 水陸鮮肥飫」에 보인다.

26) 粹駁(수박)-순수하고 잡된 것. 동일한 의미의 최초 출전은 蘇軾(北宋),〈贈朱遜之〉「新奇旣易售, 粹駁宜相傾」에 보인다.

27) 異(이)-다르다. 관련 4자성어는 異口同聲, 大同小異 등이 있다.

28) 而(이)-그리고, 그래서, 그러나. 관련 4자성어는 不言而喩, 適可而止 등이 있다.

29) 苟(구)-만약. 若과 동일하다. 관련 4자성어는 一絲不苟, 因循苟且 등이 있다.

30) 能(능)-능히, 능숙하다, 가능하다. 관련 4자성어는 無能爲力, 無所不能 등이 있다.

31) 眞知(진지)-참된 이치. 眞理와 동일하다. 동일한 의미의 최초 출전은《莊子》〈大宗師〉「有眞人而後有眞知」에 보인다.

32) 實踐(실천)-실천하다. 동일한 의미의 최초 출전은《宋史》〈理宗紀〉「至我朝周敦頤、張載、程顥、程頤, 眞見實踐, 深探聖域, 千載絶學, 始有指歸」에 보인다.

33) 去(거)-제거하다. 관련 4자성어는 去邪歸正, 一來二去 등이 있다.

34) 舊染(구염)-이전에 물들은 불량습관과 행동. 舊染之污의 생략이다. 동일한 의미의 최초 출전은《書經》〈胤征〉「舊染污俗, 咸與惟新」에 보인다.

35) 復(복)-회복하다. 관련 4자성어는 反覆無常, 克己復禮 등이 있다.

36) 性初(성초)-천성, 본성, 사람이 태어나면서부터 가지고 있던 천부적인 성격. 初性과 동일하다. 관련 동일한 의미의 최초 출전은 王應麟(南宋),《三字經》「人之初, 性本善」에 보인다. 본문의「復其性初」는 純眞無垢한 본래의 상태를 회복한다는 뜻으로 줄여서 復其性, 復性으로 사용하기도 한다.

37) 不(불)-아니다, 부사이고 일반적으로 부정의 의미로 사용된다. 관련 4자성어는 念念不忘, 美中不足 등이 있다.

38) 增(증)-더하다. 관련 4자성어는 日增月益, 聞一增十 등이 있다.

39) 毫末(호말)-털끝만큼. 동일한 의미의 최초 출전은《道德經》第六十四章「合抱之木, 生於毫末., 九層之臺, 起於累土」에 보인다.

40) 萬善(만선)-여러 가지 훌륭한 일 혹은 행동. 無邊之善과 동일하다. 불교에서 유래된 용어이다.

41) 具足(구족)-모두(충분히) 갖추어지다. 동일한 의미의 최초 출전은 王充(東漢),《論衡》〈正說〉「善善惡惡, 撥亂世反諸正, 莫近于春秋。若此者, 人道、王道適具足也」에 보인다.

42) 矣(의)-조사로 문장 끝에 사용되고 了의 의미와 유사하다. 관련 4자성어는 思過半矣, 至矣盡矣 등이 있다.

43) 豈可不~乎(기가불~호)-어찌 ~하지 않을 수 있겠는가! 豈可의 부정형이다. 豈可는 어찌 그럴 수가. 동일한 의미의 최초 출전은《左傳》哀公七年「大國不以禮命于諸侯, 苟不以禮, 豈可量也?」

44) 以(이)-조사이고, ~로써. 관련 4자성어는 以德報怨, 以一當十 등이 있다.

45) 乎(호)-개사로는 ~에, ~에 대하여 ~을(를) 의미이다. 어조사로는 문장의 끝에 사용되어 의문, 반어, 감탄, 명령, 추정 등 의미로 사용된다. 관련 4자성어는 不亦悅乎, 出乎意外 등이 있다.

46) 故(고)-그런 까닭에. 관련 4자성어는 溫故知新, 無緣無故 등이 있다.

47) 孟子(맹자)-맹자(대략 B,C,372-B,C,289)는 이름은 軻이고, 戰國 시기 철학가, 사상가, 교육자이다. 孔子 이후 荀子 이전의 인물로 儒家學派의 대표적 인물로서 孔孟으로 일컫는다.

48) 道(도)-말하다, 주장하다. 관련 4자성어는 志同道合, 任重道遠 등이 있다.

49) 性善(성선)-사람이 처음 태어났을 때의 본성은 선량하다는 주장이다. 동일한 의미의 최초 출전은《孟子》〈滕文公上〉「孟子道性善, 言必稱堯舜」에 보인다.

50) 必(필)-반드시. 必定, 必然, 必須, 一定要 등과 동일하다. 관련 4자성어는 物極必反, 信賞必罰 등이 있다.

51) 稱(칭)-일컫다. 관련 4자성어는 人心如稱, 北面稱臣 등이 있다.

52) 堯舜(요순)-堯와 舜은 고대 전설 중의 성인 군자이고, 역사적으로는 신석기후기 부락연맹체의 우두머리며 聖人으로 일컬어졌다. 동일한 의미의 최초 출전은《易經》〈繫辭下〉「黃帝堯舜, 垂衣裳而天下治, 蓋取諸乾坤」에 보인다.

53) 實(실)-실증하다. 관련 4자성어는 實事求是, 名存實亡 등이 있다.

54) 之(지)-그것을, 즉 之는 대명사로 앞 구절에 나온 性善을 가리킨다. 관련 4자성어는 君子之交, 莫逆之友 등이 있다.

55) 曰(왈)-말하다. 관련 4자성어는 美其名曰, 子曰詩云 등이 있다.

56) 人(인)-사람. 관련 4자성어는 助人爲樂, 目中無人 등이 있다.

57) 皆(개)-모두. 관련 4자성어는 人人皆知, 全民皆兵 등이 있다.

58) 可以爲(가이위)-~이 될 수 있다. 동일한 의미의 최초 출전은《論語》〈爲政〉「子曰 .. 温故而知新, 可以爲師矣」에 보인다. 즉 본문의「人皆可以爲堯舜」은《孟子》〈告子下〉「曹交問曰 .. 人皆可以爲堯舜, 有諸 ? 孟子曰 ..

然」에 보인다. 즉 "조교가 묻기를 .. 사람은 모두 요와 순처럼 될 수 있습니까? 맹자가 말하기를 .. 그렀다"라고 하였다.

59) 豈欺我哉(기기아재)-어찌 나를 속이겠는가? 豈~哉(乎) 즉 어찌 ~ 하겠는가!와 동일한 형식이다. 동일한 의미의 최초 출전은《孟子》〈滕文公上〉「有爲者亦若是。公明儀曰文王我師也, 周公豈欺我哉」에 보인다.

60) 哉(재)-감탄, 의문, 반문 등을 나타내는 조사로 啊와 동일하다. 관련 4자 성어는 嗚呼哀哉, 何足道哉 등이 있다.

【立志章1-1국역】

처음 공부하는 사람은 먼저 반드시 뜻을 세워야 되고 필히 성인을 예로 들어 스스로 갈망하며, 조금이라도 위축되거나 포기하여 물러나겠다는 생각을 가져서는 안 된다. 대개 일반 사람들도 성인과 더불어 사람이 태어나면서부터 가지고 있던 천부적인 성격은 동일하다. 비록 사람으로 생성된 이후에 음과 양의 기운이 다름에 따라서 형성된 특수한 본성은, 맑고 탁하고 순수하고 잡된 것이 다를 수 없기는 불가능하지만, 그러나 만약 참된 이치를 알고 실천하여 이전에 물 들은 불량 습관과 행동을 제거하고, 사람이 태어나면서부터 가지고 있던 천부적인 성격을 회복할 수 있다면, 털끝만큼이나마 보태지 않아도 여러 가지 훌륭한 일이나 행동이 모두 갖추어 질 것이다. 일반 사람이라도 어찌 성인이 되기를 스스로 갈망하지 않을 수 있겠는가! 그런 까닭에 맹자는 사람이 처음 태어났을 때의 본성은 선량하다는 주장을 하였고, 그리고 필히 요와 순 같은 성인을 일컬어 성선설을 실증하며 말하기를 .. "사람은 모두 요와 순 같은 성인이 될 수 있다."라고 하였으니 어찌 나를 속이려고 했겠는가?

【立志章1-1解說】

* 「聖人」

성인의 문자 풀이는《說文解字》「聖者, 通也」라고 했다. 또 글자 형태로 보면 위의 왼쪽 耳는 도리를 듣고 천지의 바른 이치를 통달함을 나타낸다. 위의 오른쪽 口는 이치를 널리 선양하고 대중을 교화함을 나타낸다. 아래의 王은 만물을 통솔하는 왕의 품덕과 덕행이 널리 시행됨을 나타낸다. 그 외에도 여러 가지 의미가 있지만 대략 아래 4가지가 보편적으로 인정되고 있다. 첫째, 일반적으로 중국 고대에 품덕이 고상하고 지혜가 출중한 사람을 칭송하여 일컫는 용어이다. 둘째, 儒家의 道統을 계승한 인물로 堯, 舜, 禹, 商湯, 周文王, 周公, 孔子 등을 일컫는다. 셋째, 儒家의 6대 성인으로 元聖(周公), 至聖(孔子), 復聖(顔回), 宗聖(曾子), 述聖(子思), 亞聖(孟子)을 일컫는다. 넷째, 각종 방면에서 최고의 경지에 오른 사람을 일컫는데, 예를 들면 智聖(東方朔), 武聖(關羽), 酒聖(杜康), 詩聖(杜甫), 醫聖(張仲景), 書聖(王羲之), 畵聖(吳道子), 茶聖(陸羽), 科聖(張衡). 商聖(范蠡), 謀聖(姜子牙), 算聖(劉洪), 史聖(司馬遷), 樂聖(李龜年), 棋聖(黃龍士), 詞聖(蘇軾), 曲聖(關漢卿), 藥聖(孫思邈), 兵聖(孫武), 智聖(諸葛亮) 등이 있다. 본문에서는 둘째의 의미이다.

*「天地之性」과「氣質之性」

천지지성과 기질지성은 張載(北宋),《正蒙》〈誠明〉「形而後有氣質之性, 善反之, 則天地之性存焉。故氣質之性, 君子有弗性者焉」에 의하면 사람의 본성은 2가지로 구분한다. 첫째, 보편적이고 절대적인 본성 즉 天地之性(天賦之性)이다. 이것은 사람이 태어나면서부터 가지고 있던 천부적인 성격, 즉 하늘과 땅이 사람에게 부여한 善과 惡의 본성으로 先天的本性이고 선의 근원이며 도덕의 본체이다. 둘째, 구체적이고 상대적인 본성 즉 氣質之性이다. 이것은 사람이 생성된 이후에 陰과 陽의 기운이 다름에 따라서 형성된 특수한 본성이고 악의 근원이며 소질 본능 등 감성적인 존재이다. 기질지성의 4가지 특징은 a.태어남과 더불어 갖춰지고 b.주로 사람의 情欲을 가리킨다. c.선과 악이 있고 d.사람마다 차이가 있다.

결론적으로 사람이 태어나면 형체가 있게 되고, 그런 까닭에 천지지성과 기질지성이 그 안에 있게 된다. 그러나 천지지성은 대체로 기질지성에 가려지기 때문에 잘 밝혀질 수 없다. 그래서 기질지성을 변화시켜 천지지성으로 돌아가게 해야 하는 것이 인간의 순수성을 유지하는 첩경이다.

*「性善說」

성선설은 《孟子》〈告子上〉「人性之善也, 猶水之就下也。人無有不善, 水無有不下」에 의하면, 사람의 성품은 본래 선하고, 사람이 선을 행하는 것은 인간 본성의 표현이라고 하였다. 성선을 상세하게 풀이하면, 性論을 의미하고 성론은 인간의 본질 人性에 대해서 논술한 것이다. 인성은 惻隱, 羞惡, 辭讓, 是非 등의 마음이 四端이고, 그것은 각각 仁, 義, 禮, 智의 근원을 이룬다. 인성은 도덕 방면의 心性이고 도덕 방면의 심성은 본래부터 내재되어 있는 仁義의 規定性이 그 안에 있다고 여기는 것이다.

心과 性의 관념은 아래 2가지 내용으로 구분한다. 첫째, 심성은 도덕 방면의 심성이지 情欲 방면의 심성이 아니다. 둘째, 도덕 방면의 심성은 인의가 내재된 선천적 規定性에 있다. 즉 심과 성은 고대 중국철학에서 자연적 생명에 관한 사유특징과 개별적 인간 성격에 관한 품격특징을 해석하는 2가지 중요 단어이다. 결론적으로 본성(性)은 마음(心)의 본성(性)이고, 마음(心)은 본성(性)의 근간이며, 본성(性)은 마음(心)에 의지하는 존재로서 발현되고, 마음(心)은 본성(性)에 의지하여 본래부터 존재하고 있음을 증명하고 있다. 그렇기 때문에 우리가 일반적으로 성선을 이야기 할 때에 단지 본성(性)만 제시하는 것은, 이미 본성(性) 내부에 마음(心)의 존재를 포괄하고 있고, 또 본성(性) 하나만을 설명하는 것은 마음(心)에 의지하는 존재로 발현되는 특징을 가지고 있기 때문이다. 그래서 마음(心)과 본성(性)은 서로 사물의 앞뒷면과 같고 상호 보완적인 작용을 하는 것이다.

【立志章1-2원문】

當常自奮發曰 .. "人性本善, 無古今智愚之殊, 聖人何故獨爲聖人, 我則何故獨爲衆人耶." 良由志不立, 知不明, 行不篤耳。志之立, 知之明, 行之篤, 皆在我耳, 豈可他求哉! 顔淵曰 .. "舜何人也? 予何人也? 有爲者亦若是." 我亦當以顔之希舜爲法。

【立志章1-2음역】

당상자분발왈 .. "인성본선, 무고금지우지수, 성인하고독위성인, 아즉하고독위중인야." 양유지불립, 지불명, 행부독이. 지지립, 지지명, 행지독, 개재아이, 기가타구재! 안연왈 .. "순하인야? 여하인야? 유위자역약시." 아역당이안지희순위법.

【立志章1-2주석】

1) 當(당)-마땅히. 관련 4자성어는 老當益壯, 以一當十 등이 있다.
2) 常(상)-항상. 관련 4자성어는 變化無常, 人之常情 등이 있다.
3) 自(자)-스스로, 저절로. 관련 4자성어는 自由自在, 泰然自若 등이 있다.
4) 奮發(분발)-분발하다. 동일한 의미의 최초 출전은 《楚辭》〈大招〉「春氣奮發, 萬物遽只」에 보인다.
5) 曰(왈)-말하다. 여기서는 생각해야 한다는 뜻으로 스스로 다짐하는 의미가 강하다. 관련 4자성어는 美其名曰, 子曰詩云 등이 있다.
6) 人性(인성)-사람의 기본적인 심리 속성, 인간 본성(성품). 동일한 의미의 최초 출전은 《孟子》〈告子上〉「人性之無分于善不善也, 猶水之無分于東西也」에 보인다. 또 歐陽修(北宋), 〈誨學說〉「玉不琢不成器, 人不學不知道 …… 人性因物而遷, 不學則舍君子而爲小人, 可不念哉」에 보인다.
7) 本善(본선)-인간의 본성은 선하다. 동일한 의미의 최초 출전은 王應麟(南宋), 《三字經》「人之初, 性本善」에 보인다.
8) 無(무)-없다, 동사이고 有와 반대이다. 관련 4자성어는 史無前例, 無邊無

際 등이 있다.

9) 古今(고금)-옛날과 지금. 동일한 의미의 최초 출전은《禮記》〈三年問〉「故三年之喪, 人道之至文者也 …… 是百王之所同, 古今之所壹也」에 보인다.

10) 智愚(지우)-지혜롭고 어리석은. 동일한 의미의 최초 출전은 劉過(南宋), 〈投誠齋〉 其四「智愚上下爾自異, 尺寸不差公短長」에 보인다.

11) 之(지)-~의. 관련 4자성어는 君子之交, 莫逆之友 등이 있다.

12) 殊(수)-차이, 다름. 不同과 동일하다. 관련 4자성어는 殊途同歸, 日異月殊 등이 있다.

13) 聖人(성인)-2가지 의미가 있다. 첫째, 고대에 品德이 高尙한 사람을 칭송하여 일컫는 용어이다. 둘째, 堯, 舜, 禹, 孔子 등을 가리키기도 한다. 동일한 의미의 최초 출전은 韓愈(唐), 〈師說〉「古之聖人, 其出人也遠矣」에 보인다. 본문에서는 둘째의 의미이다.

14) 何故(하고)-어떤 까닭으로. 동일한 의미의 최초 출전은《左傳》宣公十一年「夏徵舒爲不道, 弑其君, 寡人以諸侯討而戮之, 諸侯、縣公皆慶寡人, 女獨不慶寡人, 何故?」에 보인다.

15) 獨(독)-홀로, 유독. 관련 4자성어는 獨一無二, 唯我獨尊 등이 있다.

16) 爲(위)-~이 되다, 하다, 만들다. 做, 作, 干, 搞 등과 동일하다. 관련 4자성어는 助人爲樂, 一言爲定 등이 있다.

17) 我(아)-나. 余, 吾, 予와 동일하다. 관련 4자성어는 唯我独尊, 自我陶醉 등이 있다.

18) 則(즉)-곧, 즉. 관련 4자성어는 月滿則虧, 禮煩則亂 등이 있다.

19) 衆人(중인)-일반 사람. 凡人과 동일하다. 동일한 의미의 최초 출전은《孟子》〈告子下〉「君子之所爲, 衆人固不識也」에 보인다.

20) 耶(야)-조사로 문장 중간 혹은 문장 끝에 사용한다. 문장 끝에 사용할 때는 邪, 也와 동일한 의미이다. 관련 동일한 의미의 최초 출전은《漢書》〈孝武李夫人傳〉「是耶非耶? 立而望之, 偏何姍姍其來遲?」에 보인다.

21) 良由(양유)-확실히 ~으로 말미암다. 동일한 의미의 최초 출전은 趙蕃(北宋), 〈次韻潘端叔送行二首〉「良由習未除, 匪是眞爲貴」에 보인다.

22) 志不立, 知不明, 行不篤(지불립, 지불명, 행부독)-뜻을 확고히 세우지 못하면, 사리에 대한 이해가 불분명해지고, 실천도 돈독해지지 않는다. 志之立, 知之明, 行之篤-즉 志立, 知明, 行篤이고, 뜻을 확고히 세우면, 사리에 대한 이해가 분명해지며, 실천은 더욱 돈독해진다의 반대 의미이다. 관련 동일한 의미의 최초 출전은 《墨子》〈修身〉「志不强者智不達., 言不信者行不果., 據財不能以分人者, 不足與友., 守道不篤, 遍物不博, 辯是非不察者, 不足與游」에 보인다.

23) 耳(이)-조사로 ~일 뿐이다. 而已와 동일하다. 관련 4자성어는 耳目一新, 忠言逆耳 등이 있다.

24) 志之立, 知之明, 行之篤(지지립, 지지명, 행지독)-즉 志立, 知明, 行篤이다. 뜻을 확고히 세우면, 사리에 대한 이해가 분명해지며, 실천은 더욱 돈독해진다. 篤은 충실, 돈독, 敦厚와 동일하다. 동일한 의미의 최초 출전은 朱熹(南宋), 《朱子語類》 卷十四〈大學一〉「知之愈明, 則行之愈篤., 行之愈篤, 則知之益明」에 보인다.

25) 皆(개)-모두. 관련 4자성어는 人人皆知, 有口皆碑 등이 있다.

26) 在我-나에게 있다, 나에게 달려있다. 동일한 의미의 최초 출전은 《孟子》〈盡心下〉「在彼者, 皆我所不爲也., 在我者, 皆古之制也, 吾何畏彼哉？」에 보인다.

27) 豈可他求哉(기가타구재)-어찌 다른 곳에서 구할 수 있겠는가! 豈可~哉, 즉 어찌 ~할 수 있겠는가! 동일한 의미의 최초 출전은 朱震亨(元), 〈丹溪心法〉「病旣本于此, 爲工者豈可他求哉! 必求于陰陽可也」에 보인다.

28) 顔淵(안연)-안회(B.C.521-B.C.481)는 성은 曹이고 顔氏이며 이름은 回이고 자는 子淵이다. 春秋 말기 魯나라 출신으로 유명한 사상가이다. 孔子 문하의 10哲에 속하고 復聖으로 일컬어졌다.

29) 舜(순)-舜은 고대 전설 중의 성인 군자이고, 역사적으로는 신석기후기 부

락연맹체의 우두머리며 聖人으로 일컬어졌다. 동일한 의미의 최초 출전은《易經》〈繫辭下〉「黃帝堯舜, 垂衣裳而天下治, 蓋取諸乾坤」에 보인다.

30) 何人(하인)-의문대명사로, 누구, 어떤 사람. 동일한 의미의 최초 출전은《魏書》〈任城陳蕭王傳〉「臣竊感先帝早崩, 威王棄世, 臣獨何人 ? 以堪長久」에 보인다.

31) 也(야)-조사로 문장 중간에 혹은 문장 끝에 사용한다. 관련 4자성어는 空空如也, 未嘗有也 등이 있다.

32) 予(여)-나. 我와 동일하다. 관련 4자성어는 生死予奪, 一予一奪 등이 있다.

33) 有爲(유위)-하고자 함이 있으면, 즉 하려고 하는 사람은. 有所作爲의 생략이다. 동일한 의미의 최초 출전은《易經》〈繫辭上〉「是以君子將有爲也」에 보인다.

34) 者(자)-~라는 사람. 관련 4자성어는 來者不拒, 當局者迷 등이 있다.

35) 亦(역)-또한. 관련 4자성어는 亦復如是, 不亦悅乎 등이 있다.

36) 若是(약시)-이와 같다. 본문의「顔淵曰 .. 舜何人也? 予何人也? 有爲者亦若是」부분의 동일한 의미의 최초 출전은《孟子》〈滕文公上〉「顔淵曰 .. 舜何人也 ? 予何人也 ? 有爲者亦若是」에 보인다. 즉 "안연이 말하기를 .. 순은 어떤 사람입니까? 나는 어떤 사람입니까? 하고자 함이 있는 사람은 또한 순처럼 될 수 있습니다"라고 하였다. 본문의「是」는 순임금을 지칭하는 대명사이다.

37) 以(이)-조사이고, ~로써. 관련 4자성어는 以德報怨, 以一當十 등이 있다.

38) 顔(안)-안회를 가리킨다. 관련 4자성어는 厚顔無恥, 和顔悅色 등이 있다.

39) 希(희)-바라다. 希舜은 순임금처럼 되기를 바라다. 관련 4자성어는 地廣人希, 希世之才 등이 있다.

40) 爲法(위법)-본보기로 삼다. 법은 본받다의 의미이고 效, 傚, 倣과 동일하다. 동일한 의미의 최초 출전은 韓愈(唐), 〈進學解〉「吐辭爲經, 擧足爲法」에 보인다.

【立志章1-2국역】

마땅히 항상 스스로 분발하며 말하기를 .. "사람의 기본적인 심리 속성은 본래 선하므로 옛날이나 지금이나 지혜롭거나 어리석은 사람이거나 차이가 없는데, 성인은 어떤 까닭으로 홀로 성인이 되었고 나는 어떤 까닭으로 홀로 일반 사람이 되었는가!" 확실히 뜻을 확고히 세우지 못하고, 사리에 대한 이해도 불분명했으며, 실천도 돈독하지 않는 것으로 말미암은 것일 뿐이다. 뜻을 확고히 세우고, 사리에 대한 이해도 분명해지며, 실천도 더욱 돈독해지는 것은 모두 나에게 달려있을 뿐인데, 어찌 다른 곳에서 구할 수 있겠는가! 안연이 말하기를 .. "순은 어떤 사람이냐? 나는 어떤 사람이냐? 순처럼 성인이 되고자 함이 있으면 또한 순처럼 성인이 되는 것과 같은 것이다." 나도 또한 마땅히 안연이 순처럼 되기를 바라는 마음가짐으로써 그렇게 본보기로 삼아야 할 것이다.

【立志章1-2解說】

* 「聖人」과 「衆人」의 차이는?

성인과 중인의 차이는 《孟子》〈滕文公上〉「顏淵曰 .. 舜何人也? 予何人也? 有爲者亦若是」와 《孟子》〈告子下〉「聖人, 與我同類者」 및 《孟子》〈離婁下〉「何以異于人哉？ 堯舜與人同耳」에 의거하면, 성인과 중인은 차이가 없음을 알 수 있다. 차이가 있다면 朱熹(南宋), 《朱子語類》 卷十四〈大学一〉「知之愈明, 則行之愈篤., 行之愈篤, 則知之益明」에 보이는 것처럼, 일반사람도 志立, 知明, 行篤이면, 즉 뜻을 확고히 세우고, 사리에 대한 이해가 분명해지며, 실천을 더욱 돈독히 하면 성인에 가깝다 할 것이다.

결론적으로 성인과 일반사람의 차이는 지립(뜻을 확고히 세우고), 명(사리에 대한 이해가 분명해지며), 행독(실천을 더욱 돈독히 하면) 하면 성인이 되고 그렇지 않으면 일반사람이 되는 것이다. 참고로 중국 고대에 학문과 수행 상황에 따른 사람의 등급 분류를 열거하였으니 참고할 것.

구분	수행 상황에 따른 등급 분류											
《黃帝內經》 4	眞人	至人	聖人	賢人								
孔子 5	聖人	賢人(哲人)	君子	士人	小人(庸人)							
鬼谷子 5	眞人	至人	聖人	賢人	凡人							
荀子 6	至人	聖人	賢人	士人	庸人	倚人						
莊子 8	天人	神人	至人	聖人	賢人	君子	官人	民人				
종합 12	神人	天人	眞人	至人	聖人	賢人	卓人	士人	常人	倚人	妄人	惡人

【立志章1-3원문】

人之容貌不可變醜爲姸, 膂力不可變弱爲强, 身體不可變短爲長, 此則已定之分, 不可改也。惟有心志, 則可以變愚爲智, 變不肖爲賢, 此則心之虛靈, 不拘於稟受故也。莫美於智, 莫貴於賢, 何苦而不爲賢智, 以虧損天所賦之本性乎。人存此志, 堅固不退, 則庶幾乎道矣!

【立志章1-3음역】

인지용모불가변추위연, 여력불가변약위강, 신체불가변단위장, 차즉이정지분, 불가개야. 유유심지, 즉가이변우위지, 변불초위현, 차즉심지허령, 불구어품수고야. 막미어지, 막귀어현, 하고이불위현지, 이휴손천소부지본성호。인존차지, 견고불퇴, 즉서기호도의!

【立志章1-3주석】

1) 人(인)-사람. 관련 4자성어는 助人爲樂, 目中無人 등이 있다.
2) 之(지)-~의. 관련 4자성어는 君子之交, 莫逆之友 등이 있다.
3) 容貌(용모)-용모, 얼굴 생김새. 容顔相貌의 생략이다. 동일한 의미의 최초 출전은 《論語》〈泰伯〉「君子所貴乎道者三 .. 動容貌, 斯遠暴慢矣., 正顔色, 斯近信矣., 出辭氣, 斯遠鄙倍矣」에 보인다.

4) 不可(불가)-할 수 없다. 可(가능, 되다, 적합, 옳다)의 반대 의미이다. 동일한 의미의 최초 출전은《孫子兵法》〈九變〉「覆軍殺將, 必以五危, 不可不察也」에 보인다.
5) 變 ~爲(변 ~위)-~를 바꾸어(변화시켜) ~로 만들다(되다).
6) 醜(추)-못생기다. 관련 4자성어는 惡直醜正, 比物醜類 등이 있다.
7) 姸(연)-예쁘다. 관련 4자성어는 百花爭姸, 桃李爭姸 등이 있다.
8) 膂力(여력)-체력. 동일한 의미의 최초 출전은《後漢書》〈董卓傳〉「卓膂力過人, 雙帶兩鞬, 左右馳射」에 보인다.
9) 變(변)-변화. 관련 4자성어는 千變萬化, 變化無常 등이 있다.
10) 弱(약)-약하다. 관련 4자성어는 弱肉强食, 文弱書生 등이 있다.
11) 爲(위)-~이 되다, 하다, 만들다. 做, 作, 干, 搞 등과 동일하다. 관련 4자성어는 助人爲樂, 一言爲定 등이 있다.
12) 强(강)-강하다. 관련 4자성어는 自强不息, 堅强不屈 등이 있다.
13) 身體(신체)-신체, 키. 동일한 의미의 최초 출전은《戰國策》〈楚策四〉「襄王聞之, 顔色變作, 身體戰栗」에 보인다.
14) 短(단)-키가 작은. 관련 4자성어는 一長一短, 取長補短 등이 있다.
15) 長(장)-키가 큰. 관련 4자성어는 教學相長, 意味深長 등이 있다.
16) 此(차)-이것은. 관련 4자성어는 不分彼此, 果然如此 등이 있다.
17) 則(즉)-곧, 즉. 관련 4자성어는 月滿則虧, 禮煩則亂 등이 있다.
18) 已定之分(이정지분)-이미 정해져서 사람의 힘으로 바꿀 수 없는 타고난 것. 定分과 동일하고 確定名分의 생략이다. 동일한 의미의 최초 출전은《荀子》〈非十二子〉「終日言成文典, 反紃察之, 則倜然無所歸宿, 不可以經國定分」에 보인다.
19) 改(개)-고치다. 관련 4자성어는 改過遷善, 朝令夕改 등이 있다.
20) 也(야)-조사로 문장 중간에 혹은 문장 끝에 사용한다. 관련 4자성어는 空空如也, 未嘗有也 등이 있다.
21) 惟有(유유)-다만, 단지. 只有와 동일하다. 동일한 의미의 최초 출전은 孔

融(東漢), 〈論盛孝章書〉「海内知識, 零落殆盡, 惟有會稽盛孝章尚存」에 보인다.

22) 心志(심지)-마음, 의지, 심성. 동일한 의미의 최초 출전은《孟子》〈告子下〉「故天將降大任於是人也, 必先苦其心志, 勞其筋骨, 餓其體膚, 空乏其身」에 보인다.

23) 可以(가이)-할 수 있다. 동일한 의미의 최초 출전은《孟子》〈梁惠王上〉「五畝之宅, 樹之以桑, 五十者可以衣帛矣」에 보인다.

24) 愚(우)-어리석다. 관련 4자성어는 愚公移山, 大智若愚 등이 있다.

25) 智(지)-지혜롭다. 관련 4자성어는 聰明才智, 急中生智 등이 있다.

26) 不肖(불초)-아버지를 닮지 않아서 못난, 스스로를 낮출 때 사용하는 표현, 어리석다. 동일한 의미의 최초 출전은《禮記》〈雜記下〉「諸侯出夫人, 夫人比至于其國 …… 主人對曰 .. 某之子不肖, 不敢辟誅」 鄭玄(東漢) 注 ..「肖, 似也。不似, 言不如人」에 보인다.

27) 賢(현)-현명하다. 관련 4자성어는 禮賢下士, 選賢任能 등이 있다.

28) 心(심)-마음. 관련 4자성어는 一心一意, 同心協力 등이 있다.

29) 虛靈(허령)-볼 수 없고 만질 수 없지만 실제 존재한다고 믿는 영성. 心靈과 동일하고 虛靈不昧의 생략이다. 동일한 의미의 최초 출전은 朱熹(南宋), 《大學集注》〈明德〉「明德者, 人之所得乎天, 而虛靈不昧, 以具衆理而應萬事者也。但爲氣稟所拘, 人欲所蔽, 則有時而昏., 然其本體之明, 則有未嘗息者」에 보인다.

30) 不拘(불구)-구애받지 않다. 동일한 의미의 최초 출전은《莊子》〈雜篇〉「故聖人法天貴眞, 不拘於俗」 成玄英 疏 ..「不拘束於俗禮也」에 보인다.

31) 於(어)-어조사이고, ~에, ~에서, ~보다, ~를, ~에게, ~에 대해서, 이에 있어서 등의 의미로 사용되고 于와 동일하다. 관련 4자성어는 青出於藍, 耿耿於懷 등이 있다.

32) 稟受(품수)-천부적인 성품과 기질, 품성. 性品과 동일하다. 동일한 의미의 최초 출전은《淮南子》〈脩務訓〉「各有其自然之勢, 無稟受於外」에 보

인다.

33) 故(고)-까닭이다. 관련 4자성어는 溫故知新, 無緣無故 등이 있다.

34) 莫~於(막 ~어)-莫+A(형용사)+於+B의 형식으로 B보다 A한 것은 없다. 관련 4자성어는 後悔莫及, 變化莫測 등이 있다.

35) 美(미)-아름다운. 관련 4자성어는 十全十美, 盡善盡美 등이 있다.

36) 貴(귀)-귀한. 관련 4자성어는 榮華富貴, 民貴君輕 등이 있다.

37) 何苦(하고)-어떤 까닭으로, 왜, 하필. 동일한 의미의 최초 출전은《史記》〈黥布列傳〉「(上)與布相望見, 遙謂布曰 .. 何苦而反」에 보인다.

38) 而(이)-그리고, 그래서, 그러나. 관련 4자성어는 不言而喩, 適可而止 등이 있다.

39) 不爲(불위)-하지 않다, 되지 않다. 동일한 의미의 최초 출전은《孟子》〈梁惠王上〉「爲長者折枝, 語人曰 .. 我不能, 是不爲也, 非不能也」에 보인다.

40) 以(이)-조사이고, ~로써. 관련 4자성어는 以德報怨, 以一當十 등이 있다.

41) 虧損(휴손)-손상시키다. 동일한 의미의 최초 출전은《漢書》〈惠帝紀贊〉「聞叔孫通之諫則懼然, 納曹相國之對而心說, 可謂寬仁之主。遭呂太后虧損至德, 悲夫 ! 」에 보인다.

42) 天所賦(천소부)-하늘이 부여한 바, 천부적인. 동일한 의미의 최초 출전은 朱熹(南宋),《朱子語類》卷第五「天所賦爲命, 物所受爲性」에 보인다.

43) 本性(본성)-사람이 태어나면서부터 가지고 있던 천부적인 성격, 즉 하늘과 땅이 사람에게 부여한 善과 惡의 본성으로 先天的本性이고 善의 근원이다. 天地之性, 本然之性과 동일하다. 동일한 의미의 최초 출전은《荀子》〈性惡〉「然則禮義積僞者, 豈人之本性也哉」에 보인다.

44) 乎(호)-개사로는 ~에, ~에 대하여 ~을(를) 의미이다. 어조사로는 문장의 끝에 사용되어 의문, 반어, 감탄, 명령, 추정 등 의미로 사용된다. 관련 4자성어는 不亦悅乎, 出乎意外 등이 있다.

45) 存(존)-두다, 보존하다. 관련 4자성어는 求同存異, 生死存亡 등이 있다.

46) 此志(차지)-이러한 뜻(의지). 동일한 의미의 최초 출전은 班固(東漢),《漢

書》〈賈誼傳〉「聖人有金城者, 比物此志也」에 보인다.

47) 堅固(견고)-견고하게. 동일한 의미의 최초 출전은 劉向(西漢), 《列女傳》〈楚平伯嬴〉「伯嬴自守, 堅固專一, 君子美之, 以爲有節」에 보인다.

48) 不退(불퇴)-물러서지 않다. 동일한 의미의 최초 출전은 羅貫中(明), 《三國志演義》 第十回 「王允旣誅, 軍馬何故不退」에 보인다.

49) 庶幾乎(서기호)-거의~에 이르다, 거의 ~이 되다. 乎는 조사이다. 동일한 의미의 최초 출전은 《莊子》〈田子方〉「寓而政於臧丈人, 庶幾乎民有瘳乎!」에 보인다.

50) 道(도)-도, 도리. 관련 4자성어는 志同道合, 任重道遠 등이 있다.

51) 矣(의)-조사로 문장 끝에 사용되고 了의 의미와 유사하다. 관련 4자성어는 思過半矣, 至矣盡矣 등이 있다.

【立志章1-3국역】

사람의 얼굴 생김새는 못생긴 것을 예쁘게 바꿀 수 없고, 체력이 약한 것을 강하게 바꿀 수 없으며, 키가 작은 것을 크게 바꿀 수 없는데, 이것은 이미 정해져서 사람의 힘으로 바꿀 수 없는 타고난 것으로 변화시킬 수가 없는 것이다. 다만 사람의 마음은 어리석은 것을 지혜롭게 바꿀 수 있고 못난 것을 현명하게 바꿀 수 있는데, 이것은 마음이라는 볼 수 없고 만질 수 없지만 실제 존재한다고 믿는 영성이 천부적인 성품과 기질에 구애받지 않는 까닭이다. 사람에게는 지혜로움보다 아름다운 것은 없고 현명함보다 귀한 것이 없는데, 어떤 까닭으로 현명하고 지혜로운 사람이 되지 않고 하늘이 부여한 천부적인 성격을 훼손하려 하는가. 사람이 이러한 뜻을 보존하고 견고하게 물러서지 않으려고 노력한다면 곧 거의 도에 이르렀다고 할 것이다!

【立志章1-3解說】

*「虛靈」

허령의 의미는 볼 수 없고 만질 수 없지만 실제 존재한다고 믿는 영성

(영적인 본질)을 가리킨다. 상세히 풀이하면 원래는 우주의 최초 혼돈과 원시적 상태를 가리킨다. 이러한 개념이 사람의 신체에 반영되어, 사람이 태어날 때 하늘로부터 부여받은 순수(眞, 善, 美)의 상태로 돌아가려는 마음을 가리킨다. 虛靈不昧의 생략이다. 동일한 의미의 최초 출전은 朱熹(南宋), 《大學集注》〈明德〉「明德者, 人之所得乎天, 而虛靈不昧, 以具衆理而應萬事者也。但爲氣稟所拘, 人欲所蔽, 則有時而昏., 然其本體之明, 則有未嘗息者」에 보인다. 즉 "소위 德을 밝힌다는 것은 사람이 태어나면서 하늘로부터 얻은 천부적인 것으로, 볼 수 없고 만질 수 없지만 실제 존재한다고 믿는 순수(眞, 善, 美)의 상태로 돌아가려는 마음으로써, 세상의 일체 도리를 구비하였으며 그것으로 세상의 모든 변화에 대응하여 해결할 능력을 가지고 있다. 그러나 천부적인 성품과 기질에 구애받고 인간의 욕심에 가려져서 때때로 혼미하여 비이성적(몰이성적)이 되지만, 그러나 그 인간 성품의 본체에 내재하는 밝은 성질은 여전히 세상을 밝히고 있으며 결코 멈춘 적이 없었다."라고 하였다.

【立志章1-4원문】

凡人自謂立志, 而不卽用功, 遲回等待者, 名爲立志, 而實無向學之誠故也。苟使吾志, 誠在於學, 則爲仁由己, 欲之則至, 何求於人, 何待於後哉! 所貴乎立志者, 卽下工夫, 猶恐不及, 念念不退故也。如或志不誠篤, 因循度日, 則窮年沒世, 豈有所成就哉!

【立志章1-4음역】

범인자위입지, 이부즉용공, 지회등대자, 명위입지, 이실무향학지성고야. 구사오지, 성재어학, 즉위인유기, 욕지즉지, 하구어인, 하대어후재! 소귀호입지자, 즉하공부, 유공불급, 염염불퇴고야. 여혹지불성독, 인순도일, 즉궁

년몰세, 기유소성취재!

【立志章1-4주석】

1) 凡(범)-문장 전체를 수식하는 부사로 무릇, 모든의 의미이다. 관련 4자성어는 儀表非凡, 擧止不凡 등이 있다. 본 문장의 凡人은 형용사로 보통+명사 사람의 결합으로 평범한 사람, 일반사람으로 해석하였다. 衆人과 동일하다. 관련 4자성어는 凡夫俗子, 儀表不凡 등이 있다.
2) 人(인)-사람. 4자성어로는 助人爲樂, 目中無人 등이 있다.
3) 自謂(자위)-스스로 일컫다(여기다). 동일한 의미의 최초 출전은 王維(唐), 〈桃源行〉「自謂經過舊不迷, 安知峰壑今來變」에 보인다.
4) 立志(입지)-뜻을 세우다. 立定志願의 생략이다. 동일한 의미의 최초 출전은 《左傳》 襄公二十七年「志以發言, 言以出信, 信以立志, 參以定之」에 보인다.
5) 而(이)-그러나, 그래서, 그리고. 관련 4자성어는 不言而喩, 適可而止 등이 있다.
6) 不(불)-아니다. 부사이고 일반적으로 부정의 의미로 사용된다. 관련 4자성어는 念念不忘, 美中不足 등이 있다.
7) 卽(즉)-즉시, 곧바로. 관련 4자성어는 一觸卽發, 卽興之作 등이 있다.
8) 用功(용공)-열심히 학습하다. 下功夫와 동일하고, 勤奮, 奮勉, 努力, 辛勤 등과 유사한 의미이다. 동일한 의미의 최초 출전은 《隋書》〈儒林傳(劉炫)〉「周禮、禮記 …… 論語孔、鄭、王、何、服、杜等注, 凡十三家, 雖義有精粗, 并堪講授。周易、儀禮、穀梁, 用功差少」에 보인다.
9) 遲回(지회)-미적거리다. 猶豫와 동일하다. 동일한 의미의 최초 출전은 《魏書》〈郭祚傳〉「高祖嘆謂祚曰 .. 卿之忠諫, 李彪 正辭, 使朕遲回不能復決」에 보인다.
10) 等待(등대)-기다리다. 동일한 의미의 최초 출전은 宮天挺(元), 〈范張鷄黍〉「楔子 .. 哥哥, 您兄弟在家殺鷄炊黍, 等待哥哥相會」에 보인다.
11) 者(자)-~라는 사람. 관련 4자성어는 來者不拒, 當局者迷 등이 있다.

12) 名(명)-명색이. 稱爲, 稱作, 稱之爲와 동일하다. 관련 4자성어는 名實相符, 擧世聞名 등이 있다.
13) 爲(위)-~이 되다, 하다, 만들다. 做, 作, 干, 搞 등과 동일하다. 관련 4자성어는 助人爲樂, 一言爲定 등이 있다.
14) 實(실)-사실은, 실상은. 관련 4자성어는 實事求是, 名存實亡 등이 있다.
15) 無(무)-없다, 동사이고 有와 반대이다. 관련 4자성어는 史無前例, 無邊無際 등이 있다.
16) 向學(향학)-학문을 향한, 학문을 연구하기로 뜻을 세움. 동일한 의미의 최초 출전은 曾巩(北宋), 〈襄州謝到任表〉「伏念臣素堅向學之心, 幸遇好文之主」에 보인다.
17) 之(지)-~의. 관련 4자성어는 君子之交, 莫逆之友 등이 있다.
18) 誠(성)-정성. 관련 4자성어는 誠心誠意, 精誠所至 등이 있다.
19) 故(고)-까닭이다. 관련 4자성어는 溫故知新, 無緣無故 등이 있다.
20) 也(야)-조사로 문장 중간에 혹은 문장 끝에 사용한다. 관련 4자성어는 空空如也, 未嘗有也 등이 있다.
21) 苟使(구사)-만약. 若, 如果, 如果有, 苟或, 假使, 假如 등과 동일하다. 동일한 의미의 최초 출전은《三國志》〈劉廙傳〉「苟使郭隗不輕于燕, 九九不忽于齊, 樂毅自至, 霸業以隆」에 보인다.
22) 吾志(오지)-나의 뜻. 동일한 의미의 최초 출전은 曹植(曹魏), 〈雜詩六首〉「閑居非吾志, 甘心赴國憂」에 보인다.
23) 在(재)-있다. 관련 4자성어는 自由自在, 無所不在 등이 있다.
24) 於(어)-어조사이고, ~에, ~에서, ~보다, ~를, ~에게, ~에 대해서, 이에 있어서 등의 의미로 사용되고 于와 동일하다. 관련 4자성어는 青出於藍, 耿耿於懷 등이 있다.
25) 學(학)-배우다, 학습, 학문 등을 가리킨다. 관련 4자성어는 博學多才, 學識淵博 등이 있다. 본문의 「誠在於學」은 정말로 학문에 있게 한다면, 정말로 학문에 있다면.

26) 則(즉)-곧, 즉. 관련 4자성어는 月滿則虧, 禮煩則亂 등이 있다.
27) 爲仁由己(위인유기)-인을 실천하는 것은 자기로 말미암는 것이니, 즉 인덕을 실행하는 것은 완전히 자신에 달려있다. 관련 동일한 의미의 최초 출전은《論語》〈顏淵〉「克己復禮爲仁。一日克己復禮, 天下歸仁焉。爲仁由己, 而由人乎哉 ?」또《論語》〈述而〉「子曰 .. 仁遠乎哉 ? 我欲仁, 斯仁至矣 !」및 朱熹(南宋),《論語集注》「程子曰 .. 爲仁由己, 欲之則至, 何遠之有 ?」등에 보인다. 본문의「爲仁由己, 欲之則至」는 즉 "인을 실천하는 것은 자기로 말미암는 것이니, 그것을 하고자 하면 곧 이르게 된다"라고 하였다.
28) 欲(욕)-~하려 하다. 관련 4자성어는 隨心所欲, 欲揚先抑 등이 있다.
29) 之(지)-대명사로 그것, 즉 학문하겠다는 의지, 志學을 가리킨다. 관련 4자성어는 君子之交, 莫逆之友 등이 있다. 본문의「之」는 仁을 가리킨다.
30) 至(지)-이르다. 관련 4자성어는 至高無上, 無所不至 등이 있다.
31) 何求於人(하구어인)-어찌 다른 사람에게서 구하고. 동일한 의미의 최초 출전은 嵇康(曹魏),〈四言贈兄秀才入軍詩〉「寂乎無累, 何求於人」에 보인다.
32) 何待於後(하대어후)-어찌 후일(나중)을 기다릴 것인가. 何待와 동일하다. 동일한 의미의 최초 출전은 羅貫中(明),《三國志演義》第七回「謀士逢紀說紹曰 .. 大丈夫縱橫天下, 何待人送糧爲食 ?」에 보인다.
33) 哉(재)-감탄, 의문, 반문 등을 나타내는 조사로 啊와 동일하다. 관련 4자성어는 嗚呼哀哉, 何足道哉 등이 있다.
34) 所貴乎(소귀호)-중시하는 까닭은. 所以貴乎의 생략이다. 동일한 의미의 최초 출전은《論語》〈泰伯〉「君子所貴乎道者三 .. 動容貌, 斯遠暴慢矣., 正顏色, 斯近信矣., 出辭氣, 斯遠鄙悖矣」에 보인다.
35) 下(하)-착수하다. 관련 4자성어는 不恥下問, 莫上莫下 등이 있다.
36) 工夫(공부)-공부, 학습, 工夫보다 시간과 노력을 더 많이 투자하는 경우에는 功夫를 사용한다. 下工夫와 下功夫와 동일하다. 동일한 의미의 최초 출전은 葛洪(東晉),《抱朴子》〈遐覽〉「藝文不貴, 徒消工夫」및 王實甫(元),

《西厢記》第二本第「下工夫將額顱十分掙, 遲和疾擦倒蒼蠅」에 보인다.

37) 猶(유)-오히려, 같다. 관련 4자성어는 過猶不及, 毫不猶豫 등이 있다.

38) 恐(공)-두렵다, 걱정이다. 관련 4자성어는 爭先恐後, 有恃無恐 등이 있다.

39) 不及(불급)-이르지 못할까, 도달하지 못할까. 동일한 의미의 최초 출전은 《易經》〈小過〉「過其祖, 遇其妣, 不及其君, 遇其臣」에 보인다.

40) 念念(염염)-항상 생각하다. 不忘과 동일하다. 동일한 의미의 최초 출전은 顔之推(南北朝~隋), 《顔氏家訓》〈歸心〉「若有天眼, 鑑其念念隨滅, 生生不斷, 豈可不怖畏邪!」에 보인다.

41) 不退(불퇴)-물러서지 않다. 동일한 의미의 최초 출전은 羅貫中(明), 《三國志演義》第十回「王允旣誅, 軍馬何故不退」에 보인다.

42) 如或(여혹)-만약. 若, 如果, 如果有, 苟使, 苟或, 假使, 假如 등과 동일하다. 동일한 의미의 최초 출전은 《詩經》〈正月〉「心之憂矣, 如或結之」에 보인다.

43) 志(지)-뜻. 관련 4자성어는 志同道合, 專心致志 등이 있다.

44) 誠篤(성독)-성실하고 돈독하다. 동일한 의미의 최초 출전은 方孝孺(明), 〈雙桂軒銘〉〈序〉「公和易誠篤, 表里如一, 與人交, 豁然無隱」에 보인다.

45) 因循(인순)-이전에 했던 대로 따르다, 옛 것을 답습하다. 동일한 의미의 최초 출전은 司馬光(北宋), 〈學士院試李淸臣等策問〉「庸人之情, 喜因循而憚改爲」에 보인다.

46) 度日(도일)-세월만 헛되이 보내다. 동일한 의미의 최초 출전은 《晉書》〈沮渠蒙遜載記〉「人無勸竟之心, 苟爲度日之事」에 보인다.

47) 窮年(궁년)-한 평생. 終身, 終生, 沒世와 동일하다. 동일한 의미의 최초 출전은 《荀子》〈解蔽〉「以可以知人之性, 求可以知物之理, 而無所疑止之, 沒世窮年, 不能徧也」에 보인다.

48) 沒世(몰세)-한 평생. 窮年과 동일하고 窮年沒世, 窮年沒壽, 沒世窮年의 생략이다. 동일한 의미의 최초 출전은 위와 동일하다.

49) 豈有~哉(焉)(기유~재(언)-어찌 ~함이 있겠는가! 동일한 의미의 최초 출

전은 左丘明(春秋末), 〈襄王不許請隧〉「以順及天地, 無逢其災害。先王豈有賴焉 ?」에 보인다.

50) 有所(유소)-~하는 바가 있다. 동일한 의미의 최초 출전은 屈原(楚), 〈卜居〉「夫尺有所短, 寸有所長, 物有所不足。智有所不明, 數有所不逮, 神有所不通」에 보인다.

51) 成就(성취)-성취. 본문의 「有所成就」는 有所作爲와 동일하다. 동일한 의미의 최초 출전은 袁康(東漢), 《越絶書》〈外傳本事〉「當此之時, 見夫子刪書作春秋, 定王制, 賢者嗟嘆, 决意覽史記成就其事」에 보인다.

【立志章1-4국역】

무릇 사람들이 스스로 뜻을 세웠다고 일컬으면서도 즉시 열심히 학습하지 않고 미적거리며 뒷날을 기다리는 사람은, 명색이 뜻을 세웠다고 하지만 그러나 실재로는 배움을 향한 정성이 없기 때문이다. 만약 나의 뜻이 정말로 배움에 있다면 곧 인덕을 실행하는 것은 완전히 자신에게 달려있으니, 그것을 하고자하면 곧 이르게 되므로 어찌 다른 사람에게서 구하거나 어찌 후일을 기다릴 것인가! 뜻을 세운 사람을 중시하는 까닭은, 즉시 열심히 학습하고 오히려 이르지 못할까 두려워하며 항상 생각하고 물러서지 않기 때문이다. 만약 뜻이 성실하고 돈독하지 못해서 이전에 했던 대로 따르면서 세월만 헛되이 보낸다면 한평생 어찌 성취한 바가 있겠는가!

【立志章1-4解說】

*「立志」

입지는 뜻을 세운다는 의미이다. 입지의 지는 고상한 志向의 지., 진취적인 기상과 용기의 지이다. 인생 전반에 대해서 말하면 입지는 인생에서 추구하는 이상이고 최종 목표이다. 일반적인 富貴功名 등 세속적인 것을 추구하는 것은 인생의 과정이지 인생의 이상이 될 수 없고 더욱 입지를 확립했다고 할 수 없다. 이러한 인생의 과정을 입지로 여기는 것은 입지의 진정한 의의를 잘못 이해하고 있는 것이다.

입지의 진정한 의미를 설파한 학자는 첫째, 墨子(戰國), 《墨子》〈修身〉「志不强者, 智不達」에 보인다. 즉 입지가 지식(智)에 대하여 중대한 영향을 끼친다는 것을 최초로 인식하였다. 둘째, 孟子(戰國), 《孟子》〈公孫丑上〉「夫志, 氣之帥也., 氣, 體之充也」에 보인다. 즉 사람의 사상적 지향은 그 사람의 진취적인 기상과 용기에 직접적인 영향을 주고, 진취적인 기상과 용기는 신체를 지탱하는 정신적인 힘이라고 하였다. 셋째, 朱熹(南宋), 《性理精義》 卷七「惟有志不立, 直是無著力處」에 보인다. 즉 입지를 확립하지 못한 사람은 근본적으로 구원할 수 있는 방법이 없다고 하였다. 넷째, 王陽明(明), 《教條示龍場諸生》〈立志〉「志不立, 天下無可成之事, 雖百工技藝, 未有不本于志者」에 보인다. 즉 입지는 인생의 이상과 목표를 성사시키기 위한 전제조건이고, 입지가 안 되면 인생의 이상과 목표를 이루지 못한다고 하였다.

결론적으로 입지는 인간 교육의 중요 목표이고 필수불가결한 것이며 일체 활동의 출발점이다. 사람의 일생은 무거운 짐을 지고 먼 길을 가는 것과 같다. 먼 길을 가고자 하면 분명한 목표가 있어야 한다. 이처럼 뜻을 세운 사람과 그렇지 않은 사람의 차이는 명백하다. 이른바 뜻을 세운 사람만이 이상과 목표가 마침내 이루어진다는「有志者, 事竟成」은 바로 이러한 이치인 것이다.

第二, 革舊習章

낡은 습성을 버리는 방법

人雖有志於學, 而不能勇往直前, 以有所成就者, 舊習有以沮敗之也。舊習之目, 條列如左, 若非勵志痛絶, 則終無爲學之地矣。

其一, 惰其心志, 放其儀形, 只思暇逸. 深厭拘束。其二, 常思動作, 不能守靜, 紛紜出入, 打話度日。其三, 喜同惡異, 汨於流俗, 稍欲修飭, 恐乖於衆。其四, 好以文辭, 取譽於時, 剽竊經傳, 以飾浮藻。其五, 工於筆札, 業於琴酒, 優游卒歲, 自謂淸致。其六, 好聚閒人, 圍棋局戱, 飽食終日, 只資爭競。其七, 歆羨富貴, 厭薄貧賤, 惡衣惡食, 深以爲恥。其八, 嗜慾無節, 不能斷制, 貨利聲色, 其味如蔗。

習之害心者, 大槪如斯, 其餘難以悉擧。此習使人志不堅固, 行不篤實。今日所爲, 明日難改, 朝悔其行, 暮已復然。必須大奮勇猛之志, 如將一刀, 快斷根株, 淨洗心地, 無毫髮餘脈。而時時每加猛省之功, 使此心無一點舊染之汚。然後可以論進學之工夫矣。

【革舊習章2-1원문】

人雖有志於學, 而不能勇往直前, 以有所成就者, 舊習有以沮敗之也。舊習之目, 條列如左, 若非勵志痛絶, 則終無爲學之地矣。

【革舊習章2-1음역】

인수유지어학, 이불능용왕직전, 이유소성취자, 구습유이저패지야. 구습지목, 조열여좌, 약비여지통절, 즉종무위학지지의.

【革舊習章2-1주석】

1) 革(혁)-개혁하다, 바꾸다, 고치다, 버리다. 관련 4자성어는 革新變舊, 革命創制 등이 있다.
2) 舊習(구습)-옛날의 잘못된 습관. 동일한 의미의 최초 출전은 應劭(東漢), 《風俗通》〈六國〉「遂恣睢舊習, 矯任其私知」에 보인다.
3) 人(인)-사람. 4자성어로는 助人爲樂, 目中無人 등이 있다.
4) 雖(수)-비록~일지라도. 관련 4자성어는 雖死無悔, 雖死猶生 등이 있다.
5) 有(유)-있다. 동사이고 無, 沒과 반대이다. 관련 4자성어는 有始無終, 一無所有 등이 있다.
6) 志於學(지어학)-학문에 뜻을 두다. 志學과 동일하고 立志學習의 생략이다. 본문의 「志於學」과 동일한 의미의 최초 출전은 《論語》〈爲政〉「吾十有五而志於學」에 보인다.
7) 而(이)-그러나. 관련 4자성어는 不言而喩, 適可而止 등이 있다.
8) 不能(불능)-~할 수 없다, 不可能과 동일하다. ~할 수 있다는 可能의 반대이다. 동일한 의미의 최초 출전은 盧照鄰(唐), 〈寄裴舍人書〉「慨然而咏富貴他人合, 貧賤親戚離, 因泣下交頤, 不能自已」에 보인다.
9) 勇往(용왕)-용감하게 나아가다. 동일한 의미의 최초 출전은 楊萬里(南宋), 〈觀水嘆〉 詩之二 「回風打別港, 勇往遮不住」에 보인다.

10) 直前(직전)-똑바로 앞으로 가다. 본문의 「勇往直前」은 4자성어로 용감하게 똑바로 전진해가다의 의미이다. 奮勇向前, 勇猛精進과 유사하다. 동일한 의미의 최초 출전은 朱熹(南宋), 《朱子全書》〈道統〉「不顧旁人是非, 不計自己得失, 勇往直前, 說出人不敢說的道理」에 보인다.

11) 以(이)-~함으로써. 관련 4자성어는 一以貫之, 夢寐以求 등이 있다.

12) 有所成就(유소성취)-성취한 바가 있다. 有所作爲와 동일하다. 成就의 동일한 의미의 최초 출전은 袁康(東漢), 《越絶書》〈外傳本事〉「當此之時, 見夫子删書作春秋, 定王制, 賢者嗟嘆, 决意覽史記成就其事」에 보인다.

13) 者(자)-~라는 것. 관련 4자성어는 來者不拒, 當局者迷 등이 있다.

14) 有以(유이)-~함이 있기 때문이다. 有因과 동일하다. 동일한 의미의 최초 출전은 《詩經》〈旄丘〉「何其久也? 必有以也」에 보인다.

15) 沮敗(저패)-가로막아 실패하게 하다, 좌절시키다. 挫折, 沮止와 동일하다. 동일한 의미의 최초 출전은 劉向(西漢), 《九歎》〈逢紛〉「顏黴黧以沮敗兮, 精越裂而衰耄」에 보인다.

16) 之(지)-대명사로 그것, 즉 학문하겠다는 의지, 志學을 가리킨다. 관련 4자성어는 君子之交, 莫逆之友 등이 있다.

17) 也(야)-조사로 문장 중간에 혹은 문장 끝에 사용한다. 관련 4자성어는 空空如也, 未嘗有也 등이 있다.

18) 目(목)-조목, 항목. 관련 4자성어는 一目了然, 刮目相看 등이 있다.

19) 條列(조열)-조목을 나누어 열거하다. 分條列擧의 생략이다. 동일한 의미의 최초 출전은 何休(東漢), 〈春秋公羊傳序〉「往者略依胡毋生條例, 多得其正, 故遂隱括, 使就繩墨焉」에 보인다.

20) 如左(여좌)-왼쪽과 같다, 다음과 같다. 즉 옛글은 세로 작성으로 다음 글은 왼쪽에 있기 때문이다. 如後, 如下와 동일하다. 동일한 의미의 최초 출전은 《後漢書》〈杜篤傳〉「伏作書一篇, 名曰論都, 謹并封奏如左」에 보인다.

21) 若非(약비)-만약 ~이 아니면. 본문의 「若非~ 則~」은 만약 ~이 아니면 곧 ~일 것이다. 동일한 의미의 최초 출전은 《後漢書》〈卓茂傳〉「若非公馬,

幸至丞相府歸我」에 보인다.

22) 勵志(여지)-마음을 집중하여 힘껏 노력하다. 奮志(분발하는 마음으로)와 동일하다. 동일한 의미의 최초 출전은 班固(東漢), 《白虎通》〈諫諍〉「勵志忘生, 爲君不避喪生」에 보인다.

23) 痛絶(통절)-철저히 끊어버리다. 동일한 의미의 최초 출전은 韓愈(唐), 〈唐故虞部員外郎張府君墓志銘〉「徐州使拜章, 請爲判官, 授協律郎。孝權始不痛絶, 詔下大悔, 卽詐稱疾, 不言三年」에 보인다.

24) 則(즉)-곧, 즉. 관련 4자성어는 月滿則虧, 禮煩則亂 등이 있다.

25) 終無(종무)-끝내 ~이 없다. 동일한 의미의 최초 출전은 方回(元), 〈西齋秋感二十首〉「老態夜乃見, 終無甛夢期」에 보인다.

26) 爲學(위학)-학문을 하다. 治學과 동일하다. 동일한 의미의 최초 출전은 《道德經》 第四十八章 「爲學日益, 爲道日損」에 보인다.

27) 地(지)-여지, 근거, 터전, 본문의 「爲~之地」는 ~를 할여지. 관련 4자성어는 天羅地網, 肝膽途地 등이 있다.

28) 矣(의)-조사로 문장 끝에 사용되고 了의 의미와 유사하다. 관련 4자성어는 思過半矣, 至矣盡矣 등이 있다.

【革舊習章2-1국역】

사람이 비록 학문에 뜻을 세웠더라도 용감하게 똑바로 전진하여 성취한 바가 있게끔 할 수 없는 것은, 옛날의 잘못된 습관이 가로막아 실패하게 만들기 때문이다. 옛날의 잘못된 습관 항목을 다음과 같이 조목을 나누어 열거하였으니, 만약 옛날의 잘못된 습관을 철저히 끊어버리려고 마음을 집중하여 힘껏 노력하지 않으면 끝내는 학문을 할 여지가 없게 될 것이다.

【革舊習章2-1解說】

*「痛絶」

통절의 의미는 철저히 제거 혹은 철저히 끊어버리다. 拒絶, 戒絶, 戒除

와 동일하다. 동일한 의미의 최초 출전은 韓愈(唐), 〈唐故虞部員外郎張府君墓志銘〉「徐州使拜章, 請爲判官, 授協律郎。孝權始不痛絶, 詔下大悔, 卽詐稱疾, 不言三年」에 보인다. 본문의 「勵志痛絶」은 勵志痛絶惡習(舊習)의 문장에서 惡習(舊習)을 생략한 것으로 보인다. 즉 본문의 「若非勵志痛絶」의 정확한 국역은 기존의 번역서와 달리 "만약 옛날의 잘못된 습관을 철저히 끊어버리려고 마음을 집중하여 힘껏 노력하지 않으면"이 비교적 순리롭다고 사료된다. 참고로 비통한의 의미인 悲痛哀切의 생략인 痛切과는 다르다. 또 痛絶이 포함된 4자성어 深惡痛絶(어떤 사람 혹은 어떤 사물에 대하여 극도로 혐오하다)도 의미가 완전히 다름에 주의해야 한다.

【革舊習章2-2원문】

其一, 惰其心志, 放其儀形, 只思暇逸. 深厭拘束。其二, 常思動作, 不能守靜, 紛紜出入, 打話度日。其三, 喜同惡異, 汨於流俗, 稍欲修飭, 恐乖於衆。其四, 好以文辭, 取譽於時, 剽竊經傳, 以飾浮藻。其五, 工於筆札, 業於琴酒, 優游卒歲, 自謂淸致。其六, 好聚閒人, 圍棋局戱, 飽食終日, 只資爭競。其七, 歆羨富貴, 厭薄貧賤, 惡衣惡食, 深以爲恥。其八, 嗜慾無節, 不能斷制, 貨利聲色, 其味如蔗。

【革舊習章2-2음역】

기일, 타기심지, 방기의형, 지사가일. 심염구속. 기이, 상사동작, 불능수정, 분운출입, 타화도일. 기삼, 희동오이, 골어유속, 초욕수칙, 공괴어중. 기사, 호이문사, 취예어시, 표절경전, 이식부조. 기오, 공어필찰, 업어금주, 우유졸세, 자위청치. 기육, 호취한인, 위기국희, 포식종일, 지자쟁경. 기칠, 흠선부귀, 염박빈천, 악의악식, 심이위치. 기팔, 기욕무절, 불능단제, 화이성색, 기미여자.

【革舊習章2-2주석】

1) 其(기)-지시대명사로 이, 그, 저 등을 가리킨다. 관련 4자성어는 若無其事, 不計其數 등이 있다.
2) 一(일)-하나, 첫째. 관련 4자성어는 一心一意, 一言爲定 등이 있다.
3) 惰(타)-게으르다. 관련 4자성어는 怠惰因循, 擊其惰歸 등이 있다.
4) 心志(심지)-마음가짐, 의지. 동일한 의미의 최초 출전은《孟子》〈告子下〉「故天將降大任於是人也, 必先苦其心志, 勞其筋骨, 餓其體膚, 空乏其身」에 보인다.
5) 放(방)-함부로 하다, 제멋대로 하다. 放縱과 동일하다. 관련 4자성어는 百花齊放, 放虎歸山 등이 있다.
6) 儀形(의형)-몸가짐, 신체. 儀態刑象의 생략이고 儀容과 동일하다. 동일한 의미의 최초 출전은 蕭統(南朝,梁),《文選》〈王儉〉「德猷靡嗣, 儀形長递」李善(唐) 注 ..「儀形, 容儀形体也」에 보인다.
7) 只思(지사)-단지~만을 생각하다. 동일한 의미의 최초 출전은 曹勛(北宋),〈雙溪雲老寄示佳句及新茶用來韵爲謝〉「老去光陰不問春, 只思麋鹿與爲群」에 보인다.
8) 暇逸(하일)-한가하고 편안함. 自暇自逸의 생략이다. 동일한 의미의 최초 출전은《尚書》〈酒誥〉「惟御事厥棐有恭, 不敢自暇自逸」에 보인다.
9) 深厭(심염)-매우 싫어하다. 深惡絶厭의 생략이다. 동일한 의미의 최초 출전은 陳造(南宋),〈書隱靜寺壁〉「山靈太孤介, 深厭俗塵污」에 보인다.
10) 拘束(구속)-얽매이다. 동일한 의미의 최초 출전은《晉書》〈愍懷太子遹傳〉「殿下誠可及壯時極意所欲, 何爲恒自拘束」에 보인다.
11) 二(이)-둘, 두 번째. 관련 4자성어는 合二爲一, 獨一無二 등이 있다.
12) 常(상)-항상. 관련 4자성어는 變化無常, 人之常情 등이 있다.
13) 思(사)-생각하다. 관련 4자성어는 深思長計, 思過半矣 등이 있다.
14) 動作(동작)-돌아다니다, 움직이다. 동일한 의미의 최초 출전은 干宝(東晉),《搜神記》卷十六「伯乃急持, 鬼動作不得」에 보인다.

15) 不能(불능)-~할 수 없다, 不可能과 동일하다. ~할 수 있다는 可能의 반대이다. 동일한 의미의 최초 출전은 盧照鄰(唐), 〈寄裴舍人書〉「慨然而咏富貴他人合, 貧賤親戚離, 因泣下交頤, 不能自已」에 보인다.

16) 守靜(수정)-마음을 차분하고 바르게 유지하다. 清靜, 安靜과 동일하다. 동일한 의미의 최초 출전은 《道德經》 第十六章 「致虛極, 守靜篤」 河上公注 .. 「守清靜, 行篤厚」에 보인다.

17) 紛紜(분운)-매우 난잡한 모양. 亂雜과 동일하다. 동일한 의미의 최초 출전은 《楚辭》 〈九嘆〉「腸紛紜以繚轉兮, 涕漸漸其若屑」 王逸(東漢) 注 .. 「紛紜, 亂貌也」에 보인다.

18) 出入(출입)-들락날락하다. 동일한 의미의 최초 출전은 《漢書》 〈梁孝王武傳〉「梁之侍中、郎、謁者, 著引籍出入天子殿門」에 보인다.

19) 打話(타화)-타인과 이야기를 주고받다. 交談하다, 打는 話에 붙는 보조동사로 宋, 元代 이후에 관습적으로 많이 사용되었다. 동일한 의미의 최초 출전은 陳規(南宋), 《守城錄》 卷三 「二十日方遣人至齊安門下, 高聲呼城上人, 且不要放箭防御, 教來打話」에 보인다.

20) 度日(도일)-세월만 헛되이 보내다. 동일한 의미의 최초 출전은 《晉書》 〈沮渠蒙遜載記〉「人無勸竟之心, 苟爲度日之事」에 보인다.

21) 三(삼)-삼, 셋째. 관련 4자성어는 三更半夜, 張三李四 등이 있다.

22) 喜同(희동)-자기와 같은 의견을 좋아하다. 동일한 의미의 최초 출전은 《莊子》 〈在宥〉「世俗之人, 皆喜人之同乎己而惡人之異于己也。同于己而欲之, 異于己而不欲者, 以出乎衆爲心也」에 보인다.

23) 惡異(오이)-자기와 다른 의견은 싫어하다. 喜同惡異를 4자성어로 사용하기도 한다. 동일한 의미의 최초 출전은 위와 같다.

24) 汩(골)-푹 빠지다, 골몰하다. 관련 4자성어는 汩汩而出, 滔滔汩汩 등이 있다.

25) 於(어)-어조사이고, ~에, ~에서, ~보다, ~를, ~에게, ~에 대해서, 이에 있어서 등의 의미로 사용되고 于와 동일하다. 관련 4자성어는 青出於藍, 耿

耿於懷 등이 있다.

26) 流俗(유속)-세속의 일반적인 풍속습관. 동일한 의미의 최초 출전은《禮記》〈射義〉「幼壯孝弟, 耆耋好禮, 不從流俗, 脩身以俟死者, 不在此位也」에 보인다.

27) 稍(초)-조금이나마, 약간. 관련 4자성어는 稍縱卽逝, 末尾三稍 등이 있다.

28) 欲(욕)-~하려 하다. 관련 4자성어는 隨心所欲, 欲揚先抑 등이 있다.

29) 修飭(수칙)-말과 행동을 예의에 맞게. 동일한 의미의 최초 출전은《舊唐書》〈尉遲敬德傳〉「國家大事, 唯賞與罰, 非分之恩, 不可數行, 勉自修飭, 無貽後悔也」에 보인다.

30) 恐(공)-두렵다, 걱정이다. 관련 4자성어는 爭先恐後, 有恃無恐 등이 있다.

31) 乖(괴)-따돌림 받다. 관련 4자성어는 時乖運乖, 伶俐乖巧 등이 있다.

32) 衆(중)-일반사람들. 관련 4자성어는 衆所周知, 衆說紛紜 등이 있다.

33) 四(사)-사, 넷째. 관련 4자성어는 四海爲家, 四面楚歌 등이 있다.

34) 好以(호이)-~로써 ~하기를 좋아하다. 동일한 의미의 최초 출전은《左傳》成公十六年「日臣之使於楚也, 子重問晉國之勇, 臣對曰 .. 好以衆整」에 보인다.

35) 文辭(문사)-經學 또는 性理學 공부가 아닌 일반 문장 짓는 것. 文章, 文詞와 동일하다. 동일한 의미의 최초 출전은《史記》〈伯夷列傳〉「余以所聞由光義至高, 其文辭不可槪見, 何哉?」에 보인다.

36) 取譽(취예)-칭찬 혹은 명예를 취득하다. 동일한 의미의 최초 출전은 杜甫(唐), 〈絶句〉之四「苗滿空山慚取譽, 根居隙地怯成形」에 보인다.

37) 於時(어시)-일시적으로, 당시에, 한때에, 여기서. 當時, 是時, 其時, 于時와 동일하다. 본문에서는 일시적으로의 의미이다. 동일한 의미의 최초 출전은 蕭統(南朝,梁), 《文選》〈張衡 · 東京賦〉「歷載三六, 偷安天位。于時蒸民, 罔敢或貳」 李善(唐) 注..「言是時衆民無敢有二心於莽者」에 보인다.

38) 剽竊(표절)-타인의 글을 자신의 글 인양 절취하고(剽) 훔쳐서(竊) 베껴쓰다. 동일한 의미의 최초 출전은 柳宗元(唐), 〈辯文子〉「其渾而類者少,

竊取他書以合之者多, 凡孟管輩數家, 皆見剽竊」에 보인다.

39) 經傳(경전)-儒學의 경전(經)과 그것을 설명한 글(傳). 동일한 의미의 최초 출전은《史記》〈太史公自序〉「六藝經傳以千萬數, 累世不能通其學, 當年不能究其禮」에 보인다.

40) 以(이)-~함으로써. 관련 4자성어는 一以貫之, 夢寐以求 등이 있다.

41) 飾(식)-꾸미다, 수식하다. 관련 4자성어는 矯情自飾, 飾垢掩疵 등이 있다.

42) 浮藻(부조)-내용은 공허하고(浮), 문장은 화려한 문체로 그럴듯한(藻). 동일한 의미의 최초 출전은 劉勰(南朝,梁),《文心雕龍》〈書記〉「意少一字則義闕, 句長一言則辭妙, 并有司之實務, 而浮藻之所忽也」에 보인다.

43) 五(오)-오, 다섯째. 관련 4자성어는 五穀豊登, 五體投地 등이 있다.

44) 工(공)-힘을 기울이다, 잘하다. 관련 4자성어는 士農工商, 分工合作 등이 있다.

45) 筆札(필찰)-본문에서는 편지 등 잡문을 가리킨다. 동일한 의미의 최초 출전은 劉勰(南朝,梁),《文心雕龍》〈書記〉「漢來筆札, 辭氣紛紜」에 보인다.

46) 業(업)-한 가지 일에만 매달리다, 종사하다. 관련 4자성어는 安居樂業, 成家立業 등이 있다.

47) 琴酒(금주)-거문고 타고 술 마시다. 즉 음주가무를 즐기다. 관련 있는 동일한 의미의 최초 출전은《詩經》〈唐風〉「子有酒食, 何不鼓瑟？」에 보인다.

48) 優游(우유)-유유자적하다. 悠游, 悠閑自得, 悠悠自適과 동일하다. 동일한 의미의 최초 출전은《詩經》〈卷阿〉「伴奐爾游矣, 優游爾休矣」에 보인다.

49) 卒歲(졸세)-1년 내내 세월만 보내다. 동일한 의미의 최초 출전은《左傳》襄公二十一年「詩曰 .. 憂哉游哉, 聊以卒歲」에 보인다.

50) 自謂(자위)-스스로 일컫다. 동일한 의미의 최초 출전은 王維(唐),〈桃源行〉「自謂經過舊不迷, 安知峰壑今來變」에 보인다.

51) 淸致(청치)-우아하고 고상하다. 淸雅風致의 생략이고 情趣와 동일하다. 동일한 의미의 최초 출전은 劉義慶(南朝,宋),《世說新語》〈文學〉「其夜淸風朗月, 聞江渚澗估客船上有咏詩聲, 甚有情(淸)致」에 보인다.

51) 六(육)-육, 여섯째. 관련 4자성어는 五臟六腑, 六畜興旺 등이 있다.

53) 好(호)-좋아하다. 관련 4자성어는 好事多磨(魔), 好色之徒 등이 있다.

54) 聚(취)-모이다. 관련 4자성어는 日積月聚, 累土聚沙 등이 있다.

55) 閒人(한인)-백수건달, 한가한 사람. 閑人과 동일하다. 동일한 의미의 최초 출전은 關漢卿(元), 《雜劇》〈趙盼兒風月救風塵〉「不是閑人閑不得, 及至得了閑時又閑不成」에 보인다.

56) 圍棋(위기)-바둑. 동일한 의미의 최초 출전은 張華(西晉), 《博物志》「堯造圍棋以教子丹朱, 以閑其情」에 보인다.

57) 局戲(국희)-연회 등 오락성 모임에서 하는 각종 놀이. 동일한 의미의 최초 출전은 史游(西漢), 《急就篇》 卷三「基局博戲」 顔師古(隋) ..「基局, 謂彈基圍棊之局也, 博亦局戲也」에 보인다.

58) 飽食(포식)-배불리 먹다. 동일한 의미의 최초 출전은《論語》〈陽貨〉「飽食終日, 無所用心, 難矣哉!」에 보인다.

59) 終日(종일)-하루 종일. 4자성어는 飽食終日이다. 동일한 의미의 최초 출전은 위와 같다.

60) 只(지)-부사로 오직, 다만, ~일 뿐으로 惟나 但과 같이 바로 뒤에 오는 명사를 한정한다. 관련 4자성어는 只言片語, 只字不提 등이 있다.

61) 資(자)-~에 힘을 보태다, 제공하다, 돕다, 취하다. 관련 4자성어는 天資雄厚, 文武兼資 등이 있다.

62) 爭競(쟁경)-다투다, 경쟁, 논쟁하다. 競爭과 동일하다. 동일한 의미의 최초 출전은《三國志》〈何夔傳〉「上以觀朝臣之節, 下以塞爭競之源」에 보인다.

63) 七(칠)-칠, 일곱째. 관련 4자성어는 七上八下, 七情六欲 등이 있다.

64) 歆羨(흠선)-좋아하고 부러워하다. 동일한 의미의 최초 출전은《詩經》〈皇矣〉「帝謂文王, 無然畔援, 無然歆羡」 朱熹(南宋), 《詩經集傳》..「歆, 欲之動也., 羡, 愛慕也」에 보인다.

65) 富貴(부귀)-부유하고 고귀함. 동일한 의미의 최초 출전은《論語》〈顔淵〉「商聞之矣 .. 死生有命, 富貴在天」에 보인다.

66) 厭薄(염박)-싫어하고 천하게 여김. 동일한 의미의 최초 출전은 蘇軾(北宋), 〈論時政狀〉「士莫不悵恨者, 以陛下有厭薄其徒之意也」에 보인다.

67) 貧賤(빈천)-가난하고 미천한. 동일한 의미의 최초 출전은《管子》〈牧民〉「民惡貧賤, 我富貴之」에 보인다.

68) 惡衣(악의)-누추하고 남루한 옷. 동일한 의미의 최초 출전은《論語》〈里仁〉「士志于道, 而耻惡衣惡食者, 未足與議也」에 보인다.

69) 惡食(악식)-형편없고 거친 음식. 본문의「惡衣惡食」은 4자성어로 생활이 검소하고 소박한 모습을 나타낸다. 동일한 의미의 최초 출전은 위와 같다.

70) 深(심)-매우. 관련 4자성어는 意味深長, 深思熟慮 등이 있다.

71) 以爲(이위)-여기다. 또는 ~로써 ~라 여기다. 동일한 의미의 최초 출전은《左傳》僖公二十三年「從者以爲不可, 將行, 謀於桑下」에 보인다.

72) 恥(치)-부끄럽다. 耻와 동일하다. 본문의「以爲恥」는 부끄럽게 여기다. 관련 4자성어는 不恥下問, 厚顔無恥 등이 있다.

73) 八(팔)-팔, 여덟째. 관련 4자성어는 四面八方, 四通八達 등이 있다.

74) 嗜慾(기욕)-기호와 욕망, 육체의 감각기관 방면에서 누리려는 욕망. 동일한 의미의 최초 출전은《荀子》〈性惡〉「妻子具而孝衰於親, 嗜欲得而信衰於友, 爵祿盈而忠衰於君」에 보인다.

75) 無節(무절)-절제가 없다. 동일한 의미의 최초 출전은《晏子春秋》〈外篇上三〉「晏子對曰 .. 君居處無節, 衣服無度, 不聽正諫, 興事無已」에 보인다. 본문의「嗜慾無節」은 어순으로 보면 無節嗜慾이 바른 순서지만 다음에 부정문 不能이 있기 때문에 목적어(嗜慾)와 서술어(無節)를 도치해서 사용한 것으로 보인다.

76) 斷制(단제)-단절하고 제재하다, 결단하다. 斷絶制裁의 생략이다. 동일한 의미의 최초 출전은《韓非子》〈難四〉「人君非獨不足於見難而已, 或不足於斷制」에 보인다.

77) 貨利聲色(화리성색)-4자성어로 재물을 추구하고(貨利) 춤과 노래 및 여색을 밝히는 것(聲色). 聲色貨利와 동일하다. 동일한 의미의 최초 출전은

《書經》〈仲虺之誥〉「惟王不邇聲色, 不殖貨利」에 보인다.
78) 味(미)-맛, 맛들이다. 관련 4자성어는 山珍海味, 五味俱全 등이 있다.
79) 如(여)-만약, 같다. 관련 4자성어는 度日如年, 吉祥如意 등이 있다.
80) 蔗(자)-사탕수수, 사탕. 본문에서는 달고 맛있는 맛(甘味, 甘美, 甛味, 甛美)을 비유한 것이다. 관련 4자성어는 蔗田春色, 蔗尾竹篱 등이 있다.

【革舊習章2-2국역】

그 첫째는, 마음가짐(의지)을 게을리 하고 몸가짐을 함부로 하며, 단지 한가하고 편안하기만을 생각하고 얽매임을 매우 싫어하는 것이다. 그 둘째는, 항상 돌아다니는 것만 생각하고 마음을 차분하고 바르게 유지할 수 없으며, 들락날락함이 매우 난잡하고 타인과 이야기를 주고받으며 세월만 헛되이 보내는 것이다. 그 셋째는, 자신과 같은 의견은 좋아하고 자신과 다른 의견은 싫어하며, 세속의 일반적인 풍속습관에 푹 빠져있고 조금이나마 말과 행동을 예의에 맞게 행동하려하면 일반 사람들에게 따돌림 받을까 두려워하는 것이다. 그 넷째는, 경학이나 성리학 공부가 아닌 일반 문장이나 지어서 일시적으로 칭찬 혹은 명예를 취득하기를 좋아하고, 유학의 경전과 그것을 설명한 글을 자신의 글 인양 절취하고 훔쳐 베껴 써서 내용은 공허하고 문장은 화려한 문체로 그럴듯하게 꾸미는 것이다. 그 다섯째는, 편지 등 잡문 쓰기에 힘을 기우리고 거문고 타고 술 마시는 것을 즐기는 것에 매달리며, 유유자적하면서 1년 내내 세월만 보내면서 스스로 우아하고 고상하다고 일컫는 것이다. 그 여섯째는, 백수건달들과 모이기를 좋아하고 바둑이나 연회 등 오락성 모임에서 하는 각종 놀이를 즐기며, 하루 종일 배불리 먹으면서 단지 타인과 경쟁하는 일에만 힘을 보태는 것이다. 그 일곱째는, 부유하고 고귀한 사람을 좋아하거나 부러워하고, 가난하고 미천한 사람은 싫어하고 천하게 여기며, 생활이 검소하고 소박한 것을 매우 부끄럽게 여기는 것이다. 그 여덟째는, 기호와 욕망에 절제가 없어서 단절하고 제재하지 못하며, 재물을 추구하고 춤과 노래 및 여색을 밝히는 것만 좋아하여 그 맛들임이 달고 맛있는 음식 먹는 것과 같은 것이다.

【革舊習章2-2解說】

* 「經傳」

經典과 經傳은 다른 의미이다. 첫째, 經典(Classics)은 일반적으로 사람이나 사물에 대하여 가장 표준적이고 가장 권위적이며 가장 대표적이고 가장 가치가 있는 문헌을 가리킨다. 중국의 儒家 학파를 예로 들면, 대략적으로 13經 즉 漢代에는《詩經》,《書經》,《禮經》,《易經》,《春秋》를 5經으로 일컬었다. 唐代에는《詩經》,《書經》,《易經》 3經에다가 3禮(《周禮》,《儀禮》,《禮記》)와 3傳(《春秋左氏傳》,《公羊傳》,《穀梁傳》) 을 추가하여 9經으로 일컬었다. 다시 9經에다가《孝經》,《論語》,《爾雅》를 추가하여 12經으로 일컬었다. 南宋 시기에《孟子》를 추가하여 13經으로 일컬었다. 그 외에 13경을 해석한 각종 문헌까지 포함하여 경전으로 일컬었다. 둘째, 經傳의 傳은 傳記의 생략이고 經典의 내용을 해석한 문헌으로《春秋左氏傳》,《春秋公羊傳》,《春秋穀梁傳》,《詩經毛氏傳》 등과 같이 책 이름에 傳이 추가된 서적을 일컫는다. 經傳에 대한 동일한 의미의 최초 출전은《史記》〈太史公自序〉에서 司馬遷이 부친 司馬談의 말을 인용하여「夫儒者六藝爲法, 六藝經傳以千萬數, 累世不能通其學, 當年不能究其禮」에 보인다. 결론적으로 經傳은 유가 경전과 유가 경전의 내용을 해석한 문헌을 가리킨다.

* 「局戲」

연회 등 오락성 모임에서 하는 각종 놀이로 대략 바둑, 장기, 저포(樗蒲), 윷놀이, 박희(博戲-일종의 도박하는 놀이), 잡희(雜戲-여러 가지 놀이) 등을 가리킨다. 동일한 의미의 최초 출전은 史游(西漢),《急就篇》卷三「棊局博戲」顔師古(隋) 注 ..「棊局, 謂彈棊圍棊之局也, 博亦局戲也」에 보인다.

【革舊習章2-3원문】

習之害心者, 大槪如斯, 其餘難以悉擧。此習使人志不堅固, 行不篤實。今日所爲, 明日難改, 朝悔其行, 暮已復然。必須大奮勇猛之志, 如將一刀, 快斷根株, 淨洗心地, 無毫髮餘脈。而時時每加猛省之功, 使此心無一點舊染之汚。然後可以論進學之工夫矣。

【革舊習章2-3음역】

습지해심자, 대개여사, 기여난이실거. 차습사인지불견고, 행불독실. 금일소위, 명일난개, 조회기행, 모이부연. 필수대분용맹지지, 여장일도, 쾌단근주, 정세심지, 무호발여맥. 이시시매가맹성지공, 사차심무일점구염지오. 연후가이논진학지공부의.

【革舊習章2-3주석】

1) 習(습)-옛날의 잘못된 습관(舊習, 惡習). 관련 4자성어는 染風習俗, 相習成風 등이 있다.
2) 之(지)-~의, 본문에서는 지시대명사로 그, 그것의 의미이다. 관련 4자성어는 君子之交, 莫逆之友 등이 있다.
3) 害心(해심)-마음을 해치다. 동일한 의미의 최초 출전은 元稹(唐), 〈蛒蜂〉詩之三 「蘭蕙本同畹, 蜂虵亦雜居, 害心俱毒螫, 妖焰两吹嘘」에 보인다.
4) 者(자)-~라는 것. 관련 4자성어는 來者不拒, 當局者迷 등이 있다.
5) 大槪(대개)-대개, 대략. 동일한 의미의 최초 출전은 歐陽修(北宋), 〈眞州東園記〉「凡工之所不能畵者, 吾亦不能言也, 其爲我書其大槪焉」에 보인다.
6) 如斯(여사)-이와 같다. 如是, 如此와 동일하다. 동일한 의미의 최초 출전은 《論語》〈子罕〉「子在川上, 曰 .. 逝者如斯夫! 不舍晝夜」에 보인다.
7) 其餘(기여)-그 나머지, 그 외에. 동일한 의미의 최초 출전은 《論語》〈雍也〉「回也其心三月不違仁, 其餘則日月至焉而已矣」에 보인다.
8) 難以(난이)-~하기 어렵다. 不能과 동일하다. 동일한 의미의 최초 출전은

鍾會(曹魏), 〈檄蜀文〉「而巴蜀一州之衆, 分張守備, 難以御天下之師」에 보인다.

9) 悉擧(실거)-모두 열거하다. 동일한 의미의 최초 출전은《魏書》〈匈奴劉聰列傳〉「平因守固, 太祖圍之, 興乃悉擧其衆救平」에 보인다.
10) 此習(차습)-이러한 옛날의 잘못된 습관. 동일한 의미의 최초 출전은 范成大(南宋), 〈重游南岳〉「當時已有歸田願, 帝臨此習如白水」에 보인다.
11) 使(사)-~로 하여금. 관련 4자성어는 不辱使命, 擧賢使能 등이 있다.
12) 人(인)-사람. 4자성어로는 助人爲樂, 目中無人 등이 있다.
13) 志(지)-의지, 뜻. 관련 4자성어는 專心致知, 有志竟成 등이 있다.
14) 不(불)-아니다. 부사이고 일반적으로 부정의 의미로 사용된다. 관련 4자성어는 念念不忘, 美中不足 등이 있다.
15) 堅固(견고)-견고하게. 동일한 의미의 최초 출전은 劉向(西漢), 《列女傳》〈楚平伯嬴〉「伯嬴自守, 堅固專一, 君子美之, 以爲有節」에 보인다.
16) 行(행)-행실, 행동. 관련 4자성어는 行不從徑, 行而未成 등이 있다.
17) 篤實(독실)-돈독하고 실재적으로, 堅實과 동일하다. 동일한 의미의 최초 출전은《易經》〈大畜〉「大畜剛健, 篤實輝光, 日新其德」에 보인다.
18) 今日(금일)-오늘, 당일. 동일한 의미의 최초 출전은《孟子》〈公孫丑上〉「今日病矣, 予助苗長矣」에 보인다.
19) 所爲(소위)-한 일. 所作, 作爲와 동일하다. 동일한 의미의 최초 출전은《易經》〈繫辭上〉「知變化之道者, 其知神之所爲乎!」에 보인다.
20) 明日(명일)-내일. 明天, 改天과 동일하다. 동일한 의미의 최초 출전은《戰國策》〈齊策〉「明日徐公來」에 보인다.
21) 難改(난개)-고치기 어렵다. 難以改變의 생략이고 難移와 동일하다. 동일한 의미의 최초 출전은 尙仲賢(元), 〈柳毅傳書〉「想他每無恩義., 本性難移., 着我向野田衰草殘紅里」에 보인다.
22) 朝悔(조회)-아침에 후회하다. 동일한 의미의 최초 출전은 韓愈(唐), 〈送窮文〉「凡此五鬼, 爲吾五患, 飢我寒我, 興訛造訕, 能使我迷, 人莫能間, 朝

悔其行, 暮已復然, 蠅營狗苟, 驅去復還」에 보인다.

23) 其(기)-지시대명사로 이, 그, 저 등을 가리킨다. 관련 4자성어는 若無其事, 不計其數 등이 있다.

24) 暮已(모이)-2가지 의미가 있다. 첫째, 저녁에. 동일한 의미의 최초 출전은 白居易(唐), 〈郊陶潛體詩十六首〉「早出向朝市, 暮已歸下泉」에 보인다. 둘째, 늦었다. 동일한 의미의 최초 출전은 劉向(西漢), 《說苑》〈師曠論學〉「晉平公問于師曠曰 .. 吾年七十, 欲學, 恐已暮已矣」에 보인다. 본문에서는 첫째의 의미이다.

25) 復然(부연)-다시 그렇게 하다. 동일한 의미의 최초 출전은 韓愈(唐), 〈送窮文〉「凡此五鬼, 爲吾五患, 飢我寒我, 興訛造訕, 能使我迷, 人莫能間, 朝悔其行, 暮已復然, 蠅營狗苟, 驅去復還」에 보인다.

26) 必須(필수)-반드시, 꼭. 부사이고 강조의 의미로 사용하며, 뒤에 동사 또는 형용사와 연결된다. 務必, 必定과 동일하다. 동일한 의미의 최초 출전은 顔之推(南北朝~隋), 《顔氏家訓》〈後娶〉「河北鄙於側出不預人流, 是以必須重娶」에 보인다. 참고로 必需와는 다르다. 없으면 안 되는, 부족하면 안 되는 의미이다. 동사이고 뒤에 명사와 연결된다.

27) 大(대)-크게. 관련 4자성어는 大驚失色, 寬宏大量 등이 있다.

28) 奮(분)-분발하다. 관련 4자성어는 發奮圖强, 孤軍奮戰(鬪) 등이 있다.

29) 勇猛之志(용맹지지)-용맹스러운 뜻. 동일한 의미의 최초 출전은 柳宗元(唐), 〈詠三良〉「壯士之軀埋閉在幽深墓道, 勇猛之志只得塡充在棺木中」에 보인다.

30) 如(여)-만약, 같다. 관련 4자성어는 度日如年, 吉祥如意 등이 있다.

31) 將(장)-~을 가지고, ~로써, 장차. 以와 동일하다. 관련 4자성어는 恩將仇報, 王侯將相 등이 있다.

32) 一刀(일도)-한 자루의 칼. 동일한 의미의 최초 출전은 朱熹(南宋), 《朱子語類》 卷四十四「觀此可見克己者是從根源上一刀兩斷, 便斬絶了, 更不復萌」에 보인다.

33) 快斷(쾌단)-신속하게 자르다. 迅速決斷의 의미로 速斷과 동일하다. 동일한 의미의 최초 출전은《宋書》〈王僧綽傳〉「臣謂唯宜速斷, 不可稽緩」에 보인다.

34) 根株(근주)-뿌리와 줄기. 동일한 의미의 최초 출전은 王充(東漢),《論衡》〈超奇〉「有根株於下, 有榮葉於上, 有實核於內, 有皮殼於外」에 보인다.

35) 淨洗(정세)-깨끗이 씻다. 동일한 의미의 최초 출전은 劉過(南宋),〈西江月〉「素面偏宜酒暈, 曉妝淨洗啼痕」에 보인다.

36) 心地(심지)-마음, 심정, 마음씀씀이. 동일한 의미의 최초 출전은 杜甫(唐),〈謁文公上方〉「願問第一義, 回向心地初」에 보인다.

37) 無(무)-없다, 동사이고 有와 반대이다. 관련 4자성어는 史無前例, 無邊無際 등이 있다.

38) 毫髮(호발)-극히 작은 터럭, 극소수. 동일한 의미의 최초 출전은 杜甫(唐),〈敬贈鄭諫議十韵〉「毫髮無遺恨, 波瀾獨老成」에 보인다.

39) 餘脈(여맥)-나머지 줄기(지류). 동일한 의미의 최초 출전은 韋莊(唐),〈渔塘十六韵〉「洛水分餘脈, 穿巖出石稜」에 보인다.

40) 而(이)-그리고, 그래서, 그러나. 관련 4자성어는 不言而喩, 適可而止 등이 있다.

41) 時時(시시)-때때로, 항상. 동일한 의미의 최초 출전은《史記》〈五帝本紀〉「書缺有間矣, 其軼乃時時見於他說」에 보인다.

42) 每(매)-매번. 관련 4자성어는 每时每刻, 每饭不忘 등이 있다.

43) 加(가)-더하다. 관련 4자성어는 雪上加霜, 快馬加鞭 등이 있다.

44) 猛省之功(맹성지공)-심각하게 반성하는 노력. 동일한 의미의 최초 출전은 朱熹(南宋),《朱子語類》卷二七「曾子遲鈍, 直是辛苦而後得之。故聞一貫之說, 忽然猛省, 謂這個物事元來只是恁地」에 보인다.

45) 此心(차심)-이 마음. 동일한 의미의 최초 출전은 鄭剛中(北宋),〈此心〉「緘負此心剛未遂」에 보인다.

46) 一點(일점)-매우 작은. 동일한 의미의 최초 출전은 江淹(南朝),〈惜晩春〉

「如獲琼歌贈, 一點重如金」에 보인다.

47) 舊染之汚(구염지오)-옛날에 물든 잘못된 습관. 동일한 의미의 최초 출전은《書經》〈胤征〉「舊染污俗, 咸與惟新」에 보인다. 또 朱熹(南宋),《大學章句》1章「新者, 革其舊之謂也, 言旣自明其明德, 又當推以及人, 使之亦有以去其舊染之污也」에 보인다.

48) 然後(연후)-그렇게 한 뒤에, 연후에. 동일한 의미의 최초 출전은《禮記》〈學記〉「是故學, 然後知不足., 教, 然後知困」에 보인다.

49) 可以(가이)-할 수 있다. 동일한 의미의 최초 출전은《孟子》〈梁惠王上〉「五畝之宅, 樹之以桑, 五十者可以衣帛矣」에 보인다.

50) 論(논)-의논하다, 말하다. 관련 4자성어는 論功行賞, 議論紛紛 등이 있다.

51) 進學(진학)-학업에 나아가는, 학업에 진보가 있다. 동일한 의미의 최초 출전은《禮記》〈學記〉「善待問者如撞鐘, 叩之以小者則小鳴, 叩之以大者則大鳴, 待其從容, 然後盡其聲., 不善答問者反此。此皆進學之道也」에 보인다.

52) 工夫(공부)-공부, 학습, 工夫보다 시간과 노력을 더 많이 투자하는 경우에는 功夫를 사용한다. 동일한 의미의 최초 출전은 葛洪(東晉),《抱朴子》〈遐覽〉「藝文不貴, 徒消工夫」에 보인다.

【革舊習章2-3국역】

옛날의 잘못된 습관이 마음을 해치는 것이 대개 이와 같고 그 나머지는 모두 열거하기가 어렵다. 이러한 옛날의 잘못된 습관은 사람으로 하여금 의지를 견고하지 못하게 하고 행실을 돈독하고 실재적이지 못하게 만들어서, 오늘 저지른 일을 내일 고치기 어렵게 하고 아침에 그 행실을 후회하다가도 저녁에 다시 또 그렇게 하게 만든다. 옛날의 잘못된 습관을 제거하기 위해서는 반드시 용맹스러운 뜻을 크게 분발하여, 마치 한 자루의 칼로 뿌리와 줄기를 신속하게 자르듯이 마음을 깨끗이 씻어 털끝만큼이라도 나머지 줄기가 없게 하며, 그리고 때때로 매번 심각하게 반성하는 노력을 더하여 이 마음으로 하여금 매우 작은 것이라도 옛날에 물든 잘못된 습관이 없게 해야 한다. 그런 연후에 학업에 진보가 있는 공부를 의논할 수 있는 것이다.

【革舊習章2-3解說】

* 「舊染之汚」

구염지오는 2가지 의미가 있다. 첫째, 문자의 표면적인 의미는 옛날에 물든 잘못된 습관을 가리킨다. 동일한 의미의 최초 출전은 《書經》〈胤征〉「舊染污俗, 咸與惟新」에 보인다. 또 朱熹(南宋), 《大學章句》「新者, 革其舊之謂也, 言旣自明其明德, 又當推以及人, 使之亦有以去其舊染之污也」에 보인다. 둘째, 실질적인 의미는 新의 반대 의미로 아래와 같다. (1)《大學》「大學之道, 在明明德, 在親民, 在止于至善」에 의거하면, 舊染之污는 親(新)의 반대 의미이다. 朱熹는 明明德, 親民, 止于至善을 대학의 3綱領이라고 명명하였다. 이것은 程頤의 관점을 계승한 것으로 親을 新으로 여기고 親民을 新民으로 바꿨다. (2)新에 대해서 朱熹(南宋), 《大學章句》「新者, 革其舊之謂也。言旣自明其明德, 又當推以及人, 使之亦有以去其舊染之污也」에 의거하면, 옛것을 개혁함을 일컫는다. 즉 스스로 그 밝은 덕을 밝힐 뿐 아니라 또한 마땅히 다른 사람에게까지 이르도록 확대해가서, 그들로 하여금 또한 옛날에 물든 잘못된 습관을 제거하는데 있다고 하였다. (3)王夫之(明), 《讀四書大典說》〈大學序〉에 의거하면, 舊染之污는 德治와 教化를 따르지 않고 세속적인 것에 빠지는 것이고, 新은 日新, 作新으로 날마다 새롭게 발전하고 거듭 새로워지는 것을 의미한다고 하였다.

결론적으로 말하면 新은 자신의 덕성을 함양 확충하여 새로워지고, 그 새로워짐이 백성에까지 이르러서 모든 백성이 새로워지도록 부단히 과거를 쇄신하고 부단히 앞으로 나아가는 것이며, 그런 연후에 至善에 이르도록 새로운 방향과 목표를 제시하는 것이다. 결국 舊染之污는 이전에 물든 나쁜 습관이고 타성에 젖어 이전에 했던 대로 따르며 지키는 因循이며, 개혁 진보적이지 않고 수구 퇴보적 형상이며 新의 반대 의미인 것이다.

第三,

持身章

말과 행동을 바르게 하는 방법

學者必誠心向道, 不以世俗雜事亂其志, 然後爲學有基址。故夫子曰 .. "主忠信。" 朱子釋之曰 .. "人不忠信, 事皆無實, 爲惡則易, 爲善則難, 故必以是爲主焉。" 必以忠信爲主, 而勇下工夫, 然後能有所成就。黃勉齋所謂 "眞實心地, 刻苦工夫。" 兩言盡之矣。

常須夙興夜寐, 衣冠必正, 容色必肅, 拱手危坐, 行步安詳, 言語愼重, 一動一靜, 不可輕忽苟且放過。

收斂身心, 莫切於九容, 進學益智, 莫切於九思。

所謂九容者 .. 足容重(不輕擧也。若趨于尊長之前, 則不可拘此), 手容恭(手無慢弛。無事則當端拱, 不妄動), 目容端(定其眼睫, 視瞻當正, 不可流眄邪睇), 口容止(非言語飮食之時, 則口常不動), 聲容靜(當整攝形氣, 不可出噦咳等雜聲), 頭容直(當正頭直身, 不可傾回偏倚), 氣容肅(當調和鼻息, 不可使有聲氣), 立容德(中立不倚, 儼然有德之氣像), 色容莊(顔色整齊, 無怠慢之氣)。

所謂九思者 .. 視思明(視無所蔽, 則明無不見), 聽思聰(聽無所壅, 則聰無不聞), 色思溫(容色和舒, 無忿厲之氣), 貌思恭(一身儀形, 無不端莊), 言思忠(一言之發, 無不忠信), 事思敬(一事之作, 無不敬愼), 疑思問(有疑于心, 必就先覺審問, 不知不措), 忿思難(有忿必懲以理自勝), 見得思義(臨財必明義利之辨, 合義然後取之)。

常以九容九思, 存於心而檢其身, 不可頃刻放捨, 且書諸座隅, 時時寓目。

非禮勿視, 非禮勿聽, 非禮勿言, 非禮勿動, 四者修身之要也。禮與非禮, 初學難辨, 必須窮理而明之。但於已知處, 力行之, 則思過半矣。

爲學在於日用行事之間。若於平居, 居處恭, 執事敬, 與人忠, 則是名爲學。讀書者, 欲明此理而已。

衣服不可華侈, 禦寒而已., 飮食不可甘美, 救飢而已., 居處不可安泰, 不病而已。惟是學問之功, 心術之正, 威儀之則, 則日勉勉, 而不可自足也。

克己工夫, 最切於日用。所謂己者, 吾心所好, 不合天理之謂也。必須檢察吾心, 好色乎? 好利乎? 好名譽乎? 好仕宦乎? 好安逸乎? 好宴樂乎? 好珍玩乎?

凡百所好, 若不合理, 則一切痛斷, 不留苗脈。然後吾心所好, 始在於義理, 而無己可克矣。

多言多慮最害心術。無事則當靜坐存心, 接人則當擇言簡重, 時然後言, 則言不得不簡, 言簡者近道。

非先王之法服, 不敢服, 非先王之法言, 不敢道, 非先王之德行, 不敢行, 此當終身服膺者也。

爲學者一味向道, 不可爲外物所勝, 外物之不正者, 當一切不留於心。鄕人會處, 若設博奕、樗蒲等戱, 則當不寓目, 逡巡引退。若遇倡妓作歌舞, 則必須避去。如値鄕中大會, 或尊長强留, 不能避退, 則雖在座, 而整容淸心, 不可使奸聲亂色, 有干於我。當宴飮酒, 不可沈醉, 浹洽而止可也。凡飮食當適中, 不可快意有傷乎氣。言笑當簡重, 不可喧譁以過其節, 動止當安詳, 不可粗率以失其儀。

有事則以理應事, 讀書則以誠窮理。除二者外, 靜坐收斂此心, 使寂寂無紛起之念, 惺惺無昏昧之失, 可也。所謂敬以直內者如此。

當正身心, 表裏如一, 處幽如顯, 處獨如衆, 使此心如靑天白日, 人得而見之。

常以行一不義, 殺一不辜, 而得天下, 不爲底意思, 存諸胸中。

居敬以立其本, 窮理以明乎善, 力行以踐其實, 三者終身事業也。

思無邪, 毋不敬。只此二句, 一生受用不盡, 當揭諸壁上, 須臾不可忘也。

每日頻自點檢, 心不存乎? 學不進乎? 行不力乎? 有則改之, 無則加勉, 孜孜毋怠, 斃而後已。

【持身章3-1원문】

學者必誠心向道, 不以世俗雜事亂其志, 然後爲學有基址。故夫子曰 .. "主忠信。" 朱子釋之曰 .. "人不忠信, 事皆無實, 爲惡則易, 爲善則難, 故必以是爲主焉。" 必以忠信爲主, 而勇下工夫, 然後能有所成就。黃勉齋所謂 "眞實心地, 刻苦工夫。" 兩言盡之矣。

【持身章3-1음역】

학자필성심향도, 불이세속잡사난기지, 연후위학유기지. 고부자왈 .. "주충신." 주자석지왈 .. "인불충신, 사개무실, 위악즉이, 위선즉난. 고필이시위주언." 필이충신위주, 이용하공부, 연후능유소성취. 황면재소위 "진실심지, 각고공부." 양언진지의.

【持身章3-1주석】

1) 持身(지신)-자신의 말과 행동(행동거지)을 올바르게 하는 것. 동일한 의미의 최초 출전은《列子》〈說符〉「子列子學于壺丘子林。壺丘子林曰 .. 子知持後, 則可言持身矣」에 보인다.
2) 學者(학자)-배우는 사람, 공부하는 사람, 학문을 연구하는 사람. 즉 전문적으로 모종의 학술체계 연구에 종사하는 사람을 가리킨다. 동일한 의미의 최초 출전은《論語》〈憲問〉「古之學者爲己, 今之學者爲人」에 보인다.
3) 必(필)-반드시. 必定, 必然, 必須, 一定要 등과 동일하다. 관련 4자성어는 物極必反, 信賞必罰 등이 있다.
4) 誠心(성심)-정성스러운 마음. 동일한 의미의 최초 출전은《後漢書》〈張酺傳〉「張酺前入侍講, 屢有諫正, 誾誾惻惻, 出於誠心, 可謂有史魚之風矣」에 보인다.
5) 向道(향도)-도를 추구하다, 즉 사람이 마땅히 실행해야 할 道義를 추구하여 학문의 목적인 성인이 되려고 노력하는 것이다. 向慕道義의 생략이

다. 출처는 韓愈(唐), 〈送齊皥下第序〉「今之君天下者, 不亦勞乎? 爲有司者, 不亦難乎? 爲人向道者, 不亦勤乎?」에 보인다.

6) 不以(불이)-~로 인하여 하지 말아야 한다. 不因과 동일하다. 동일한 의미의 최초 출전은 《禮記》〈表記〉「故君子不以小言受大祿, 不以大言受小祿」에 보인다.
7) 世俗(세속)-세간의 통속적인 습속. 동일한 의미의 최초 출전은 《莊子》〈天地〉「夫明白入素, 無爲復朴, 體性抱神, 以游世俗之間者, 汝將固驚邪」에 보인다.
8) 雜事(잡사)-잡다한 일, 즉 올바른 도리에서 벗어난 일. 동일한 의미의 최초 출전은 《南齊書》〈孔稚珪傳〉「不樂世務, 居宅盛營山水, 憑機獨酌, 傍無雜事」에 보인다.
9) 亂(난)-어지럽히다. 관련 4자성어는 胡言亂語, 亂臣賊子 등이 있다.
10) 其(기)-지시대명사로 이, 그, 저 등을 가리킨다. 관련 4자성어는 若無其事, 不計其數 등이 있다.
11) 志(지)-의지, 뜻. 관련 4자성어는 專心致知, 有志竟成 등이 있다. 본문의 「其志」는 학문하려는 의지를 의미한다.
12) 然後(연후)-그렇게 한 뒤에, 연후에. 동일한 의미의 최초 출전은 《禮記》〈學記〉「是故學, 然後知不足., 教, 然後知困」에 보인다.
13) 爲學(위학)-학문을 하다. 治學과 동일하다. 동일한 의미의 최초 출전은 《道德經》第四十八章「爲學日益, 爲道日損」에 보인다.
14) 有(유)-있다. 동사이고 無, 沒과 반대이다. 관련 4자성어는 有始無終, 一無所有 등이 있다.
15) 基址(기지)-기초, 터전, 기본. 동일한 의미의 최초 출전은 朱熹(南宋), 《朱子語類》卷八〈學二〉「如人要起屋, 須是先築教基址堅牢, 上面方可架屋」에 보인다.
16) 故(고)-그런 까닭에. 관련 4자성어는 溫故知新, 無緣無故 등이 있다.
17) 夫子(부자)-孔子를 가리킨다. 동일한 의미의 최초 출전은 《論語》〈學而〉

「子禽問於子貢曰 .. 夫子至於是邦也, 必聞其政, 求之與? 抑與之與?」에 보인다.

18) 曰(왈)-말하다. 관련 4자성어는 子曰詩云, 美其名曰 등이 있다.

19) 主(주)-근본, 가장 중요하다. 관련 4자성어는 各以其主, 獨立自主 등이 있다.

20) 忠信(충신)-충실과 신의. 충은 忠實, 忠恕를 가리키고, 신은 信義, 誠信을 가리킨다. 즉 자신이 할 바를 다하는 것을 충이라 하고(盡己之謂忠) 진실함을 신이라 한다(以實之謂信). 또 《易經》〈乾卦〉「君子進德修業, 忠信所以進德也」에서는 忠信을 進德(덕행을 증진시키는 것)이라고 하였다. 본문의 「主忠信」의 동일한 의미의 최초 출전은 《論語》〈學而〉「君子不重則不威, 學則不固。主忠信, 無友不如己者, 過則勿憚改」에 보인다. 또 《論語》〈顔淵〉「主忠信, 徙義, 崇德也」 및 《論語》〈子罕〉「主忠信, 毋友不如己者, 過則勿憚改」 등에 보인다.

21) 朱子(주자)-朱熹(1130-1200), 字는 元晦, 호는 晦庵이고 南宋 시기 理學家, 사상가, 철학가, 교육가, 시인이다. 주희는 이학(理學)의 집대성자이고 민학(閩學)의 대표자로서 후세에 朱子라고 일컬어졌다. 그의 이학 사상은 영향이 매우커서 元, 明, 清의 국가 哲學이 되었다. 저서는 《四書章句集注》 등 수십 권이 있다.

22) 釋(석)-해석하다. 관련 4자성어는 手不釋卷, 隨文釋義 등이 있다.

23) 之(지)-본문에서는 지시대명사로 그, 그것(충성과 믿음을 위주로 하다)의 의미이다. 관련 4자성어는 君子之交, 莫逆之友 등이 있다.

24) 人(인)-사람. 4자성어로는 助人爲樂, 目中無人 등이 있다.

25) 不(불)-아니다. 부사이고 일반적으로 부정의 의미로 사용된다. 관련 4자성어는 念念不忘, 美中不足 등이 있다.

26) 事(사)-일, 섬기다. 관련 4자성어는 平安無事, 好事多磨(魔), 好事多阻) 등이 있다.

27) 皆(개)-모두. 관련 4자성어는 人人皆知, 有口皆碑 등이 있다.

28) 無實(무실)-진실성이 없다. 동일한 의미의 최초 출전은 《史記》〈趙世家〉「乘飛龍上天不至而墜者, 有氣而無實也」에 보인다.

29) 爲惡(위악)-악한 짓을 하다. 동일한 의미의 최초 출전은 《莊子》〈養生主〉「爲善無近名, 爲惡無近刑」에 보인다.

30) 則(즉)-곧, 즉. 관련 4자성어는 月滿則虧, 禮煩則亂 등이 있다.

31) 易(이)-쉽다. 관련 4자성어는 易如反掌, 知易行難 등이 있다.

32) 爲善(위선)-선한 행동을 하다. 동일한 의미의 최초 출전은 《莊子》〈養生主〉「爲善無近名, 爲惡無近刑」에 보인다.

33) 難(난)-어렵다. 관련 4자성어는 左右爲難, 孤掌難鳴 등이 있다.

34) 以是爲主(이시위주)-이것(충실과 신의)으로써 위주로 삼다, 以~爲~는 ~로써 ~를 삼다.

35) 焉(언)-조사로 문장 끝에 사용되어 단정의 뜻을 나타낸다. 관련 4자성어는 輪焉奐焉, 語焉不詳 등이 있다.

36) 以忠信爲主(이충신위주)-충실과 신의를 위주로 삼다, 主忠信과 동일한 의미이다. 동일한 의미의 최초 출전은 《論語》〈學而〉「君子不重則不威, 學則不固。主忠信, 無友不如己者, 過則勿憚改」에 보인다.

37) 而(이)-그리고, 그래서, 그러나. 관련 4자성어는 不言而喩, 適可而止 등이 있다.

38) 勇(용)-용감하게, 용기를 내어. 관련 4자성어는 匹夫之勇, 勇往直前 등이 있다.

39) 下(하)-下는 착수, 시행, 사용하다. 관련 4자성어는 不恥下問, 瓜田李下 등이 있다.

40) 工夫(공부)-공부, 학습. 공부보다 시간과 노력을 더 많이 투자하는 경우에는 功夫를 사용한다. 동일한 의미의 최초 출전은 葛洪(東晉), 《抱朴子》〈遐覽〉「藝文不貴, 徒消工夫」에 보인다.

41) 能(능)-능히, 능숙하다, 가능하다. 관련 4자성어는 無能爲力, 無所不能 등이 있다.

42) 有所成就(유소성취)-성취한 바가 있다. 有所作爲와 동일하다. 成就의 동일한 의미의 최초 출전은 袁康(東漢),《越絶書》〈外傳本事〉「當此之時, 見夫子删書作春秋, 定王制, 賢者嗟嘆, 決意覽史記成就其事」에 보인다.
43) 黃勉齋(황면재)-黃幹(南宋)(1152-1221)의 字는 直卿이고 호는 勉齊이다, 朱熹의 제자 겸 사위이고 저서로는《勉齊集》이외에 다수가 있다.
44) 所謂(소위)-이른 바. 동일한 의미의 최초 출전은《詩經》〈蒹葭〉「所謂伊人, 在水一方」에 보인다.
45) 眞實(진실)-참되고 성실하게. 동일한 의미의 최초 출전은 荀悅(東漢),《申鑑》〈政體〉「君子之所以動天地、應神明、正萬物而成王治者, 必本乎眞實而已」에 보인다.
46) 心地(심지)-마음, 심정, 마음씀씀이. 동일한 의미의 최초 출전은 杜甫(唐), 〈謁文公上方〉「願問第一義, 回向心地初」에 보인다.
47) 刻苦(각고)-열심히 노력하다. 동일한 의미의 최초 출전은 韓愈(唐), 〈柳子厚墓志銘〉「居閑益自刻苦, 務記覽」에 보인다. 본문의「眞實心地, 刻苦工夫」는 黃榦(南宋)(1152년-1221년, 字는 直卿이고 호는 勉齊이다. 朱熹의 제자 겸 사위이고 저서로는《勉齊集》이외에 다수가 있다.)이 제자 何基(南宋)(1188-1268)에게 내린 가르침이다.
48) 兩言(양언)-두 구절의 말씀(眞實心地, 刻苦工夫). 동일한 의미의 최초 출전은《史記》〈平原君虞卿列傳〉「從之利害, 兩言而決耳。今日出而言從, 日中不決, 何也?」에 보인다.
49) 盡之(진지)-그것(충실과 신의)을 다 말하다. 관련 4자성어는 盡心竭力, 盡善盡美 등이 있다.
50) 矣(의)-조사로 문장 끝에 사용되고 了의 의미와 유사하다. 관련 4자성어는 思過半矣, 至矣盡矣 등이 있다.

【持身章3-1국역】

학문을 연구하는 사람은 반드시 정성스러운 마음으로 사람이 마땅히 실행해야 할 도의를 추구하여 학문의 목적인 성인이 되려고 노력해야지, 세간의 통속적인 습관이나 올바른 도리에서 벗어난 일로 인하여 그 학문하려는 의지를 어지럽히지 말아야 하며, 그렇게 한 뒤에 학문하려는 기초가 있게 되는 것이다. 그런 까닭에 공자가 말하기를 .. "충실과 신의가 근본이다." 라고 하였다. 주자가 "충실과 신의가 근본이다."라는 말을 해석하기를 .. "사람이 충실과 신의가 없으면 하는 일이 모두 진실성이 없어서 악한 짓을 하기는 쉽고 선한 행동을 하기는 어려우니, 그런 까닭에 반드시 이것(충실과 신의)으로써 근본을 삼아야 한다."라고 하였다. 반드시 충실과 신의로써 근본을 삼고 용감하게 공부를 시작하면 그렇게 한 뒤에 성취한 바가 있게 되는 것이다. 황간 선생의 이른바 "참되고 성실한 마음과 학습에 열심히 노력해라."는 두 마디 말이 그것(충실과 신의가 근본이다)을 다 말해주고 있다.

【持身章3-1解說】

***「忠信(충실과 신의)」,「主忠信」,「忠恕」**

충신은 忠實信義의 생략이다. 충신의 동일한 의미의 최초 출전은 《易經》〈乾卦〉「君子進德修業, 忠信所以進德也」에 보이는데, 충신은 덕행을 증진시키는 것이라고 하였다. 또 《道德經》第一章「夫禮者, 忠信之泊也, 而亂之首也」에도 보이는데, 忠信之泊은 일체 혼란의 근원이고 시작으로 보고 있다. 그 외에 朱熹(南宋), 《四書集註》에서 曾子의 말을 인용하여「盡己之謂忠, 以實之謂信」이라고 하였다. 즉 자신이 할 바를 다하는 것을 忠이라 하고(盡己之謂忠) 마음에서 일어난 바를 실증함을 信이라 하였다(以實之謂信). 曾子는 충과 신을 학습과 사람노릇 하는 것의 근본이며 가장 중요한 덕성으로 여겼다. 主忠信은 이러한 충과 신을 근본으로 삼는 것이다. 主忠信의 동일한 의미의 최초 출전은 《論語》〈學而〉「君子不重則不威, 學則不固。主忠信, 無友不如己者, 過則勿憚改」; 〈顔淵〉「主忠信, 徙義, 崇德也」; 〈子罕〉「主忠信, 毋友不如己者, 過則勿憚改」 등 3차례 출현하는데, 儒家에서 충과 신의 중요성을 특별히 강조하기 때문이다.

종합해서 말하면 첫째, 충은 忠實, 忠恕를 가리키고, 신은 信義, 信實을 가리킨다. 둘째, 충과 신은 한 가지 이치이고 단지 內(忠)와 外(信)의 구별이 있을 뿐이다. 즉 마음에서 일어나 스스로 최선을 다하는 것은 충이고, 일어난 것을 실증하고 생활 속에서 위배하지 않는 것을 신이라고 하였다. 셋째, 충은 신의 근본이고 신은 충의 나타남인 것이다. 참고로 忠恕를 설명하면, 《左傳》 文公元年「忠, 德之正也」; 《中庸》 13章「忠恕違道不遠。施諸己而不願, 亦勿施于人」; 程顥, 《二程遺書》 第11卷「以己及物, 仁也., 推己及物, 恕也」; 朱熹(南宋), 《朱子集註》「盡己之心以待人謂之忠, 推己之心以及人謂之恕」; 焦循(淸, 玩元 제자), 《論語通釋》「忠恕者何? 成己以及物也」 등에 보인다. 이상의 내용을 정리하면 충은 恕의 적극적인 방면이고, 盡心曰忠, 盡忠而敬, 心守中正이며, 內以立己達己이고 中庸을 강조하고 있다. 서는 소극적인 방면이고 心如人意, 仁義를 강조하고 있고 外以立人達人이다. 《論語》를 인용해서 말하면, 〈顏淵〉「其恕乎! 己所不欲, 勿施于人」이고, 〈雍也〉「己欲立而立人, 己欲達而達人」이라고 할 수 있다.

【持身章3-2원문】

常須夙興夜寐, 衣冠必正, 容色必肅, 拱手危坐, 行步安詳, 言語愼重, 一動一靜, 不可輕忽苟且放過。

【持身章3-2음역】

상수숙흥야매, 의관필정, 용색필숙, 공수위좌, 행보안상, 언어신중, 일동일정, 불가경홀구차방과.

【持身章3-2주석】

1) 常須(상수)-항상~ 해야 한다. 동일한 의미의 최초 출전은 陸游(南宋),

〈降魔〉「省事常須勉, 忘懷得最多」에 보인다.

2) 夙興(숙흥)-일찍 일어나다. 동일한 의미의 최초 출전은《禮記》〈昏義〉「夙興, 婦沐浴以俟見」 孫希旦(淸), 《禮記集解》..「夙, 早也, 謂昏明日之早晨也。興, 起也」에 보인다.

3) 夜寐(야매)-밤늦게 자다. 본문의「夙興夜寐」와 동일한 의미의 최초 출전은《詩經》〈衛風〉「夙興夜寐, 靡有朝矣」와〈大雅〉「夙興夜寐, 灑掃庭內, 維民之章」 등에 보인다. 즉 4자성어 夙興夜寐는 매우 열심히 일하고 있음을 표현하고 있다.

4) 衣冠(의관)-옷과 모자, 衣服冠帽의 생략이다. 동일한 의미의 최초 출전은《管子》〈形勢〉「言辭信, 動作莊, 衣冠正, 則臣下肅」에 보인다.

5) 必(필)-반드시. 必定, 必然, 必須, 一定要 등과 동일하다. 관련 4자성어는 物極必反, 信賞必罰 등이 있다.

6) 正(정)-바르게 하다. 관련 4자성어는 改邪歸正, 名正言順 등이 있다.

7) 容色(용색)-용모와 안색. 容貌神色의 생략이다. 동일한 의미의 최초 출전은《論衡》〈變虛〉「容色見于面」에 보인다.

8) 肅(숙)-엄숙하게. 관련 4자성어는 肅然起敬, 秋高氣肅 등이 있다.

9) 拱手(공수)-상호간에 만났을 때 두 손을 모으고 행하는 예절로, 자세는 왼손은 앞면에 오른손은 약간 구부려서 안쪽에 둔다. 동일한 의미의 최초 출전은《禮記》〈曲禮上〉「遭先生於道, 趨而進, 正立拱手」에 보인다.

10) 危坐(위좌)-허리를 펴고 똑바로 꿇어앉다. 동일한 의미의 최초 출전은《管子》〈弟子職〉「危坐鄕師, 顏色無怍」에 보인다.

11) 行步(행보)-걸음걸이. 步行과 동일하다. 동일한 의미의 최초 출전은《禮記》〈經解〉「燕處, 則聽雅頌之音., 行步, 則有環佩之聲」에 보인다.

12) 安詳(안상)-차분하고 침착하게. 安祥과 동일하다. 동일한 의미의 최초 출전은 蔡邕(東漢), 〈薦邊文禮書〉「口辯辭長, 而節之以禮度。安詳審固, 守持內定」에 보인다.

13) 言語(언어)-말 하는 것. 言은 스스로 말하는 것(自言曰言)이고, 語는 남이

물을 때 대답하는 것(答述曰語)을 지칭하지만 대체로 통용해서 사용한다. 동일한 의미의 최초 출전은 《易經》〈頤卦〉「象曰 .. 山下有雷, 頤。君子以愼言語, 節飮食」에 보인다.

14) 愼重(신중)-삼가하고 조심하다. 謹愼持重의 생략이다. 동일한 의미의 최초 출전은 班固(東漢), 《東觀漢記》〈陰識傳〉「(陰識)對賓客語, 不及國家, 其愼重如此」에 보인다.

15) 一動一靜(일동일정)-一動은 한차례 거동이고 一靜은 사태의 변화를 조용히 관찰하는 것을 가리킨다. 본문에서는 말과 행동거지를 일컫는다. 一動一靜은 4자성어로 一擧一動과 동일하다. 동일한 의미의 최초 출전은 周敦頤(北宋), 〈太極圖說〉「太極動而生陽, 動極而靜, 靜而生陰, 靜極復動。一動一靜, 互爲其根., 分陰分陽, 两儀是立焉」에 보인다.

16) 不可(불가)-할 수 없다. 可(가능, 되다, 적합, 옳다)의 반대 의미이다. 동일한 의미의 최초 출전은 《孫子兵法》〈九變〉「覆軍殺將, 必以五危, 不可不察也」에 보인다.

17) 輕忽(경홀)-가볍고 소홀히. 輕率疏忽의 생략이다. 동일한 의미의 최초 출전은 《漢書》〈孔光傳〉「若不畏惧, 有以塞除, 而輕忽簡誣, 則凶罰加焉」에 보인다.

18) 苟且(구차)-대충대충, 구차하게. 동일한 의미의 최초 출전은 陸機(西晉), 〈五等論〉「爲上無苟且之心, 群下知膠固之義」에 보인다.

19) 放過(방과)-제멋대로 하다, 지나쳐버리다. 放棄와 동일하다. 동일한 의미의 최초 출전은 朱熹(南宋), 《朱子全書》 卷九「曾子魯鈍難曉, 只是他不肯放過, 直是捱得到透徹了方住」에 보인다.

【持身章3-2국역】

항상 일찍 일어나고 밤늦게 자는 등 매우 열심히 일하고, 옷과 모자는 반드시 바르게 착용하며, 용모와 안색은 반드시 엄숙하게 하고, 상호간에 만났을 때는 두 손을 모아 인사하며, 자리에 앉을 때는 허리를 펴서 똑바로 꿇어앉고, 걸음걸이는 차분하고 침착하게 하며, 말은 삼가하고 조심해야 하며, 행동거지는 가볍고 소홀히 하거나 대충대충 제멋대로 해서는 안 된다.

【持身章3-2解說】

*「拱手」, 「作揖」, 「9拜」의 구분

1. 拱手

공수는 달리 拱手禮, 作揖, 揖禮 등으로 일컫는다. 고대 중국인의 상견례이다. 절하는 방식은 두 손을 합하여 가슴에서 약간 떨어진 곳에 수평으로 둔다. 손의 모양은 남자의 경우에는 오른손은 자연스럽게 감아쥐고 왼손으로 감싸듯이 한다. 여자와 喪禮 시기에는 남자의 반대로 왼손을 자연스럽게 감아쥐고 오른 손으로 감싸듯이 한다. 동일한 의미의 최초 출전은 《左傳》 襄公二十八年「與我其拱璧」注 ..「拱, 謂合兩手也」에 보인다. 그 외에도 《論語》〈微子〉「子路拱而立」; 《禮記》〈曲禮上〉「遭先生于道, 趨而進, 正立拱手」; 《爾雅》〈釋詁〉 郭璞(西晉) 注 ..「两手合持爲拱」; 《說文解字注》〈手部〉「謂沓其手, 右手在内, 左手在外。男之吉拜尚左, 女之吉拜尚右。凶拜反是。九拜必皆拱手」; 《現代漢語詞典》「拱, 两手相合, 臂的前部上擧」 등 여러 문헌에 보인다.

2. 作揖

작읍은 달리 揖, 揖禮, 揖讓이라고 일컫는다. 拱手보다는 비교적 정식적이고 정중한 형식이다. 절하는 방식은 공수와 동일하지만 추가로 허리를 60도 정도 구부려서 존경을 나타낸다. 종류는 6가지가 있다. 신분에 따라서는 (1)特揖(孤卿, 즉 조정의 고위 관료) (2)旅揖(大夫) (3)旁三揖(士)이 있다. 상황에 따라서는 (1)土揖(윗사람이 아랫사람에게 답례) (2)時揖(같은 항렬의 사람들이 일상생활에서의 상견례)이 있다. 특별한 의례에 따라서는 (1)天揖(冠禮, 婚禮, 射禮 등 특별한 행사가 있을 경우)이 있다. 동일한 의미의 최초 출전은 《周禮注疏》 卷三十一〈明堂位〉「孤卿特揖, 大夫以其等

旅揖, 士旁三揖, 王還揖門左, 揖門右。特揖, 一一揖之。旅, 众也。大夫爵同者揖之。公及孤卿大夫始入門右, 皆北面東上, 王揖之乃就位。群士及故士、大僕之屬, 發在其位。群士位東面, 王西南向而揖之。三揖者, 士有上中下。王揖之, 皆逡遁, 旣, 復位」; 《史記》〈高祖本紀〉「酈生不拜, 長揖」 등에 보인다.

3. 九拜

구배는 作揖과 달리 무릎을 꿇고 절하는 등 더욱 정중한 예의이고 9가지가 있다. 동일한 의미의 최초 출전은 《周禮》〈大祝〉「辨九拜, 一曰稽首, 二曰頓首, 三曰空首, 四曰振動, 五曰吉拜, 六曰凶拜, 七曰奇拜, 八曰褒拜, 九曰肅拜」에 보인다. 그중에서 전반부 4가지는 일상생활 중의 相見 예절이고, 후반부 5가지는 비교적 특수상황에서 사용한다. 특히 吉拜와 凶拜는 喪葬禮에서 사용하고, 肅拜는 군대 또는 부녀자가 행하는 예절이다.

1) 稽首-계수는 일종의 무릎을 꿇고 절하는 것으로, 9拜 중에서 가장 정중한 예의이다. 稽는 멈추다의 의미이다. 절하는 방식은 무릎을 꿇고 두 손을 땅에 짚고 엎드려서 머리를 땅에 닿게 하고 얼마간 멈춘 뒤에 일어난다. 통상적으로 신하가 군주를 알현할 때 사용한다. 시대가 변하면서 점차 아들이 아버지에게, 天神에게, 신혼부부가 天神과 부모에게, 스승에게, 조상과 사당 및 묘소에서도 사용하였다.

2) 頓首-돈수는 달리 叩首, 磕頭라고 일컫는다. 頓은 短暫 즉 잠깐의 의미이다. 절하는 방식은 稽首와 동일하지만 단지 머리를 땅에 접촉했다가 곧바로 일어난다. 통상적으로 하급자가 상급자에게, 동급자 상호간에 사용한다. 또 민간에서의 환영, 환송, 축하, 방문 및 편지의 시작 혹은 말미에 상대를 공경하는 의미로 사용한다.

3) 空首-공수는 달리 空手之禮, 拜手禮 등으로 일컫는다. 절하는 방식은 무릎을 꿇고 두 손을 땅에 짚고 엎드려서 머리를 손에 닿게 하지만 땅에는 닿게 하지 않는다. 그래서 空首라고 하는 것이다. 통상적으로 지위가 동등하거나 연령 등이 비슷한 상호간에 교류할 때 사용하는 보통의 예의이다.

또 편지에서 상대방을 공경하거나 존중하는 의미로도 사용된다.

4) 振動-진동은 대부분 喪事에서 사용한다. 절하는 방식은 무릎을 꿇고 허리를 세운 자세로 두 손바닥을 서로 치거나 또는 두 손으로 가슴을 치며 발을 구르며 통곡하는 것이다. 통상적으로 喪禮 중에서 망자에 대한 비통한 심정을 전달하는 가장 정중한 예절이다.

5) 吉拜-길배는 달리 吉拜禮라고 일컫는다. 대략 좋은 일(吉事)에는 길배를 흉한 일(凶事)에는 흉배를 실행한다. 절하는 방식은 무릎을 꿇고 앉아서 오른 손은 안쪽에 왼손은 바깥쪽에 두고 땅을 짚고 머리를 손에 닿게 하는 동작을 3차례 한다. 통상적으로 군주에게 절하거나 조상에게 제사지낼 때 사용한다.

6) 凶拜-흉배는 달리 凶拜禮라고 일컫는다. 절하는 방식은 길배와 동일하지만 손의 위치는 길배와 반대로 해서 땅을 짚고 머리를 손에 닿게 한다. 통상적으로 喪禮에서 망자에 대한 애도와 공경을 나타낸다.

7) 奇拜-기배는 달리 雅拜라고 일컫는다. 절하는 방식은 무릎을 꿇고 拱手 자세로 허리를 숙여 절한다.

8) 褒拜-포배는 달리 報拜라고 일컫는다. 일종의 答拜로 2번 절하여 상대에 대한 존경을 나타낸다. 절하는 방식은 무릎을 꿇고 두 손으로 땅을 짚고 머리가 손에 닿게 한 뒤에 일어난다. 통상적으로 황제를 알현하거나 조상에 대한 제사 지낼 때 등 중요한 모임이나 의식에서 사용한다.

9) 肅拜-숙배는 달리 肅揖으로 일컫는다. 절하는 방식은 무릎을 꿇고 두 손을 拱手 형태(왼손은 안쪽에 오른손은 바깥쪽에 둔다)로 이마에 대고 손이 땅에 닿도록 절하는 것이다. 통상적으로 군대에서 중요한 의식이나 상황에서 사용한다. 일부 학자들의 주장에 의하면 숙배는 부녀자 전용이라고 한다.

*「危坐」

위좌는 달리 端坐, 安坐, 正坐, 靜坐 등으로 일컫는다. 危는 端正의 의미이다. 앉는 방식은 눈을 감고 허리를 펴고 똑바로 꿇어앉는다. 이러한 자세는 엄숙하고 공경하는 의미를 나타내고 있다. 동일한 의미의 최초 출전은 《管子》〈弟子職〉「危坐鄉師, 顔色無怍」에 보인다. 특별히 朱熹는 靜坐라는 용어를 사용하였다. 동일한 의미의 최초 출전은 朱熹(南宋), 《朱子語類》 卷十一 「明道教人靜坐, 李先生亦教人靜坐。始學工夫, 須是靜坐」에 보인다.

【持身章3-3-1원문】

收斂身心, 莫切於九容, 進學益智, 莫切於九思。

【持身章3-3-1음역】

수렴신심, 막절어구용, 진학익지, 막절어구사.

【持身章3-3-1주석】

1) 收斂(수렴)-자신의 행위를 점검하여 더 이상 방종하지 않다. 반대는 放縱이다. 동일한 의미의 최초 출전은 《漢書》〈傅常鄭甘陳段傳〉「陳湯儻, 不自收斂, 卒用困窮, 議者閔之, 故備列云」에 보인다.
2) 身心(신심)-몸과 마음. 동일한 의미의 최초 출전은 翁洮(唐), 〈夏〉「身心已在喧闐處, 惟羡滄浪把釣翁」에 보인다.
3) 莫切於(막절어)-~보다 더 절실한 것은 없다, ~에 더 부합(切)하는 것은 없다. 본문에서 於는 ~보다, ~에의 의미이다. 동일한 의미의 최초 출전은 包恢(南宋), 〈臨江合皂李仲章以省軒求詩〉「擧目有證, 莫切於視」에 보인다.
4) 九(구)-구, 아홉째. 관련 4자성어는 九牛一毛, 九死一生 등이 있다.
5) 容(용)-용모와 태도, 규범, 법도. 容儀와 동일하다, 동사로 사용되면 ~을 필요로 하다. 관련 동일한 의미의 최초 출전은 《禮記》〈玉藻〉「恭謹謂之禮, 文禮謂之容」에 보인다. 또 〈玉藻〉「君子之容舒遲, 見所尊者齊遬。足容

重, 手容恭, 目容端, 口容止, 聲容靜, 頭容直, 氣容肅, 立容德, 色容莊, 坐如尸, 燕居告溫溫」에 보인다. 즉 9容은 사람을 대하는 9가지 용모와 태도를 가리킨다. 관련 4자성어는 義不容辭, 不容置疑 등이 있다.

6) 進學(진학)-학업으로 하여금 진보가 있다. 동일한 의미의 최초 출전은《禮記》〈學記〉「善待問者如撞鐘, 叩之以小者則小鳴, 叩之以大者則大鳴, 待其從容, 然後盡其聲., 不善答問者反此。此皆進學之道也」에 보인다.

7) 益智(익지)-지혜를 증진시키다. 增益智慧의 생략이다. 동일한 의미의 최초 출전은 劉向(西漢),《說苑》〈建本〉「夫問迅之士, 日夜興起, 厲中益知, 以分別理」에 보인다.

8) 思(사)-생각. 관련 4자성어는 深思長計, 思過半矣 등이 있다. 9思는 9가지를 생각하다. 동일한 의미의 최초 출전은《論語》〈季氏〉「孔子曰 .. 君子有九思, 視思明, 聽思聰, 色思溫, 貌思恭, 言思忠, 事思敬, 疑思問, 忿思難, 見得思義」에 보인다.

【持身章3-3-1국역】

몸과 마음 등 자신의 행위를 점검하고 더 이상 방종하지 않는 것은 사람을 대하는 9가지 용모와 태도보다 더 절실한 것은 없고, 학업으로 하여금 진보가 있고 지혜를 증진시키는 데는 9가지를 생각하는 것보다 더 절실한 것은 없다.

【持身章3-3-1解說】

*「收斂」

수렴은 농작물을 수확하다, 세금을 징수하다, 수집하다, 정지하다, 잃어버리다 등의 여러 가지 의미가 있지만 본문에서는 자신의 몸과 마음, 행위 등을 점검하여 더 이상 방종하지 않다의 의미이다. 동일한 의미의 최초 출전은《漢書》〈傳常鄭甘陳段傳〉「陳湯儻, 不自收斂, 卒用困窮, 議者閔之, 故備列云」에 보인다. 반대는 放縱이다.

* 「九容」과 「九思」

9용과 9사는 고대 儒家 학파에서 제창하는 일종의 행위 준칙이고 君子 자신의 수신과 도덕 함양 및 타인과의 상호 교류의 가장 기본적이고 중요한 내용이다. 9용은 군자가 갖춰야 할 禮義의 외재적 표현이고 행동을 통한 動態的인 요구이며 상호 교류에서 요구되는 필수 행동으로 君子之容으로 일컫는다. 9사는 군자가 갖춰야 할 禮義의 내재적 표현이고 사상을 통한 靜態的인 요구이며 개인 수양의 필수 의식으로 君子之德으로 일컫는다. 즉 보고 듣고 말하고 행동하기 전에 반드시 고려해야 할 전제조건이고 타인과의 왕래 교류 및 자신의 도덕 함양에 마땅히 구비해야 할 9가지 행동과 사상을 가리킨다.

첫째, 9용은 개개인이 일상생활에서의 행동거지를 어떻게 해야 하는가에 대한 요구이다. 즉 발, 손, 눈, 입, 소리, 머리, 호흡, 자세, 안색 등 행동 방면에 대한 기본적인 주의사항이다. 동일한 의미의 최초 출전은 《禮記》〈玉藻〉「恭謹謂之禮, 文禮謂之容」과 〈玉藻〉「君子之容舒遲, 見所尊者齊遬。足容重, 手容恭, 目容端, 口容止, 聲容靜, 頭容直, 氣容肅, 立容德, 色容莊, 坐如尸, 燕居告溫溫」에 보인다.

둘째, 9사는 개개인의 사고와 언행에 대한 요구이다. 즉 눈으로 볼 때, 귀로 들을 때, 얼굴빛을 유지할 때, 외모와 행동거지를 갖출 때, 말할 때, 일할 때, 의문점이 있을 때, 화났을 때, 이익을 볼 때 등 사고방면에 대한 기본적인 주의사항이다. 동일한 의미의 최초 출전은 《論語》〈季氏〉「孔子曰 .. 君子有九思 .. 視思明, 聽思聰, 色思溫, 貌思恭, 言思忠, 事思敬, 疑思問, 忿思難, 見得思義」에 보인다.

결론적으로 9용과 9사는 고대 유가 학파에서 제창하는 일종의 행위 준칙이다. 9용을 통해서 개개인 스스로의 일상생활에서의 절제된 행동으로 성숙한 인품을 갖춘다. 9사를 통해서 개개인의 사고와 언행을 정제하여 타인을 배려하는 마음가짐으로 화목한 사회를 구성하려는 성실한 태도를 갖출 것을 요구하고 있다.

【持身章3-3-2원문】

所謂九容者 .. 足容重(不輕擧也。若趨于尊長之前, 則不可拘此), 手容恭(手無慢弛。無事則當端拱, 不妄動), 目容端(定其眼睫, 視瞻當正, 不可流眄邪睇), 口容止(非言語飮食之時, 則口常不動), 聲容靜(當整攝形氣, 不可出噦咳等雜聲), 頭容直(當正頭直身, 不可傾回偏倚), 氣容肅(當調和鼻息, 不可使有聲氣), 立容德(中立不倚, 儼然有德之氣像), 色容莊(顔色整齊, 無怠慢之氣)。

【持身章3-3-2음역】

소위구용자 .. 족용중(불경거야. 약추우존장지전, 즉불가구차), 수용공(수무만이. 무사즉당단공, 불망동), 목용단(정기안첩, 시첨당정, 불가유면사제), 구용지(비언어음식지시, 즉구상부동), 성용정(당정섭형기, 불가출얼해등잡성), 두용직(당정두직신, 불가경회편의), 기용숙(당조화비식, 불가사유성기), 입용덕(중립불의, 엄연유덕지기상), 색용장(안색정제, 무태만지기).

【持身章3-3-2주석】

1) 所謂(소위)-이른 바. 동일한 의미의 최초 출전은《詩經》〈蒹葭〉「所謂伊人, 在水一方」에 보인다.
2) 九容(구용)-군자가 갖춰야 할 禮義의 외재적 표현이고 행동을 통한 動態的인 요구이며 상호 교류에서 요구되는 필수 행동으로 君子之容으로 일컫는다. 동일한 의미의 최초 출전은《禮記》〈玉藻〉「君子之容舒遲, 見所尊者齊遬 .. 足容重, 手容恭, 目容端, 口容止, 聲容靜, 頭容直, 氣容肅, 立容德, 色容莊, 坐如尸, 燕居告溫溫」에 보인다.
3) 者(자)-~이라는 것. 관련 4자성어는 來者不拒, 當局者迷 등이 있다.
4) 足容重(족용중)-발걸음은 침착하게 유지하고 걸어갈 때도 안정적이고 듬직해야 한다. 참고로 容이 동사로 사용되면 ~을 필요로 하다의 의미이다. 동일한 의미의 최초 출전은《禮記》〈玉藻〉「君子之容舒遲, 見所尊者齊遬。足容重, 手容恭, 目容端, 口容止, 聲容靜, 頭容直, 氣容肅, 立容德,

色容莊, 坐如尸, 燕居告溫溫」에 보인다.

5) 不(불)-아니다. 부사이고 일반적으로 부정의 의미로 사용된다. 관련 4자성어는 念念不忘, 美中不足 등이 있다.
6) 輕擧(경거)-가볍게 행동하다. 동일한 의미의 최초 출전은《韓非子》〈難四〉「明君不懸怒, 懸怒則臣罪輕擧以行計, 則人主危」에 보인다.
7) 也(야)-조사로 문장 중간에 혹은 문장 끝에 사용한다. 관련 4자성어는 空空如也, 未嘗有也 등이 있다.
8) 若(약)-만약. 관련 4자성어는 若隱若現, 泰然自若 등이 있다.
9) 趨(추)-나아가다. 관련 4자성어는 一步一趨, 趨吉避凶 등이 있다.
10) 于(우)-~으로, ~에게, 於와 동일하다. 관련 4자성어는 重于泰山, 輕于鴻毛 등이 있다.
11) 尊長(존장)-지위나 항렬이 자기보다 높은 어른. 동일한 의미의 최초 출전은《禮記》〈鄕飮酒義〉「鄕飮酒之禮, 六十者坐, 五十者立侍, 以聽政役, 所以明尊長也」에 보인다. 또《禮記》〈少儀〉「尊長于己逾等, 不敢問其年」에도 보인다.
12) 之(지)-~의. 관련 4자성어는 君子之交, 莫逆之友 등이 있다.
13) 前(전)-앞, 이전의. 관련 4자성어는 史無前例, 承前啓後 등이 있다.
14) 則(즉)-곧, 즉. 관련 4자성어는 月滿則虧, 禮煩則亂 등이 있다.
15) 不可(불가)-할 수 없다. 可(가능, 되다, 적합, 옳다)의 반대 의미이다. 동일한 의미의 최초 출전은《史記》〈刺客列傳〉「誠得劫秦王, 使悉反諸侯侵地, 若曹沫之與齊桓公, 則大善矣., 則不可, 因而刺殺之」에 보인다.
16) 拘此(구차)-이것에 구애받다. 拘于此의 생략이고 반대는 不拘于此이다. 동일한 의미의 최초 출전은 白玉蟾(南宋), 〈送談執權張南顯歸廣州〉「大丈夫, 不拘此, 無酒便如何, 有酒亦樂只」에 보인다.
17) 手容恭(수용공)-손놀림은 단정하게 유지하고 일이 없을 때도 불필요한 동작이나 난잡하게 움직이지 말며, 양손을 가볍게 맞잡고 공경하는 태도를 취해야 한다. 동일한 의미의 최초 출전은《禮記》〈玉藻〉「君子之容舒

遲, 見所尊者齊遬。足容重, 手容恭, 目容端, 口容止, 聲容靜, 頭容直, 氣容肅, 立容德, 色容莊, 坐如尸, 燕居告溫溫」에 보인다.

18) 無(무)-없다, 동사이고 有와 반대이다. 관련 4자성어는 史無前例, 無邊無際 등이 있다.

19) 慢弛(만이)-함부로 움직이다, 태만하게 풀어놓다. 동일한 의미의 최초 출전은 嵇康(曹魏), 〈與山巨源絶交書〉「吾不如嗣宗之賢, 而有慢弛之闕。又不識人情, 闇於機宜」에 보인다.

20) 無事(무사)-특별한 일이 없을 때. 於無事時의 생략형이다. 동일한 의미의 최초 출전은《孟子》〈滕文公下〉「士無事而食, 不可也」에 보인다.

21) 當(당)-마땅히. 관련 4자성어는 老當益壯, 以一當十 등이 있다.

22) 端拱(단공)-단공은 단정히 무릎을 꿇고 허리는 세우고 앉는데, 왼손은 바깥쪽에 오른손은 안쪽에 두고 배꼽 부근에서 맞잡고 있는 자세이다. 端坐拱手의 생략이고 달리 端坐, 危坐라고 일컫는다. 동일한 의미의 최초 출전은《莊子》〈山木〉「(孔子)左据槁木, 右擊槁枝, 而歌猋氏之風 …… 顏回端拱還目而窺之」에 보인다.

23) 妄動(망동)-함부로 움직이다, 망령되게 움직이다. 輕擧妄動의 생략이다. 동일한 의미의 최초 출전은《戰國策》〈燕策一〉「今大王事秦, 秦王必喜, 而趙不敢妄動矣」에 보인다.

24) 目容端(목용단)-사람과 사물을 바라볼 때는 단정하게 똑바로 쳐다보고, 곁눈질하거나 흘겨보거나 훔쳐봐서는 안 된다. 동일한 의미의 최초 출전은《禮記》〈玉藻〉「君子之容舒遲, 見所尊者齊遬。足容重, 手容恭, 目容端, 口容止, 聲容靜, 頭容直, 氣容肅, 立容德, 色容莊, 坐如尸, 燕居告溫溫」에 보인다.

25) 定(정)-안정되다. 관련 4자성어는 一言爲定, 心身不定 등이 있다.

26) 其(기)-지시대명사로 이, 그, 저 등을 가리킨다. 관련 4자성어는 若無其事, 不計其數 등이 있다.

27) 眼睫(안첩)-바라보는 시선, 눈매. 동일한 의미의 최초 출전은 沈作喆(南

宋),《寓簡》卷六「無令一眼睫許, 壞人佳思」에 보인다.

28) 視瞻(시첨)-바라봄. 동일한 의미의 최초 출전은《禮記》〈曲禮上〉「將入戶, 視必下, 入戶奉扃, 視瞻毋回」에 보인다.

29) 正(정)-바르게 하다. 관련 4자성어는 改邪歸正, 名正言順 등이 있다.

30) 流眄(유면)-곁눈질하다. 동일한 의미의 최초 출전은 陶潛(東晉),〈閑情賦〉「瞬美目以流眄, 含言笑而不分」에 보인다.

31) 邪睇(사제)-흘겨보다. 동일한 의미의 최초 출전은《禮記》〈玉藻〉「目容端」孔穎達(唐) 疏 ..「目容端者, 目宜端正, 不邪睇而視之」에 보인다.

32) 口容止(구용지)-입은 다물고 음식을 먹거나 말 할 때 이외에는 함부로 놀리면 안 되며, 말할 때는 정확하게 말하고 혼자 중얼거리거나 끊임없이 자기만 말하면 안 된다. 동일한 의미의 최초 출전은《禮記》〈玉藻〉「君子之容舒遲, 見所尊者齊遬。足容重, 手容恭, 目容端, 口容止, 聲容靜, 頭容直, 氣容肅, 立容德, 色容莊, 坐如尸, 燕居告溫溫」에 보인다.

33) 非(비)-아니면, 하지 않으면. 非는 주로 명사나 명사구, 또는 절 앞에 위치하면서 그 명사를 부정하는 구실을 한다. 不, 否, 無, 沒有, 違背 등과 유사한 의미이다. 관련 4자성어는 口是心非, 是非曲直 등이 있다.

34) 言語(언어)-말 하는 것. 言은 스스로 말하는 것(自言曰言)이고, 語는 남이 물을 때 대답하는 것(答述曰語)을 지칭하지만 대체로 통용해서 사용한다. 동일한 의미의 최초 출전은《易經》〈頤卦〉「象曰 .. 山下有雷, 頤。君子以愼言語, 節飮食」에 보인다.

35) 飮食(음식)-음식을 먹고 마시는 것. 동일한 의미의 최초 출전은《書經》〈酒誥〉「爾乃飮食醉飽」에 보인다.

36) 時(시)-때, 시기. 관련 4자성어는 時不我待, 無時無刻 등이 있다.

37) 口(구)-입. 관련 4자성어는 口是心非, 膾炙人口 등이 있다.

38) 常(상)-항상. 관련 4자성어는 變化無常, 人之常情 등이 있다.

39) 動(동)-움직이다. 관련 4자성어는 驚天動地, 一擧一動 등이 있다.

40) 聲容靜(성용정)-음성은 평탄하고 대화할 때에도 부드럽고 조용한 소리

로 하며, 큰 소리로 이야기 하거나 시끄럽게 하면 안 되고 상대방과 대화할 때에도 하품하거니 기침하거나 다른 행동을 하면 안 된다. 동일한 의미의 최초 출전은《禮記》〈玉藻〉「君子之容舒遲, 見所尊者齊遬。足容重, 手容恭, 目容端, 口容止, 聲容靜, 頭容直, 氣容肅, 立容德, 色容莊, 坐如尸, 燕居告温温」에 보인다.

41) 整攝(정섭)-고르게 간직하다. 整頓, 整理와 동일하다. 攝과 관련된 4자성어는 防心攝行, 半身不攝 등이 있다. 또 整攝 관련 동일한 의미의 최초 출전은《史記》〈魏公子列傳〉「侯生攝敝衣冠, 直上載公子上坐」에 보인다.

42) 形氣(형기)-표정과 어기(語氣). 동일한 의미의 최초 출전은《素問》〈玉機眞臟論〉「凡治病, 察其形氣色澤, 脈之盛衰, 病之新故, 乃治之無後其時」에 보인다.

43) 出(출)-나오다. 관련 4자성어는 神出鬼没, 人才輩出 등이 있다.

44) 噦(얼)-재채기, 딸꾹질. 관련 4자성어는 噦心瀝血, 龍吟鳳噦 등이 있다.

45) 咳(해)-기침. 관련 4자성어는 咳唾成玉, 咳珠唾玉 등이 있다.

46) 等(등)-등등, 기다리다. 관련 4자성어는 等閑之輩, 高人一等 등이 있다.

47) 雜聲(잡성)-잡소리. 동일한 의미의 최초 출전은《周禮》〈磬師〉「教縵樂」鄭玄(東漢) 注 ..「縵, 謂雜聲之和樂者也」에 보인다.

48) 頭容直(두용직)-머리와 몸은 곧고 단정하게 유지하고, 함부로 고개를 끄덕이거나 제멋대로 흔들거나 허리를 숙이면 안 된다. 동일한 의미의 최초 출전은《禮記》〈玉藻〉「君子之容舒遲, 見所尊者齊遬。足容重, 手容恭, 目容端, 口容止, 聲容靜, 頭容直, 氣容肅, 立容德, 色容莊, 坐如尸, 燕居告温温」에 보인다.

49) 正頭(정두)-머리를 바르게 하다. 頭正과 동일하다. 동일한 의미의 최초 출전은 西周生(明),《醒世姻緣傳》第三回「珍哥被晁大舍說了個頭正, 也就笑了一笑, 不做聲」에 보인다.

50) 直身(직신)-몸을 똑바로 하다. 동일한 의미의 최초 출전은 周密(南宋),《齊東野語》〈曝日〉「攻媿次之云 .. 曲身成直身, 朝寒俄失記」에 보인다.

51) 傾回(경회)-어지럽게 움직이다. 動亂과 동일하다. 동일한 의미의 최초 출전은《後漢書》〈董卓傳贊〉「矢延王輅, 兵纏魏象。區服傾回, 人神波蕩」에 보인다.

52) 偏倚(편의)-한쪽으로 치우치다. 동일한 의미의 최초 출전은《禮記》〈中庸〉「喜怒哀樂之未發謂之中」朱熹(南宋),《四書集注》..「無所偏倚, 故謂之中」에 보인다.

53) 氣容肅(기용숙)-호흡할 때는 들숨과 날숨을 부드럽고 균등하게 하며, 잡소리가 없이 정숙해야 한다. 동일한 의미의 최초 출전은《禮記》〈玉藻〉「君子之容舒遲, 見所尊者齊遬。足容重, 手容恭, 目容端, 口容止, 聲容靜, 頭容直, 氣容肅, 立容德, 色容莊, 坐如尸, 燕居告溫溫」에 보인다.

54) 調和(조화)-부드럽고 고르게 하다. 동일한 의미의 최초 출전은《墨子》〈節葬下〉「是故凡大國之所以不攻小國者, 積委多, 城郭修, 上下調和, 是故大國不耆攻之」에 보인다.

55) 鼻息(비식)-코를 통해서 하는 호흡, 호흡. 동일한 의미의 최초 출전은《後漢書》〈袁紹傳〉「袁紹孤客窮軍, 仰我鼻息」에 보인다.

56) 使有(사유)-~로 하여금 있게 하다. 동일한 의미의 최초 출전은《道德經》第八十章「小國寡民。使有什伯之器而不用, 使民重死而不遠徙」에 보인다.

57) 聲氣(성기)-소리. 동일한 의미의 최초 출전은 葉適(南宋),〈與趙丞相書〉「聞命之日, 慚汗悚仄, 不能出聲氣」에 보인다.

58) 立容德(입용덕)-서있는 자세는 바르고 단정하며 한쪽으로 치우치거나 기대면 안 된다. 동일한 의미의 최초 출전은《禮記》〈玉藻〉「君子之容舒遲, 見所尊者齊遬。足容重, 手容恭, 目容端, 口容止, 聲容靜, 頭容直, 氣容肅, 立容德, 色容莊, 坐如尸, 燕居告溫溫」에 보인다.

59) 中立(중립)-중심을 잡고 서다. 中正獨立의 생략이다. 동일한 의미의 최초 출전은《禮記》〈中庸〉「中立而不倚, 强哉矯」孔穎達(唐) 疏 ..「中正獨立, 而不偏倚, 志意强哉, 形貌矯然」에 보인다.

60) 不倚(불의)-치우치지 않게. 관련 4자성어는 不偏不倚가 있다. 동일한 의

미의 최초 출전은 朱熹(南宋),《中庸集注》..「中者, 不偏不倚, 無過不及之名」에 보인다.

61) 儼然(엄연)-의젓하게. 동일한 의미의 최초 출전은《論語》〈堯曰〉「君子正其衣冠, 尊其瞻視, 儼然人望而畏之」에 보인다.

62) 有德(유덕)-덕행이 있다. 동일한 의미의 최초 출전은《周禮》〈大司樂〉「凡有道者有德者, 使教焉」鄭玄(東漢) 注 ..「德, 能躬行者」에 보인다.

63) 氣像(기상)-밖으로 드러난 풍모(모습). 李漁(淸),《比目魚》〈僞隱〉「我如今穿了簑衣, 戴了箬笠, 做出些儒者氣像, 儼然是個避世的高人」에 보인다.

64) 色容莊(색용장)-얼굴색은 부드럽고 장중하며 공경하는 표정을 가져야 한다. 동일한 의미의 최초 출전은《禮記》〈玉藻〉「君子之容舒遲, 見所尊者齊遬。足容重, 手容恭, 目容端, 口容止, 聲容靜, 頭容直, 氣容肅, 立容德, 色容莊, 坐如尸, 燕居告溫溫」에 보인다.

65) 顔色(안색)-얼굴 표정. 동일한 의미의 최초 출전은《論語》〈泰伯〉「正颜色, 斯近信矣」에 보인다.

66) 整齊(정제)-상황에 맞게 바르게 유지하다. 동일한 의미의 최초 출전은《史記》《貨殖列傳序》「故善者因之, 其次利道之, 其次教誨之, 其次整齊之, 最下者與之爭」에 보인다.

67) 怠慢(태만)-게으름을 피우다. 동일한 의미의 최초 출전은《周禮》〈小胥〉「巡舞列而撻其怠慢者」에 보인다.

68) 氣(기)-모습, 기색. 관련 4자성어는 心平氣和, 氣勢洶洶(騰騰) 등이 있다.

【持身章3-3-2국역】

이른바 9용이라는 것은 군자가 갖춰야 할 禮義의 외재적 표현이고 행동을 통한 動態的인 요구이며 상호 교류에서 요구되는 필수 행동으로 君子之容으로 일컫는다. (1)발걸음은 침착하게 유지하고 걸어갈 때도 안정적이고 듬직해야 한다(가볍게 행동하지 말아야 하고, 만약 지위나 항렬이 자기보다 높은 어른에게 나아갈 때는 곧 이것에 구애받지 않는다). (2)손놀림은 단정하게 유지하고 일이 없을 때도 불필요한 동작이나 난잡하게 움직이지 말며, 양손을 가볍게 맞잡고 공경하는 태도를 취해야 한다(손은 함부로 움직임이 없어야 하고, 특별한 일이 없으면 마땅히 단정히 앉아서 손을 맞잡고 함부로 움직이지 말아야 한다). (3)사람과 사물을 바라볼 때는 단정하게 똑바로 쳐다보고, 곁눈질하거나 흘겨보거나 훔쳐봐서는 안 된다(그 바라보는 시선이 안정되고 쳐다봄을 마땅히 바르게 해야지 곁눈질하거나 흘겨보면 안 된다). (4)입은 다물고 음식을 먹거나 말 할 때 이외에는 함부로 놀리면 안 되며, 말할 때는 정확하게 말하고 혼자 중얼거리거나 끊임없이 자기만 말하면 안 된다(말하거나 음식을 먹고 마시는 때가 아니면 곧 입은 항상 놀리지 않는다). (5)음성은 평탄하고 대화할 때에도 부드럽고 조용한 소리로 하고 큰 소리로 이야기 하거나 시끄럽게 하면 안 되며, 상대방과 대화할 때에도 하품하거니 기침하거나 다른 행동을 하면 안 된다(마땅히 표정과 어투를 고르게 간직하고 재채기나 기침 등 잡소리를 내지 말아야 한다). (6)머리와 몸은 곧고 단정하게 유지하고, 함부로 고개를 끄덕이거나 제멋대로 흔들거나 허리를 숙이면 안 된다(마땅히 머리를 바르게 하고 몸을 똑바로 해야 하며, 어지럽게 움직이거나 한쪽으로 치우치면 안 된다). (7)호흡할 때는 들숨과 날숨을 부드럽고 균등하게 하며, 잡소리가 없이 정숙해야 한다(마땅히 코를 통해서 하는 호흡은 부드럽고 고르게 해야 하고 그것으로 하여금 소리가 나게 해서는 안 된다). (8)서있는 자세는 바르고 단정하며 한쪽으로 치우치거나 기대면 안 된다(중심을 잡고 서서 한쪽으로 치우치지 않으면 의젓하고 덕행이 밖으로 드러나 풍모가 있게 된다). (9)얼굴색은 부드럽고 장중하며 공경하는 표정을 가져야 한다(얼굴 표정을 상황에 맞게 바르게 유지하고 게으름을 피우는 기색이 없어야 한다).

【持身章3-3-2解說】

*「端拱」

단공은 단정히 무릎을 꿇고 허리는 세우고 앉는데, 왼손은 바깥쪽에 오른손은 안쪽에 두고 배꼽 부근에서 맞잡고 있는 자세이다. 端坐拱手의 생략이고 달리 端坐, 危坐라고 일컫는다. 이것은 불교 수행자의 靜坐法과는 다른 儒家 學人의 修身 자세라는 주장도 있다.

【持身章3-3-3원문】

所謂九思者 .. 視思明(視無所蔽, 則明無不見), 聽思聰(聽無所壅, 則聰無不聞), 色思溫(容色和舒, 無忿厲之氣), 貌思恭(一身儀形, 無不端莊), 言思忠(一言之發, 無不忠信), 事思敬(一事之作, 無不敬愼), 疑思問(有疑于心, 必就先覺審問, 不知不措), 忿思難(有忿必懲以理自勝), 見得思義(臨財必明義利之辨, 合義然後取之)。

【持身章3-3-3음역】

소위구사자 .. 시사명(시무소폐, 즉명무불견), 청사총(청무소옹, 즉총무불문), 색사온(용색화서, 무분려지기), 모사공(일신의형, 무불단장), 언사충(일언지발, 무불충신), 사사경(일사지작, 무불경신), 의사문(유의우심, 필취선각심문, 부지부조), 분사난(유분필징이리자승), 견득사의(임재필명의리지변, 합의연후취지).

【持身章3-3-3주석】

1) 所謂(소위)-이른 바. 동일한 의미의 최초 출전은《詩經》〈蒹葭〉「所謂伊人, 在水一方」에 보인다.
2) 九思(구사)-군자가 갖춰야 할 禮義의 내재적 표현이고 사상을 통한 靜態的인 요구이며 개인 수양의 필수 의식으로 君子之德으로 일컫는다. 동일한 의미의 최초 출전은《論語》〈季氏〉「孔子曰 .. 君子有九思 .. 視思明, 聽思聰, 色思溫, 貌思恭, 言思忠, 事思敬, 疑思問, 忿思難, 見得思義」에 보

인다.

3) 者(자)-~이라는 것. 관련 4자성어는 來者不拒, 當局者迷 등이 있다.
4) 視思明(시사명)-볼 때는 밝게 볼 것을 생각하다. 즉 밝게 본다는 것은 是非, 曲直, 眞假, 虛實의 판단을 거친다는 뜻이다. 동일한 의미의 최초 출전은 《論語》〈季氏〉「孔子曰 .. 君子有九思 .. 視思明, 聽思聰, 色思温, 貌思恭, 言思忠, 事思敬, 疑思問, 忿思難, 見得思義」에 보인다.
5) 視(시)-보다. 관련 4자성어는 虎視眈眈, 一視同仁 등이 있다.
6) 無所蔽(무소폐)-가려지는 바가 없다. 동일한 의미의 최초 출전은 朱熹(南宋), 《日講四書解義》〈大學〉「德者, 天所賦于人心, 至虛而無所累, 至靈而無所蔽, 能包函衆理而酬應萬事, 故謂之明德」에 보인다.
7) 則(즉)-곧, 즉. 관련 4자성어는 月滿則虧, 禮煩則亂 등이 있다.
8) 明(명)-분명하다, 밝히다. 관련 4자성어는 明明白白 明哲保身 등이 있다.
9) 無不見(무불견)-보이지 않는바가 없다. 無所不見의 생략이다. 동일한 의미의 최초 출전은 《漢書》〈揚雄傳上〉「雄少而好學, 博覽無所不見」에 보인다.
10) 聽思聰(청사총)-들을 때는 경청할 것을 생각하다. 동일한 의미의 최초 출전은 《論語》〈季氏〉「孔子曰 .. 君子有九思 .. 視思明, 聽思聰, 色思温, 貌思恭, 言思忠, 事思敬, 疑思問, 忿思難, 見得思義」에 보인다.
11) 無所壅(무소옹)-막힌바가 없다. 傅玄(西晉), 《傅子》〈擧賢〉「任人之道專, 故邪不得間., 致人之道博故下無所壅」에 보인다.
12) 聰(총)-귀로 듣고 마음으로 眞僞를 가리다, 듣다, 총명. 관련 4자성어는 聰明過人, 聰明才智 등이 있다.
13) 無不聞(무불문)-들리지 않는바가 없다. 동일한 의미의 최초 출전은 一鉢和尙(唐), 〈一鉢歌〉「眼不見, 耳不聞, 無見無聞無不聞」에 보인다.
14) 色思溫(색사온)-얼굴빛은 온화함을 생각하다. 동일한 의미의 최초 출전은 《論語》〈季氏〉「孔子曰 .. 君子有九思 .. 視思明, 聽思聰, 色思温, 貌思恭, 言思忠, 事思敬, 疑思問, 忿思難, 見得思義」에 보인다.

15) 容色(용색)-용모와 안색. 容貌神色의 생략이다. 동일한 의미의 최초 출전은《論衡》〈變虛〉「容色見于面」에 보인다.

16) 和舒(화서)-온화하고 편안하게. 和暢舒適의 생략이다. 동일한 의미의 최초 출전은 歐陽詢(唐),《藝文類聚》卷十六, 所收 卞蘭(曹魏),〈贊述太子賦〉「匿天威之嚴厲, 揚愷悌之和舒」에 보인다.

17) 無(무)-없다, 동사이고 有와 반대이다. 관련 4자성어는 史無前例, 無邊無際 등이 있다.

18) 忿厲之氣(분려지기)-성내는 기색. 激憤, 憤厲와 동일하다. 동일한 의미의 최초 출전은 劉晝(北齊),《新論》〈辨樂〉「此皆淫佚凄愴、憤厲哀思之聲」에 보인다. 또 朱熹(南宋),《朱子語類》〈孟子〉「只是一氣餒了, 便成欿然之氣., 不調和, 便成忿厲之氣」에 보인다.

19) 貌思恭(모사공)-외모와 행동거지는 공손함을 생각하다. 동일한 의미의 최초 출전은《論語》〈季氏〉「孔子曰 .. 君子有九思 .. 視思明, 聽思聰, 色思溫, 貌思恭, 言思忠, 事思敬, 疑思問, 忿思難, 見得思義」에 보인다.

20) 一身(일신)-자신. 동일한 의미의 최초 출전은 張載(北宋),〈西銘〉「以人觀之, 四肢百骸具於一身者, 體也」에 보인다.

21) 儀形(의형)-외모와 행동이 모범적이다. 容貌와 동일하다. 동일한 의미의 최초 출전은 蕭統(南朝,梁),《文選》〈王儉〉「德猷靡嗣, 儀形長逮」 李善(唐) 注 ..「儀形, 容儀形体也」에 보인다.

22) 無不(무불)-~하지 않음이 없다. 沒有不과 동일하다. 동일한 의미의 최초 출전은《禮記》〈中庸〉「辟如天地之無不持載, 無不覆幬」에 보인다.

23) 端莊(단장)-단정하고 정중하다. 동일한 의미의 최초 출전은 玄宗(李隆基, 唐),〈立郢王嗣謙爲皇太子制〉「郢王嗣謙聰睿夙成, 端莊特秀」에 보인다.

24) 言思忠(언사충)-말할 때는 진실함 즉 언행일치를 생각하다. 동일한 의미의 최초 출전은《論語》〈季氏〉「孔子曰 .. 君子有九思 .. 視思明, 聽思聰, 色思溫, 貌思恭, 言思忠, 事思敬, 疑思問, 忿思難, 見得思義」에 보인다.

25) 一言(일언)-한마디 말. 동일한 의미의 최초 출전은《論語》〈爲政〉「詩三

百, 一言而蔽之, 曰思無邪」에 보인다.

26) 之(지)-~의. 관련 4자성어는 君子之交, 莫逆之友 등이 있다.

27) 發(발)-말을 하다. 관련 4자성어는 百發百中, 發憤忘食 등이 있다.

28) 忠信(충신)-진실하고 믿음이 있어야. 忠實信義의 생략이다. 동일한 의미의 최초 출전은《論語》〈衛靈公〉「言忠信, 行篤敬, 雖蠻貊之邦行矣」에 보인다.

29) 事思敬(사사공)-일할 때는 공경함 즉 전심전력 할 것을 생각하다. 동일한 의미의 최초 출전은《論語》〈季氏〉「孔子曰 .. 君子有九思 .. 視思明, 聽思聰, 色思溫, 貌思恭, 言思忠, 事思敬, 疑思問, 忿思難, 見得思義」에 보인다.

30) 一事(일사)-한 가지 일. 동일한 의미의 최초 출전은《淮南子》〈繆稱訓〉「察於一事, 通於一伎者, 中人也」에 보인다.

31) 作(작)-일 하다. 관련 4자성어는 一身作則, 自作自受 등이 있다.

32) 敬愼(경신)-공경하고 신중하게. 恭敬謹愼의 생략이다. 동일한 의미의 최초 출전은《詩經》〈抑〉「敬愼威儀, 維民之則」에 보인다.

33) 疑思問(의사문)-의심나는 것은 묻고 추구하여 고찰할 것을 생각하다. 동일한 의미의 최초 출전은《論語》〈季氏〉「孔子曰 .. 君子有九思 .. 視思明, 聽思聰, 色思溫, 貌思恭, 言思忠, 事思敬, 疑思問, 忿思難, 見得思義」에 보인다.

34) 有(유)-있다. 동사이고 無, 沒과 반대이다. 관련 4자성어는 有始無終, 一無所有 등이 있다.

35) 疑(의)-의혹, 의심. 관련 4자성어는 半信半疑, 疑惑不解 등이 있다,

36) 于(우)-~에, ~으로, 於와 동일하다. 관련 4자성어는 重于泰山, 輕于鴻毛 등이 있다.

37) 心(심)-마음. 관련 4자성어는 一心一意, 同心協力 등이 있다.

38) 必(필)-반드시. 必定, 必然, 必須, 一定要 등과 동일하다. 관련 4자성어는 物極必反, 信賞必罰 등이 있다.

39) 就(취)-나아가다. 관련 4자성어는 功成名就, 取事論事 등이 있다.
40) 先覺(선각)-먼저 깨달은 사람. 동일한 의미의 최초 출전은《論語》〈憲問〉「不逆詐, 不億不信, 抑亦先覺者, 是賢乎!」에 보인다.
41) 審問(심문)-상세히 질문하다. 동일한 의미의 최초 출전은《禮記》〈中庸〉「博學之, 審問之, 愼思之, 明辨之, 篤行之」에 보인다.
42) 不知(부지)-알지 못하다, 모르다. 동일한 의미의 최초 출전은《論語》〈述而〉「其爲人也, 發憤忘食, 樂以忘憂, 不知老之將至云爾」에 보인다.
43) 不措(부조)-그만두지 않는다. 弗措와 동일하다. 措는 廢棄의 의미이다. 동일한 의미의 최초 출전은《中庸》第二十章「博學之, 審問之, 愼思之, 明辨之, 篤行之。有弗學, 學之弗能, 弗措也., 有弗問, 問之弗知, 弗措也., 有弗思, 思之弗得, 弗措也., 有弗辨, 辨之弗明, 弗措也., 有弗行, 行之弗篤, 弗措也。人一能之, 己百之, 人十能之, 己千之。果能此道矣, 雖愚必明, 雖柔必强」에 보인다.
44) 忿思難(분사난)-화가 날 때는 나중에 초래할 결과를 생각하다, 後果와 동일하다. 동일한 의미의 최초 출전은《論語》〈季氏〉「孔子曰 .. 君子有九思 .. 視思明, 聽思聰, 色思温, 貌思恭, 言思忠, 事思敬, 疑思問, 忿思難, 見得思義」에 보인다.
45) 忿(분)-화내다. 관련 4자성어는 一旦之忿, 懲忿窒欲 등이 있다.
46) 懲(징)-스스로 경계하다. 관련 4자성어는 勸善懲惡, 懲一警百 등이 있다.
47) 以理自勝(이리자승)-올바른 도리로써 자신을 이겨내다. 동일한 의미의 최초 출전은 朱熹(南宋),《朱子語類》卷第一百三十九「頗聰明, 識道理, 實能外形骸以理自勝, 不爲事物侵亂」에 보인다.
48) 見得(견득)-이익을 보게 되면, 得은 利와 동일하다. 동일한 의미의 최초 출전은《論語》〈季氏〉「孔子曰 .. 君子有九思 .. 視思明, 聽思聰, 色思温, 貌思恭, 言思忠, 事思敬, 疑思問, 忿思難, 見得思義」에 보인다. 또《論語》〈憲問〉「見利思義, 見危授命, 久要不忘平生之言, 亦可以爲成人矣」에 보인다.
49) 思義(사의)-의로움을 생각하다. 동일한 의미의 최초 출전은 위와 같다.

50) 臨財(임재)-재물을 대할 때는. 동일한 의미의 최초 출전은《禮記》〈曲禮上〉「臨財毋苟得, 臨難毋苟免」에 보인다.

51) 義利之辨(의리지변)-도덕적 행위와 물질적 이익의 분별. 즉 도덕적 행위와 물질적 이익의 관계 문제에 대한 변론이다. 관련 동일한 의미의 최초 출전은 孔子의《論語》〈里仁〉「君子喻于義, 小人喻于利」에 보인다. 또 孟子의《孟子》〈告子上〉「生, 亦我所欲也., 義, 亦我所欲也., 二者不可得兼, 舍生而取義者也」에 보인다.

52) 合義(합의)-도덕적 행위에 부합하면. 동일한 의미의 최초 출전은《書經》〈皋陶谟〉「彊而義」 孔穎達(唐) 傳 ..「無所屈撓, 動必合義」에 보인다.

53) 然後(연후)-그렇게 한 뒤에, 연후에. 동일한 의미의 최초 출전은《禮記》〈學記〉「是故學, 然後知不足., 教, 然後知困」에 보인다.

54) 取(취)-받다, 취하다. 관련 4자성어는 舍生取義, 取長補短 등이 있다.

55) 之(지)-그것을, 즉 之는 대명사로 앞 구절에 나온 재물을 가리킨다. 관련 4자성어는 君子之交, 莫逆之友 등이 있다.

【持身章3-3-3국역】

이른바 9사는 군자가 갖춰야 할 예의의 내재적 표현이고 사상을 통한 정태적인 요구이며 개인 수양의 필수 의식으로 군자지덕으로 일컫는다. (1)볼 때는 밝게 볼 것을 생각한다. 밝게 본다는 것은 시비, 곡직, 진가, 허실의 판단을 거친다는 뜻이다(볼 때 가려진 바가 없어서 분명하여 보이지 않는 것이 없게 된다). (2)듣고 경청할 것을 생각한다(듣고 경청하면 막힌 바가 없어서 귀로 듣고 마음으로 진위를 가리는데 들리지 않은 바가 없게 된다). (3)얼굴빛은 온화함을 생각한다(용모와 안색이 온화하고 편안하면 성내는 기색이 없게 된다). (4)외모와 행동거지는 공손함을 생각한다(자신의 외모와 행동이 모범적이면 단정하고 정중하지 않음이 없게 된다). (5)말할 때는 진실함 즉 언행일치를 생각한다(한 마디 말이라도 하게 되면 진실하고 믿음직스럽지 않음이 없게 된다). (6)일할 때는 공경함 즉 전심전력

할 것을 생각한다(한 가지 일을 하더라도 공경하고 신중하지 않음이 없게 된다). (7)의심나는 것은 묻고 추구하여 고찰할 것을 생각한다(마음에 의혹이 있으면 반드시 먼저 깨달은 사람에게 나아가 상세히 질문해서 알지 못하는 상태로 그만두지 않아야 한다). (8)화가 날 때는 나중에 초래할 결과를 생각한다(화가 나면 스스로 경계하고 올바른 도리로써 자신을 이겨내야 한다). (9)이익을 보게 되면 의로운 일인가를 생각한다(재물을 대할 때는 반드시 도덕적 행위와 물질적 이익의 분별을 명확히 하고, 도덕적 행위에 부합한 연후에 재물을 받아야 한다).

【持身章3-3-3解說】

*「不知不措」

부지불조에 대해서 동일한 의미의 최초 출전은《中庸》第二十章「博學之, 審問之, 愼思之, 明辨之, 篤行之。有弗學, 學之弗能, 弗措也., 有弗問, 問之弗知, 弗措也., 有弗思, 思之弗得, 弗措也., 有弗辨, 辨之弗明, 弗措也., 有弗行, 行之弗篤, 弗措也。人一能之, 己百之, 人十能之, 己千之。果能此道矣, 雖愚必明, 雖柔必强」에 보인다. 不知는 弗學(博學), 弗問(審問), 弗思(愼思), 弗辨(明辨), 弗行(篤行)의 형태로 나타나고, 不措는 弗措의 형태로 나타났다. 즉 "널리 배우고 상세하게 질문하고 신중하게 고려하고 명확하게 분별하고 독실하게 실행하여야 한다. 널리 배우지 않았으면 몰라도 배웠는데도 잘 못하면 그치지 말고., 상세하게 질문하지 않았으면 몰라도 질문했는데도 잘 모르면 그치지 말고., 신중하게 생각하지 않았으면 몰라도 생각했는데도 이해하지 못하면 그치지 말고., 명확하게 분별하지 않았으면 몰라도 분별했는데도 명확하지 않으면 그치지 말고., 독실하게 실행하지 않았으면 몰라도 실행했는데도 돈독하지 못하면 그치지 말아야 한다. 총명한 사람이 한번 해서 능숙하게 되면 자신은 100번을 하고, 총명한 사람이 10번해서 능숙하게 되면 자신은 1000번 해야 한다. 만약 이런 도리를 안다면 비록 우둔한 사람이라도 반드시 총명하게 되고 비록 유약한 사람이라도 반드시 강력해지게 되는 것이다."라고 하였다.

* 「義利之辨」

義利는 道義와 利慾의 생략이다. 義는 사상 행위가 일정한 도덕 표준에 부합하는 것을 가리킨다. 利는 利益, 功利 등을 가리킨다. 의리지변(의와 이의 분별)은 도덕적 행위와 물질적 이익의 관계에 관한 문제에 대하여 논쟁한 것으로, 도덕적 행위와 물질적 이익의 관계에 대해서 어떤 관점을 가지는 것을 가리킨다. 의리지변에 대하여 아래에 중요 인물과 학파의 주장을 소개하였다.

1) 孔子(春秋)-공자의 의리지변은 한마디로 정의하면 「見利思義」이다. 《論語》〈里仁〉「君子喻于義, 小人喻于利」에 보인다. 즉 군자는 도의에 대해서 분명히 알고, 소인은 이욕에 대해서 분명히 안다. 다만 여기서 주의해야 할 점은 군자와 소인의 개념이다. 군자는 후대의 도덕이 고상한 사람이 아니고 勞心者 즉 마음을 쓰는 자로 통치계급 구성원이며 士를 포함한다. 소인은 후대의 비열하고 몰염치한 사람이 아니고 勞力者 즉 힘을 쓰는 자로 피통치계급 구성원이며 평민과 노예를 포함한다.

2) 孟子(戰國)-맹자는 공자의 사상을 계승하였고 특별히 의를 중시하였으며 한마디로 정의하면 「何必曰利」이다. 맹자의 의리지변은 《孟子》〈離婁上〉「仁, 人之安宅也., 義, 人之正路也。曠安宅而弗居, 舍正路而不由, 哀哉 ! 」에 보인다. 즉 "仁은 사람이 편안히 거주하는 정신적 안식처이고 의는 사람이 행하는 행위의 가장 바른 길이다. 편안히 거주하는 정신적 안식처를 비워놓고 거주하지 않는 것은 인간 행위의 가장 바른 길을 버리고 그곳으로 가지 않는 것과 같으니 얼마나 슬픈 일인가!"라고 하였다. 또 《孟子》〈告子上〉「生, 亦我所欲也., 義, 亦我所欲也。二者不可得兼, 舍生而取義者也」라고 하였다. 즉 "생명 또한 내가 원하는 것이고 도의 또한 내가 원하는 것이다. 만약 2가지를 겸해서 소유할 수 없다면 차라리 도의를 선택하고 생명을 버릴 것이다."라고 하였다. 맹자는 도의를 위해서는 생명까

지 포기할 수 있음을 표시하였다.

3) 荀子(戰國)-순자는 의를 먼저 추구하고 이는 나중에 추구하라는 주장을 하였다. 《荀子》〈榮辱〉「先義而後利者榮, 先利而後義者辱」에 보인다. 즉 의와 이를 이분법으로 나누고 先義後利를 주장하였다.

4) 董仲舒(西漢)-동중서는 공자와 맹자의 사상을 계승하였고 의와 이에 관해서 전면적으로 서술하였다. 《春秋繁露》〈身之養莫重于義〉「天之生人也, 使人生義與利。利以養其體, 義以養其心。心不得義不能樂, 體不得利不能安。義者, 心之養也., 利者, 體之養也。體莫貴于心., 故養莫重于義」에 보인다. 즉 "하늘이 사람을 낳고 아울러 사람으로 하여금 의와 이의 생각도 가지게 하였다. 이는 사람의 신체를 유지하는데 사용하였고 의는 사람의 마음을 수양하는데 사용하였다. 마음에 의가 없으면 쾌락을 말할 수 없고 신체가 이를 얻지 못하면 편안함을 말할 수 없다. 의는 마음을 수양하는 것이고 이는 신체를 유지하는 것이다. 신체는 마음보다 중요한 것은 없어서 그런 까닭에 마음을 수양하는 것보다 중요한 것은 없다."라고 하였다.

5) 陸九淵(南宋)-육구연의 의와 이에 관한 관점은《宋史》〈陸九淵傳〉所收〈白鹿洞書院講義〉「人之所喻, 由其所習., 所習, 由其所志。志乎義, 則所習者必在于義., 所習在義, 斯喻于義矣。志乎利, 則所習者必在于利., 所習在利, 斯喻于利矣」에 보인다. 즉 "사람들이 명백히 깨닫고 있는 사물의 이치는 사람들이 학습한 내용에 의하여 결정되고, 학습한 내용은 또 그 사람의 의지에 의하여 결정된다. 만약 의지가 도의를 추구한다면 그 사람이 학습한 내용은 도의에 부합할 것이고, 그 사람이 학습한 내용이 도의에 부합하면 그 사람은 도의에 대해서 분명히 알 것이다. 만약 그 사람의 의지가 이욕을 추구하는데 있다면 그 사람의 학습한 내용은 반드시 이욕에 있을 것이다. 그 사람의 학습한 내용이 이욕에 있으면 그 사람은 이욕에 대해서 분명히 알 것이다."라고 하였다.

6) 墨家-묵가(대표자 墨子)는 이를 숭상(尙利)하였는데, 이도 백성에게 유리하면 의라고 여겼다. 즉 생산 노동을 통하여 사람의 물질적 요구를 만

족시키는 것은 정당한 행위라고 인식하였다. 《墨子》〈非樂〉「將以爲法乎天下, 利人乎卽爲, 不利人乎卽止 ...... 民有三患, 飢者不得食, 寒者不得衣, 勞者不得息。三者, 民之巨患也」에 보인다. 즉 "장차 이것으로써 천하를 다스리는 법칙으로 삼고 백성에게 이로우면 즉 실행하고 백성에게 이롭지 않으면 중지하였다 ...... 백성에게는 3가지 근심이 있는데, 굶주리는 자는 먹을 것을 얻지 못하고, 추위에 떠는 자는 입을 옷을 얻지 못하고, 수고로운 자는 휴식을 얻지 못하는 것이다. 이 3가지는 백성의 커다란 근심거리이다."라고 하였다. 그러면서 본문의 3가지 근심을 해소하고 자신의 노동력으로 생계를 유지하는 것이 의이고 동시에 이라고 주장하였다.

7) 道家-도가(대표자 老子)는 의와 이를 모두 배척하였다. 즉 의와 이는 모두 국가 통치를 해롭게 하는 근원이라고 여겼다. 또 의는 이의 假飾이고 의가 없으면 이의 존재도 없으므로 僞善的인 것을 제거하여 원초적인 상태인 無爲之治로 돌아갈 것을 주장하였다.

8) 法家-법가(대표자 管仲)는 의는 거시적인 측면의 도덕이고 이는 국가를 부강하게 하는 목적을 달성하는 필요조건으로 여겼다. 이를 조성하는 현실 문제에 있어서는 奉公去私의 관점을 주장하였다. 법가는 荀子의 性惡論과 道家의 因循觀 및 墨家의 尙利思想을 흡수한 이후에, 이를 국가 발전의 기초로 여기고 의는 이에 대한 방해물로 여기는 동시에 체제 유지를 위하여 의와 이를 동시에 견제하는 방식을 추구하였다. 즉 사람이 물질에 대한 수요는 사회생활의 가장 기본적인 형태이고 물질 추구는 반드시 정신적인 추구 이전의 행위하고 인식하였다. 이로 인하여 법가는 이를 매우 중시하였고, 통치자는 물론 백성들이 합리적인 범위 안에서 이를 추구할 것을 제창하였다.

결론적으로 중국 고대 도덕행위와 물질이익의 관계에 대한 논쟁은 다음의 몇 가지로 귀결된다. 첫째, 유가 학파와 소속 인물들은 대체로 重義輕利, 義利分離, 부도덕한 방법으로 획득한 이에 대하여 적극 반대하는 입장이다. 즉 유가 학파의 주장이 고대 사회에서 주도적인 관점으로 자리매김하였음을 부정할 수 없을 것이다. 둘째, 도가 학파와 소속 인물들은 의와 이를 모두 부정하고 無爲之治를 주장하는 비교적 독특한 입장이다. 셋째, 묵가와 법가 학파와 소속 인물들은 대체로 重利(尙利)를 주장하는 입장이다.

【持身章3-3-4원문】

常以九容九思, 存於心而檢其身, 不可頃刻放捨, 且書諸座隅, 時時寓目。

【持身章3-3-4음역】

상이구용구사, 존어심이검기신, 불가경각방사, 차서제좌우, 시시우목.

【持身章3-3-4주석】

1) 常(상)-항상. 관련 4자성어는 變化無常, 人之常情 등이 있다.
2) 以(이)-~함으로써. 관련 4자성어는 一以貫之, 夢寐以求 등이 있다.
3) 九容(구용)-군자가 갖춰야 할 禮義의 외재적 표현이고 행동을 통한 動態的인 요구이며 상호 교류에서 요구되는 필수 행동으로 君子之容으로 일컫는다. 동일한 의미의 최초 출전은《禮記》〈玉藻〉「君子之容舒遲, 見所尊者齊遬 .. 足容重, 手容恭, 目容端, 口容止, 聲容靜, 頭容直, 氣容肅, 立容德, 色容莊, 坐如尸, 燕居告溫溫」에 보인다.
4) 九思(구사)-군자가 갖춰야 할 禮義의 내재적 표현이고 사상을 통한 靜態的인 요구이며 개인 수양의 필수 의식으로 君子之德으로 일컫는다. 동일한 의미의 최초 출전은《論語》〈季氏〉「孔子曰 .. 君子有九思 .. 視思明, 聽思聰, 色思溫, 貌思恭, 言思忠, 事思敬, 疑思問, 忿思難, 見得思義」에 보인다.
5) 存(존)-두다, 보존하다. 관련 4자성어는 求同存異, 生死存亡 등이 있다.
6) 於(어)-어조사이고, ~에, ~에서, ~보다, ~를, ~에게, ~에 대해서, 이에 있

어서 등의 의미로 사용되고 于와 동일하다. 관련 4자성어는 青出於藍, 耿耿於懷 등이 있다.

7) 心(심)-마음. 관련 4자성어는 一心一意, 同心協力 등이 있다.
8) 而(이)-그리고, 그래서, 그러나. 관련 4자성어는 不言而喩, 適可而止 등이 있다.
9) 檢(검)-단속, 점검하다. 관련 4자성어는 收刀檢卦, 挑三檢四 등이 있다.
10) 其身(기신)-자신, 스스로. 동일한 의미의 최초 출전은 《論語》〈子路〉「子曰 .. 其身正, 不令而行., 其身不正, 雖令不從」에 보인다.
11) 不可(불가)-할 수 없다. 可(가능, 되다, 적합, 옳다)의 반대 의미이다. 동일한 의미의 최초 출전은 《孫子兵法》〈九變〉「覆軍殺將, 必以五危, 不可不察也」에 보인다.
12) 頃刻(경각)-잠시라도. 동일한 의미의 최초 출전은 關伊(東周), 《關尹子》〈七釜〉「爪之生, 發之長, 榮衛之行, 無頃刻止」에 보인다.
13) 放捨(방사)-방종하다, 놓아 버리다. 放縱, 放舍, 放下와 동일하다. 동일한 의미의 최초 출전은 朱熹(南宋), 《朱子全書》 卷二 「雖是必有事焉而勿正, 亦須且恁地把捉操持, 不可便放下了」에 보인다.
14) 且(차)-또. 관련 4자성어는 苟且偷生, 死且不虧 등이 있다.
15) 書(서)-기록하다. 관련 4자성어는 白面書生, 博覽群書 등이 있다.
16) 諸(저)-문장 중간에 있을 때는 조사 之와 조사 於 즉 之於의 합한 말이다. 문장 뒤에 있을 때는 之와 乎 즉 之乎의 합한 말이다. 읽을 때는 저로 읽는다. 관련 4자성어는 諸子百家, 反求諸己 등이 있다.
17) 座隅(좌우)-앉은 자리의 한쪽에. 旁邊과 동일하다. 동일한 의미의 최초 출전은 顔延之(南朝,宋), 〈秋胡詩〉「歲暮臨空房, 涼風起座隅」에 보인다.
18) 時時(시시)-때때로, 항상. 동일한 의미의 최초 출전은 《史記》〈五帝本紀〉「書缺有間矣, 其軼乃時時見於他說」에 보인다.
19) 寓目(우목)-쳐다보다, 過目과 동일하다. 동일한 의미의 최초 출전은 《左傳》 僖公二十八年 「子玉使鬬勃請戰, 日 .. 請與君之士戲, 君憑軾而觀之,

得臣與寓目焉」에 보인다.

【持身章3-3-4국역】

항상 9용(군자가 갖춰야 할 예의의 외재적 표현이고 행동을 통한 동태적인 요구이며 상호 교류에서 요구되는 필수 행동으로 군자지용으로 일컫는다.)과 9사(군자가 갖춰야 할 예의의 내재적 표현이고 사상을 통한 정태적인 요구이며 개인 수양의 필수 의식으로 군자지덕으로 일컫는다.)를 마음에 보존하고 스스로를 점검하여 잠시라도 방종하면 안 되며, 또 앉는 자리 한쪽에 기록해 놓고 때때로 쳐다봐야 한다.

【持身章3-3-4解說】

* 「座隅」와 「座右」의 구분

座隅(좌우)는 앉은 자리의 한쪽으로 특정한 방향을 지정하지 않았다. 旁邊과 동일하다. 동일한 의미의 최초 출전은 顔延之(南朝,宋), 〈秋胡詩〉「歲暮臨空房, 凉風起座隅」에 보인다.

座右(좌우)는 앉은 자리의 오른쪽으로 특정한 방향을 지정하여 가리킨다. 옛 사람들은 항상 진귀한 물건이나 서적, 그림 등을 앉은 자리의 오른쪽에 두었다. 동일한 의미의 최초 출전은 杜甫(唐), 〈天育驃騎歌〉「故獨寫眞傳世人, 見之座右久更新」에 보인다. 여기서 유래한 것이 座右銘이고, 스스로를 경계하거나 행동의 목표가 되는 좋은 글귀를 앉은 자리의 오른쪽에 붙이고 실천하였다. 동일한 의미의 최초 출전은 蕭統(南朝,梁), 《文選》〈崔瑗座右銘〉「呂延濟題注 .. 瑗兄璋爲人所殺, 瑗遂手刃其仇, 亡命, 蒙赦而出, 作此銘以自戒, 嘗置座右, 故曰座右銘也」에 보인다.

【持身章3-4원문】

非禮勿視, 非禮勿聽, 非禮勿言, 非禮勿動, 四者修身之要也。禮與非禮, 初學難辨, 必須窮理而明之。但於已知處, 力行之, 則思過半矣。

【持身章3-4음역】

비례물시, 비례물청, 비례물언, 비례물동, 사자수신지요야。예여비례, 초학난변, 필수궁리이명지. 단어이지처, 역행지, 즉사과반의.

【持身章3-4주석】

1) 非(비)-아니면, 하지 않으면. 관련 4자성어는 口是心非, 是非曲直 등이 있다.
2) 禮(예)-중국 고대의 등급 사회 속에서 상호간의 행위준칙 및 도덕규범을 가리킨다. 관련 4자성어는 禮尙往來, 克己復禮 등이 있다. 非禮는 상호간의 행위준칙 및 도덕규범에 부합하지 않는 행동을 가리킨다. 禮와 非禮에 대한 동일한 의미의 최초 출전은《論語》〈先進〉「如其禮樂, 以俟君子」및《論語》〈顔淵〉「子曰 .. 克己復禮爲仁。一日克己復禮, 天下歸仁焉。爲仁由己, 而由人乎哉? 顔淵曰 .. 請問其目? 子曰 .. 非禮勿視, 非禮勿聽, 非禮勿言, 非禮勿動」에 보인다.
3) 勿視(물시)-보지 말고. 동일한 의미의 최초 출전은 위와 같다.
4) 勿聽(물청)-듣지 말고. 동일한 의미의 최초 출전은 위와 같다.
5) 勿言(물언)-말하지 말고. 동일한 의미의 최초 출전은 위와 같다.
6) 勿動(물동)-움직이지 말고. 동일한 의미의 최초 출전은 위와 같다.
7) 四者(사자)-앞에서 말한 4가지 일. 즉 非禮勿視, 非禮勿聽, 非禮勿言, 非禮勿動을 가리킨다.
8) 修身(수신)-자신을 수양하는 것. 동일한 의미의 최초 출전은《禮記》〈大學〉「古之欲明明德于天下者, 先治其國。欲治其國者, 先齊其家。欲齊其家者, 先修其身」에 보인다.

9) 之(지)-~의. 관련 4자성어는 君子之交, 莫逆之友 등이 있다.
10) 要(요)-중요한 것. 관련 4자성어는 要死要活, 要而論之 등이 있다.
11) 也(야)-조사로 문장 중간에 혹은 문장 끝에 사용한다. 관련 4자성어는 空空如也, 未嘗有也 등이 있다.
12) 與(여)-~와 더불어. 관련 4자성어는 與衆不同, 與人爲善 등이 있다.
13) 初學(초학)-처음 배울 때, 처음 공부하는 사람, 初學者를 가리킨다. 동일한 의미의 최초 출전은《史記》〈屈原賈生列傳〉「雒陽之人, 年少初學」에 보인다.
14) 難辨(난변)-구별하기 어렵다. 難分과 동일하고, 難以分辨 또는 難以辨別의 생략이다.
15) 必須(필수)-반드시~해야 한다, 꼭. 부사이고 강조의 의미로 사용하며, 뒤에 동사 또는 형용사와 연결된다. 務必, 必定과 동일하다. 동일한 의미의 최초 출전은 顔之推(南北朝~隋),《顔氏家訓》〈後娶〉「河北鄙於側出不預人流, 是以必須重娶」에 보인다. 참고로 必需와는 다르다. 없으면 안 되는, 부족하면 안 되는 의미이다. 동사이고 뒤에 명사와 연결된다.
16) 窮理(궁리)-사물의 이치를 깊이 연구하다. 探究와 동일하다. 窮究事物之理의 생략이다. 동일한 의미의 최초 출전은 朱熹(南宋),《朱子語類》〈學三〉「學者工夫, 唯在居敬窮理二事」에 보인다. 또 朱熹(南宋),《性理精義》〈行宮便殿奏札二〉「蓋爲學之道, 莫先於窮理., 窮理之要, 必在於讀書., 讀書之法, 莫貴于循序而致精」 및《宋史》〈朱熹傳〉「其爲學, 大抵窮理以致其知, 反躬以踐其實, 而以居敬爲主」에 보인다.
17) 而(이)-그리고, 그래서, 그러나. 관련 4자성어는 不言而喩, 適可而止 등이 있다.
18) 明之(명지)-그것을 밝히다, 즉 그것의 之는 禮와 非禮를 가리킨다.
19) 但(단)-다만, 단지, 그러나. 관련 4자성어는 但願如此, 但求無過 등이 있다.
20) 於(어)-어조사이고, ~에, ~에서, ~보다, ~를, ~에게, ~에 대해서, 이에 있어서 등의 의미로 사용되고 于와 동일하다. 관련 4자성어는 靑出於藍, 耿

耿於懷 등이 있다.

21) 已知處(이지처)-이미 아는 것. 본문의 「已知處」는 已知之處의 생략이다. 동일한 의미의 최초 출전은 劉長卿(唐), 〈送方外上人〉 「莫買沃洲山, 時人已知處」에 보인다.

22) 力行(역행)-힘써 실행하다. 竭力而行의 생략이다. 동일한 의미의 최초 출전은 《書經》 〈泰誓中〉 「今商王受力行無度, 播棄犂老, 昵比罪人」 孔穎達(唐) 傳 .. 「行無法度, 竭日不足, 故曰力行」에 보인다. 또 《禮記》 〈中庸〉 「好學近乎知, 力行近乎仁, 知耻近乎勇」에도 보인다.

23) 則(즉)-곧, 즉. 관련 4자성어는 月滿則虧, 禮煩則亂 등이 있다.

24) 思過半(사과반)-이미 대부분을 깨우친 것이다. 4자성어 思過半矣로도 사용된다. 동일한 의미의 최초 출전은 《周易》 〈繫辭下〉 「知者觀其彖辭, 則思過半矣」에 보인다.

25) 矣(의)-조사로 문장 끝에 사용되고 了의 의미와 유사하다. 관련 4자성어는 思過半矣, 至矣盡矣 등이 있다.

【持身章3-4국역】

상호간의 행위준칙 및 도덕규범에 부합하지 않는 행동을 하면, 보지 말고 듣지도 말며 말하지도 말고 움직이지도 말아야 한다. 이 4가지(비례물시, 비례물청, 비례물언, 비례물동)는 자신을 수양하는 핵심이다. 예에 부합하는지 그렇지 않은지는 처음 공부하는 사람이 구별하기 어려우므로 반드시 사물의 이치를 깊이 탐구하여 예에 부합하는지 그렇지 않은지를 밝혀야 한다. 그러나 이미 아는 것에 대해서 그것을 힘써 실행하면 곧 대부분을 깨우친 것이다.

【持身章3-4解說】

*「思過半」

사과반의 정확한 의미는 이미 대부분을 깨우친 것, 대부분이 해결되다 의미이다. 국내의 기존 번역서는 대부분 생각이 반을 넘었다라고 번역하는데, 바르지 않은 번역이다. 4자성어 思過半矣로도 사용된다. 동일한 의미의 최초 출전은《周易》〈繫辭下〉「知者觀其彖辭, 則思過半矣」에 보인다.

【持身章3-5원문】

爲學在於日用行事之間。若於平居, 居處恭, 執事敬, 與人忠, 則是名爲學。讀書者, 欲明此理而已。

【持身章3-5음역】

위학재어일용행사지간. 약어평거, 거처공, 집사경, 여인충, 즉시명위학. 독서자, 욕명차리이이.

【持身章3-5주석】

1) 爲學(위학)-학문을 하다. 治學과 동일하다. 동일한 의미의 최초 출전은《道德經》第四十八章「爲學日益, 爲道日損」에 보인다.
2) 在(재)-있다. 관련 4자성어는 自由自在, 無所不在 등이 있다.
3) 於(어)-어조사이고, ~에, ~에서, ~보다, ~를, ~에게, ~에 대해서, 이에 있어서 등의 의미로 사용되고 于와 동일하다. 관련 4자성어는 青出於藍, 耿耿於懷 등이 있다.
4) 日用(일용)-일상생활, 일상생활 중에. 日用之閑과 동일하고, 日用動静之間의 생략이다. 동일한 의미의 최초 출전은 朱熹(南宋),〈答林擇之書〉之一「今方欲與朋友說, 日用之閑, 常切点檢氣習偏處, 意欲萌處」에 보인다.
5) 行事(행사)-행하는 일, 일을 하다. 동일한 의미의 최초 출전은《易經》〈乾卦〉「終日乾乾, 行事也」에 보인다.
6) 之(지)-~의. 관련 4자성어는 君子之交, 莫逆之友 등이 있다.

7) 間(간)-~사이, ~동안, ~속에서. 관련 4자성어는 伯仲之間, 頃刻之間 등이 있다.
8) 若(약)-만약. 관련 4자성어는 若隱若現, 泰然自若 등이 있다.
9) 平居(평거)-평소, 평일, 일없이 평안히 거주함. 본문의 「平居」는 平居之時의 생략이다. 동일한 의미의 최초 출전은 《戰國策》〈齊策五〉「此夫差平居而謀王, 强大而喜先天下之禍也」에 보인다.
10) 居處(거처)-일상생활, 평상시 행동거지. 동일한 의미의 최초 출전은 《論語》〈子路〉「樊遲問仁, 子曰 .. 居處恭, 執事敬, 與人忠, 雖之夷狄, 不可棄也」에 보인다.
11) 恭(공)-공손하게. 본문의 「居處恭」을 상세히 풀이하면, 일상생활 중 공경하고 단정한 태도를 유지하다. 관련 4자성어는 兄友弟恭, 恭賀新禧 등이 있다.
12) 執事(집사)-일을 처리하다. 동일한 의미의 최초 출전은 《周禮》〈大宰〉「九曰閑民, 無常職, 轉移執事」에 보인다.
13) 敬(경)-공경하게. 관련 4자성어는 敬而遠之, 敬老尊賢 등이 있다. 執事敬을 상세히 풀이하면, 일을 처리할 때는 엄숙하고 성실한 태도를 나타내다.
14) 與人(여인)-사람들과 함께하다, 타인과 더불어 행동하다, 타인의 마음을 얻다. 동일한 의미의 최초 출전은 《國語》〈越語下〉「持盈者與天, 定傾者與人, 節事者與地」 韋昭(孫吳) 注 .. 「與人, 取人之心也」에 보인다.
15) 忠(충)-진심으로. 誠, 盡心盡力과 동일하다. 본문의 「與人忠」을 상세히 풀이하면, 사람들과 교류할 때는 성심성의껏 타인을 대하다. 본문의 「居處恭, 執事敬, 與人忠」의 내용과 동일한 의미의 최초 출전은 《論語》〈子路〉「樊遲問仁, 子曰 .. 居處恭, 執事敬, 與人忠, 雖之夷狄, 不可棄也」에 보인다.
16) 則(즉)-곧, 즉. 관련 4자성어는 月滿則虧, 禮煩則亂 등이 있다.
17) 是(시)-~이다, 이것. 관련 4자성어는 口是心非, 是非曲直 등이 있다.
18) 名(명)-명색이. 稱爲, 稱作, 稱之爲와 동일하다. 관련 4자성어는 名實相符, 擧世聞名 등이 있다.

19) 讀書(독서)-책을 읽다. 동일한 의미의 최초 출전은《禮記》〈文王世子〉「秋學禮, 執禮者詔之., 冬讀書, 典書者詔之」에 보인다.

20) 者(자)-~이라는 것. 관련 4자성어는 來者不拒, 當局者迷 등이 있다.

21) 欲(욕)-~하려 하다. 관련 4자성어는 隨心所欲, 欲揚先抑 등이 있다.

22) 明(명)-분명하다, 밝히다. 관련 4자성어는 明明白白 明哲保身 등이 있다.

23) 此理(차리)-여기서 理는 단순한 이치를 말하는 것이 아니고, 窮理의 理를 가리키고 번역은 窮理와 동일하다. 사물의 이치를 깊이 연구하다. 探究와 동일하다. 窮究事物之理의 생략이다. 동일한 의미의 최초 출전은 朱熹(南宋),《朱子語類》〈學三〉「學者工夫, 唯在居敬窮理二事」에 보인다. 또 朱熹(南宋),《性理精義》〈行宮便殿奏札二〉「蓋爲學之道, 莫先於窮理., 窮理之要, 必在於讀書., 讀書之法, 莫貴于循序而致精」및《宋史》〈朱熹傳〉「其爲學, 大抵窮理以致其知, 反躬以踐其實, 而以居敬爲主」에 보인다.

24) 而已(이이)-~일 뿐이다, ~일 따름이다. 동일한 의미의 최초 출전은《論語》〈里仁〉「夫子之道, 忠恕而已矣」에 보인다.

【持身章3-5국역】

학문을 한다는 것은 일상생활 중에 있다. 만약 평소 일상생활 중에도 공경하고 단정한 태도를 유지하고, 일을 처리할 때는 엄숙하고 성실한 태도를 나타내며, 사람들과 교류할 때는 성심성의껏 타인을 대하면 이것이 학문을 한다고 일컬을 수 있다. 책을 읽는 것도 이러한 이치를 밝히려는 것일 뿐이다.

【持身章3-5解說】

*「忠」

충의 동일한 의미의 최초 출전은《左傳》文公元年「忠, 德之正也」에 처음 보인다. 또 朱熹(南宋),《四書集註》에서 曾子의 말을 인용하여「盡己之心以待人謂之忠」이라고 하였다. 그 외에 필자는「忠, 仁禮無一毫不盡」(충은 인과 예를 털끝만큼이라도 다하지 않음이 없는 것)이고「盡力爲人」(타인을 위하여 있는 힘을 다하는 것)이며「中人之心」(타인에게 전심진력하고 자신에게는 엄격히 요구하는 것)으로 여겼다. 정리하면 충은 자신이 할 바를 다하는 것이고 마음에서 일어나 스스로 최선을 다하는 것이 충이다. 또 학습과 사람노릇 하는 것의 근본이며 가장 중요한 덕성이다.

【持身章3-6원문】

衣服不可華侈, 禦寒而已., 飮食不可甘美, 救飢而已., 居處不可安泰, 不病而已。惟是學問之功, 心術之正, 威儀之則, 則日勉勉, 而不可自足也。

【持身章3-6음역】

의복불가화치, 어한이이., 음식불가감미, 구기이이., 거처불가안태, 불병이이. 유시학문지공, 심술지정, 위의지칙, 즉일면면, 이불가자족야.

【持身章3-6주석】

1) 衣服(의복)-옷(명사), 옷을 입다(동사). 명사로 옷을 가리킬 때의 동일한 의미의 최초 출전은《詩經》〈大東〉「西人之子, 粲粲衣服」에 보인다. 동사로 옷을 입다를 가리킬 때의 동일한 의미의 최초 출전은《禮記》〈文王世子〉「(文王)鷄初鳴而衣服至于寢門外, 問內竪之御者曰 .. (王季)安否何如」에 보인다.
2) 不可(불가)-할 수 없다. 可(가능, 되다, 적합, 옳다)의 반대 의미이다. 동일한 의미의 최초 출전은《史記》〈刺客列傳〉「誠得劫秦王, 使悉反諸侯侵地, 若曹沫之與齊桓公, 則大善矣., 則不可, 因而刺殺之」에 보인다.
3) 華侈(화치)-호화롭고 사치스러운. 豪華奢侈의 생략이다. 동일한 의미의 최초 출전은《後漢書》〈宦者傳〉「(單超)多取良人美女以爲姬妾, 皆珍飾華

侈, 擬則宮人」에 보인다.

4) 禦寒(어한)-추위를 막다. 동일한 의미의 최초 출전은《易經》〈繫辭下〉「黃帝以上, 羽皮革木以御寒, 至乎黃帝, 始制衣裳, 垂示天下」에 보인다.

5) 而已(이이)-~일 뿐이다, ~일 따름이다. 동일한 의미의 최초 출전은《論語》〈里仁〉「夫子之道, 忠恕而已矣」에 보인다.

6) 飮食(음식)-음식을 먹고 마시는 것. 동일한 의미의 최초 출전은《書經》〈酒誥〉「爾乃飮食醉飽」에 보인다.

7) 甘美(감미)-달고 맛있는. 甘美之物을 가리킨다. 美味와 동일하다. 동일한 의미의 최초 출전은 班固(東漢) 외 6명,《東觀漢記》〈孔奮傳〉「每有所食甘美, 輒分減以遺奇」 에 보인다.

8) 救飢(구기)-굶주림을 구하고. 救濟飢民의 생략이다. 동일한 의미의 최초 출전은《國語》〈晉語四〉「晋飢, 公問於箕鄭曰 .. 救飢何以？ 對曰 .. 信」에 보인다.

9) 居處(거처)-일상생활, 평상시 행동거지. 본문에서 居處는 일정하게 자리를 잡고 사는 일, 또는 그 장소를 나타내는 의미가 아니다. 동일한 의미의 최초 출전은《論語》〈子路〉「樊遲問仁, 子曰 .. 居處恭, 執事敬, 與人忠, 雖之夷狄, 不可棄也」에 보인다.

10) 安泰(안태)-안락하고 편안하게. 安樂泰平의 생략이다. 동일한 의미의 최초 출전은 韓愈(唐), 〈潮州刺史謝上表〉「國家憲章完具, 爲治日久, 守令承奉詔條, 違犯者鮮, 雖在蠻荒, 無不安泰」에 보인다.

11) 不(불)-아니다. 부사이고 일반적으로 부정의 의미로 사용된다. 관련 4자성어는 念念不忘, 美中不足 등이 있다.

12) 病(병)-병, 질병. 관련 4자성어는 生老病死, 同病相憐 등이 있다.

13) 惟是(유시)-오직. 只有, 只不過, 僅僅, 唯有 등과 동일하다. 古文에서는 惟~是의 용법으로 많이 사용된다. 동일한 의미의 최초 출전은《左傳》襄公十四年「唯余馬首是瞻!」에 보인다.

14) 學問(학문)-학문, 지식 습득, 학습하고 질문하다. 동일한 의미의 최초 출

전은《荀子》〈勸學〉「不聞先王之遺言, 不知學問之大也」에 보인다.

15) 之(지)-~의. 관련 4자성어는 君子之交, 莫逆之友 등이 있다.

16) 功(공)-공부, 일, 노력. 관련 4자성어는 馬到成功, 功成名就 등이 있다.

17) 心術(심술)-마음, 사고, 사상. 동일한 의미의 최초 출전은《禮記》〈樂記〉「姦聲亂色不留聰明, 淫樂慝禮不接心術」에 보인다.

18) 正(정)-바름. 관련 4자성어는 改邪歸正, 名正言順 등이 있다.

19) 威儀(위의)-용모와 행동거지가 위엄 있고 엄숙한 태도. 동일한 의미의 최초 출전은《禮記》〈中庸〉「禮儀三百, 威儀三千」 孔穎達(唐) 疏 ..「威儀三千者, 即儀禮中行事之威儀」에 보인다.

20) 則(칙)-칙으로 읽고, 원칙, 법칙, 법도. 관련 4자성어는 月滿則虧, 禮煩則亂 등이 있다.

21) 則(즉)-곧, 즉. 관련 4자성어는 月滿則虧, 禮煩則亂 등이 있다.

22) 日(일)-날마다. 日日과 동일하다. 관련 4자성어는 日新月異, 日積月累 등이 있다.

23) 勉勉(면면)-부지런히 노력하다. 力行不倦과 동일하다. 동일한 의미의 최초 출전은《詩經》〈棫朴〉「勉勉我王, 綱紀四方」에 보인다. 그러나 朱熹(南宋),《詩集傳》..「勉勉, 猶言不已也」에서는 "말이 그치지 않음과 같다"라고 주석을 달았다.

24) 而(이)-그리고, 그래서, 그러나. 관련 4자성어는 不言而喩, 適可而止 등이 있다.

25) 自足(자족)-스스로 만족하다, 교만하다. 동일한 의미의 최초 출전은 宋濂(元),《燕書》之九「君勿自足, 自足則驕」에 보인다.

26) 也(야)-조사로 문장 중간에 혹은 문장 끝에 사용한다. 관련 4자성어는 空空如也, 未嘗有也 등이 있다.

【持身章3-6국역】

의복은 화려하고 사치스러운 것을 입으면 안 되고 추위를 막으려고 할 따름이며, 음식을 먹고 마시는 것은 달고 맛있는 것만 먹으려 하면 안 되고 굶주림을 면하려고 할 따름이며, 일상생활은 안락하고 편안한 것을 찾으면 안 되고 병들지 않으려고 할 따름이다. 오직 지식을 습득하려는 노력과 마음가짐을 올바르게 가지는 것과 용모와 행동거지가 위엄 있고 엄숙한 태도를 유지하려는 원칙은, 날마다 부지런히 노력해서 스스로 만족해서는 안 된다.

【持身章3-6解說】

*「而已」

이이는 주로 구절의 끝에 사용되는 조사이다. 의미는 ~일 뿐이고, 罷了와 동일하다. 주요 사용 형식은 只~而已；不過~而已；僅僅~而已 등이 있다.

【持身章3-7원문】

克己工夫, 最切於日用。所謂己者, 吾心所好, 不合天理之謂也。必須檢察吾心, 好色乎? 好利乎? 好名譽乎? 好仕宦乎? 好安逸乎? 好宴樂乎? 好珍玩乎? 凡百所好, 若不合理, 則一切痛斷, 不留苗脈。然後吾心所好, 始在於義理, 而無己可克矣。

【持身章3-7음역】

극기공부, 최절어일용. 소위기자, 오심소호, 불합천리지위야. 필수검찰오심, 호색호? 호리호? 호명예호? 호사환호? 호안일호? 호연락호? 호진완호? 범백소호, 약불합리, 즉일체통단, 불류묘맥. 연후오심소호, 시재어의리, 이무기가극의.

【持身章3-7주석】

1) 克己(극기)-자신의 욕망(私慾)을 억누르다. 동일한 의미의 최초 출전은 《論語》〈顔淵〉「克己復禮爲仁, 一日克己復禮, 天下歸仁焉」에 보인다. 또 위의 글에 대하여 朱熹(南宋), 《論語集注》「仁者, 本心之全德。克, 勝也。己, 謂身之私欲也。復, 反也。禮者, 天理之節文也。爲仁者, 所以全其心之德也。蓋心之全德, 莫非天理, 而亦不能不壞于人欲, 故爲仁者, 必有必勝私欲而復于禮, 則事皆天理, 而本心之德, 復全于我矣」라고 상세히 풀이하였다.
2) 工夫(공부)-공부, 학습, 공부보다 시간과 노력을 더 많이 투자하는 경우에는 功夫를 사용한다. 동일한 의미의 최초 출전은 葛洪(東晉), 《抱朴子》〈遐覽〉「藝文不貴, 徒消工夫」에 보인다.
3) 最(최)-가장, 매우. 관련 4자성어는 不恥最後, 爲善最樂 등이 있다.
4) 切(절)-중요한. 緊要와 동일하다. 관련 4자성어는 切磋琢磨, 切齒腐心 등이 있다.
5) 於(어)-어조사이고, ~에, ~에서, ~보다, ~를, ~에게, ~에 대해서, 이에 있어서 등의 의미로 사용되고 于와 동일하다. 관련 4자성어는 青出於藍, 耿耿於懷 등이 있다.
6) 日用(일용)-일상생활, 일상생활 중에. 日用之閑과 동일하고, 日用動靜之間의 생략이다. 동일한 의미의 최초 출전은 朱熹(南宋), 〈答林擇之書〉之一「今方欲與朋友說, 日用之閑, 常切点檢氣習偏處, 意欲萌處」에 보인다.
7) 所謂(소위)-이른바. 동일한 의미의 최초 출전은 《詩經》〈蒹葭〉「所謂伊人, 在水一方」에 보인다.
8) 己(기)-욕망. 본문에서는 자신을 가리키는 것이 아니다. 관련 4자성어는 知彼知己, 安分守己 등이 있다.
9) 者(자)-~라는 것. 관련 4자성어는 來者不拒, 當局者迷 등이 있다.
10) 吾心(오심)-내 마음. 동일한 의미의 최초 출전은 王安石(北宋), 〈吾心〉「吾心童稚时, 不見一物好」에 보인다.
11) 所好(소호)-좋아하는 바. 愛好와 동일하다. 본문에서는 욕망을 가리킨다.

동일한 의미의 최초 출전은《莊子》〈庚桑楚〉「是故非以其所好籠之而可得者, 無有也」에 보인다.

12) 不合(불합)-부합하지 않다. 동일한 의미의 최초 출전은 劉向(西漢),《九嘆》〈遠逝〉「惜往事之不合兮, 橫汨羅而下瀝」에 보인다.

13) 天理(천리)-첫째, 우주만물의 근원, 둘째, 불변의 도덕법칙, 셋째, 자연의 법칙, 넷째, 道義, 天命 등의 의미가 있다. 동일한 의미의 최초 출전은 朱熹(南宋),〈答何叔京〉之二八「天理只是仁、義、禮、智之總名, 仁、義、禮、智便是天理之件數」에 보인다. 본문에서는 둘째의 의미이다.

14) 之(지)-그것. 즉 강조의 의미로 사용됨. 관련 4자성어는 君子之交, 莫逆之友 등이 있다.

15) 謂(위)-일컫다. 본문의「不合天理之謂」는 謂之不合天理를 도치시킨 형태이다. 이때의 之는 목적어와 서술어가 도치되었음을 나타내 주는 구실을 하면서 강조의 의미로 사용되었다. 관련 4자성어는 謂予不信, 莫知所謂 등이 있다.

16) 也(야)-조사로 문장 중간에 혹은 문장 끝에 사용한다. 관련 4자성어는 空空如也, 未嘗有也 등이 있다.

17) 必須(필수)-반드시~해야 한다, 꼭. 부사이고 강조의 의미로 사용하며, 뒤에 동사 또는 형용사와 연결된다. 務必, 必定과 동일하다. 동일한 의미의 최초 출전은 顔之推(南北朝~隋),《顔氏家訓》〈後聚〉「河北鄙於側出不預人流, 是以必須重娶」에 보인다. 참고로 必需와는 다르다. 없으면 안 되는, 부족하면 안 되는 의미이다. 동사이고 뒤에 명사와 연결된다.

18) 檢察(검찰)-고찰하다, 검사하고 살피다. 동일한 의미의 최초 출전은《後漢書》〈百官志五〉「什主十家, 伍主五家, 以相檢察。民有善事惡事, 以告監官」에 보인다.

19) 好(호)-좋아하다. 관련 4자성어는 百年好合, 君子好逑 등이 있다.

20) 色(색)-여성, 女色, 여성과 즐기는 것. 본문의「好色乎!」는 有好色之心乎의 생략형이다. 관련 4자성어는 五顔六色, 行色悤悤 등이 있다.

21) 乎(호)-개사로는 ~에, ~에 대하여 ~을(를) 의미이다. 어조사로는 문장의 끝에 사용되어 의문, 반어, 감탄, 명령, 추정 등 의미로 사용된다. 관련 4자성어는 不亦悅乎, 出乎意外 등이 있다.

22) 利(이)-금전상의 이익. 본문의 「好利乎!」는 有好利之心乎의 생략형이다. 관련 4자성어는 見利思義, 漁父之利 등이 있다.

23) 名譽(명예)-명예. 본문의 「好名譽乎!」는 有好名譽之心乎의 생략형이다. 동일한 의미의 최초 출전은 《墨子》〈修身〉「名不徒生, 而譽不自長, 功成名遂。名譽不可虛假, 反之身者也」에 보인다.

24) 仕宦(사환)-벼슬하는 것, 관직에 나아가는 것. 본문의 「好仕宦乎!」는 有好仕宦之心乎의 생략형이다. 동일한 의미의 최초 출전은 《史記》〈魯仲連鄒陽列傳〉「魯仲連者, 齊人也。好奇偉俶儻之畵策, 而不肯仕宦任職, 好持高節」에 보인다.

25) 安逸(안일)-평안하고 일없음. 太平無事와 동일하다. 본문의 「好安逸乎!」는 有好安逸之心乎의 생략형이다. 동일한 의미의 최초 출전은 《莊子》〈至樂〉「所苦者, 身不得安逸, 口不得厚味, 形不得美服, 目不得好色, 耳不得音聲」에 보인다.

26) 宴樂(연락)-연회와 풍류. 宴飮尋樂의 생략이다. 본문의 「好宴樂乎!」는 有好宴樂之心乎의 생략형이다. 동일한 의미의 최초 출전은 《左傳》 文公四年「昔諸侯朝正於王, 王宴樂之, 於是乎賦湛露, 則天子當陽, 諸侯用命也」에 보인다.

27) 珍玩(진완)-진귀한 물건을 감상하는 것. 본문의 「好珍玩乎!」는 有好珍玩之乎의 생략형이다. 동일한 의미의 최초 출전은 《後漢書》〈獨行傳〉「(劉)翊散所握珍玩, 唯餘車馬, 自載東歸」에 보인다.

28) 凡百(범백)-모든, 일체. 一切, 總括, 概括과 동일하다. 동일한 의미의 최초 출전은 《詩經》〈雨無正〉「凡百君子, 各敬爾身, 胡不相畏, 不畏于天」에 보인다.

29) 若(약)-만약. 관련 4자성어는 若隱若現, 泰然自若 등이 있다.

30) 不(불)-아니다. 부사이고 일반적으로 부정의 의미로 사용된다. 관련 4자성어는 念念不忘, 美中不足 등이 있다.

31) 合理(합리)-天理 즉 불변의 도덕법칙에 부합하다. 동일한 의미의 최초 출전은 《北史》〈斛律光傳〉「每會議, 常獨後言, 言輒合理」에 보인다.

32) 則(즉)-곧, 즉. 관련 4자성어는 月滿則虧, 禮煩則亂 등이 있다.

33) 一切(일체)-일체, 모든 것. 일절은 일체의 비표준어이고, 부인하거나 금지하는 말과 어울려서 아주, 도무지, 전혀, 절대로의 뜻으로 쓰는 말이므로, 본문에서는 일체로 읽어야 한다. 동일한 의미의 최초 출전은 賈思勰(北魏),《齊民要術》〈栽樹〉「凡栽一切樹木, 欲記其陰陽, 不令轉易」에 보인다.

34) 痛斷(통단)-엄격히 판단하다. 嚴厲判斷과 동일하다. 동일한 의미의 최초 출전은 王讜(北宋),《唐語林》〈政事上〉「韓晉公鎮滁西地, 痛行捶撻, 人皆股栗 …… 又痛斷屠牛者, 皆暴尸連日」에 보인다.

35) 不留(불류)-남겨두지 않다, 머무르지 않다. 동일한 의미의 최초 출전은 《禮記》〈樂記〉「姦聲亂色, 不留聰明., 淫樂慝禮, 不接心術」에 보인다.

36) 苗脈(묘맥)-사물의 근원. 동일한 의미의 최초 출전은 楊愼(明), 〈鄮山正論〉「介甫亦可謂僥幸甚矣, 然其苗脈亦從爲伊川護法中來。甚至介甫作詩罵昌黎, 而考亭亦以其詩爲是」에 보인다.

37) 然後(연후)-그렇게 한 뒤에, 연후에. 동일한 의미의 최초 출전은《禮記》〈學記〉「是故學, 然後知不足., 教, 然後知困」에 보인다.

38) 始(시)-비로소. 관련 4자성어는 始終如一, 無始無終 등이 있다.

39) 在(재)-合과 동일하다. 본문에서는 ~에 부합하다는 의미이다. 관련 4자성어는 自由自在, 無所不在 등이 있다.

40) 義理(의리)-의리의 의미는 대략 3가지가 있다. 첫째, 윤리도덕에 부합하는 행위원칙을 가리킨다. 동일한 의미의 최초 출전은《韓非子》〈難言〉「故度量雖正, 未必聽也., 義理雖全, 未必用也」에 보인다. 둘째, 儒學 경전의 의미를 추구하는 학문을 가리킨다. 동일한 의미의 최초 출전은《漢書》〈劉歆傳〉「及歆治左氏, 引傳文以解經, 轉相發明, 由是章句義理備焉」에 보

인다. 셋째, 朱子 이래의 理學은 道義, 道理, 義理, 天理 등으로 기록하고 불변의 도덕법칙을 의미하며 달리 義理之學으로 일컬었다. 동일한 의미의 최초 출전은 程顥, 程頤(北宋),《二程遺書》卷十八「或讀書講明義理., 或記古今人物, 別其是非., 或應事即物而處其當, 皆窮理也」에 보인다. 본문에서는 첫째의 의미이다.

41) 而(이)-그리고, 그래서, 그러나. 관련 4자성어는 不言而喩, 適可而止 등이 있다.

42) 無己可克(무기가극)-극복해야 할 욕망(그릇된 생각)이 없게 된다. 본문의 「己可克」은 可克之己 즉 극복할 욕망(그릇된 생각)을 뜻하는데, 앞에 부정을 나타내는 無가 붙었기 때문에 도치된 것이다. 동일한 의미의 최초 출전은 朱熹(南宋),《朱子語類》卷第四十二「聖人說話, 隨人淺深。克己工夫較難, 出門、使民較易。然工夫到後, 只一般, 所謂敬則無己可克也」에 보인다.

43) 矣(의)-조사로 문장 끝에 사용되고 了의 의미와 유사하다. 관련 4자성어는 思過半矣, 至矣盡矣 등이 있다.

【持身章3-7국역】

자신의 욕망을 억누르는 공부가 일상생활 속에서 가장 중요하다. 이른바 욕망이라는 것은 내 마음이 좋아하는 것으로 불변의 도덕법칙에 부합하지 않는 것을 일컫는다. 반드시 내 마음이 여성과 즐기는 것을 좋아하는가? 금전상의 이익을 좋아하는가? 명예를 좋아하는가? 벼슬하는 것을 좋아하는가? 평안하고 일 없음을 좋아하는가? 연회와 풍류를 좋아하는가? 진귀한 물건을 감상하는 것을 좋아하는가? 등을 검사하고 살펴야 한다. 모든 좋아하는 바가 만약 천리 즉 불변의 도덕법칙에 부합하지 않으면 곧 일체를 엄격히 판단하여 근원을 남기지 말아야 한다. 그렇게 한 뒤에 내 마음이 좋아하는 바가 비로소 불변의 도덕법칙에 부합하고 그래서 극복해야 할 욕망(그릇된 생각)이 없게 되는 것이다.

【持身章3-7解說】

***「克己復禮爲仁」**

극기복례위인에서 극기는 자신의 욕망(私慾)을 억누르다는 의미이다. 예는 天理의 節制를 대표한다. 인은 克制自己, 즉 일체의 활동을 예의 요구에 의거하여 하는 것 그것이 바로 인이다. 동일한 의미의 최초 출전은 《論語》〈顔淵〉「克己復禮爲仁, 一日克己復禮, 天下歸仁焉」에 보인다. 또 위의 글에 대하여 朱熹(南宋), 《論語集注》「仁者, 本心之全德。克, 勝也。己, 謂身之私欲也。復, 反也。禮者, 天理之節文也。爲仁者, 所以全其心之德也。蓋心之全德, 莫非天理, 而亦不能不壞于人欲, 故爲仁者, 必有必勝私欲而復于禮, 則事皆天理, 而本心之德, 復全于我矣」라고 상세히 풀이하였다. 즉 "인(仁)이라고 하는 것은 사람이 천성적으로 타고난 선한 성품(本心)으로 도덕적으로 완전무결한 것(全德)을 가리킨다. 극(克)은 이기다, 누르다의 의미이다. 기(己)는 자신의 욕망을 가리킨다. 복(復)은 돌아가다(返, 歸)의 의미이다. 예(禮)라는 것은 불변의 자연 법칙이다. 인을 실행하는 사람은 천성적으로 타고난 선한 성품으로 도덕적으로 완전무결하게 되는 것이다. 대개 천성적으로 타고난 선한 성품으로 도덕적으로 완전무결하게 되는 것은 불변의 자연 법칙 아닌 것이 없는데, 그러나 또한 자신의 욕망으로 인하여 훼손되지 않을 수 없으므로, 그러므로 인을 실행하는 사람은 반드시 자신의 욕망을 누르고 불변의 자연법칙으로 돌아가는 것이고, 어떤 일을 하더라도 모두 불변의 자연 법칙에 부합함으로써, 그래서 천성적으로 타고난 선한 성품의 완전성을 회복하는 것은 전부 나에게 달려 있는 것이다."라고 하였다.

결론적으로 말해서 위 문장은 사람의 욕망이 사람의 본성 혹은 도덕 품격에 대한 잠재적 손해를 좌우하는 관건이다. 또 스스로 욕망을 절제하는 것은 사람의 본성 혹은 도덕의 순결성과 완정성을 회복하는데 중대한 영향을 끼친다는 것을 강조하고 있다. 위의 내용을 이해하기 쉽게 도표화하면 아래와 같다.

仁=心的全德=性德=天理↔人慾=滅天理=不仁

‖

人欲放下, 符合禮義

‖

全于我(爲仁由己, 而由人乎哉)

*동일하다 = ; 반대 ↔

* 「**義理(義理之學)**」

의리의 의미는 3가지가 있다. 첫째, 윤리 도덕에 부합하는 행위원칙을 가리킨다. 동일한 의미의 최초 출전은《韓非子》〈難言〉「故度量雖正, 未必聽也., 義理雖全, 未必用也」에 보인다. 둘째, 儒學 경전의 의미를 추구하는 학문을 가리킨다. 동일한 의미의 최초 출전은《漢書》〈劉歆傳〉「及歆治左氏, 引傳文以解經, 轉相發明, 由是章句義理備焉」에 보인다. 셋째, 朱子 이래의 理學은 道義, 道理, 義理, 天理 등으로 기록하고 불변의 도덕법칙을 의미하며 달리 義理之學으로 일컬었다. 동일한 의미의 최초 출전은 程顥, 程頤(北宋),《二程遺書》卷十八「或讀書講明義理., 或記古今人物, 別其是非., 或應事即物而處其當, 皆窮理也」에 보인다. 義理之學은 宋代 이후에 탄생한 儒學의 새로운 형태이다. 周敦頤, 邵雍, 張載, 程顥, 程頤, 朱熹 등을 거치면서 儒家 경전의 의미와 名理(명칭과 도리 해석)를 탐구하는 학문으로 발전하였다. 호칭은 宋學, 道學, 理學, 義理學, 程朱學, 性理學, 朱子學 등으로 다양하게 일컬어졌다. 또 이들의 주장은 義理(불변의 도덕법칙, 哲理)의 의미를 해석하고 아울러 性命(만물의 천부적인 품성, 本性)을 연구하는데 진력하였으며, 理는 天地보다 먼저 존재하는 것으로 여겼다.

【持身章3-8원문】

多言多慮最害心術。無事則當靜坐存心, 接人則當擇言簡重, 時然後言, 則言不得不簡, 言簡者近道。

【持身章3-8음역】

다언다려최해심술. 무사즉당정좌존심, 접인즉당택언간중, 시연후언, 즉언부득불간, 언간자근도.

【持身章3-8주석】

1) 多言(다언)-말을 많이 하다. 동일한 의미의 최초 출전은《詩經》〈將仲子〉「豈敢愛之, 畏人之多言, 仲可懷也, 人之多言, 亦可畏也」에 보인다.
2) 多慮(다려)-염려(잡념)를 많이 하다. 동일한 의미의 최초 출전은 笑笑生(明),《金瓶梅詞話》第六二回「你把心來放開, 不要只管多慮了」에 보인다.
3) 最(최)-가장, 매우. 관련 4자성어는 不耻最後, 爲善最樂 등이 있다.
4) 害(해)-해롭다. 관련 4자성어는 傷天害理, 損人害己 등이 있다.
5) 心術(심술))-마음, 생각, 사고. 心思와 동일하다. 본문의「最害心術」은 最害於心術의 생략형이다. 동일한 의미의 최초 출전은《禮記》〈樂記〉「姦聲亂色不留聰明, 淫樂慝禮不接心術」에 보인다.
6) 無事(무사)-특별한 일이 없을 때. 본문의「無事」는 於無事時의 생략형이다. 동일한 의미의 최초 출전은《孟子》〈滕文公下〉「士無事而食, 不可也」에 보인다.
7) 則(즉)-곧, 즉. 관련 4자성어는 月滿則虧, 禮煩則亂 등이 있다.
8) 當(당)-마땅히. 관련 4자성어는 老當益壯, 以一當十 등이 있다.
9) 靜坐(정좌)-조용히 앉아 있다. 본문에서는 儒學의 靜坐法을 말한다. 앉는 방식은 눈을 감고 허리를 펴고 두 손은 포개어 잡고 똑바로 꿇어앉는다. 그리고 잡념을 끊고 엄숙하고 공경하는 의미를 가지고 자신의 내면에 있는 도덕적 이치에 집중함으로써 도리를 깨우치는 심신 수련 방법을 말한

다. 달리 危坐, 端坐, 安坐, 正坐 등으로 일컫는다. 동일한 의미의 최초 출전은 朱熹(南宋),《朱子語類》卷十一 「明道教人靜坐, 李先生亦教人靜坐。始學工夫, 須是靜坐」에 보인다.

10) 存心(존심)-마음을 한곳에 집중하다. 동일한 의미의 최초 출전은《北齊書》〈文宣帝紀〉「始則存心政事, 風化肅然, 數年之間, 翕斯致治」에 보인다.

11) 接人(접인)-타인과 교류하다. 본문의 「接人」은 於接人之時의 생략형이다. 관련 4자성어는 接人待物이 있다. 동일한 의미의 최초 출전은 陶宗儀(元),《輟耕錄》卷五 「右二事可見前輩諸老謙恭退抑, 汲引後進, 待人接物者如此」에 보인다.

12) 擇言(택언)-말을 가려하다. 동일한 의미의 최초 출전은《國語》〈晉語九〉「擇言以教子, 擇師保以相子」에 보인다.

13) 簡重(간중)-엄숙하고 신중하게. 동일한 의미의 최초 출전은《後漢書》〈孔融傳〉「時河南尹李膺以簡重自居, 不妄接士賓客」에 보인다.

14) 時(시)-때, 시기. 관련 4자성어는 時不我待, 無時無刻 등이 있다.

15) 然後(연후)-그렇게 한 뒤에, 연후에. 동일한 의미의 최초 출전은《禮記》〈學記〉「是故學, 然後知不足., 教, 然後知困」에 보인다.

16) 言(언)-말하다. 관련 4자성어는 一言爲定, 流言蜚語 등이 있다. 본문의 「時然後言」은 마땅히 말해야 할 때를 가리킨다. 동일한 의미의 최초 출전은《論語》〈憲問〉「子問公叔文子於公明賈曰 .. 信乎, 夫子不言, 不笑, 不取乎? 公明賈對曰 .. 以告者過也。夫子時然後言, 人不厭其言., 樂然後笑, 人不厭其笑., 義然後取, 人不厭其取。子曰 .. 其然? 豈其然乎?」에 보인다.

17) 不得不(부득불)-부득불, ~하지 않을 수 없다. 동일한 의미의 최초 출전은《後漢書》〈宦者傳序〉「鄧后以女主臨政 …… 稱制下令, 不出房闈之間, 不得不委用刑人, 寄之國命」에 보인다.

18) 簡(간)-엄숙. 관련 4자성어는 言簡義豐, 精兵簡政 등이 있다.

19) 者(자)-사람. 관련 4자성어는 來者不拒, 當局者迷 등이 있다.

20) 近道(근도)-도(성인이 되는 목표, 또는 우주만물 운행의 이치)에 가까워

지다. 동일한 의미의 최초 출전은《禮記》〈大學〉「物有本末, 事有終始。知所先後, 則近道矣」에 보인다.

【持身章3-8국역】

말을 많이 하고 잡념을 많이 갖는 것이 마음에 가장 해롭다. 특별한 일이 없을 때는 마땅히 눈을 감고 허리를 펴고 똑바로 꿇어앉아서 마음을 한곳에 집중하고, 타인과 교류할 때는 마땅히 말을 가려하고 엄숙하고 신중하게 하며, 마땅히 말해야 할 때 말하면 말은 부득불 엄숙하지 않을 수 없으니 말이 엄숙한 사람은 도(성인이 되는 목표, 또는 우주만물 운행의 이치)에 가까워지게 된다.

【持身章3-8解說】

*「時然後言」

본문의「時然後言」은 마땅히 말해야 할 때 말한다는 의미이다. 즉 말을 할 때는 때와 상황을 잘 가려서 해야 한다. 동일한 의미의 최초 출전은《論語》〈憲問〉「子問公叔文子于公明賈, 曰 .. "信乎, 夫子不言, 不笑, 不取乎 ?" 公明賈對曰 .. "以告者過也。夫子時然後言, 人不厭其言., 樂然後笑, 人不厭其笑., 義然後取, 人不厭其取。子曰 .. "其然, 豈其然乎 ?"」에 보인다. 즉 "공자가 공명고에게 공숙문자에 대해서 묻고 말하기를 .. '선생(공숙문자)은 말도 않고 웃지도 않고 재물을 취하지도 않는다는데 사실입니까?' 공명고가 대답하며 말하기를 .. '당신에게 이 말을 전한 사람이 과장한 것입니다. 선생(공숙문자)은 마땅히 말해야 할 때에 말하므로 사람들이 그가 말하는 것을 싫어하지 않으며., 즐거운 뒤에야 웃어서 사람들이 그가 웃는 것을 싫어하지 않으며., 명분에 맞은 뒤에야 재물을 취해서 사람들이 그가 취하는 것을 싫어하지 않을 뿐입니다.' 공자께서 말씀하셨다. '그런가요? 어찌 그럴 수 있겠습니까?"라고 하였다.

이것은 우리들이 일상생활 속에서 반드시 배워야 할 점이다. 특히 상호간의 교류에서는 말이 많음을 경계해야 한다. 《論語》〈學而〉「敏于事而愼于言」에도 보이듯이 말 할 때는 매우 신중해야 하고 말 할 때를 잘 알아서 해야 할 말만 해야 되는 것이다. 公叔文子는 바로 이 방면에 매우 지혜로운 사람이다. 즉 公叔文子의 時然後言, 樂然後笑, 義然後取는 확실히 공자에게 많은 깨달음을 주었다. 이런 3가지를 할 수 있으면 사람들로 하여금 미움을 받지 않게 되고, 또 이런 행위는 성인이 아니면 할 수 없는 것으로서 공자 마음속의 君子 형상과 완전히 일치하는 것이다. 참고로 公叔文子의 言, 笑, 義 이외에 군자가 갖춰야 할 사항으로는 擇地, 行道, 公正이 있음을 알 수 있다. 그 증거는 《史記》〈伯夷列傳〉「擇地而蹈之, 時然後出言, 行不由徑, 非公正不發憤」에 보인다.

【持身章3-9원문】

非先王之法服, 不敢服, 非先王之法言, 不敢道, 非先王之德行, 不敢行, 此當終身服膺者也。

【持身章3-9음역】

비선왕지법복, 불감복, 비선왕지법언, 불감도, 비선왕지덕행, 불감행, 차당종신복응자야.

【持身章3-9주석】

1) 非(비)-아니면, 하지 않으면. 관련 4자성어는 口是心非, 是非曲直 등이 있다.
2) 先王(선왕)-3가지 의미가 있다. 첫째, 이미 돌아가신 선대 군주. 둘째, 고대의 제왕. 셋째, 堯, 舜, 禹, 湯, 文, 武王 등 현명한 제왕. 동일한 의미의 최초 출전은 《孝經》〈開宗明義章〉「先王有至德要道, 以順天下, 民用和睦」

唐玄宗 注 .. 「先代聖德之主, 能順天下人心, 行此至要之化」에 보인다. 본문에서는 셋째의 의미이다.

3) 之(지)-~의. 관련 4자성어는 君子之交, 莫逆之友 등이 있다.
4) 法服(법복)-고대 예법제도에 근거하여 신분별 차등을 둔 복식. 동일한 의미의 최초 출전은 《孝經》〈卿大夫章〉「非先王之法服不敢服」 玄宗(唐) 注 .. 「先王制五服, 各有等差」에 보인다.
5) 不敢(불감)-감히 ~못하다. 동일한 의미의 최초 출전은 《孟子》〈公孫丑下〉「我非堯舜之道, 不敢以陳於王前」에 보인다.
6) 服(복)-동사로 입다, 착용하다. 관련 4자성어는 以德服人, 心服口服 등이 있다.
7) 法言(법언)-선왕의 법도(예법)에 맞는 말. 동일한 의미의 최초 출전은 《孝經》〈卿大夫章〉「非先王之法言不敢道, 非先王之德行不敢行」에 보인다.
8) 道(도)-말하다. 관련 4자성어는 說三道四, 大逆無道 등이 있다.
9) 德行(덕행)-덕행. 道德品行의 생략이다. 동일한 의미의 최초 출전은 《易經》〈節卦〉「君子以制數度, 議德行」에 보인다.
10) 行(행)-행실, 행동. 관련 4자성어는 行不從徑, 行而未成 등이 있다. 이상의 法服, 法言, 德行과 관련된 동일한 의미의 최초 출전은 《孝經》〈卿大夫章〉「非先王之法服, 不敢服, 非先王之法言, 不敢道, 非先王之德行, 不敢行。是故非法不言, 非道不行., 口無擇言, 身無擇行., 言滿天下無口過, 行滿天下無怨惡」에 보인다.
11) 此(차)-이것은. 관련 4자성어는 不分彼此, 果然如此 등이 있다.
12) 當(당)-마땅히. 관련 4자성어는 老當益壯, 以一當十 등이 있다.
13) 終身(종신)-살아있는 동안, 죽을 때까지, 동일한 의미의 최초 출전은 《禮記》〈王制〉「大夫廢其事, 終身不仕, 死以士禮葬之」에 보인다.
14) 服膺(복응)-마음속에 깊이 새기다. 4자성어 刻骨銘心, 銘記在心과 동일하다. 동일한 의미의 최초 출전은 《中庸》 第八章 「子曰 .. 回之爲人也, 擇乎中庸, 得一善, 則拳拳服膺, 而弗失之矣」에 보인다. 또 朱熹(南宋), 《中庸

章句》「服, 猶著也., 膺, 胸也。奉持而著之心胸之間, 言能守也」에 보인다.
15) 者(자)--~라는 것. 관련 4자성어는 來者不拒, 當局者迷 등이 있다.

【持身章3-9국역】

요, 순, 우, 탕, 문, 무왕 등 현명한 제왕이 고대 예법제도에 근거하여 신분별 차등을 둬서 제정한 복식이 아니면 감히 입어서는 안 되고, 현명한 제왕의 법도(예법)에 맞는 말이 아니면 감히 말해서도 안 되고, 현명한 제왕의 덕행이 아니면 감히 시행해서도 안 되니, 이것은 마땅히 살아있는 동안 마음속에 깊이 새겨야 할 것이다.

【持身章3-9解說】

*「先王」

선왕은 3가지 의미가 있다. 첫째, 이미 돌아가신 선대 군주 ; 둘째, 고대의 제왕 ; 셋째, 堯, 舜, 禹, 湯, 文, 武王 등 현명한 제왕. 동일한 의미의 최초 출전은《孝經》〈開宗明義章〉「先王有至德要道, 以順天下, 民用和睦」玄宗(唐) 注 ..「先代聖德之主, 能順天下人心, 行此至要之化」에 보인다. 위 문헌에서 唐나라 玄宗이 선왕에 대하여 주석하기를 「先代聖德之主」라고 하였다. 즉 고대 성스러운 품덕을 지닌 군주인 唐堯, 虞舜, 夏禹, 商湯, 周文王, 周武王 등 현명한 제왕을 가리킴이 분명하다. 본문에서는 셋째의 의미이다.

【持身章3-10원문】

爲學者一味向道, 不可爲外物所勝, 外物之不正者, 當一切不留於心。鄕人會處, 若設博奕、樗蒲等戱, 則當不寓目, 逡巡引退。若遇倡妓作歌舞, 則必須避去。如値鄕中大會, 或尊長强留, 不能避退, 則雖在座, 而整容淸心, 不可使奸聲亂色, 有干於我。當宴飮酒, 不可沈醉, 浹洽而止可也。凡飮食當適中, 不可快意有傷乎氣。言笑當簡重, 不可喧譁以過其節, 動止當安詳, 不可粗率以失其儀。

【持身章3-10음역】

위학자일미향도, 불가위외물소승, 외물지부정자, 당일체불류어심. 향인회처, 약설박혁、저포등희, 즉당불우목, 준순인퇴. 약우창기작가무, 즉필수피거. 여치향중대회, 혹존장강류, 불능피퇴, 즉수재좌, 이정용청심, 불가사간성난색, 유간어아. 당연음주, 불가침취, 협흡이지가야. 범음식당적중, 불가쾌의유상호기. 언소당간중, 불가훤화이과기절, 동지당안상, 불가조솔이실기의.

【持身章3-10주석】

1) 爲學(위학)-학문을 하다. 治學과 동일하다. 爲學者는 학문을 하는 사람. 동일한 의미의 최초 출전은《道德經》第四十八章「爲學日益, 爲道日損」에 보인다.
2) 者(자)-사람. 관련 4자성어는 來者不拒, 當局者迷 등이 있다.
3) 一味(일미)-부사로 오로지, 외곬으로. 專一과 동일하다. 동일한 의미의 최초 출전은 王守仁(明),《傳習錄》卷上「一味只是希高慕大, 不知自己是桀、紂心地, 動輒要做堯、舜事業, 如何做得?」에 보인다.
4) 向道(향도)-도를 향하다. 즉 사람이 마땅히 실행해야 할 길로 향하는 것으로, 道는 학문의 목적인 성인이 되려고 노력하는 것이다. 向慕道義의 생략이다. 동일한 의미의 최초 출전은 蘇軾(北宋),〈策略二〉「今者曾不得歲月之暇, 則夫禮樂刑政敎化之源, 所以使天下回心而向道者, 何時而議也」에 보인다.
5) 不可(불가)-할 수 없다. 可(가능, 되다, 적합, 옳다)의 반대 의미이다. 동일한 의미의 최초 출전은《孫子兵法》〈九變〉「覆軍殺將, 必以五危, 不可

不察也」에 보인다.

6) 外物所勝(외물소승)-외부의 유혹에 이김을 당하다, 즉 외부의 유혹에 넘어가다. 外物은 외부의 욕망(물욕, 유혹)을 의미한다. 동일한 의미의 최초 출전은《莊子》〈外物〉「物物而不物于物, 則胡可得而累邪」에 보인다. 또 爲A所B 문장 형식은 A에 의해 B되는 바 되다, A에 의해 B가 되어 지다의 뜻으로 피동을 나타내는 표현이다. 유사한 표현으로는 外物所汩 등이 있다.

7) 之(지)-~의, ~중에서. 관련 4자성어는 君子之交, 莫逆之友 등이 있다.

8) 不正(부정)-올바르지 않은 것. 동일한 의미의 최초 출전은《論語》〈子路〉「身不正, 雖令不從」에 보인다.

9) 當(당)-마땅히. 관련 4자성어는 老當益壯, 以一當十 등이 있다.

10) 一切(일체)-일체, 모든 것. 일절은 일체의 비표준어이고, 부인하거나 금지하는 말과 어울려서 아주, 도무지, 전혀, 절대로의 뜻으로 쓰는 말이므로, 본문에서는 일체로 읽어야 한다. 동일한 의미의 최초 출전은 賈思勰(北魏),《齊民要術》〈栽樹〉「凡栽一切樹木, 欲記其陰陽, 不令轉易」에 보인다.

11) 不留(불류)-남겨두지 않다, 머무르지 않다. 동일한 의미의 최초 출전은《禮記》〈樂記〉「姦聲亂色, 不留聰明., 淫樂慝禮, 不接心術」에 보인다.

12) 於(어)-어조사이고, ~에, ~에서, ~보다, ~를, ~에게, ~에 대해서, 이에 있어서 등의 의미로 사용되고 于와 동일하다. 관련 4자성어는 靑出於藍, 耿耿於懷 등이 있다.

13) 心(심)-마음. 관련 4자성어는 一心一意, 同心協力 등이 있다.

14) 鄕人(향인)-마을사람, 동네사람. 동일한 의미의 최초 출전은《孟子》〈離婁下〉「舜爲法於天下, 可傳於後世, 我由未免爲鄕人也」에 보인다.

15) 會處(회처)-모인 곳. 동일한 의미의 최초 출전은 史浩(南宋), 〈芰荷香(中秋)〉「精神會處, 獨坐胡床」에 보인다.

16) 若(약)-만약. 관련 4자성어는 若隱若現, 泰然自若 등이 있다.

17) 設(설)-열리다, 개설하다. 관련 4자성어는 天授地設, 不敢設想 등이 있다.

18) 博奕(박혁)-바둑(장기). 동일한 의미의 최초 출전은《論語》〈陽貨〉「飽食

終日, 無所用心, 難矣哉! 不有博奕者乎? 爲之猶賢乎已」에 보인다.

19) 樗蒲(저포)-저포 놀이. 摴蒲로 쓰기도 하고 달리 五木之戲, 五木으로 일컬었다. 외국에서 전래되었고 漢末에 성행하였다. 동일한 의미의 최초 출전은 葛洪(東晉), 《抱朴子》 〈百里〉「或有圍棋樗浦而廢政務者矣, 或有田獵游飮而忘庶事者矣」에 보인다.

20) 等(등)-등등, 기다리다. 관련 4자성어는 等閑之輩, 高人一等 등이 있다.

21) 戱(희)-놀이. 관련 4자성어는 人生如戱, 君無戱言 등이 있다.

22) 則(즉)-곧, 즉. 관련 4자성어는 月滿則虧, 禮煩則亂 등이 있다.

23) 不(불)-아니다. 부사이고 일반적으로 부정의 의미로 사용된다. 관련 4자성어는 念念不忘, 美中不足 등이 있다.

24) 寓目(우목)-눈길을 돌리다, 쳐다보다. 過目과 동일하다. 동일한 의미의 최초 출전은 《左傳》 僖公二十八年「子玉使鬬勃請戰, 曰 .. 請與君之士戱, 君憑軾而觀之, 得臣與寓目焉」에 보인다.

25) 逡巡(준순)-물러나 피하다, 뒷걸음질하다. 退避와 동일하다. 동일한 의미의 최초 출전은 《梁書》 〈王筠傳〉「王氏過江以來, 未有居郎署者, 或勸逡巡不就」에 보인다.

26) 引退(인퇴)-물러나다. 逡巡引退는 4자성어로 물러나 피하다. 동일한 의미의 최초 출전은 《三國志》 〈龐統傳〉「卿言不當, 宜速起出 ! 于是统逡巡引退」에 보인다.

27) 遇(우)-맞닥뜨리다, 만나다. 値와 동일하다. 관련 4자성어는 懷才不遇, 百年不遇 등이 있다.

28) 倡妓(창기)-고대에 歌舞와 雜技로 생활하는 남녀를 말하며, 달리 娼伎, 伶人, 광대라고 일컫는다. 동일한 의미의 최초 출전은 《後漢書》 〈梁冀傳〉「冀、壽共乘輦車 …… 游觀第內, 多從倡伎, 鳴鐘吹管, 酣謳竟路」에 보인다.

29) 作(작)-하다. 관련 4자성어는 一身作則, 自作自受 등이 있다.

30) 歌舞(가무)-노래하고 춤추다. 동일한 의미의 최초 출전은 《詩經》 〈車舝〉「雖無德與女, 式歌且舞」 鄭玄(東漢) 箋 ..「雖無其德, 我與女用是歌舞相樂,

喜之至也」에 보인다.

31) 必須(필수)-반드시~해야 한다, 꼭. 부사이고 강조의 의미로 사용하며, 뒤에 동사 또는 형용사와 연결된다. 務必, 必定과 동일하다. 동일한 의미의 최초 출전은 顔之推(南北朝~隋), 《顔氏家訓》〈後聚〉「河北鄙於側出不預人流, 是以必須重娶」에 보인다. 참고로 必需와는 다르다. 없으면 안 되는, 부족하면 안 되는 의미이다. 동사이고 뒤에 명사와 연결된다.

32) 避去(피거)-피해가다. 去는 避에 붙는 보조 동사. 동일한 의미의 최초 출전은 焦贛(西漢), 《易林》〈隨之訟〉「逐兔驅狼, 避去不祥」에 보인다.

33) 如(여)-만약, 같다. 관련 4자성어는 度日如年, 吉祥如意 등이 있다.

34) 値(치)-만나다, 맞닥뜨리다. 遇와 동일하다. 관련 4자성어는 不値一笑, 不値一钱 등이 있다.

35) 鄕中(향중)-마을. 원래 의미는 同鄕이다. 본문에서는 한국식 표현으로 마을에서의 의미로 사용되었다. 동일한 의미의 최초 출전은 施耐庵(明), 《水滸傳》 第十七回 「楊志叫道 .. 原來也是關西和尚。俺和他是鄕中」에 보인다.

36) 大會(대회)-큰 모임. 동일한 의미의 최초 출전은《書經》〈泰誓上〉「惟十有三年春, 大會于孟津」에 보인다.

37) 或(혹)-간혹. 관련 4자성어는 或多或少, 呼之或出 등이 있다.

38) 尊長(존장)-지위나 항렬이 자기보다 높은 어른. 동일한 의미의 최초 출전은《禮記》〈鄕飮酒義〉「鄕飮酒之禮, 六十者坐, 五十者立侍, 以聽政役, 所以明尊長也」에 보인다. 또《禮記》〈少儀〉「尊長于己逾等, 不敢問其年」에도 보인다.

39) 强留(강류)-억지로 만류하다. 동일한 의미의 최초 출전은 韓愈(唐), 〈張中丞傳後序〉「愛霽云之勇且壯, 不聽其語, 强留之, 具食與樂, 延霽云坐」에 보인다.

40) 不能(불능)-~할 수 없다, 不可能과 동일하다. ~할 수 있다는 可能의 반대이다. 동일한 의미의 최초 출전은 盧照鄰(唐), 〈寄裴舍人書〉「慨然而咏富

貴他人合, 貧賤親戚離, 因泣下交頤, 不能自已」에 보인다.

41) 避退(피퇴)-피하여 물러나다. 동일한 의미의 최초 출전은 《漢書》〈王尊傳〉「又出教敕掾功曹 .. 各自底厲, 助太守爲治。其不中用, 趣自避退, 毋久妨賢」에 보인다.

42) 雖(수)-비록~일지라도. 관련 4자성어는 雖死無悔, 雖死猶生 등이 있다.

43) 在座(재좌)-연회 자리에 앉다, 참가하다. 동일한 의미의 최초 출전은 杜甫(唐), 〈送重表侄王砯評事使南海〉「秦王時在座, 眞氣驚户牖」에 보인다.

44) 而(이)-그리고, 그래서, 그러나. 관련 4자성어는 不言而喩, 適可而止 등이 있다.

45) 整容(정용)-용모단정. 整肅儀容의 생략이다. 동일한 의미의 최초 출전은 《南史》〈儒林傳〉「敕令論議, 諸儒莫敢先出, (張)譏乃整容而進, 諮審循環, 辭令温雅」에 보인다.

46) 淸心(청심)-마음을 맑게 하다. 동일한 의미의 최초 출전은 《後漢書》〈西域傳論〉「詳其淸心釋累之訓, 空有兼遣之宗, 道書之流也」에 보인다.

47) 使(사)-~로 하여금. 관련 4자성어는 不辱使命, 擧賢使能 등이 있다.

48) 奸聲(간성)-간사한 소리. 동일한 의미의 최초 출전은 《禮記》〈樂記〉「凡奸聲感人而逆氣應之, 逆氣成象而淫樂興焉。正聲感人而順氣應之, 順氣成象而和樂興焉」 孔穎達(唐) 疏 ..「奸聲, 謂奸邪之聲」에 보인다.

49) 亂色(난색)-음란한 기색. 동일한 의미의 최초 출전은 《禮記》〈樂記〉「姦聲亂色, 不留聰明., 淫樂慝禮, 不接心術」에 보인다.

50) 有干於我(유간어아)-나를 침범함이 있게 하다. 有는 干에 붙는 보조 동사이다. 干은 干犯으로 침범하다, 有干犯我와 동일하다. 동일한 의미의 최초 출전은 《後漢書》〈吳良傳〉「信陽侯就倚恃外戚, 干犯乘輿, 無人臣禮, 爲大不敬」에 보인다.

51) 宴(연)-연회, 잔치. 관련 4자성어는 朝歌暮宴, 盛宴難再 등이 있다.

52) 飮酒(음주)-술을 마시다. 동일한 의미의 최초 출전은 《國語》〈晉語一〉「(史蘇)飮酒出」에 있다.

53) 沈醉(침취)-크게 취하다. 沈은 溺과 같이 ~에 빠지다. 大醉, 滿醉와 동일하다. 동일한 의미의 최초 출전은《三國志》〈蔣琬傳〉「先主嘗因游觀奄至廣都, 見琬衆事不理, 時又沈醉。先主大怒, 將加罪戮」에 보인다.

54) 浹洽(협흡)-협흡은 두루 미치다, 적당히 마시다, 화합할 정도로 마시다. 즉 술기운이 스며들어 적당하게 취한 상태를 표현한 것이다. 동일한 의미의 최초 출전은《漢書》〈禮樂志〉「於是教化浹洽, 民用和睦., 災害不生, 禍亂不作」顔師古(隋) 注 .. 「浹, 徹也., 洽, 沾也」에 보인다.

55) 而(이)-그리고, 그래서, 그러나. 관련 4자성어는 不言而喩, 適可而止 등이 있다. 이곳의 而는 즉, 則과 동일하다.

56) 止(지)-그치다, 그만두다. 관련 4자성어는 適可而止, 望梅止渴 등이 있다.

57) 可(가)-가하다, 옳다. 관련 4자성어는 無家可歸, 不可思議 등이 있다.

58) 也(야)-조사로 문장 중간에 혹은 문장 끝에 사용한다. 관련 4자성어는 空空如也, 未嘗有也 등이 있다.

59) 凡(범)-문장 전체를 수식하는 부사로 무릇, 모든의 의미이다. 관련 4자성어는 儀表非凡, 擧止不凡 등이 있다.

60) 飮食(음식)-음식을 먹고 마시는 것. 동일한 의미의 최초 출전은《書經》〈酒誥〉「爾乃飮食醉飽」에 보인다.

61) 適中(적중)-어느 한쪽에 치우치지 않다, 절제하다, 過猶不及, 不過不及과 동일하다. 동일한 의미의 최초 출전은 董仲舒(西漢),《春秋繁露》〈循天之道〉「高臺多陽, 廣室多陰, 遠天地之和也, 故人弗爲, 適中而已矣」에 보인다.

62) 快意(쾌의)-매우 즐거워하다. 본문에서는 원하는 대로 마음껏 먹다의 의미이다. 동일한 의미의 최초 출전은《國語》〈晉語三〉「快意而喪君, 犯刑也」에 보인다.

63) 有傷乎氣(유상호기)-원기를 손상시키다. 有는 傷에 붙는 보조 동사이다. 乎는 于와 동일하며 ~에, ~을의 의미이다. 傷氣는 損傷元氣의 생략이다. 동일한 의미의 최초 출전은《漢書》〈司馬遷傳〉「夫以中才之人, 事有關於宦豎, 莫不傷氣, 而況於慷慨之士乎 ! 」에 보인다.

64) 言笑(언소)-말하고 웃고 하는 것. 동일한 의미의 최초 출전은 陶潛(東晉), 〈移居〉「相思則披衣, 言笑無厭時」에 보인다.

65) 簡重(간중)-엄숙하고 신중하게. 동일한 의미의 최초 출전은 《後漢書》〈孔融傳〉「時河南尹李膺以简重自居, 不妄接士賓客」에 보인다.

66) 喧譁(선화)-큰소리로 떠들다. 동일한 의미의 최초 출전은 歐陽修(北宋), 〈醉翁亭記〉「起坐而喧譁者, 衆賓歡也」에 보인다.

67) 以(이)-~함으로써. 관련 4자성어는 一以貫之, 夢寐以求 등이 있다.

68) 過(과)-초과하다. 관련 4자성어는 過猶不及, 不過不及 등이 있다.

69) 其(기)-지시대명사로 이, 그, 저 등을 가리킨다. 관련 4자성어는 若無其事, 不計其數 등이 있다.

70) 節(절)-절제, 절도. 節制, 節度와 동일하다. 관련 4자성어는 節外生枝, 忠孝節義 등이 있다.

71) 動止(동지)-행동거지, 행위. 動作靜止의 생략이다. 동일한 의미의 최초 출전은 《荀子》〈修身〉「齊給便利, 則節之以動止」에 보인다. 참고로 擧止는 日常生活을 가리킨다.

72) 安詳(안상)-침착 냉정하게. 安靜詳和의 생략이다. 동일한 의미의 최초 출전은 蔡邕(東漢), 〈薦邊文禮節〉「口辯辭長, 而節之以禮度。安詳審固, 守持內定」에 보인다.

73) 粗率(조솔)-거칠고 투박한. 동일한 의미의 최초 출전은 《宋書》〈劉懷愼傳〉「德愿性粗率, 爲世祖所狎侮」에 보인다. 또 朱熹(南宋), 《朱子語類》卷三九「若冉有、子貢則能問夫子爲衛君與否, 蓋不若子路之粗率」에 보인다.

74) 失(실)-잃다. 관련 4자성어는 大驚失色, 利害得失 등이 있다.

75) 儀(의)-위엄 있고 예법에 맞는 몸가짐, 威儀와 동일하다. 관련 4자성어는 儀表堂堂, 禮儀之方 등이 있다.

【持身章3-10국역】

학문을 하는 사람은 오로지 사람이 마땅히 실행해야 할 길(도는 학문의 목적인 성인이 되려고 노력하는 것이다)로 향해야지 외부의 유혹에 넘어가면 안 되고, 외부의 바르지 못한 것은 마땅히 일체 마음에 남겨두지 않아야 한다. 마을 사람이 모인 곳에서 만약 바둑(장기)이나 저포 놀이 등이 열리면, 마땅히 쳐다보지 말고 물러나 피해야 한다. 만약 노래와 춤 및 잡기로 생활하는 남녀가 노래하고 춤추는 상황에 맞닥뜨리면 반드시 피해가야 한다. 만약 마을의 큰 모임을 만났는데 간혹 지위나 항렬이 자기보다 높은 어른이 억지로 만류하여 회피하고 물러날 수 없는 경우에는, 비록 연회 자리에 앉아 있을지라도 용모를 단정히 하고 마음을 맑게 하며 간사한 소리와 음란한 기색으로 하여금 나를 침범함이 있게 해서는 안 된다. 연회에서 술을 마실 경우에는, 크게 취하지 말고 술기운이 스며들어 적당하게 취한 상태에서 그치는 것이 옳다. 무릇 먹고 마시는 경우에는 마땅히 절제해야지 원하는 대로 마음껏 먹어서 원기를 손상시켜서는 안 된다. 말하고 웃는 경우에는 마땅히 엄숙하고 신중해야지 큰소리로 떠들어서 절제를 넘어서는 안 된다. 행동거지는 마땅히 침착하고 냉정해야지 거칠고 투박해서 위엄 있고 예법에 맞는 몸가짐을 잃어서는 안 된다.

【持身章3-10解說】

*「外物所勝」

외물소승은 외부의 유혹에 이김을 당하다, 즉 외부의 유혹에 넘어가다. 외물은 외부의 욕망(물욕, 유혹)을 의미한다. 동일한 의미의 최초 출전은 《莊子》〈外物〉「物物而不物于物, 則胡可得而累邪」에 보인다. 또 외물소승의 유사한 표현으로는 外物所動, 外物所役, 外物所累, 外物所憂, 外物所汩 등이 있다. 관련 출처는 《莊子》〈山木〉「物物而不物于物, 則胡可得而累邪」; 《管子》〈心術下〉「君子使物, 不爲物使, 得一之理」; 朱熹(南宋), 《大學集注》「不爲外物所勝」; 吳與弼(明), 《日錄》〈拒聘考〉「讀聖賢書, 收斂此心, 不爲外物所汩」 등을 참고할 것. 반대로 외부의 유혹에 끌려 다닐 때의 피해를 나타낸 글은 《書經》〈旅獒〉「玩人喪德 玩物喪志」에 보인다. 즉 "타인의 인

격을 존중하지 않고 멋대로 희롱하는 것은 도덕이 무너졌음을 나타내고, 어떤 사물에 과도하게 집착하여 벗어나지 못하면 분발하려는 의지와 목표를 잃게 된다."라고 하였다.

【持身章3-11원문】

有事則以理應事, 讀書則以誠窮理。除二者外, 靜坐收斂此心, 使寂寂無紛起之念, 惺惺無昏昧之失, 可也。所謂敬以直內者如此。

【持身章3-11음역】

유사즉이리응사, 독서즉이성궁리. 제이자외, 정좌수렴차심, 사적적무분기지념, 성성무혼매지실, 가야. 소위경이직내자여차.

【持身章3-11주석】

1) 有事(유사)-일이 있으면, 종사하다. 동일한 의미의 최초 출전은 李贄(明), 〈復京中友朋書〉「若其他弟子, 則不免學夫子之不厭而已, 學夫子之不倦而已, 畢竟不知夫子之所學爲何物, 自己之所當有事者爲何事에 보인다.
2) 則(즉)-곧, 즉. 관련 4자성어는 月滿則虧, 禮煩則亂 등이 있다.
3) 以(이)-~함으로써. 관련 4자성어는 一以貫之, 夢寐以求 등이 있다.
4) 理(이)-사물의 이치, 도리. 以理는 사물의 이치로써. 관련 4자성어는 理所當然, 置之不理 등이 있다.
5) 應事(응사)-일을 처리하다. 동일한 의미의 최초 출전은 王守仁(明), 《傳習錄》 卷下「那三更時分空空靜靜的只是存天理, 即是如今應事接物的心」에 보인다.
6) 讀書(독서)-책을 읽다. 동일한 의미의 최초 출전은 《禮記》〈文王世子〉「秋學禮, 執禮者詔之., 冬讀書, 典書者詔之」에 보인다.

7) 誠(성)-정성. 관련 4자성어는 誠心誠意, 精誠所至 등이 있다.
8) 窮理(궁리)-사물의 이치를 깊이 연구하다. 探究와 동일하다. 窮究事物之理의 생략이다. 동일한 의미의 최초 출전은 朱熹(南宋), 《朱子語類》〈學三〉「學者工夫, 唯在居敬窮理二事」에 보인다. 또 朱熹(南宋), 《性理精義》〈行宮便殿奏札二〉「蓋爲學之道, 莫先於窮理., 窮理之要, 必在於讀書., 讀書之法, 莫貴于循序而致精」 및 《宋史》〈朱熹傳〉「其爲學, 大抵窮理以致其知, 反躬以踐其實, 而以居敬爲主」에 보인다.
9) 除二者外(제이자외)-2가지를 제외하고. ~를 제외하고의 형식은 除~ ; 除外 ; 除~外 ; 除~之外 ; 除~以外 ; 除了~以外 ; 除了~之外 등의 형식이 있다.
10) 靜坐(정좌)-조용히 앉아 있다. 본문에서는 儒學의 靜坐法을 말한다. 앉는 방식은 눈을 감고 허리를 펴고 두 손은 포개어 잡고 똑바로 꿇어앉는다. 그리고 잡념을 끊고 엄숙하고 공경하는 의미를 가지고 자신의 내면에 있는 도덕적 이치에 집중함으로써 도리를 깨우치는 심신 수련 방법을 말한다. 달리 危坐, 端坐, 安坐, 正坐 등으로 일컫는다. 동일한 의미의 최초 출전은 朱熹(南宋), 《朱子語類》 卷十一 「明道教人靜坐, 李先生亦教人靜坐。始學工夫, 須是靜坐」에 보인다.
11) 收斂(수렴)-한곳으로 모으다. 동일한 의미의 최초 출전은 周密(南宋), 《齊東野語》〈道學〉「朱公尤淵洽精詣, 蓋其以至高之才, 至博之學, 而一切收斂, 歸諸義理」에 보인다.
12) 此心(차심)-이 마음. 동일한 의미의 최초 출전은 鄭剛中(北宋), 〈此心〉「緘負此心剛未遂」에 보인다.
13) 使(사)-~로 하여금. 관련 4자성어는 不辱使命, 擧賢使能 등이 있다.
14) 寂寂(적적)-고요하게. 본문의 「使寂寂」은 使와 寂寂 사이에 此心이 생략되었다. 동일한 의미의 최초 출전은 曹植(曹魏), 〈釋愁文〉「愁之爲物, 惟惚惟恍, 不召自來, 推之弗往, 尋之不知其際, 握之不盈一掌。寂寂長夜, 或群或黨, 去來無方, 亂我精爽」에 보인다.

15) 無(무)-없다, 동사이고 有와 반대이다. 관련 4자성어는 史無前例, 無邊無際 등이 있다.
16) 紛起(분기)-어지럽게 일어나다, 분란, 분잡. 동일한 의미의 최초 출전은 杜範(南宋), 〈和訥齋題曉山亭〉「萬動紛起, 萬慮冥澡. 斯物之格, 斯理之奧」에 보인다.
17) 之(지)-~의, ~중에서. 관련 4자성어는 君子之交, 莫逆之友 등이 있다.
18) 念(염)-생각. 관련 4자성어는 一念之差, 念念不忘 등이 있다.
19) 惺惺(성성)-맑게 깨어있다. 淸醒과 동일하다. 惺惺寂寂 또는 寂寂惺惺으로 사용되며 참선하는 사람의 몸과 마음가짐을 일컫는다. 동일한 의미의 최초 출전은 杜甫(唐), 《喜觀卽到復題短篇》之二「應論十年事, 愁絶始惺惺」에 보인다.
20) 昏昧(혼미)-어리석은, 우매한. 동일한 의미의 최초 출전은 方孝孺(明), 〈答鄭仲辯書〉之一「雖然天其或者未絶斯道, 使昏昧者獲有所知」에 보인다.
21) 失(실)-실수. 관련 4자성어는 大驚失色, 利害得失 등이 있다.
22) 可(가)-가하다, 옳다. 관련 4자성어는 無家可歸, 不可思議 등이 있다.
23) 也(야)-조사로 문장 중간에 혹은 문장 끝에 사용한다. 관련 4자성어는 空空如也, 未嘗有也 등이 있다.
24) 所謂(소위)-이른 바. 동일한 의미의 최초 출전은《詩經》〈蒹葭〉「所謂伊人, 在水一方」에 보인다.
25) 敬(경)-공경하게. 관련 4자성어는 敬而遠之, 敬老尊賢 등이 있다.
26) 直內(직내)-마음을 정직하게 갖다. 正直內心, 方正外行의 생략으로 마음이 정직하고 행위를 바르게 한다는 의미이다. 동일한 의미의 최초 출전은《易經》〈坤卦〉「君子敬以直內, 義以方外」에 보인다. 또 朱熹(南宋), 呂祖謙(南宋), 《近思錄》〈爲學類〉「君子主敬以直其內, 守義以方其外, 敬立而內直, 義形而外方」에 보인다.
27) 者(자)-~라는 것. 관련 4자성어는 來者不拒, 當局者迷 등이 있다.
28) 如此(여차)-이와 같다. 동일한 의미의 최초 출전은《禮記》〈樂記〉「如此,

則國之滅亡無日矣」에 보인다.

【持身章3-11국역】

일이 있으면 사물의 이치로써 일을 처리하고, 책을 읽을 때는 정성으로써 사물의 도리를 탐구해야 한다. 이 2가지를 제외하고는 조용히 앉아서 마음을 한곳으로 모으고 고요하게 하여서 어지럽게 일어나는 생각이 없게 하며, 맑게 깨어있어서 어리석은 실수가 없게 하는 것이다. 이것이 이른바 공경하는 자세로써 마음을 정직하게 갖는다는 것이 이와 같은 것이다.

【持身章3-11解說】

*「惺惺」

성성은 2가지 의미가 있다. 첫째, 인품이 선량하고 동정심이 풍부하며 보통 사람과는 달리 고상한 품성과 아름다운 영혼을 가진 사람을 찬양함을 의미한다. 동일한 의미의 최초 출전은《莊子》〈養生主〉「夫惺惺者, 非以惺惺然哉! 惺惺者, 天下莫能與之爭美也」에 보인다. 둘째, 맑게 깨어있다. 淸醒과 동일하다. 惺惺寂寂 또는 寂寂惺惺으로 사용되며 참선하는 사람의 몸과 마음가짐을 일컫는다. 동일한 의미의 최초 출전은 杜甫(唐),《喜觀卽到復題短篇》之二「應論十年事, 愁絶始惺惺」에 보인다. 본문에서는 둘째의 의미이다.

*「直方」

直方의 出典과 상세한 풀이는 아래와 같다.

1. 출전1 ;《易經》〈坤卦〉「君子敬以直內, 義以方外」
2. 출전2 ; 朱熹(南宋), 呂祖謙(南宋),《近思錄》〈爲學類〉「君子主敬以直其內, 守義以方其外, 敬立而內直, 義形而外方」
3. 圖解

直方
↓
直內 + 方外
↓ ↓
敬以直內 義以方外
↓ ↓
內心誠明正直 行爲端莊方正
↓ ↓
正直內心 方正行爲
↓ ↓
마음이 정직하고 행위를 바르게

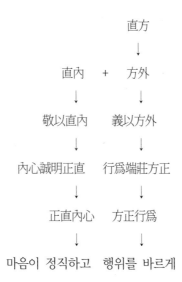

【持身章3-12원문】

當正身心, 表裏如一, 處幽如顯, 處獨如衆, 使此心如靑天白日, 人得而見之。

【持身章3-12음역】

당정신심, 표리여일, 처유여현, 처독여중, 사차심, 여청천백일, 인득이견지.

【持身章3-12주석】

1) 當(당)-마땅히. 관련 4자성어는 老當益壯, 以一當十 등이 있다.
2) 正(정)-바름. 관련 4자성어는 改邪歸正, 名正言順 등이 있다.
3) 身心(신심)-몸과 마음. 동일한 의미의 최초 출전은 翁洮(唐), 〈夏詩〉「身心已在喧闐處, 惟羡滄浪把釣翁」에 보인다.
4) 表裏(표리)-겉과 속. 동일한 의미의 최초 출전은 《淮南子》〈繆稱訓〉「(道)包裹宇宙而無表里」에 보인다.

5) 如一(여일)-동일하게. 동일한 의미의 최초 출전은《荀子》〈議兵〉「慮必先事, 而申之以敬, 愼終如始, 終始如一」에 보인다.
6) 處幽(처유)-다른 사람이 볼 수 없는 어두운 곳에 거처하다. 동일한 의미의 최초 출전은《楚辭》「路遠處幽, 又無行媒兮」 王逸(東漢) 注 .. 「路遠處幽者, 道遠處僻也」에 보인다.
7) 如顯(여현)-환히 드러난 곳에 있는 것 같이. 본문의 「處幽如顯」은 處幽如處顯의 생략이다. 동일한 의미의 최초 출전은《韓非子》〈難三〉「故法莫如顯, 而術不欲見」에 보인다.
8) 處獨(처독)-혼자 있더라도. 동일한 의미의 최초 출전은《詩經》〈葛生〉「予美亡此, 誰與獨處」에 보인다.
9) 如衆(여중)-여러 사람과 같이 있는 것 같이. 본문의 「處獨如衆」은 處獨如處衆의 생략이다. 동일한 의미의 최초 출전은 眞德秀(南宋),《大學衍義》「君子愼獨, 處幽如顯, 視獨如衆」에 보인다.
10) 使(사)-~로 하여금. 관련 4자성어는 不辱使命, 擧賢使能 등이 있다.
11) 此心(차심)-이 마음. 동일한 의미의 최초 출전은 鄭剛中(北宋), 〈此心〉「緘負此心剛未遂」에 보인다.
12) 如(여)-만약, 같다. 관련 4자성어는 度日如年, 吉祥如意 등이 있다.
13) 靑天(청천)-하늘, 푸른 하늘. 동일한 의미의 최초 출전은《莊子》〈田子方〉「夫至人者, 上闚靑天, 下潛黃泉, 揮斥八極, 神氣不變」에 보인다.
14) 白日(백일)-밝은 태양. 본문에서 「靑天白日」은 밝은 대낮을 비유한다. 동일한 의미의 최초 출전은 朱熹(南宋), 〈答魏元履書〉「其爲漢復仇之志, 如靑天白日, 人人得而知之」에 보인다. 또 朱熹(南宋), 呂祖謙(南宋), 《近思錄》〈觀聖賢類〉「子淸明在躬, 猶靑天白日, 故極其明快」에 보인다.
15) 人(인)-다른 사람. 관련 4자성어는 助人爲樂, 膾炙人口 등이 있다.
16) 得(득)-얻다, 알다. 관련 4자성어는 得意揚揚, 悠然自得 등이 있다.
17) 而(이)-그리고, 그래서, 그러나. 관련 4자성어는 不言而喩, 適可而止 등이 있다.

18) 見(견)-보다. 관련 4자성어는 視而不見, 見善必遷 등이 있다.

19) 之(지)-그것, 자신의 몸과 마음가짐을 가리킨다. 관련 4자성어는 君子之交, 莫逆之友 등이 있다. 본문의 「人得而見之」는 다른 사람들이 모두 알고 볼 수 있게 되다. 人得而見之는 ~而~之의 형식으로 4자성어에 많이 사용된다. 동일한 의미의 최초 출전은 朱熹(南宋), 〈答魏元履書〉「其爲漢復仇之志, 如青天白日, 人人得而知之」에 보인다.

【持身章3-12국역】

마땅히 몸과 마음을 바르게 하고 겉과 속이 동일해야 하며, 다른 사람이 볼 수 없는 어두운 곳에 거처하더라도 환히 드러난 곳에 있는 것 같이하고, 혼자 있더라도 여러 사람과 같이 있는 것 같이해서, 이 마음으로 하여금 밝은 대낮처럼 다른 사람들이 모두 보고 알 수 있게 해야 한다.

【持身章3-12解說】

*「青天白日」

청천백일에서 청천은 하늘, 푸른 하늘, 맑은 하늘, 대낮을 가리킨다. 동일한 의미의 최초 출전은 《莊子》〈田子方〉「夫至人者, 上闚青天, 下潛黃泉, 揮斥八極, 神氣不變」에 보인다. 백일은 대낮을 가리킨다. 동일한 의미의 최초 출전은 《後漢書》〈吳祐傳〉「今若背親逞怒, 白日殺人, 赦若非義, 刑若不忍, 將如之何?」에 보인다. 본문에서 「青天白日」은 밝은 대낮을 가리킨다. 동일한 의미의 최초 출전은 朱熹(南宋), 〈答魏元履書〉「其爲漢復仇之志, 如青天白日, 人人得而知之」에 보인다. 또 朱熹(南宋), 呂祖謙(南宋), 《近思錄》〈觀聖賢類〉「子淸明在躬, 猶青天白日, 故極其明快」에 보인다. 참고로 청천백일은 분명한 사실, 고결한 품격 등을 비유하기도 한다.

【持身章3-13원문】

常以行一不義, 殺一不辜, 而得天下, 不爲底意思, 存諸胸中。

【持身章3-13음역】

상이행일불의, 살일불고, 이득천하, 불위저의사, 존제흉중.

【持身章3-13주석】

1) 常(상)-항상. 관련 4자성어는 變化無常, 人之常情 등이 있다.
2) 以(이)-~함으로써. 관련 4자성어는 一以貫之, 夢寐以求 등이 있다.
3) 行(행)-행실, 행동. 관련 4자성어는 行不從徑, 行而未成 등이 있다.
4) 一(일)-하나, 첫째. 관련 4자성어는 一心一意, 一言爲定 등이 있다.
5) 不義(불의)-의롭지 않은 일. 본문의「不義」는 不義之事의 생략이다. 行一不義는 한 가지라도 의롭지 않은 일을 행하다. 동일한 의미의 최초 출전은《國語》〈周語中〉「佻天不祥, 乘人不義」에 보인다.
6) 殺(살)-죽이다. 관련 4자성어는 殺身成仁, 殺一儆百 등이 있다.
7) 不辜(불고)-죄가 없는. 본문의「不辜」는 不辜之人의 생략이다. 殺一不辜는 한 명이라도 죄 없는 사람을 죽이다. 동일한 의미의 최초 출전은《尙書》〈大禹謨〉「與其殺不辜, 寧失不經」孔穎達 傳 ..「辜, 罪」에 보인다.
8) 而(이)-그리고, 그래서, 그러나. 관련 4자성어는 不言而喩, 適可而止 등이 있다.
9) 得(득)-얻다, 알다. 관련 4자성어는 得意揚揚, 悠然自得 등이 있다.
10) 天下(천하)-고대에는 중국 범위내의 전부 토지, 국가, 세계, 모든 사람 등을 가리킨다. 동일한 의미의 최초 출전은《孟子》〈公孫丑下〉「威天下不以兵革之利」에 보인다.
11) 不爲(불위)-하지 않다. 동일한 의미의 최초 출전은《孟子》〈梁惠王上〉「爲長者折枝, 語人曰 .. 我不能, 是不爲也, 非不能也」에 보인다.
12) 底(저)-조사로 ~의라는 의미이다. ~之, ~地, ~的과 동일하다. 관련 4자성

어는 井底之蛙, 歸根到底 등이 있다.

13) 意思(의사)-생각, 뜻. 동일한 의미의 최초 출전은 葛洪(東晉), 《抱朴子》〈遐覽〉「雖充門人之灑掃, 既才識短淺, 又年尙少壯, 意思不專, 俗情未盡, 不能大有所得」에 보인다.

14) 存(존)-간직하다, 두다, 보존하다. 관련 4자성어는 求同存異, 生死存亡 등이 있다.

15) 諸(저)-문장 중간에 있을 때는 조사 之와 조사 於 즉 之於의 합한 말이다. 문장 뒤에 있을 때는 之와 乎 즉 之乎의 합한 말이다. 읽을 때는 저로 읽는다. 여기서 之는 앞의 뜻(하지 않겠다는 생각)을 지칭하는 대명사이고 於는 ~에로 위치를 나타내는 조사이다. 관련 4자성어는 諸子百家, 反求諸己 등이 있다.

16) 胸中(흉중)-마음속. 心中과 동일하다. 동일한 의미의 최초 출전은《孟子》〈離婁上〉「胸中正, 則眸子瞭焉., 胸中不正, 則眸子眊焉」에 보인다.

【持身章3-13국역】

항상 한 가지라도 의롭지 않은 일을 하게하고 한 사람이라도 무고한 사람을 죽여서 천하를 차지할 수 있다 해도 하지 않을 것이라는 생각을 마음속에 간직하고 있어야 한다.

【持身章3-13解說】

* 「天下」

천하는 고대 중국에서 天子의 통치 범위내의 전부 토지, 국가, 모든 사람 등과 주변 국가까지도 포괄하여 일컫는다. 동일한 의미의 최초 출전은《孟子》〈公孫丑下〉「威天下不以兵革之利」에 보인다. 참고로 漢나라 이전에 출간된 고문헌에 등장하는 천하는 대부분 周나라 天子가 통치하는 지역을 가리킨다. 즉《詩經》〈北山〉「溥天之下, 莫非王土, 率土之濱, 莫非王臣」이 이에 해당한다. 이와 반대로 周나라의 제후국 군주가 다스리는 지역과 백성을 나타내는 封國의 표현은《左傳》昭公七年「天子經略, 諸侯正封, 古之制也。封略之內, 何非君土, 食土之毛, 誰非君臣」으로 천하와는 구별된다.

* 「行一不義, 殺一不辜, 而得天下, 不爲底意思」

본문과 동일한 의미의 최초 출전은《孟子》〈公孫丑上〉「伯夷、伊尹于孔子, 若是班乎? 曰 .. 否。自有生民以來, 未有孔子也。曰 .. 然則有同與? 曰 .. 有。得百里之地而君之, 皆能以朝諸侯有天下。行一不義、殺一不辜而得天下, 皆不爲也」에 보인다. 즉 "公孫丑가 묻기를 .. '백이와 이윤은 공자에 대해서 당신이 위에서 말한 것처럼 동등하게 여기십니까?' 맹자가 말하기를 .. '아니다. 인류가 있은 이래로 공자에 비할 수 있는 사람은 없다.' 공손추가 말하기를 .. '그러면 그들 세 사람은 같은 점이 있습니까?' 맹자가 말하기를 .. '있다. 만약 사방 100리의 땅을 얻어서 임금노릇하면 모두 제후로 하여금 조공을 바치게 하고 천하를 통일할 수 있다. 설사 그들로 하여금 한 가지라도 의롭지 않은 일을 하게하고 한 사람이라도 무고한 사람을 죽여서 천하를 차지할 수 있게 해도 그들은 모두 하지 않을 것이다.'"라고 하였다.

【持身章3-14원문】

居敬以立其本, 窮理以明乎善, 力行以踐其實, 三者終身事業也。

【持身章3-14음역】

거경이립기본, 궁리이명호선, 역행이천기실, 삼자종신사업야.

【持身章3-14주석】

1) 居敬(거경)-항상 마음을 공경하게 처신하여 품행을 닦음. 居身敬肅의 생

략이다. 동일한 의미의 최초 출전은《論語》〈雍也〉「居敬而行簡, 以臨其民, 不亦可乎?」何晏(曹魏),《論語集解》引 孔安國(西漢) 曰 ..「居身敬肅」에 보인다.

2) 以(이)-~함으로써. 관련 4자성어는 一以貫之, 夢寐以求 등이 있다.
3) 立(입)-세우다, 확립하다. 동일한 의미의 관련 출전은《論語》〈爲政〉「子曰 .. 吾十有五而志於學, 三十而立, 四十而不惑, 五十而知天命, 六十而耳順, 七十而從心所欲不逾矩」에 보인다. 또《論語》〈泰伯〉「立於禮, 成於樂」및《孝經》〈開宗明義章〉「立身行道」등에 보인다. 관련 4자성어는 立身揚名, 三族鼎立 등이 있다.
4) 其本(기본)-그 근본, 즉 立本을 말한다. 동일한 의미의 최초 출전은 朱熹(南宋), 呂祖謙(南宋),《近思錄》〈爲學類〉「主敬以立其本, 窮理以進其知」에 보인다. 또 王守仁(明),《傳習錄》卷下「爲學直是先要立本」에 보인다.
5) 窮理(궁리)-사물의 이치를 깊이 연구하다. 探究와 동일하다. 窮究事物之理의 생략이다. 동일한 의미의 최초 출전은 朱熹(南宋),《朱子語類》〈學三〉「學者工夫, 唯在居敬窮理二事」에 보인다. 또 朱熹(南宋),《性理精義》〈行宮便殿奏札二〉「蓋爲學之道, 莫先於窮理., 窮理之要, 必在於讀書., 讀書之法, 莫貴于循序而致精」및《宋史》〈朱熹傳〉「其爲學, 大抵窮理以致其知, 反躬以踐其實, 而以居敬爲主」에 보인다.
6) 明(명)-밝히다, 분명하다. 관련 4자성어는 明明白白 明哲保身 등이 있다.
7) 乎(호)-개사로는 ~에, ~에 대하여 ~을(를) 의미이다. 어조사로는 문장의 끝에 사용되어 의문, 반어, 감탄, 명령, 추정 등 의미로 사용된다. 관련 4자성어는 不亦悅乎, 出乎意外 등이 있다.
8) 善(선)-선행, 잘하다. 관련 4자성어는 多多益善, 盡善盡美 등이 있다. 본문의「居敬以立其本, 窮理以明乎善」은 朱熹(南宋), 呂祖謙(南宋),《近思錄》〈爲學類〉「主敬以立其本, 窮理以進其知」를 약간 변형시킨 것이다.
9) 力行(역행)-힘써 실행하다. 竭力而行의 생략이다. 동일한 의미의 최초 출전은《書經》〈泰誓中〉「今商王受力行無度, 播棄犁老, 昵比罪人」孔穎達

(唐) 傳 .. 「行無法度, 竭日不足, 故曰力行」에 보인다. 또 《禮記》 〈中庸〉 「好學近乎知, 力行近乎仁, 知耻近乎勇」에 보인다.

10) 踐(천)-실천하다. 관련 4자성어는 躬行實踐, 言不踐行 등이 있다.

11) 其實(기실)-그 실질적인 것, 그 실제. 踐實은 실질적인 것을 확실하게 하다. 동일한 의미의 최초 출전은 孔平仲(北宋), 《續世說》 〈直諫〉 「帝召學士馬裔孫謂曰 .. 在德語太凶, 其實難容」에 보인다.

12) 三者(삼자)-3가지, 즉 본문의 「居敬以立其本, 窮理以明乎善, 力行以踐其實」을 가리킨다. 3가지를 실현하기 위한 방법으로는 博學, 審問, 愼思, 明辨, 篤行의 5가지 학습 단계가 있다.

13) 終身-살아있는 동안, 죽을 때까지. 동일한 의미의 최초 출전은 《禮記》 〈王制〉 「大夫廢其事, 終身不仕, 死以士禮葬之」에 보인다.

14) 事業(사업)-일정한 목표를 가지고 종사하는 일, 사업. 동일한 의미의 최초 출전은 《易經》 〈坤卦〉 「美在其中, 而暢於四支, 發於事業, 美之至也」 孔穎達(唐) 疏 .. 「所營謂之事, 事成謂之業」에 보인다.

15) 也(야)-조사로 문장 중간에 혹은 문장 끝에 사용한다. 관련 4자성어는 空空如也, 未嘗有也 등이 있다.

【持身章3-14국역】

항상 마음을 공경하게 처신하여 품행을 닦음으로써 그 근본을 세우고, 사물의 도리를 탐구함으로써 선행을 밝히며, 힘써 실행함으로써 그 실질적인 것을 확실하게 해야 하는데, 이 3가지는 살아있는 동안 일정한 목표를 가지고 종사해야 할 일이다.

【持身章3-14解說】

* 「立其本(立本)」

입본은 동일한 의미의 최초 출전은 《易經》 〈繫辭下〉 「剛柔者, 立本者也」에 보인다. 또 《論語》 〈學而〉 「君子務本, 本立而道生」에 보이는 君子務本이

바로 立本之道이다. 입본은 먼저 사람 노릇할 수 있는 근본을 건립하고 그런 후에 비로소 정확한 목표를 위해서 나아갈 수 있다고 하였다. 또 王守仁(明), 《傳習錄》 卷下 「爲學直是先要立本」에 보인다. 왕수인은 공자에 이어서 진일보 입본의 중요성을 강조하였다. 본문에 의하면 근본은 居敬이고 거경은 항상 마음을 공경하게 처신하여 품행을 닦는 것을 일컫는다. 입본은 현대사회에서도 중요한 의의를 가지고 있다. 즉 배움을 추구하기 이전에 반드시 정확한 인생관, 가치관, 도덕관념, 행위원칙 등을 확립할 것을 일깨워주고 있다.

【持身章3-15원문】

思無邪, 毋不敬。只此二句, 一生受用不盡, 當揭諸壁上, 須臾不可忘也。

【持身章3-15음역】

사무사, 무불경. 지차이구, 일생수용부진, 당게저벽상, 수유불가망야.

【持身章3-15주석】

1) 思無邪(사무사)-思에 대한 해석은, 첫째, 《詩經》 〈駉〉 「思無邪, 思馬斯徂」에 나오는 思는 뜻이 없다. 둘째, 《論語》 〈爲政〉 「子曰 .. 詩三百, 一言以蔽之, 曰思无邪」에 나오는 思는 孔子가 思想純正으로 해석하였다. 본문에서는 후자의 뜻을 따랐다. 즉 사상이 순정하여 사악함이 없다.
2) 毋不敬(무불경)-마음속에 공경하는 마음이 없으면 안 된다. 여기서 敬의 의미는 《禮記》 〈曲禮上〉 「不欺人, 不欺己爲敬」이라고 하였다. 동일한 의미의 최초 출전은 《禮記》 〈曲禮上〉 「毋不敬, 儼若思, 安定辭, 安民哉」에 보인다.
3) 只(지)-부사로 오직, 다만, ~일 뿐으로 惟나 但과 같이 바로 뒤에 오는

명사를 한정한다. 관련 4자성어는 只言片語, 只字不提 등이 있다.

4) 此(차)-이것은. 관련 4자성어는 不分彼此, 果然如此 등이 있다.
5) 二(이)-둘, 두 번째. 관련 4자성어는 合二爲一, 獨一無二 등이 있다.
6) 句(구)-語句, 시구의 마디, 구절을 가리킨다. 관련 4자성어는 一字一句, 推敲字句 등이 있다.
7) 一生(일생)-일생동안, 사람이 출생부터 사망까지 거치는 전체 과정. 동일한 의미의 최초 출전은 葛洪(東晉), 《抱朴子》〈道意〉「余親見所識者數人, 了不奉神明, 一生不祈祭, 身享遐年, 名位巍巍, 子孫蕃昌且富貴也」에 보인다.
8) 受用(수용)-받아서 사용하다, 받아써서 이로움을 누리다. 동일한 의미의 최초 출전은 朱熹(南宋), 《朱子語類》 卷九 「今只是要理會道理, 若理會得一分, 便有一分受用., 理會得二分, 便有二分受用」에 보인다.
9) 不盡(부진)-다 쓰지 못하다, 모자람이 없다. 동일한 의미의 최초 출전은 《史記》〈老子韓非列傳〉「彌子食桃而甘, 不盡而奉君」에 보인다.
10) 當(당)-마땅히. 관련 4자성어는 老當益壯, 以一當十 등이 있다.
11) 揭(게)-걸어 놓다. 관련 4자성어는 揭竿而起, 揭人之短 등이 있다.
12) 諸(저)-문장 중간에 있을 때는 조사 之와 조사 於 즉 之於의 합한 말이다. 문장 뒤에 있을 때는 之와 乎 즉 之乎의 합한 말이다. 읽을 때는 저로 읽는다. 관련 4자성어는 諸子百家, 反求諸己 등이 있다.
13) 壁(벽)-벽. 관련 4자성어는 懸崖絶壁, 四壁肅然 등이 있다.
14) 上(상)-위. 관련 4자성어는 高高在上, 上行下效 등이 있다.
15) 須臾(수유)-잠시라도, 매우 짧은 기간이라도. 片刻과 동일하다. 동일한 의미의 최초 출전은《荀子》〈勸學〉「吾嘗終日而思矣, 不如須臾之所學也」에 보인다. 수유라는 용어는 인도에서 전래된 것으로 보인다. 근거는 印度의 〈僧只律〉「刹那者爲一念, 二十念爲一瞬, 二十瞬爲一彈指, 二十彈指爲一羅預, 二十羅預爲一須臾, 一日一夜爲三十須臾」에 보인다.
16) 不可(불가)-할 수 없다. 可(가능, 되다, 적합, 옳다)의 반대 의미이다. 동일한 의미의 최초 출전은《孫子兵法》〈九變〉「覆軍殺將, 必以五危, 不可

不察也」에 보인다.

17) 忘(망)-잊다. 관련 4자성어는 背恩忘德, 忘年之交 등이 있다.

18) 也(야)-조사로 문장 중간에 혹은 문장 끝에 사용한다. 관련 4자성어는 空空如也, 未嘗有也 등이 있다.

【持身章3-15국역】

사상이 순정하여 사악함이 없어야 되고 마음속에 공경하는 마음이 없으면 안 된다. 오직 이 두 구절은 일생동안 받아서 사용해도 모자람이 없으니, 마땅히 벽 위에 걸어두고 잠시라도 잊으면 안 된다.

【持身章3-15解說】

*「思無邪」

Ⅰ. 思의 풀이

1. 《詩經》에 나오는 思는 모두 뜻이 없다.

동일한 의미의 최초 출전은 《詩經》〈魯頌,駉〉「駉牡馬, 在坰之野。薄言駉者, 有騆有騢, 有驔有魚, 以車祛祛。思無邪思, 馬斯徂」에 보인다. 여기에 思無疆思, 馬斯臧 ; 思無期思, 馬斯才 ; 思無斁思, 馬斯作 ; 思無邪思, 馬斯徂 등이 나타난다.

1) 문장 처음에 나오는 思는 助詞-뜻 없음.

2) 문장 뒤에 나오는 思는 語氣詞-뜻 없음.

3) 그러나 《詩經》〈魯頌,駉〉「思無邪思, 馬斯徂」 鄭玄(東漢) 箋 ..「思遵伯禽之法, 專之無復邪意也」에서는 생각하고 따르다의 의미로 주석하였다.

2. 《論語》에 나오는 思는 孔子가 思想純正으로 해석함.

1) 《論語》〈爲政〉「詩三百, 一言而蔽之, 曰思無邪」 邢昺(北宋) 疏 ..「爲政之道, 在於去邪歸正」 에서는 바른 마음의 의미로 주석.

2) 柳宗元(唐), 《鐃歌鼓吹曲》〈吐谷渾〉「凱族獻清廟, 萬國思無邪」에서는

위와 같음.

3) 思의 기타 해석

(1) 程頤, 《程頤文集》 -시인의 마음이 誠(정성)스러워야 함을 표현.

(2) 朱熹, 《朱子語類》 -詩를 읽는 사람(독자)의 마음이 순수해야 함을 의미함. 즉 朱熹, 《朱子語類》「思無邪, 乃是要使人讀詩人思無邪也。若以爲作詩者三百篇, 詩, 善爲可法, 惡为可戒。故使人思無邪也。若以爲作使者思無邪, 則桑中、溱諸之詩, 果無邪也 ? 」에 보인다. 다시 말하면 《詩經》 〈桑中〉, 〈溱諸〉, 〈關雎〉 와 〈蒹葭〉 역시 동일한 愛情詩이지만 朱子의 눈에는 당연히 음란한 시로 보일 것이다. 결국 詩를 읽는 사람(독자)의 마음이 순수해야 함을 강조함.

(3) 俞樾(淸), 《曲園雜撰》 〈說項〉 →뜻 없음.

(4) 楊伯峻, 《詩經譯註》 →뜻 없음.

(5) 李澤厚, 《論語今讀》 →不虛假(거짓이 없음)

(6) 李零, 《喪家狗》 →희망을 의미함.

(7) 今道友信→思索的垂直上升(사람의 정신으로 하여금 현상 사물의 한계를 초월하게 함) 즉 적극향상의 의미.

(8) Arthur David Waley(1888-1966, 영국 한학자) 漢文, 滿文, 蒙文, 梵文, 日文, 西班牙文에 능통→(영어번역) "Let there be no evil in your thoughts." 즉 사악한의 의미.

(9) James Legge(1815-1897, 영국 한학자), 《四書》, 《五經》을 영문으로 번역→(영어번역) "Have no depraved thought." 즉 타락한, 사악한 생각의 의미.

II.邪의 풀이

1. 許愼, 《說文解字》「邪, 琅邪郡, 从邑牙聲」에서는 邪의 본래 의미는 地名(琅邪郡)을 의미함.
2. 段玉裁, 《說文解字註》에서는 어조사 邪와 耶는 의미 비슷.

3. 《論語》〈爲政〉「思無邪」에서는 邪는 不正, 不眞誠, 不純正, 虛僞, 巧言令色 등의 의미이다.

Ⅲ. 無邪의 풀이

無邪는 3가지 의미가 있다. 첫째, 歸于正(邪僻, 無邪曲)의 의미. 둘째, 無思無爲, 蘇軾의 주장으로 道家의 입장에서 해석, 邪는 어조사, 思無는《易經》의 無思無爲이고 崇尙自然의 의미이다. 셋째, 眞實眞誠으로 不虛僞의 의미이다. 관련 출전은 아래와 같다.

1. 《禮記》〈樂記〉「中正無邪, 禮之質也」
2. 《史記》〈李斯列傳〉「臣無邪, 則天下安., 天下安, 則主嚴尊」
3. 劉勰(南朝,梁), 《文心雕龍》〈明詩〉「詩者, 持也, 持人性情。三百之蔽, 義歸無邪」
4. 洪適, 《恕齋記》「蓋飾不過侈, 而簡不至陋., 起居便適, 而視聽無邪」

Ⅳ. 결론

이상의 내용을 귀납하면, 思無邪는 최초로《詩經》〈駉〉에 나타난다. 思는 원래 별다른 의미가 없어 보인다. 그러나 공자가《論語》〈爲政〉에 인용하면서부터 心思, 사상, 생각 등으로 사용되었고, 후대 학자들도 대부분 이러한 주장을 수용하였다. 無邪는 純正, 無邪, 無邪念, 無邪見 등의 의미로 사용되었다. 思無邪는 공자의 사상이 순정함을 포함하여 적극 향상성, 내심 순결, 부도덕함이 없는, 사람의 품덕과 심리상태, 일종의 이상 상태 등의 다양한 의미를 포함하고 있다고 할 수 있다. 그 외에 첫째, 인간성품 방면에서는, 일종의 고상한 도덕정신 즉 최고의 가치를 대표함은 물론 일상생활 중에서 사람들에게 純眞, 善良 등의 품성을 유지할 것을 드러내었다. 둘째, 詩的 작품 방면에서는, 內心의 수양은 물론 일종의 적극적인 생활태도로 사람들의 마음이 세속적인 물질에 구속되지 않기를 바라는 염원을 詩를 통해 표현한 것으로 보인다.

【持身章3-16원문】

每日頻自點檢, 心不存乎? 學不進乎? 行不力乎? 有則改之, 無則加勉, 孜孜毋怠, 斃而後已。

【持身章3-16음역】

매일빈자점검, 심부존호? 학부진호? 행불역호? 유즉개지, 무즉가면, 자자무태, 폐이후이.

【持身章3-16주석】

1) 每日(매일)-매일. 동일한 의미의 최초 출전은 羅貫中(明), 《三國志演義》 第三回 「董卓屯兵城外, 每日帶鐵甲馬軍入城, 横行街市」에 보인다.
2) 頻(빈)-자주, 빈번히. 屢次와 동일하다. 관련 4자성어는 頻繁屢次, 群神頻行 등이 있다.
3) 自(자)-스스로, 저절로. 관련 4자성어는 自由自在, 泰然自若 등이 있다.
4) 點檢(점검)-반성하다. 동일한 의미의 최초 출전은 韓愈(唐), 〈贈劉師服詩〉 「丈夫命存百無害, 誰能点檢形骸外」에 보인다.
5) 心(심)-마음. 관련 4자성어는 一心一意, 同心協力 등이 있다.
6) 不(불)-아니다. 부사이고 일반적으로 부정의 의미로 사용된다. 관련 4자성어는 念念不忘, 美中不足 등이 있다.
7) 存(존)-두다, 보존하다. 관련 4자성어는 求同存異, 生死存亡 등이 있다.
8) 乎(호)-개사로는 ~에, ~에 대하여 ~을(를) 의미이다. 어조사로는 문장의 끝에 사용되어 의문, 반어, 감탄, 명령, 추정 등 의미로 사용된다. 본문의 「心不存乎」는 心不存之時乎의 생략이다. 관련 4자성어는 不亦悅乎, 出乎意外 등이 있다.
9) 學(학)-배우다, 학습, 학문 등을 가리킨다. 관련 4자성어는 博學多才, 學識淵博 등이 있다.
10) 進(진)-진전, 나아지다. 본문의 「學不進乎」는 學不進之時乎의 생략이다.

관련 4자성어는 進退兩難, 勇猛精進 등이 있다.

11) 行(행)-행실, 행동. 관련 4자성어는 行不從徑, 行而未成 등이 있다.
12) 力(역)-힘쓰다. 관련 4자성어는 自力更生, 全心全力 등이 있다. 본문의 「行不力乎」는 行不力之時乎의 생략이다. 또 본문의 「每日頻自點檢, 心不存乎? 學不進乎? 行不力乎?」의 문장 유형은 《論語》〈學而〉「曾子曰 .. 吾日三省吾身, 爲人謀而不忠乎？與朋友交而不信乎？傳不習乎？」와 유사한 형태이다.
13) 有(유)-있다. 동사이고 無, 沒과 반대이다. 관련 4자성어는 有始無終, 一無所有 등이 있다.
14) 則(즉)-곧, 즉. 관련 4자성어는 月滿則虧, 禮煩則亂 등이 있다.
15) 改(개)-고치다. 관련 4자성어는 改過遷善, 朝令夕改 등이 있다.
16) 之(지)-그것, 본문에서 열거한 心不存乎, 學不進乎, 行不力乎 3가지를 가리킨다. 관련 4자성어는 君子之交, 莫逆之友 등이 있다.
17) 無(무)-없다, 동사이고 有와 반대이다. 관련 4자성어는 史無前例, 無邊無際 등이 있다.
18) 加勉(가면)-더욱 힘쓰다. 동일한 의미의 최초 출전은 朱熹(南宋), 《論語集注》「曾子以此三者日省其身, 有則改之, 無則加勉, 其自治誠切如此, 可謂得爲學之本矣」에 보인다.
19) 孜孜(자자)-근면. 동일한 의미의 최초 출전은 《書經》〈益稷〉「予何言？予思日孜孜」 孔穎達(唐) 疏 .. 「孜孜者, 勉功不怠之意」에 보인다.
20) 毋(무)-없다. 無와 동일하다. 관련 4자성어는 毋人負我, 毋爲牛後 등이 있다.
21) 怠(태)-게으른. 관련 4자성어는 雖止不怠, 怠偷甚矣 등이 있다.
22) 斃(폐)-사망, 죽다. 死와 동일하다. 관련 4자성어는 安坐待斃, 朝榮夕斃 등이 있다.
23) 而後(이후)-이후에. 然後, 以後와 동일하다. 동일한 의미의 최초 출전은 《禮記》〈喪服小記〉「其妻爲大夫而卒, 而後其夫不爲大夫, 而祔於其妻, 則

不易牲」에 보인다.

24) 已(이)-그만두다, 그치다. 동일한 의미의 최초 출전은《詩經》〈風雨〉「雞鳴不已」傳 ..「已, 止也」에 보인다.

【持身章3-16국역】

매일 자주 스스로 마음이 보존되지 않았는가? 배움이 진전되지 않았는가? 행동에 힘쓰지 않았는가? 점검하고, 그런 점이 있으면 그것을 고치고 없으면 더욱 힘쓰는 일에 부지런하여 게으름이 없게 해서 죽은 이후에나 그만두도록 해야 한다.

【持身章3-16解說】

*「孜孜」

자자는 근면, 오로지 한 마음으로, 즐거운 모양, 아름다운 모양 등 여러 가지 의미가 있다. 관련 4자성어는 孜孜不怠, 孜孜汲汲, 孜孜以求 등이 있다. 본문에서는 근면, 不懈怠의 의미이다. 동일한 의미의 최초 출전은《書經》〈益稷〉「予何言 ? 予思日孜孜」孔穎達(唐) 疏 ..「孜孜者, 勉功不怠之意」에 보인다.

*「斃而後已」

폐이후이의 풀이는 죽은 다음에 그만두다. 상세 풀이는 첫째, 斃는 死의 비하하는 의미이다. 둘째, 已는 그치다의 의미이다. 동일한 의미의 최초 출전은《詩經》〈風雨〉「雞鳴不已」傳 ..「已, 止也」에 보인다. 본문의「斃而後已」의 문장 형식은《荀子》〈勸學〉「學不可以已, 死以後已」에서 차용한 것으로 보인다.

第四, 讀書章

책을 읽는 방법

學者常存此心, 不被事物所勝, 而必須窮理明善, 然後當行之道, 曉然在前, 可以進步。故入道莫先於窮理, 窮理莫先乎讀書, 以聖賢用心之迹, 及善惡之可效可戒者, 皆在於書故也。

凡讀書者, 必端拱危坐, 敬對方冊。專心致志, 精思涵泳(涵泳者熟讀深思之謂), 深解義趣, 而每句必求踐履之方。若口讀而心不體身不行, 則書自書我自我, 何益之有!

先讀小學, 於事親、敬兄、忠君、弟長、隆師、親友之道, 一一詳玩而力行之。

次讀大學及或問, 於窮理、正心、修己、治人之道, 一一眞知而實踐之。

次讀論語, 於求仁爲己, 涵養本原之功, 一一精思而深體之。

次讀孟子, 於明辨義利, 遏人欲, 存天理之說, 一一明察而擴充之。

次讀中庸, 於性情之德, 推致之功, 位育之妙, 一一玩索而有得焉。

次讀詩經, 於性情之邪正, 善惡之褒戒, 一一潛繹, 感發而懲創之。

次讀禮經, 於天理之節文, 儀則之度數, 一一講究而有立焉。

次讀書經, 於二帝、三王治天下之大經大法, 一一領要而遡本焉。

次讀易經, 於吉凶存亡, 進退消長之幾, 一一觀玩而窮研焉。

次讀春秋, 於聖人賞善罰惡, 抑揚操縱之微辭奧義, 一一精研而契悟焉。

五書五經, 循環熟讀, 理會不已, 使義理日明。而宋之先正所著之書, 如近思錄、家禮、心經、二程全書、朱子大全、語類, 及他性理之說, 宜間間精讀, 使義理常常浸灌吾心, 無時間斷。而餘力亦讀史書, 通古今, 達事變, 以長識見。若異端雜類不正之書, 則不可頃刻披閱也。

凡讀書, 必熟讀一冊, 盡曉義趣, 貫通無疑, 然後乃改讀他書, 不可貪多務得, 忙迫涉獵也。

【讀書章4-1원문】

學者常存此心, 不被事物所勝, 而必須窮理明善, 然後當行之道, 曉然在前, 可以進步。故入道莫先於窮理, 窮理莫先乎讀書, 以聖賢用心之迹, 及善惡之可效可戒者, 皆在於書故也。

【讀書章4-1음역】

학자상존차심, 불피사물소승, 이필수궁리명선, 연후당행지도, 효연재전, 가이진보. 고입도막선어궁리, 궁리막선호독서, 이성현용심지적, 급선악지가효가계자, 개재어서고야.

【讀書章4-1국역】

1) 學者(학자)-배우는 사람, 학문을 연구하는 사람. 즉 전문적으로 모종의 학술체계 연구에 종사하는 사람을 가리킨다. 동일한 의미의 최초 출전은 《論語》〈憲問〉「古之學者爲己, 今之學者爲人」에 보인다.
2) 常(상)-항상. 관련 4자성어는 變化無常, 人之常情 등이 있다.
3) 存(존)-두다, 보존하다. 관련 4자성어는 求同存異, 生死存亡 등이 있다.
3) 此心(차심)-이 마음. 동일한 의미의 최초 출전은 鄭剛中(北宋), 〈此心〉「緘負此心剛未遂」에 보인다.
4) 不(불)-아니다. 부사이고 일반적으로 부정의 의미로 사용된다. 관련 4자성어는 念念不忘, 美中不足 등이 있다.
5) 被(피)-被~所의 형식으로 사용되고, ~에 의하여 되는 바 되다, 수동형 문장이다. 관련 4자성어는 東漸西被, 化被萬方 등이 있다.
6) 事物(사물)-자연계에 존재하는 일체의 사물이나 현상을 가리킨다. 동일한 의미의 최초 출전은 韓愈(唐), 〈送高閑上人序〉「天地事物之變, 可喜可愕」에 보인다.
7) 所勝(소승)-勝은 克과 통한다. 이기는 바, 즉 事物所勝은 사물에 지게 되

는 상황을 의미한다. 동일한 의미의 최초 출전은 《素問》〈至眞要大論〉「岐伯曰 .. 上淫于下, 所勝平之, 外淫于內, 所勝治之」에 보인다.

8) 而(이)-그리고, 그래서, 그러나. 관련 4자성어는 不言而喩, 適可而止 등이 있다.

9) 必須(필수)-반드시~해야 한다, 꼭. 부사이고 강조의 의미로 사용하며, 뒤에 동사 또는 형용사와 연결된다. 務必, 必定과 동일하다. 동일한 의미의 최초 출전은 顔之推(南北朝~隋), 《顔氏家訓》〈後聚〉「河北鄙於側出不預人流, 是以必須重娶」에 보인다. 참고로 必需와는 다르다. 없으면 안 되는, 부족하면 안 되는 의미이다. 동사이고 뒤에 명사와 연결된다.

10) 窮理(궁리)-사물의 이치를 깊이 연구하다. 探究와 동일하다. 窮究事物之理의 생략이다. 동일한 의미의 최초 출전은 朱熹(南宋), 《朱子語類》〈學三〉「學者工夫, 唯在居敬窮理二事」에 보인다. 또 朱熹(南宋), 《性理精義》〈行宮便殿奏札二〉「蓋爲學之道, 莫先於窮理., 窮理之要, 必在於讀書., 讀書之法, 莫貴于循序而致精」 및 《宋史》〈朱熹傳〉「其爲學, 大抵窮理以致其知, 反躬以踐其實, 而以居敬爲主」에 보인다.

11) 明善(명선)-格物과 窮理 연후에 致知에 도달하는 것, 즉 아는 바를 끝까지 탐구하여 경지에 이르는 것을 가리킨다. 明善誠身의 생략이다. 동일한 의미의 최초 출전은 《禮記》〈中庸〉「誠身有道, 不明乎善, 不誠乎身矣」에 보인다.

12) 然後(연후)-그렇게 한 뒤에, 연후에. 동일한 의미의 최초 출전은 《禮記》〈學記〉「是故學, 然後知不足., 教, 然後知困」에 보인다.

13) 當行之道(당행지도)-마땅히 실천해야 할 도리. 當行之路, 當行之理, 當然之理, 當然之則 등과 동일하다. 當行과 동일한 의미의 최초 출전은 嚴羽(南宋), 《滄浪詩話》〈詩辯〉「大抵禪道惟在妙悟, 詩道亦在妙悟 …… 惟悟乃爲當行, 乃爲本色」에 보인다.

14) 曉然(효연)-부사로 환하게, 분명하게. 明白과 동일하다. 동일한 의미의 최초 출전은 《荀子》〈王制〉「百姓曉然皆知夫爲善於家而取賞於朝也」에

보인다.

15) 在(재)-있다. 관련 4자성어는 自由自在, 無所不在 등이 있다.

16) 前(전)-앞, 이전의. 관련 4자성어는 史無前例, 承前啓後 등이 있다.

17) 可以(가이)-할 수 있다. 동일한 의미의 최초 출전은《孟子》〈梁惠王上〉「五畝之宅, 樹之以桑, 五十者可以衣帛矣」에 보인다.

18) 進步(진보)-앞으로 나아가다, 발전하다. 동일한 의미의 최초 출전은 朱熹(南宋),《朱子語類》卷四二「爲學須先尋得一箇路逕, 然後可以進步, 可以觀書, 不然則書自書、人自人」에 보인다.

19) 故(고)-그런 까닭에. 관련 4자성어는 溫故知新, 無緣無故 등이 있다.

20) 入道(입도)-성현의 도에 부합하는, 성현의 길로 들어감. 동일한 의미의 최초 출전은 黃綰(明),《明道篇》卷一「或在同類, 偶有一言非及良知, 其人本雖君子, 亦共排斥, 必欲抑之使無所容, 皆自以爲衛道之力如此, 而不知此實好勝矜傲之病, 不可入道」에 보인다.

21) 莫先於(막선어)-먼저 해야 할 것은 없다. 莫은 강한 부정을 표시하며 於는 비교를 나타내는 어조사이다. 본문의「故入道莫先於窮理, 窮理莫先乎讀書」는 朱熹(南宋),《朱子讀書法》卷一〈綱領〉과《性理大全書》卷四十四〈學二:總論爲學之方〉「先生嘗上疏曰 .. 爲學之道, 莫先於窮理, 窮理之要, 必在於讀書」에서 차용한 것으로 보인다.

22) 乎(호)-개사로는 ~에, ~에 대하여 ~을(를) 의미이다. 어조사로는 문장의 끝에 사용되어 의문, 반어, 감탄, 명령, 추정 등 의미로 사용된다. 관련 4자성어는 不亦悅乎, 出乎意外 등이 있다.

23) 讀書(독서)-책을 읽다. 동일한 의미의 최초 출전은《禮記》〈文王世子〉「秋學禮, 執禮者詔之., 冬讀書, 典書者詔之」에 보인다.

24) 以(이)-~함으로써. 관련 4자성어는 一以貫之, 夢寐以求 등이 있다.

25) 聖賢(성현)-聖人과 賢人을 함께 일컬은 것이고, 달리 聖君과 賢臣을 함께 일컫기도 한다. 대개 품덕이 고상하고 재주와 지혜가 뛰어난 사람을 비유해서 말한다. 동일한 의미의 최초 출전은《易經》〈鼎卦〉「彖曰 .. 聖

人享以享上帝, 而大享以養聖賢」에 보인다.

26) 用心(용심)-마음을 오로지 하다, 주의력을 집중하다. 유사한 표현으로는 專心, 存心, 居心, 費心, 留意 등이 있다. 동일한 의미의 최초 출전은《論語》〈陽貨〉「飽食終日, 無所用心, 難矣哉」에 보인다.

27) 之(지)-~의, ~중에서. 관련 4자성어는 君子之交, 莫逆之友 등이 있다.

28) 迹(적)-마음을 쓴 흔적. 관련 4자성어는 査無蹤迹, 人迹罕止 등이 있다.

29) 及(급)-이르를, 및. 관련 4자성어는 後悔莫及, 迫不及待 등이 있다.

30) 善惡(선악)-선하고 악함. 동일한 의미의 최초 출전은《楚辭》〈離騷〉「世幽昧以眩曜兮, 孰云察余之善惡」에 보인다.

31) 可效(가효)-본받다, 可效之善行의 생략이다. 동일한 의미의 최초 출전은 邵雍(北宋), 〈善賞花吟〉「花貌在颜色, 颜色人可效」에 보인다.

32) 可戒(가계)-경계하다. 可戒之惡行의 생략형이다. 이상은 달리 可效可戒於善惡者로 해도 같은 의미이다. 동일한 의미의 최초 출전은 白居易(唐), 〈青冢〉「何言一時事, 可戒千年後」에 보인다. 본문의「善惡之可效可戒者」는 可效可戒於善惡者로 도치할 수 있다.

33) 者(자)-~라는 것. 관련 4자성어는 來者不拒, 當局者迷 등이 있다.

34) 皆(개)-모두. 관련 4자성어는 人人皆知, 有口皆碑 등이 있다.

35) 於(어)-어조사이고, ~에, ~에서, ~보다, ~를, ~에게, ~에 대해서, 이에 있어서 등의 의미로 사용되고 于와 동일하다. 관련 4자성어는 青出於藍, 耿耿於懷 등이 있다.

36) 書(서)-책, 서적. 관련 4자성어는 琴棋書畫, 四書五經 등이 있다.

37) 以(이)~故(고)-왜냐하면 ~하기 때문이다. 以故와 동일하다. 동일한 의미의 최초 출전은《戰國策》〈燕策〉「以故荆軻逐秦王」에 보인다.

38) 也(야)조사로 문장 중간에 혹은 문장 끝에 사용한다. 관련 4자성어는 空空如也, 未嘗有也 등이 있다.

【讀書章4-1국역】

배우는 사람은 항상 이 마음을 보존하여 일체의 사물이나 현상에 지배당하는 바가 되어서는 안 되고, 그리고 반드시 사물의 도리를 탐구하고 아는 바를 끝까지 추구하여 경지에 이르게 하며, 그런 연후에 마땅히 실천해야 할 도리가 분명하게 앞에 있어서 앞으로 나아갈 수 있는 것이다. 그런 까닭에 성현의 도에 부합하는 것은 사물의 도리를 탐구하는 것보다 우선하는 것은 없고, 사물의 도리를 탐구하는 것은 책을 읽는 것보다 우선하는 것은 없는데, 왜냐하면 성인과 현인들이 마음을 오로지 한 흔적 및 선하고 악한 것을 본받고 경계해야 하는 것들이 모두 책에 있기 때문이다.

【讀書章4-1解說】

*「不被事物所勝」

불피사물소승은 不爲外物所勝과 동일한 의미이다. 즉 외물소승은 외부의 유혹에 이김을 당하다, 즉 외부의 유혹에 넘어가다. 외물은 외부의 욕망(물욕, 유혹)을 의미한다. 外物所勝의 유사한 표현으로는 外物所動, 外物所役, 外物所累, 外物所憂, 外物所汩 등이 있다. 관련 출처는《莊子》〈山木〉「物物而不物于物, 則胡可得而累邪」;《管子》〈心術下〉「君子使物, 不爲物使, 得一之理」; 朱熹(南宋),《大學集注》「不爲外物所勝」; 吳與弼(明),《日錄》〈拒聘考〉「讀聖賢書, 收斂此心, 不爲外物所汩」 등을 참고할 것.

*「明善」

명선은 明善誠身의 생략이고 동일한 의미의 최초 출처는《禮記》〈中庸〉「誠身有道, 不明乎善, 不誠乎身矣」에 보인다. 명선은 사물을 탐구하는 도리(格物窮理) 이후의 완전한 이해에 도달하는(致知) 경지이고, 誠身은 지극한 정성으로 사람을 대하는 처세 행위이며(至誠立身行事) 도덕 행위의 최고 표준을 일컫는다. 이러한 경지에 도달하기 위한 학습과정과 인식 방법은《禮記》〈中庸〉「博學之, 審問之, 愼思之, 明辨之, 篤行之。有弗學, 學之

弗能, 弗措也., 有弗問, 問之弗知, 弗措也., 有弗思, 思之弗得, 弗措也., 有弗辨, 辨之弗明, 弗措也., 有弗行, 行之弗篤, 弗措也。人一能之, 己百之, 人十能之, 己千之。果能此道矣, 雖愚必明, 雖柔必强」에 알기 쉽게 설명하였다. 즉 "널리 배우고 상세하게 질문하고 신중하게 고려하고 명확하게 분별하고 독실하게 실행하여야 한다. 널리 배우지 않았으면 몰라도 배웠는데도 잘 못하면 그치지 말고., 상세하게 질문하지 않았으면 몰라도 질문했는데도 잘 모르면 그치지 말고., 신중하게 생각하지 않았으면 몰라도 생각했는데도 이해하지 못하면 그치지 말고., 명확하게 분별하지 않았으면 몰라도 분별했는데도 명확하지 않으면 그치지 말고., 독실하게 실행하지 않았으면 몰라도 실행했는데도 돈독하지 못하면 그치지 말아야 한다. 총명한 사람이 한번 해서 능숙하게 되면 자신은 100번을 하고, 총명한 사람이 10번해서 능숙하게 되면 자신은 1000번 해야 한다. 만약 이런 도리를 안다면 비록 우둔한 사람이라도 반드시 총명하게 되고 비록 유약한 사람이라도 반드시 강력해지게 되는 것이다."라고 하였다.

결론적으로 현대적 의미의 명선성신은 사물에 대한 의의를 명백히 깨우친 이후에, 타인과 전체 사회를 위하는 일체의 행위이다. 이러한 행위는 보편적인 인성과 가치관에 부합할 뿐만 아니라 사회 전체와 여러 분야에 깊은 영향을 끼친다.

【讀書章4-2원문】

凡讀書者, 必端拱危坐, 敬對方冊。專心致志, 精思涵泳(涵泳者熟讀深思之謂), 深解義趣, 而每句必求踐履之方。若口讀而心不體身不行, 則書自書我自我, 何益之有!

【讀書章4-2음역】

범독서자, 필단공위좌, 경대방책. 전심치지, 정사함영(함영자, 숙독심사지위), 심해의취, 이매구필구천리지방. 약구독이심불체신불행, 즉서자서아자아, 하익지유!

【讀書章4-2주석】

1) 凡(범)-문장 전체를 수식하는 부사로 무릇, 모든의 의미이다. 관련 4자성어는 儀表非凡, 擧止不凡 등이 있다.
2) 讀書(독서)-책을 읽다. 동일한 의미의 최초 출전은《禮記》〈文王世子〉「秋學禮, 執禮者詔之., 冬讀書, 典書者詔之」에 보인다.
3) 者(자)-사람. 관련 4자성어는 來者不拒, 當局者迷 등이 있다.
4) 必(필)-반드시. 必定, 必然, 必須, 一定要 등과 동일하다. 관련 4자성어는 物極必反, 信賞必罰 등이 있다.
5) 端拱(단공)-단정히 앉아서 손을 모아 잡다. 端坐拱手의 생략이다. 동일한 의미의 최초 출전은《莊子》〈山木〉「顏回端拱還目而窺之」에 보인다.
6) 危坐(위좌)-몸을 바르게 하고 꿇어앉음. 동일한 의미의 최초 출전은《管子》〈弟子職〉「危坐鄉師, 颜色無作」에 보인다.
7) 敬對(경대)-공경히 대하다. 동일한 의미의 최초 출전은《禮記》〈內則〉「在父母舅姑之所, 有命之, 應唯, 敬對」에 보인다.
8) 方冊(방책)-서적, 전적. 동일한 의미의 최초 출전은 蔡邕(東漢), 〈東鼎銘〉「保義帝家, 勛在方册」에 보인다.
9) 專心(전심)-마음을 오로지 하다. 동일한 의미의 최초 출전은《孟子》〈告子上〉「今夫弈之爲數, 小數也, 不專心致志, 則不得也」에 보인다. 또《韓非子》〈忠孝〉「專心于事主者, 爲忠臣」에 보인다.
10) 致志(치지)-뜻을 지극히(집중) 하다. 동일한 의미의 최초 출전은《孟子》〈告子上〉「今夫弈之爲數, 小數也, 不專心致志, 則不得也」에 보인다.
11) 精思(정사)-생각을 정밀하게 하다. 精深思考의 생략이다. 동일한 의미의

최초 출전은 朱熹(南宋), 《朱子家訓》「大抵觀書先須熟讀, 使其言皆若出于吾之口。繼以精思, 使其意皆若出于吾之心, 然後可以有得爾」에 보인다.

12) 涵泳(함영)-깊이 들어가서 깨닫다. 동일한 의미의 최초 출전은 羅大經(南宋), 《鶴林玉露》 卷十三 「正淵明詩意, 詩字少意多, 尤可涵泳」에 보인다.
13) 熟讀(숙독)-자세히 읽고 암송하다. 동일한 의미의 최초 출전은 朱熹(南宋), 《朱子家訓》「大抵觀書先須熟讀, 使其言皆若出于吾之口」에 보인다.
14) 深思(심사)-깊이 생각하다. 동일한 의미의 최초 출전은 《楚辭》〈漁父〉「何故深思高擧, 自令放爲 ? 」에 보인다.
15) 之(지)-~의, ~중에서. 관련 4자성어는 君子之交, 莫逆之友 등이 있다.
16) 謂(위)-일컫다. 관련 4자성어는 謂予不信, 莫知所謂 등이 있다.
17) 深解(심해)-깊이 이해하다. 동일한 의미의 최초 출전은 諸葛亮(蜀漢), 〈又與張裔蔣琬書〉「姜伯约甚敏於軍事, 既有膽義, 深解兵意」에 보인다.
18) 義趣(의취)-의의와 요지. 동일한 의미의 최초 출전은 蘇軾(北宋), 《書後》「楞伽義趣幽眇, 文字简古」에 보인다.
19) 而(이)-그리고, 그래서, 그러나. 관련 4자성어는 不言而喩, 適可而止 등이 있다.
20) 每(매)-각각, 매번. 관련 4자성어는 每飯不忘, 每下愈况 등이 있다.
21) 句(구)-구절. 관련 4자성어는 一字一句, 逐字逐句 등이 있다.
22) 求(구)-구하다. 관련 4자성어는 求同存異, 夢寐以求 등이 있다.
23) 踐履(천리)-실천하다. 동일한 의미의 최초 출전은 司馬光(北宋), 〈再乞資蔭人試經義札子〉「孝經、論語, 其文雖不多, 而立身治国之道, 盡在其中。就使學者不能踐履, 亦知天下有周公、孔子仁義禮樂」에 보인다.
24) 方(방)-방법. 관련 4자성어는 四面八方, 千方百計 등이 있다.
25) 若(약)-만약. 관련 4자성어는 若隱若現, 泰然自若 등이 있다.
26) 口讀(구독)-입으로만 읽고. 口誦, 誦讀과 동일하다. 誦讀과 관련된 동일한 의미의 최초 출전은 《三國志》〈闞澤傳〉「(澤)常爲人佣書, 以供紙筆, 所寫既畢, 誦讀亦遍」에 보인다.

27) 心(심)-마음. 관련 4자성어는 一心一意, 同心協力 등이 있다.

28) 不(불)-아니다. 부사이고 일반적으로 부정의 의미로 사용된다. 관련 4자성어는 念念不忘, 美中不足 등이 있다.

29) 體(체)-몸, 몸소 체득하다. 관련 4자성어는 身體力行, 五體投地 등이 있다.

30) 身(신)-몸, 신체. 관련 4자성어는 安身立命, 明哲保身 등이 있다.

31) 不行(불행)-시행하지 않다. 동일한 의미의 최초 출전은《書經》〈呂刑〉「上下比罪, 無僭亂辭, 勿用不行」孔穎達(唐) 傳 ..「無聽僭亂之辭以自疑, 勿用折獄, 不可行」에 보인다.

32) 則(즉)-곧, 즉. 관련 4자성어는 月滿則虧, 禮煩則亂 등이 있다.

33) 書自書我自我(서자서아자아)-책은 책대로 공부하는 사람과 관계없이, 나는 나대로 책과 관계없이. 自는 別自, 各自의 뜻이다. 동일한 의미의 최초 출전은 丘浚(明),《朱子學的》「善是果有此乎, 一有不至則猛勇奮躍不已, 必有長進, 今不知如此書自書我自我, 何益之有」에 보인다.

34) 何益(하익)-어떤 이로움이 있겠는가! 동일한 의미의 최초 출전은《墨子》〈佚文〉「子禽問曰 .. 多言有益乎? 墨子曰 .. 蝦蟆蛙蠅, 日夜而鳴, 口干舌僻, 然而不聽。今鶴鷄時夜而鳴, 天下振動。多言何益?」에 보인다.

35) 有(유)-있다. 동사이고 無, 沒과 반대이다. 관련 4자성어는 有始無終, 一無所有 등이 있다.

【讀書章4-2국역】

무릇 책을 읽는 사람은 반드시 단정히 앉아서 손을 모아 잡고 몸을 바르게 하고 꿇어앉아서 책을 공경히 대해야 한다. 책을 읽을 때에는 마음을 오로지 하고 뜻을 지극히(집중) 하며, 생각을 정밀하게 하고 깊이 들어가서 깨달으며(깊이 들어가서 깨닫는다는 것은 자세히 읽고 암송하며 깊이 생각하는 것을 일컫는다), 의의와 요지는 깊이 이해하고, 그래서 매 구절마다 반드시 실천할 방법을 찾아야 한다. 만약 입으로만 읽어서 마음으로 체득하지 못하고 몸으로 시행하지 못하면, 곧 책은 책대로 공부하는 사람과 관계없이, 나는 나대로 책과 관계없이 되니 어떤 이익이 있겠는가!

【讀書章4-2解說】

* 「涵泳」

함영은 본문에서 율곡은 「涵泳者熟讀深思之謂」(함영은 익숙해지도록 되풀이하여 읽거나 충분히 뜻을 새기면서 읽고 깊이 생각하다)라고 하였다. 그러나 중국 사전에는 "深入領會(깊이 들어가서 깨우치다)"로 풀이하였다. 동일한 의미의 최초 출전은 羅大經(南宋), 《鶴林玉露》 卷十三 「正淵明詩意, 詩字少意多, 尤可涵泳」에 보인다. 즉 한중 양국 사전상의 의미가 약간 다름을 알 수 있다.

* 「熟讀」

숙독은 한국 사전에 "익숙해지도록 되풀이하여 읽거나 충분히 뜻을 새기면서 읽다"로 풀이하였다. 그러나 중국 사전에는 "자세히 읽고 암송하다(細心閱讀并能背誦)"로 풀이하였다. 동일한 의미의 최초 출전은 朱熹(南宋), 《朱子家訓》 「大抵觀書先須熟讀, 使其言皆若出于吾之口」에 보인다. 한중 양국 사전상의 의미가 약간 다름을 알 수 있다.

【讀書章4-3원문】

先讀小學, 於事親、敬兄、忠君、弟長、隆師、親友之道, 一一詳玩而力行之。

【讀書章4-3음역】

선독소학, 어사친、경형、충군、제장、융사、친우지도, 일일상완이역행지.

【讀書章4-3주석】

1) 先(선)-먼저. 관련 4자성어는 先發制人, 承先啓後 등이 있다.
2) 讀(독)-읽다. 관련 4자성어는 百讀不厭, 熟讀深思 등이 있다.
3) 小學(소학)-《小學》은 고대 중국의 전통적인 기초지식 혹은 입문 지식을 전수하는 교재이다. 일반적으로 朱熹가 편찬한 것으로 알고 있지만 사실은 주희의 제자 劉淸之(子澄)이 편찬하였다. 전체 6卷이고 內, 外篇으로 구분되었다. 內篇의 〈立敎〉, 〈明倫〉, 〈敬身〉 은 道理를 설명하고, 〈稽古〉는 구체적인 사례를 설명하였다. 外篇의 〈嘉言〉 은 도리를 설명하고 〈善行〉에서는 구체적인 사정을 설명하였다.
4) 於(어)-어조사이고, ~에, ~에서, ~보다, ~를, ~에게, ~에 대해서, 이에 있어서 등의 의미로 사용되고 于와 동일하다. 관련 4자성어는 青出於藍, 耿耿於懷 등이 있다.
5) 事親(사친)-부모를 봉양하다. 동일한 의미의 최초 출전은《孟子》〈離婁上〉「孟子曰 .. 事孰爲大? 事親爲大」 趙岐(東漢) 注 ..「事親, 養親也」에 보인다.
6) 敬兄(경형)-형을 공경하다. 동일한 의미의 최초 출전은《孟子》〈告子上〉「孟季子問公都子曰 .. 何以謂義內也? 曰 .. 行吾敬, 故謂之內也。鄕人長于伯兄一歲, 則誰敬? 曰 .. 敬兄」에 보인다.
7) 忠君(충군)-임금에 충성하다. 즉 事君以忠을 의미한다. 동일한 의미의 최초 출전은《論語》〈八佾〉「定公問 .. 君使臣、臣事君如之何? 孔子對曰 .. 君使臣以禮, 臣事君以忠」에 보인다.
8) 弟長(제장)-어른을 공경하다. 弟는 悌와 동일하다. 동일한 의미의 최초 출전은《墨子》〈非命上〉「是以入則孝慈於親戚, 出則弟長於鄕里」에 보인다.
9) 隆師(융사)-스승을 존경하다. 동일한 의미의 최초 출전은《荀子》〈修身〉「故君子隆師而親友, 以致惡其賊」에 보인다.
10) 親友(친우)-친구와 가까이하다, 친밀한 친구. 親朋好友의 생략이다. 동일한 의미의 최초 출전은《戰國策》〈趙策〉「孟嘗君曰 .. 文甚不取也。夫所借衣車

者, 非親友則兄弟也。夫馳親友之車, 被兄弟之衣, 文以爲不可」에 보인다.

11) 之(지)-~의, ~중에서. 관련 4자성어는 君子之交, 莫逆之友 등이 있다.

12) 道(도)-방법. 관련 4자성어는 說長道短, 說三道四 등이 있다.

13) 一一(일일)-하나하나. 동일한 의미의 최초 출전은《韓非子》〈外儲說右下〉「搖木者一一攝其葉, 則勞而不遍」에 보인다.

14) 詳玩(상완)-상세히 연구토론하다. 동일한 의미의 최초 출전은 李贄(明), 〈答耿司寇書〉「反覆詳玩, 公之用心, 亦太不直矣！」에 보인다.

15) 而(이)-그리고, 그래서, 그러나. 관련 4자성어는 不言而喩, 適可而止 등이 있다.

16) 力行(역행)-힘써 실행하다. 竭力而行의 생략이다. 동일한 의미의 최초 출전은《書經》〈泰誓中〉「今商王受力行無度, 播棄犂老, 昵比罪人」孔穎達(唐) 傳 ..「行無法度, 竭日不足, 故曰力行」에 보인다. 또《禮記》〈中庸〉「好學近乎知, 力行近乎仁, 知恥近乎勇」에 보인다.

17) 之(지)-앞의 事親, 敬兄, 忠君, 弟長, 隆師, 親友之道를 가리키는 대명사이다. 관련 4자성어는 君子之交, 莫逆之友 등이 있다.

【讀書章4-3국역】

먼저《소학》을 읽어서 부모를 봉양하고 형을 공경하며 임금에 충성하고 어른을 공경하며 스승을 존경하고 친구와 가까이하는 방법에 대해서, 하나하나 상세히 연구토론하고 그래서 그것을(사친, 경형, 충군, 제장, 융사, 친우지도) 힘써 실행해야 한다.

【讀書章4-3解說】

*「小學」

소학은 3가지 의미가 있다. 첫째, 아동과 소년에 대하여 초등교육을 실시하는 학교를 가리킨다. 동일한 의미의 최초 출전은《白虎通》「八歲入小學, 十五入大學是也」에 보인다. 둘째, 漢代에는 文字學을 소학이라고 일컬었고, 隋唐 이후에는 文字字形과 字義 및 字音을 학습하는 학문을 일컬었고, 점차 시대의 발전을 따라서 文字學, 聲韻學, 訓詁學, 版本學, 校勘學, 目錄學 등을 포괄하였다. 동일한 의미의 최초 출전은《陳書》〈傅縡傳〉「頃代澆薄, 時無曠士, 苟習小學, 以化蒙心, 漸染成俗, 遂迷正路」에 보인다. 셋째는《小學》은 고대 중국의 전통적인 기초지식 혹은 입문 지식을 전수하는 교재이다. 일반적으로 朱熹가 편찬한 것으로 알고 있지만 사실은 주희의 제자 劉淸之(子澄)가 편찬하였다. 내용은 十三經의 핵심과 十七史의 대강을 선택하여 편찬하였다. 체제는 전체 6卷이고 內, 外篇으로 구분되었다. 內篇의 〈立教〉, 〈明倫〉, 〈敬身〉 은 道理를 설명하고, 〈稽古〉 는 구체적인 사례를 설명하였다. 外篇의 〈嘉言〉 은 도리를 설명하고 〈善行〉에서는 구체적인 사정을 설명하였다. 원, 명, 청 3대에서 적극 중시되었고, 특히 淸代에는《十三經》과《四書》다음으로 매우 중시하였다. 본문에서는 셋째의 의미이다.

【讀書章4-4원문】

次讀大學及或問, 於窮理、正心、修己、治人之道, 一一眞知而實踐之。

【讀書章4-4음역】

차독대학급혹문, 어궁리、정심、수기、치인지도, 일일진지이실천지.

【讀書章4-4주석】

1) 次(차)-다음. 관련 4자성어는 三番兩次, 超階越次 등이 있다.
2) 讀(독)-읽다. 관련 4자성어는 百讀不厭, 熟讀深思 등이 있다.
3) 大學(대학)-《大學》은 원래 《小戴禮記》 第42篇이다. 춘추전국 시기 曾子가 저술했다고 전해지지만 사실은 秦漢 시기 儒家의 작품이다. 주요 내

용은 중국 고대 교육이론과 유가의 修身, 齊家, 治國, 平天下 사상을 논술한 중요 저서이다. 《大學》의 핵심은 三綱領(明明德, 親民, 止于至善)과 八條目(格物, 致知, 誠意, 正心, 修身, 齊家, 治國, 平天下)이다. 실천 과정은 修己를 治人의 전제로 하고, 修己의 목적은 治國平天下이며 治國平天下와 개인의 도덕수양의 일치성을 강조하였다. 《大學》은 北宋의 程顥, 程頤의 적극 장려와 南宋의 朱熹가 《大學章句》를 저술하면서 최종적으로 《中庸》, 《論語》, 《孟子》와 함께 四書로 일컬어졌다. 또 宋, 元 이후에 《大學》은 官方 학교의 교과서 겸 科擧 시험의 필독서가 되어 중국 고대 교육의 발전에 지대한 영향을 끼쳤다. 참고로 《禮記》 (戴聖(後漢), 《小戴禮記》 42編)〈大學〉 을 朱子가 4書의 으뜸으로 선정하였다. 그리고 《大學》을 經1章과 傳10章의 체제로 재편성하였다(經1章-孔子의 말을 曾子가 기록 ; 傳10章-曾子의 말을 曾子 弟子가 기록). 그 후에 《大學》의 내용을 알기 쉽게 설명하기 위해서 《大學章句》 (《四書章句集注》 所收)를 서술하였고, 또 《大學章句》를 알기 쉽게 설명하기 위해서 《大學或問》을 저술하였다. 《大學》의 注釋書는 明代에 이르러 胡廣 등이 《大學大全》 (《五經大全》, 《四書大全》 중의 1편)을 저술하였고, 또 鄧林이 《大學備旨》를 저술하였으며, 清代에는 杜定基가 《大學補註》를 저술하였다. 위의 5권은 《大學》을 바르게 이해하기 위한 필독서이다.

4) 及(급)-이르를, 및. 관련 4자성어는 後悔莫及, 推己及人 등이 있다.

5) 或問(혹문)-정식 명칭은 《大學或問》 이다. 朱熹가 《大學》을 풀이한 저서이고, 《大學章句》와 서로 보완관계이며 《朱子語類》 卷十四에 수록되어 있다. 문답 형식을 사용하여 달리 《或問》 으로 일컫기도 한다. 朱熹가 《大學章句》를 저술한 이후에 배우는 자들이 여전히 이해하지 못하는 부분이 있을까 염려되어 이 책을 저술하였다. 즉 《大學》의 주석서는 《大學章句》 이고, 《大學章句》의 주석서는 《大學或問》 으로 인식되었다. 별도로 《論語或問》, 《孟子或問》, 《中庸或問》 도 있는데 통틀어서 《四書或問》 이라고 한다.

6) 於(어)-어조사이고, ~에, ~에서, ~보다, ~를, ~에게, ~에 대해서, 이에 있어서 등의 의미로 사용되고 于와 동일하다. 관련 4자성어는 靑出於藍, 耿耿於懷 등이 있다.
7) 窮理(궁리)-사물의 이치를 깊이 연구하다. 探究와 동일하다. 窮究事物之理의 생략이다. 동일한 의미의 최초 출전은 朱熹(南宋), 《朱子語類》〈學三〉「學者工夫, 唯在居敬窮理二事」에 보인다. 또 朱熹(南宋), 《性理精義》〈行宮便殿奏札二〉「蓋爲學之道, 莫先於窮理., 窮理之要, 必在於讀書., 讀書之法, 莫貴于循序而致精」 및 《宋史》〈朱熹傳〉「其爲學, 大抵窮理以致其知, 反躬以踐其實, 而以居敬爲主」에 보인다.
8) 正心(정심)-마음을 바르게 하고. 동일한 의미의 최초 출전은 《禮記》〈大學〉「欲修其身者, 先正其心., 欲正其心者, 先誠其意」에 보인다.
9) 修己(수기)-스스로를 수양하고. 修身과 동일하다. 동일한 의미의 최초 출전은 王定保(唐), 《唐摭言》〈入道〉「士之謀身, 得之者以才, 失之者惟命, 達失二揆, 宏道要樞, 可謂勤於修己者與!」에 보인다.
10) 治人(치인)-다른 사람을 다스리다. 동일한 의미의 최초 출전은 《孟子》〈滕文公上〉「故曰 .. 或勞心, 或勞力。勞心者治人, 勞力者治于人」에 보인다.
11) 之(지)-~의, ~중에서. 관련 4자성어는 君子之交, 莫逆之友 등이 있다.
12) 道(도)-방법. 관련 4자성어는 說長道短, 說三道四 등이 있다.
13) 一一(일일)-하나하나. 동일한 의미의 최초 출전은 《韓非子》〈外儲說右下〉「搖木者一一攝其葉, 則勞而不遍」에 보인다.
14) 眞知(진지)-참되게 알다. 즉 정확하고 깊이 있게 인식하다. 동일한 의미의 최초 출전은 《莊子》〈大宗師〉「有眞人而後有眞知」에 보인다.
15) 而(이)-그리고, 그래서, 그러나. 관련 4자성어는 不言而喩, 適可而止 등이 있다.
16) 實踐(실천)-실천하다. 동일한 의미의 최초 출전은 《宋史》〈理宗紀〉「至我朝周敦頤、張載、程顥, 程頤, 眞見實踐, 深探聖域, 千載絶學, 始有指歸」에 보인다.

17) 之(지)-앞의 窮理, 正心, 修己, 治人之道를 가리키는 대명사이다. 관련 4자성어는 君子之交, 莫逆之友 등이 있다. 본문의 「眞知而實踐之」는 朱彝尊(淸), 《經義考》 卷二百五十五 〈四書〉「程先生行義甚備, 盖所謂真知而實踐之者」에 보인다.

【讀書章4-4국역】

다음은 《대학》 및 《대학혹문》을 읽어서 사물의 도리를 탐구하고 마음을 바르게 하며 스스로를 수양하고 다른 사람을 다스리는 방법에 대해서, 하나하나 정확하고 깊이 있게 인식하고 그래서 그것을(궁리, 정심, 수기, 치인지도) 실천해야 한다.

【讀書章4-4解說】

*《大學或問》

《대학혹문》은 朱熹(南宋)가 문답체 형식으로 저술하였는데 달리 《或問》으로 일컬었다. 《大學章句》와 더불어 《大學》을 상세히 설명한 책으로 《朱子語類》 卷十四에 수록되어있다. 즉 《大學》을 주석한 책은 《大學章句》 이고, 《大學章句》를 주석한 책은 《大學或問》 이다. 별도로 《論語或問》, 《孟子或問》, 《中庸或問》 도 있는데 통틀어서 《四書或問》 이라고 한다. 王守仁(明), 《大學問》 과는 구별된다.

【讀書章4-5원문】

次讀論語, 於求仁爲己, 涵養本原之功, 一一精思而深體之。

【讀書章4-5음역】

차독논어, 어구인위기, 함양본원지공, 일일정사이심체지.

【讀書章4-5주석】

1) 次(차)-다음. 관련 4자성어는 三番兩次, 超階越次 등이 있다.
2) 讀(독)-읽다. 관련 4자성어는 百讀不厭, 熟讀深思 등이 있다.
3) 論語(논어)-孔子의 弟子 및 후대 제자들이 孔子 및 그 제자들의 言行을 기록한 語錄體 文集이고 戰國時代 초기에 형성되었다. 전부 20篇 492章이고 孔子와 제자 및 당시 사람들과의 대화를 기록한 것이 444章이며 나머지 48章은 孔子 제자들 상호간의 대화를 기록한 것이다. 주요 내용은 孔子 및 儒家學派의 政治主张, 倫理思想, 道德觀念, 教育原則 등을 서술했다. 南宋 이후에는 四書의 하나로 편입되어 고대 학교기관의 교과서가 되었으며, 科擧 시험의 필독서가 되었다.
4) 於(어)-어조사이고, ~에, ~에서, ~보다, ~를, ~에게, ~에 대해서, 이에 있어서 등의 의미로 사용되고 于와 동일하다. 관련 4자성어는 青出於藍, 耿耿於懷 등이 있다.
5) 求仁(구인)-어짊(仁)을 추구하다. 즉 求仁之功, 求仁之方의 의미이다. 동일한 의미의 최초 출전은《論語》〈述而〉「求仁而得仁, 又何怨」에 보인다.
6) 爲己(위기)-자기를 바르고 충실하게 하는 것. 동일한 의미의 최초 출전은《論語》〈憲問〉「古之學者爲己, 今之學者爲人」에 보인다.
7) 涵養(함양)-도덕을 수양하다, 배양하다. 동일한 의미의 최초 출전은 朱熹(南宋), 〈答徐子融書〉「如看未透, 且放下, 就平易明白切實處玩索涵养, 使心地虛明, 久之須自見得」에 보인다.
8) 本原(본원)-일체 사물의 최초 근원. 동일한 의미의 최초 출전은《左傳》昭公九年「我在伯父, 猶衣服之有冠冕, 木水之有本原, 民人之有謀主也」에 보인다.
9) 之(지)-~의, ~중에서. 관련 4자성어는 君子之交, 莫逆之友 등이 있다.
10) 功(공)-공부, 일, 노력. 관련 4자성어는 馬到成功, 功成名就 등이 있다.
11) 一一(일일)-하나하나. 동일한 의미의 최초 출전은《韓非子》〈外儲說右下〉「搖木者一一攝其葉, 則勞而不遍」에 보인다.

12) 精思(정사)-생각을 정밀하게 하다. 精深思考의 생략이다. 동일한 의미의 최초 출전은 朱熹(南宋), 《朱子家訓》「大抵觀書先須熟讀, 使其言皆若出于吾之口。繼以精思, 使其意皆若出于吾之心, 然後可以有得爾」에 보인다.
13) 而(이)-그리고, 그래서, 그러나. 관련 4자성어는 不言而喩, 適可而止 등이 있다.
14) 深(심)-깊이. 관련 4자성어는 意味深長, 深思熟慮 등이 있다.
15) 體(체)-몸, 몸소 체득하다. 관련 4자성어는 身體力行, 五體投地 등이 있다.
16) 之(지)-~의. 앞의 求仁爲己, 涵養本原之功을 가리키는 대명사이다. 관련 4자성어는 君子之交, 莫逆之友 등이 있다.

【讀書章4-5국역】

다음은 《논어》를 읽어서 자기를 바르고 충실하게 하여서 어짊(仁)을 추구하며, 일체 사물의 최초 근원을 배양하는 공부에 대해서 하나하나 생각을 정밀하게 하고 그래서 그것을 깊이 체득해야 한다.

【讀書章4-5解說】

*「爲己」

위기는 2가지 의미가 있다. 첫째, 개인의 이익을 추구하는 것. 둘째, 자신의 도덕 품격과 정신을 수양하여 정신적 경계를 수립하는 것이다. 본문에서는 둘째의 의미이다. 동일한 의미의 최초 출전은 《論語》〈憲問〉「古之學者爲己, 今之學者爲人」에 보인다. 《論語》에 爲자는 적지 않게 출현하는데, 爲己, 爲人, 爲仁, 爲政 등이 있고, 爲己의 爲는 수립하다의 의미이다. 즉 爲己의 爲는 자신의 도덕 품격과 정신을 수양하여 정신적 경계를 수립하라는 의미이다(孔安國은 實踐으로 봄). 또 王守仁(明), 《傳習錄》「人須有爲己之心, 方能克己., 能克己, 方能成己」에서 爲己는 자신을 수신하고 克己는 자신의 욕망과 충동을 억제하고 成己는 자아를 실현하여 점차 발전하기를 주장하였다. 참고로 爲人의 爲는 타인에게 보여주기 위해서 즉 지식,

명예, 이익 등을 얻기 위해서(孔安國은 실천 없이 입으로만 말함) 의미이다.

【讀書章4-6원문】

次讀孟子, 於明辨義利, 遏人慾, 存天理之說, 一一明察而擴充之。

【讀書章4-6음역】

차독맹자, 어명변의리, 알인욕, 존천리지설, 일일명찰이확충지.

【讀書章4-6주석】

1) 次(차)-다음. 관련 4자성어는 三番兩次, 超階越次 등이 있다.
2) 讀(독)-읽다. 관련 4자성어는 百讀不厭, 熟讀深思 등이 있다.
3) 孟子(맹자)-《孟子》는 儒家의 경전으로 戰國中期 孟子와 제자 萬章, 公孫丑 등이 저술하였다. 원래는 전체 11篇인데 현존하는 것은 7篇 14卷으로 글자 수 35,000여 字 260章이다. 주요 내용은 孟子와 제자들의 政治, 教育, 哲学, 倫理 등 사상관점과 정치활동에 관한 내용이 대부분이다. 南宋 이후에는 四書의 하나로 편입되어 科擧 시험의 필독서가 되었다.
4) 於(어)-어조사이고, ~에, ~에서, ~보다, ~를, ~에게, ~에 대해서, 이에 있어서 등의 의미로 사용되고 于와 동일하다. 관련 4자성어는 青出於藍, 耿耿於懷 등이 있다.
5) 明辨(명변)-명백히 분별하다. 동일한 의미의 최초 출전은《禮記》〈中庸〉「博學之, 審問之, 愼思之, 明辨之, 篤行之」에 보인다.
6) 義利(의리)-윤리도덕 행위에 부합하는 것과 세속적인 탐욕. 동일한 의미의 최초 출전은《孟子》〈梁惠王上〉「王亦曰仁義而已矣, 何必曰利」에 보인다.
7) 遏(알)-막다, 없애다. 滅, 去 등과 동일하다. 관련 4자성어는 遏惡揚善, 勢不可遏 등이 있다.

8) 人慾(인욕)-인간의 욕망. 동일한 의미의 최초 출전은《禮記》〈樂記〉「人化物也者, 滅天理而窮人慾者也」에 보인다.
9) 存(존)-두다, 보존하다. 관련 4자성어는 求同存異, 生死存亡 등이 있다.
10) 天理(천리)-하늘의 이치. 즉 仁義禮智를 영원한 객관적 도덕법칙으로 여기는 것을 말함. 동일한 의미의 최초 출전은 朱熹(南宋), 〈答何叔京〉 之二八「天理只是仁、義、禮、智之總名, 仁義、禮、智便是天理之件數」에 보인다.
11) 之(지)-~의, ~중에서. 관련 4자성어는 君子之交, 莫逆之友 등이 있다.
12) 說(설)-이론, 주장. 관련 4자성어는 衆說紛紜, 說往說來 등이 있다.
13) 一一(일일)-하나하나. 동일한 의미의 최초 출전은《韓非子》〈外儲說右下〉「搖木者一一攝其葉, 則勞而不遍」에 보인다.
14) 明察(명찰)-밝게 살핌. 동일한 의미의 최초 출전은《後漢書》〈侯霸傳〉「在位明察守正, 奉公不回」에 보인다.
15) 而(이)-그리고, 그래서, 그러나. 관련 4자성어는 不言而喩, 適可而止 등이 있다.
16) 擴充(확충)-확충하다. 擴大充實의 생략이다. 동일한 의미의 최초 출전은《孟子》〈公孫丑上〉「知皆擴而充之矣」에 보인다.
17) 之(지)-앞의 明辨義利, 遏人慾, 存天理之說을 가리키는 대명사이다. 관련 4자성어는 君子之交, 莫逆之友 등이 있다.

【讀書章4-6국역】

다음은《맹자》를 읽어서 윤리도덕 행위에 부합하는 것과 세속적인 탐욕을 명백히 분별하여, 인간의 욕망을 막고 하늘의 이치를 보존하는 이론에 대해서 하나하나 밝게 살피고 그래서 그것을 확충해야 한다.

【讀書章4-6解說】

*「存天理, 滅(遏, 去)人慾」

존천리, 멸(알, 거)인욕은 宋代의 유명한 유학자 程顥와 程頤가 제기한

도덕수양 목표이다. 宋明 理學 중에서 천리(자연의 법칙)와 인욕(인간의 욕망)은 낮은 단계와 높은 단계로 구별하여 설명할 수 있다. 첫째, 낮은 단계의 의미는 천리는 객관적 규율이고, 인욕은 규율이 없는 방종한 행동으로 단지 자신의 이익과 욕망만 고려하는 것이다. 반영하는 주요 사상은 자연적인 규율을 존중하는 것으로 개인의 주관적인 의지가 객관적인 규율을 침범할 수 없는 것이다. 둘째, 높은 단계의 의미는 의식적으로 객관적 규율을 존중하여 따르고, 생명의 의의를 더욱 광대한 시공간으로까지 확대한 것이 천리이다. 반대로 인욕은 이성의 지배를 받지 않고 외물에 지배되어 생명의 의의를 작은 범위에 가둬두는 것이 인욕이다. 반영하는 주요 사상은 개인의 자유 의지가 이성적 작용을 충분히 발휘하지 못하고 외물에 의하여 생겨난 욕망이 자신의 의지를 능가하게 되는 것이다. 「존천리, 멸(알, 거)인욕」의 유래는 唐~五代 이래의 사회 대혼란의 역사적 교훈에서 유래되었다. 목적은 「以理制慾(천리로써 욕망을 제어)」을 통하여 통치자의 탐욕을 제어하여 장기적으로 사회의 안정과 평화를 구축하려 함이다.

존천리, 멸(알, 거)인욕」에 대한 구체적인 설명은 朱熹(南宋), 《孟子集註》〈梁惠王下〉「鐘鼓、苑囿、游觀之樂, 與夫好勇、好貨、好色之心, 皆天理之所有, 而人情之所不能無者。然天理人欲, 同行異情。循理而公于天下者, 聖賢之所以盡其性也., 縱欲而私于一己者, 衆人之所以滅其天也。二者之間, 不能以髮, 而其是非得失之歸, 相去遠矣。故孟子因時君之問, 而剖析於幾微之際, 皆所以遏人欲而存天理」에 보인다. 즉 "악기를 연주하고 동산을 만들고 유람하는 즐거움과, 용맹함을 좋아하고 재물을 좋아하고 여색을 좋아하는 마음은 모두 천리(자연의 법칙) 중에 있는 것이며 인정(인간의 감정, 욕망) 속에 없을 수 없는 것이다. 그러나 천리와 인욕은 함께 하는 것 같지만 실상은 다르다. 도리를 따르고 천하를 만백성의 공유물로 여기는 것은 성현들이 자신의 본성을 다하는 것이고., 욕망에 따라 방종하고 자신만을 위한 사사로움을 추구하는 것은 백성들이 자연의 법칙을 없애 버리는 것이다. 천리(자연의 법칙)와 인욕(인간의 욕망) 둘 사이는 머리카락 한 올로도 구분할 수 없지만, 그러나 그 옳고 그름과 얻고 잃음의 결과는 차이가 매우 크다. 그런 까닭에 맹자가 당시 제후들의 질문에 따라서 조짐이 드러나는 즈음에 분석한 것은 모두 인욕을 막고 천리를 보존하기 위한 것이었다."라고 하였다.

결론적으로 천리와 인욕에 대한 논쟁은 당시 사회의 핵심 주제였다. 특히 정호와 정이의 天理論 철학은 유학의 3剛5常 윤리 원칙과 철학 본체론을 결합하였고, 이것이 宋代 理學 발전의 중요 추세가 되었다. 또 理學家는 天理論 철학을 정치에 적용하여 천리로 나라를 다스려야 한다는 주장을 제시하였다. 즉 사람 마음 안에 존재하는 내재적인 천리를 외재적인 정치에 끌어들여 천리와 정치의 합일을 이루게 되었다(內聖外王). 그 외에 관련 내용은 張栻(南宋), 《南軒集》 卷十六〈漢家雜伯〉「王者之政, 其心本乎天理, 建立人紀, 施于萬事」에 보인다. 즉 천리는 국가를 통치하는 근본이고 통치자에게 천리에 순응할 것을 요구하며, 천리의 원칙에 의거하여 국가를 통치하는 것이 윤리 원칙에 위배되지 않는 것이라고 주장하였다.

【讀書章4-7원문】

次讀中庸, 於性情之德, 推致之功, 位育之妙, 一一玩索而有得焉。

【讀書章4-7음역】

차독중용, 어성정지덕, 추치지공, 위육지묘, 일일완색이유득언.

【讀書章4-7주석】

1) 次(차)-다음. 관련 4자성어는 三番兩次, 超階越次 등이 있다.
2) 讀(독)-읽다. 관련 4자성어는 百讀不厭, 熟讀深思 등이 있다.
3) 中庸(중용)-《中庸》은 儒家 경전의 하나이다. 원래는 《禮記》 31편에 수록되어 있었고, 戰國時代 子思가 저술했다고 전해온다. 주요 내용은 中庸을

도덕 행위의 최고 표준으로 여기고, 至誠은 인생의 최고 경지에 도달함을 의미한 도덕 철학에 관한 전문 서적이다. 南宋 이후에는《大學》,《論語》,《孟子》와 더불어 四書로 일컬어졌고 科擧 시험의 필독서가 되었다.

4) 於(어)-어조사이고, ~에, ~에서, ~보다, ~를, ~에게, ~에 대해서, 이에 있어서 등의 의미로 사용되고 于와 동일하다. 관련 4자성어는 靑出於藍, 耿耿於懷 등이 있다.

5) 性情(성정)-사람의 품성과 감정, 즉 타고난 본성을 가리킨다. 동일한 의미의 최초 출전은《易經》〈乾卦〉「利貞者, 性情也」孔穎達(唐) 疏..「性者, 天生之質, 正而不邪., 情者, 性之欲也」에 보인다.

6) 之(지)-~의, ~중에서. 관련 4자성어는 君子之交, 莫逆之友 등이 있다.

7) 德(덕)-품덕, 본질. 관련 4자성어는 以德報德, 功德無量 등이 있다.

8) 推致(추치)-지극한 경지에 이르도록 추구하는 것. 동일한 의미의 최초 출전은 韓愈(唐), 〈毛穎傳〉「穎與絳人陳玄、弘農陶泓及會稽褚先生友善, 相推致, 其出處必偕」에 보인다. 또《禮記》〈大學〉「欲誠其意者, 先致其知., 致知在格物」朱熹 注 ..「致, 推極也., 知, 猶識也。推極吾之知識, 欲其所知無不盡也」에 보인다.

9) 功(공)-공부, 일, 노력. 관련 4자성어는 馬到成功, 功成名就 등이 있다.

10) 位育(위육)-만물이 질서를 유지하고 길러져서 진보하는 상태. 동일한 의미의 최초 출전은《中庸》「中也者, 天下之大本也., 和也者, 天下之達道也。致中和, 天地位焉, 萬物育焉」에 보인다.

11) 妙(묘)-오묘함. 관련 4자성어는 莫名其妙, 神機妙算 등이 있다. 본문의「性情之德, 推致之功, 位育之妙」는《中庸》제1장「喜怒哀樂之未發謂之中, 發而皆中節謂之和, 中也者天下之大本也, 和也者天下之達道也。致中和, 天地位焉, 萬物育焉」에서 朱子는 性情之德을 설명한 것이고, 推致之功은 致中和를 말하고, 位育之妙는 天地位焉, 萬物育焉을 지칭한다고 하였다.

12) 一一(일일)-하나하나. 동일한 의미의 최초 출전은《韓非子》〈外儲說右下〉「搖木者一一攝其葉, 則勞而不遍」에 보인다.

13) 玩索(완색)-반복해서 음미하고 탐색함. 동일한 의미의 최초 출전은 朱熹(南宋), 《朱子語類》 卷十四「中年以後之人讀書不要多, 只少少玩索, 自見道理」에 보인다.
14) 而(이)-그리고, 그래서, 그러나. 관련 4자성어는 不言而喩, 適可而止 등이 있다.
15) 有得(유득)-얻음이 있다, 알다. 有所得과 동일하다. 동일한 의미의 최초 출전은 張載(北宋), 《正蒙》〈有德〉「晝有爲, 宵有得, 息有養, 瞬有存」에 보인다.
16) 焉(언)-조사로 문장 끝에 사용되어 단정의 뜻을 나타낸다. 관련 4자성어는 輪焉奐焉, 語焉不詳 등이 있다.

【讀書章4-7국역】

다음은 《중용》을 읽어서 사람의 품성과 감정, 즉 타고난 본성의 품덕과 지극한 경지에 이르도록 추구하는 공부 및 만물이 질서를 유지하고 길러져서 진보하는 오묘함에 대해서, 하나하나 반복해서 음미하고 탐색하며 그래서 얻음이 있도록 해야 한다.

【讀書章4-7解說】

*「孔子의 中庸 관념」

중용의 문자상의 의미는 中은 中正, 中和의 의미로 過猶不及(부족하거나 모자라지도 않고)의 연결점이고 분계점을 가리킨다. 庸은 常, 用의 의미이다. 즉 중용은 매사에 부족하거나 모자라지도 않는 관점을 항상 유지하는 것이다. 세부적으로는 첫째, 철학상의 의미는 공자가 제창한 방법론적 원칙과 도덕실천적 원칙을 가리킨다. 즉 《禮記》〈中庸〉은 공자의 중용사상을 표현한 저술이고, 이에 대하여 朱熹(南宋)는, 《中庸章句》에서 程子의 말을 인용하여「不偏之謂中, 不易之謂庸。中者天下之正道, 庸者天下之定理」라고 하였다. 즉 한쪽에 치우치지 않고(不偏不倚) 항상 변함없는(恒

常不易) 것이 천하의 바른 도리이고 천하의 바른 이치라고 하였다. 둘째, 일상생활상의 의미는 《論語》〈雍也〉「中庸之爲德也, 其至矣乎！ 民鮮久矣」에서 中庸을 최고의 도덕 경지로 여겼다. 또 공자는 《論語》〈八佾〉「樂而不淫, 哀而不傷」에서 《詩經》〈關雎〉를 찬미하면서 사상 감정을 가장 적당하게 표현하였다. 또 《論語》〈雍也〉「質勝文則野, 文勝質則史。文質彬彬, 然後君子」에서 사람의 성격과 풍모를 말하는 등 中庸의 道가 일상생활에서 中正을 요구함을 알 수 있다.

공자의 중용관념은 대략 過猶不及(부족하거나 모자라지도 않고), 執兩用中(한쪽에 치우치지 않고), 時中(상황에 적합해야 하고), 和而不同(조화를 이루되 휩쓸리지 않는) 등의 태도를 견지한다고 할 수 있다. 첫째, 過猶不及은 《論語》〈先進〉「子貢問 .. 師與商也孰賢？子曰 .. 師也過, 商也不及。曰 .. 然則師愈與？子曰 .. 過猶不及」에서 부족하거나 모자라지도 않는 태도를 유지할 것을 요구하였다. 둘째, 執兩用中(한쪽에 치우치지 않고)은 《中庸》「子曰 .. 舜其大知也與！舜好問而好察邇言, 隱惡而揚善, 執其兩端, 用其中于民, 其斯以爲舜乎！」에서 舜의 문제처리 방법을 본받을 것을 주장하였다. 또 《禮記》〈仲尼燕居〉「禮乎禮！夫禮所以制中也」에서는 예의제도 방면의 표준으로 삼았다. 셋째, 時中(상황에 적합해야 함)은 《中庸》「君子之中庸也, 君子而時中」에서 언급하였고, 이에 대해서 朱熹(南宋), 《中庸章句》「君子之所以爲中庸者, 以其有君子之德, 而又能隨時以處中也」라고 설명하였다. 즉 中은 결코 고정불변이 아니고 상황에 따라서 변하는 것이라 하였다. 이에 대한 방증으로는 《孟子》〈公孫丑上〉「可以仕則仕, 可以止則止, 可以久則久, 可以速則速, 孔子也」에 보인다. 또 《荀子》〈仲尼〉「君子時詘則詘, 時伸則伸」 등은 모두 時中(상황에 적합해야 함)의 표현이다. 넷째, 和而不同(조화를 이루되 휩쓸리지 않는)은 양 극단 중에서 가장 합리적인 지점을 찾아 조화롭게 통일하는 것을 和라고 일컫는다. 《論語》〈子路〉「君子和而不同, 小人同而不和」에 보이는데, 孔子의 中庸之道는 양 극단의 모순을 조화롭게 통일하는 것을 인정하는 것이고 그래서 《中庸》「致

中和, 天地位焉, 萬物育焉」의 경지에 이르게 되는 것이다.

결론적으로 中庸의 道는 儒家의 立身, 處世, 待人(인간관계)의 준칙이 됨은 물론 國家 政治에까지 응용되어 대립과 모순 상태를 조화롭게 조정하고 통합을 숭상하는 원칙이 되었던 것으로 볼 수 있다.

【讀書章4-8원문】

次讀詩經, 於性情之邪正, 善惡之褒戒, 一一潛繹, 感發而懲創之。

【讀書章4-8음역】

차독시경, 어성정지사정, 선악지포계, 일일잠역, 감발이징창지.

【讀書章4-8주석】

1) 次(차)-다음. 관련 4자성어는 三番兩次, 超階越次 등이 있다.
2) 讀(독)-읽다. 관련 4자성어는 百讀不厭, 熟讀深思 등이 있다.
3) 詩經(시경)-《詩經》은 중국 고대 최초의 詩歌集으로 대략 西周 초기부터 春秋 중기까지 500년간의 詩歌를 수집하였다. 모두 311편이며 그 중에서 6편(〈南陔〉, 〈白華〉, 〈華黍〉, 〈由庚〉, 〈崇丘〉, 〈由儀〉)는 제목만 있고 내용은 없다. 작자는 대부분 고증할 수 없고, 尹吉甫가 채집하고 孔子가 정리 교정했다고 전해진다. 명칭의 변화는 《詩》, 《詩三百》을 거치고 西漢 시기에 儒家의 경전으로 존중되어 《詩經》 으로 일컬어졌다. 내용상 구분은 〈風〉, 〈雅〉, 〈頌〉 으로 나눈다. 〈風〉 은 周나라 시기 각 지역의 歌謠이고, 〈雅〉 는 周나라의 正聲, 雅乐으로 〈小雅〉 와 〈大雅〉 로 구분하며, 〈頌〉 은 조정과 귀족의 종묘, 제사에 사용된 음악과 노래이고 다시 〈周頌〉, 〈魯頌〉, 〈商頌〉 으로 구분한다. 《詩經》은 당시의 노동과 애정, 전쟁과 요역, 압박과 반항, 풍속과 혼인, 제사와 연회 및 천지와 동식물 등 사회

상황을 두루 반영하였다.

4) 於(어)-어조사이고, ~에, ~에서, ~보다, ~를, ~에게, ~에 대해서, 이에 있어서 등의 의미로 사용되고 于와 동일하다. 관련 4자성어는 青出於藍, 耿耿於懷 등이 있다.

5) 性情(성정)-사람의 품성과 기질. 品性情感의 생략이다. 동일한 의미의 최초 출전은《易經》〈乾卦〉「利貞者, 性情也」孔穎達(唐) 疏..「性者, 天生之質, 正而不邪., 情者, 性之欲也」에 보인다.

6) 之(지)-~의, ~중에서. 관련 4자성어는 君子之交, 莫逆之友 등이 있다.

7) 邪正(사정)-사악하고 정직함. 동일한 의미의 최초 출전은《漢書》〈劉向傳〉「今賢不肖渾肴, 白黑不分, 邪正雜糅, 忠讒并進」에 보인다.

8) 善惡(선악)-선하고 악함. 동일한 의미의 최초 출전은《楚辭》〈離騷〉「世幽昧以眩曜兮, 孰云察余之善惡」에 보인다.

9) 褒戒(포계)-칭찬하고 징계함. 褒貶과 동일하다. 褒貶의 동일한 의미의 최초 출전은 杜預(西晉),《春秋經典集解》〈序〉「春秋雖以一字爲褒貶, 然皆須數句以成言」에 보인다.

10) 一一(일일)-하나하나. 동일한 의미의 최초 출전은《韓非子》〈外儲說右下〉「搖木者一一攝其葉, 則勞而不遍」에 보인다.

11) 潛繹(잠역)-전심전력으로 사물의 이치를 탐구함. 潛繹尋思의 생략이고 事理通達과 함께 자주 사용된다. 동일한 의미의 최초 출전은 程顥(北宋), 程頤(北宋),《程氏遺書》卷一「後生博聞强記不足畏, 惟潛繹尋思乃足畏」에 보인다.

12) 感發(감발)-(선한)감정이 속에서 밖으로 표출되는 것. 동일한 의미의 최초 출전은 蕭統(南朝,梁),《文選》〈四子講德論〉「於是皇澤丰沛, 主恩滿溢, 百姓歡欣, 中和感發, 是以作歌而咏之也」李善(唐) 注 ..「感發, 謂情感於中, 發言爲討也」에 보인다.

13) 而(이)-그리고, 그래서, 그러나. 관련 4자성어는 不言而喩, 適可而止 등이 있다.

14) 懲創(징창)-(악한)마음을 교훈으로 삼고 잘못을 깨우치게 하다. 동일한 의미의 최초 출전은 韓愈(唐), 〈讀東方朔雜事〉「方朔不懲創, 挾恩更矜夸」에 보인다.

15) 之(지)-그것. 앞의 性情之邪正, 善惡之褒戒를 가리키는 대명사이다. 관련 4자성어는 君子之交, 莫逆之友 등이 있다.

【讀書章4-8국역】

다음은《시경》을 읽어서 사람의 품성과 기질의 사악하고 정직함과 선하고 악한 행동을 칭찬하고 징계함에 대해서, 하나하나 전심전력으로 사물의 이치를 탐구해서 선한 감정은 속에서 밖으로 표출되게 하고, 그래서 그것을 교훈으로 삼아서 악한 마음으로 하여금 잘못을 깨우치게 해야 한다.

【讀書章4-8解說】

*「潛繹」

잠역의 潛은 전심전력, 집중하다. 繹은 사물의 이치를 탐구하다. 즉 潛繹은 전심전력으로 사물의 이치를 탐구하다의 의미이다. 동일한 의미의 최초 출전은 程顥(北宋), 程頤(北宋),《程氏遺書》卷一「後生博聞强記不足畏, 惟潛繹尋思乃足畏」에 보인다.

【讀書章4-9원문】

次讀禮經, 於天理之節文, 儀則之度數, 一一講究而有立焉。

【讀書章4-9음역】

차독예경, 어천리지절문, 의칙지도수, 일일강구이유입언.

【讀書章4-9주석】

1) 次(차)-다음. 관련 4자성어는 三番兩次, 超階越次 등이 있다.
2) 讀(독)-읽다. 관련 4자성어는 百讀不厭, 熟讀深思 등이 있다.
3) 禮經(예경)-《禮經》은 원래 《儀禮》를 가리킨다. 《儀禮》는 달리 《禮經》, 《士禮》 등으로 일컬었다. 先秦 시대 5經의 하나이고 漢代에는 《禮》의 별칭으로 일컬어졌으며 魏晉 시기에 최초로 《儀禮》로 일컬었다. 唐代에 이르러 孔穎達이 《五經正義》를 편찬하면서 《小戴禮記》가 《儀禮》를 대신하여 5經 중의 하나가 되었다. 2가지 판본이 있는데, 하나는 西漢 高堂伯이 전해준 것이고, 다른 하나는 孔子 집 벽장에서 출토된 것이다. 東漢의 鄭玄이 2가지 판본을 합한 것이 현재 전해지는 《儀禮》이다. 편찬 시기는 대략 春秋 후기에 형성되었고, 孔子가 편찬했다고 주장하는 연구자도 있다.
4) 於(어)-어조사이고, ~에, ~에서, ~보다, ~를, ~에게, ~에 대해서, 이에 있어서 등의 의미로 사용되고 于와 동일하다. 관련 4자성어는 靑出於藍, 耿耿於懷 등이 있다.
5) 天理(천리)-하늘의 이치, 즉 仁義禮智를 영원한 객관적 도덕법칙으로 여기는 것을 말함. 동일한 의미의 최초 출전은 朱熹(南宋), 〈答何叔京〉 之二八 「天理只是仁、義、禮、智之總名, 仁、義、禮、智便是天理之件數」에 보인다.
6) 之(지)-~의, ~중에서. 관련 4자성어는 君子之交, 莫逆之友 등이 있다.
7) 節文(절문)-규정, 예절, 의식, 또는 의례를 제정하여 행동으로 하여금 법도에 부합하게 함. 동일한 의미의 최초 출전은 朱熹(南宋), 《論語集注》 「仁者, 本心之全德。克, 勝也。己, 謂身之私欲也。復, 反也。禮者, 天理之節文也。爲仁者, 所以全其心之德也」에 보인다.
8) 儀則(의칙)-예의, 법칙. 동일한 의미의 최초 출전은 《莊子》 〈天地〉 「形体保神, 各有儀則, 謂之性」에 보인다.
9) 度數(도수)-표준, 규칙. 동일한 의미의 최초 출전은 《周禮》 〈墓大夫〉 「令國民族葬, 而掌其禁令。正其位, 掌其度數」에 보인다. 본문의 「天理之節文, 儀則之度數」는 《禮記》 〈樂記〉 註 .. 「行禮之事, 即謂天理之節文, 人事之儀則, 行之

不止一端」에 보인다. 즉 예를 행하는 일은 곧 천리(하늘의 이치, 즉 仁義禮智를 영원한 객관적 도덕법칙으로 여기는 것)의 규정과 인간 행동의 예의를 일컬었고, 그것을 시행하는 것도 어느 한 방면에만 그치는 것이 아니다.

10) 一一(일일)-하나하나. 동일한 의미의 최초 출전은 《韓非子》〈外儲說右下〉「搖木者一一攝其葉, 則勞而不遍」에 보인다.

11) 講究(강구)-탐구하다. 동일한 의미의 최초 출전은 《左傳》 宣公十六年 「武子歸而講求典禮, 以脩晉國之法」에 보인다.

12) 而(이)-그리고, 그래서, 그러나. 관련 4자성어는 不言而喩, 適可而止 등이 있다.

13) 有(유)-있다. 동사이고 無, 沒과 반대이다. 관련 4자성어는 有始無終, 一無所有 등이 있다.

14) 立(입)-세우다, 확립하다. 관련 4자성어는 立身揚名, 三族鼎立 등이 있다. 동일한 의미의 관련 출전은 《論語》〈爲政〉「子曰 .. 吾十有五而志於學, 三十而立, 四十而不惑, 五十而知天命, 六十而耳順, 七十而從心所欲不逾矩」에 보인다. 또 《論語》〈泰伯〉「立於禮, 成於樂」 및 《孝經》〈開宗明義章〉「立身行道」 등에 보인다.

15) 焉(언)-조사로 문장 끝에 사용되어 단정의 뜻을 나타낸다. 관련 4자성어는 輪焉奐焉, 語焉不詳 등이 있다.

【讀書章4-9국역】

다음은 《예경》을 읽어서 천지자연의 이치에 대한 규정과 예의의 표준에 대해서, 하나하나 탐구하고 그래서 자신을 수양하고 도덕과 정의 실행을 확립해야 한다.

【讀書章4-9解說】

***《禮經》과 三禮(《儀禮》, 《禮記》, 《周禮》)**

《禮經》은 처음에는 《儀禮》를 일컬었다. 唐代에 이르러서 《禮記》를 가리켰다가 점차 3禮를 전부 포함하는 광의의 의미로 사용되었다. 3禮는《儀禮》,《禮記》,《周禮》를 가리킨다. 3禮는 중국 고대 정치제도의 3가지 儒家 경전이고 예의제도에 대한 백과사전이라고 할 수 있다.

첫째,《儀禮》는 달리《禮經》,《士禮》등으로 일컬었다. 先秦 시대 5經의 하나이고 최초로 직접 禮를 지칭한 경전이 되었다. 2가지 판본이 있는데, 하나는 西漢 高堂伯이 전해준 것이고, 다른 하나는 공자 집 벽장에서 출토된 것이다. 東漢의 鄭玄이 2가지 판본을 합한 것이 현재 전해지는《儀禮》이다. 편찬 시기는 대략 春秋 후기에 형성되었고, 공자가 편찬했다고 주장하는 연구자도 있다. 주요 내용은 冠, 昏, 喪, 祭, 朝, 聘, 燕享 등 예의 제도가 상세히 기록되어 있다. 또 봉건 귀족의 宮室, 舟車, 衣服, 飮食 등 일상생활의 상황 및 종교신앙, 친족제도, 정치조직, 외교방식 등 春秋戰國 시기 士大夫 계층의 전반적인 예의 제도를 알 수 있다. 서술 원칙은 일종의 계층 차별적 인륜 예의와 어버이를 사랑하고 어른을 공경하는(親親尊尊) 등 행위 규범을 우선적인 원칙으로 삼고 서술하였다. 당시의 사회제도와 혈연관계를 반영할 뿐만 아니라 또한 후대의 사회조직과 문화관념 등에 중대한 영향을 끼쳤다.

둘째,《禮記》는 戰國에서 秦漢 연간에 유가 학자들이《儀禮》를 해석하고 설명한 문장을 모아서 편찬한 것으로 일종의 儒家思想 자료집이다. 작성된 시기도 다양하고 편찬자 역시 여러 명이다. 대다수 문장은 孔子의 72제자 및 再傳 제자들의 문장과 先秦 시기 기타 典籍의 내용이 포함되어 있다. 주요 내용은 先秦 시기의 예의제도와《儀禮》의 해석 및 공자와 제자 등의 문답과 修身에 대한 준칙 등 이다. 종류와 구분은《禮記》〈中庸〉「禮儀三百, 威儀三千, 待其人然後行」에 보이듯이 상고 시대에는 禮儀의 종류가 많았는데, 漢代에 이르러서는 단지 17편만 남았으며 南宋의 王應麟이 17편을 다시 四類로 구분하였다. 즉〈特牲饋食禮〉,〈少年饋食禮〉,〈有司〉 3편은 祭祀鬼神과 祈求福佑의 예절을 기록하고 吉禮로 분류하였다.〈喪服〉,〈士葬禮〉,〈旣夕禮〉,〈士虞禮〉 4편은 丧葬의 예절을 기록하고 凶禮로 분류하였다. 〈士相見禮〉, 〈聘禮〉, 〈覲禮〉 3편은 賓主相見의 예절에 관한 내용이고 賓禮로 분류하였다. 〈士官禮〉, 〈士昏禮〉, 〈鄉飮酒禮〉, 〈鄉射禮〉, 〈燕禮〉, 〈大射禮〉, 〈公食大夫禮〉 7편은 冠昏, 賓射, 燕饗의 예절에 관한 내용이고 嘉禮로 분류하였다. 《禮記》 는 政治, 法律, 道德, 哲学, 歷史, 祭祀, 文藝, 日常生活, 歷法, 地理 등 여러 방면에 관련되어 있을 정도로 광범위한 내용으로 구성되어 있다. 특히 先秦 시기 유가의 정치와 철학 및 윤리사상을 집중적으로 서술하여, 先秦 사회를 연구하는 중요자료이다.

셋째, 《周禮》 는 달리 《周官》 으로 일컬었고, 3禮 중 으뜸으로 평가되었으며 漢代에 처음 등장하였다. 내용상 《尙書》 〈周官〉 과 서로 섞여있어서 《周官經》 으로 일컫기도 하였으며, 《周禮》 라는 명칭으로 현재까지 전해졌다. 작자에 대해서는 여러 가지 학설이 난립하고 있다. 기본적으로 크게 4가지로 구분하는데, 周公이 저술했지만 부분적으로 후대인이 첨가했다는 주장과 西漢 후기 劉歆이 정리와 첨삭을 했다는 주장, 王莽이 수정했다는 주장 및 西周 초기에서 西漢 말기 사이에 어떤 사람이 저술했다는 주장 등이다. 현재 일부 학자들이 고고학적 문물을 중심으로 분석한 결과 기본적으로 戰國에서 兩漢 사이에 작성된 저서라는 주장이 확정적이다. 주요 내용은 周나라 및 각 제후국의 관리 제도이고, 추가로 유가의 정치 이상을 취사선택하여 편찬되었다. 구성은 〈天官冢宰〉, 〈地官司徒〉, 〈春官宗伯〉, 〈夏官司馬〉, 〈秋官司寇〉, 〈冬官司空〉 등 6편 42권으로 이루어졌다. 그 중에서 〈冬官司空〉 은 일찍이 없어졌고 西漢 시기에 〈考工記〉 를 보충하여 〈冬官考工記〉 로 일컬었다. 참고로 《周禮》의 중요 해설서로는 鄭玄(東漢)의 《周禮》, 賈公彦(唐)의 《周禮疏》, 孫詒讓(淸)의 《周禮正義》 등이 있다.

【讀書章4-10원문】

次讀書經, 於二帝、三王治天下之大經大法, 一一領要而遡本焉。

【讀書章4-10음역】

차독서경, 어이제삼왕치천하지대경대법, 일일영요이소본언.

【讀書章4-10주석】

1) 次(차)-다음. 관련 4자성어는 三番兩次, 超階越次 등이 있다.
2) 讀(독)-읽다. 관련 4자성어는 百讀不厭, 熟讀深思 등이 있다.
3) 書經(서경)-《書經》은 孔子가 고대 서적을 정리하였고 원래 100편이었다고 전해진다. 명칭은 戰國 시기에는《書》, 漢代에《尙書》, 다시《書經》으로 일컬었고 5經의 하나가 되었다. 이 책은 역사 서적인 동시에 중국 고대 왕조의 국가 대사를 처리하는 公文書를 모은 것이다. 내용은〈虞書〉,〈夏書〉,〈商書〉,〈周書〉로 구분되어있다. 종류는 秦始皇의 焚書令으로 인하여 멸실된 것을 西漢 유학자 伏生이 구술한《今文尙書》28편과 孔子의 옛집 벽장에서 발견된《古文尙書》44편이 있었다. 위 두 종류는 西晉 永嘉(307-311) 연간의 전란으로 모두 소실되었고, 東晉 초기에 梅賾이 조정에《今文尙書》33편과 자신이 위조한《古文尙書》25편을 헌상하였다. 현재 통용되는《十三經注疏》本의《尙書》는《今文尙書》와 위조된《古文尙書》의 合本이다.
4) 於(어)-어조사이고, ~에, ~에서, ~보다, ~를, ~에게, ~에 대해서, 이에 있어서 등의 의미로 사용되고 于와 동일하다. 관련 4자성어는 靑出於藍, 耿耿於懷 등이 있다.
5) 二帝(이제)-堯와 舜을 가리킨다. 동일한 의미의 최초 출전은《書經》〈大禹謨〉「文命敷于四海, 祗承于帝」孔穎達(唐) 疏 ..「此禹能以文德教命布陳於四海, 又能敬承堯舜, 外布四海, 内承二帝, 言其道周備」에 보인다.
6) 三王(삼왕)-夏나라의 禹王, 商나라의 湯王, 周나라의 文王과 武王을 가리킨다. 동일한 의미의 최초 출전은《孟子》〈告子下〉「五霸者, 三王之罪人也」趙岐(東漢) 注 ..「三王, 夏禹· 商湯· 周文王是也」에 보인다.
7) 治(치)-다스리다. 관련 4자성어는 無爲而治, 治國安民 등이 있다.

8) 天下(천하)-고대에는 중국 범위내의 전부 토지, 국가, 세계, 모든 사람 등을 가리킨다. 동일한 의미의 최초 출전은《孟子》〈公孫丑下〉「以天下之所順, 天下順之」에 보인다.
9) 之(지)-~의, ~중에서. 관련 4자성어는 君子之交, 莫逆之友 등이 있다.
10) 大經(대경)-변함없는 도리, 규칙. 동일한 의미의 최초 출전은《史記》〈太史公自序〉「夫春生夏长, 秋收冬藏, 此天道之大經也」에 보인다.
11) 大法(대법)-기본 법칙. 동일한 의미의 최초 출전은《荀子》〈儒效〉「其言行已有大法矣」에 보인다.
12) 一一(일일)-하나하나. 동일한 의미의 최초 출전은《韓非子》〈外儲說右下〉「搖木者一一攝其葉, 則勞而不遍」에 보인다.
13) 領要(영요)-요점을 이해하다. 要領과 동일하다. 동일한 의미의 최초 출전은《資治通鑑》唐高祖武德二年條「陛下語太多, 而無領要」胡三省(南宋)注 ..「領要, 猶漢人言要領也」에 보인다.
14) 而(이)-그리고, 그래서, 그러나. 관련 4자성어는 不言而喩, 適可而止 등이 있다.
15) 遡本(소본)-근본으로 거슬러 올라감, 즉 근본을 추구하다. 달리 泝本, 溯本으로 기록하고 관련 4자성어는 溯流徂源이 있다. 遡本의 本은 二帝三王이 천하를 다스린 마음을 지칭한다. 동일한 의미의 최초 출전은 周密(南宋),《齊東野語》〈道学〉「其能發明先賢旨意, 溯流徂源, 論著講介卓然自爲一家者, 惟廣漢張氏敬夫(張栻)、東萊呂氏伯恭(呂祖謙)、新安朱氏元晦(朱熹)而已」에 보인다.
16) 焉(언)-조사로 문장 끝에 사용되어 단정의 뜻을 나타낸다. 관련 4자성어는 輪焉奐焉, 語焉不詳 등이 있다.

【讀書章4-10국역】

다음은《서경》을 읽어서 요, 순, 하나라의 우왕, 상나라의 탕왕, 주나라의 문왕과 무왕의 천하를 다스리는 변함없는 도리와 기본법칙에 대해서,

하나하나 요점을 이해하고 그래서 근본으로 거슬러 올라가야 한다.

【讀書章4-10解說】

*「二帝三王」

2제와 3왕은 중국 상고시대 걸출한 제왕을 일컫는다. 2제는 堯와 舜을 가리키고, 신석기 후기 부락연맹체의 추장이다. 요는 덕이 높고 명망이 위대한(德高望重) 인물로 널리 알려진 전설중의 聖君이고, 순은 덕으로 나라를 다스린(以德治國) 聖君으로 모두 중국 고대 도덕과 정치의 이상적 표본으로 추앙받았다. 동일한 의미의 최초 출전은《書經》〈大禹謨〉「文命敷于四海, 祇承于帝」孔穎達 疏 ..「此禹能以文德教命布陳於四海, 又能敬承堯舜, 外布四海, 內承二帝, 言其道周備」에 보인다. 3왕은 夏나라의 禹王, 商나라의 湯王, 周나라의 文王과 武王을 가리킨다. 이들은 모두 夏, 商, 周의 개국군주로서 국가단계에 진입시킨 지대한 공헌은 물론 백성의 삶을 야만단계에서 문명단계로 진일보 발전시켜서 후대의 긍정과 찬양을 받고 있는 賢君의 표본이다. 동일한 의미의 최초 출전은《孟子》〈告子下〉「五霸者, 三王之罪人也」趙岐(東漢) 注 ..「三王, 夏禹· 商湯· 周文王是也」에 보인다. 2제3왕이 동시에 출현한 최초 출전은 班固(東漢),《漢書》〈揚雄傳〉「昔在二帝三王 …… 財足以奉郊廟、御賓客, 充庖廚而已」에 보인다.

*「於二帝、三王治天下之大經大法」

본문과 동일한 의미의 최초 출전은 蔡沈(南宋),《書經集傳》〈序〉「嗚呼! 書豈易言哉! 二帝三王治天下之大經大法, 皆載此書, 而淺見薄識, 豈足以盡發蘊奧?」에 보인다. 즉 "아!《書經》을 어찌 쉽게 말할 수 있겠는가. 堯, 舜, 禹王, 湯王, 文王, 武王이 천하를 다스린 변함없는 도리와 기본 법칙이 모두 이 책에 실려 있는데, 식견이 얕은 자가 어찌 깊고 심오한 의미를 다 표현 할 수 있겠는가?"라고 하였다.

【讀書章4-11원문】

次讀易經, 於吉凶存亡, 進退消長之幾, 一一觀玩而窮研焉。

【讀書章4-11음역】

차독역경, 어길흉존망, 진퇴소장지기, 일일관완이궁연언.

【讀書章4-11주석)】

1) 次(차)-다음. 관련 4자성어는 三番兩次, 超階越次 등이 있다.
2) 讀(독)-읽다. 관련 4자성어는 百讀不厭, 熟讀深思 등이 있다.
3) 易經(역경)-《易經》은 神과 人間의 소통으로 미래를 예측할 필요성과 천지간의 온갖 변화를 설명하면서 출현하였다. 이 책의 형성은《漢書》〈藝文志〉에 의하면 伏羲와 周文王을 거치고, 孔子와 제자들이《易經》에 주석을 달아《易傳》이 형성되면서《周易》이 탄생하였다고 한다. 형성된 시기는 대략은 西周 초기, 戰國時代, 西漢 초기 등의 3가지 학설이 있다. 그 중에서 戰國時代에 출현했다는 주장이 비교적 설득력을 가지고 있다. 즉 孟子와 荀子의 性命, 天道之學이 출현한 이후이고 黃老 사상과 道家 및 陰陽家의 색채가 농후하기 때문이다.《周易》의 명칭 유래는《易經》과《易傳》을 포함한《周易》,《連山》,《歸藏》을 합하여 三易으로 일컫는다. 일설에는《連山》과《歸藏》은 모두《周易》에서 파생된 것이라고 한다. 秦漢 시기에 이르러《連山》과《歸藏》은 모두 유실되었고《周易》만 전해진다. 漢武帝가 중앙집권을 강화하기 위하여 董仲舒의 獨尊儒術의 건의를 받아들여 孔子와 儒家의 저서를 經으로 일컬었다. 이에《周易》과《易傳》을 합하여《易經》,《易》,《周易》등으로 일컫기 시작하였다. 이로부터《易經》,《易》,《周易》은 혼합 사용되었고 群經之首, 大道之源으로 자리매김하였으며, 新道家 학파에서는 三玄之冠으로 일컬었다. 상세한 내용은 해설을 참고할 것.
4) 於(어)-어조사이고, ~에, ~에서, ~보다, ~를, ~에게, ~에 대해서, 이에 있

어서 등의 의미로 사용되고 于와 동일하다. 관련 4자성어는 青出於藍, 耿耿於懷 등이 있다.

5) 吉凶-길함(좋은 운기, 福)과 흉함(나쁜 운기, 禍)으로 자연계의 변화를 의미한다. 동일한 의미의 최초 출전은《易經》〈乾卦〉「與鬼神合其吉凶」에 보인다.

6) 存亡(존망)-存在와 滅亡 또는 生者와 死者를 의미한다. 동일한 의미의 최초 출전은《史記》〈五帝本紀〉「順天地之紀, 幽明之占, 死生之說, 存亡之難」에 보인다.

7) 進退(진퇴)-나아가고 물러남, 또는 행동거지를 의미한다. 나아감과 물러남에 대한 동일한 의미의 최초 출전은《易經》〈繫辭上〉「變化者, 進退之象也」에 보인다. 행동거지에 대한 동일한 의미의 최초 출전은《後漢書》〈陳蕃傳〉「人君者, 攝天地之政, 秉四海之維, 擧動不可以違聖法, 進退不可以離道規」에 보인다.

8) 消長(소장)-흥성과 쇠락, 증감. 盛衰와 동일하다. 동일한 의미의 최초 출전은《後漢書》〈黨錮傳贊〉「蘭獲無并, 消長相傾」에 보인다.

9) 之(지)-~의, ~중에서. 관련 4자성어는 君子之交, 莫逆之友 등이 있다.

10) 幾(기)-기미, 징조. 관련 4자성어는 見時知幾, 見幾而作 등이 있다. 또 동일한 의미의 최초 출전은《易經》〈繫辭下〉「幾者, 動之微, 吉之先見者也」에 보인다.

11) 一一(일일)-하나하나. 동일한 의미의 최초 출전은《韓非子》〈外儲說右下〉「搖木者一一攝其葉, 則勞而不遍」에 보인다.

12) 觀玩(관완)-의미를 반복해서 살펴보고 추구하다. 觀賞玩味의 생략으로, 觀賞의 동일한 의미의 최초 출전은《韓非子》〈外儲說左下〉「臣以卑儉爲行, 則爵不足以觀賞」에 보인다. 玩味의 동일한 의미의 최초 출전은 道世(唐),《法苑珠林》卷三三「關中僧肇始注維摩, 世咸玩味」에 보인다.

13) 而(이)-그리고, 그래서, 그러나. 관련 4자성어는 不言而喩, 適可而止 등이 있다.

14) 窮硏(궁연)-깊이 연구하다. 동일한 의미의 최초 출전은《陳書》〈江總傳贊〉「至於九流、七略之書, 名山石室之記, 汲郡、孔堂之書, 玉箱金板之文, 莫不窮研旨奥, 遍探坎井」에 보인다.

15) 焉(언)-조사로 문장 끝에 사용되어 단정의 뜻을 나타낸다. 관련 4자성어는 輪焉奐焉, 語焉不詳 등이 있다.

【讀書章4-11국역】

다음은《역경》을 읽어서 길함(좋은 운기, 복)과 흉함(나쁜 운기, 화) 존재와 멸망 나아가고 물러남 흥성과 쇠락의 징조에 대해서, 하나하나 의미를 반복해서 살펴보고 추구하며 그래서 깊이 연구해야 한다.

【讀書章4-11解說】

***《周易》,《易》,《易經》의 상세 풀이**

《周易》은 神과 인간의 소통으로 미래를 예측할 필요성과 천지간의 온갖 변화를 설명하면서 출현하였다.《周易》의 형성은《漢書》〈藝文志〉에 의하면 伏羲와 周文王을 거치고, 공자와 제자들이《易經》에 주석을 달아《易傳》이 형성되면서《周易》이 탄생하였다고 한다. 형성된 시기는 대략은 西周 초기, 戰國時代, 西漢 초기 등의 3가지 학설이 있다. 그 중에서 戰國時代에 출현했다는 주장이 비교적 설득력을 가지고 있다. 즉 孟子와 荀子의 性命, 天道之學이 출현한 이후이고 黃老 사상과 道家 및 陰陽家의 색채가 농후하기 때문이다.

《周易》의 명칭 유래는《易經》과《易傳》을 포함한《周易》,《連山》,《歸藏》을 합하여 三易으로 일컫는다. 일설에는《連山》과《歸藏》은 모두《周易》에서 파생된 것이라고 한다. 秦漢 시기에 이르러《連山》과《歸藏》은 모두 유실되었고《周易》만 전해진다. 漢武帝가 중앙집권을 강화하기 위하여 董仲舒의「罷黜百家, 獨尊儒術」의 건의를 받아들여 공자와 유가의 저서를 經으로 일컬었다. 이에《周易》과《易傳》을 합하여《易經》,《易》,《周

易》 등으로 일컫기 시작하였다. 이로부터《易經》,《易》,《周易》은 혼합 사용되었고 群經之首, 大道之源으로 자리매김하였고, 新道家 학파에서는 三玄(《周易》,《老子》,《莊子》)之冠으로 일컬었다.

《周易》의 체제는 본문의《經》과 해설한《傳》으로 구성되었다.《經》은 64卦와 384爻, 卦와 爻의 설명(卦辭, 爻辭)으로 구성되었고 占卜에 사용되었다.《傳》은 卦辭와 爻辭를 해석한 7종의 설명을 포함한 10편(10翼)으로 구성되었고 공자가 편찬했다고 전해진다.《周易》의 내용은 우선 易을 3종류로 구분한다. 첫째, 變易으로 변화의 道, 즉 우주만물은 시시각각 변화함을 가리킨다. 둘째, 简易으로 1陽1陰의 원리로 天地, 上下, 前後, 男女 등 相反相成과 對立統一의 형식으로 이루어졌다. 셋째, 不易으로 세간의 사물이 변화무쌍하지만 영원히 변화하지 않는 규율이 있음을 나타내고 있다. 이상의 내용을 기초로 세계를 총체적인 시각으로 인식하고 파악하며, 사람과 자연을 서로 감응하는 유기체 즉 天人合一로 여겼다.

《周易》은 春秋 이후에 3종류로 분파되었다. 첫째, 유가 학파에 의하여 유가의 경전으로 6經의 으뜸이 되었다. 둘째, 민간에서 미래 사태에 대한 발전과 진행을 예측하는 점술에 사용되는 점술서가 되었다. 셋째, 老子의 道家 학파에서 道家易으로 이용되었다. 즉 점술서의 용도는 계속 유지하면서 점차 변화되어 治國安民과 修身養性의 철학저서로 변화되었다.

결론적으로《周易》은 유가와 도가 모두 중시한 경전으로 孔孟之道와 老莊學說은 물론《孫子兵法》,《黃帝內經》등에 깊은 영향을 끼쳤다. 또 철학 발전에 중대한 영향을 끼쳤는데, 특히 자연철학과 인문실천의 이론 근거가 되어 大道之源으로 일컬어졌다. 이외에도 풍부한 내용으로 정치, 경제, 문화, 사상, 천문, 지리, 음악, 병법, 음운학, 산술, 의학 등 대부분 영역에 심대한 영향을 끼쳐서 많은 경전의 으뜸으로 자리 잡았다.

*「吉凶存亡, 進退消長之幾」

본문과 동일한 의미의 최초 출전은 朱熹(南宋),《周易本義》〈易傳序〉

「易有聖人之道四焉 .. 以言者尙其辭, 以動者尙其變, 以制器者尙其象, 以卜筮者尙其占。吉凶消長之理, 進退存亡之道, 備於辭, 推辭考卦, 可以知變, 象與占, 在其中矣」에 보인다. 즉 "易에는 성인의 道가 4가지가 있다. 이것을 써서 말하는 자는 그 문장을 숭상하고, 이것을 써서 움직이는 자는 그 변화를 숭상하고, 이것을 써서 기물을 만드는 자는 그 모양을 숭상하고, 이것을 써서 점을 치는 자는 그 점괘를 숭상한다. 吉凶과 消長의 이치와 進退와 存亡의 道가 이 문장에 갖추어져 있으니, 문장을 미루어 卦를 상고하면 변화를 알 수 있으니, 象과 占이 그 안에 들어 있다."라고 하였다.

【讀書章4-12원문】

次讀春秋, 於聖人賞善罰惡, 抑揚操縱之微辭奧義, 一一精硏而契悟焉。

【讀書章4-12음역】

차독춘추, 어성인상선벌악, 억양조종지미사오의, 일일정연이계오언.

【讀書章4-12주석】

1) 次(차)-다음. 관련 4자성어는 三番兩次, 超階越次 등이 있다.
2) 讀(독)-읽다. 관련 4자성어는 百讀不厭, 熟讀深思 등이 있다.
3) 春秋(춘추)-《春秋》는 儒家의 經典으로 6經 중의 하나이다. 달리《春秋經》,《麟經》,《麟史》 등으로 일컫는다. 중국 최초의 編年體 역사서이고 東周 시대 魯나라의 史官이 기록한 國史이다. 서술 기간은 魯나라 隱公 元年(기원전722)부터 哀公(기원전468)의 244년간 春秋時代 각 나라의 사건을 기록하였다. 후대에《春秋》에 기록된 역사에 대하여 보충, 해석, 설명 등을 한 작품을 傳이라고 하며, 대표적으로《春秋左傳》,《春秋公羊傳》,《春秋穀梁傳》 등이 있다.《春秋》의 내용은 매우 간결하게 기록되어있고, 매 구절

마다 褒貶의 의미가 강하여 후세에 春秋筆法의 근원으로 일컬어졌다. 현존하는《春秋》는 孔子가 수정하여 완성한 것으로 전해지지만 논란이 분분하다. 원래는 전체 18,000 字 인데 三國時代 이후에 1,000여 字가 탈락되어 현재 16,000여 字가 남아있다. 상세한 설명은 해설을 참고할 것.

4) 於(어)-어조사이고, ~에, ~에서, ~보다, ~를, ~에게, ~에 대해서, 이에 있어서 등의 의미로 사용되고 于와 동일하다. 관련 4자성어는 靑出於藍, 耿耿於懷 등이 있다.

5) 聖人(성인)-2가지 의미가 있다. 첫째, 고대에 品德이 高尚한 사람을 칭송하여 일컫는 용어이다. 둘째, 堯, 舜, 禹, 孔子 등을 가리키기도 한다. 동일한 의미의 최초 출전은 韓愈(唐), 〈師說〉「古之聖人, 其出人也遠矣」에 보인다. 본문에서는 둘째의 의미이다.

6) 賞善(상선)-선한 사람이나 선한 일을 하였을 경우 상을 주다. 동일한 의미의 최초 출전은《詩經》〈瞻彼洛矣〉「瞻彼洛矣, 刺幽王也。思古明王能爵命諸侯, 賞善罰惡焉」에 보인다.

7) 罰惡(벌악)-악한 사람이나 악한 일을 하였을 경우 벌을 주다. 동일한 의미의 최초 출전은 위와 같다.

8) 抑揚(억양)-억누르고 드날리는 것, 즉 잘 한 사람은 칭송하고 못한 사람은 벌주는 褒貶의 의미이다. 동일한 의미의 최초 출전은 葛洪(東晉),《抱朴子》〈行品〉「士于難分之中, 而無取舍之恨者, 使臧否區分, 抑揚咸允」에 보인다.

9) 操縱(조종)-문장의 취사선택 등 다양한 글쓰기 방법을 가리킨다. 동일한 의미의 최초 출전은 胡仔(南宋),《苕溪漁隱叢話前集》〈東坡四〉「石林詩話云 .. 詩篇當有操縱, 不可拘用一律」에 보인다.

10) 之(지)-~의, ~중에서. 관련 4자성어는 君子之交, 莫逆之友 등이 있다.

11) 微辭(미사)-완곡하게 에둘러서 비평하는 것으로 달리 微詞로 쓴다. 동일한 의미의 최초 출전은《春秋公羊傳》定公元年「定、哀多微辭, 主人習其讀而問其傳, 則未知己之有罪焉爾」에 보인다. 微辭에 대한 주석으로는 孔

廣森(淸), 《春秋公羊傳通義》「微辭者, 意有所托而辭不顯, 唯察其微者, 乃能知之」에 보인다.

12) 奧義(오의)-깊고 오묘한 뜻. 동일한 의미의 최초 출전은 《書經》〈序〉「至于夏、商、周之書, 雖設教不倫, 雅誥奧義, 其歸一揆」 孔穎達(唐) 疏 .. 「至于夏、商、周三代之書, 雖復當時所設之教, 與皇及帝墳典之等不相倫類, 要其言皆是雅正辭誥, 有深奧之義, 其所歸趣, 與墳、典一揆」에 보인다.

13) 一一(일일)-하나하나. 동일한 의미의 최초 출전은 《韓非子》〈外儲說右下〉「搖木者一一攝其葉, 則勞而不遍」에 보인다.

14) 精硏(정연)-정밀하게 연구하다. 동일한 의미의 최초 출전은 《後漢書》〈儒林傳下〉「(何)休爲人質朴訥口, 而雅有心思, 精硏六經, 世儒無及者」에 보인다.

15) 而(이)-그리고, 그래서, 그러나. 관련 4자성어는 不言而喩, 適可而止 등이 있다.

16) 契悟(계오)-상세하게 깨닫다. 領悟와 동일하다. 동일한 의미의 최초 출전은 惠能(唐), 《壇經》〈頓漸品〉「弟子在秀大師處, 學道九年, 不得契悟」에 보인다.

17) 焉(언)-조사로 문장 끝에 사용되어 단정의 뜻을 나타낸다. 관련 4자성어는 輪焉奐焉, 語焉不詳 등이 있다.

【讀書章4-12국역】

다음은 《춘추》를 읽어서 성인이 선한 사람이나 선한 일을 하였을 경우 상을 주고, 악한 사람이나 악한 일을 하였을 경우 벌을 주며, 잘 한 사람은 칭송하고 못한 사람은 벌주는 포폄과 문장의 취사선택 등 다양한 글쓰기 방법으로 완곡하게 에둘러서 비평하거나 깊고 오묘한 뜻에 대해서, 하나하나 정밀하게 연구하고 그래서 상세하게 깨달아야 한다.

【讀書章4-12解說】

*《春秋》의 상세 해설

중국 고대 역사서는 史官의 장기적인 서술과 다양한 방법 및 변화를 통하여 여러 가지 유형과 특징을 형성하였다. 그중에서 최초로 출현하고 후대 역사학에 깊은 영향을 끼친 유형이 編年體이다. 편년체는 시간 순서에 따라서 역사 사건을 기록하는 일종의 역사서술 체제이고, 중국 전통 역사학의 기본형식 중의 하나이다. 편년체 역사서는 1년을 단위로 즉 春夏秋冬 4계절 혹은 정월에서 12월까지로 단락을 나눠서 기록하였다. 또 각 단락의 기록에는 年號, 월, 일, 천문현상 등 시간을 알 수 있는 표식을 남겨두었다. 편년체 역사서는 사실을 위주로 간략하게 정치, 군사, 경제, 문화, 사회 등 방면의 중대한 사건과 변화를 기록하지만, 편찬자의 評論 혹은 역사적 평가는 첨가하지 않는다. 편년체 역사서는 客觀性, 聯關性, 完整性 등 특징을 구비하고 있는 동시에 簡略性, 單調性, 片面性 등 결점도 함께 갖추고 있다.

《春秋》는 중국의 첫 번째 편년체 역사서이고 유가의 경전으로 6經 중의 하나이다. 달리《春秋經》,《麟經》,《麟史》등으로 일컫는다. 서술 시기는 東周 시대 魯나라 隱公 元年(기원전 722)부터 哀公 14년(기원전 481)까지 242년이다. 내용은 周나라와 각 제후국 사이에 발생한 역사적 사건 즉 정치, 군사, 외교, 예악, 천문 등 방면의 내용이 포함되어 있다. 후대에《春秋》에 기록된 역사에 대하여 보충, 해석, 설명 등을 한 작품을 傳이라고 하며, 대표적으로《春秋左傳》,《春秋公羊傳》,《春秋穀梁傳》이 있다. 문장의 단락은 짧게 구성되어 있지만 오히려 심오한 사상과 가치관이 내포되어 있다. 그 외에 유가 학파의 사회질서와 도덕규범 및 正義原則 등 방면의 주장과 입장이 두루 반영되어 있다. 현존하는《春秋》는 공자가 수정하여 완성한 것으로 전해지지만 논란이 분분하다. 원래는 전체 18,000 字 인데 三國時代 이후에 1,000여 字가 탈락되어 현재 16,000여 字가 남아있다.《春秋》의 형성 시기는 春秋時代(기원전 770-기원전 476)이다. 이 시기는 기존 질서가 붕괴하기 시작하면서 대규모 혼란과 다양한 변화가 발생한 시기이다. 宗主國 周나라는 내부 분열과 외부 침략으로 쇠락해지면서 각 제후국에 대한 실질적인 통제권을 잃었고, 단지 명의상의 종주 신분으로 왕실의 존엄만 유지하고 있었을 뿐이다. 제후국은 세력을 확장하기 위하여 상호 전쟁과 겸병을 통하여 齊, 晉, 楚, 秦, 宋, 魯, 鄭 등 강대한 제후국이 등장하게 되었다. 이러한 상황에서 사회, 경제, 문화, 사상 등 방면에서 신속한 발전과 다원화의 특징이 나타나게 되었고, 자연스럽게 각종 학파와 사상이 등장하여 자신의 주장과 이론을 제기하여 「諸子百家, 百家爭鳴」의 시대를 열게 되었다.

《春秋》의 저자는 魯나라의 사官이 기록한 역사서를 기초로 공자가 일정한 원칙과 목적 하에서 재차 수정과 윤색을 첨가하였다고 전해진다. 공자가 《春秋》를 수정 편찬한 주요 동기와 목표는 역사사건의 선택과 표현을 통하여 周나라 왕실과 《周禮》 제도의 존중과 보호 및 각종 의롭지 못한 사건에 대하여 질책과 비판을 시행하기 위함이었다. 즉 《春秋》를 통하여 후대로 하여금 是非를 가리고 榮辱을 알며 예의를 존중하고 正道를 지키기를 희망하였던 것이다.

《春秋》의 체제는 12편으로 구성되어 있고 각 편은 魯나라 군주의 이름으로 정했다. 각 편의 내용은 해당 군주 재위기간 발생한 역사사건을 연, 월, 일 순서에 의거하여 배열하였다. 전체적으로 242년간의 周나라 왕조와 제후국 사이에 발생한 사건을 300여 조목으로 분류하여 기록하였다. 모든 기록은 간단명료하고 각 조목은 몇 글자 또는 몇 십 글자에 불과하지만 풍부하고 깊이 있는 정보를 제공하고 있다. 또 철저히 사실 위주로 기록하였고 사건에 대한 선택, 순서, 용어 등을 활용하여 편찬자의 의도를 표현하였다. 이러한 방식은 春秋筆法으로 일컬어졌고 은유와 함축적인 특징을 가지고 있다.

《春秋》의 내용상 주요 특징은 첫째, 周나라 왕실과 魯나라와 관련된 정치와 외교 방면의 사건을 중시하고, 경제, 문화, 사회 등 기타 방면의 사건은 소홀히 취급하였다. 둘째, 역사 사건의 기록에 대하여 완전히 객관적이고 중립적이지는 않았으며 약간의 취사선택과 편향된 면이 없지는 않았다. 서술방법은 記와 不記, 多와 少, 先과 後, 貴와 賤, 稱과 不稱 등 방식으로 사건 또는 인물의 찬양(褒)과 비하(貶)를 표현하였다. 또 일부 특수 사건의 기록을 통하여 편찬자의 사상과 주장을 표현하였다. 셋째, 역사 사건을 기록할 때 당시의 계절 상황과 천문현상(日食、月食、彗星、流星、日暈、月暈)을 기록하여 天意와 神靈이 인간 사물에 대한 관심과 영향을 표시하였다. 즉 천문현상과 역사 사건의 밀접한 연계를 통하여 미래에 대한 예측과 경고로 삼았다.

《春秋》의 사상적 의의는 첫째, 人本을 중심으로 하고 禮와 義로 보완하는 사상이다. 사람은 역사의 주체이고 사회의 기초이며, 사람의 도덕 수양과 행위 규범은 역사와 사회의 핵심 문제이다. 예는 사회 질서와 상호 화합의 근본 제도이고 貴賤, 尊卑, 親疏, 遠近을 구분하는 표준이며, 사람과 사람, 사람과 하늘, 사람과 신의 관계를 규범 짓는 방법이다. 의는 일을 행하는 원칙이고 是非와 榮辱을 판단하는 원칙이며 正道와 公利를 수호하는 역량이다. 둘째, 《周禮》를 중심으로 하고 王道와 中庸으로 보완하는 사상이다. 周나라 왕실을 만세불변의 正統과 《周禮》를 천하가 공동으로 준수하는 만세불변의 法度로 존중하였다. 王道를 천하를 다스리는 최고의 원칙으로 여기고 仁義와 德化를 중심으로 愛民의 정치이념으로 삼았다. 中庸으로 일처리의 최고 방법으로 여기고 평형을 유지하여 和諧와 통일을 달성하는 지혜로 삼았다. 셋째, 變通을 중심으로 하고 時勢와 實用으로 보완하는 사상이다. 혼란과 다변의 시대에서 전통에 얽매이지 않고 새로움을 창조하였으며, 형식을 고수하지 않고 실제를 중시하였으며 권세에 영합하지 않는 원칙을 견지하였다.

《春秋》의 영향은 첫째, 후세 편년체 역사서의 발전과 창작 및 유가 사상의 발전과 전파에 심대한 영향을 끼쳤다. 대표적인 서적은 《左傳》, 《國語》, 《逸周書》, 《竹書紀年》, 《資治通鑑》 등이 있고, 그 중에서 가장 영향력 있는 저서는 《資治通鑑》 이다. 이 책은 중국 최초의 편년체 通史이다. 이 책은 周나라 威烈王 23年(기원전 403)부터 五代 後周의 世宗 顯德6年(959)까지

16왕조 1,362년간 발생한 중국과 주변의 역사 사건을 기록하였다. 이 책은 《春秋》의 편년체 형식과 필법을 계승하였을 뿐만 아니라 또한 《史記》 등 紀傳體 역사서의 우수한 장점을 흡수하여 편년체 역사서의 새로운 경지를 개척하였다. 둘째, 유가 사상의 발전과 전파에 영향을 끼쳤다. 즉 禮, 義, 仁, 忠, 孝, 恕, 中庸 등 후세 유가 학파와 사상가에게 심각한 영향을 끼쳤는데, 孟子, 荀子, 韓非子, 董仲舒, 司馬談, 班固, 王充, 王夫之, 王觀, 朱熹 등이다. 그 중에서 가장 영향력 있는 저서는 韓非子의 《春秋繁露》 이다. 이 책은 《春秋》를 표준으로 작성한 정치철학 저서이고 중국 고대 정치사상을 집대성하였다. 셋째, 후대의 문학과 예술의 창작과 감상에 깊은 영향을 끼쳤다. 즉 《春秋》에서 사용한 단어의 정밀성, 각종 筆法과 기교, 문장의 우아함, 풍부한 운률 등으로 후세 문학과 예술작품(詩歌, 散文, 戲劇, 小說, 繪畵) 탄생에 공헌하였다. 그 중에서 가장 영향력 있는 작품은 曹操의 〈觀蒼海〉 이다. 이 시는 《春秋》를 소재로 작성한 詩歌이고 작자의 역사와 인생에 대한 감개와 포부를 잘 표현하였다.

결론적으로 《春秋》 는 중국 최초의 편년체 역사서이고 유가 경전의 하나이다. 이 책은 시대변화와 사회 수요에 근거하여 역사 사건에 대하여 선택적인 기록과 평가를 진행하였다. 또 고대 역사학의 전통적인 풍모를 보존함과 동시에 새로운 역사학의 표준을 열어서 사회에 대한 인식과 이해를 실천하려고 노력하였다. 편찬 과정 중에 풍부하고 정교한 필법과 기교를 운용하여, 간단하고 소박한 문자 위주로 작성하였으며, 중국 고대 문화의 기초를 제공하고 후세의 사학, 철학, 사상, 문화, 문학, 예술 등에 거대한 영향을 끼친 귀중한 서적으로 일컬어지고 있다.

* 「賞善罰惡」

상선벌악의 동일한 의미의 최초 출전은 《詩經》 〈瞻彼洛矣〉 「瞻彼洛矣, 刺幽王也。思古明王能爵命諸侯, 賞善罰惡焉」에 보인다. 즉 "瞻彼洛矣는 幽王을 풍자한 詩이다. 옛날의 현명한 군주가 제후들에게 작위를 책봉하고 관직을 수여하여 선한 사람이나 선한 일을 하였을 경우 상을 주고, 악한 사람이나 악한 일을 하였을 경우 벌을 주는 것을 생각한 것이다."라고 하였다.

*「抑揚操縱」

억양조종의 동일한 의미의 최초 출전은 吳儆(南宋), 《竹洲集》〈上張南軒書〉「至其抑揚操縱, 擊搏彈治, 或輕或重, 或予或奪, 無一焉不愜於人情, 合於法意」에 보인다. 즉 "그 억누르고 드날리고 취사선택 하며, 엄형준법으로 다스리고 탄핵하여 처리를 추구하며, 혹은 가볍게 하고 혹은 무겁게 하며, 혹은 주기도 하고 혹은 빼앗기도 하지만 하나라도 人情에 맞지 않음이 없고 법령의 뜻에 합당하였다."라고 하였다.

【讀書章4-13원문】

五書五經, 循環熟讀, 理會不已, 使義理日明。而宋之先正所著之書, 如近思錄、家禮、心經、二程全書、朱子大全、語類, 及他性理之說, 宜間間精讀, 使義理常常浸灌吾心, 無時間斷。而餘力亦讀史書, 通古今, 達事變, 以長識見。若異端雜類不正之書, 則不可頃刻披閱也。

【讀書章4-13음역】

오서오경, 순환숙독, 이회불이, 사의리일명. 이송지선정소저지서, 여근사록、가례、심경、이정전서、주자대전、어류, 급타성리지설, 의간간정독, 사의리상상침관오심, 무시간단。이여력역독사서, 통고금, 달사변, 이장식견。약이단잡류부정지서, 즉불가경각피열야.

【讀書章4-13주석】

1) 五書(오서)-5서는 원래 五經으로 《詩經》, 《書經》, 《禮經》, 《易經》, 《春秋》

을 가리킨다. 본문에서는 위에 언급한 《小學》, 《大學》, 《論語》, 《孟子》, 《中庸》을 가리킨다.

2) 五經(오경)-《詩經》, 《書經》, 《禮經》 (《周禮》, 《儀禮》, 《禮記》를 포함한다), 《易經》, 《春秋》를 가리키고, 5經 명칭의 확정은 漢武帝 시기이다.
3) 循環(순환)-돌려가며. 동일한 의미의 최초 출전은 《戰國策》 〈燕策二〉 「此必令其言如循環, 用兵如刺蜚綉」에 보인다.
4) 熟讀(숙독)-자세히 읽고 암송하다. 동일한 의미의 최초 출전은 朱熹(南宋), 《朱子家訓》 「大抵觀書先須熟讀, 使其言皆若出于吾之口」에 보인다.
5) 理會(이회)-이해하다, 깨닫다. 領會, 懂과 동일하다. 동일한 의미의 최초 출전은 劉義慶(南朝,宋), 《世說新語》 〈識鑑〉 「時人以謂山濤不學孫吳, 而闇與之理会., 王夷甫亦嘆云 .. 公闇與道合」에 보인다.
6) 不已(불이)-그치지 않다. 동일한 의미의 최초 출전은 《詩經》 〈維天之命〉 「維天之命, 於穆不已」 孔穎達(唐) 疏 .. 「言天道轉運無極止時也」에 보인다.
7) 使(사)-~로 하여금. 관련 4자성어는 不辱使命, 擧賢使能 등이 있다.
8) 義理(의리)-첫째, 윤리도덕에 부합하는 행위원칙을 가리킨다. 동일한 의미의 최초 출전은 《韓非子》 〈難言〉 「故度量雖正, 未必聽也., 義理雖全, 未必用也」에 보인다. 둘째, 儒學 경전의 의미를 추구하는 학문을 가리킨다. 동일한 의미의 최초 출전은 《漢書》 〈劉歆傳〉 「及歆治左氏, 引傳文以解經, 轉相發明, 由是章句義理備焉」에 보인다. 셋째, 朱子 이래의 理學은 道義, 道理, 義理, 天理 등으로 기록하였고, 달리 義理之學으로 일컬었다. 동일한 의미의 최초 출전은 程顥(南宋), 程頤(南宋), 《二程遺書》 卷十八 「或讀書講明義理., 或記古今人物, 別其是非., 或應事即物而處其當, 皆窮理也」에 보인다. 본문에서는 셋째의 의미이다.
9) 日明(일명)-나날이 밝아지다. 동일한 의미의 최초 출전은 張孝祥(南宋), 〈浣溪沙〉 「霜日明霄水蘸空。鳴鞘聲里綉旗红」에 보인다.
10) 而(이)-그리고, 그래서, 그러나. 관련 4자성어는 不言而喻, 適可而止 등이 있다.

11) 宋(송)-宋나라(960-1279)를 가리킨다. 唐나라가 멸망하고 五代十國의 분열을 거친 후 宋州 歸德軍 節度使 趙匡胤이 통일하고 건국하였다. 北宋(960-1127)과 南宋(1127-1279)으로 구분되었고 모두 18皇帝, 319년 존속하였다. 宋代에는 儒學의 부흥을 완성하고 진일보 理學의 단계에 진입하였다. 理學의 흥기와 번영은 宋代 사상계의 가장 중요한 성과가 되었고, 특별히 心性과 義理 방면에 비교적 완전한 사상체계를 이룩하였다. 주요 인물은 周敦頤부터 시작하여 北宋의 張載, 程顥, 程頤, 邵雍 및 南宋의 朱熹, 陸九淵 등이 있다.

12) 之(지)-~의, ~중에서. 관련 4자성어는 君子之交, 莫逆之友 등이 있다.

13) 先正(선정)-3가지 의미가 있다. 첫째, 前代의 어진 신하. 둘째, 前代의 군주. 셋째, 前代의 어진 사람, 학자 등을 가리킨다. 동일한 의미의 최초 출전은 邵博(北宋), 《聞見後錄》 卷三 「世謂先正論三江以味別, 自孔子刪定書以來, 學者不知也」에 보인다. 본문에서는 셋째의 의미로 宋代의 유학자들을 가리킨다. 그 중에서도 6명의 儒學者(宋朝六賢-周敦頤, 張載, 邵雍, 程顥, 程頤, 朱熹) 및 呂祖謙, 眞德秀가 비교적 특출하다.

14) 所著(소저)-저술한. 著作, 寫作, 撰寫, 撰述과 동일하다.

15) 書(서)-책, 서적. 관련 4자성어는 琴棋書畫, 四書五經 등이 있다.

16) 如(여)-만약, 같다. 관련 4자성어는 度日如年, 吉祥如意 등이 있다.

17) 近思錄(근사록)-《近思錄》은 朱熹(南宋)와 呂祖謙(南宋)이 儒學思想의 체계를 저술한 서적이다. 近思라는 명칭은 《論語》 〈子張〉 「博學而篤志, 切問而近思, 仁在其中矣」에서 취했다. 주요 내용은 우주 생성의 本體로부터 人格理想과 道德境界의 명제는 물론 格物, 致知, 誠意, 正心, 修身, 齊家, 治國, 平天下 및 고대 聖王의 禮法制度와 異端에 대한 비판 등에 이르기까지 상세히 서술하였다. 특히 이 책은 北宋 5子(周敦頤, 邵雍, 張載, 程顥, 程頤)와 朱呂 학파의 주체가 되었고, 儒學의 道統과 理學思想 전파에 중요한 작용을 하였다.

18) 家禮(가례)-《家禮》는 朱熹(南宋)의 禮學에 관한 저술이다. 달리 《朱子家

禮》 라고 일컫는다. 내용은 通禮와 冠禮, 婚禮, 喪禮, 祭禮의 5부분으로 구성되었다. 특히 喪禮는 초년의 부친상을 당한 뒤부터 정리하기 시작하였고, 중년에 모친상을 겪으면서 사리에 맞고 실제로 행하기 쉬운 예의 제도의 필요성을 절감하여 작성하였다고 한다. 《家禮》의 내용은 모두 당시 사회의 풍속을 근거로 하고 고금의 家禮를 참고하여 작성하였다.

19) 心經(심경)-《心經》은 宋나라 眞德秀(南宋)(1178-1235)가 성현들의 마음에 관한 격언들을 모으고 여러 유학자들의 핵심적인 議論을 채집하여서 주석을 단 것이다. 주요내용은 正心을 근본으로 하였다.

20) 二程全書(이정전서)-《二程全書》는 程顥(南宋)와 程頤(南宋)가 저술한 철학 저서이다. 구성은 《二程遺書》 25卷, 附錄1卷(行狀), 《二程外書》 12卷, 《明道先生文集》 5卷, 《伊川先生文集》 8卷, 《伊川易傳》 4卷, 《程氏經說》 8卷, 《二程粹言》 2卷을 포함한다. 주요 내용은 첫째, 宇宙觀은 理를 세계 만물의 本体, 自然界의 최고 원칙, 社會의 최고 원칙으로 여겼다. 즉 天地萬物一體之仁, 物我合一, 天人合一을 주장하였다. 둘째, 認識論은 格物, 致知를 제창하고 天理를 인식하고, 內心의 도덕수양으로 誠과 敬을 주장하였다. 셋째, 人性論은 性善과 性即理, 禮即天理 등을 주장하였다.

21) 朱子大全(주자대전)-《朱子大全》은 朱熹(南宋)(1130-1200)의 작품집이다. 정식 명칭은 《晦庵先生朱文公文集》 이고 달리 《朱文公文集》, 《朱子大全》, 《晦庵集》, 《朱子大全文集》, 《朱子文集大全》, 《朱子文集》 등으로 일컫는다. 구성은 《朱文公文集》 100卷, 《續集》 11卷, 《別集》 10卷으로 이루어졌다. 《朱文公文集》 100卷은 아들 朱在(南宋)가 편집하였고, 《別集》은 余師魯(南宋)가 편집하였으며, 《續集》은 누가 편집했는지 알 수 없다. 주요 내용은 朱熹의 詩, 奏稿, 書札, 論文 등으로 朱熹의 理學에 대한 관점과 정치사상 등이 수록되었다.

22) 語類(어류)-《語類》의 정식 명칭은 《朱子語類大全》 이다. 朱熹 사후에 黎靖德(南宋)이 朱熹와 제자들이 문답한 語錄(제자 97명, 그 중에서 無名氏 4명)을 분류하여 편찬한 것으로, 26개 항목 140권으로 편찬되었다. 度宗

(南宋) 咸淳六年(1270)에 발간된 것이 현재 통용본이다. 주요 내용은 구어체로 기록되었고, 經典에 관하여 담론한 것, 사물에 대한 論說과 이치를 밝히는 내용 등이 있다. 이 책은 朱子學派의 사상을 이해하는데 있어서 가장 유익한 자료로 평가받고 있다.

23) 及(급)-이르를, 및. 관련 4자성어는 後悔莫及, 追不及待 등이 있다.
24) 他(타)-기타. 관련 4자성어는 他山之石, 流落他鄉 등이 있다.
25) 性理(성리)-송나라의 性理學을 가리키고, 人性과 天理를 의미한다. 동일한 의미의 최초 출전은 陳善(南宋), 《捫虱新話》〈本朝文章亦三變〉「唐文章三變, 本朝文章亦三變矣, 荊公以經術, 東坡以議論, 程氏以性理, 三者要各自立門户, 不相蹈襲」에 보인다.
26) 說(설)-이론, 주장. 관련 4자성어는 衆說紛紜, 說往說來 등이 있다.
27) 宜(의)-마땅히. 관련 4자성어는 各得其宜, 便宜行事 등이 있다.
28) 間間(간간)-분별하다. 동일한 의미의 최초 출전은《莊子》〈齊物論〉「大知閑閑, 小知間間」成玄英(唐) 疏 ..「間間, 分別也 …… 小知狹劣之人, 性靈褊促, 有取有舍, 故間隔而分別」에 보인다.
29) 精讀(정독)-자세히 읽다. 熟讀과 동일하다. 동일한 의미의 최초 출전은 蘇軾(北宋), 〈送安惇秀才失解西歸〉「舊書不厭百回讀, 熟讀深思子自知」에 보인다.
30) 常常(상상)-항상. 동일한 의미의 최초 출전은《孟子》〈萬章上〉「欲常常而見之, 故源源而來」에 보인다.
31) 浸灌(침관)-젖어들다, 훈도되다. 동일한 의미의 최초 출전은 歸有光(明), 〈莊氏二子字說〉「德實自立門户, 而德誠贅王氏, 皆以敦厚爲人所信愛, 此殆流風末俗所浸灌而未及者」에 보인다.
32) 吾心(오심)-내 마음. 동일한 의미의 최초 출전은 王安石(北宋), 〈吾心〉「吾心童稚时, 不見一物好」에 보인다.
33) 無時(무시)-중단될 때가 없다, 수시로. 동일한 의미의 최초 출전은《儀禮》〈既夕禮〉「哭晝夜無時」에 보인다.

34) 間斷(간단)-중단되다. 동일한 의미의 최초 출전은 沈瀛(南宋), 〈念奴嬌〉 〈一日十二時中, 莫教間斷, 念念來相續」에 보인다.
35) 餘力(여력)-남는 힘, 한가한 시간. 동일한 의미의 최초 출전은 《論語》 〈學而〉 「行有餘力, 則以學文」 邢昺(北宋) 疏 .. 「能行已上諸事, 仍有閒暇餘力, 則可以學先王之遺文」에 보인다.
36) 亦(역)-또한. 관련 4자성어는 亦復如是, 不亦悅乎 등이 있다.
37) 讀(독)-읽다. 관련 4자성어는 百讀不厭, 熟讀深思 등이 있다.
38) 史書(사서)-역사를 기록한 서적. 동일한 의미의 최초 출전은 杜預(曹魏), 〈春秋經典集解序〉 「周公之垂法, 史書之舊章」에 보인다.
39) 通(통)-통달하다. 관련 4자성어는 四通八達, 博古通今 등이 있다.
40) 古今(고금)-옛날과 지금. 동일한 의미의 최초 출전은 《禮記》 〈三年問〉 「故三年之喪, 人道之至文者也 …… 是百王之所同, 古今之所壹也」에 보인다.
41) 達(달)-다 알다. 관련 4자성어는 知書達禮, 通達古今 등이 있다.
42) 事變(사변)-세상사의 변화. 동일한 의미의 최초 출전은 《荀子》 〈富國〉 「萬物得宜, 事變得應」에 보인다.
43) 以(이)-~함으로써. 관련 4자성어는 一以貫之, 夢寐以求 등이 있다.
44) 長(장)-발전시키다. 관련 4자성어는 天長地久, 長生不死 등이 있다.
45) 識見(식견)-견해, 아는 것. 동일한 의미의 최초 출전은 劉義慶(南朝,宋), 《世說新語》 〈棲逸〉 「郗尙書與謝居士善。常稱 .. 謝慶緒息見雖不絶人, 可以累心處都盡」에 보인다.
46) 若(약)-만약. 관련 4자성어는 若隱若現, 泰然自若 등이 있다.
47) 異端(이단)-3가지 의미가 있다. 첫째, 이상한 징조. 둘째, 사회 주류사상 또는 의식형태와 다른 사상이나 이론을 가리킴. 셋째, 儒家 학설, 학파 이외의 기타 학설이나 학파를 가리킴. 동일한 의미의 최초 출전은 《論語》 〈爲政〉 「子曰 .. 攻乎異端, 斯害也已」 朱熹(南宋), 《論語集注》 .. 「異端, 非聖人之道, 而別爲一端, 如楊墨是也」에 보인다. 즉 처음에는 楊朱와 墨翟의 사상을 異端이라고 했지만 朱子學이 성립된 이후에 극복의 대상으로

보았던 도교와 불교 사상을 가리키는 것으로 보인다.

48) 雜類(잡류)-기타 純正하지 못한 종류의 서적. 동일한 의미의 최초 출전은 干寶(東晉), 《搜神記》 卷十二 「蠱有怪物若鬼, 其妖形變化, 雜類殊種, 或爲狗豕, 或爲虫蛇」에 보인다.

49) 不正(부정)-바르지 못한. 동일한 의미의 최초 출전은 韓愈(唐), 〈潮州謝孔大夫狀〉 「積之於室, 非廉者所爲., 受之於官, 名且不正」에 보인다.

50) 則(즉)-곧, 즉. 관련 4자성어는 月滿則虧, 禮煩則亂 등이 있다.

51) 不可(불가)-할 수 없다. 可(가능, 되다, 적합, 옳다)의 반대 의미이다. 동일한 의미의 최초 출전은 《孫子兵法》 〈九變〉 「覆軍殺將, 必以五危, 不可不察也」에 보인다.

52) 頃刻(경각)-매우 짧은 시간. 동일한 의미의 최초 출전은 韓愈(唐), 〈赴江陵途中寄贈王二十補闕李十一拾遺李二十六員外翰林三學士〉 「中使臨門遣, 頃刻不得留」에 보인다.

53) 披閱(피열)-펼쳐보다, 읽다. 동일한 의미의 최초 출전은 《北史》 〈韋孝寬傳〉 「雖在軍中, 篤意文史, 政事之餘, 每自披閱」에 보인다.

54) 也(야)-조사로 문장 중간에 혹은 문장 끝에 사용한다. 관련 4자성어는 空空如也, 未嘗有也 등이 있다.

【讀書章4-13국역】

5서(《소학》, 《대학》, 《논어》, 《맹자》, 《중용》)와 오경(《시경》, 《서경》, 《예경》 (《주례》, 《의례》, 《예기》), 《역경》, 《춘추》)을 돌려가며 자세히 읽고 암송하며 이해하는데 그치지 않고, 주자 이래의 이학(도의, 도리, 의리, 천리 등으로 기록하였고 달리 의리지학으로 일컬은 것)으로 하여금 나날이 밝아지게 해야 한다. 그리고 송나라의 유학자들이 저술한 책으로 《근사록》, 《주자가례》, 《심경》, 《이정전서》, 《주자대전》, 《주자어류》 및 기타 성리학의 이론 같은 것은 마땅히 분별하여 자세히 읽고, 주자 이래의 이학인 의리지학으로 하여금 항상 내 마음에 젖어들어 중단될 때가 없어야 한다. 그리고 남는 힘이 있으면 또한 역사를 기록한 서적을 읽어서 옛날과 지금에 통달하고 세상사의 변화를 다 알게 됨으로써 견해를 발전시켜야 한다. 만약 주자학이 성립된 이후에 극복의 대상으로 보았던 도교와 불교 사상 관련이나 기타 순정하지 못한 종류 등 바르지 못한 서적은 매우 짧은 시간이라도 펼쳐보아서는 안 된다.

【讀書章4-13解說】

*「先正」

선정은 3가지 의미가 있다. 첫째, 前代의 어진 신하. 둘째, 前代의 군주. 셋째, 前代의 어진 사람, 학자 등을 가리킨다. 동일한 의미의 최초 출전은 邵博(北宋), 《聞見後錄》 卷三「世謂先正論三江以味別, 自孔子删定書以來, 學者不知也」에 보인다. 본문에서는 셋째의 의미로 宋代의 유학자들을 가리킨다. 그 중에서도 6명의 儒學者(宋朝六賢-文廟配享)-周敦頤, 張載, 邵雍, 程顥, 程頤, 朱熹) 및 呂祖謙, 眞德秀가 비교적 특출하다. 참고로 송조6현(北宋 5子와 南宋 朱子)과 呂祖謙, 眞德秀의 주요 사상에 대한 설명은 아래와 같다.

1) 周敦頤(1017-1073)의 사상은 《周易》에 근거하여 太極을 理, 陰陽五行을 氣로 정하고, 이것으로 대자연과 인류사회의 발전규칙을 해석하였다. 주요 저서는 《太極圖說》, 《通書》 등이 있다. 《太極圖說》은 《易經》, 《中庸》, 韓愈의 《原道》, 도교, 불교사상을 수용하고 도교 학자 陳摶의 《無極圖》를 개량하여 太極, 理, 氣, 性, 命 등 일련의 철학 이론을 주장하였다. 《通書》는 《中庸》의 誠 사상을 易學(天人相應의 학술사상에 입각하여 萬事萬物의 운행규율 및 그 상호관계를 연구하는 학문)의 체계 안으로 흡수시켜 철학 체계를 형성한 것이다.

2) 邵雍(1011-1077)의 사상은 伏羲의 八卦와 文王의 《周易》 학설에 근거하여 伏羲八卦圖와 文王八卦圖를 작성하고, 각각을 先天之學과 後天之學으로 명명하였다. 또 자신의 《先天圖說》에 근거하여 順과 逆으로 우주

만물의 生成과 變化를 추론하고 先天象數學을 주장하였다. 주요 저서로는 《皇極經世書》가 있다.

3) 張載(1020-1077)의 사상은 氣를 만물의 근원으로 여겼다. 氣의 聚散과 變化는 객관세계의 각종 물질현상을 형성하고, 氣가 모여 이루어진 것이 만물이고 氣가 흩어진 것이 無形의 太虛라고 여겼다. 또 《論語》의 「兩端」으로 사물 내부의 모순 성질을 설명하였다. 즉 氣는 陰陽 兩端으로 분리되고 사물도 모두 대립하는 양단이 존재하며, 양단의 모순 투쟁은 우주 만물의 운동을 형성한다고 여겼다. 주요 저서는 《正蒙》, 《西銘》, 《易說》, 《經學理窟》 등이 있다.

4) 程顥(1032-1085)의 사상은 理를 사람 마음에 존재하는 것으로 「心是理, 理是心」을 주장하였다. 그는 객관세계의 존재를 부인하였고 마음속의 理를 만사만물을 주재하는 최고 존재로 여겼으며, 이것을 기초로 「萬物一切」를 주장하였다. 그의 주장은 主觀唯心主義心學으로 후대 陸九淵과 楊簡에 의하여 계승되어 心學을 형성하였고 王守仁에 의하여 陽明學 형성의 기초가 되었다. 주요 저서는 《定性書》, 《識仁篇》 등이 있다.

5) 程頤(1033-1107)의 사상은 易學에 집중하였고 《伊川易傳》에 잘 드러나 있다. 그는 理를 易學의 최고 범주에 두고 「隨時變易以從道」와 「易周盡萬物之理」의 명제를 주장하여 《易經》을 사물변화의 규율과 인간 행위의 규범을 설명하는 근거로 보았다. 또 程顥와 달리 心과 理를 구별하는 理學을 형성하였다. 주요 저서는 《易傳》, 《伊川文集》 등이 있다.

6) 朱熹(1130-1200)의 사상은 이전의 유학을 총결하고 理學 사상을 집대성하여 元, 明, 淸 3代에서는 官方哲學으로 위치를 확고히 하였다. 朱熹는 張載와 2程의 기초위에서 天命之性과 氣質之性의 人性二元論을 논증하였다. 理는 존재의 기초이고 太極이 최고 경지이다. 氣는 물질 성질의 第二性으로 여겼고 理와 氣는 상호 불가결한 요소로 인식하였다. 程顥와 程頤의 학설을 계승 발전시켜서 程朱學派로 일컫는다. 주요 저서는 《周易本義》, 《四書集註》, 《家禮》, 《近思錄》 등이 있다.

이 외에 (1)呂祖謙(1137-1181)의 사상은 程頤의 理學 관점을 숭상하였고, 朱熹, 張栻과 더불어 東南三賢으로 일컬어졌다. 그는「明理躬行, 學以致用」을 주장하고 心性에 대하여 헛된 주장만 하고 실천하지 않는 현상을 반대하였다. 理 또는 天理는 천지만물의 근원이고 사물의 보편법칙이며, 心은 만물을 관장하고 자연계와 인류사회에 일종의 규정성이 있다고 여겼다. 그가 창립한 婺學은 당시 가장 영향력 있는 학파였고, 理學 발전사상 중요한 지위를 차지하고 있었다. 주요 저서로는《東萊集》,《東萊博議》및 朱熹와 공저한《近思錄》이 있다. (2)眞德秀(1178-1235)의 理學 사상은 기본적으로 朱熹를 추종하였고, 魏了翁 등과 함께 朱熹를 百代宗師라고 칭송하였다. 그는 理學을 진흥하고 발전시켜서 朱熹 이후 정통계승자로 일컬어졌다. 주요 저서로는《西山文集》,《四書集編》,《大學衍義》등이 있다.

【讀書章4-14원문】

凡讀書, 必熟讀一冊, 盡曉義趣, 貫通無疑, 然後乃改讀他書, 不可貪多務得, 忙迫涉獵也。

【讀書章4-14음역】

범독서, 필숙독일책, 진효의취, 관통무의 연후내개독타서, 불가탐다무득, 망박섭렵야.

【讀書章4-14주석】

1) 凡(범)-문장 전체를 수식하는 부사로 무릇, 모든의 의미이다. 관련 4자성어는 儀表非凡, 擧止不凡 등이 있다.
2) 讀書(독서)-책을 읽다. 동일한 의미의 최초 출전은《禮記》〈文王世子〉「秋學禮, 執禮者詔之., 冬讀書, 典書者詔之」에 보인다.

3) 必(필)-반드시. 必定, 必然, 必須, 一定要 등과 동일하다. 관련 4자성어는 物極必反, 信賞必罰 등이 있다.
4) 熟讀(숙독)-자세히 읽고 암송하다. 동일한 의미의 최초 출전은 蘇軾(北宋), 〈送安惇秀才失解西歸〉「舊書不厭百回讀, 熟讀深思子自知」에 보인다.
5) 一冊(일책)-책 한권. 一本과 동일하다. 一冊과 一本을 엄밀히 구분하면 一冊은 여러 권이 모인 것을 가리키고, 一本은 한 권을 가리킨다.
6) 盡曉(진효)-전부 알다. 精曉와 동일하다. 동일한 의미의 최초 출전은 李頻(唐), 〈送羅著作两浙按獄〉「科條盡曉三千罪, 囹圄應空十二州」에 보인다.
7) 義趣(의취)-의의와 요지. 동일한 의미의 최초 출전은 杜預(西晉), 〈春秋經典集解序〉「辭約則義微」 孔穎達(唐) 疏 ..「文辭約少, 則義趣微略」에 보인다.
8) 貫通(관통)-꿰뚫다. 동일한 의미의 최초 출전은 董仲舒(西漢), 《春秋繁露》〈正貫〉「然後援天端, 布流物, 而貫通其理, 則事變散其辭矣」에 보인다.
9) 無疑(무의)-의문점이 없다. 동일한 의미의 최초 출전은 嵇康(曹魏), 〈釋私論〉「行私者無所冀, 則思改其非., 立公無所忌, 則行之無疑」에 보인다.
10) 然後(연후)-그렇게 한 뒤에, 연후에. 동일한 의미의 최초 출전은 《禮記》〈學記〉「是故學, 然後知不足., 教, 然後知困」에 보인다.
11) 乃(내)-이에. 관련 4자성어는 乃文乃武, 乃祖乃父 등이 있다.
12) 改讀(개독)-바꿔 읽다. 동일한 의미의 최초 출전은 《荀子》〈天論〉「老子有見于詘, 無見于信」 楊倞 注 ..「信讀爲伸, 即爲改讀」에 보인다.
13) 他(타)-기타. 관련 4자성어는 他山之石, 流落他鄉 등이 있다.
14) 書(서)-책, 서적. 관련 4자성어는 琴棋書畫, 四書五經 등이 있다.
15) 不可(불가)--할 수 없다. 可(가능, 되다, 적합, 옳다)의 반대 의미이다. 동일한 의미의 최초 출전은 《孫子兵法》〈九變〉「覆軍殺將, 必以五危, 不可不察也」에 보인다.
16) 貪多(탐다)-많은 책을 읽으려고 욕심을 내는 것. 동일한 의미의 최초 출전은 韓愈(唐), 〈進學解〉「貪多務得, 細大不捐」에 보인다.

17) 務得(무득)-많은 지식을 얻으려고 힘쓰다. 4자성어로는 貪多務得이 있다. 동일한 의미의 최초 출전은 위와 같다.
18) 忙迫(망박)-급히 서두르다. 동일한 의미의 최초 출전은 韓愈(唐), 《順宗實錄》 卷四 「賊不意萬福至, 忙迫不得戰」에 보인다.
19) 涉獵(섭렵)-대충대충 읽다. 동일한 의미의 최초 출전은 《漢書》 〈賈山傳〉 「涉獵書記, 不能爲醇儒」에 보인다.
20) 也(야)-조사로 문장 중간에 혹은 문장 끝에 사용한다. 관련 4자성어는 空空如也, 未嘗有也 등이 있다.

【讀書章4-14국역】

무릇 책을 읽을 때에는 반드시 한 권을 자세히 읽고 암송하여 의의와 요지를 전부 알고 의문점이 없도록 꿰뚫어야 하고, 그렇게 된 이후에 이에 다른 책으로 바꿔 읽어야지 많은 책을 읽으려고 욕심을 내거나 많은 지식을 얻으려고 힘쓰면서 급히 서두르며 대충대충 읽어서는 안 된다.

【讀書章4-14解說】

*「熟讀」

숙독은 한국 사전에서는 "글의 뜻을 잘 생각하면서 차분하게 하나하나 읽다"이다. 그러나 중국 사전에서는 "자세히 읽고 암송하다"의 의미이다. 동일한 의미의 최초 출전은 蘇軾(北宋), 〈送安犉秀才失解西歸〉 「舊書不厭百回讀, 熟讀深思子自知」에 보인다. 한중 양국 사전상의 의미가 다름을 알 수 있다.

*「涉獵」

섭렵은 한국 사전에서는 "많은 책을 널리 읽다"이다. 그러나 중국 사전에서는 "대충대충 읽다"의 의미이다. 동일한 의미의 최초 출전은 《漢書》 〈賈山傳〉 「涉獵書記, 不能爲醇儒」에 보인다. 한중 양국 사전상의 의미가 다름을 알 수 있다.

第五, 事親章

어버이를 섬기는 방법

凡人莫不知親之當孝, 而孝者甚鮮, 由不深知父母之恩故也。

詩不云乎? "父兮生我, 母兮鞠我, 欲報之德, 昊天罔極。" 人子之受生, 性命血肉, 皆親所遺。喘息呼吸, 氣脈相通, 此身非我私物, 乃父母之遺氣也。故曰.. "哀哀父母! 生我劬勞。"(天下之物, 莫貴於吾身, 而吾身乃父母之所遺也。今有遺人以財物者, 則隨其物之多少輕重, 而感恩之意爲之深淺焉。父母遺我以身, 而擧天下之物, 無以易此身矣。) 父母之恩, 爲如何哉? 豈敢自有其身, 以不盡孝於父母乎? 人能恒存此心, 則自有向親之誠矣。

凡事父母者, 一事一行, 毋敢自專, 必稟命而後行。若事之可爲者, 父母不許, 則必委曲陳達, 頷可而後行。若終不許, 則亦不可直遂其情也。

每日未明而起, 盥櫛衣帶, 就父母寢所, 下氣怡聲, 問燠寒安否。昏則詣寢所, 定其褥席, 察其溫凉。日間侍奉, 常愉色婉容, 應對恭敬, 左右就養, 極盡其誠。出入必拜辭拜謁。

今人多是被養於父母, 不能以己力養其父母。若此奄過日月, 則終無忠養之時也。必須躬幹家事, 自備甘旨, 然後子職乃修。若父母堅不聽從, 則雖不能幹家, 亦當周旋補助, 而盡力得甘旨之具, 以適親口可也。若心心念念, 在於養親, 則珍味亦必可得矣。每念王延, 隆冬盛寒, 體無全衣, 而親極滋味, 令人感歎流涕也。

人家父子間, 多是愛逾於敬, 必須痛洗舊習, 極其尊敬。父母所坐臥處, 子不敢坐臥, 所接客處, 子不敢接私客, 上下馬處, 子不敢上下馬可也。

父母之志, 若非害於義理, 則當先意承順, 毫忽不可違。若其害理者, 則和氣、怡色、柔聲以諫, 反覆開陳, 必期於聽從。

父母有疾, 心憂色沮, 捨置他事, 只以問醫劑藥爲務, 疾止復初。

日用之間, 一毫之頃, 不忘父母, 然後乃名爲孝。彼持身不謹, 出言無章, 嬉戲度日者, 皆是忘父母者也。

日月如流, 事親不可久也。故爲子者須盡誠竭力, 如恐不及可也。古人詩曰.. "古人一日養, 不以三公換。" 所謂愛日者如此。

【事親章5-1원문】

凡人莫不知親之當孝, 而孝者甚鮮, 由不深知父母之恩故也。詩不云乎? "父兮生我, 母兮鞠我, 欲報之德, 昊天罔極。" 人子之受生, 性命血肉, 皆親所遺。喘息呼吸, 氣脈相通, 此身非我私物, 乃父母之遺氣也。故曰 .. "哀哀父母! 生我劬勞。"(天下之物, 莫貴於吾身, 而吾身乃父母之所遺也。今有遺人以財物者, 則隨其物之多少輕重, 而感恩之意爲之深淺焉。父母遺我以身, 而擧天下之物, 無以易此身矣)。父母之恩, 爲如何哉? 豈敢自有其身, 以不盡孝於父母乎? 人能恒存此心, 則自有向親之誠矣。

【事親章5-1음역】

범인막부지친지당효, 이효자심선, 유불심지부모지은고야. 시불운호? "부혜생아, 모혜국아, 욕보지덕, 호천망극." 인자지수생, 성명혈육, 개친소유. 천식호흡, 기맥상통, 차신비아사물, 내부모지유기야. 고왈 .. "애애부모! 생아구로."(천하지물, 막귀어오신, 이오신내부모지소유야. 금유유인이재물자, 즉수기물지다소경중, 이감은지의위지심천언. 부모유아이신, 이거천하지물, 무이역차신의). 부모지은, 위여하재! 기감자유기신, 이부진효어부모호! 인능항존차심, 즉자유향친지성의.

【事親章5-1주석】

1) 凡(범)-문장 전체를 수식하는 부사로 무릇, 모든의 의미이다. 관련 4자성어는 儀表非凡, 擧止不凡 등이 있다.
2) 人(인)-사람. 4자성어로는 助人爲樂, 目中無人 등이 있다.
3) 莫不(知)(막부(지)-알지 않음이 없다. 無不(知), 莫非(知)와 동일하다. 동일한 의미의 최초 출전은 《詩經》〈時邁〉「薄言震之, 莫不震疊」에 보인다.
4) 親(친)-부모, 어버이. 관련 4자성어는 親如手足, 大義滅親 등이 있다.
5) 之(지)-~에게의 의미이다. 於와 통용된다. 관련 4자성어는 君子之交, 莫

逆之友 등이 있다.

6) 當孝(당효)-마땅히 효도를 하다. 본문의 「親之當孝」는 當孝於親의 도치 형태이다. 동일한 의미의 최초 출전은 王守仁(明), 《傳習錄》〈徐愛錄〉「如今人盡有知得父當孝, 兄當弟者, 却不能孝, 不能弟」에 보인다.

7) 而(이)-그리고, 그래서, 그러나. 관련 4자성어는 不言而喩, 適可而止 등이 있다.

8) 孝(효)-효순. 관련 4자성어는 母慈子孝, 孝悌忠信 등이 있다.

9) 者(자)-사람. 관련 4자성어는 來者不拒, 當局者迷 등이 있다.

10) 甚鮮(심선)-매우 적다. 동일한 의미의 최초 출전은 李燾(南宋), 《續資治通鑑長編》 卷一百七十二, 皇祐四年(1052) 「夫在位雖衆, 志於國家之急者甚鮮, 幸有一焉, 又脅於沽激之說」에 보인다.

11) 由(유)-~로 말미암아. 관련 4자성어는 自由自在, 身不由己 등이 있다.

12) 不(불)-아니다. 부사이고 일반적으로 부정의 의미로 사용된다. 관련 4자성어는 念念不忘, 美中不足 등이 있다.

13) 深知(심지)-깊이 이해하다. 동일한 의미의 최초 출전은 揚雄(西漢), 《法言》〈問道〉「深知器械舟車宮室之爲, 則禮由己」에 보인다.

14) 父母(부모)-부친과 모친. 동일한 의미의 최초 출전은 《詩經》〈蓼莪〉「哀哀父母, 生我劬瘁」에 보인다.

15) 恩(은)-은혜. 관련 4자성어는 忘恩負義, 恩重如山 등이 있다.

16) 故(고)-그런 까닭에. 관련 4자성어는 溫故知新, 無緣無故 등이 있다.

17) 也(야)-조사로 문장 중간에 혹은 문장 끝에 사용한다. 관련 4자성어는 空空如也, 未嘗有也 등이 있다.

18) 詩(시)-본문에서는 《詩經》을 가리킨다. 관련 4자성어는 詩中有畵, 七步成詩 등이 있다.

19) 云(운)-이르다, 말하다. 관련 4자성어는 人云亦云, 不知所云 등이 있다.

20) 乎(호)-개사로는 ~에, ~에 대하여 ~을(를) 의미이다. 어조사로는 문장의 끝에 사용되어 의문, 반어, 감탄, 명령, 추정 등 의미로 사용된다. 관련

4자성어는 不亦悅乎, 出乎意外 등이 있다.

21) 父(부)-부친. 관련 4자성어는 父慈子孝, 父債子還 등이 있다.

22) 兮(혜)-어기조사로 현대의 吧, 啊, 呀와 동일하다. 관련 4자성어는 歸去來兮가 있다.

23) 生(생)-태어나다. 관련 4자성어로는 同生共死, 自力更生 등이 있다.

24) 我(아)-나. 余, 吾, 予와 동일하다. 관련 4자성어는 唯我独尊, 自我陶醉 등이 있다.

25) 母(모)-모친. 관련 4자성어는 賢妻良母(한국은 賢母良妻), 母慈子孝 등이 있다.

26) 鞠(국)-기르다. 育과 동일하다. 관련 4자성어는 鞠躬盡力, 盡瘁鞠躬(鞠躬盡瘁) 등이 있다.

27) 欲(욕)-~하려 하다. 관련 4자성어는 隨心所欲, 欲揚先抑 등이 있다.

28) 報(보)-보답하다. 관련 4자성어는 以德報怨, 盡忠報國 등이 있다.

29) 德(덕)-은덕. 관련 4자성어는 以德報德, 功德無量 등이 있다. 본문의 「欲報之德」은 欲報其德과 동일하고 其는 부모님의 은덕을 가리킨다.

30) 昊天(호천)-광대한 하늘, 변덕스런 여름 하늘을 일컫는다. 참고로 봄은 蒼天, 여름은 昊天, 가을은 旻天 겨울은 冬天으로 일컫는다. 동일한 의미의 최초 출전은《書經》〈堯典〉「乃命羲和, 欽若昊天, 曆象日月星辰, 敬授人時」에 보인다.

31) 罔極(망극)-끝이 없다. 無極과 동일하다. 또 極은 원칙의 의미도 있다. 동일한 의미의 최초 출전은《詩經》〈蓼莪〉「父兮生我, 母兮鞠我 …… 欲報之德, 昊天罔極」朱熹(南宋),《詩經集傳》..「言父母之恩, 如天無窮, 不知所以爲報也」에 보인다.

32) 人子(인자)-자녀, 자식이 되다.「人子」는 爲人之子者의 생략이다. 之는 주격 조사. 동일한 의미의 최초 출전은《禮記》〈曲禮上〉「凡爲人子之禮, 冬温而夏凊, 昏定而晨省」에 보인다.

33) 受生(수생)-생명을 받아 태어나다. 동일한 의미의 최초 출전은 惠能(唐),

《壇經》〈定慧品〉「若百物不思, 念盡除却, 一念斷即死, 別處受生」에 보인다.

34) 性命(성명)-생명, 목숨. 동일한 의미의 최초 출전은《荀子》〈哀公〉「故知既已知之矣 …… 則若性命肌膚之不可易也」에 보인다.

35) 血肉(혈육)-피와 살. 동일한 의미의 최초 출전은 無名氏(唐), 〈靈應傳〉「由是血肉染草木, 脂膏潤原野, 腥穢蕩空, 戈甲山積」에 보인다.

36) 皆(개)-모두. 관련 4자성어는 人人皆知, 有口皆碑 등이 있다.

37) 親(친))-부모, 어버이. 관련 4자성어는 親如手足, 大義滅親 등이 있다.

38) 所遺(소유)-남겨준 것. 所遺之物의 생략이다. 동일한 의미의 최초 출전은 曹丕(曹魏), 《典論》〈論文〉「斯七子者, 于學無所遺」에 보인다.

39) 喘息(천식)-본문에서는 호흡을 가리킨다. 동일한 의미의 최초 출전은 《素問》〈陰陽應象大論〉「視喘息, 聽音聲, 而知所苦」에 보인다.

40) 呼吸(호흡)-숨을 내쉬고 들이쉬다. 동일한 의미의 최초 출전은《素問》〈平人氣象論〉「岐伯對曰 .. 人一呼, 脈再動., 一吸, 脈亦再動., 呼吸定息, 脈五動」에 보인다.

41) 氣脈(기맥)-혈기와 맥락. 동일한 의미의 최초 출전은 桓寬(西漢), 《鹽鐵論》〈輕重〉「扁鵲撫息脈而知疾所由生, 陽氣盛則損之而調陰, 寒氣盛則損之而調陽。是以氣脈調和, 而邪氣無所留矣」에 보인다.

42) 相通(상통)-서로 통하다. 동일한 의미의 최초 출전은《史記》〈孟子荀卿列傳〉「於是有裨海環之, 人民禽獸莫能相通者」에 보인다.

43) 此身(차신)-자신, 자기, 내 몸. 동일한 의미의 최초 출전은 蘇軾(北宋), 〈臨江仙·夜飲東坡醒復醉〉「長恨此身非我有, 何時忘却營營」에 보인다.

44) 非我(비아)-내 것이 아니다, 불교 용어로는 나에 대한 부정을 의미한다. 동일한 의미의 최초 출전은 위와 같다.

45) 私物(사물)-개인의 물건, 개인 사유물. 私人物品의 생략이다. 동일한 의미의 최초 출전은《晉書》〈桓彝傳〉「私物足擧凶事, 求還官庫」에 보인다.

46) 及(급)-이르를, 및. 관련 4자성어는 後悔莫及, 推己及人 등이 있다.

47) 遺氣(유기)-남겨준 신체(기운). 遺體와 동일하다. 동일한 의미의 최초 출전

은 葛洪(東晉),《抱朴子》〈逸民〉「或有乘危冒嶮, 投死忘生, 棄遺體於萬仞之下, 邀榮華於一朝之間, 比夫輕四海愛脛毛之士, 何其緬然邪 ! 」에 보인다.

48) 故曰(고왈)-그래서, 그래서 말하기를. 所以說과 동일하다. 동일한 의미의 최초 출전은《史記》〈酷吏列傳序〉「故曰 .. 聽訟, 吾猶人也, 必也使無訟乎」에 보인다.

49) 哀哀(애애)-비통함이 그치지 않은 모양. 동일한 의미의 최초 출전은《詩經》〈蓼莪〉「哀哀父母, 生我勞瘁」鄭玄(東漢) 箋 ..「哀哀者, 恨不得終養父母, 報其生長己之苦」에 보인다.

50) 劬勞(구로)-고생하다. 勞苦와 동일하다. 동일한 의미의 최초 출전은《詩經》〈蓼莪〉「哀哀父母, 生我劬勞」에 보인다.

51) 天下(천하)-고대에는 중국 범위내의 전부 토지, 국가, 세계, 모든 사람 등을 가리킨다. 동일한 의미의 최초 출전은《孟子》〈公孫丑下〉「以天下之所順, 天下順之」에 보인다.

52) 物(물)-물건, 재물. 관련 4자성어는 厚德載物, 地大物博 등이 있다.

53) 莫貴(막귀)-귀한 것은 없다. 동일한 의미의 최초 출전은《管子》〈正世〉「故爲人君者, 莫貴於勝., 所謂勝者, 法立令行之謂勝., 法立令行, 故群臣奉法守職」에 보인다.

54) 於(어)-어조사이고, ~에, ~에서, ~보다, ~를, ~에게, ~에 대해서, 이에 있어서 등의 의미로 사용되고 于와 동일하다. 관련 4자성어는 青出於藍, 耿耿於懷 등이 있다.

55) 吾身(오신)-내 몸, 자신. 동일한 의미의 최초 출전은《論語》〈學而〉「曾子曰 .. 吾日三省吾身, 爲人謀而不忠乎 ? 」에 보인다.

56) 乃(내)-이에. 관련 4자성어는 乃文乃武, 乃祖乃父 등이 있다.

57) 今(금)-지금. 관련 4자성어는 博古通今, 古今中外 등이 있다.

58) 有(유)-있다. 동사이고 無, 沒과 반대이다. 관련 4자성어는 有始無終, 一無所有 등이 있다.

59) 遺人(유인)-원래 의미는 후예, 관리, 요행히 살아남은 자, 벼슬하지 않고

숨어 지내는 선비(隱士), 이전 왕조에 충성을 바치는 자 등이 있다. 본문에서는 한국식 표현으로 다른 사람에게 남겨주다로 사용하였다.

60) 以(이)-~함으로써. 관련 4자성어는 一以貫之, 夢寐以求 등이 있다.

61) 財物(재물)-재물, 금전 물품의 총칭. 동일한 의미의 최초 출전은《禮記》〈禮器〉「是故昔先王之制禮也, 因其財物而致其義焉爾」에 보인다.

62) 則(즉)-곧, 즉. 관련 4자성어는 月滿則虧, 禮煩則亂 등이 있다.

63) 隨(수)-따라서. 관련 4자성어는 隨心所欲, 夫唱婦隨 등이 있다.

64) 其(기)-지시대명사로 이, 그, 저 등을 가리킨다. 관련 4자성어는 若無其事, 不計其數 등이 있다.

65) 多少(다소)-많고 적음. 동일한 의미의 최초 출전은《管子》〈七法〉「剛柔也, 輕重也, 大小也, 實虛也, 遠近也, 多少也, 謂之計數」에 보인다.

66) 輕重(경중)-본문에서는 귀하고 천한 것의 의미이다. 동일한 의미의 최초 출전은《荀子》〈富國〉「禮者, 貴賤有等, 長幼有差, 貧富輕重皆有稱者也」에 보인다.

67) 感恩(감은)-은혜에 감사하다. 동일한 의미의 최초 출전은《三國志》〈駱統傳〉「饗賜之日, 可人人別進, 問其燥濕, 加以密意, 誘諭使言, 察其志趣, 令皆感恩戴義, 懷欲報之心」에 보인다.

68) 意(의)-뜻. 관련 4자성어는 一心一意, 得意洋洋 등이 있다.

69) 爲(위)-~이 되다, 하다, 만들다. 做, 作, 干, 搞 등과 동일하다. 관련 4자성어는 助人爲樂, 一言爲定 등이 있다.

70) 深淺(심천)-깊고 얕은. 동일한 의미의 최초 출전은 董仲舒(西漢),《春秋繁露》〈正貫〉「論罪源深淺, 定法誅, 然後絶之屬分別矣」에 보인다.

71) 焉(언)-조사로 문장 끝에 사용되어 단정의 뜻을 나타낸다. 관련 4자성어는 輪焉奐焉, 語焉不詳 등이 있다.

72) 身(신)-몸, 신체. 관련 4자성어는 安身立命, 明哲保身 등이 있다.

73) 擧(거)-전부 다 취하다. 관련 4자성어는 擧一反三, 一擧兩得 등이 있다.

74) 無以(무이)-없다. 沒有와 동일하다. 동일한 의미의 최초 출전은《史記》

〈魯周公世家〉「我之所以弗辟而攝行政者, 恐天下畔周, 無以告我先王太王、王季、文王」에 보인다.

75) 易(역)-바꾸다. 관련 4자성어는 以暴易暴, 易地思之 등이 있다.

76) 矣(의)-조사로 문장 끝에 사용되고 了의 의미와 유사하다. 관련 4자성어는 思過半矣, 至矣盡矣 등이 있다.

77) 爲如何哉(위여하재)-어떻게 해야 할 것인가? 爲何如哉?와 동일하다. 동일한 의미의 최초 출전은 朱熹(南宋), 呂祖謙(南宋), 《近思錄》〈爲學〉「今以自私用智之喜怒, 而視聖人喜怒之正爲何如哉?」에 보인다.

78) 豈敢(기감)-어찌 감히 ~하다. 동일한 의미의 최초 출전은 《詩經》〈將仲子〉「豈敢愛之? 畏我父母」에 보인다.

79) 自(자)-스스로, 저절로. 관련 4자성어는 自由自在, 泰然自若 등이 있다.

80) 盡孝(진효)-부모에게 효도를 다하다. 동일한 의미의 최초 출전은 袁宏(東晉), 《後漢紀》〈桓帝紀下〉「夫喪親自盡孝之終也」에 보인다.

81) 能(능)-능히, 능숙하다, 가능하다. 관련 4자성어는 無能爲力, 無所不能 등이 있다.

82) 恒存(항존)-항상 지니다. 恒心, 永不放棄와 동일하다. 《孟子》〈盡心章上〉「孟子曰 .. 人之有德慧術知者, 恒存乎疢疾」에 보인다.

83) 此心(차심)-이 마음. 동일한 의미의 최초 출전은 鄭剛中(北宋), 〈此心〉「緘負此心剛未遂」에 보인다.

84) 向(향)-향하다. 관련 4자성어는 人心向背, 向上一路 등이 있다.

85) 誠(성)-정성. 관련 4자성어는 誠心誠意, 精誠所至 등이 있다.

【事親章5-1국역】

무릇 사람이라면 부모님에게 마땅히 효도를 해야 한다는 것을 알지 못하는 사람이 없지만, 그러나 효도하는 사람이 매우 드문 것은 부모님의 은혜를 깊이 알지 못하기 때문이다. 《시경》에서 말하지 않았는가! "아버지 나를 낳으시고 어머니 나를 기르셨네. 부모님의 은덕을 갚고자하나 광대한 하늘처럼 끝이 없구나.” 자식이 되어 생명을 받아 태어날 때에 목숨과 피와 살은 모두 부모님이 남겨주신 것으로, 호흡을 내쉬고 들이쉬며 혈기와 맥락이 서로 통하는 것도 이 몸이 나의 개인적인 물건이 아니고 부모님이 남겨준 신체(기운)가 이르른 것이다. 그런 까닭에 말하기를 .. “애통하구나 부모님이시여, 나를 낳으시느라 고생하셨네.”(천하 만물 중에 내 몸보다 귀한 것이 없는데, 그러나 내 몸은 바로 부모님이 남겨주신 것이다. 지금 다른 사람에게 재물을 남겨준 것이 있다면, 곧 그 재물의 많고 적음이나 가치가 귀하고 비천한 것에 따라서 그 은혜에 감사하는 뜻도 깊거나 얕아지는 것이다. 부모님이 나에게 몸을 남겨주셨으니 천하의 모든 물건을 열거하더라도 이 몸과 바꿀 것이 없을 것이다.) 부모님의 은혜에 어떻게 해야 할 것인가? 어찌 감히 저절로 그 몸이 생겼다고 하여 부모님에게 효도를 다하지 않겠는가? 사람이 항상 이 마음을 보존할 수 있다면 곧 저절로 부모님을 향한 정성이 생기게 될 것이다.

【事親章5-1解說】

*「昊天罔極」의 새로운 번역

1. 서언

호천망극을 상세히 분석하면 다음과 같다. 첫째, 호천은 광대한 하늘, 변덕스런 여름 하늘을 일컫는다. 참고로 봄은 蒼天, 여름은 昊天, 가을은 旻天 겨울은 冬天으로 일컫는다. 동일한 의미의 최초 출전은《書經》〈堯典〉「乃命羲和, 欽若昊天, 曆象日月星辰, 敬授人時」에 보인다. 둘째, 망극은 끝이 없다. 無極과 동일하다. 또 極은 원칙의 의미도 있다. 동일한 의미의 최초 출전은《詩經》〈蓼莪〉「父兮生我, 母兮鞠我 …… 欲報之德, 昊天罔極」朱熹,《詩經集傳》..「言父母之恩, 如天無窮, 不知所以爲報也」에 보인다. 호천망극의 기존 번역은《詩經》〈蓼莪〉「父兮生我, 母兮鞠我. 拊我畜我, 長我育我, 顧我復我, 出入腹我. 欲報之德, 昊天罔極!」朱熹(南宋),《詩經集傳》..

「言父母之恩, 如天無窮, 不知所以爲報也」에 의거하여 광대한 하늘처럼 끝이 없다로 번역하는 것이 일반적이었다. 이에 대하여《詩經》〈蓼莪〉원문의 분석을 통하여 새로운 의견을 제시하고자 한다.

2.《詩經》〈蓼莪〉의 分析

1) 원문

(1절) 蓼蓼者莪, 匪莪伊蒿. 哀哀父母, 生我劬勞.

(2절) 蓼蓼者莪, 匪莪伊蔚. 哀哀父母, 生我勞瘁.

(3절) 甁之罄矣, 維罍之耻. 鮮民之生, 不如死之久矣.
無父何怙? 無母何恃? 出則銜恤, 入則靡至.

(4절) 父兮生我, 母兮鞠我. 拊我畜我, 長我育我, 顧我復我, 出入腹我.
欲報之德, 昊天罔極!

(5절) 南山烈烈, 飄風發發. 民莫不穀, 我獨何害!

(6절) 南山律律, 飄風弗弗. 民莫不穀. 我獨不卒!

(이 시는 오랫동안 전쟁터에 징집되어 나갔다가 돌아오니 집은 황폐해지고 부모님은 돌아가신 상황에서 부모님을 추모하며 부른 노래)

2) 주석

(1)蓼(료, 요)-여뀌 풀, 蓼蓼는 여뀌풀이 크게 자란 모양 : (2)莪(아)-쑥, 抱娘蒿(아이가 어머니를 껴안고 있는 형상의 쑥)으로 집단으로 성장함, 여기서는 孝順하는 아들을 비유함 : (3)匪-非와 같다 (4)伊-是와 같다, ~이다 ; (5)蒿-개쑥(호), 짚(고), 따로따로 여기저기 흩어져 자라는 쑥을 가리킴, 여기서는 불효자식을 비유함 ; (6)哀哀-가련한, 슬프고 비통한 모양 ; (7)劬勞-매우 수고하고 고생스러움 ; (8)蔚-개쑥, 蒿의 일종, 여기서는 불효자식을 비유함 ; (9)勞瘁(췌)-고생이 심하여 신체가 병들어 쇠약해짐, 초췌 ; (10)甁(병)-물 병, 술 병, 여기서는 부모를 비유함 ; (11)罄(경)-다하다, 없다 ; (12)維-~이다, 되다, 乃, 是, 爲의 의미이다 ; (13)罍(뢰, 뇌)-물 항아

리, 술 항아리, 여기서는 자식을 비유함 ; (14)恥-수치, 즉 자식이 부모를 봉양하지 못함을 비유 ; (15)鮮-적다, 鮮民은 고아를 가리킴 ; (16)民-사람, 백성 ; (17)久-기다리다의 待 ; (18)怙(호)-의지하다, 아버지를 비유 ; (19)恃(시)-믿다, 어머니를 비유 ; (20)出-징집되어 전선에 있을 때 (21)銜恤(함휼)-우울하다 ; (22)靡(미)-망연하다, 산란, 소멸 ; (23)至-親, 부모를 가리킴 ; (24)鞠-기르다 ; (25)拊-어루만지다, 撫와 통한다 : (26)畜(휵)-좋아하다, 기르다, 慉(휵)과 통한다 ; (27)顧-생각하다 : (28)復-떠나지 못하다, 돌아오다 : (29)腹-껴안아주다 ; (30)昊天-광대한 하늘, 변덕스런 여름 하늘을 일컬음 : (31)罔極-끝이 없다, 無極과 통한다, 또 極은 원칙을 가리킨다 : (32)南山-첫째, 남쪽의 산, 둘째 長安 남쪽의 終南山 ; (27)烈烈-산에 큰 바람이 부는 모양, 颲颲(열열)과 통한다 ; (28)飄風-회오리바람, 飇風(표풍)과 통한다 ; (29)發發-바람소리, 撥撥과 통한다 ; (30)穀-양육하다 ; (31)何-부담. 荷와 통한다 ; (32)害-재해, 징집을 당한 것을 비유 ; (33)律律-산에 큰 바람이 부는 모양. 烈烈과 같은 의미이다 ; (34)弗弗-바람소리. 發發과 같은 의미이다 ; (35)卒-부모를 돌아가실 때까지 봉양하고 장례를 치르다.

3) 번역

(1절) 여뀌풀이 무성하게 어울려 자란 모양이, 抱娘蒿(아이가 어머니를 껴안고 있는 모양의 쑥) 처럼 보이는데, 抱娘蒿는 아니고, 따로따로 자라는 개쑥이구나. 아~ 가련한 우리 부모님, 나를 낳으시느라 매우 수고하고 고생하셨구나.

(2절) 여뀌풀이 무성하게 어울려 자란 모양이, 抱娘蒿(아이가 어머니를 껴안고 있는 모양의 쑥) 처럼 보이는데, 抱娘蒿는 아니고, 따로따로 자라는 제비쑥이구나. 아~ 가련한 우리 부모님, 나를 낳으시느라 고생이 심하여 신체가 병들어 쇠약 해지셨구나.

(3절) 물 담는 병은 바닥이 말라버렸으니(부모님의 사망을 비유), 물 담아

두던 항아리는 물을 제대로 공급하지 못해서(자식이 봉양 못함을 비유) 부끄러움을 느끼게 되었네. 부모 없이 고아로 사는 것은, 죽음을 기다리는 것만 못 하다네. 아버지 없이 어찌 의지할 곳이 있으리오. 어머니 없이 어찌 믿을 곳이 있으리오. 징집 나가서 전선에 있을 때도 부모님 생각에 항상 우울하였는데, 집에 돌아오니 부모님이 돌아가셨음을 알고 매우 망연자실 할 뿐이구나.

(4절) 아버지는 나를 낳으시고, 어머니는 나를 기르셨구나. 두 분께서는 나를 어루만져 주시고, 나를 기르시고, 나를 자라게 하시고, 나를 훈육하시고, 나를 생각하시고, 나를 떠나지 못하시고, 들고 날 때마다 나를 껴안아 주셨도다. 그 은혜를 갚고자 했는데, 변덕스런 여름철 하늘처럼 원칙도 없이 무심하게 우리 부모님을 데려 가시다니.

(5절) 남산 높은 봉우리에 큰 바람이 불고, 회오리바람 소리만 처량하게 들리는구나. 다른 사람들은 모두 부모님을 잘 봉양하는데, 나만 홀로 징집의 피해를 받았단 말인가.

(6절) 남산 높은 봉우리에 큰 바람이 불고, 회오리바람 소리만 처량하게 들리는구나. 다른 사람들은 모두 부모님을 잘 봉양하는데, 나만 홀로 부모님을 돌아가실 때까지 봉양도 못하고 장례도 치르지 못했구나.

3. 결론

호천망극에 대한 새로운 주장은 《詩經》에 사용된 罔極의 다양한 의미를 분석하면서 촉발되었다. 망극은 4가지 의미가 있다. 첫째, 다함이 없다. 無窮無盡과 동일하다. 동일한 의미의 최초 출전은 《詩經》〈小雅〉「有靦面目, 視人罔極」 鄭玄(東漢) 箋 ..「人相視無有極時, 終必與女相見」에 보인다. 둘째, 모함하는 말, 모함이 그치지 않음. 不止와 동일하다. 동일한 의미의 최초 출전은 《詩經》〈小雅〉「讒人罔極, 構我二人」 鄭玄(東漢) 箋 ..「罔極, 不止」에 보인다. 셋째, 하늘처럼 크고 끝을 알 수 없다. 廣大無邊과 동일하다. 동일한 의미의 최초 출전은 《詩經》〈小雅〉「欲報之德, 昊天罔極」 朱熹(南

宋), 《詩經集傳》 .. 「言父母之恩, 如天無窮, 不知所以爲報也」에 보인다. 넷째, 원칙 없음, 변덕스럽다, 바르지 않다. 不正과 동일하다. 동일한 의미의 최초 출전은 《詩經》〈大雅〉「無縱詭隨, 以謹罔極」 鄭玄(東漢) 箋 .. 「罔, 無。極, 中。無中, 所行不得中正」에 보인다. 즉 《詩經》〈蓼莪〉「父兮生我, 母兮鞠我 …… 欲報之德, 昊天罔極」의 망극은 넷째의 의미가 비교적 적합하다. 필자의 새로운 번역은 우선 《詩經》〈蓼莪〉의 전체 내용을 살펴보면 징집되어 오랫동안 전쟁터에 나갔다가 돌아오니, 집은 황폐해지고 부모님은 돌아가신 상황에서 부모님을 추모하며 부른 노래라는 점을 직시해야 한다. 즉 《詩經》〈蓼莪〉「父兮生我, 母兮鞠我 …… 欲報之德, 昊天罔極」의 번역은 "부모님의 은혜를 갚고자 했는데, 다른 집 부모님은 생존해 계시는데 변덕스런 여름철 하늘처럼 원칙도 없이 무심하게 우리 부모님만 데려가시다니"라고 번역하는 것이 비교적 부합한다고 사료된다.

【事親章5-2원문】

凡事父母者, 一事一行, 毋敢自專, 必稟命而後行。若事之可爲者, 父母不許, 則必委曲陳達, 頷可而後行。若終不許, 則亦不可直遂其情也。

【事親章5-2음역】

범사부모자, 일사일행, 무감자전, 필품명이후행. 약사지가위자, 부모불허, 즉필위곡진달, 함가이후행. 약종불허, 즉역불가직수기정야.

【事親章5-2주석】

1) 凡(범)-문장 전체를 수식하는 부사로 무릇, 모든의 의미이다. 관련 4자성어는 儀表非凡, 擧止不凡 등이 있다.
2) 事(사)-일, 섬기다. 관련 4자성어는 平安無事, 好事多磨(魔), 好事多阻) 등

이 있다.

3) 父母(부모)-부친과 모친. 동일한 의미의 최초 출전은《詩經》〈蓼莪〉「哀哀父母, 生我劬瘁」에 보인다.
4) 者(자)-사람. 관련 4자성어는 來者不拒, 當局者迷 등이 있다.
5) 一事(일사)-한 가지 일. 동일한 의미의 최초 출전은《淮南子》〈繆稱訓〉「察於一事, 通於一伎者, 中人也」에 보인다.
6) 一行(일행)-한 가지 행동. 동일한 의미의 최초 출전은 西周生(淸),《醒世姻緣傳》第六三回「這張茂實每日在那鎭中閑坐, 百物的行情都被看在眼內, 所以也要做這一行生理」에 보인다.
7) 毋敢(무감)-감히 ~못하다. 동일한 의미의 최초 출전은《禮記》〈內則〉「子有二妾, 父母愛一人焉, 子愛一人焉, 由衣服飮食, 由執事, 毋敢視父母所愛, 雖父母沒不衰」에 보인다.
8) 自專(자전)-자기 멋대로 하다. 동일한 의미의 최초 출전은《禮記》〈中庸〉「愚而好自用, 賤而好自專」에 보인다.
9) 必(필)-반드시. 관련 4자성어는 信賞必罰, 事必歸正 등이 있다.
10) 稟命(품명)-명령을 받들다. 동일한 의미의 최초 출전은《舊唐書》〈德宗紀上〉「至是田悅初稟命, 劉文喜殄除, 群凶震懼」에 보인다.
11) 而後(이후)-이후에. 然後, 以後와 동일하다. 동일한 의미의 최초 출전은《禮記》〈喪服小記〉「其妻爲大夫而卒, 而後其夫不爲大夫, 而祔於其妻, 則不易牲」에 보인다.
12) 行(행)-행실, 행동. 관련 4자성어는 行不從徑, 行而未成 등이 있다.
13) 若(약)-만약. 관련 4자성어는 若隱若現, 泰然自若 등이 있다.
14) 事(사)--일, 섬기다. 관련 4자성어는 平安無事, 好事多磨(魔), 好事多阻) 등이 있다.
15) 之(지)-~의, ~중에서. 관련 4자성어는 君子之交, 莫逆之友 등이 있다.
16) 可爲(가위)-마땅히 할 것. 可以爲와 동일하다. 동일한 의미의 최초 출전은《孟子》〈告子章句下〉「曹交問曰 .. 人皆可以爲堯舜, 有諸? 孟子曰 ..

然」에 보인다.

17) 者(자)-~라는 것. 관련 4자성어는 來者不拒, 當局者迷 등이 있다. 본문의 「事之可爲者」는 可爲之事者의 도치이다.

18) 不許(불허)-허락하지 않다. 동일한 의미의 최초 출전은《左傳》僖公二十八年「楚愛曹、衛, 必不許也」에 보인다.

19) 則(즉)-곧, 즉. 관련 4자성어는 月滿則虧, 禮煩則亂 등이 있다.

20) 委曲(위곡)-자세히, 간곡하게. 동일한 의미의 최초 출전은 葛洪(東晉),《抱朴子》〈道意〉「余所以委曲論之者 …… 故欲令人覺此而悟其滯迷耳」에 보인다.

21) 陳達(진달)-설명하여 알게 하다. 동일한 의미의 최초 출전은 裴鉶(唐),《傳奇》〈孫恪〉「不幸衝突, 頗益慙駭。幸望陳達于小娘子」에 보인다.

22) 頷(함)-머리를 끄덕이다. 頷可는 좋다고 머리를 끄덕임. 동일한 의미의 최초 출전은《左傳》襄公二十六年「逆于門者, 頷之而已」에 보인다.

23) 可(가)-가하다, 옳다. 관련 4자성어는 無家可歸, 不可思議 등이 있다.

24) 終(종)-끝내. 관련 4자성어는 始終如一, 終身大事 등이 있다.

25) 亦(역)-또한. 관련 4자성어는 亦復如是, 不亦悅乎 등이 있다.

26) 不可(불가)-할 수 없다. 可(가능, 되다, 적합, 옳다)의 반대 의미이다. 동일한 의미의 최초 출전은《孫子兵法》〈九變〉「覆軍殺將, 必以五危, 不可不察也」에 보인다.

27) 直遂(직수)-곧장 행하다. 동일한 의미의 최초 출전은 柳宗元(唐),〈寄許京兆孟容書〉「年少氣銳, 不識幾微, 不知當否, 但欲一心直遂, 果陷刑法」에 보인다.

28) 其(기)-지시대명사로 이, 그, 저 등을 가리킨다. 관련 4자성어는 若無其事, 不計其數 등이 있다.

29) 情(정)-뜻, 생각. 其情은 자기 뜻(생각)을 가리킨다. 관련 4자성어는 情投意合, 手足之情 등이 있다.

30) 也(야)-조사로 문장 중간에 혹은 문장 끝에 사용한다. 관련 4자성어는 空

空如也, 未嘗有也 등이 있다.

【事親章5-2국역】

무릇 부모님을 섬기는 사람은 한 가지 일이나 한 가지 행동이라도 감히 자기 멋대로 하지 말아야 하고 반드시 명령을 받든 이후에 실행해야 한다. 만약 마땅히 해야 할 일을 부모님이 허락하지 않거든, 반드시 자세히 설명하여 알게 하고 옳다고 머리를 끄덕인 이후에 실행해야 한다. 만약 끝내 허락하지 않으셔도 또한 자신의 생각을 곧장 이루려고 해서는 안 된다.

【事親章5-2解說】

*「毋敢自專, 必稟命而後行」

본문과 동일한 의미의 최초 출전은 朱熹(南宋), 《論語集注》〈先進〉「聞義固當勇為, 然有父兄在, 則有不可得而專者。若不稟命而行, 則反傷於義矣」에 보인다. 즉 "義를 들으면 진실로 마땅히 용감하게 행해야 하지만, 그러나 부친이나 형님이 계시면 제멋대로 할 수 없는 경우가 있다. 만약 부친이나 형님에게 명령을 받지 않고 실행한다면 도리어 의를 해치게 된다."라고 하였다. 무감은 감히 ~못하다. 동일한 의미의 최초 출전은 《禮記》〈內則〉「子有二妾, 父母愛一人焉, 子愛一人焉, 由衣服飲食, 由執事, 毋敢視父母所愛, 雖父母没不衰」에 보인다. 자전은 擅自專斷의 생략으로 독자적으로 일처리하다. 동일한 의미의 최초 출전은 《禮記》〈中庸〉「愚而好自用, 賤而好自專」에 보인다. 즉 무감자전은 4자성어이고, 감히 스스로 멋대로 처리하지 않다. 不敢自專과 동일하고 반대는 獨斷專行이다. 동일한 의미의 최초 출전은 韓愈(唐), 〈禘祫議〉「凡在拟議, 不敢自專」에 보인다. 품명은 명령을 받들다. 동일한 의미의 최초 출전은 《舊唐書》〈德宗紀上〉「至是田悅初稟命, 劉文喜殄除, 群凶震惧」에 보인다.

【事親章5-3원문】

每日未明而起, 盥櫛衣帶, 就父母寢所, 下氣怡聲, 問燠寒安否。昏則詣寢所, 定其褥席, 察其溫凉。日間侍奉, 常愉色婉容, 應對恭敬, 左右就養, 極盡其誠。出入必拜辭拜謁。

【事親章5-3음역】

매일미명이기, 관즐의대, 취부모침소, 하기이성, 문욱한안부. 혼즉예침소, 정기욕석, 찰기온량. 일간시봉, 상유색완용, 응대공경, 좌우취양, 극진기성. 출입필배사배알.

【事親章5-3주석】

1) 每日(매일)-매일, 날마다. 동일한 의미의 최초 출전은《舊唐書》〈太宗本紀〉「于是每日引數百人于殿前教射, 帝親自臨試, 射中者隨賞弓刀、布帛」에 보인다.
2) 未明(미명)-날이 밝기 전에. 즉 未明之前, 未明之時의 생략이다. 동일한 의미의 최초 출전은 蘇軾(北宋), 〈倦夜〉「倦枕厭長夜, 小窗終未明」에 보인다.
3) 而(이)-그리고, 그래서, 그러나. 관련 4자성어는 不言而喩, 適可而止 등이 있다.
4) 起(기)-일어나다. 관련 4자성어는 起死回生, 自手成家 등이 있다.
5) 盥(관)-세수하고. 관련 4자성어는 釵釧盥沐이 있다.
6) 櫛(즐)-머리 빗고. 관련 4자성어는 櫛風沐雨, 絲紛櫛比 등이 있다. 盥櫛에 대한 동일한 의미의 최초 출전은《南史》〈褚裕之傳〉「(褚彦回)朞年不盥櫛, 唯泣泪處乃見其本質焉」에 보인다.
7) 衣帶(의대)-옷을 입고 띠를 매다. 동일한 의미의 최초 출전은《南史》〈何敬容傳〉「武帝雖衣浣衣, 而左右衣必須潔。嘗有侍臣衣帶卷摺, 帝怒曰..卿衣帶如繩, 欲何所縛」에 보인다.

8) 就(취)-나아가다. 관련 4자성어는 功成名就, 取事論事 등이 있다.
9) 父母(부모)-부친과 모친. 동일한 의미의 최초 출전은《詩經》〈蓼莪〉「哀哀父母, 生我劬瘁」에 보인다.
10) 寢所(침소)-잠자는 곳, 침실. 본문의「就父母寢所」는 詣父母寢所와 동일하다. 동일한 의미의 최초 출전은 袁郊(唐), 〈甘澤謠〉「紅線曰..某子夜前三刻, 即到魏郡, 凡歷數門, 遂及寢所」에 보인다.
11) 下氣(하기)-공손한 태도, 낮은 소리. 동일한 의미의 최초 출전은 韓愈(唐), 〈答張籍書〉「若商論不能下氣, 或似有之, 當更思而悔之耳」에 보인다.
12) 怡聲(이성)-온화하고 즐거운 소리. 下氣怡聲(怡聲下氣)은 4자성어이다. 동일한 의미의 최초 출전은《禮記》〈內則〉「下氣怡聲, 問衣燠寒」에 보인다.
13) 問(문)-묻다. 문안드리다. 관련 4자성어는 不恥下問, 有問必答 등이 있다.
14) 燠寒(욱한)-잠자리가 따뜻했는지 추웠는지, 寒燠과 동일하다. 동일한 의미의 최초 출전은《漢書》〈天文志〉「故日進爲暑, 退爲寒。若日之南北失節, 晷過而長爲常寒, 退而短爲常燠。此寒燠之表也, 故日爲寒暑」에 보인다.
15) 安否(안부)-편안하셨는지 그렇지 않았는지. 동일한 의미의 최초 출전은《禮記》〈文王世子〉「文王之爲世子, 朝於王季日三。鷄初鳴而衣服, 至於寢門外, 問內豎之御者曰 .. 今日安否何如？」에 보인다.
16) 昏(혼)-날이 어두워지면, 저녁에. 관련 4자성어는 昏定晨省, 昏迷不省 등이 있다.
17) 則(즉)-곧, 즉. 관련 4자성어는 月滿則虧, 禮煩則亂 등이 있다.
18) 詣(예)-나아가다, 찾아가다. 就와 동일하다. 관련 4자성어는 苦心造詣가 있다.
19) 定(정)-이부자리 등을 정리하다. 관련 4자성어는 一言爲定, 心身不定 등이 있다.
20) 其(기)-지시대명사로 이, 그, 저 등을 가리킨다. 관련 4자성어는 若無其事, 不計其數 등이 있다.
21) 褥席(욕석)-이부자리. 席褥과 동일하다. 동일한 의미의 최초 출전은《墨

子》〈號令〉「城上日壹發席蓐, 令相錯發」에 보인다.

22) 察(찰)-살펴보다. 관련 4자성어는 明察秋毫, 仰觀俯察 등이 있다.

23) 溫凉(온량)-따뜻한지 서늘한지. 동일한 의미의 최초 출전은 陶潛(唐), 〈閑情賦〉「嗟溫凉之異氣, 或脫故而服新」에 보인다.

24) 日間(일간)-낮 동안. 白晝와 동일하다. 동일한 의미의 최초 출전은 羅貫中(明), 《三國志演義》 第二二回 「傳令今夜二更去劫寨, 日間却在帳中飮酒詐醉」에 보인다.

25) 侍奉(시봉)-시중들어 받들다. 동일한 의미의 최초 출전은 李白(唐), 〈贈歷陽褚司馬〉「北堂千萬壽, 侍奉有光輝」에 보인다.

26) 常(상)-항상. 관련 4자성어는 變化無常, 人之常情 등이 있다.

27) 愉色(유색)-온화하고 기쁜 얼굴색으로. 동일한 의미의 최초 출전은 《禮記》〈祭義〉「孝子之有深愛者必有和氣, 有和氣者必有愉色, 有愉色者必有婉容」에 보인다.

28) 婉容(완용)-용모를 부드럽고 순종하는 태도. 동일한 의미의 최초 출전은 위와 같다.

29) 應對(응대)-응대, 잘 따르고 대하다. 동일한 의미의 최초 출전은 《論語》〈子張〉「子夏之門人小子, 當掃灑應對進退, 則可矣, 抑末也」에 보인다.

30) 恭敬(공경)-공경하다. 동일한 의미의 최초 출전은 《孟子》〈告子上〉「恭敬之心, 人皆有之」에 보인다.

31) 左右(좌우)-가까이서, 곁에서. 동일한 의미의 최초 출전은 《詩經》〈文王〉「文王陟降, 在帝左右」에 보인다.

32) 就養(취양)-부모를 봉양하다. 동일한 의미의 최초 출전은 《禮記》〈檀弓上〉「事親有隱而無犯, 左右就養無方, 服勤至死 致喪三年」 孫希旦(淸), 《禮記集解》 .. 「就養者, 近就而奉養之也」에 보인다.

33) 極盡(극진)-지극하게. 동일한 의미의 최초 출전은 《韓非子》〈解老〉「所謂事天者, 不極聰明之力, 不盡智識之任。苟極盡則費神多」에 보인다.

34) 誠(성)-정성. 관련 4자성어는 誠心誠意, 精誠所至 등이 있다.

35) 出入(출입)-나가고 들어오다. 동일한 의미의 최초 출전은《漢書》〈梁孝王武傳〉「梁之侍中、郎、謁者, 著引籍出入天子殿門」에 보인다.
36) 必(필)-반드시. 관련 4자성어는 信賞必罰, 事必歸正 등이 있다.
37) 拜辭(배사)-작별 인사(다녀오겠습니다). 동일한 의미의 최초 출전은《南史》〈王弘傳〉「弘時喪居, 獨道側拜辭, 攀車涕泣, 論者稱焉」에 보인다.
38) 拜謁(배알)-알현 인사(다녀왔습니다). 동일한 의미의 최초 출전은《史記》〈袁盎晁錯列傳〉「盎告歸, 道逢丞相申屠嘉, 下車拜謁, 丞相從車上謝袁盎」에 보인다.

【事親章5-3국역】

매일 날이 밝기 전에 일어나서 세수하고 머리 빗고 옷을 입고 허리띠를 매고서, 부모님 침실로 가서 공손한 태도와 온화하고 즐거운 소리로 잠자리가 따뜻했는지 추웠는지 편안하셨는지 그렇지 않았는지 문안드려야 한다. 날이 어두워지면 침실로 나아가서 이부자리 등을 정리하고 따뜻한지 서늘한지 살펴보아야 한다. 낮 동안 시중들어 받들 때에는 항상 온화하고 기쁜 얼굴색과 용모를 부드럽고 순종하는 태도로 공경히 응대하고, 가까이서 부모님을 봉양할 때에는 그 정성을 지극하게 해야 한다. 나가고 들어올 때는 반드시 작별 인사(다녀오겠습니다)와 알현 인사(다녀왔습니다)를 해야 한다.

【事親章5-3解說】

*「昏則詣寢所, 定其褥席, 察其溫凉」

본문과 동일한 의미의 최초 출전은《禮記》〈曲禮上〉「凡爲人子之禮, 冬溫而夏凊, 昏定而晨省, 在醜夷不爭」에 보인다. 즉 "자식 된 자로서 지켜야 할 예의는 겨울에는 부모님을 따뜻하게 해 드리고, 여름에는 시원하게 해 드리며, 저녁에는 부모님의 잠자리를 깔아드리고 새벽에는 아침 문안을 드리며, 형제간에는 다투지 않는다."라고 하였다.

*「左右就養」

본문과 동일한 의미의 최초 출전은《禮記》〈檀弓上〉「事親有隱而無犯, 左右就養無方, 服勤至死, 致喪三年」에 보인다. 즉 "부모님을 섬길 때에는 마음속으로 진실한 생각과 행동으로 무례를 범해서는 안 되며, 가까이서 봉양하면 되고 일정한 법칙은 없으며, 돌아가실 때까지 최선을 다해 모시고 3년 동안 극진히 상을 치른다."라고 하였다.

*「拜辭」와「拜謁」

배사는 작별 인사(다녀오겠습니다)이다. 동일한 의미의 최초 출전은《南史》〈王弘傳〉「弘時喪居, 獨道側拜辭, 攀車涕泣, 論者稱焉」에 보인다. 배알은 알현 인사(다녀왔습니다)이다. 동일한 의미의 최초 출전은《史記》〈袁盎晁錯列傳〉「盎告歸, 道逢丞相申屠嘉, 下車拜謁, 丞相從車上謝袁盎」에 보인다. 배사 배알과 동일한 의미는《禮記》〈曲禮〉「夫爲子者, 出必告, 反必面」에 보인다. 위 문장에서 한 가지 주의할 점은 告의 발음을 고 또는 곡으로 혼용하여 읽는 경우가 많은데, 정확한 발음은 고 한가지이다. 告는 동사로는 알리다, 보고하다, 고발하다 등 대부분의 의미가 이에 속한다. 오직 명사로 사용할 때는 곡으로 읽는데 이 경우는 告朔(곡삭) 한 가지이다. 곡삭은 周나라 시기의 제도로 周나라 천자가 매년 겨울에 내년의 달력을 諸侯들에게 배부하면 제후는 다음 달 초에 사당에서 제사를 지내며 천자가 배부한 달력을 수령하는 의식을 곡삭이라고 일컫는다. 동일한 의미의 최초 출전은《公羊傳》文公六年「不告月者何, 不告朔也」에 보인다.

【事親章5-4원문】

今人多是被養於父母, 不能以己力養其父母, 若此奄過日月, 則終無忠養之時也。必須躬幹家事, 自備甘旨, 然後子職乃修。若父母堅不聽從, 則雖不能幹家, 亦當周旋補助, 而盡力得甘旨之具, 以適親口可也。若心心念念, 在於養親, 則珍味亦必可得矣。每念王延, 隆冬盛寒, 體無全衣, 而親極滋味, 令人感歎流涕也。

【事親章5-4음역】

금인다시피양어부모, 불능이기력양기부모, 약차엄과일월, 즉종무충양지시야. 필수궁간가사, 자비감지, 연후자직내수. 약부모견불청종, 즉수불능간가, 역당주선보조, 이진력득감지지구, 이적친구가야. 약심심념념, 재어양친, 즉진미역필가득의. 매념왕연, 융동성한, 체무전의, 이친극자미, 영인감탄유체야.

【事親章5-4주석】

1) 今人(금인)-요즘 사람. 동일한 의미의 최초 출전은 韓愈(唐), 〈與馮宿論文書〉「但不知直似古人, 亦何得于今人也」에 보인다.
2) 多是(다시)-대개, 대략, 대체로 ~이다. 동일한 의미의 최초 출전은 晏幾道(北宋), 〈采桑子-誰將一點凄涼意-〉「畫箔閒垂。多是今宵得睡遲。夜痕記盡窗間月, 曾誤心期」에 보인다.
3) 被養(피양)-부모에게 양육의 은혜를 받다. 본문의 「被養於」는 被~於~로, ~에게 ~를 입다는 뜻으로 피동을 나타낸다.
4) 於(어)-어조사이고, ~에, ~에서, ~보다, ~를, ~에게, ~에 대해서, 이에 있어서 등의 의미로 사용되고 于와 동일하다. 관련 4자성어는 靑出於藍, 耿耿於懷 등이 있다.
5) 父母(부모)-부친과 모친. 동일한 의미의 최초 출전은《詩經》〈蓼莪〉「哀哀父母, 生我劬瘁」에 보인다.
6) 不能(불능)-~할 수 없다, 不可能과 동일하다. ~할 수 있다는 可能의 반대이다. 동일한 의미의 최초 출전은 盧照鄰(唐), 〈寄裴舍人書〉「慨然而咏富貴他人合, 貧賤親戚離, 因泣下交頤, 不能自已」에 보인다.

7) 以(이)-~함으로써. 관련 4자성어는 一以貫之, 夢寐以求 등이 있다.
8) 己力(기력)-자기의 힘으로. 一己之力의 생략이다. 동일한 의미의 최초 출전은《左傳》僖公二十四年「竊人之財, 猶謂之盜, 況貪天之功以爲己力乎」에 보인다.
9) 養(양)-기르다, 봉양하다. 관련 4자성어는 休養生息, 韜光養晦 등이 있다.
10) 其(기)-지시대명사로 이, 그, 저 등을 가리킨다. 관련 4자성어는 若無其事, 不計其數 등이 있다.
11) 若此(약차)-이와 같이. 此는 부모에게 양육을 받는 것을 가리킨다. 동일한 의미의 최초 출전은《穀梁傳》定公四年「君若有憂中國之心, 則若此時可矣」에 보인다.
12) 奄(엄)-헛되이. 관련 4자성어는 奄奄一息, 奄奄待斃 등이 있다.
13) 過(과)-보내다. 관련 4자성어는 過猶不及, 不過不及 등이 있다.
14) 日月(일월)-세월. 동일한 의미의 최초 출전은《詩經》〈小明〉「昔我往矣, 日月方奧」에 보인다.
15) 則(즉)-곧, 즉. 관련 4자성어는 月滿則虧, 禮煩則亂 등이 있다.
16) 終無(종무)-끝내 ~이 없다. 동일한 의미의 최초 출전은《北史》〈房豹列傳〉「故蚩尤、項籍之驍勇, 伊尹、霍光之權勢, 李老、孔丘之才智, 呂望、孫武之兵術, 吳、楚連盤石之據, 產、祿承母弟之基, 不應歷運之兆, 終無帝主之位」에 보인다.
17) 忠養(충양)-정성과 공경으로 봉양하다. 동일한 의미의 최초 출전은《禮記》〈內則〉「孝子之養老也, 樂其心不違其志, 樂其耳目, 安其寢處, 以其飮食忠養之」에 보인다.
18) 之(지)-~의, ~중에서. 관련 4자성어는 君子之交, 莫逆之友 등이 있다.
19) 時(시)-때, 시기. 관련 4자성어는 時不我待, 無時無刻 등이 있다.
20) 也(야)-조사로 문장 중간에 혹은 문장 끝에 사용한다. 관련 4자성어는 空空如也, 未嘗有也 등이 있다.
21) 必須(필수)-반드시~해야 한다, 꼭. 부사이고 강조의 의미로 사용하며, 뒤

에 동사 또는 형용사와 연결된다. 務必, 必定과 동일하다. 동일한 의미의 최초 출전은 顔之推(南北朝~隋), 《顔氏家訓》〈後聚〉「河北鄙於側出不預人流, 是以必須重娶」에 보인다. 참고로 必需와는 다르다. 없으면 안 되는, 부족하면 안 되는 의미이다. 동사이고 뒤에 명사와 연결된다.

22) 躬(궁)-몸소, 친히. 관련 4자성어는 躬行實踐, 鞠躬盡力 등이 있다.
23) 幹(간)-주관하다. 관련 4자성어는 精明能幹, 一幹二淨 등이 있다.
24) 家事(가사)-집안 일. 동일한 의미의 최초 출전은《左傳》襄公二十七年「子木問於趙孟曰 .. 范武子之德何如? 對曰 .. 夫子之家事治, 言於晋國無隱情, 其祝史陳信於鬼神無愧辭」에 보인다.
25) 自備(자비)-스스로 준비하다. 自行準備의 생략이다. 동일한 의미의 최초 출전은《韓非子》〈主道〉「故曰 .. 去好去惡, 臣乃見素., 去舊去智, 臣乃自備」에 보인다.
26) 甘旨(감지)-맛있는 음식. 滋味, 珍味, 甘味 등과 동일하다. 동일한 의미의 최초 출전은 晁錯(西漢), 〈論貴粟疏〉「夫寒之於衣, 不待輕煖., 飢之於食, 不待甘旨」에 보인다.
27) 然後(연후)-그렇게 한 뒤에, 연후에. 동일한 의미의 최초 출전은《禮記》〈學記〉「是故學, 然後知不足., 教, 然後知困」에 보인다.
28) 子職(자직)-자식이 부모에 대하여 마땅히 해야 할 직분. 동일한 의미의 최초 출전은《孟子》〈萬章上〉「我竭力耕田, 共爲子職而已矣」에 보인다.
29) 乃(내)-이에. 관련 4자성어는 乃文乃武, 乃祖乃父 등이 있다.
30) 修(수)-수행하다. 관련 4자성어는 修心養性, 修齊治平 등이 있다.
31) 若(약)-만약. 관련 4자성어는 若隱若現, 泰然自若 등이 있다.
32) 堅(견)-완강히. 관련 4자성어는 堅定不移, 堅强不屈 등이 있다.
33) 不(불)-아니다. 부사이고 일반적으로 부정의 의미로 사용된다. 관련 4자성어는 念念不忘, 美中不足 등이 있다.
34) 聽從(청종)-타인의 의견이나 행동을 따르다. 동일한 의미의 최초 출전은《禮記》〈內則〉「女子十年不出, 姆教婉娩聽從」에 보인다.

35) 雖(수)-비록~일지라도. 관련 4자성어는 雖死無悔, 雖死猶生 등이 있다.
36) 不能(불능)-~할 수 없다, 不可能과 동일하다. ~할 수 있다는 可能의 반대이다. 동일한 의미의 최초 출전은 盧照鄰(唐), 〈寄裴舍人書〉「慨然而咏富貴他人合, 貧賤親戚離, 因泣下交頤, 不能自已」에 보인다.
37) 幹家(간가)-집안일을 주관하다. 當家, 治家와 동일하다. 동일한 의미의 최초 출전은 王禹偁(北宋), 〈前普州刺史康公豫撰神道碑〉「男五人 …… 次懷理, 以侍親幹家, 未聽入仕」에 보인다.
38) 亦(역)-또한. 관련 4자성어는 亦復如是, 不亦悅乎 등이 있다.
39) 當(당)-마땅히. 관련 4자성어는 老當益壯, 以一當十 등이 있다.
40) 周旋(주선)-보살피다. 동일한 의미의 최초 출전은《三國志》〈臧洪傳〉「每登城勒兵, 望主人之旗鼓, 感故友之周旋」에 보인다.
41) 補助(보조)-돕다. 동일한 의미의 최초 출전은《周禮》〈小行人〉「若國札喪, 則令賻補之」 鄭玄(東漢) 注 ..「賻補之, 謂賻喪家補助其不足也」에 보인다.
42) 而(이)-그리고, 그래서, 그러나. 관련 4자성어는 不言而喩, 適可而止 등이 있다.
43) 盡力(진력)-있는 힘을 다하다. 동일한 의미의 최초 출전은《論語》〈泰伯〉「(禹)卑宮室而盡力乎溝洫」에 보인다.
44) 得(득)-얻다, 알다. 관련 4자성어는 得意揚揚, 悠然自得 등이 있다.
45) 具(구)-구비하다. 관련 4자성어는 獨具慧眼, 刑具神生 등이 있다.
46) 適(적)-적합하게, 맞추다. 관련 4자성어는 適逢其會, 安適如常 등이 있다.
47) 親口(친구)-본인의 입, 즉 어버이 입맛. 동일한 의미의 최초 출전은 呂岩(唐), 〈七言〉「神仙親口留斯旨, 何用區區向外尋」에 보인다.
48) 可(가)-가하다, 옳다. 관련 4자성어는 無家可歸, 不可思議 등이 있다.
49) 心心(심심)-마음으로 원하다, 마음. 心願과 동일하다. 동일한 의미의 최초 출전은 貫休(唐), 〈桐江閑居作〉「孰知吾所適, 終不是心心」에 보인다.
50) 念念(염염)-모든 생각. 心心念念은 4자성어이고, 마음속으로 항상 생각하다. 동일한 의미의 최초 출전은 顔之推(南北朝~隋), 《顔氏家訓》〈歸心〉

「若有天眼, 鑑其念念隨滅, 生生不斷, 豈可不怖畏邪!」에 보인다.

51) 在(재)-있다. 관련 4자성어는 自由自在, 無所不在 등이 있다.

52) 養親(양친)-어버이를 봉양하다. 동일한 의미의 최초 출전은《莊子》〈養生主〉「可以保身, 可以全生, 可以養親, 可以盡年」에 보인다.

53) 珍味(진미)-진귀한 맛. 동일한 의미의 최초 출전은 張華(西晉),《博物志》卷一「食水產者, 龜、蛤、螺、蚌, 以爲珍味, 不覺其腥臊也., 食陸畜者, 狸、兔、鼠、雀, 以爲珍味, 不覺其膻也」에 보인다.

54) 必(필)-반드시. 관련 4자성어는 信賞必罰, 事必歸正 등이 있다.

55) 可得(가득)-얻을 수 있다. 可以得到의 생략이다. 동일한 의미의 최초 출전은 屈原(楚),〈九章〉「入景嚮之無應兮, 聞省想而不可得」에 보인다.

56) 矣(의)-조사로 문장 끝에 사용되고 了의 의미와 유사하다. 관련 4자성어는 思過半矣, 至矣盡矣 등이 있다.

57) 每念(매념)-매번 생각하다. 동일한 의미의 최초 출전은《漢書》〈司馬遷傳〉「每念斯恥, 汗未嘗不發背沾衣也」에 보인다.

58) 王延(왕연)-王延(?-318)은 16國 시기 劉漢(前趙)의 신하이다. 字는 延元이고 西河 출신이다. 9세에 어머니를 여의고 3년이나 피눈물을 흘렸다고 전해진다. 계모 卞氏의 혹독한 박해에도 지극 정성으로 봉양하여 나중에는 卞氏가 친아들처럼 대해줬다. 여름에는 부채로 잠자리를 시원하게 해드리고 겨울에는 자신의 몸으로 이불을 따뜻하게 해 드렸으며, 한 겨울에도 자신은 제대로 된 옷도 입지 못하지만 항상 맛있는 음식을 구해서 어버이를 극진히 모신 효자이다.

59) 隆冬(융동)-한 겨울. 嚴冬과 동일하다. 대략 冬至부터 27일 지날 때가 가장 춥다고 전해진다. 동일한 의미의 최초 출전은《晉書》〈王獻之傳贊〉「献之雖有父風, 殊非新巧。觀其字勢疎瘦, 如隆冬之枯樹., 覽其筆踪拘束, 若嚴家之餓隷」에 보인다.

60) 盛寒(성한)-몹시 추운. 嚴寒, 極寒과 동일하다. 동일한 의미의 최초 출전은《禮記》〈月令〉「(孟春之月)魚上冰」孔穎達(唐) 疏.「魚當盛寒之時, 伏

於水下, 逐其溫暖」에 보인다.

61) 體(체)몸, 몸소 체득하다. 관련 4자성어는 身體力行, 五體投地 등이 있다.

62) 無(무)-없다, 동사이고 有와 반대이다. 관련 4자성어는 史無前例, 無邊無際 등이 있다.

63) 全衣(전의)-제대로 옷을 갖춰 입다. 동일한 의미의 최초 출전은《晉書》〈王延傳〉「延事親色養, 夏則扇枕席, 冬則以身溫被, 隆冬盛寒, 體無全衣, 而親極滋味」에 보인다.

64) 親(친)-부모, 어버이. 관련 4자성어는 親如手足, 大義滅親 등이 있다.

65) 極(극)-극진히 하다. 관련 4자성어는 極樂世界, 昊天罔極 등이 있다.

66) 滋味(자미)-맛있는 음식. 동일한 의미의 최초 출전은《呂氏春秋》〈適音〉「口之情欲滋味」 高誘(東漢) 注 .. 「欲美味也」에 보인다.

67) 令人(영인)-사람들로 하여금. 令은 使와 동일하다. 동일한 의미의 최초 출전은《史記》〈孝武本紀〉「東上泰山, 山之草木葉未生, 乃令人上石立之泰山顚」에 보인다.

68) 感歎(감탄)-감탄하다. 동일한 의미의 최초 출전은《魏書》〈劉昶傳〉「自陳家國滅亡, 蒙朝廷慈覆, 辭理切至, 聲氣激揚, 涕泗橫流, 三軍咸爲感嘆」에 보인다.

69) 流涕(유체)-눈물을 흘리다. 동일한 의미의 최초 출전은 蕭統(南朝,梁), 《文選》〈江淹-詣建平王上書〉「下官每讀其書, 未嘗不廢卷流涕」에 보인다.

【事親章5-4국역】

요즘 사람들은 대체로 부모님에게 양육의 은혜를 받기만 하고 자기 힘으로는 부모님을 봉양하지 못하고 있다. 이와 같이 헛되이 세월만 보내면 끝내 정성과 공경으로 부모님을 봉양할 기회는 없을 것이다. 반드시 몸소 집안일을 주관하고 스스로 맛있는 음식을 준비하며, 그렇게 한 뒤에 자식이 부모에 대하여 마땅히 해야 할 직분이 마침내 실행되는 것이다. 만약 부모님이 완강히 자식의 의견이나 행동을 따르지 않으면 비록 집안일을 주관할 수 없지만, 또한 마땅히 보살피고 도우며 있는 힘을 다하여 맛있는 음식을 구비하여 부모님의 입맛에 적합하게 해드려야 한다. 만약 마음속으로 항상 생각하는 것이 부모님을 봉양하는데 있다면, 진귀한 음식도 또한 반드시 얻을 수 있을 것이다. 매번 생각나는 것은 왕연이 한겨울 몹시 추운 날에 자기 몸에는 제대로 옷을 갖춰 입지도 못하지만 부모님에게는 맛있는 음식을 극진히 대접하여, 사람들로 하여금 감탄하고 눈물을 흘리게 했던 일이다.

【事親章5-4解說】

*王延의 「事親色養」의 고사

왕연(?-318)은 16國 시기 劉漢(前趙)의 신하이다. 字는 延元이고 西河 출신이다. 9세에 어머니를 여의고 3년이나 피눈물을 흘렸다고 전해진다. 계모 卞氏의 혹독한 박해에도 지극 정성으로 봉양하여 나중에는 卞氏가 친아들처럼 대해줬다. 여름에는 부채로 잠자리를 시원하게 해드리고 겨울에는 자신의 몸으로 이불을 따뜻하게 해 드렸으며, 한 겨울에도 자신은 제대로 된 옷도 입지 못하지만 항상 맛있는 음식을 구해서 어버이를 극진히 모신 효자이다.

색양은 자식이 온화한 얼굴과 기쁜 표정으로 부모를 극진히 봉양 또는 부모의 뜻을 받들어 모시는 것을 일컫는다. 반대로 色難(색난)은 온화한 얼굴과 기쁜 표정으로 부모를 극진히 봉양하는 것이 가장 어렵다는 의미이다. 동일한 의미의 최초 출전은 《論語》〈爲政〉「子游問孝。子曰 .. 今之孝者, 是謂能養。...... 子夏問孝。子曰 .. 色難」 朱熹(南宋), 《論語集注》「色難, 謂事親之際, 惟色爲難也」에 보인다.

【事親章5-5원문】

人家父子間, 多是愛逾於敬, 必須痛洗舊習, 極其尊敬。父母所坐臥處, 子不敢坐臥, 所接客處, 子不敢接私客, 上下馬處, 子不敢上下馬可也。

【事親章5-5음역】

인가부자간, 다시애유어경, 필수통세구습, 극기존경. 부모소좌와처, 자불감좌와, 소접객처, 자불감접사객, 상하마처, 자불감상하마가야.

【事親章5-5주석】

1) 人家(인가)-타인의 가정(집), 다른 사람. 동일한 의미의 최초 출전은《史記》〈六國年表序〉「詩書所以復見者, 多藏人家, 而史記獨藏周室, 以故滅」에 보인다.
2) 父子(부자)-부친과 아들. 동일한 의미의 최초 출전은《易經》〈序卦〉「有夫婦, 然後有父子」에 보인다.
3) 間(간)-~사이, ~동안, ~속에서. 관련 4자성어는 伯仲之間, 頃刻之間 등이 있다.
4) 多是(다시)-대개, 대략, 대체로 ~이다. 동일한 의미의 최초 출전은 晏幾道(北宋), 〈采桑子-誰將一點凄涼意-〉「畫箔閒垂。多是今宵得睡遲。夜痕記盡窗間月, 曾誤心期」에 보인다.
5) 愛(애)-사랑. 관련 4자성어는 愛民如子, 恩恩愛愛 등이 있다. 또 동일한 의미의 최초 출전은《禮記》〈禮運〉「何謂人情? 喜、怒、哀、懼、愛、惡、欲」에 보인다.
6) 逾(유)-초과. 관련 4자성어는 行不逾方, 逾年歷世 등이 있다.
7) 於(어)-어조사이고, ~에, ~에서, ~보다, ~를, ~에게, ~에 대해서, 이에 있어서 등의 의미로 사용되고 于와 동일하다. 여기에서는 비교를 나타내는 조사로 사용되었다. 관련 4자성어는 青出於藍, 耿耿於懷 등이 있다.
8) 敬(경)-공경하게. 관련 4자성어는 敬而遠之, 敬老尊賢 등이 있다.

9) 必須(필수)-반드시~해야 한다, 꼭. 부사이고 강조의 의미로 사용하며, 뒤에 동사 또는 형용사와 연결된다. 務必, 必定과 동일하다. 동일한 의미의 최초 출전은 顔之推(南北朝~隋), 《顔氏家訓》〈後聚〉「河北鄙於側出不預人流, 是以必須重娶」에 보인다. 참고로 必需와는 다르다. 없으면 안 되는, 부족하면 안 되는 의미이다. 동사이고 뒤에 명사와 연결된다.
10) 痛洗(통세)-철저히 씻어내다. 동일한 의미의 최초 출전은 范彦輝(南宋), 〈句〉「何當日月明, 痛洗蒼生病」에 보인다.
11) 舊習(구습)-옛날의 잘못된 습관. 동일한 의미의 최초 출전은 應劭(東漢), 《風俗通》〈六國〉「遂恣睢舊習, 矯任其私知」에 보인다.
12) 極(극)-극진히 하다. 관련 4자성어는 極樂世界, 昊天罔極 등이 있다.
13) 其(기)-지시대명사로 이, 그, 저 등을 가리킨다. 관련 4자성어는 若無其事, 不計其數 등이 있다.
14) 尊敬(존경)-존경. 尊崇敬重의 생략이다. 동일한 의미의 최초 출전은 《詩經》〈葛覃序〉「服澣濯之衣, 尊敬師傅」에 보인다.
15) 所(소)-~하는 바. 주로 동사의 앞에서 사용된다. 2가지 의미가 있다. 첫째, 동작을 접수하는 사물을 대표한다. 예를 들면 所部(지휘하는 부대), 所謂(말하는 바), 無所謂(이를 바가 없다, 즉 관심 없다) 등이 있다. 둘째, 앞쪽의 爲 혹은 被와 상응하여 피동의 뜻을 나타낸다. 예를 들면 爲人所敬(다른 사람에게 존경을 받다) 등이 있다.
16) 坐臥處(좌와처)-앉았거나 누웠던 곳. 본문의 「所坐臥處」는 所坐之處와 所臥之處의 생략이다. 동일한 의미의 최초 출전은 張鎡(南宋), 〈看澗水自警〉「行住坐卧處, 泥渠亦清泚」에 보인다.
17) 子(자)-아들, 자녀. 관련 4자성어는 凡夫俗子, 視民如子 등이 있다.
18) 不敢(불감)-감히 ~못하다. 동일한 의미의 최초 출전은 《孟子》〈公孫丑下〉「我非堯舜之道, 不敢以陳於王前」에 보인다.
19) 接客(접객)-손님을 접대하다. 接待賓客의 생략이다. 동일한 의미의 최초 출전은 劉義慶(南朝,宋), 《世說新語》〈政事〉「謝公不許, 云 .. 若不容置此

輩, 何以爲京都」 劉峻(南朝,梁) 注引 檀道鸞(南朝,宋), 〈續晉陽秋〉 「後將軍安方接客, 時人有於坐言宜糺舍藏之失者」에 보인다.

20) 處(처)-장소. 관련 4자성어는 和睦相處, 身無長處 등이 있다.

21) 接(접)-접대. 동일한 의미의 최초 출전은《史記》〈屈原賈生列傳〉「接遇賓客」에 보인다.

22) 私客(사객)-개인 손님, 즉 부모님의 손님이 아닌 자식의 손님을 의미한다. 동일한 의미의 최초 출전은《漢書》〈五行志中之上〉「崇聚票輕無誼之人, 以爲私客」에 보인다.

23) 上下(상하)-본문에서는 타고 내리다(오르고 내리다)의 의미. 본문의 「上下馬處」는 父母上下馬之處의 생략이다. 동일한 의미의 최초 출전은 屈原(楚), 《楚辭》〈卜居〉「將氾氾若水中之鳧乎? 與波上下偷以全吾軀乎?」에 보인다.

24) 馬(마)-말. 관련 4자성어는 千軍萬馬, 指鹿爲馬 등이 있다.

25) 可也(가야)-옳다, 맞다. 동일한 의미의 최초 출전은《論語》〈學而〉「子貢曰 .. 貧而無諂, 富而無驕, 何如? 子曰 .. 可也。未若貧而樂, 富而好禮者也」에 보인다.

【事親章5-5국역】

타인의 가정에서 부친과 아들 사이는 대체로 자식을 사랑하는 정이 부모님을 공경하는 마음을 초과하는데, 반드시 옛날의 잘못된 습관을 철저히 씻어내고 그 존경함을 극진히 해야 된다. 부모님이 앉았거나 누웠던 곳에는 아들이 감히 앉거나 눕지 못하고, 부모님이 손님을 접대하는 곳에서 아들이 감히 개인 손님을 접대해서는 안 되며, 부모님이 말을 타고 내리는 곳에서 아들이 감히 말을 타고 내리지 말아야 한다.

【事親章5-5解說】

* 「愛逾於敬」

애유어경은 자식을 사랑하는 정이 부모님을 공경하는 마음을 초과한다는 의미이다. 유사한 문장이《孝經》〈士〉「資於事父以事母, 而愛同., 資於事父以事君, 而敬同。故母取其愛, 而君取 其敬, 兼之者父也」에 보인다. 즉 "아버지를 섬기는 마음을 사용하여 어머니를 섬기면 사랑하는 마음(愛心)이 같고., 아버지를 섬기는 마음을 사용하여 군주를 섬기면 공경하는 마음 또한 같은 것이다. 그래서 어머니를 섬기는 것은 사랑하는 마음(愛心)을 사용하고, 군주를 섬기는 것은 공경하는 마음을 사용하는데, 이 2가지를 겸하는 것은 아버지를 대하는 것이다."라고 하였다. 또 朱熹(南宋),《論語集註》〈子游問孝章〉「胡氏曰 .. 世俗事親, 能養足矣。狎恩恃愛, 而不知其漸流於不敬, 則非小失也。子游聖門高弟, 未必至此, 聖人直恐其愛踰於敬, 故以是深警發之也」에 보인다. 즉 "호씨가 말하기를 .. '보통 사람들은 부모를 섬길 때는 봉양만 잘하면 족하다고 여긴다. 자식을 너무 총애하고 친밀하면 점차 부모님을 공경하지 못한다는 것을 알지 못하는데 이것은 큰 잘못이다. 자유는 유가 학문에 뛰어난 학생으로 반드시 여기에 이르지는 않았지만, 성인은 다만 자식을 사랑하는 정이 부모님을 공경하는 마음을 초과하는 것을 두려워하였고, 그런 까닭에 이것으로써 깊이 경계하여 일깨우신 것이다.'"라고 하였다.

【事親章5-6원문】

父母之志, 若非害於義理, 則當先意承順, 毫忽不可違。若其害理者, 則和氣、怡色、柔聲以諫, 反覆開陳, 必期於聽從。

【事親章5-6음역】

부모지지, 약비해어의리, 즉당선의승순, 호홀불가위. 약기해리자, 즉화기、이색、유성이간, 반복개진, 필기어청종.

【事親章5-6주석】

1) 父母(부모)-부친과 모친. 동일한 의미의 최초 출전은《詩經》〈蓼莪〉「哀哀父母, 生我劬瘁」에 보인다.
2) 之(지)-~의, ~중에서. 관련 4자성어는 君子之交, 莫逆之友 등이 있다.
3) 志(지)-의지, 뜻. 관련 4자성어는 專心致知, 有志竟成 등이 있다. 본문의「其志」는 학문하려는 의지를 의미한다.
4) 若非(약비)-만약 ~이 아니라면, 要不是와 동일하다. 동일한 의미의 최초 출전은《後漢書》〈卓茂傳〉「若非公馬, 幸至丞相府歸我」에 보인다.
5) 害(해)-해롭다. 관련 4자성어는 傷天害理, 損人害己 등이 있다.
6) 於(어)-어조사이고, ~에, ~에서, ~보다, ~를, ~에게, ~에 대해서, 이에 있어서 등의 의미로 사용되고 于와 동일하다. 여기에서는 비교를 나타내는 조사로 사용되었다. 관련 4자성어는 靑出於藍, 耿耿於懷 등이 있다.
7) 義理(의리)-첫째, 윤리도덕에 부합하는 행위원칙을 가리킨다. 동일한 의미의 최초 출전은《韓非子》〈難言〉「故度量雖正, 未必聽也., 義理雖全, 未必用也」에 보인다. 둘째, 儒學 경전의 의미를 추구하는 학문을 가리킨다. 동일한 의미의 최초 출전은《漢書》〈劉歆傳〉「及歆治左氏, 引傳文以解經, 轉相發明, 由是章句義理備焉」에 보인다. 셋째, 朱子 이래의 理學은 道義, 道理, 義理, 天理 등으로 기록하였고, 달리 義理之學으로 일컬었다. 동일한 의미의 최초 출전은 程顥, 程頤(北宋),《二程遺書》卷十八「或讀書講明義理., 或記古今人物, 別其是非., 或應事即物而處其當, 皆窮理也」에 보인다. 본문에서는 첫째의 의미이다.
8) 則(즉)-곧, 즉. 관련 4자성어는 月滿則虧, 禮煩則亂 등이 있다.
9) 當(당)-마땅히. 관련 4자성어는 老當益壯, 以一當十 등이 있다.
10) 先意(선의)-부모가 의견을 말하지 않아도 미리 부모의 뜻을 짐작하고 받들어 따르는 것을 가리킨다. 4자성어로는 先意承志가 있다. 동일한 의미의 최초 출전은《禮記》〈祭義〉「君子之所爲孝者, 先意承志, 諭父母于道」에 보인다.

11) 承順(승순)-받들어 따르다. 본문의「先意承順」은 先意承順父母之志의 생략이다. 동일한 의미의 최초 출전은《禮記》〈樂記〉「理發諸外而民莫不承順」에 보인다. 원래는 위의 4자성어 先意承志인데, 본문에서는 承志를 承順으로 바꿔 사용한 것으로 보인다.
12) 毫忽(호홀)-극히 조금이라도. 毫는 털과 같이 매우 작은 것을 의미하고, 忽은 계량 단위(10만분의 1)로 매우 적은을 의미한다. 동일한 의미의 최초 출전은 蘇軾(北宋), 〈上皇帝書〉「差舛毫忽, 則邪沴之氣干之矣」에 보인다.
13) 不可(불가)-할 수 없다. 可(가능, 되다, 적합, 옳다)의 반대 의미이다. 동일한 의미의 최초 출전은《孫子兵法》〈九變〉「覆軍殺將, 必以五危, 不可不察也」에 보인다.
14) 違(위)-부모님의 뜻을 어기다. 관련 4자성어는 面從背違, 忠不違君 등이 있다.
15) 若(약)-만약. 관련 4자성어는 若隱若現, 泰然自若 등이 있다.
16) 其(기)-지시대명사로 이, 그, 저 등을 가리킨다. 관련 4자성어는 若無其事, 不計其數 등이 있다.
17) 害理(해리)-윤리도덕에 부합하는 행위원칙을 해치다. 동일한 의미의 최초 출전은 曾巩(北宋), 〈范貫之奏議集序〉「故天下之情因得畢聞於上, 而事之害理者常不果行」에 보인다.
18) 者(자)-~라는 것. 관련 4자성어는 來者不拒, 當局者迷 등이 있다.
19) 和氣(화기)-온화한 기색. 동일한 의미의 최초 출전은《禮記》〈祭義〉「有和氣者必有愉色」에 보인다.
20) 怡色(이색)-온화하고 기쁜 표정을 나타내다. 동일한 의미의 최초 출전은《禮記》〈內則〉「父母有過, 下氣怡色, 柔聲以諫」에 보인다.
21) 柔聲(유성)-부드러운 목소리. 동일한 의미의 최초 출전은 위와 같다.
22) 以(이)-~함으로써. 관련 4자성어는 一以貫之, 夢寐以求 등이 있다.
23) 諫(간)-윗사람에게 잘못을 아뢰는 것. 관련 4자성어는 直言正諫, 犯顏苦諫 등이 있다.

24) 反覆(반복)-거듭하다. 反復과 동일하다. 동일한 의미의 최초 출전은《易經》〈乾卦〉「終日乾乾, 反復道也」朱熹(南宋) 注 ..「反復, 重復踐行之意」에 보인다.
25) 開陳(개진)-진술하다, 자세히 말하다. 동일한 의미의 최초 출전은《史記》〈平津侯主父列傳〉「每朝會議, 開陳其端, 令人主自擇, 不肯面折庭爭」에 보인다.
26) 必期(필기)-반드시 ~하도록 한다. 동일한 의미의 최초 출전은 李中(明), 〈送張惟貞少府之江陰〉「俗必期康濟, 詩誰互唱酬」에 보인다.
27) 聽從(청종)-타인의 의견이나 행동을 따르다. 동일한 의미의 최초 출전은《禮記》〈內則〉「女子十年不出, 姆教婉娩聽從」에 보인다.

【事親章5-6국역】

부모님의 뜻이 만약 윤리도덕에 부합하는 행위원칙을 해치는 것이 아니라면, 마땅히 부모님이 의견을 말하지 않아도 먼저 그 뜻을 짐작하고 받들어 따르며 극히 조금이라도 부모님의 뜻을 어기지 말아야 한다. 만약 그 윤리도덕에 부합하는 행위원칙을 해치는 것이 있으면, 곧 온화한 기색과 기쁜 표정 및 부드러운 목소리로 잘못을 알려드리고 거듭해서 자세히 설명해서 반드시 올바른 의견이나 행동을 따르도록 권해야 한다.

【事親章5-6解說】

*「先意承順」

선의승순의 원래 4자성어는 先意承志이다. 부모가 의견을 말하지 않아도 미리 부모의 뜻을 짐작하고 받들어 따르는 것을 의미한다. 동일한 의미의 최초 출전은《禮記》〈祭義〉「曾子曰 .. 孝有三 : 大孝尊親, 其次弗辱, 其下能養。公明儀問於曾子曰 .. 夫子可以爲孝乎? 曾子曰 .. 是何言與! 是何言與! 君子之所爲孝者, 先意承志, 諭父母於道。參, 直養者也, 安能爲孝乎?」에 보인다. 즉 "증자가 말하기를 .. '효도에는 3가지가 있다. 가장 큰

효는 어버이를 존경하는 것이고, 그 다음은 어버이를 욕되게 하지 않는 것이며, 그 아래는 능히 어버이를 봉양하는 것이다.' 공명의가 증자에게 묻기를 .. '선생님은 효도를 하고 있다고 생각하십니까?' 증자가 말하기를 .. '어찌 효도를 한다고 말할 수 있겠습니까! 군자가 효도를 한다고 하는 것은, 부모가 의견을 말하지 않아도 미리 부모의 뜻을 짐작하고 받들어 따르고, 어버이의 행동이 바른 도리를 깨우칠 수 있도록 하는 것이다. 저는 단지 어버이를 봉양할 뿐으로 어찌 능히 효도한다고 할 수 있겠습니까?'"라고 하였다.

* 「若其害理者, 則和氣、怡色、柔聲以諫, 反覆開陳, 必期於聽從」

본문과 동일한 의미의 최초 출전은 《禮記》〈內則〉「父母有過, 下氣怡色, 柔聲以諫。諫若不入, 起敬起孝, 說則復諫., 不說, 與其得罪于鄉黨州閭, 寧孰諫。父母怒, 不說, 而撻之流血, 不敢疾怨, 起敬起孝」에 보인다. 즉 "부모님이 잘못했을 경우에는 온화한 기색과 기쁜 표정을 나타내며 부드러운 목소리로 잘못을 말씀드려야 한다. 잘못을 말씀 드렸는데도 만약 받아들이지 않으면 더욱 공경하고 효도해야 하며, 부모님이 기뻐할 때에 다시 잘못을 말씀드려야 한다. 부모님이 이를 기뻐하지 않으실 때에도 부모님이 마을에서 죄를 얻는 것보다 차라리 계속 잘못을 말씀 드리는 것이 나을 것이다. 부모님께 잘못을 말씀드렸는데 화를 내고 기뻐하지 않으시며 매질하여 피가 흘러도 감히 부모님을 원망할 수 없으며 더욱 공경하고 효도해야 한다."라고 하였다.

【事親章5-7원문】

父母有疾, 心憂色沮, 捨置他事, 只以問醫劑藥爲務, 疾止復初。

【事親章5-7음역】

부모유질, 심우색저, 사치타사, 지이문의제약위무, 질지복초.

【事親章5-7주석】

1) 父母(부모)-부친과 모친. 동일한 의미의 최초 출전은《詩經》〈蓼莪〉「哀哀父母, 生我劬瘁」에 보인다.
2) 有(유)-있다, 동사이고 無, 沒과 반대이다. 관련 4자성어는 有始無終, 一無所有 등이 있다.
3) 疾(질)-질병. 관련 4자성어는 疾惡如仇, 疾風勁草 등이 있다.
4) 心憂(심우)-마음으로 근심하다. 동일한 의미의 최초 출전은《詩經》〈黍離〉「知我者, 謂我心憂, 不知我者, 謂我何求」에 보인다.
5) 色沮(색저)-얼굴표정은 실의에 빠진 듯, 의기소침하게. 동일한 의미의 최초 출전은 蕭統(南朝,梁),《文選》〈鮑照〉「當是時也, 燕姬色沮, 巴童心恥」劉良(唐) 注 ..「巴童、燕姬, 并善歌舞者」에 보인다.
6) 捨置(사치)-버려두다. 放置, 放棄와 동일하다. 동일한 의미의 최초 출전은 劉清之(南宋),《小學》〈明倫〉「凡父母舅姑有疾, 子色不滿容, 不戲笑, 不宴遊。捨置餘事, 全以迎醫, 檢方, 合藥爲務。疾已復初」에 보인다.
7) 他事(타사)-다른 일. 동일한 의미의 최초 출전은 羅貫中(明),《三國志演義》第一回「曹節在後竊視, 悉宣告左右., 遂以他事陷邕于罪, 放歸田里」에 보인다.
8) 只(지)-단지, 다만. 只好, 只와 동일하다. 只는 부사로 오직, 다만, ~일 뿐으로 惟나 但과 같이 바로 뒤에 오는 명사를 한정한다. 관련 4자성어는 只言片語, 只字不提 등이 있다.
9) 以(이)-~함으로써. 관련 4자성어는 一以貫之, 夢寐以求 등이 있다.
10) 問(문)-묻다. 관련 4자성어는 不恥下問, 有問必答 등이 있다.
11) 醫(의)-의사. 관련 4자성어는 久病成醫, 庸醫殺人 등이 있다.
12) 劑(제)-조제하다, 짓다. 관련 4자성어는 酌盈劑虛, 調劑鹽梅 등이 있다.
13) 藥(약)-약. 관련 4자성어는 苦口良藥, 不藥而愈 등이 있다.
14) 爲(위)-~이 되다, 하다, 만들다. 做, 作, 干, 搞 등과 동일하다. 관련 4자성어는 助人爲樂, 一言爲定 등이 있다.

15) 務(무)-힘쓰다. 관련 4자성어는 當務之急, 除惡無盡 등이 있다.
16) 疾止(질지)-병이 치료되다. 동일한 의미의 최초 출전은《禮記正義》〈曲禮上〉「疾止復故, 自若常也」에 보인다.
17) 復初(복초)-평상시와 같게 하다, 일상으로 돌아가다, 원래로 돌아가다. 復始, 復蘇와 동일하다. 원래는 위의 출전에서 보듯이 復故인데, 본문에서는 復初로 바꿔 사용한 것으로 보인다. 동일한 의미의 최초 출전은 韓元吉(南宋), 〈李編修器之惠詩卷〉「前有太白後長吉, 君家詩名宜復初」에 보인다.

【事親章5-7국역】

부모님에게 병환이 있으면 마음으로 근심하고 얼굴표정은 실의에 빠진 듯 하며, 다른 일은 버려두고 다만 의사에게 묻고 약을 조제하는 것에 힘써야 하고, 병환이 치료되면 평상시와 같게 한다.

【事親章5-7解說】

*「復初」

복초의 의미는 평상시와 같게 하다, 일상으로 돌아가다, 원래로 돌아가다. 동일한 의미의 최초 출전은 韓元吉(南宋), 〈李編修器之惠詩卷〉「前有太白後長吉, 君家詩名宜復初」에 보인다. 復始, 復蘇와 동일하다. 복초는 원래《禮記》〈曲禮上〉「父母有疾, 冠者不櫛, 行不翔, 言不惰, 琴瑟不御, 食肉不至變味, 飮酒不至變貌, 笑不至矧, 怒不至詈。疾止復故」에 보인다. 즉 "부모님께서 병을 앓으시거든 성인 남자는 머리를 빗지 않고, 걸어 갈 때도 두 팔을 벌리고 걷지 않으며, 말할 때도 불경스럽게 하지 않고, 부부간에도 관계하지 않으며, 고기를 먹을 때도 물릴 때까지 먹지 않고, 술을 마실 때도 얼굴색이 변할 때까지 마시지 않으며, 웃을 때도 잇몸이 드러나지 않게 하고, 화가 날 때도 남을 큰소리로 꾸짖는 정도까지 이르지 않는다. 병이 나으시면 도로 평상시와 같이 한다.」라고 하였다. 또《禮記正義》〈曲禮上〉「疾止復故, 自若常也」에서 보듯이 復故인데, 본문에서는 復初로 바꿔 사용한 것으로 보인다.

【事親章5-8원문】

日用之間, 一毫之頃, 不忘父母, 然後乃名爲孝。彼持身不謹, 出言無章, 嬉戲度日者, 皆是忘父母者也。

【事親章5-8음역】

일용지간, 일호지경, 불망부모, 연후내명위효. 피지신불근, 출언무장, 희희도일자, 개시망부모자야.

【事親章5-8주석】

1) 日用(일용)-일상생활, 일상생활 중에. 日用之間, 日用之閑과 동일하고, 日用動靜之間의 생략이다. 동일한 의미의 최초 출전은 朱熹(南宋), 〈答林擇之書〉 之一 「今方欲與朋友說, 日用之閑, 常切点檢氣習偏處, 意欲萌處」에 보인다.
2) 之(지)-~의, ~중에서. 관련 4자성어는 君子之交, 莫逆之友 등이 있다.
3) 間(간)-~사이, ~동안, ~속에서. 본문의 「日用之間」은 日用動靜之間의 생략이다. 관련 4자성어는 伯仲之間, 頃刻之間 등이 있다.
4) 一毫(일호)-터럭 하나 즉 조금이라도. 동일한 의미의 최초 출전은 《列子》 〈楊朱〉 「古之人損一毫利天下不與也, 悉天下奉一身不取也。人人不損一毫, 人人不利天下, 天下治矣」에 보인다.
5) 頃(경)-매우 짧은 순간. 즉 一毫之頃은 매우 짧은 순간을 가리킨다. 관련 4자성어는 頃刻之間, 萬頃碧波 등이 있다.
6) 不忘(불망)-잊지 않다. 동일한 의미의 최초 출전은 白居易(唐), 〈畫彌勒上生幀記〉 「所以表不忘初心, 而必果本願也」에 보인다.
7) 父母(부모)-부친과 모친. 동일한 의미의 최초 출전은 《詩經》 〈蓼莪〉 「哀哀父母, 生我勞瘁」에 보인다.
8) 然後(연후)-그렇게 한 뒤에, 연후에. 동일한 의미의 최초 출전은 《禮記》 〈學記〉 「是故學, 然後知不足., 教, 然後知困」에 보인다.

9) 乃(내)-이에. 관련 4자성어는 乃文乃武, 乃祖乃父 등이 있다.
10) 名(명)-명명하다. 이름 부르다. 관련 4자성어는 名實相符, 擧世聞名 등이 있다.
11) 爲孝(위효)-효도하다. 동일한 의미의 최초 출전은《爾雅》〈釋言〉「善事父母爲孝」에 보인다.
12) 彼(피)-저, 저 사람들. 관련 4자성어는 知彼知己, 不分彼此 등이 있다.
13) 持身(지신)-자신의 말과 행동(행동거지)을 올바르게 하는 것. 동일한 의미의 최초 출전은《列子》〈說符〉「子列子學于壺丘子林。壺丘子林曰 .. 子知持後, 則可言持身矣」에 보인다.
14) 不謹(불근)-삼가지 않다. 동일한 의미의 최초 출전은《東周列國志》第一百回「(公孫乾)乃上表趙王, 言 .. 臣乾監押不謹, 致質子異人逃去, 臣罪無所辭! 遂伏劍自刎而亡」에 보인다.
15) 出言(출언)-말하다. 동일한 의미의 최초 출전은《詩經》〈都人士〉「其容不改, 出言有章」에 보인다.
16) 無章(무장)-말에 조리가 없이 횡설수설하다. 위의 출전에 나오는「出言有章」과 반대 의미이다. 동일한 의미의 최초 출전은 韓愈(唐), 〈送孟東野序〉「其爲言也, 雜亂而無章」에 보인다.
17) 嬉戲(희희)-장난치며 놀다. 동일한 의미의 최초 출전은《史記》〈律書〉「自年六七十翁亦未嘗至市井, 游敖嬉戲如小兒狀」에 보인다.
18) 度日(도일)-세월만 헛되이 보내다. 동일한 의미의 최초 출전은《晉書》〈沮渠蒙遜載記〉「人無勸竟之心, 苟爲度日之事」에 보인다.
19) 者(자)-사람. 관련 4자성어는 來者不拒, 當局者迷 등이 있다.
20) 皆是(개시)-모두. 동일한 의미의 최초 출전은 羅貫中(明), 《三國志演義》第七回「馬五千餘匹, 大半皆是白馬」에 보인다.
21) 忘(망)-잊다. 관련 4자성어는 背恩忘德, 忘年之交 등이 있다.

【事親章5-8국역】

일상생활 중에 매우 짧은 순간이라도 부모를 잊지 말아야 되고, 그렇게 된 연후에 이에 효도한다고 일컬을 수 있는 것이다. 저 사람들처럼 자신의 말과 행동(행동거지)을 올바르게 삼가지 않고, 말에도 조리가 없이 횡설수설하며, 장난치고 놀면서 세월만 헛되이 보내는 자들은 모두 부모를 잊은 사람들이다.

【事親章5-8解說】

*「日用」

일용의 의미는 일상생활, 일상생활 중에. 日用之間, 日用之閑과 동일하고, 日用動靜之間의 생략이다. 동일한 의미의 최초 출전은 朱熹(南宋), 〈答林擇之書〉 之一「今方欲與朋友說, 日用之閑, 常切点檢氣習偏處, 意欲萌處」에 보인다. 본문의「日用之間, 一毫之頃」 문장은 王守仁(明), 《朱子晩年定論》〈答呂子約〉「日用工夫, 比復何如? 文字雖不可廢, 然涵養本原, 而察於天理人欲之判, 此是日用動靜之間, 不可頃刻間斷底事」와 유사하다.

【事親章5-9원문】

日月如流, 事親不可久也。故爲子者須盡誠竭力, 如恐不及可也。古人詩曰 .. "古人一日養, 不以三公換。" 所謂愛日者如此。

【事親章5-9음역】

일월여류, 사친불가구야. 고위자자수진성갈력, 여공불급가야. 고인시왈 .. "고인일일양, 불이삼공환." 소위애일자여차.

【事親章5-9주석】

1) 日月(일월)-세월. 동일한 의미의 최초 출전은《詩經》〈小明〉「昔我往矣, 日月方奧」에 보인다.
2) 如流(여류)-흐르는 물처럼 신속히 지나감을 의미한다. 동일한 의미의 최초 출전은《左傳》成公八年「君子曰 .. 從善如流, 宜哉」에 보인다.
3) 事親(사친)-부모를 봉양하다. 동일한 의미의 최초 출전은《孟子》〈離婁上〉「孟子曰 .. 事孰爲大? 事親爲大」趙岐(東漢) 注 ..「事親, 養親也」에 보인다.
4) 不可(불가)-할 수 없다. 可(가능, 되다, 적합, 옳다)의 반대 의미이다. 동일한 의미의 최초 출전은《史記》〈刺客列傳〉「誠得劫秦王, 使悉反諸侯侵地, 若曹沫之與齊桓公, 則大善矣., 則不可, 因而刺殺之」에 보인다.
5) 久(구)-오래도록. 관련 4자성어는 天長地久, 長久之計 등이 있다.
6) 也(야)-조사로 문장 중간에 혹은 문장 끝에 사용한다. 관련 4자성어는 空空如也, 未嘗有也 등이 있다.
7) 故(고)-그래서. 관련 4자성어는 溫故知新, 無緣無故 등이 있다.
8) 爲子(위자)-자식 된 자는, 자식이라면. 身爲人之子, 爲人之子者의 생략이다. 동일한 의미의 최초 출전은《大學》「爲人君, 止于仁., 爲人臣止于敬., 爲人子, 止于孝., 爲人父, 止于慈., 與國人交, 止于信」에 보인다.
9) 者(자)-사람. 관련 4자성어는 來者不拒, 當局者迷 등이 있다.
10) 須(수)-반드시, 모름지기. 관련 4자성어는 相須而行, 不時之須 등이 있다.
11) 盡誠(진성)-정성을 다하다. 관련 4자성어는 盡誠竭節이 있다. 동일한 의미의 최초 출전은《三國志》〈夏侯尚傳〉裴松之(東晉) 注引《魏書》..「尚自少侍從, 盡誠竭節, 雖云異姓, 其猶骨肉, 是以入爲腹心, 出當爪牙」에 보인다.
12) 竭力(갈력)-최선을 다하다. 동일한 의미의 최초 출전은《禮記》〈燕義〉「臣下竭力盡能以立功於國, 君必報之以爵祿」에 보인다.
13) 如恐不及(여공불급)-마치 미치지 못할까 두려운 듯. 4자성어이다. 동일

한 의미의 최초 출전은 《舊唐書》〈元載傳〉「載在相位多年, 權傾四海, 外方珍異, 皆集其門, 資貨不可勝計, 故伯和、仲武等得肆其志。輕浮之士, 奔其門者, 如恐不及」에 보인다.

14) 可也(가야)-옳다, 맞다. 동일한 의미의 최초 출전은 《論語》〈學而〉「子貢曰 .. 貧而無諂, 富而無驕, 何如? 子曰 .. 可也。未若貧而樂, 富而好禮者也」에 보인다.

15) 古人(고인)-본문에서는 王安石을 가리킨다. 동일한 의미의 최초 출전은 《書經》〈益稷〉「予欲觀古人之象」에 보인다.

16) 詩(시)-시. 본문에서는 王安石의 詩 〈送喬執中秀才歸高郵〉「古人一日養, 不以三公換」를 가리킨다. 관련 4자성어는 詩中有畵, 七步成詩 등이 있다.

17) 曰(왈)-말하다. 관련 4자성어는 子曰詩云, 美其名曰 등이 있다.

18) 一日(일일)-하루. 一天, 一晝夜와 동일하다. 반대는 終歲이다. 동일한 의미의 최초 출전은 《詩經》〈采葛〉「一日不見, 如三月兮」에 보인다.

19) 養(양)-기르다, 봉양하다. 관련 4자성어는 休養生息, 韜光養晦 등이 있다.

20) 不以(불이)-~로 인하여 하지 말아야 한다. 不因과 동일하다. 동일한 의미의 최초 출전은 《禮記》〈表記〉「故君子不以小言受大祿, 不以大言受小祿」에 보인다.

21) 三公(삼공)-周代에 설치한 관직으로 《書經》에 의하면 황제 아래의 최고 존귀한 太師, 太傅, 太保를 가리킨다. 秦代 이후에는 실권이 없는 명예직으로 변했다. 동일한 의미의 최초 출전은 《書經》〈周官〉「立太師、太傅、太保。玆惟三公, 論道竟邦, 燮理陰陽, 官不必備, 惟其人」에 보인다.

22) 換(환)-바꾸다. 관련 4자성어는 改朝換代, 脫胎換骨(換骨脫胎) 등이 있다.

23) 所謂(소위)-이른바. 동일한 의미의 최초 출전은 《詩經》〈蒹葭〉「所謂伊人, 在水一方」에 보인다.

24) 愛日(애일)-세월을 아끼다. 동일한 의미의 최초 출전은 揚雄(西漢), 《法言》〈孝至〉「事父母自知不足者, 其舜乎! 不可得而久者, 事親之謂也, 孝子愛日」 李軌(隋) 注 .. 「無須臾懈於心」에 보인다. 나중에는 자식이 부모를

봉양하는 기간이 짧으니 세월을 아끼라는 뜻으로 사용함. 동일한 의미의 최초 출전은《論語》〈里仁〉「父母之年不可不知也」 朱熹(南宋),《論語集注》..「常知父母之年, 則旣喜其壽, 又懼其衰, 而於愛日之誠, 自有不能已者」에 보인다.

25) 如此(여차)-이와 같다. 동일한 의미의 최초 출전은《禮記》〈樂記〉「如此, 則國之滅亡無日矣」에 보인다.

【事親章5-9국역】

세월은 흐르는 물처럼 신속히 지나가니 부모님을 봉양하는 것도 오랫동안 할 수 없다. 그런 까닭에 자식 된 사람은 반드시 정성과 최선을 다해서 마치 이르지 못할까 두려운 듯해야 한다. 옛사람 즉 왕안석의 시에 말하기를 .. "옛사람은 부모님을 하루라도 봉양할 수 있다면 삼공(재상 등급)의 벼슬을 준다 해도 바꾸지 않았다."라고 했는데, 이른바 자식이 부모를 봉양하는 기간이 짧으니 세월을 아끼라는 뜻이 이와 같은 것이다.

【事親章5-9解說】

*王安石의 詩〈送喬執中秀才歸高郵〉

(喬執中 수재가 고유로 돌아감을 전송하며)

薄飯午不羹, 점심은 국도 없는 조잡한 음식이고,
空爐夜無炭。 저녁에는 화로에 땔나무도 없다네.
寥寥日避席, 낮에는 그럭저럭 일 없이 보내지만,
烈烈風欺幔。 뜨거운 바람만 장막을 흔들어대네.
謂予勿惡此, 이런 환경을 싫지 않다고 말했으니,
何爲向子歎。 어찌 자네에게 신세 한탄하리오!
長年客塵沙, 오랫동안 바깥으로 떠돌아다녀서,
無婦助親爨。 집에는 밥 지어줄 아낙네조차 없다오.

寒暄慰白首, 인사치레로 백발노인을 위로하지만,
我弟纔將冠。 어린 동생은 겨우 약관의 나이라네.
邅迴歲又晚, 시간은 쏜살같이 연말에 이르렀으니,
想見淮湖漫。 회하 호수의 광대함이 보고 싶네.
古人一日養, 옛사람은 하루 어버이 봉양을,
不以三公換。 삼공의 벼슬과도 바꾸지 않았다네.
田園在戮力, 전원에서 생활은 힘을 합치는데 있으니,
且欲歸鋤灌。 잠시 돌아가서 밭 갈고 물 대고 싶네.
行矣子誠然, 당신도 확실히 이와 같이 하려면,
光陰未宜翫。 세월을 마땅히 헛되이 보내지 마시게.
負米力有餘, 한 보따리 쌀을 매고도 힘이 남는데,
能無讀書伴。 설마 책을 같이 읽을 친구가 없겠는가?

*「愛日」

애일은 시간을 아끼다, 세월을 아끼다. 나중에는 자식이 부모를 봉양하는 기간이 짧으니 세월을 아끼라는 뜻으로 사용함. 동일한 의미의 최초 출전은 揚雄(西漢), 《法言》〈孝至〉「事父母自知不足者, 其舜乎！ 不可得而久者, 事親之謂也, 孝子愛日」李軌(隋) 注 ..「無須臾懈於心」에 보인다. 또 《論語》〈里仁〉「父母之年不可不知也」朱熹(南宋), 《論語集注》 ..「常知父母之年, 則旣喜其壽, 又懼其衰, 而於愛日之誠, 自有不能已者」에 보인다. 愛日과 동일한 의미의 4자성어는 愛日惜力, 敬時愛日, 孝子愛日 등이 있다. 모두 부모와 함께하는 시간을 귀중히 여기고 때 맞춰서 극진히 효도하라는 의미이다. 동일한 의미의 최초 출전은 《呂氏春秋》〈上農〉「故敬時愛日, 非老不休, 非疾不息, 非死不舍」에 보인다. 즉 "그런 까닭에 敬時愛日은 부모에 대한 효도는 늙지 않았으면 멈추지 말고, 병들지 않았으면 쉬지 말고, 죽지 않았으면 그치지 말라."라고 하였다.

第六, 喪制章

장례를 치르는 방법

喪制當一依朱文公家禮。若有疑晦處, 則質問于先生、長者、識禮處, 必盡其禮可也。

復時, 俗例必呼小字, 非禮也。少者則猶可呼名, 長者則不可呼名, 隨生時所稱可也(婦女尤不宜呼名)。

母喪父在, 則父爲喪主。凡祝辭, 皆當用夫告妻之例也。

父母初沒, 妻、妾、婦及女子, 皆被髮。男子則被髮、扱上衽、徒跣(小斂後, 男子則袒括髮, 婦人則髽)。若子爲他人後者, 及女子已嫁者, 皆不被髮徒跣(男子則免冠)。

尸在牀而未殯, 男女位于尸傍, 則其位南上, 以尸頭所在爲上也。旣殯之後, 女子則依前位于堂上, (其位當)南上., 男子則位于階下, 其位當北上, 以殯所在爲上也。發引時, 男女之位復南上, 以靈柩所在爲上也。隨時變位, 而各有禮意。

今人多不解禮, 每弔客致慰, 專不起動, 只俯伏而已, 此非禮也。弔客拜靈座而出, 則喪者當出自喪次, 向弔客再拜而哭可也(弔客當答拜)。

衰絰, 非疾病服役, 則不可脫也。

家禮, 父母之喪, 成服之日, 始食粥, 卒哭之日, 始疏食(糲飯也)水飮(不食羹也), 不食菜果。小祥之後, 始食菜果(羹亦可食)。禮文如此, 非有疾病, 則當從禮文。人或有過禮, 而啜粥三年者, 若是誠孝出人, 無一毫勉强之意, 則雖過禮, 猶或可也。若誠孝未至, 而勉强踰禮, 則是自欺而欺親也, 切宜戒之。

今之識禮之家, 多於葬後返魂, 此固正禮。但時人效顰, 遂廢廬墓之俗, 返魂之後, 各還其家, 與妻子同處, 禮坊大壞, 甚可寒心。凡喪親者, 自度一一從禮, 無毫分虧欠, 則當依禮返魂。如或未然, 則當依舊俗廬墓可也。

親喪成服之前, 哭泣不絶於口(氣盡則令婢僕代哭)。葬前哭無定時, 哀至則哭。卒哭後, 則朝夕哭二時而已。禮文大槪如此。若孝子情至, 則哭泣豈有定數哉! 凡喪, 與其哀不足而禮有餘也, 不若禮不足而哀有餘也, 喪事不過盡其哀敬而已。

曾子曰 .. “人未有自致者也, 必也親喪乎!” 送死者, 事親之大節也。於此不用其誠, 惡乎用其誠? 昔者小連､大連善居喪, 三日不怠, 三月不懈, 期悲哀, 三年憂, 此是居喪之則也。孝誠之至者, 則不勉而能矣。如有不及者, 則勉而從之可也。

人之居喪, 誠孝不至, 不能從禮者, 固不足道矣。間有質美而未學者, 徒知執禮之爲孝, 而不知傷生之失正., 過於哀毁, 羸疾已作., 而不忍從權, 以至滅性者或有之, 深可惜也。是故毁瘠傷生, 君子謂之不孝。

凡有服親戚之喪, 若他處聞訃, 則設位而哭。若奔喪, 則至家而成服。若不奔喪, 則四日成服。若齊衰之服, 則未成服前三日中, 朝夕爲位會哭(齊衰降大功者亦同)。

師友之義重者, 及親戚之無服而情厚者, 與凡相知之分密者, 皆於聞喪之日, 若道遠, 不能往臨其喪, 則設位而哭。師則隨其情義深淺, 或心喪三年､或期年､或九月､或五月､或三月, 友則雖最重, 不過三月。若師喪, 欲行三年､期年者, 不能奔喪, 則當朝夕設位而哭, 四日而止(止於四日之朝, 若情重者, 則不止此限)。

凡遭服者, 每月朔日, 設位服其服而會哭(師友雖無服亦同)。月數旣滿, 則於次月朔日, 設位服其服, 會哭而除之。其間哀至, 則哭可也。

凡大功以上喪, 則未葬前, 非有故, 不可出入, 亦不可弔人, 常以治喪講禮爲事。

【喪制章6-1원문】

喪制當一依朱文公家禮。若有疑晦處, 則質問于先生、長者、識禮處, 必盡其禮可也。

【喪制章6-1음역】

상제당일의주문공가례. 약유의회처, 즉질문우선생、장자、식례처, 필진기례가야.

【喪制章6-1주석】

1) 喪制(상제)-장례를 치르는 제도. 동일한 의미의 최초 출전은《後漢書》〈章德竇皇后紀〉「上尊謚曰恭懷皇后, 追服喪制, 百官縞素, 與姊大貴人俱葬西陵」에 보인다.
2) 當(당)-마땅히. 관련 4자성어는 老當益壯, 以一當十 등이 있다.
3) 一依(일의)-전부 따르다. 동일한 의미의 최초 출전은《晉書》〈康獻褚皇后傳〉「今歸事反政, 一依舊典」에 보인다.
4) 朱文公(주문공)-朱熹(1130-1200)를 가리킨다. 字는 元晦 또는 仲晦이고 號는 晦庵 또는 紫陽이며, 시호는 文公이다. 세간에서는 朱子, 晦庵先生 또는 朱文公으로 일컫는다.
5) 家禮(가례)-《家禮》는 朱熹(南宋)의 禮學에 관한 저술이다. 달리《朱子家禮》라고 일컫는다. 내용은 通禮와 冠禮, 婚禮, 喪禮, 祭禮의 5부분으로 구성되었다. 특히 喪禮는 초년의 부친상을 당한 뒤부터 정리하기 시작하였고, 중년에 모친상을 겪으면서 사리에 맞고 실제로 행하기 쉬운 예의 제도의 필요성을 절감하여 작성하였다고 한다.《家禮》의 내용은 모두 당시 사회의 풍속을 근거로 하고 고금의 家禮를 참고하여 작성하였다.
6) 若(약)-만약. 관련 4자성어는 若隱若現, 泰然自若 등이 있다. 참고로 若有는 만약 ~이 있다면으로 사용하여 가정을 나타내기도 한다. 如有, 倘

有와 동일하다.

7) 有(유)-있다, 동사이고 無, 沒과 반대이다. 관련 4자성어는 有始無終, 一無所有 등이 있다.

8) 疑晦(의회)-의혹, 불명확한. 동일한 의미의 최초 출전은《新唐書》〈黎干傳〉「此經典先儒皆不言祭昊天於圓丘, 根證章章, 故臣謂禘止五年宗廟大祭, 了無疑晦」에 보인다.

9) 處(처)-부분, 장소. 관련 4자성어는 和睦相處, 身無長處 등이 있다.

10) 質問(질문)-질문하다. 동일한 의미의 최초 출전은《漢書》〈劉歆傳〉「時丞相史尹咸以能治左氏, 與歆共校經傳。歆略從咸及丞相翟方進受, 質問大義」에 보인다.

11) 於(어)-어조사이고, ~에, ~에서, ~보다, ~를, ~에게, ~에 대해서, 이에 있어서 등의 의미로 사용되고 于와 동일하다. 여기에서는 비교를 나타내는 조사로 사용되었다. 관련 4자성어는 青出於藍, 耿耿於懷 등이 있다.

12) 先生(선생)-선생님. 동일한 의미의 최초 출전은《禮記》〈玉藻〉「(童子)無事, 則立主人之北南面, 見先生, 從人而入」孔穎達(唐) 疏 ..「先生, 師也」에 보인다.

13) 長者(장자)-어른, 덕망이 높으신 분. 동일한 의미의 최초 출전은《孟子》〈告子下〉「徐行後長者謂之弟, 疾行先長者謂之不弟」에 보인다.

14) 識禮(식례)-예를 알다. 達禮와 동일하다. 知書識禮(識禮知書)는 4자성어이다. 達禮의 동일한 의미의 최초 출전은 無名氏(元),《馮玉蘭》第一折「只我這知書達禮唐恭謹, 怎肯着出乖露丑遭談論」에 보인다.

15) 必(필)-반드시. 관련 4자성어는 信賞必罰, 事必歸正 등이 있다.

16) 盡(진)-다하다. 관련 4자성어는 盡心竭力, 盡善盡美 등이 있다.

17) 其(기)-지시대명사로 이, 그, 저 등을 가리킨다. 관련 4자성어는 若無其事, 不計其數 등이 있다.

18) 禮(예)-중국 고대의 등급 사회 속에서 상호간의 행위준칙 및 도덕규범을 가리킨다. 관련 4자성어는 禮尚往來, 克己復禮 등이 있다. 非禮는 상호간

의 행위준칙 및 도덕규범에 부합하지 않는 행동을 가리킨다. 禮와 非禮에 대한 동일한 의미의 최초 출전은《論語》〈先進〉「如其禮樂, 以俟君子」 및《論語》〈顔淵〉「子曰 .. 克己復禮爲仁。一日克己復禮, 天下歸仁焉。爲仁由己, 而由人乎哉? 顔淵曰 .. 請問其目? 子曰 .. 非禮勿視, 非禮勿聽, 非禮勿言, 非禮勿動」에 보인다.

19) 可也(가야)-옳다, 맞다. 동일한 의미의 최초 출전은《論語》〈學而〉「子貢曰 .. 貧而無諂, 富而無驕, 何如? 子曰 .. 可也。未若貧而樂, 富而好禮者也」에 보인다.

【喪制章6-1국역】

장례를 치르는 제도는 마땅히 주희의《가례》를 전부 따라야 한다. 만약 불명확한 곳이 있으면 선생님이나 어른 및 예를 아는 곳에 질문하여 반드시 그 예대로 다하는 것이 옳은 것이다.

【喪制章6-1解說】

*《家禮》

가례는 朱熹(南宋)의 禮學에 관한 저술이다. 달리《朱子家禮》라고 일컫는다. 내용은 通禮와 冠禮, 婚禮, 喪禮, 祭禮의 5부분으로 구성되었다. 통례는 가정생활의 일상예절 즉 사당제도, 深衣制度, 居家雜儀 등 가정생활 중에서 하루라도 행하지 않으면 안 되는 평상시 예의에 대하여 서술하였다. 관례는 관례와 계례(笄禮) 즉 성인 의례에 대하여 서술하였다. 혼례는 昏禮와 동일하다. 혼례에서는 쌍방의 품행과 가정교육 등 議昏을 강조하였다. 혼례의 주요 순서는 議婚, 納采, 納幣, 親迎, 婦見舅姑, 廟見, 婿見婦之父母 등이 있다. 상례는 喪事 활동에 관한 기본 예의를 서술하였다. 특히 상례는 주희가 초년에 부친상을 당한 뒤부터 정리하기 시작하였고, 중년에 모친상을 겪으면서 사리에 맞고 실제로 행하기 쉬운 예의 제도의 필요성을 절감하여 작성하였다고 한다. 제례는 제사활동에 관한 기본 예의를 서술하였다. 《家禮》의 내용은 모두 가정과 가족생활을 중심으로 예의를 실천하는 방안을 설명하였다. 즉 儒家의 가르침, 綱常倫理, 冠婚喪祭 등 당시 사회의 풍속을 근거로 하고 고금의 家禮를 참고하여 작성하였다. 《家禮》가 완성된 이후에 三山 楊氏와 上饒 周氏의 고증을 거쳐서 널리 유포되었지만 여전히 오류가 적지 않았다. 현재 전해지는 《家禮》의 판본은 汲古閣宋刊本 이외에 10종류가 있다. 또 明나라 成化(1465-1487) 시기에 丘濬이 위의 《朱子家禮》를 기초로 하여 여기에 〈儀節考證〉과 〈雜錄〉을 추가하여 《文公家禮儀節》 8권을 저술하였다.

【喪制章6-2원문】

復時, 俗例必呼小字, 非禮也。少者則猶可呼名, 長者則不可呼名, 隨生時所稱可也(婦女尤不宜呼名)。

【喪制章6-2음역】

복시, 속례필호소자, 비례야. 소자즉유가호명, 장자즉불가호명, 수생시소칭가야(부녀우불의호명).

【喪制章6-2주석】

1) 復(복)-고대 喪禮 중에 사망자의 영혼을 처음으로 부르는 것으로 皐復 또는 招魂이라고 일컫는다. 방법은 사망자가 生時에 입던 上衣를 왼손에 들고 오른손을 허리에 대고 지붕 위 혹은 마당에서 북쪽을 향하여 아무 마을 아무개 복 하고 3번 부른다. 일종의 영혼을 다시 불러들여 되돌아오게 하는 의식이고, 그래도 망자가 소생하지 않으면 확실히 사망한 것으로 여기고 본격적으로 喪禮를 진행한다. 관련 4자성어는 反覆無常, 克己復禮 등이 있다. 동일한 의미의 최초 출전은 《禮記》〈檀弓下〉「復, 盡愛

之道也」에 보인다.

2) 時(시)-때, 시기. 관련 4자성어는 時不我待, 無時無刻 등이 있다.

3) 俗例(속례)-민간의 풍속습관. 陶宗儀(明), 《說郛》 卷二引 張鷟(唐), 《朝野僉載》「俗例, 春雷始鳴記其日, 計其數滿一百八十日, 霜必降」에 보인다.

4) 必(필)-반드시. 관련 4자성어는 信賞必罰, 事必歸正 등이 있다.

5) 呼(호)-부르다. 관련 4자성어는 呼風喚雨, 歡呼雀跃 등이 있다.

6) 小字(소자)-어릴 적 이름. 달리 乳名, 兒名, 小名으로 일컫는다. 동일한 의미의 최초 출전은 《三國志》〈武帝紀〉 裴松之(東晉) 注 ..「太祖一名吉利, 小字阿瞞」에 보인다.

7) 非禮(비례)-예의가 아니다. 동일한 의미의 최초 출전은 《論語》〈顏淵〉「非禮勿視, 非禮勿聽, 非禮勿言, 非禮勿動」에 보인다.

8) 也(야)-조사로 문장 중간에 혹은 문장 끝에 사용한다. 관련 4자성어는 空空如也, 未嘗有也 등이 있다.

9) 少者(소자)-젊은 사람. 동일한 의미의 최초 출전은 《論語》〈公冶長〉「子曰 .. 老者安之, 朋友信之, 少者懷之」에 보인다.

10) 則(즉)-곧, 즉. 관련 4자성어는 月滿則虧, 禮煩則亂 등이 있다.

11) 猶可(유가)-오히려 괜찮다. 동일한 의미의 최초 출전은 《孟子》〈萬章下〉「孔子之仕於魯也, 魯人獵較, 孔子亦獵較。獵較猶可, 而況受其賜乎?」에 보인다.

12) 名(명)-이름 부르다, 명명하다. 관련 4자성어는 名實相符, 擧世聞名 등이 있다.

13) 長者(장자)-어른, 덕망이 높으신 분. 동일한 의미의 최초 출전은 《孟子》〈告子下〉「徐行後長者謂之弟, 疾行先長者謂之不弟」에 보인다.

14) 不可(불가)-할 수 없다. 可(가능, 되다, 적합, 옳다)의 반대 의미이다. 동일한 의미의 최초 출전은 《孫子兵法》〈九變〉「覆軍殺將, 必以五危, 不可不察也」에 보인다.

15) 隨(수)-따라서. 관련 4자성어는 隨心所欲, 夫唱婦隨 등이 있다.

16) 生時(생시)-살아있을 때. 동일한 의미의 최초 출전은 武漢臣(元), 〈老生兒〉 第三折 「他今死了, 也道的個生時了了, 死後爲神」에 보인다.

17) 所稱(소칭)-부르던 칭호, 일컫는 바. 동일한 의미의 최초 출전은 《宋書》 〈宗慤傳〉 「時天下無事, 士人并以文藝爲業, 炳素高節, 諸子群從皆好學, 而慤任氣好武, 故不爲鄕曲所稱」에 보인다.

18) 可也(가야)-옳다, 맞다. 동일한 의미의 최초 출전은 《論語》 〈學而〉 「子貢曰 .. 貧而無諂, 富而無驕, 何如? 子曰 .. 可也。未若貧而樂, 富而好禮者也」에 보인다.

19) 婦女(부녀)-여성. 참고로 婦는 결혼한 여자를 가리키고, 女는 미혼 여자를 가리킨다. 그래서 婦女는 일반적으로 여성을 통칭하는 말이다. 동일한 의미의 최초 출전은 《禮記》 〈曲禮下〉 「居喪不言樂, 祭事不言凶, 公庭不言婦女」에 보인다.

20) 尤(우)-더욱. 관련 4자성어는 怨天尤人, 尤而效之 등이 있다.

21) 不宜(불의)-합당하지 않다, 마땅하지 않다. 동일한 의미의 최초 출전은 《詩經》 〈谷風〉 「黽勉同心, 不宜有怒」에 보인다. 본문과 관련 있는 출전은 《家禮》 〈喪禮一〉 「男子稱名, 婦人稱字, 或稱官封, 或依常時所稱」에 보인다. 즉 "남자는 이름을 부르고 부인은 자를 부르며 혹은 관직이나 작위를 부르기도 하고 혹은 평소 부르던 바에 따르기도 한다."라고 하였다.

【喪制章6-2국역】

상례 중에 사망자의 영혼을 처음으로 부르는 복을 할 때에 민간의 풍속 습관은 반드시 어릴 적 이름을 부르는데 이것은 예의가 아니다. 젊은 사람은 이름을 부르는 것이 오히려 괜찮지만, 어른은 이름을 부르면 안 되고 살아있을 때 부르는 칭호를 따라야 한다(여성은 더욱 이름을 부르는 것이 합당하지 않다).

【喪制章6-2解說】

*「招魂禮(復, 皐復, 復三)」

중국 고대에는 사람이 사망하면 영혼이 신체를 벗어나는 걸로 여겼다. 그래서 사망한 이후에 곧바로 영혼을 불러들이면 다시 살아난다고 믿어서 招魂 의식을 거행하였다. 이런 행위를 고대 喪禮에서는 復 또는 復三이라고 일컬었다.

유가에서는 망자를 섬기는 것을 산사람 섬기는 것과 동일하게 중시했다. 사람이 사망한 이후에 행해야 되는 禮를 상례라고 일컬었다. 상례는 다시 喪禮, 葬禮, 祭禮의 3가지로 구분한다. 사람이 사망하면 상례에서 첫 번째로 하는 일이 復, 즉 招魂 의식이다. 고대에는 사람에게는 영혼이 있고, 사람이 죽으면 그 영혼을 歸로 일컬었다. 《韓詩外傳》「鬼者, 歸也。其精氣歸於天, 肉歸於地, 血歸於水, 脈歸於澤, 聲歸於雷, 動作歸於風, 眼歸於日月, 骨歸於木, 筋歸於山, 齒歸於石, 油膏歸於露, 毛髮歸於草, 呼吸之氣化爲亡靈而歸於幽冥之間」에 의하면 사람의 영혼과 모든 신체부위는 자연으로 돌아간다고 믿었던 것이다.

초혼의 시행 시기는《禮記》〈喪大記〉「皆升自東榮, 中屋履危, 北面三號, 卷衣投于前, 司服受之, 降自西北榮」陳澔 注「復, 始也, 升屋招魂也」에 의하면 초혼 의식의 기원은 周나라 시기 또는 그 이전부터 시작되었다고 볼 수 있다. 초혼의 주요 방법은 사람이 죽으면 망자의 가족이 지붕위로 올라가서 초혼을 하는데, 살아 있을 때에 입던 上衣를 왼손에 들고 오른손을 허리에 대고 북쪽을 향하여 큰소리로 망자의 이름을 불렀다. 만약 망자가 남자라면 이름을 연속해서 3번 불러서 망자의 영혼이 의복 안으로 돌아오기를 기원하였다. 그런 후에 지붕 뒤쪽으로 내려와서 손에 들고 있던 의복으로 망자의 시신을 덮어준다. 초혼 의식에 사용된 의복은 腹衣服이라고 일컫는다. 일종의 영혼을 다시 불러들여 되돌아오게 하는 의식이고, 그래도 사망자가 소생하지 않으면 확실히 사망한 것으로 여기고 본격적으로 상례를 진행한다. 유사한 내용이 朱熹(南宋),《楚辭集注》〈招魂〉「古者人

死, 則使人以其上服升屋, 履危北面而號曰 .. 皐, 某復。遂以其衣三招之而下以覆尸。此禮所謂復」에 보인다.

초혼의식은 현대적 관점으로 보면 일종의 미신으로 여길 수 있지만, 고대에는 부모에게 효도를 다하는 방식의 일종인 것이다. 상세한 내용은《禮記》〈檀弓下〉「喪禮, 哀戚之至也, 節哀順變也, 君子念始之者也。復, 盡愛之道也, 有禱祠之心焉, 望反諸幽, 求諸鬼神之道也, 北面, 求諸幽之義也」에 보인다. 결론적으로 상사는 본래 매우 슬픈 일이다. 부모가 돌연히 떠나면서 자녀들은 비통한 감정에 휩싸이지만, 상례의 과정을 통하여 자신의 감정을 억누르면서 자녀로서의 본분인 상사를 치러야만 한다. 이런 의미에서 招魂禮(復, 皐復, 復三)는 일종의 부모를 공경하고 사랑하는 방법이며, 부모와 영원한 이별을 원하지 않는 효심의 발로라고 할 수 있다.

【喪制章6-3원문】

母喪父在, 則父爲喪主。凡祝辭, 皆當用夫告妻之例也。

【喪制章6-3음역】

모상부재, 즉부위상주. 범축사, 개당용부고처지례야.

【喪制章6-3주석】

1) 母喪(모상)-어머니가 돌아가셔서 치르는 喪事. 동일한 의미의 최초 출전은 陳藻(南宋), 〈詠陳和伯母墳嘉禾芝草甘露之祥〉「方執母喪啼若孺, 雖居禫制飯猶蔬」에 보인다.

2) 父在(부재)-아버지가 살아계시다. 동일한 의미의 최초 출전은《論語》〈學而〉「子曰 .. 父在, 觀其志., 父没, 觀其行., 三年無改于父之道, 可謂孝矣」에 보인다.

3) 則(즉)-곧, 즉. 관련 4자성어는 月滿則虧, 禮煩則亂 등이 있다.
4) 父(부)-부친. 관련 4자성어는 父慈子孝, 父債子還 등이 있다.
5) 爲(위)-~이 되다, 하다, 만들다. 做, 作, 干, 搞 등과 동일하다. 관련 4자성어는 助人爲樂, 一言爲定 등이 있다.
6) 喪主(상주)-喪事를 주관하는 사람. 고대 喪禮에 의거하면 아버지가 먼저 돌아가신 경우에는 嫡長子가 상주가 되고, 嫡長子가 없을 경우에는 嫡長孫이 상주가 된다. 喪服은 3년을 입는다. 어머니가 먼저 돌아가시고 아버지가 생존해 계시면 아버지가 상주가 된다. 喪服은 1년을 입는다. 동일한 의미의 최초 출전은《穆天子傳》卷六「喪主即位, 周室父兄子孫倍之」에 보인다.
7) 凡(범)-문장 전체를 수식하는 부사로 무릇, 모든의 의미이다. 관련 4자성어는 儀表非凡, 擧止不凡 등이 있다.
8) 祝辭(축사)-신령에게 기도하는 글, 祝文과 동일하다. 동일한 의미의 최초 출전은 劉勰(南朝,梁),《文心雕龍》〈祝盟〉「若夫楚辭招魂, 可謂祝辭之組麗也」에 보인다.
9) 皆(개)-모두. 관련 4자성어는 人人皆知, 有口皆碑 등이 있다.
10) 當(당)-마땅히. 관련 4자성어는 老當益壯, 以一當十 등이 있다.
11) 用(용)-사용하다. 관련 4자성어는 大材小用, 省吃儉用 등이 있다.
12) 夫(부)-남편. 관련 4자성어는 夫唱婦隨, 匹夫之勇 등이 있다.
13) 告(고)-알리다. 관련 4자성어는 大功告成, 告老還鄉 등이 있다.
14) 妻(처)-아내. 관련 4자성어는 賢妻良母(한국에서는 賢母良妻), 結髮夫妻 등이 있다.
15) 之(지)-~의, ~중에서. 관련 4자성어는 君子之交, 莫逆之友 등이 있다.
16) 例(예)-사례, 형식, 보통, 일반적으로. 관련 4자성어는 史無前例, 諸如此例 등이 있다.

【喪制章6-3국역】

모친상에 부친이 살아계시면 부친이 상주가 된다. 무릇 신령에게 기도하는 글은 모두 마땅히 남편이 아내에게 알리는 형식을 사용해야 된다.

【喪制章6-3解說】

*「母喪父在, 則父爲喪主父在則父爲喪主」

본문과 동일한 의미의 최초 출전은《禮記》〈奔喪〉「凡喪, 父在父爲主., 父沒, 兄弟同居, 各主其喪。親同, 長者主之., 不同, 親者主之」에 보인다. 즉 "무릇 상례는 아버지가 살아 계시면 아버지가 상주가 되고., 아버지가 돌아가셨지만 형제가 같이 살면 형제들 각각이 그들의 처나 자식의 초상에 상주가 된다. 부모의 초상과 동일하게 3년 상을 치러야 되는 초상에는 연장자가 상주가 되고, 그렇지 않은 堂伯 堂叔 등 초상에서는 형제 중에서 혈연적으로 가까운 자가 상주가 된다."라고 하였다.

*「祝辭」

축사는 한국 사전에서는 "축하(祝賀)의 뜻을 나타내는 글을 쓰거나 말을 함. 또는 그 글이나 말을 의미" 한다. 중국 사전에서는 3가지 의미가 있다. 첫째, 신령을 향하여 복을 내려줌에 감사하는 말. 둘째, 귀신에게 기도하는 글로 祝文과 동일하다. 동일한 의미의 최초 출전은 劉勰(南朝,梁),《文心雕龍》〈祝盟〉「若夫楚辭招魂, 可謂祝辭之組麗也」에 보인다. 셋째, 축하를 드리는 말로 祝賀詞와 동일하다. 본문에서는 둘째의 의미이다. 한중 양국 사전상의 의미가 다름을 알 수 있다.

【喪制章6-4원문】

父母初沒, 妻、妾、婦及女子, 皆被髮。男子則被髮, 扱上衽徒跣(小斂後, 男子則袒括髮, 婦人則髽)。若子爲他人後者, 及女子已嫁者, 皆不被髮徒跣(男子則免冠)。

【喪制章6-4음역】

부모초몰, 처、첩、부급여자, 개피발. 남자즉피발, 삽상임도선(소렴후, 남자즉단괄발, 부인즉좌). 약자위타인후자, 급여자이가자, 개불피발도선(남자즉문관).

【喪制章6-4주석】

1) 父母(부모)-부친과 모친. 동일한 의미의 최초 출전은《詩經》〈蓼莪〉「哀哀父母, 生我勞瘁」에 보인다.
2) 初沒(초몰)-처음 돌아가시다. 본문에서는 부모님이 막 돌아가셨을 때를 의미한다. 吳大有(南宋), 〈晩過西湖〉「五更鍾鼓星初沒, 两岸樓臺霧未消」에 보인다.
3) 妻妾(처첩)-아내와 첩. 본문에서는 망자의 아내와 첩을 가리킨다. 동일한 의미의 최초 출전은《莊子》〈漁父〉「妻妾不和, 長少無序」에 보인다.
4) 婦(부)-며느리. 子婦와 동일하다. 관련 4자성어는 匹夫匹婦, 糟糠之婦(妻) 등이 있다.
5) 及(급)-이르를, 및. 관련 4자성어는 後悔莫及, 推己及人 등이 있다.
6) 女子(여자)-여자, 여성. 본문에서는 딸을 가리킨다. 동일한 의미의 최초 출전은《詩經》〈載馳〉「女子善懷, 亦各有行」에 보인다.
7) 皆(개)-모두. 관련 4자성어는 人人皆知, 有口皆碑 등이 있다.
8) 被髮(피발)-머리를 풀어 헤치다. 동일한 의미의 최초 출전은《左傳》成公十年「晉侯夢大厲, 被髮及地, 搏膺而踊」에 보인다.
9) 男子(남자)-남자, 남성. 동일한 의미의 최초 출전은《禮記》〈曲禮上〉「男子二十冠而字」에 보인다.
10) 則(즉)-곧, 즉. 관련 4자성어는 月滿則虧, 禮煩則亂 등이 있다.

11) 扱(삽)-끼어 넣다. 관련 4자성어는 衽扱囊括가 있다. 참고로 扱의 의미를 풀이한 최초 출전은《廣雅》「扱, 插也」에 보인다.
12) 上衽(상임)-웃옷(上衣)의 앞쪽 부분. 동일한 의미의 최초 출전은《禮記》〈問喪〉「親始死, 雞斯徒跣, 扱上衽, 交手哭」孔穎達(唐) 疏 ..「上衽謂深衣前衽」에 보인다.
13) 徒跣(도선)-맨발. 赤足과 동일하다. 동일한 의미의 최초 출전은《禮記》〈問喪〉「親始死, 雞斯徒跣」에 보인다. 또 陳澔(南宋),《禮記集說》「徒跣, 無屨而空跣也」에 보인다.
14) 小斂(소렴)-고대 喪禮 중의 한가지이고, 屍身을 목욕시키고 옷을 입히며 이불 등으로 감싸는 일을 말한다. 斂은 殮과 동일하다. 동일한 의미의 최초 출전은《禮記》〈喪大記〉「小斂, 君、大夫、士皆用復衣復衾」에 보인다.
15) 後(후)-뒤, 나중에. 관련 4자성어는 先禮後兵, 後生可畏 등이 있다.
16) 袒(단)-한쪽 어깨를 드러내다, 남자는 왼쪽 어깨를 드러낸다. 관련 4자성어는 袒胸露背(臂), 肉袒負荊 등이 있다.
17) 括髮(괄발)-머리를 묶다. 동일한 의미의 최초 출전은《儀禮》〈聘禮〉「出袒括髮。入門右, 即位踊」에 보인다.
18) 婦人(부인)-이미 결혼한 여자. 동일한 의미의 최초 출전은《禮記》〈曲禮下〉「天子之妃曰后, 諸侯曰夫人, 大夫曰孺人, 士曰婦人, 庶人曰妻」에 보인다.
19) 髽(좌)-머리를 묶다. 관련 4자성어는 椎髻髽首, 髽麻戴絰 등이 있다.
20) 若(약)-만약. 관련 4자성어는 若隱若現, 泰然自若 등이 있다.
21) 子(자)-아들, 자녀. 관련 4자성어는 凡夫俗子, 視民如子 등이 있다.
22) 爲(위)-~이 되다, 하다, 만들다. 做, 作, 干, 搞 등과 동일하다. 관련 4자성어는 助人爲樂, 一言爲定 등이 있다.
23) 他人後者(타인후자)-자식이 타인의 養子가 되다. 동일한 의미의 최초 출전은《儀禮》〈喪服〉「爲人後者, 爲其父母報」에 보인다.
24) 已嫁(이가)-이미 출가(결혼)한, 已婚과 동일하다. 동일한 의미의 최초 출전은 蘇洵(北宋),〈自尤〉「生年十六亦已嫁, 日負憂責五歡欣」에 보인다.

25) 者(자)-사람. 관련 4자성어는 來者不拒, 當局者迷 등이 있다.
26) 不(불)-아니다. 부사이고 일반적으로 부정의 의미로 사용된다. 관련 4자성어는 念念不忘, 美中不足 등이 있다.
27) 免冠(문관)-모자를 벗다. 고대에는 謝罪를 나타낼 때 모자를 벗었으며, 나중에는 점차 공경을 나타낼 경우에도 모자를 벗었다. 또 고대 喪禮에서 모자를 벗고 머리를 묶는 것을 나타내는데, 이런 경우에는 免의 발음은 문으로 읽는다. 동일한 의미의 최초 출전은《戰國策》〈齊策六〉「田單免冠徒跣肉袒而進, 退而請死罪」에 보인다.

【喪制章6-4국역】

부모님이 막 돌아가셨을 때에는 망자의 부인과 첩 및 며느리와 딸은 모두 머리를 풀어 헤치고, 남자는 머리를 풀어 헤치고 웃옷(상의)의 앞쪽 부분(옷깃)을 걷어 허리띠에 꽂고 맨발이 된다(屍身을 목욕시키고 옷을 입히며 이불 등으로 감싸는 일인 소렴을 한 이후에는 남자는 곧 상복의 왼쪽 어깨를 드러내고 머리를 묶고, 이미 결혼한 여성은 머리를 묶는다). 만약 자식이라도 타인의 양자가 된 사람 및 여자로서 이미 시집간 사람은 모두 머리를 풀거나 맨발을 하지 않는다(남자는 모자를 벗는다).

【喪制章6-4解說】

*「父母初沒, 妻、妾、婦及女子, 皆被髮。男子則被髮, 扱上衽徒跣」

본문과 동일한 의미의 최초 출전은《家禮》〈喪禮一〉「父母初沒, 妻、妾、婦及女子, 皆被髮。男子則被髮, 扱上衽徒跣」에 보인다. 즉 "부모님이 막 돌아가셨을 때에는 망자의 부인과 첩 및 며느리와 딸은 모두 머리를 풀어 헤친다. 남자는 머리를 풀어 헤치고 웃옷(상의)의 앞쪽 부분(옷깃)을 걷어 띠에 꽂고 맨발이 된다."라고 하였다.

*「袒(左袒右袒)」

단은 한쪽 어깨를 드러내는 것이다. 달리 偏袒, 袒護라고 일컫는다. 좌단 혹은 우단은 왼쪽 또는 오른쪽 어깨를 드러내는 것을 의미한다. 동일한 의미의 최초 출전은 司馬遷(西漢), 《史記》〈呂太后本紀〉「行令軍中日 .. 爲呂氏右袒, 爲劉氏左袒」에 보인다.

袒(右袒)의 고사는 漢나라 高祖 劉邦 사후에 呂后의 친척 呂氏들이 권력을 장악하던 시기에 발생하였다. 즉 呂后가 사망하고 조카 呂産과 呂祿 등이 수중의 병권을 이용하여 정변을 일으켰는데, 개국공신 陳平과 周勃의 군대에 의하여 저지당했다. 周勃이 北軍으로 진입하여 군대에 명령을 내리기를 .. "여씨를 따르려는 자들은 오른쪽 어깨를 드러내고, 유씨를 따르려는 자들은 왼쪽 어깨를 드러내라."라고 하였다. 결과적으로 전 군대는 모두 왼쪽 어깨를 드러내고 劉氏를 옹호할 것을 나타냈다. 이에 呂産과 呂祿은 모두 죽임을 당하고 일당도 모두 축출되었으며 漢나라 왕실은 다시 劉氏의 천하가 되었다. 좌단우단의 반대 의미로 공정한 태도를 지니고 어느 한쪽에 편들지 않겠다는 용어는「不爲左右袒」혹은「不作左右袒」이라고 한다.

【喪制章6-5원문】

尸在牀而未殯, 男女位于尸傍, 則其位南上, 以尸頭所在爲上也。既殯之後, 女子則依前位于堂上, (其位當)南上., 男子則位于階下, 其位當北上, 以殯所在爲上也。發引時, 男女之位復南上, 以靈柩所在爲上也。隨時變位, 而各有禮意。

【喪制章6-5음역】

시재상이미빈, 남녀위우시방, 즉기위남상, 이시두소재위상야 기빈지후, 여자즉의전위우당상, (기위당)남상., 남자즉위우계하, 기위당북상, 이빈소재위상야 발인시, 남녀지위부남상, 이영구소재위상야 수시변위, 이각유예의.

【喪制章6-5주석】

1) 尸(시)-아직 관에 넣지 않은 시신. 관련 4자성어는 尸山血海, 尸積如山 등이 있다. 참고로 동일한 의미의 최초 출전은《禮記》〈曲禮〉「在床曰尸, 在棺曰柩」에 보인다.
2) 在(재)-있다. 관련 4자성어는 自由自在, 無所不在 등이 있다.
3) 牀(상)-침상, 침대. 관련 4자성어는 同床異夢, 夜雨對牀 등이 있다.
4) 而(이)-그리고, 그래서, 그러나. 관련 4자성어는 不言而喩, 適可而止 등이 있다.
5) 未(미)-아직 ~않다. 不, 沒有, 尙未, 不曾 등과 동일하다. 관련 4자성어는 聞所未聞, 前所未有 등이 있다.
6) 殯(빈)-빈소를 차리다. 즉 빈소는 장례를 치르기 위하여 시신을 입관하여 發引(發靷)할 때까지 놓아두는 장소이다. 본문의「未殯」은 未殯之時 또는 未殯之前의 생략이다. 관련 4자성어는 棺殯槨葬이 있다. 참고로 殯의 상세한 풀이는《說文解字》「殯, 死在棺, 將遷葬柩, 賓遇之」에 보인다.
7) 男女(남녀)-남자와 여자. 동일한 의미의 최초 출전은《易經》〈序卦〉「有天地然後有萬物, 有萬物然後有男女, 有男女然後有夫婦」에 보인다.
8) 位(위)-자리, 위치. 관련 4자성어는 三位一體, 九五之位 등이 있다. 본문에서는 고인을 애도하기 위하여 시신 곁에 남녀와 서열에 따라서 자리함을 일컫는다. 관련 4자성어는 三位一體, 九五之位 등이 있다.
9) 于(우)-~에, ~으로, 於와 동일하다. 관련 4자성어는 重于泰山, 輕于鴻毛 등이 있다.
10) 尸傍(시방)-시신 곁. 동일한 의미의 최초 출전은 何白(明), 〈哀江頭〉「親爲視殮含, 三繞母尸傍」에 보인다.
11) 則(즉)-곧, 즉. 관련 4자성어는 月滿則虧, 禮煩則亂 등이 있다.
12) 其(기)-지시대명사로 이, 그, 저 등을 가리킨다. 관련 4자성어는 若無其

事, 不計其數 등이 있다.

13) 南上(남상)-남쪽을 윗자리(上席)로 하다. 以南爲上位의 생략이고 원문에서는 其位當이 南上 앞쪽에 생략된 것으로 보인다. 동일한 의미의 최초 출전은 王褒(西漢), 《九懷》〈蓄英〉「修餘兮袿衣, 騎霓兮南上」에 보인다. 참고로 방위에 대한 관용적 표현은 上北下南左西右東이라 한다.

14) 以(이)-~함으로써. 관련 4자성어는 一以貫之, 夢寐以求 등이 있다.

15) 尸頭(시두)-시신의 머리. 屍頭와 동일하다. 참고로 불교에서는 불상 옆에서 사람의 죄상을 기록하는 神을 가리킨다. 동일한 의미의 최초 출전은 段成式(唐), 《酉陽雜俎》〈貝编〉「僧謂(李)騫曰 .. 此是尸頭, 專記人罪」

16) 所在(소재)-있는 곳. 所在之處의 생략이다. 동일한 의미의 최초 출전은 《史記》〈項羽本紀〉「漢軍不知項王所在, 乃分軍爲三, 復圍之」에 보인다.

17) 爲上(위상)-윗자리(上席)가 되다. 또 본문의 「以殯所在爲上也」 문장에서 以~也 또는 以~故也와 같이 ~때문이다라는 의미로 사용되기도 한다. 동일한 의미의 최초 출전은 《三國志》〈明帝紀〉「爲上者不虛授, 爲下者不虛受」에 보인다.

18) 也(야)-조사로 문장 중간에 혹은 문장 끝에 사용한다. 관련 4자성어는 空空如也, 未嘗有也 등이 있다.

19) 旣(기)-이미. 관련 4자성어는 旣成事實, 一言旣出 등이 있다.

20) 之後(지후)-이후에, 나중에. 동일한 의미의 최초 출전은 《史記》〈孝武本紀〉「自此之後, 方士言祠神者彌衆, 然其效可睹矣」에 보인다.

21) 女子(여자)-여자, 여성. 본문에서는 딸을 가리킨다. 동일한 의미의 최초 출전은 《詩經》〈載馳〉「女子善懷, 亦各有行」에 보인다.

22) 依前(의전)-이전 관례에 따라서. 照舊, 仍舊와 동일하다. 동일한 의미의 최초 출전은 韓愈(唐), 〈黄家賊事宜狀〉「不能別立規模, 依前還請攻討」에 보인다.

23) 堂上(당상)-대청 위. 동일한 의미의 최초 출전은 《儀禮》〈聘禮〉「堂上八豆, 設于户西西陳」에 보인다.

24) 男子(남자)-남자, 남성. 동일한 의미의 최초 출전은《禮記》〈曲禮上〉「男子二十冠而字」에 보인다.

25) 階下(계하)-대청에서 뜰로 내려오는 돌층계 아래(앞쪽). 동일한 의미의 최초 출전은 曹雪芹(淸),《紅樓夢》第三十一回「寶釵黛玉等忙迎至階下相见」에 보인다.

26) 當(당)-마땅히. 관련 4자성어는 老當益壯, 以一當十 등이 있다.

27) 北上(북상)-북쪽을 윗자리(上席)로 하다. 동일한 의미의 최초 출전은 蕭統(南朝,梁),《文選》〈風賦〉「然後倘佯中庭, 北上玉堂」에 보인다.

28) 發引(발인)-시신이 안장된 관을 묘지에 매장하기 위하여 집밖으로 내오는 것을 일컫는다. 發靷과 동일하다. 동일한 의미의 최초 출전은 應劭(東漢),《風俗通》〈十反〉「今李氏獲保首領, 以天年終, 而諸君各懷進退, 未肯發引。妾幸有三孤, 足統喪紀」에 보인다.

29) 時(시)-때, 시기. 관련 4자성어는 時不我待, 無時無刻 등이 있다.

30) 復(부)-다시. 관련 4자성어는 反覆無常, 克己復禮 등이 있다.

31) 靈柩(영구)-시신이 담긴 관. 동일한 의미의 최초 출전은《禮記》〈曲禮〉「在床曰尸, 在棺曰柩」에 보인다.

32) 隨時(수시)-경우에 따라서. 동일한 의미의 최초 출전은《易經》〈隨卦〉「大亨貞, 無咎, 而天下隨時, 隨時之義大矣哉」에 보인다.

33) 變(변)-변화. 관련 4자성어는 千變萬化, 變化無常 등이 있다.

34) 位(위)-자리, 위치. 관련 4자성어는 三位一體, 九五之位 등이 있다.

35) 各(각)-각각. 관련 4자성어는 各式各樣, 各有所長 등이 있다.

36) 有(유)-있다. 동사이고 無, 沒과 반대이다. 관련 4자성어는 有始無終, 一無所有 등이 있다.

37) 禮意(예의)-2가지 의미가 있다. 첫째,《禮經》의 뜻(의미)이다. 동일한 의미의 최초 출전은《莊子》〈大宗師〉「子貢趨而進曰 .. 敢問臨尸而哭, 禮乎? 二人相視而笑, 曰 .. 是惡知禮意」에 보인다. 둘째, 공경하고 삼가하며 접대해서 지극한 공경을 나타내다. 동일한 의미의 최초 출전은《漢書》

〈雋不疑傳〉「勝之知不疑非庸人, 敬納其戒, 深接以禮意」에 보인다. 본문에서는 둘째의 의미이다.

【喪制章6-5국역】

아직 관에 넣지 않은 시신이 침상에 있고 그래서 아직 빈소(장례를 치르기 위하여 시신을 입관하여 발인할 때까지 놓아두는 장소)를 준비하지 않았을 경우에는, 남자와 여자는 시신 곁에 서열에 따라서 자리를 잡고 그 자리는 남쪽을 상석으로 하는 것은, 시신의 머리가 위치한 곳을 상석으로 정하기 때문이다. 이미 빈소를 준비한 이후에는 여자는 곧 이전 관례에 따라서 대청 위에 자리를 잡고 남쪽을 상석으로 하고, 남자는 곧 계단 아래에 자리 잡고 그 자리는 마땅히 북쪽을 상석으로 하는 것은, 빈소가 있는 곳을 상석으로 삼는 까닭이다. 발인(시신이 안장된 관을 묘지에 매장하기 위하여 집밖으로 내오는 것)할 때에는 남자와 여자의 자리는 다시 남쪽을 상석으로 하는데, 영구(시신이 담긴 관)가 있는 곳을 상석으로 삼는 까닭이다. 경우에 따라서 자리를 바꾸는 것은 각각에 공경하고 삼가하며 접대해서 지극한 공경을 나타내는 뜻이 있기 때문이다.

【喪制章6-5解說】

*「禮意」

예의는 2가지 의미가 있다. 첫째, 《禮經》의 의미이다. 즉 《儀禮》, 《禮記》, 《周易》에서 서술한 예의、예절에 관한 의의와 가치를 가리킨다. 동일한 의미의 최초 출전은 《莊子》〈大宗師〉「子貢趨而進曰 .. 敢問臨尸而哭, 禮乎? 二人相視而笑, 曰 .. 是惡知禮意」에 보인다. 둘째, 공경하고 삼가하며 접대해서 지극한 공경을 나타내다. 즉 사교 활동 중에서 예의와 예절을 통하여 상대방을 존중하고 공경의 뜻을 표현하는 것을 가리킨다. 동일한 의미의 최초 출전은 《漢書》〈雋不疑傳〉「勝之知不疑非庸人, 敬納其戒, 深接以禮意」에 보인다. 본문에서는 둘째의 의미이다.

참고로 예의 설명과 절제에 대해서는《禮記》〈檀弓下〉「子游曰 .. "禮有微情者, 有以故興物者。有直情而徑行者, 戎狄之道也。禮道則不然。人喜則斯陶, 陶斯咏, 咏斯猶, 猶斯舞., 舞斯慍, 慢斯戚, 戚斯嘆, 嘆斯辟, 辟斯踊矣! 品節斯, 斯之謂禮"」에 보인다. 즉 "예라는 것은 감정을 제어하고, 외부에 존재하는 사물을 빌려 사람의 내적 감정을 일으키는 것이 있다. 강직한 성정으로 거리낌 없이 행동하는 것이 있는데, 이것은 미개한 종족의 도리이다. 만약 예의 방법에 따라서 행동하면 그렇지 않게 된다. 사람은 기쁜 일에 직면하면 곧 즐거워하고, 즐겁게 되면 노래하고 싶어지고, 노래하면 곧 춤추고 싶어지는 것이다. 춤 춘 이후에는 어려움에 직면해도 두려움이 없어지고, 예의가 없어지면 상심하고 걱정하게 되고, 상심하고 걱정하게 되면 탄식하게 되고, 탄식하게 되면 분노와 자책하게 되고, 분노와 자책하게 되면 격앙되어 넘치게 되는 법이다! 이러한 행동과 감정을 구별하고 절제하는 것을 예라고 일컫는다."라고 하였다.

【喪制章6-6원문】

今人多不解禮, 每弔客致慰, 專不起動, 只俯伏而已, 此非禮也。弔客拜靈座而出, 則喪者當出自喪次, 向弔客再拜而哭可也(弔客當答拜)。

【喪制章6-6음역】

금인다불해례, 매조객치위, 전불기동, 지부복이이, 차비례야. 조객배영좌이출, 즉상자당출자상차, 향조객재배이곡가야(조객당답배).

【喪制章6-6주석】

1) 今人(금인)-지금 사람들. 동일한 의미의 최초 출전은 裵駰(南朝,宋),《史記集解》「猶今人云其事已可知矣, 皆不信之耳」에 보인다.

2) 多(다)-대부분. 관련 4자성어는 多多益善, 多才多藝(能) 등이 있다.
3) 不解(불해)-이해하지 못하다. 동일한 의미의 최초 출전은 嵇康(曹魏), 〈琴賦〉「推其所由, 似元不解音聲」에 보인다.
4) 禮(예)-중국 고대의 등급 사회 속에서 상호간의 행위준칙 및 도덕규범을 가리킨다. 관련 4자성어는 禮尙往來, 克己復禮 등이 있다. 非禮는 상호간의 행위준칙 및 도덕규범에 부합하지 않는 행동을 가리킨다. 禮와 非禮에 대한 동일한 의미의 최초 출전은《論語》〈先進〉「如其禮樂, 以俟君子」 및《論語》〈顔淵〉「子曰 .. 克己復禮爲仁。一日克己復禮, 天下歸仁焉。爲仁由己, 而由人乎哉? 顔淵曰 .. 請問其目? 子曰 .. 非禮勿視, 非禮勿聽, 非禮勿言, 非禮勿動」에 보인다.
5) 每(매)-매번, 늘. 관련 4자성어는 每下愈况, 每飯不忘 등이 있다.
6) 弔客(조객)-조문을 하러 온 손님. 동일한 의미의 최초 출전은《三國志》〈虞翻傳〉「又爲老子、論語、國語訓注, 皆傳於世」 裴松之(東晉) 注引〈虞翻別傳〉 ..「生無可與語, 死以靑蠅爲弔客, 使天下一人知己者, 足以不恨」에 보인다.
7) 致(치)-상대방에게 뜻을 전하다. 관련 4자성어는 言行一致, 格物致知 등이 있다.
8) 慰(위)-위로하다. 관련 4자성어는 聊以自慰, 堪以告慰 등이 있다.
9) 專(전)-오로지. 관련 4자성어는 專心一意, 武斷專橫 등이 있다.
10) 不(불)-아니다. 부사이고 일반적으로 부정의 의미로 사용된다. 관련 4자성어는 念念不忘, 美中不足 등이 있다.
11) 起動(기동)-일어나 움직이다. 동일한 의미의 최초 출전은 陳鴻(唐), 〈長恨歌傳〉「上起動必與貴妃同行」에 보인다.
12) 只(지)-부사로 오직, 다만, ~일 뿐으로 惟나 但과 같이 바로 뒤에 오는 명사를 한정한다. 관련 4자성어는 只言片語, 只字不提 등이 있다.
13) 俯伏(부복)-머리를 숙이고 땅에 엎드리다. 俯首伏地의 생략이다. 동일한 의미의 최초 출전은 賈誼(西漢), 《新書》〈階級〉「吏民嘗俯伏以敬畏之矣」

에 보인다.

14) 而已(이이)-~일 뿐이다, ~일 따름이다. 동일한 의미의 최초 출전은《論語》〈里仁〉「夫子之道, 忠恕而已矣」에 보인다.

15) 此(차)-이것은. 관련 4자성어는 不分彼此, 果然如此 등이 있다.

16) 不禮(불예)-예로써 대하지 않는 것. 동일한 의미의 최초 출전은 王實甫(元),《西厢記》〈楔子〉「不念法華經, 不禮梁皇忏, 飏了僧伽帽, 袒下我這偏衫」에 보인다.

17) 拜(배)-절하다. 관련 4자성어는 八拜之交, 頓首再拜 등이 있다.

18) 靈座(영좌)-돌아가신 분을 모셔놓은 곳, 靈坐와 동일하다. 동일한 의미의 최초 출전은 潘岳(西晉),〈寡婦賦〉「入空室兮望靈座, 帷飄飄兮灯熒熒」에 보인다.

19) 出(출)-나오다. 관련 4자성어는 神出鬼没, 人才輩出 등이 있다.

20) 則(즉)-곧, 즉. 관련 4자성어는 月滿則虧, 禮煩則亂 등이 있다.

21) 喪者(상자)-喪事가 있는 사람. 본문에서는 喪主를 가리킨다. 동일한 의미의 최초 출전은《論語》〈述而〉「子食于有喪者之側, 未嘗飽也」에 보인다.

22) 當(당)-마땅히. 관련 4자성어는 老當益壯, 以一當十 등이 있다.

23) 出自(출자)-~로부터 나오다. 동일한 의미의 최초 출전은 劉勰(南朝,梁),《文心雕龍》〈明詩〉「至於三六雜言, 則出自篇什」에 보인다.

24) 喪次(상차)-매장 전에 잠시 靈柩를 놓고 喪事를 치르는 곳, 또는 빈소의 상주가 거처하는 자리. 동일한 의미의 최초 출전은《史記》〈晉世家〉「十月, 里克殺奚齊于喪次, 獻公未葬也」에 보인다.

25) 向(향)-향하다. 관련 4자성어는 人心向背, 向上一路 등이 있다.

26) 再拜(재배)-두 번 절하며 공경의 뜻을 나타낸다. 동일한 의미의 최초 출전은《論語》〈鄉黨〉「問人於他邦, 再拜而送之」에 보인다.

27) 哭(곡)-울다. 관련 4자성어는 痛哭流涕, 哭天喊地 등이 있다.

28) 可(가)-가하다, 옳다. 관련 4자성어는 無家可歸, 不可思議 등이 있다.

29) 也(야)-조사로 문장 중간에 혹은 문장 끝에 사용한다. 관련 4자성어는 空

空如也, 未嘗有也 등이 있다.

30) 答拜(답배)-답하는 절을 하다. 달리 回拜라고 한다. 동일한 의미의 최초 출전은《逸周書》〈克殷〉「武王答拜, 先入適王所, 乃克射之三發而後下車, 而擊之以輕呂, 斬之以黃鉞」에 보인다.

【喪制章6-6국역】

지금 사람들은 대부분 상례를 이해하지 못하고, 매번 조문을 하러온 손님이 위로의 뜻을 전하면 오로지 일어나 움직이지 않고 다만 머리를 숙이고 땅에 엎드려 있을 뿐인데 이것은 상례가 아니다. 조문을 하러온 손님이 영좌(돌아가신 분을 모셔놓은 곳)에 절하고 나오면, 상주는 마땅히 상차(망자를 매장하기 전에 잠시 영구를 놓고 상사를 치르는 곳)로부터 나와서 조문을 하러온 손님을 향하여 두 번 절하고 그리고 우는 것이 옳다(조문을 하러온 손님도 마땅히 답배를 해야 한다).

【喪制章6-6解說】

*「答拜」

답배는 2가지 의미가 있다. 첫째, 한쪽이 절을 하면 다른 한쪽이 답례로 절을 하는 것이다. 달리 回拜라고 한다. 동일한 의미의 최초 출전은《逸周書》〈克殷〉「武王答拜, 先入適王所, 乃克射之三發而後下車, 而擊之以輕呂, 斬之以黃鉞」에 보인다. 둘째, 한쪽의 의례성 방문에 대하여 다시 찾아 방문하는 것. 동일한 의미의 최초 출전은《逸周書》〈克殷〉「武王答拜, 先入適王所, 乃克射之三發而後下車, 而擊之以輕呂, 斬之以黃鉞」에 보인다. 본문에서는 첫째의 의미이다. 민간의 喪禮에서 조문객이 喪主에게 위로의 절을 하면 상주는 감사의 표현으로 조문객에게 답례의 절을 하는 것, 또는 상주가 조문객에게 감사의 절을 하면 조문객이 다시 상주에게 답례의 절을 하는 것을 가리킨다. 그 외에 배례의 횟수는 평상시에 하는 一拜, 공경을 나타내거나 書簡文의 처음 또는 말미에 공경을 나타낼 때 사용하는 再

拜, 특수한 경우에 공경과 성의를 나타낼 때와 결혼식에서 一拜는 天地, 二拜는 부모 三拜는 부부간의 절하는 경우 및 佛教에서 시행하는 三拜, 가장 성대한 예의로 특별히 사죄할 경우에 사용되는 四拜가 있다. 동일한 의미의 최초 출전은 《戰國策》 〈秦策一〉 「嫂蛇行匍伏, 四拜自跪而謝」에 보인다. 한국에서는 제사지낼 때 여성의 경우 四拜를 하기도 한다.

【喪制章6-7원문】

衰絰, 非疾病服役, 則不可脫也。

【喪制章6-7음역】

최질, 비질병복역, 즉불가탈야.

【喪制章6-7주석】

1) 衰絰(최질)-상복. 최는 縗와 동일하다. 거친 마포로 만들어 가슴 앞에서 풀어헤칠 수 있게 만든 喪服이다. 질은 거친 마포로 만든 띠이고, 머리에 두르는 首絰과 허리에 두르는 腰絰을 뜻한다. 여기서 최질은 일반적인 喪服을 가리킨다. 동일한 의미의 최초 출전은 《左傳》 僖公十五年 「穆姬聞晋侯將至, 以太子罃、弘與女簡璧登台而履薪焉。使以免服衰絰逆」에 보인다.
2) 非(비)-아니다. 관련 4자성어는 口是心非, 是非曲直 등이 있다.
3) 疾病(질병)-질병. 동일한 의미의 최초 출전은 《周禮》 〈疾医〉 「掌養萬民之疾病」 賈公彦 疏 .. 「疾病两言之者, 疾輕病重」에 보인다.
4) 服役(복역)-병역이나 노역을 하다. 동일한 의미의 최초 출전은 《韓非子》 〈五蠹〉 「故以天下之大, 而爲服役者七十人」에 보인다. 본문의 「非疾病服役」은 非疾病服役之時의 생략이다.
5) 則(즉)-곧, 즉. 관련 4자성어는 月滿則虧, 禮煩則亂 등이 있다.

6) 不可(불가)-할 수 없다. 可(가능, 되다, 적합, 옳다)의 반대 의미이다. 동일한 의미의 최초 출전은《孫子兵法》〈九變〉「覆軍殺將, 必以五危, 不可不察也」에 보인다.
7) 脫(탈)-옷을 벗다. 관련 4자성어는 脫胎換骨(한국에서는 換骨脫胎), 金蟬脫殼 등이 있다.
8) 也(야)-조사로 문장 중간에 혹은 문장 끝에 사용한다. 관련 4자성어는 空空如也, 未嘗有也 등이 있다.

【喪制章6-7국역】

상복은 질병이나 병역 또는 노역을 하지 않으면 벗을 수 없다.

【喪制章6-7解說】

*「衰絰」

최질은 2가지 의미가 있다. 첫째, 居喪 즉 喪中에 있음을 가리킨다. 이것은 고대에 사용하던 용어로 어버이 사후에 집에서 喪事를 처리하고 바깥일은 처리하지 않는 것을 일컫는다. 거상 기간에는 오락과 교제 등을 중지하고 애도를 나타내는 것이다. 거상은 喪禮와 喪服 제도로 구분한다. 동일한 의미의 최초 출전은《左傳》襄公三十一年「居喪而不哀, 在慼而有嘉容, 是謂不度」에 보인다. 둘째, 상복, 상복을 입다를 가리킨다. 본문의「衰絰」은 상복의 주요부분을 가리킨다. 즉 최는 縗와 동일하다. 거친 마포로 만들어 가슴 앞에서 풀어헤칠 수 있게 만든 상복이다. 질은 거친 마포로 만든 띠이고, 머리에 두르는 首絰과 허리에 두르는 腰絰을 뜻한다. 동일한 의미의 최초 출전은《左傳》僖公十五年「穆姬聞晋侯將至, 以太子罃、弘與女簡璧登台而履薪焉。使以免服衰絰逆」에 보인다. 본문에서는 둘째의 의미이고 최질은 일반적인 상복을 가리킨다.

【喪制章6-8원문】

家禮, 父母之喪, 成服之日, 始食粥, 卒哭之日, 始疏食(糲飯也)水飮(不食羹也), 不食菜果。小祥之後, 始食菜果(羹亦可食)。禮文如此, 非有疾病, 則當從禮文。人或有過禮, 而啜粥三年者, 若是誠孝出人, 無一毫勉强之意, 則雖過禮, 猶或可也。若誠孝未至, 而勉强踰禮, 則是自欺而欺親也, 切宜戒之。

【喪制章6-8음역】

가례, 부모지상, 성복지일, 시식죽, 졸곡지일, 시소식(여반야)수음(불식갱야), 불식채과. 소상지후, 시식채과.(갱역가식) 예문여차, 비유질병, 즉당종예문. 인혹유과례, 이철죽삼년자, 약시성효출인, 무일호면강지의, 즉수과례, 유혹가야. 약성효미지, 이면강유례, 즉시자기이기친야, 절의계지.

【喪制章6-8주석】

1) 家禮(가례)-《家禮》는 朱熹(南宋)의 禮學에 관한 저술이다. 달리《朱子家禮》라고 일컫는다. 내용은 通禮와 冠禮, 婚禮, 喪禮, 祭禮의 5부분으로 구성되었다. 특히 喪禮는 초년의 부친상을 당한 뒤부터 정리하기 시작하였고, 중년에 모친상을 겪으면서 사리에 맞고 실제로 행하기 쉬운 예의 제도의 필요성을 절감하여 작성하였다고 한다.《家禮》의 내용은 모두 당시 사회의 풍속을 근거로 하고 고금의 家禮를 참고하여 작성하였다.
2) 父母(부모)-부친과 모친. 동일한 의미의 최초 출전은《詩經》〈蓼莪〉「哀哀父母, 生我勞瘁」에 보인다.
3) 之(지)-~의, ~중에서. 관련 4자성어는 君子之交, 莫逆之友 등이 있다.
4) 喪(상)-사망자를 애도하며 장사지내는 예의, 상례, 잃다. 관련 4자성어는 喪家之狗, 玩物喪志 등이 있다.
5) 成服(성복)-죽은 뒤 나흘째 되는 날 喪服을 입는다. 망자와의 친소관계에 따라서 3년, 1년, 9개월, 5개월, 3개월 등 喪을 지키는 기일이 다르고 喪服의 종류도 다르다. 동일한 의미의 최초 출전은《禮記》〈奔喪〉「唯父

母之喪, 見星而行, 見星而舍。若未得行, 則成服而後行」에 보인다.
6) 日(일)날, 일. 관련 4자성어는 日新月異, 日積月累 등이 있다.
7) 始(시)-비로소. 관련 4자성어는 始終如一, 無始無終 등이 있다.
8) 食(식)-먹다, 먹고살다. 관련 4자성어는 弱肉强食, 發憤忘食 등이 있다.
9) 粥(죽)-죽. 食粥, 稀飯과 동일하다. 동일한 의미의 최초 출전은 陸游(南宋), 〈食粥〉「我得宛丘平易法, 只將食粥致神仙」에 보인다.
10) 卒哭(졸곡)-고대 禮法에 의하면 부모가 돌아가시고 매장할 때까지 울음소리가 끊이지 않아야 한다. 매장한 이후에도 부모님이 생각나면 시도 때도 없이 우는데 이것을 無時之哭이라고 한다. 卒哭(卒哭祭) 이후에는 無時之哭을 그치고 아침과 저녁에 한 차례씩 우는 有時之哭을 하게 된다. 周代 禮制에 의하면 士는 3개월이 지나서 망자를 매장하고, 매장 일부터 시작해서 연달아 3차례 虞祭를 지낸다. 卒哭祭는 3번째 虞祭 이후 첫 번째 剛日(甲, 丙, 戊, 庚, 壬日 ; 참고로 柔日은 乙, 丁, 己, 辛, 癸日)에 지낸다. 동일한 의미의 최초 출전은《儀禮》〈旣夕禮〉「三虞, 卒哭」孔穎達(唐) 疏 ..「至此爲卒哭祭, 唯有朝夕哭而已, 言其哀殺也」에 보인다.
11) 疏食(소식)-거칠게 빻은 곡식으로 지은 밥. 동일한 의미의 최초 출전은《論語》〈述而〉「飯疏食飲水, 曲肱而枕之, 樂亦在其中矣」에 보인다. 菜食을 뜻하는 素食, 蔬食과는 다르다.
12) 糲飯(여반)-현미로 지은 밥. 동일한 의미의 최초 출전은 尸佼(戰國),《尸子》卷上「珍羞百種而堯糲飯菜粥」에 보인다.
13) 也(야)-조사로 문장 중간에 혹은 문장 끝에 사용한다. 관련 4자성어는 空空如也, 未嘗有也 등이 있다.
14) 水飮(수음)-물을 마시다. 동일한 의미의 최초 출전은《禮記》〈間傳〉「父母之喪, 旣虞卒哭, 疏食水飮, 不食菜果。朞而小祥, 食菜果」에 보인다.
15) 不(불)-아니다. 부사이고 일반적으로 부정의 의미로 사용된다. 관련 4자성어는 念念不忘, 美中不足 등이 있다.
16) 羹(갱)-국, 탕 종류의 음식물. 관련 4자성어는 杯羹之讓, 陋巷菜羹 등이

있다. 또 食羹은 단어로 사용된다. 동일한 의미의 최초 출전은 蘇轍(北宋), 〈種菜〉「菘葵經火未出土, 僮僕何朝飽食羹」에 보인다.

17) 菜果(채과)-채소와 과일. 동일한 의미의 최초 출전은《禮記》〈間傳〉「父母之喪, 旣虞卒哭, 疏食水飮, 不食菜果。朞而小祥, 食菜果」에 보인다.

18) 小祥(소상)-망자가 사망한지 1년 만에 지내는 제사이다. 달리 朞年制, 小朞, 練祥 등으로 일컫는다. 사망한지 2년 만에 지내는 제사는 大祥이라고 한다. 동일한 의미의 최초 출전은《儀禮》〈士虞禮〉「朞而小祥」 鄭玄(東漢) 注 ..「小祥, 祭名。祥, 吉也。朞, 周年」에 보인다.

19) 之後(지후)-이후에, 나중에. 동일한 의미의 최초 출전은《史記》〈孝武本紀〉「自此之後, 方士言祠神者彌衆, 然其效可睹矣」에 보인다.

20) 亦(역)-또한. 관련 4자성어는 亦復如是, 不亦悅乎 등이 있다.

21) 可(가)-가하다, 옳다. 관련 4자성어는 無家可歸, 不可思議 등이 있다.

22) 禮文(예문)-2가지 의미가 있다. 첫째, 禮, 樂, 儀 등 제도를 가리킨다. 둘째, 禮經(儀禮, 禮記, 周禮)에 실려 있는 글을 가리킨다. 동일한 의미의 최초 출전은《書經》〈周官〉「冢宰掌邦治」 孔穎達(唐) 疏 ..「此經言六卿所掌之事撮引《周禮》爲之揚目, 或據禮文, 或取禮意, 雖言有小異, 義皆不殊」에 보인다. 본문에서는 둘째의 의미이다.

23) 如此(여차)-이와 같다. 동일한 의미의 최초 출전은《禮記》〈樂記〉「如此, 則國之滅亡無日矣」에 보인다.

24) 非(비)-아니면, 하지 않으면. 관련 4자성어는 口是心非, 是非曲直 등이 있다.

25) 有(유)-있다. 동사이고 無, 沒과 반대이다. 관련 4자성어는 有始無終, 一無所有 등이 있다.

26) 疾病(질병)-질병. 동일한 의미의 최초 출전은《周禮》〈疾医〉「掌養萬民之疾病」 賈公彦(唐) 疏 ..「疾病两言之者, 疾輕病重」에 보인다.

27) 則(즉)-곧, 즉. 관련 4자성어는 月滿則虧, 禮煩則亂 등이 있다.

28) 當(당)-마땅히. 관련 4자성어는 老當益壯, 以一當十 등이 있다.

29) 從(종)-따르다. 관련 4자성어는 從心所欲, 禍從口出 등이 있다.
30) 人(인)-어떤 사람. 관련 4자성어는 目中無人, 膾炙人口 등이 있다.
31) 或(혹)-간혹. 관련 4자성어는 或多或少, 呼之或出 등이 있다.
32) 過禮(과례)-보통의 예의를 초과하다. 超過常禮의 생략이다. 동일한 의미의 최초 출전은《後漢書》〈樊儵傳〉「事後母至孝, 及母卒, 哀思過禮, 毁病不自支」에 보인다.
33) 而(이)-그리고, 그래서, 그러나. 관련 4자성어는 不言而喩, 適可而止 등이 있다.
34) 啜粥(철죽)-죽을 먹다. 동일한 의미의 최초 출전은 吳應雷(明), 〈啜粥〉「薄用爲糜粥, 貧宜惜稻粱」에 보인다.
35) 三年(삼년)-3년. 동일한 의미의 최초 출전은 宋祁(北宋), 〈三年〉「三年宦牒托东侯, 旌蕩危心斛貯愁」에 보인다.
36) 者(자)-사람. 관련 4자성어는 來者不拒, 當局者迷 등이 있다.
37) 若是(약시)-이와 같다. 동일한 의미의 최초 출전은《儀禮》〈有司徹〉「司馬在羊鼎之東, 二手執桃匕枋以挹湆, 注于疏匕, 若是者三」에 보인다.
38) 誠孝(성효)-마음에서 우러나오는 효성. 동일한 의미의 최초 출전은 顔之推(南北朝~隋),《顔氏家訓》〈養生〉「行誠孝而見賊, 履仁義而得罪, 喪身以全家, 泯軀而濟國, 君子不咎也」에 보인다.
39) 出人(출인)-다른 사람보다 뛰어나다. 超出衆人의 생략이다. 동일한 의미의 최초 출전은《商君書》〈畫策〉「凡人主德行非出人也, 知非出人也, 勇力非過人也」에 보인다.
40) 無(무)-없다, 동사이고 有와 반대이다. 관련 4자성어는 史無前例, 無邊無際 등이 있다.
41) 一毫(일호)-털끝만큼도. 동일한 의미의 최초 출전은《列子》〈楊朱〉「古之人損一毫利天下不與也, 悉天下奉一身不取也。人人不損一毫, 人人不利天下, 天下治矣」에 보인다.
42) 勉强(면강)-2가지 의미가 있다. 첫째, 억지로 하다. 동일한 의미의 최초

출전은 杜甫(唐), 〈法鏡寺〉「身危適他州, 勉强終勞苦」에 보인다. 둘째 최선을 다하다. 동일한 의미의 최초 출전은《禮記》〈中庸〉「或安而行之, 或利而行之, 或勉强而行之, 及其成功一也」에 보인다. 본문에서는 첫째의 의미이다.

43) 意(의)-뜻. 관련 4자성어는 一心一意, 得意洋洋 등이 있다.

44) 雖(수)-비록. 관련 4자성어는 雖死無悔, 雖覆能復 등이 있다.

45) 猶或(유혹)-오히려, 그래도. 尙且와 동일하다. 동일한 의미의 최초 출전은《左傳》僖公二十八年「死而利國, 猶或爲之, 况琼玉乎」에 보인다.

46) 若(약)-만약. 관련 4자성어는 若隱若現, 泰然自若 등이 있다.

47) 未至(미지)-이르지 못하다. 동일한 의미의 최초 출전은《山海經》〈夸父逐日〉「夸父與日逐走, 入日., 渴, 欲得飮, 飮于河、渭., 河、渭不足, 北飮大澤。未至, 道渴而死」에 보인다.

48) 踰禮(유례)-2가지 의미가 있다. 첫째, 지나친 예의. 동일한 의미의 최초 출전은《陳書》〈徐陵傳論〉「孝克砥身厲行, 養親逾禮, 亦參閔之志歟!」에 보인다. 둘째 예법을 위반하다. 달리 逾禮, 踰禮와 동일하다. 본문에서는 첫째의 의미로 사용되었다.

49) 是(시)-~이다, 이것. 관련 4자성어는 口是心非, 是非曲直 등이 있다.

50) 自欺(자기)-자신을 속이다. 동일한 의미의 최초 출전은《禮記》〈大學〉「所謂誠其意者, 毋自欺也」에 보인다.

51) 欺親(기친)-어버이를 속이다. 欺負親人의 생략이다. 동일한 의미의 최초 출전은 無名氏(宋),《文昌孝經》「恐有意業, 欺親欺身, 恐有心業, 累身累親」에 보인다.

52) 切宜(절의)-2가지 의미가 있다. 첫째, 당시의 수요, 상황에 완전히 부합하다. 切合時宜의 생략이다. 둘째, 필히, 반드시. 務必, 一定과 동일하다. 동일한 의미의 최초 출전은 羅欽順(明),《困知記》「大凡讀傳、義者, 於其異同之際, 切宜致思」에 보인다. 본문에서는 둘째의 의미이다.

53) 戒(계)-경계하다. 관련 4자성어는 止足之戒, 勸善戒惡(한국은 勸善懲惡)

등이 있다.

【喪制章6-8국역】

《가례(주자가례)》에 의하면, 부모님의 초상에는 사망하신 뒤 나흘째 되는 날에 상복을 입고 비로소 죽을 먹으며, 졸곡제(3개월이 지나서 망자를 매장하고, 매장 일부터 시작해서 연달아 3차례 우제를 지낸다. 졸곡제는 3번째 우제 이후 첫 번째 강일(갑, 병, 무, 경, 임일 ; 참고로 유일은 을, 정, 기, 신, 계일)에 지낸다. 지내는 날에 비로소 거칠게 빻은 곡식으로 지은 밥(현미로 지은 밥)을 먹고 물을 마시지만(국, 탕 종류의 음식물은 먹지 않는다) 채소와 과일은 먹지 않는다. 소상(망자가 사망한지 1년 만에 지내는 제사) 이후에 비로소 채소와 과일을 먹는다(국, 탕 종류의 음식물도 또한 먹을 수 있다). 《예경》(의례, 예기, 주례에 실려 있는 글)이 이와 같으니 질병이 있지 않으면 곧 마땅히 《예경》(의례, 예기, 주례에 실려 있는 글)을 따라야 한다. 어떤 사람은 간혹 보통의 예의를 초과하여 3년 동안 죽만 먹는 사람이 있는데, 만약 마음에서 우러나오는 효성이 다른 사람보다 뛰어나고 털끝만큼도 억지로 하는 뜻이 없다면 비록 보통의 예의를 초과하더라도 오히려 괜찮다. 만약 마음에서 우러나오는 효성이 이르지 못하는데도 억지로 지나친 예의를 하는 것은 곧 자신을 속이고 부모님을 속이는 것이니 반드시 경계해야 된다.

【喪制章6-8解說】

*** 「三年喪」(3년 동안 喪服을 입는 喪禮)의 실제기간에 대한 설명**

3년 상은 고대 喪服 중에서 가장 중요한 예의이다. 즉 신하가 군주를 위하여, 자식이 부모를 위하여, 부인이 남편을 위해서는 모두 3년 상을 치른다. 이것은 중국 고대 봉건사회에서 가장 기본적인 상례제도이다. 고대 중국에서는 喪禮와 祭禮를 가장 중요시 한다. 《禮記》〈昏義〉「夫禮始于冠, 本于昏, 重于喪祭, 尊于朝聘, 和于鄕射, 此禮之大體也」 즉 禮는 冠禮(成年

禮)에서 시작되고, 근본은 婚禮이고, 가장 중요한 것은 喪禮와 祭禮이며, 朝禮와 聘禮는 존중되어야 하고, 鄕禮와 射禮는 화합을 중시하는데, 이것이 예의 대략적인 것이다.

상례 중에서 상을 치르는 사람이 입는 상복에 대해서 규정한 것을 五服六期라고 한다. 오복은 상복에 사용된 布의 부드럽고 거친 정도에 따라서 구분한 것이다. 상복의 등급이 높을수록 부드러운 포로 만든 옷이고, 망자와의 혈연관계가 가까우며 상복을 입는 기간이 길다. 반대로 상복의 등급이 낮을수록 거친 포로 만든 것이고, 망자와의 혈연관계가 멀며 상복을 입는 기간도 짧다. 육기는 상복을 입는 기간과 상복의 재료를 三年(斬衰, 齊衰), 一年(齊衰), 九月(大功), 六月(殤大功), 七月(小功), 三月(緦麻) 등으로 구분한다. 3년 상은 商나라에서 시작되었고 周나라가 상나라를 멸망시킨 이후에도 이 제도를 흡수하여 사용하였다.

3년 상의 정확한 기간에 대하여는 첫째, 만3년. 둘째, 햇수로 3년이고 이것은 다시 25개월과 27개월의 2가지 주장으로 세분한다.

첫째, 만3년 주장은《左傳》昭公十五年「王一歲而有三年之喪二焉」杜預(西晉) 注 ..「天子絶期, 唯服三年, 故後雖期, 通謂之三年喪」;《禮記》〈曲禮上〉「父母之喪, 三年不改其服」;《論語》〈陽貨〉「宰我問 .. 三年之喪, 期已久矣。...... 子曰 .. 予之不仁也! 子生三年, 然後免于父母之懷。夫三年之喪, 天下之通喪也。予也有三年之愛于其父母乎?」 등에 보이는데, 이것이 바로 3년 상의 근거이고 주로 商나라, 周나라, 漢代와 西晉 시기에 적용되었다. 둘째, 25개월 주장은《荀子》〈禮論〉「三年之喪, 二十五月而畢」;《禮記》〈三年問〉「將由夫修飾之君子與, 則三年之喪, 二十五月而畢, 若駟之過隙, 然而遂之, 則是無窮也」에 보인다. 즉 3년상은 일반적으로 25개월(만24개월+1달에 大祥 제사)이고 25개월은 正喪期로 순수한 居喪 기간이며, 大祥 제사를 지내면 상복을 벗는다.

셋째, 27개월(正喪期25개월+除服期2개월) 주장은《儀禮》〈士虞禮〉「期而小祥。又期而大祥。中月而禫。是月也。吉祭」에 보인다. 즉 期는 1년을 가

리키고, 又期는 또 다시 1년을 가리킨다. 中月은 1개월 간격을 둔다. 禫은 상복을 벗는 특별한 의식을 가리킨다. 정리하면 부모가 사망하고 1주년(12개월) 이후 13개월에 小祥 제사를 지내고., 2주년(24개월) 이후 25개월에 大祥 제사를 지내고., 그런 후 1달 간격을 두고 27개월에 禫 제사를 지내는데, 이것은 상복을 벗고 상례가 끝났음을 알리는 제사이다. 또 西漢 文帝가 유언으로 27개월을 일로 바꿔서 27일 만에 상복을 벗도록 유언을 내린 「以日易月」이 있다. 그 외에 민간의 습속으로 모친이 아이를 젖먹이는 기간이 27개월이므로 상복은 27개월을 입어야 한다는 속설이 있다. 이상의 내용에 근거하여 27개월 주장은 唐代 이후에 일반적으로 정착되었다.

상복제도는 시대가 지날수록 완화되었고, 明代에 상복 기간은 더욱 간략화 되었으며, 清代에 이르러서는 다시 대폭 간략화 되었다. 《大清律例》「祖父母、曾祖父母、兄弟姐妹、子女、孫子女、侄子女、伯叔姑舅姨之喪, 皆服五十日」에 의거하면, 50일은 당시 보편적인 상복 기간이었다. 현재는 3일 상복이 보편적이다.

【喪制章6-9원문】

今之識禮之家, 多於葬後返魂, 此固正禮。但時人效顰, 遂廢廬墓之俗, 返魂之後, 各還其家, 與妻子同處, 禮坊大壞, 甚可寒心。凡喪親者, 自度一一從禮, 無毫分虧欠, 則當依禮返魂。如或未然, 則當依舊俗廬墓可也。

【喪制章6-9음역】

금지식례지가, 다어장후반혼, 차고정례. 단시인효빈, 수폐려묘지속, 반혼지후, 각환기가, 여처자동처, 예방대괴, 심가한심. 범상친자, 자탁일일종례, 무호분휴흠, 칙당의례반혼. 여혹미연, 즉당의구속려묘가야.

【喪制章6-9주석】

1) 今(금)-지금. 관련 4자성어는 博古通今, 古今中外 등이 있다.
2) 之(지)-~의, ~중에서. 관련 4자성어는 君子之交, 莫逆之友 등이 있다.
3) 識禮(식례)-예를 알다. 達禮와 동일하다. 知書識禮는 4자성어이다. 達禮의 동일한 의미의 최초 출전은 無名氏(元),《馮玉蘭》第一折「只我這知書達禮唐恭謹, 怎肯着出乖露丑遭談論」에 보인다.
4) 家(가)-집. 관련 4자성어는 四海爲家, 百家爭鳴 등이 있다.
5) 多(다)-대부분. 관련 4자성어는 多多益善, 多才多藝(能) 등이 있다.
6) 於(어)-어조사이고, ~에, ~에서, ~보다, ~를, ~에게, ~에 대해서, 이에 있어서 등의 의미로 사용되고 于와 동일하다. 여기에서는 비교를 나타내는 조사로 사용되었다. 관련 4자성어는 靑出於藍, 耿耿於懷 등이 있다.
7) 葬(장)-장례지내다. 관련 4자성어는 卷席而葬, 剖腹葬肝 등이 있다.
8) 後(후)-뒤, 나중에. 관련 4자성어는 先禮後兵, 後生可畏 등이 있다.
9) 返魂(반혼)-장례를 치르고 망자의 영혼을 신주에 모시고 집으로 돌아오는 의식을 가리킨다. 동일한 의미의 최초 출전은 溫庭筠(唐), 〈馬嵬驛〉「返魂無驗靑烟滅, 埋血空生碧草愁」에 보인다.
10) 此(차)-이것은. 관련 4자성어는 不分彼此, 果然如此 등이 있다.
11) 固(고)-진실로. 관련 4자성어는 固執己見, 君子固窮 등이 있다.
12) 正禮(정례)-올바른 예절, 정상적인 예절. 동일한 의미의 최초 출전은 韋玄成(西漢), 〈毁廟議〉「父爲昭, 子爲穆, 孫復爲昭, 古之正禮也」에 보인다.
13) 但(단)-다만, 단지, 그러나. 관련 4자성어는 但願如此, 但求無過 등이 있다.
14) 時人(시인)-당시 사람. 동일한 의미의 최초 출전은《漢書》〈藝文志〉「論語者, 孔子應答弟子時人及弟子相與言, 而接聞於夫子之語也」에 보인다.
15) 效顰(효빈)-맹목적으로 따라하다. 效는 모방하다, 顰은 눈썹을 찡그리다의 의미이다. 동일한 의미의 최초 출전은《莊子》〈天運〉「故西施病心而顰其里, 其里之丑人見而美之, 歸亦捧心而顰其里。其里之富人見之, 堅閉

門而不出., 貧人見之, 挈妻子而去之走。彼知矉美而不知矉之所以美。惜乎! 而夫子其窮哉!」에 보인다.

16) 遂(수)-마침내, 드디어. 관련 4자성어는 毛遂自薦, 功遂(成)身退 등이 있다.
17) 廢(폐)-폐지하다. 관련 4자성어는 中道而廢, 忘寢廢食 등이 있다.
18) 廬墓(여묘)-망자의 무덤 옆에 상주가 움막을 지어놓고 그곳에서 服喪 기간을 지내면서 분묘를 지키고 喪事를 치르는 곳. 동일한 의미의 최초 출전은 酈道元(北魏),《水經注》〈泗水〉「今泗水南有夫子冢 …… 卽子貢廬墓處也」에 보인다.
19) 俗(속)-습속. 관련 4자성어는 凡夫俗子, 入鄕随俗 등이 있다.
20) 之後(지후)-이후에, 나중에. 동일한 의미의 최초 출전은《史記》〈孝武本紀〉「自此之後, 方士言祠神者彌衆, 然其效可睹矣」에 보인다.
21) 各(각)-각각. 관련 4자성어는 各式各樣, 各有所長 등이 있다.
22) 還(환)-돌아가다. 관련 4자성어는 衣錦還鄕(한국에서는 錦衣還鄕), 討價換價 등이 있다.
23) 其(기)-지시대명사로 이, 그, 저 등을 가리킨다. 관련 4자성어는 若無其事, 不計其數 등이 있다.
24) 與(여)-~와 더불어. 관련 4자성어는 與衆不同, 與人爲善 등이 있다.
25) 妻子(처자)-2가지 의미가 있다. 첫째는 자신의 부인을 가리킨다. 둘째는 부인과 자식을 가리킨다. 동일한 의미의 최초 출전은《孟子》〈梁惠王上〉「是故明君制民之産, 必使仰足以事父母,俯足以畜妻子」에 보인다. 본문에서는 둘째의 의미이다.
26) 同處(동처)-한 장소에 함께 거주하는 것으로, 同居와 동일하다. 동일한 의미의 최초 출전은 袁康(東漢),《越絶書》〈外傳記枕中〉「范子曰..臣聞陰陽氣不同處, 萬物生焉」에 보인다.
27) 禮坊(예방)-예법. 동일한 의미의 최초 출전은《禮記》〈坊記〉「君子禮以坊德, 刑以坊淫, 命以坊欲」에 보인다.

28) 大壞(대괴)-쇠망, 쇄락. 동일한 의미의 최초 출전은 蕭統(南朝,梁), 《文選》〈答客難〉「夫蘇秦張儀之時, 周室大壞, 諸侯不朝, 力政爭權, 相擒以兵」에 보인다.

29) 甚(심)-매우, 심히. 관련 4자성어는 欺人太甚, 自視甚高 등이 있다.

30) 可(가)-가하다, 옳다. 관련 4자성어는 無家可歸, 不可思議 등이 있다.

31) 寒心(한심)-실망으로 인하여 마음이 아픔을 일컫는다. 동일한 의미의 최초 출전은 《左傳》 哀公十五年 「吳人加敝邑以亂, 齊因其病, 取讙與闡, 寡君是以寒心」에 보인다.

32) 凡(범)-문장 전체를 수식하는 부사로 무릇, 모든의 의미이다. 관련 4자성어는 儀表非凡, 擧止不凡 등이 있다.

33) 喪親(상친)-어버이를 잃다. 동일한 의미의 최초 출전은 《孝經》〈喪親〉「孝子之喪親也., 哭不偯, 禮無容, 言不文, 服美不安」에 보인다.

34) 者(자)-사람. 관련 4자성어는 來者不拒, 當局者迷 등이 있다.

35) 自度(자탁)-스스로 헤아리다. 동일한 의미의 최초 출전은 《書經》〈無逸〉「嚴恭寅畏, 天命自度, 治民祗懼, 不敢荒寧」에 보인다.

36) 一一(일일)-하나하나. 동일한 의미의 최초 출전은 《韓非子》〈外儲說右下〉「搖木者一一攝其葉, 則勞而不遍」에 보인다.

37) 從(종)-따르다. 관련 4자성어는 從心所欲, 禍從口出 등이 있다.

38) 禮(예)-중국 고대의 등급 사회 속에서 상호간의 행위준칙 및 도덕규범을 가리킨다. 관련 4자성어는 禮尙往來, 克己復禮 등이 있다. 非禮는 상호간의 행위준칙 및 도덕규범에 부합하지 않는 행동을 가리킨다. 禮와 非禮에 대한 동일한 의미의 최초 출전은 《論語》〈先進〉「如其禮樂, 以俟君子」 및 《論語》〈顔淵〉「子曰 .. 克己復禮爲仁。一日克己復禮, 天下歸仁焉。爲仁由己, 而由人乎哉? 顔淵曰 .. 請問其目? 子曰 .. 非禮勿視, 非禮勿聽, 非禮勿言, 非禮勿動」에 보인다.

39) 無(무)-없다, 동사이고 有와 반대이다. 관련 4자성어는 史無前例, 無邊無際 등이 있다.

40) 毫分(호분)-매우 조금. 毫와 分은 모두 계량 단위이다. 길이를 예로 들면, 里-丈-尺-寸-分-釐-毫의 순서이다. 동일한 의미의 최초 출전은 班固(東漢), 〈答賓戲〉「牙曠淸耳於管弦, 離婁眇目於毫分」에 보인다.
41) 虧欠(휴흠)-흠결, 부족. 동일한 의미의 최초 출전은 朱熹(南宋), 《朱子語類》 第七「論得到極處固只是一箇道理, 看時須做兩處看, 方看得周匝無虧欠處」에 보인다.
42) 則(즉)-곧, 즉. 관련 4자성어는 月滿則虧, 禮煩則亂 등이 있다.
43) 當(당)-마땅히. 관련 4자성어는 老當益壯, 以一當十 등이 있다.
44) 依(의)-의거하다, 따르다. 관련 4자성어는 依依不舍, 生死相依 등이 있다.
45) 如或(여혹)-만약. 如果, 如果有와 동일하다. 동일한 의미의 최초 출전은 《詩經》〈正月〉「心之憂矣, 如或結之」 鄭玄(東漢) 箋 ..「心憂如有結之者」에 보인다.
46) 未然(미연)-그러지 못하면. 동일한 의미의 최초 출전은 阮瑀(東漢), 〈爲曹公作書與孫權〉「以君之明, 觀孤術數, 量君所據, 相計土地, 豈勢少力乏, 不能遠擧, 割江之表, 宴安而已哉? 甚未然也」에 보인다.
47) 舊俗(구속)-이전의 풍속습관. 동일한 의미의 최초 출전은 杜甫(唐), 〈謁先主廟〉「舊俗存祠廟, 空山立鬼神。虛檐交鳥道, 枯木半龍鱗」에 보인다.
48) 也(야)-조사로 문장 중간에 혹은 문장 끝에 사용한다. 관련 4자성어는 空空如也, 未嘗有也 등이 있다.

【喪制章6-9국역】

지금의 예를 아는 집안은 대부분 장례를 지낸 후에 반혼(장례를 치르고 망자의 영혼을 신주에 모시고 집으로 돌아오는 의식)을 하는데 이것은 진실로 올바른 예절이다. 다만 당시 사람들이 맹목적으로 따라하여 마침내 여묘(망자의 무덤 옆에 상주가 움막을 지어놓고 그곳에서 복상 기간을 지내면서 분묘를 지키고 상사를 치르는 곳)의 풍속을 폐지하고, 반혼 한 이후에도 각자 자기 집으로 돌아가서 부인과 자식들과 함께 동거하니 예법이 쇠락하여 매우 실망스럽고 마음이 아프다. 무릇 부모님을 여읜 사람은 스스로 헤아려서 하나하나 예를 따르고 매우 조금이라도 흠결이 없으면 곧 마땅히 예법에 의거하여 반혼하면 된다. 만약 그러지 못하면 곧 마땅히 이전의 풍속습관에 의거하여 여묘하는 것이 옳다.

【喪制章6-9解說】

*「效顰」

효빈은 맹목적으로 따라하다. 效는 모방하다, 顰은 눈썹을 찡그리다의 의미이다. 越나라 미인 西施가 심장병이 있어서 얼굴을 찡그리고 다녔는데, 추녀인 東施가 西施의 찡그린 모습이 너무 아름다워서 자기도 흉내 냈다는 유래가 있다. 동일한 의미의 최초 출전은 《莊子》〈天運〉「故西施病心而矉其里, 其里之丑人見而美之, 歸亦捧心而矉其里。其里之富人見之, 堅閉門而不出., 貧人見之, 挈妻子而去之走。彼知矉美而不知矉之所以美。惜乎!」에 보인다. 즉 "이전에 西施라는 여인이 심장병이 있어서 미간을 찌푸리며 마을에서 돌아다녔는데, 마을의 못생긴 여인 東施가 미간을 찌푸리며 다니는 서시를 보고 매우 아름답다고 여기고, 집으로 돌아간 이후에 자신도 가슴을 부여잡고 미간을 찌푸리며 마을을 돌아다녔다. 마을의 부자는 그녀를 보고 대문을 굳게 닫고 나오지 않았다. 마을의 가난한 사람도 그녀를 보고 처와 자식을 데리고 멀리 달아났다. 그 못생긴 여인은 단지 미간을 찌푸리는 것이 예쁘다는 것만 알았지 오히려 미간을 찌푸리면 예쁘게 보이는 원인은 몰랐던 것이다. 애석하구나!"라고 하였다. 결론적으로 효빈은 맹목적으로 따라함을 풍자하는 고사에서 유래하였다.

*「寒心」

한심은 한국 사전에는 "정도에 너무 지나치거나 모자라서 딱하거나 기막히다"의 의미이다. 중국 사전에는 "실망으로 인하여 마음이 아픔을 일컫다"의 의미이다. 동일한 의미의 최초 출전은 《左傳》 哀公十五年「吳人加敝

邑以亂, 齊因其病, 取讙與闡, 寡君是以寒心」에 보인다. 한중 양국 사전상의 의미가 다름을 알 수 있다.

【喪制章6-10원문】

親喪成服之前, 哭泣不絶於口(氣盡則令婢僕代哭)。 葬前哭無定時, 哀至則哭。卒哭後, 則朝夕哭二時而已。禮文大槪如此。若孝子情至, 則哭泣豈有定數哉! 凡喪, 與其哀不足而禮有餘也, 不若禮不足而哀有餘也, 喪事不過盡其哀敬而已。

【喪制章6-10음역】

친상성복지전, 곡읍부절어구(기진즉영비복대곡). 장전곡무정시, 애지즉곡. 졸곡후, 즉조석곡이시이이. 예문대개여차. 약효자정지, 즉곡읍기유정수재! 범상, 여기애부족이예유여야, 불약예부족이애유여야, 상사불과진기애경이이.

【喪制章6-10주석】

1) 親喪(친상)-부모님 초상, 어버이를 잃다(돌아가시다). 동일한 의미의 최초 출전은 《孝經》〈喪親〉「孝子之喪親也., 哭不偯, 禮無容, 言不文, 服美不安」에 보인다.
2) 成服(성복)-죽은 뒤 나흘째 되는 날 喪服을 입는다. 망자와의 친소관계에 따라서 3년, 1년, 9개월, 5개월, 3개월 등 喪을 지키는 기일이 다르고 喪服의 종류도 다르다. 동일한 의미의 최초 출전은 《禮記》〈奔喪〉「唯父母之喪, 見星而行, 見星而舍。若未得行, 則成服而後行」에 보인다.
3) 之前(지전)-이전에. 동일한 의미의 최초 출전은 《韓非子》〈顯學〉「殷､周七百餘歲, 虞､夏二千餘歲, 而不能定儒､墨之眞., 今乃欲審堯､舜之道于三千歲之前, 意者其不可必乎 ! 」에 보인다.
4) 哭泣(곡읍)-작은 소리로 울다. 참고로 소리 내어 울면 哭이고, 소리 없이

흐느끼면 泣이다. 동일한 의미의 최초 출전은 《禮記》〈檀弓上〉「哭泣之哀, 齊斬之情, 饘粥之食, 自天子達」孔穎達(唐) 疏 ..「哭泣之哀, 謂有聲之哭, 無声之泣, 并爲哀」에 보인다.

5) 不(불)-아니다. 부사이고 일반적으로 부정의 의미로 사용된다. 관련 4자성어는 念念不忘, 美中不足 등이 있다.
6) 絶(절)-그치다, 끊어지다. 관련 4자성어는 絡繹不絶, 絶代佳人 등이 있다.
7) 於(어)-어조사이고, ~에, ~에서, ~보다, ~를, ~에게, ~에 대해서, 이에 있어서 등의 의미로 사용되고 于와 동일하다. 여기에서는 비교를 나타내는 조사로 사용되었다. 관련 4자성어는 青出於藍, 耿耿於懷 등이 있다.
8) 口(구)-입. 관련 4자성어는 口是心非, 膾炙人口 등이 있다.
9) 氣盡(기진)-기력이 다하다. 즉 生氣消失과 동일하다. 동일한 의미의 최초 출전은 《南史》〈曹景宗傳〉「閉置車中, 如三日新婦, 此邑邑使人氣盡」에 보인다.
10) 則(즉)-곧, 즉. 관련 4자성어는 月滿則虧, 禮煩則亂 등이 있다.
11) 令(영)-~로 하여금. 관련 4자성어는 朝令夕改, 巧言令色 등이 있다.
12) 婢僕(노복)-남녀 奴僕 즉 童僕과 女婢를 가리킨다. 동일한 의미의 최초 출전은 顔之推(南北朝~隋), 《顔氏家訓》〈後娶〉「况夫婦之義, 曉夕移之, 婢僕求容, 助相說引, 積年累月, 安有孝子乎」에 보인다.
13) 代哭(대곡)-상주가 지나친 슬픔으로 몸을 상하지 않도록 대신 哭泣을 하는 것. 동일한 의미의 최초 출전은 《周禮》〈挈壺氏〉「凡喪, 縣壺以代哭者, 皆以水火守之」에 보인다.
14) 葬(장)-장례지내다. 관련 4자성어는 卷席而葬, 剖腹葬肝 등이 있다.
15) 前(전)-앞, 이전의. 관련 4자성어는 史無前例, 承前啓後 등이 있다.
16) 哭(곡)-울다. 관련 4자성어는 痛哭流涕, 哭天喊地 등이 있다.
17) 無(무)-없다, 동사이고 有와 반대이다. 관련 4자성어는 史無前例, 無邊無際 등이 있다.
18) 定時(정시)-규정된 시간, 정해진 때. 동일한 의미의 최초 출전은 施耐庵

(明),《水滸傳》第五七回「梁山泊却叫凌振, 製造了諸般大礮, 克日定时, 下山對敵」에 보인다.

19) 哀至(애지)-슬픔이 지극하다. 동일한 의미의 최초 출전은 劉義慶(南朝, 宋),《世說新語》〈言語〉「简文崩, 孝武年十餘歲立, 至暝不臨。左右啓依常應臨。帝曰 .. 哀至則哭, 何常之有 ! 」에 보인다.

20) 卒哭(졸곡)-고대 禮法에 의하면 부모가 돌아가시고 매장할 때까지 울음소리가 끊이지 않아야 한다. 매장한 이후에도 부모님이 생각나면 시도 때도 없이 우는데 이것을 無時之哭이라고 한다. 卒哭(卒哭祭) 이후에는 無時之哭을 그치고 아침과 저녁에 한 차례씩 우는 有時之哭을 하게 된다. 周代 禮制에 의하면 士는 3개월이 지나서 망자를 매장하고, 매장 일부터 시작해서 연달아 3차례 虞祭를 지낸다. 卒哭祭는 3번째 虞祭 이후 첫 번째 剛日(甲, 丙, 戊, 庚, 壬日 ; 참고로 柔日은 乙, 丁, 己, 辛, 癸日)에 지낸다. 동일한 의미의 최초 출전은《儀禮》〈既夕禮〉「三虞, 卒哭」孔穎達(唐) 疏 ..「至此爲卒哭祭, 唯有朝夕哭而已, 言其哀殺也」에 보인다.

21) 後(후)-뒤, 나중에. 관련 4자성어는 先禮後兵, 後生可畏 등이 있다.

22) 朝夕(조석)-아침저녁으로. 동일한 의미의 최초 출전은《國語》〈晉語〉「朝夕不相及, 誰能俟五」韋昭(孫吳) 注 ..「言朝恐不及夕」에 보인다.

23) 二時(이시)-두 번, 두 차례. 동일한 의미의 최초 출전은《陳書》〈徐孝克傳〉「每日二時講, 旦講佛經, 晚講禮、傳, 道俗受業者數百人」에 보인다.

24) 而已(이이)-~일 뿐이다, ~일 따름이다. 동일한 의미의 최초 출전은《論語》〈里仁〉「夫子之道, 忠恕而已矣」에 보인다.

25) 禮文(예문)-2가지 의미가 있다. 첫째, 禮, 樂, 儀 등 제도를 가리킨다. 둘째, 禮經(儀禮, 禮記, 周禮)에 실려 있는 글을 가리킨다. 동일한 의미의 최초 출전은《書經》〈周官〉「冢宰掌邦治」孔穎達(唐) 疏 ..「此經言六卿所掌之事撮引周禮爲之揚目, 或據禮文, 或取禮意, 雖言有小異, 義皆不殊」에 보인다. 본문에서는 둘째의 의미이다.

26) 大槪(대개)-대개, 대략. 동일한 의미의 최초 출전은 歐陽修(北宋), 〈眞州

东園記〉「凡工之所不能畵者, 吾亦不能言也, 其爲我書其大槪焉」에 보인다.
27) 如此(여차)-이와 같다. 동일한 의미의 최초 출전은 《禮記》〈樂記〉「如此, 則國之滅亡無日矣」에 보인다.
28) 若(약)-만약. 관련 4자성어는 若隱若現, 泰然自若 등이 있다.
29) 孝子(효자)-2가지 의미가 있다. 첫째, 부모에게 효성스러운 자녀이다. 둘째, 부모님이 돌아가시고 상을 치르는(守孝, 守喪) 자녀를 가리킨다. 동일한 의미의 최초 출전은 《孝經》〈喪親〉「孝子之喪親也, 哭不偯」에 보인다. 본문에서는 둘째의 의미이다.
30) 情至(정지)-타인에 대한 감정이 지극히 이르다. 情至意盡의 생략이다. 동일한 의미의 최초 출전은 《詩經》〈板〉「我卽爾謀, 聽我囂囂。我言維服, 勿以爲笑」 孔穎達(唐) 疏 ..「我老夫教諫汝, 其意乃款款然, 情至意盡, 何爲汝等而未知 ? 」에 보인다.
31) 豈有(기유)-어찌 이런 일이 있겠는가! 관련 4자성어는 豈有此理가 있다. 동일한 의미의 최초 출전은 左丘明(春秋), 〈襄王不許請隧〉「以順及天地, 無逢其災害。先王豈有賴焉 ? 」에 보인다.
32) 定數(정수)-규칙, 원칙. 동일한 의미의 최초 출전은 《後漢書》〈律曆志上〉「竹聲不可以度調, 故作准以定數」에 보인다.
33) 哉(재)-감탄, 의문, 반문 등을 나타내는 조사로 啊와 동일하다. 관련 4자성어는 嗚呼哀哉, 何足道哉 등이 있다.
34) 凡(범)-문장 전체를 수식하는 부사로 무릇, 모든의 의미이다. 관련 4자성어는 儀表非凡, 擧止不凡 등이 있다.
35) 喪(상)-사망자를 애도하며 장사지내는 예의, 상례, 잃다. 관련 4자성어는 喪家之狗, 玩物喪志 등이 있다.
36) 與其(여기)~不若(불약)-~하는 것은 ~하는 것만 못하다. 즉 후자가 전자보다 좋다의 의미이다. 유사한 문장 구조로 與其~寧可가 있는데, ~하기보다는 차라리~ 하겠다라고 해석한다. 동일한 의미의 최초 출전은 《書經》〈大禹謨〉「與其殺不辜, 寧失不經。好生之德, 洽于民心」에 보인다.

37) 哀不足-슬픔이 부족한 듯이. 동일한 의미의 최초 출전은《禮記》〈檀弓上〉「子路曰 .. 吾聞諸夫子 .. 喪禮, 與其哀不足而禮有餘也, 不若禮不足而哀有餘也。祭禮, 與其敬不足而禮有餘也, 不若禮不足而敬有餘也」에 보인다.
38) 而(이)-그리고, 그래서, 그러나. 관련 4자성어는 不言而喩, 適可而止 등이 있다.
39) 禮有餘(예유여)-예법은 남음이 있고. 동일한 의미의 최초 출전은 위의《禮記》〈檀弓上〉 인용문과 같다.
40) 禮不足(예부족)-예법은 부족한 듯이 하고. 동일한 의미의 최초 출전은 위와 같다.
41) 哀有餘(애유여)-슬픔은 남는 듯이 하고. 동일한 의미의 최초 출전은 위와 같다.
42) 也(야)-조사로 문장 중간에 혹은 문장 끝에 사용한다. 관련 4자성어는 空空如也, 未嘗有也 등이 있다.
43) 喪事(상사)-사람이 사망한 이후부터 장례 및 기타 관련된 일체의 일을 일컫는다. 동일한 의미의 최초 출전은《周禮》〈牛人〉「喪事共其奠牛」에 보인다.
44) 不過(불과)-다만, 단지, 副詞이다. 只, 僅僅과 동일하다. 동일한 의미의 최초 출전은《道德經》第六十一章「大國不過欲兼畜人, 小國不過欲入事人」에 보인다. 또 不過~而已의 문장은 다만 ~일 뿐이다.
45) 盡(진)-다하다. 관련 4자성어는 盡心竭力, 盡善盡美 등이 있다.
46) 其(기)-지시대명사로 이, 그, 저 등을 가리킨다. 관련 4자성어는 若無其事, 不計其數 등이 있다.
47) 哀敬(애경)-슬픔과 공경. 동일한 의미의 최초 출전은《荀子》〈禮論〉「故喪禮者無他焉, 明死生之義, 送以哀敬而終周藏」에 보인다.

【喪制章6-10국역】

부모님 초상에서는 성복(돌아가신 뒤 나흘째 되는 날 상복을 입는다) 이전까지는 작은 소리로 우는 것이 입에서 그치면 안 된다(기력이 다하면 곧 남녀 노복으로 하여금 대신 작은 소리로 울게 한다). 장례 지내기 전에는 우는 것에 규정된 시간은 없고 슬픔이 지극하면 울면 된다. 졸곡제(3개월이 지나서 망자를 매장하고, 매장 일부터 시작해서 연달아 3차례 우제를 지낸다. 졸곡제는 3번째 우제 이후 첫 번째 강일(갑, 병, 무, 경, 임일 ; 참고로 유일은 을, 정, 기, 신, 계일)에 지낸다)를 지낸 이후에는 아침저녁으로 두 번만 울뿐이다. 예경(의례, 예기, 주례)에 실려 있는 글이 대개 이와 같다. 만약 부모님이 돌아가시고 상을 치르는(수효, 수상) 자녀의 슬픈 감정이 지극하면 우는 것에 어찌 규칙이 있겠는가! 무릇 사망자를 애도하며 장사지내는 상례는 그 슬픔은 부족하고 예의가 넘치는 것은 예의는 부족해도 슬픔이 넘치는 것보다는 못한 것이니, 상사(사람이 사망한 이후부터 장례 및 기타 관련된 일체의 일)는 단지 그 슬픔과 공경을 다할 뿐이다.

【喪制章6-10解說】

*「定數」

정수는 한국 사전에는 "일정하게 정해진 수효"의 의미이다. 그러나 중국 사전에는 "규칙, 원칙"을 의미한다. 동일한 의미의 최초 출전은《後漢書》〈律曆志上〉「竹聲不可以度調, 故作准以定數」에 보인다. 한중 양국 사전상의 의미가 다름을 알 수 있다.

【喪制章6-11원문】

曾子曰 .. "人未有自致者也, 必也親喪乎!" 送死者, 事親之大節也。於此不用其誠, 惡乎用其誠? 昔者小連、大連善居喪, 三日不怠, 三月不懈, 期悲哀, 三年憂, 此是居喪之則也。孝誠之至者, 則不勉而能矣。如有不及者, 則勉而從之可也。

【喪制章6-11음역】

증자왈 .. "인미유자치자야, 필야친상호!" 송사자, 사친지대절야. 어차불용기성, 오호용기성? 석자소련、대련선거상, 삼일불태, 삼월불해, 기비애, 삼년우, 차시거상지칙야. 효성지지자, 칙불면이능의. 여유불급자, 즉면이종지가야.

【喪制章6-11주석】

1) 曾子(증자)-曾子(B.C.505-B.C.435)의 姓은 姒이고 曾氏이며 이름은 参이고 字는 子輿이다. 曾点의 아들이고 공자의 제자 중에서 72賢의 하나이고 孔廟 4配 중의 하나이며 儒家學派의 대표인물 중의 하나이다. 후세에 儒家의 6聖人 중의 하나인 宗聖으로 일컬어졌다. 春秋 말년의 思想家로서 愼獨의 修養觀과 孝를 근본으로 하는 孝道觀으로 후세에 깊은 영향을 끼쳤다. 학문으로는《論語》편찬에 참여하였고,《大學》,《孝經》,《曾子十篇》등을 저술하였다고 전해진다.
2) 曰(왈)-말하다. 관련 4자성어는 美其名曰, 子曰詩云 등이 있다.
3) 人(인)-어떤 사람. 관련 4자성어는 目中無人, 膾炙人口 등이 있다.
4) 未有(미유)-없다. 沒有와 동일하다. 동일한 의미의 최초 출전은《史記》〈項羽本紀〉「未有封侯之賞」에 보인다.
5) 自致(자치)-자신의 마음과 힘을 다하다. 동일한 의미의 최초 출전은《論語》〈子張〉「曾子曰 .. 吾聞諸夫子, 人未有自致者也, 必也親喪乎」에 보인다.
6) 者(자)-사람. 관련 4자성어는 來者不拒, 當局者迷 등이 있다.
7) 也(야)-조사로 문장 중간에 혹은 문장 끝에 사용한다. 관련 4자성어는 空空如也, 未嘗有也 등이 있다.
8) 必也(필야)-반드시 해야 한다. 부사 必에 也를 추가한 것이고, 也는 문장 중간에 사용하며 통상적으로 잠시 정지 또는 강조의 의미로 사용한다. 동일한 의미의 최초 출전은 위와 같다.
9) 親喪(친상)-부모님 장례, 어버이를 잃다. 동일한 의미의 최초 출전은《孝經》〈喪親〉「孝子之喪親也., 哭不偯, 禮無容, 言不文, 服美不安」에 보인다.

10) 乎(호)-개사로는 ~에, ~에 대하여 ~을(를) 의미이다. 어조사로는 문장의 끝에 사용되어 의문, 반어, 감탄, 명령, 추정 등 의미로 사용된다. 관련 4자성어는 不亦悅乎, 出乎意外 등이 있다.
11) 送死(송사)-父母의 喪葬(장례)를 치르다. 送終과 동일하다. 동일한 의미의 최초 출전은《禮記》〈禮運〉「以養生送死, 以事鬼神上帝」에 보인다.
12) 事親(사친)-어버이를 섬기다. 즉 효행을 일컫는다. 동일한 의미의 최초 출전은《孝經》〈開宗明義章〉「夫孝始於事親, 中於事君, 終於立身」에 보인다.
13) 之(지)-~의, ~중에서. 관련 4자성어는 君子之交, 莫逆之友 등이 있다.
14) 大節(대절)-기본적인 법칙. 동일한 의미의 최초 출전은《淮南子》〈說林訓〉「冬有雷電, 夏有霜雪, 然而寒暑之勢不易, 小變不足以妨大節」에 보인다.
15) 於此(어차)-여기에, 즉 어버이 장례에. 在此와 동일하다. 동일한 의미의 최초 출전은 司馬相如(西漢), 〈上林賦〉「順天道以殺伐, 時休息於此」에 보인다.
16) 不(불)-아니다. 부사이고 일반적으로 부정의 의미로 사용된다. 관련 4자성어는 念念不忘, 美中不足 등이 있다.
17) 用(용)-사용하다. 관련 4자성어는 大材小用, 省吃儉用 등이 있다. 또 不用은 단어로 사용되어 사용하지 않다의 의미이다. 동일한 의미의 최초 출전은《管子》〈小匡〉「於子之鄉, 有不慈孝於父母, 不長弟於鄉里, 驕躁淫暴, 不用上令者, 有則以告」에 보인다.
18) 其(기)-지시대명사로 이, 그, 저 등을 가리킨다. 관련 4자성어는 若無其事, 不計其數 등이 있다.
19) 誠(성)-정성. 관련 4자성어는 誠心誠意, 心虔志誠 등이 있다.
20) 惡乎(오호)-어찌, 어디에. 惡는 오라 읽고 의미는 어찌이다. 乎는 처소격 조사이고 於와 동일하고 ~에의 의미이다. 惡乎가 합해져서 의문대명사가 되고, 言何所와 동일하다. 동일한 의미의 최초 출전은《孟子》〈梁惠王上〉「天下惡乎定?」趙岐(東漢) 注 ..「問天下安所定, 言誰能定之?」에 보인다.
21) 昔者(석자)-옛날에. 往日, 從前, 昨天과 동일하다. 동일한 의미의 최초 출

전은 《孟子》〈公孫丑下〉「昔者辭以病, 今日吊, 或者不可乎 …… 昔者疾, 今日愈, 如之何不吊？」 趙岐(東漢) 注 ..「昔者, 昨天也」에 보인다.

22) 小連(소련)-《禮記》〈雜記下〉에 등장하는 인물이고, 東夷族이라는 것 이외에는 알려지지 않는다. 동일한 의미의 최초 출전은 《禮記》〈雜記下〉「孔子曰 .. 小連, 大連善居喪, 三日不怠, 三月不解, 期悲哀, 三年憂。東夷之子也」에 보인다.

23) 大連(대련)-위와 같다.

24) 善(선)-선행, 잘하다. 관련 4자성어는 多多益善, 盡善盡美 등이 있다.

25) 居喪(거상)-喪事를 치르다. 즉 어버이 사후에 장례에 관련된 일을 처리하고, 장례 기간에는 음식 절제와 오락이나 교류 등을 중지하며 애도를 표시함을 가리킨다. 동일한 의미의 최초 출전은 《左傳》 襄公三十一年「居喪而不哀, 在慼而有嘉容, 是謂不度」에 보인다.

26) 三日(삼일)-3일. 동일한 의미의 최초 출전은 戴叔倫(唐), 〈蘭溪棹歌〉「蘭溪三日桃花雨, 半夜鯉魚來上灘」에 보인다.

27) 怠(태)-게으르다. 관련 4자성어는 怠惰因循, 孜孜不怠 등이 있다.

28) 三月(삼월)-3개월, 3월. 동일한 의미의 최초 출전은 韓偓(唐), 〈三月〉「四時最好是三月, 一去不回唯少年」에 보인다.

29) 懈(해)-소홀하다. 관련 4자성어는 夙夜匪懈, 始從不懈 등이 있다.

30) 期(기)-만 1년. 관련 4자성어는 後會有期, 不期而遇 등이 있다.

31) 悲哀(비애)-슬픔, 상심. 동일한 의미의 최초 출전은 《道德經》 第三十一章「殺人之衆, 以悲哀泣之」에 보인다.

32) 三年(삼년)-3년. 동일한 의미의 최초 출전은 宋祁(北宋), 〈三年〉「三年宦牒托东侯, 旌蕩危心斛貯愁」에 보인다.

33) 憂(우)-근심. 관련 4자성어는 高枕無憂, 内憂外患 등이 있다.

34) 此(차)-이것은. 관련 4자성어는 不分彼此, 果然如此 등이 있다.

35) 是(시)-~이다, 이것. 관련 4자성어는 口是心非, 是非曲直 등이 있다.

36) 則(칙)-원칙, 법칙. 관련 4자성어는 以身作則, 有物有則 등이 있다.

37) 孝誠(효성)-효도하고 공경하는 참된 마음. 동일한 의미의 최초 출전은 《新唐書》〈李興傳〉「孝誠幽達, 神爲見異, 廬上産紫芝、白芝, 廬中醴泉湧」에 보인다.
38) 至(지)-지극하다. 관련 4자성어는 至高無上, 無所不至 등이 있다.
39) 則(즉)-곧, 즉. 관련 4자성어는 以身作則, 有物有則 등이 있다.
40) 勉(면)-힘쓰다, 노력하도록 권면하다. 관련 4자성어는 勉勉强强, 困勉下學 등이 있다.
41) 而(이)-그리고, 그래서, 그러나. 관련 4자성어는 不言而喩, 適可而止 등이 있다.
42) 能(능)-가능하다, 능히, 능숙하다. 관련 4자성어는 無能爲力, 無所不能 등이 있다. 본문의 「不勉而能」 형식과 관련된 동일한 의미의 최초 출전은 《中庸》 第二十章 「誠者, 不勉而中, 不思而得, 從容中道, 聖人也」에 보인다.
43) 矣(의)-조사로 문장 끝에 사용되고 了의 의미와 유사하다. 관련 4자성어는 思過半矣, 至矣盡矣 등이 있다.
44) 如(여)-만약. 若, 如果와 동일하다. 관련 4자성어는 度日如年, 吉祥如意 등이 있다.
45) 有(유)-있다. 동사이고 無, 沒과 반대이다. 관련 4자성어는 有始無終, 一無所有 등이 있다.
46) 不及(불급)-이르지 못하다. 즉 장례를 치르는 원칙에 이르지 못하면. 동일한 의미의 최초 출전은 《易經》〈小過〉「過其祖, 遇其妣, 不及其君, 遇其臣」에 보인다.
47) 者(자)-~라는 것. 관련 4자성어는 來者不拒, 當局者迷 등이 있다.
48) 從(종)-따르다. 관련 4자성어는 從心所欲, 禍從口出 등이 있다.
49) 可(가)-가하다, 옳다. 관련 4자성어는 無家可歸, 不可思議 등이 있다.

【喪制章6-11국역】

증자가 말하기를 .. "사람으로서 자신의 마음과 힘을 다한 적이 없다 할

지라도 반드시 부모님의 장례에는 마음과 힘을 다해야 하지 않겠는가!" 부모님 장례를 치르는 것은 부모님을 섬기는 기본적인 법칙이다. 여기에 그 정성을 다 사용하지 않으면 어디에 그 정성을 사용하겠는가? 옛날에 소련과 대련이라는 사람이 상사(부모님 사후에 장례에 관련된 일을 처리하는 것)를 잘 치렀는데, 3일 동안 게을리 하지 않았고 3개월 동안 소홀히 하지 않았으며 만 1년 동안 슬퍼하였고 3년 동안 근심하였는데, 이것이 상사를 치르는 원칙인 것이다. 부모님에게 효도하고 공경하는 참된 마음이 지극한 사람은 곧 억지로 힘쓰지 않아도 가능한 일이다. 만약 장례를 치르는 원칙에 이르지 못하면 곧 힘써서 그 원칙을 따르면 되는 것이다.

【喪制章6-11解說】

*儒家의 6聖人

증자도 유가의 성인으로 추앙받는다. 참고로 유가의 성인은 6명이 있다.

1) 姬旦(周公, ?-?-元(本)聖
2) 孔子(BC551-BC479)-至聖
3) 顔淵(顔子, BC521-BC481)-復聖
4) 曾參(曾子, BC505-BC435)-宗聖
5) 孔伋(子思, BC483-BC402)-述聖
6) 孟軻(孟子, BC372 - BC289)-亞聖

*「人未有自致者也 必也親喪乎!」

본문과 동일한 의미의 최초 출전은 《論語》〈子張〉「曾子曰 .. 吾聞諸夫子, 人未有自致者也. 必也親喪乎!」에 보인다. 즉 "증자가 말하기를 .. '내가 선생님께 들으니, 사람으로서 자신의 마음과 힘을 다한 적이 없다 할지라도 반드시 부모님의 장례에는 마음과 힘을 다해야 하지 않겠는가!'"」라고 하였다.

【喪制章6-12원문】

人之居喪, 誠孝不至, 不能從禮者, 固不足道矣。間有質美而未學者, 徒知執禮之爲孝, 而不知傷生之失正., 過於哀毁, 羸疾已作., 而不忍從權, 以至滅性者或有之, 深可惜也。是故毁瘠傷生, 君子謂之不孝。

【喪制章6-12음역】

인지거상, 성효부지, 불능종례자, 고부족도의. 간유질미이미학자, 도지집례지위효, 이부지상생지실정., 과어애훼, 이질이작., 이불인종권, 이지멸성자혹유지, 심가석야. 시고훼척상생, 군자위지불효.

【喪制章6-12주석】

1) 人(인)-어떤 사람. 관련 4자성어는 目中無人, 膾炙人口 등이 있다.
2) 之(지)-~의, ~중에서. 관련 4자성어는 君子之交, 莫逆之友 등이 있다.
3) 居喪(거상)-喪事를 치르다. 즉 어버이 사후에 장례에 관련된 일을 처리하고, 장례 기간에는 음식의 절제와 오락 및 교류 등을 중지하며 애도를 표시함을 가리킨다. 동일한 의미의 최초 출전은 《左傳》 襄公三十一年 「居喪而不哀, 在慼而有嘉容, 是謂不度」에 보인다.
4) 誠孝(성효)-마음에서 우러나오는 효성. 동일한 의미의 최초 출전은 顔之推(南北朝~隋), 《顔氏家訓》 〈養生〉 「行誠孝而見賊, 履仁義而得罪, 喪身以全家, 泯軀而濟國, 君子不咎也」에 보인다.
5) 不至(부지)-이르지 못하다. 동일한 의미의 최초 출전은 《禮記》 〈坊記〉 「以此坊民, 婦猶有不至者」에 보인다.
6) 不能(불능)-~할 수 없다, 不可能과 동일하다. ~할 수 있다는 可能의 반대이다. 동일한 의미의 최초 출전은 盧照鄰(唐), 〈寄裴舍人書〉 「慨然而咏富貴他人合, 貧賤親戚離, 因泣下交頤, 不能自已」에 보인다.
7) 從(종)-따르다. 從禮는 예법을 따르다. 관련 4자성어는 從心所欲, 禍從口出 등이 있다.

8) 禮(예)-중국 고대의 등급 사회 속에서 상호간의 행위준칙 및 도덕규범을 가리킨다. 관련 4자성어는 禮尙往來, 克己復禮 등이 있다. 非禮는 상호간의 행위준칙 및 도덕규범에 부합하지 않는 행동을 가리킨다. 禮와 非禮에 대한 동일한 의미의 최초 출전은《論語》〈先進〉「如其禮樂, 以俟君子」및《論語》〈顔淵〉「子曰 .. 克己復禮爲仁。一日克己復禮, 天下歸仁焉。爲仁由己, 而由人乎哉? 顔淵曰 .. 請問其目? 子曰 .. 非禮勿視, 非禮勿聽, 非禮勿言, 非禮勿動」에 보인다.
9) 者(자)-사람. 관련 4자성어는 來者不拒, 當局者迷 등이 있다.
10) 固(고)-진실로. 관련 4자성어는 固執己見, 君子固窮 등이 있다.
11) 不足(부족)-~할 가치도 없다. 不值得, 不必과 동일하다. 동일한 의미의 최초 출전은《史記》〈高祖本紀〉「章邯已破項梁軍, 則以爲楚地兵不足憂, 乃渡河, 北擊趙, 大破之」에 보인다.
12) 道(도)-말하다. 관련 4자성어는 說長道短, 說三道四 등이 있다.
13) 矣(의)-조사로 문장 끝에 사용되고 了의 의미와 유사하다. 관련 4자성어는 思過半矣, 至矣盡矣 등이 있다.
14) 間(간)-간혹. 관련 4자성어는 頃刻之間, 反間之計 등이 있다.
15) 有(유)-있다. 동사이고 無, 沒과 반대이다. 관련 4자성어는 有始無終, 一無所有 등이 있다.
16) 質美(질미)-타고난 자질은 훌륭하다. 동일한 의미의 최초 출전은 陸賈(西漢),《新語》〈資質詩〉「質美者以通爲貴, 才良者以顯爲能」에 보인다.
17) 而(이)-그리고, 그래서, 그러나. 관련 4자성어는 不言而喩, 適可而止 등이 있다.
18) 末學(미학)-학문이 천박하고 근본이 없음. 동일한 의미의 최초 출전은《陳書》〈沈不害傳〉「臣末學小生, 詞無足, 輕獻瞽言, 伏增悚惕」에 보인다.
19) 徒知(도지)-단지 알다. 동일한 의미의 최초 출전은 陶潛(唐), 〈止酒〉「徒知止不樂, 未知止利己」에 보인다. 참고로 문장에서 주로 사용되는 방식은 徒知~而不知 또는 徒知其一, 不知其二(단지 한 방면만 알고 다른 방면은

모른다)의 형식이다. 동일한 의미의 최초 출전은 劉向(西漢), 《說苑》〈臣術〉「賜, 汝徒知其一, 不知其二。汝聞進賢爲賢耶? 用力爲賢耶?」에 보인다.

20) 執禮(집례)-예의제도를 지키다, 예의제도에 의거하다. 동일한 의미의 최초 출전은 《禮記》〈文王世子〉「瞽宗秋學禮, 執禮者詔之」에 보인다.

21) 爲孝(위효)-효도하다. 동일한 의미의 최초 출전은 《爾雅》〈釋言〉「善事父母爲孝」에 보인다.

22) 不知(부지)-알지 못하다, 不料, 不覺, 不曉, 不知道, 不明白 등과 동일하다. 동일한 의미의 최초 출전은 《論語》〈述而〉「其爲人也, 發憤忘食, 樂以忘憂, 不知老之將至云爾」에 보인다.

23) 傷生(상생)-생명을 손상하다. 동일한 의미의 최초 출전은 《莊子》〈讓王〉「君固愁身傷生, 以憂戚不得也」에 보인다.

24) 失正(실정)-바른 도리를 잃다, 또는 잘못(錯誤). 동일한 의미의 최초 출전은 《春秋穀梁傳》 桓公九年「使世子伉諸侯之禮而來朝, 曹伯失正矣。諸侯相見曰朝。以待人父之道待人之子, 以內失正矣。內失正, 曹伯失正, 世子可以已矣」에 보인다.

25) 過(과)-과하다, 지나치다. 관련 4자성어는 過不猶及, 雨過天晴 등이 있다.

26) 於(어)-어조사이고, ~에, ~에서, ~보다, ~를, ~에게, ~에 대해서, 이에 있어서 등의 의미로 사용되고 于와 동일하다. 여기에서는 비교를 나타내는 조사로 사용되었다. 관련 4자성어는 青出於藍, 耿耿於懷 등이 있다.

27) 哀毁(애훼)-어버이 喪事 도중에 슬픔이 지나쳐 자신의 신체를 해치는 경우. 동일한 의미의 최초 출전은 《後漢書》〈韋彪傳〉「彪孝行纯至, 父母卒, 哀毁三年, 不出廬寢」에 보인다.

28) 羸疾(이질)-신체가 쇠약하여 질병이 생김. 痼疾과 동일하다. 동일한 의미의 최초 출전은 《三國志》〈吳主權潘夫人傳〉「侍疾疲勞, 因以羸疾。諸宮人伺其昏卧, 共縊殺之」에 보인다.

29) 已作(이작)-이미 생기다(일반적인 동작을 말함) 참고로 已做는 이미 했다(구체적인 동작을 말함)의 의미이다. 동일한 의미의 최초 출전은 張籍

(唐), 〈不食姑〉「幾年山里住, 已作綠毛身」에 보인다.

30) 不忍(불인)-차마~를 못하다. 동일한 의미의 최초 출전은《穀梁傳》桓公元年「先君不以其道終, 則子弟不忍即位也」

31) 從權(종권)-임시방편의 방법을 따르다. 동일한 의미의 최초 출전은《逸周書》〈酆保〉「深念之哉, 重維之哉! 不深乃權不重, 從權乃慰, 不從乃潰」에 보인다.

32) 以至(이지)-심지어, 이르다. 甚至, 以及과 동일하다. 동일한 의미의 최초 출전은 沈括(北宋),《夢溪筆談》〈雁蕩山〉「從上觀之適與地平, 以至諸峰之頂, 亦低于山頂之地面」에 보인다.

33) 滅性(멸성)-어버이 喪事 과정에서 지나친 슬픔으로 인하여 생명을 훼손함. 동일한 의미의 최초 출전은《禮記》〈喪服四制〉「毁不滅性, 不以死傷生也」에 보인다.

34) 或(혹)-간혹. 관련 4자성어는 不可或缺, 多言或中 등이 있다.

35) 深(심)-매우. 관련 4자성어는 意味深長, 高深莫測 등이 있다.

36) 可惜(가석)-사람 혹은 사물에 대하여 애석함을 느끼다. 동일한 의미의 최초 출전은 袁宏(東晉),《後漢紀》〈靈帝紀〉「甑破可惜, 何以不顧?」에 보인다.

37) 也(야)-조사로 문장 중간에 혹은 문장 끝에 사용한다. 관련 4자성어는 空空如也, 未嘗有也 등이 있다.

38) 是故(시고)-이런 까닭에. 因此, 所以와 동일하다. 동일한 의미의 최초 출전은《論語》〈先進〉「其言不讓, 是故哂之」에 보인다.

39) 毁瘠(훼척)-신체를 훼손하고 수척하게 하다. 毁呰, 毁胔과 동일하다. 동일한 의미의 최초 출전은《荀子》〈禮論〉「故量食而食之, 量要而帯之, 相高以毁瘠, 是奸人之道也, 非禮儀之文也, 非孝子之情也, 將以有爲者也」에 보인다.

40) 傷生(상생)-생명을 손상시키다. 殺生과 동일하다. 동일한 의미의 최초 출전은《莊子》〈讓王〉「君固愁身傷生, 以憂戚不得也」에 보인다.

41) 君子(군자)-고대에 학문이 있고 스스로를 수양하여 품덕이 고상한 사람

을 일컫는다. 孔子가 본격적으로 사대부와 학문하는 사람의 도덕과 품행 측면에서 인용하였다. 그 후 儒家學派에 의하여 개념상으로 끊임없이 발전하여 학문과 품덕의 최고 경지에 오른 사람을 가리키게 되었다. 동일한 의미의 최초 출전은《周易》〈乾卦〉「天行健, 君子以自强不息」에 보인다. 또 儒家學派의 군자 개념의 동일한 의미의 최초 출전은《論語》〈里仁〉「君子喻于義, 小人喻于利」에 보인다.

42) 謂之(위지)-일컫다. 동일한 의미의 최초 출전은 韓愈(唐), 〈獲麟解〉「不可知, 則其謂之不祥也亦宜」에 나온다.

43) 不孝(불효)-부모님에 대하여 자녀가 마땅히 해야 할 도리를 다하지 못함. 동일한 의미의 최초 출전은《書經》〈康誥〉「元惡大憝, 矧惟不孝不友」에 보인다.

【喪制章6-12국역】

사람들 중에 상사(부모님 사후에 장례에 관련된 일을 처리함)를 치를 때에, 마음에서 우러나오는 효성이 이르지 못하여 예법을 따를 수 없는 사람은 진실로 말할 가치도 없다. 간혹 타고난 자질은 훌륭하지만 학문이 천박하고 근본이 없어서 단지 예의제도를 지키는 것이 효도한다는 것으로만 알고 생명을 손상시키는 것은 바른 도리를 잃게 한다는 것을 알지 못하거나., 부모님 상사 도중에 슬픔으로 자신의 신체를 손상하는 것이 지나쳐서 신체가 쇠약하여 질병이 이미 생기거나., 차마 임시방편의 방법을 따르지 못해서 심지어는 생명을 훼손하는 사람이 간혹 있으니 매우 애석한 일이다. 이런 까닭에 신체를 훼손하여 수척하게 하고 생명을 손상시키는 것을 군자는 그것을 불효라고 일컬은 것이다.

【喪制章6-12解說】

*「執禮」

집례는 한국 사전에는 "제향(祭享) 등의 의식에서 선임(選任)하는 임시

벼슬로, 홀기(笏記)를 읽어 절차를 집행하는 사람을 말함" 또는 "성직자가 예배나 성찬예식 등을 집전하는 일. 특별한 예식을 주관하고 실행함을 뜻한다."라고 하였다. 중국 사전에는 "예의제도를 지키다, 예의제도에 의거하다(執守禮制, 依據禮制)"의 의미이다. 동일한 의미의 최초 출전은 《禮記》〈文王世子〉「瞽宗秋學禮, 執禮者詔之」에 보인다. 한중 양국 사전상의 의미가 다름을 알 수 있다.

【喪制章6-13원문】

凡有服親戚之喪, 若他處聞訃, 則設位而哭。若奔喪, 則至家而成服。若不奔喪, 則四日成服。若齊衰之服, 則未成服前三日中, 朝夕爲位會哭(齊衰降大功者亦同)。

【喪制章6-13음역】

범유복친척지상, 약타처문부, 즉설위이곡. 약분상, 즉지가이성복. 약불분상, 즉사일성복. 약자최지복, 즉미성복전삼일중, 조석위위회곡(제최강대공자역동).

【喪制章6-13주석】

1) 凡(범)-문장 전체를 수식하는 부사로 무릇, 모든의 의미이다. 관련 4자성어는 儀表非凡, 擧止不凡 등이 있다.
2) 有服(유복)-2가지 의미가 있다. 첫째, 居喪을 의미한다. 즉 喪事를 치르다. 즉 어버이 사후에 장례에 관련된 일을 처리하고, 장례 기간에는 음식의 절제와 오락 및 교류 등을 중지하며 애도를 표시함을 가리킨다. 동일한 의미의 최초 출전은 《左傳》 襄公三十一年「居喪而不哀, 在慼而有嘉容, 是謂不度」에 보인다. 둘째, 종족 관계가 五服 안에 포함된 자, 즉 상복을

입어야 되는 사람을 가리킨다. 동일한 의미의 최초 출전은《史記》〈魏其武安侯列傳〉「吾欲與仲孺過魏其侯, 會仲孺有服」 司馬貞(唐), 《史記索隐》..「服謂朞功之服也」에 보인다. 본문에서는 둘째의 의미이다.

3) 親戚(친척)-父母와 兄弟姐妹 등은 親屬(親人, 家人)이라 일컫고, 그 나머지를 친척이라고 일컫는다. 친척은 父系의 宗親, 母系의 外親, 妻系의 妻親으로 구분한다. 동일한 의미의 최초 출전은《左傳》僖公二十四年「昔周公吊二叔之不咸, 故封建親戚, 以屏藩周」에 보인다.

4) 之(지)-~의, ~중에서. 관련 4자성어는 君子之交, 莫逆之友 등이 있다.

5) 喪(상)-사망자를 애도하며 장사지내는 예의, 상례, 잃다. 관련 4자성어는 喪家之狗, 玩物喪志 등이 있다.

6) 若(약)-만약. 관련 4자성어는 若隱若現, 泰然自若 등이 있다.

7) 他處(타처)-다른 곳. 別處와 동일하다. 동일한 의미의 최초 출전은 韓愈(唐), 〈張中丞傳後叙〉「苟此不能守, 雖避之他處何益?」에 보인다.

8) 聞訃(문부)-사망했다는 소식을 듣다. 訃聞, 訃音, 訃告와 동일하다. 동일한 의미의 최초 출전은 强至(北宋), 〈哭王仲密四首其二〉「聞訃悲尤劇, 書成僕未行」에 보인다.

9) 則(즉)-곧, 즉. 관련 4자성어는 以身作則, 有物有則 등이 있다.

10) 設位(설위)-망자의 神位를 설치하다. 동일한 의미의 최초 출전은 蔡邕(東漢), 〈陳太丘碑文〉「緦麻設位, 哀以送之」에 보인다.

11) 而(이)-그리고, 그래서, 그러나. 관련 4자성어는 不言而喻, 適可而止 등이 있다.

12) 哭(곡)-울다. 관련 4자성어는 痛哭流涕, 哭天喊地 등이 있다.

13) 奔喪(분상)-고대에 군주, 친척, 지위나 항렬이 자기보다 높은 어른(尊長)의 喪을 듣고 외지에서 황급히 돌아가 喪事에 참가하는 것. 동일한 의미의 최초 출전은《左傳》襄公十五年「冬, 晋悼公卒, 遂不克会。鄭公孫夏如晋奔喪」에 보인다.

14) 至(지)-이르다, 도착하다. 至家는 망자의 집에 도착하다. 관련 4자성어는

至高無上, 無所不至 등이 있다.

15) 家(가)-집. 관련 4자성어는 四海爲家, 百家爭鳴 등이 있다.

16) 成服(성복)-죽은 뒤 나흘째 되는 날 喪服을 입는다. 망자와의 친소관계에 따라서 3년, 1년, 9개월, 5개월, 3개월 등 喪을 지키는 기일이 다르고 喪服의 종류도 다르다. 동일한 의미의 최초 출전은《禮記》〈奔喪〉「唯父母之喪, 見星而行, 見星而舍。若未得行, 則成服而後行」에 보인다.

17) 不(불)-아니다. 부사이고 일반적으로 부정의 의미로 사용된다. 관련 4자성어는 念念不忘, 美中不足 등이 있다.

18) 四日成服(사일성복)-사망한 후 4일째에 喪服을 입는다. 동일한 의미의 최초 출전은《儀禮》〈士喪禮〉「三日, 成服, 杖, 拜君命及衆賓」鄭玄(東漢)注 ..「旣殯之明日, 全三日」에 보인다. 또 朱熹(南宋),《朱子家禮》〈喪禮〉「成服。厥明(大殮之明日, 死之第四日也), 五服之人, 各服其服入就位, 然後朝哭相弔如儀」에 보인다.

19) 齊衰(자최)-喪服의 일종으로 五服 중에서 斬衰 다음이다. 喪服은 거친 삼베로 만든 옷을 입는다. 齊衰의 喪服을 입는 기간은 망자와의 親疏 관계에 따라서 4등급으로 나눈다. 齊衰3년(실제는 25개월, 일설에는 27개월도 있다)은 부친이 먼저 돌아가신 상황에서 아들, 시집안간 딸, 시집갔다 돌아온 딸이 모친을 위해서 입는 喪服이다. 齊衰杖期1년은 아들, 시집안간 딸, 시집갔다 돌아온 딸이 모친을 위해서, 또 남편이 처를 위해서 입는 喪服이다. 齊衰不杖期1년은 祖父母와 伯叔父母, 兄弟, 시집안간 자매, 長子 이외의 자식 및 형제의 자식을 위해서 입는 喪服이다. 齊衰三月은 曾祖父母, 高祖父母를 위해서 입는 喪服이다. 동일한 의미의 최초 출전은《儀禮》〈喪服〉「同居, 則服齊衰期, 異居, 則服齊衰三月」에 보인다.

20) 服(복)-동사로 입다, 착용하다. 본문에서는 喪服을 가리킨다. 관련 4자성어는 以德服人, 心服口服 등이 있다.

21) 未(미)-아직 ~않다. 不, 沒有, 尙未, 不曾 등과 동일하다. 관련 4자성어는 聞所未聞, 前所未有 등이 있다.

22) 前(전)-앞, 이전의. 관련 4자성어는 史無前例, 承前啓後 등이 있다.

23) 三日(삼일)-3일. 동일한 의미의 최초 출전은 戴叔倫(唐), 〈蘭溪棹歌〉「蘭溪三日桃花雨, 半夜鯉魚來上灘」에 보인다.

24) 中(중)-~하는 중, 중간, 안에. 관련 4자성어는 目中無人, 無中生有 등이 있다.

25) 朝夕(조석)-아침저녁으로. 동일한 의미의 최초 출전은《國語》〈晉語八〉「朝夕不相及, 誰能俟五」 韋昭(孫吳) 注 ..「言朝恐不及夕」에 보인다.

26) 爲(위)-만들다, 설치하다. 爲位는 神位(위패)를 설치하다이고 設位와 동일하다. 관련 4자성어는 一言爲定, 助人爲樂 등이 있다.

27) 位(위)-제사를 지내기 위해서 설치한 神位(위패). 관련 4자성어는 三位一體, 九五之位 등이 있다.

28) 會(회)-마땅히, 늘. 應當, 總會와 동일하다. 관련 4자성어는 牽强附會, 以文會友 등이 있다.

29) 降(강)-낮추다, 등급을 내리다. 관련 4자성어는 從天而降,明升暗降 등이 있다.

30) 大功(대공)-喪服의 일종으로 五服 중에서 齊衰 다음이다. 喪服은 부드럽고 가는 삼베로 만든 옷을 입는다(삼베는 齊衰보다 가늘고 小功보다는 거칠다). 大功의 喪服을 입는 기간은 9개월이다. 대략 堂兄弟, 미혼의 堂姊妹, 결혼한 고모의 자매, 侄女, 孫婦와 子婦, 侄婦 등이 입는 喪服이다. 동일한 의미의 최초 출전은《儀禮》〈喪服〉「大功布衰裳, 牡麻絰, 無受者」에 보인다.

31) 者(자)-사람. 관련 4자성어는 來者不拒, 當局者迷 등이 있다.

32) 亦(역)-또한. 관련 4자성어는 亦復如是, 不亦悅乎 등이 있다.

33)同(동)-같다, 함께. 관련 4자성어는 與衆不同, 同心協力 등이 있다.

【喪制章6-13국역】

무릇 상복을 입어야 되는 친척의 상례(사망을 애도하며 장사지내는 의례)의 경우에, 만약 다른 곳에서 사망했다는 소식을 들었다면 곧 망자의 신위(위패)를 설치하고 울어야 한다. 만약 외지에서 황급히 돌아가 상례에 참가하는 중이라면 곧 상갓집에 도착하여 상복을 입는다. 만약 상례에 참가하지 못하면 나흘 되는 날에 상복을 입는다. 만약 자최의 상복을 입어야 할 경우에는 상복을 입기 이전의 3일 동안은 아침저녁으로 제사를 지내기 위해서 설치한 신위(위패) 앞에서 항상 울어야 한다(자최에 해당하는데 대공으로 낮추어진 사람도 또한 같다).

【喪制章6-13解說】

* 「有服」과 「五服制度(喪服)」

고대 중국의 봉건사회는 父系 가족을 중심으로 구성된 사회이다. 그 친족 범위는 高祖 이하의 남성 후예 및 그 배우자를 포함하는 즉 고조부터 玄孫에 이르는 9族을 말한다. 이 범위 안의 친족은 직계와 방계를 포함하여 有服 친족이라고 하고 사망자가 있을 경우에는 상복을 입는다. 망자와의 혈연관계가 가까울수록 오랜 기간과 거칠고 엉성한 상복을 입고 가까울 수로 짧은 기간과 비교적 부드러운 상복을 입는다. 동일한 의미의 최초 출전은 《禮記》〈喪服小記〉「親親以三爲五, 以五爲九。上殺、下殺、旁殺, 以親畢矣」에 보인다. 즉 "위로는 고조부터 아래로는 현손에 이르고 곁으로는 형제에 이르기까지, 상복을 입는 기간은 망자와의 친소관계에 따라서 점차 체감한다."라고 하였다. 상복제도는 商나라 시기부터 시작되었다. 상복을 입는 기간과 상복 재질의 거칠고 부드러움에 따라 다르고 5가지 종류로 나누는데, 이것을 5服制度라고 일컫는다. 이 제도는 역대 왕조에서 모두 준수했지만 나름대로 융통성도 존재하였다. 상세한 내용은 《儀禮》〈喪服〉에 보이는데, 개략적인 내용은 아래와 같다.

1) 斬衰

喪服의 일종으로 五服 중에서 가장 오랜 기간(3년) 상복을 입는다. 참최의 최는 縗와 통한다. 또 상복의 上衣를 衰라고 하며 그래서 斬衰라고 일컫는다. 상복의 재료는 가장 거칠고 굵은 生麻布로 만들고 麻布의 가장자리는 달리 바느질을 하지 않는다. 《禮記》〈喪服小記〉「斬衰, 括髮以麻」에 보이듯이 마리를 묶고 마포를 사용함을 알 수 있다. 참최를 입는 대상은 대략 제후가 천자를 위해서, 신하가 군주를 위해서, 자식(시집 안간 여성 포함)이 아버지를 위해서, 처와 첩이 남편을 위해서는 斬衰를 입는다.

2) 齊衰

喪服의 일종으로 五服 중에서 斬衰 다음이다. 자최의 자는 下衣의 끝자락이고 齊는 緝와 통한다. 喪服의 재료는 거칠고 엉성한 麻布로 만들고 상의와 하의가 분리되어 있으며 옷의 끝자락에는 바느질이 가지런히 되어있다. 참최보다 부드러운 삼베로 만든 옷을 입는다. 齊衰의 喪服을 입는 기간은 망자와의 親疏 관계에 따라서 5등급(3年, 1年, 9月, 5月, 3月)으로 나눈다. 자최를 입는 대상은, 齊衰3년(실제는 25개월, 일설에는 27개월)은 부친이 먼저 돌아가신 상황에서 아들, 시집안간 딸, 시집갔다 돌아온 딸이 모친을 위해서 입는 상복이다. 齊衰杖期 1년은 아들, 시집안간 딸, 시집갔다 돌아온 딸이 모친을 위해서, 또 남편이 처를 위해서 입는 상복이다. 齊衰不杖期 1년은 祖父母와 伯叔父母, 兄弟, 시집안간 자매, 長子 이외의 자식 및 형제의 자식을 위해서 입는 상복이다. 齊衰 3月은 曾祖父母, 高祖父母를 위해서 입는 喪服이다. 동일한 의미의 최초 출전은 《儀禮》〈喪服〉「同居, 則服齊衰期, 異居, 則服齊衰三月」에 보인다.

3) 大功

대공은 달리 大紅으로 일컫는다. 喪服의 일종으로 五服 중에서 齊衰 다음이다. 喪服은 부드럽고 가는 마포로 만든 옷을 입는다(마포는 齊衰보다 가늘고 小功보다는 거칠다). 大功의 喪服을 입는 기간은 9개월이다. 대공을 입는 대상은 대략 堂兄弟, 미혼의 堂姊妹, 결혼한 고모의 자매, 侄女,

孫婦와 子婦, 侄婦 등이 입는 喪服이다. 동일한 의미의 최초 출전은《儀禮》〈喪服〉「大功布衰裳, 牡麻絰, 無受者」에 보인다.

4) 小功

소공은 달리 上紅으로 일컫는다. 喪服의 일종으로 五服 중에서 大功 다음이다. 비교적 부드러운 마포로 만들고 기간은 5개월이다. 소공을 입는 대상은 대략 伯叔祖父母, 伯叔父母, 未嫁祖姑及堂姑, 已嫁堂姊妹, 兄弟妻, 再從兄弟 등이 있다. 동일한 의미의 최초 출전은《儀禮》〈喪服〉「小功, 布衰掌, 牡麻致, 卽葛五月者。從祖祖父, 從祖父母報., 人祖昆弟., 從父姊妹篇, 孫嫡人者., 爲人後者爲其姊妹嫡人者」에 보인다.

5) 緦麻

시마의 緦의 발음은 시이다. 喪服의 일종으로 五服 중에서 小功 다음이다. 상복 중에서 가장 가늘고 부드러운 마포로 만들고 기간은 3개월이다. 시마를 입는 대상은 대략 曾祖父母, 族祖父母, 族父母, 族兄弟, 外孫, 外甥, 婿, 妻之父母, 表兄, 姨兄弟 등이 있다. 동일한 의미의 최초 출전은《儀禮》〈喪服〉「緦麻, 三月者。族曾祖父母, 族祖父母, 族父母, 族昆弟 ......」에 보인다.

【喪制章6-14원문】

師友之義重者, 及親戚之無服而情厚者, 與凡相知之分密者, 皆於聞喪之日, 若道遠, 不能往臨其喪, 則設位而哭。師則隨其情義深淺, 或心喪三年、或期年、或九月、或五月、或三月, 友則雖最重, 不過三月。若師喪, 欲行三年、期年者, 不能奔喪, 則當朝夕設位而哭, 四日而止(止於四日之朝, 若情重者, 則不止此限)。

【喪制章6-14음역】

사우지의중자, 급친척지무복이정후자, 여범상지지분밀자, 개어문상지일, 약도원, 불능왕림기상, 즉설위이곡。사즉수기정의심천, 혹심상삼년、혹기년、혹구월、혹오월、혹삼월, 우즉수최중, 불과삼월。약사상, 욕행삼년、기년자, 불능분상, 즉당조석설위이곡, 사일이지(지어사일지조, 약정중자, 즉부지차한).

【喪制章6-14주석】

1) 師友(사우)-스승과 친구. 동일한 의미의 최초 출전은 《荀子》〈修身〉「庸衆駑散, 則刦之以師友」 楊倞(唐) 注 ..「言以師友去其舊性也」에 보인다.
2) 之(지)-~의, ~중에서. 관련 4자성어는 君子之交, 莫逆之友 등이 있다.
3) 義重(의중)-은정과 도의가 깊다. 恩義厚重, 또는 情深義重의 생략이다. 동일한 의미의 최초 출전은 溫嶠(東晉), 〈重與陶侃書〉「且自頃之顧, 綢繆往来, 情深義重, 著于人士之口」에 보인다.
4) 者(자)-사람. 관련 4자성어는 來者不拒, 當局者迷 등이 있다.
5) 及(급)-이르를, 및. 관련 4자성어는 後悔莫及, 推己及人 등이 있다.
6) 親戚(친척)-친척. 父母와 兄弟姐妹 등은 親屬(親人, 家人)이라 일컫고, 그 나머지를 친척이라고 일컫는다. 친척은 父系의 宗親, 母系의 外親, 妻系의 妻親으로 구분한다. 동일한 의미의 최초 출전은 《孟子》〈公孫丑下〉「寡助之至, 親戚畔之。多助之至, 天下順之。以天下之所順, 攻親戚之所畔, 故君子有不戰, 戰必胜矣」에 보인다.
7) 無服(무복)-고대 喪服制度 중에서 五服을 입는 친척관계에 속하지 않고 喪服을 입지 않는 관계를 가리킨다. 동일한 의미의 최초 출전은 《禮記》〈喪服小記〉「爲父後者, 爲出母無服。無服也者, 喪者不祭故也」에 보인다.
8) 而(이)-그리고, 그래서, 그러나. 관련 4자성어는 不言而喩, 適可而止 등이 있다.
9) 情厚(정후)-상호간에 감정과 교류가 깊은. 情感深厚의 생략이다. 유사한 표현으로는 情同手足, 情深似海, 心心相印, 情投意合, 如膠似漆 등이 있

다. 동일한 의미의 최초 출전은 鴛湖漁叟(淸),《說唐演義全傳》第四七回「茂公道 .. 臣聞此處有一隱士, 名喚喬公山, 與尉遲恭十分情厚」에 보인다.

10) 與(여)-~와 더불어. 본문에서는 이르다(及)의 의미이다. 관련 4자성어는 與衆不同, 與人爲善 등이 있다.

11) 凡(범)-문장 전체를 수식하는 부사로 무릇, 모든의 의미이다. 관련 4자성어는 儀表非凡, 擧止不凡 등이 있다.

12) 相知(상지)-서로의 마음을 알아주는 친구. 동일한 의미의 최초 출전은《楚辭》〈少司命〉「悲莫悲兮生別離, 樂莫樂兮新相知」에 보인다.

13) 分密(분밀)-매우 친밀한. 密不可分의 도치 및 생략이다. 不可分割과 동일하다.

14) 皆(개)-모두. 관련 4자성어는 人人皆知, 全民皆兵 등이 있다.

15) 於(어)-어조사이고, ~에, ~에서, ~보다, ~를, ~에게, ~에 대해서, 이에 있어서 등의 의미로 사용되고 于와 동일하다. 관련 4자성어는 靑出於藍, 耿耿於懷 등이 있다.

16) 聞喪(문상)-사망했다는 소식을 듣다. 聞訃, 訃聞, 訃音, 訃告와 동일하다. 동일한 의미의 최초 출전은《禮記》〈奔喪〉「奔喪之禮, 始聞親喪, 以哭答使者, 盡哀., 問故, 又哭盡哀」에 보인다.

17) 之日(지일)-당일은 바로 오늘이고 지일은 그 다음날 次日, 明天이다. 시간 변화(년월일)에 따라 규정된 기간으로 시작하는 그날은 포함되지 않는다. 동일한 의미의 최초 출전은《左傳》文公七年「酆舒問于賈季曰 .. 趙衰, 趙盾孰賢？對曰 .. 趙衰, 冬日之日也」에 보인다.

18) 若(약)-만약. 관련 4자성어는 若隱若現, 泰然自若 등이 있다.

19) 道遠(도원)-갈 길이 멀다. 동일한 의미의 최초 출전은《論語》〈泰伯〉「曾子曰 .. 士不可以不弘毅, 任重而道遠。仁以爲己任, 不亦重乎？ 死而後已, 不亦遠乎？」에 보인다.

20) 不能(불능)-~할 수 없다, 不可能과 동일하다. ~할 수 있다는 可能의 반대이다. 동일한 의미의 최초 출전은 盧照鄰(唐),〈寄裴舍人書〉「慨然而咏富

貴他人合, 貧賤親戚離, 因泣下交頤, 不能自已」에 보인다.

21) 往臨(왕림)-가서 참여하다. 莅臨, 來臨, 光臨 등과 동일하다. 동일한 의미의 최초 출전은《晉書》〈齊王司馬冏傳〉「初, 攸有疾, 武帝不信, 遣太医診候, 皆言無病。及攸薨, 帝往臨喪, 冏號踊訴父病爲医所誣, 詔卽誅医」에 보인다.

22) 其(기)-지시대명사로 이, 그, 저 등을 가리킨다. 관련 4자성어는 若無其事, 不計其數 등이 있다.

23) 喪(상)-사망자를 애도하며 장사지내는 예의, 상례, 잃다. 관련 4자성어는 喪家之狗, 玩物喪志 등이 있다.

24) 則(즉)-곧, 즉. 관련 4자성어는 以身作則, 有物有則 등이 있다.

25) 設位(설위)-망자의 神位를 설치하다. 동일한 의미의 최초 출전은 蔡邕(東漢), 〈陳太丘碑文〉「緦麻設位, 哀以送之」에 보인다.

26) 哭(곡)-울다. 관련 4자성어는 痛哭流涕, 哭天喊地 등이 있다.

27) 師(사)-스승, 선생. 관련 4자성어는 尊師重道, 良師益友 등이 있다.

28) 隨(수)-따라서. 관련 4자성어는 隨心所欲, 夫唱婦隨 등이 있다.

29) 情義(정의)-친척, 친구 간에 마땅히 있는 인정과 의리를 가리킨다. 동일한 의미의 최초 출전은《隋書》〈突厥傳〉「皇帝是婦父, 即是翁, 此是女夫, 卽是兒例。兩境雖殊, 情義是一」에 보인다.

30) 深淺(심천)-깊고 얕은 정도. 동일한 의미의 최초 출전은 董仲舒(西漢), 《春秋繁露》〈正貫〉「論罪源深淺, 定法誅, 然後絶屬之分別矣」에 보인다.

31) 或(혹)-어떤 사람, 간혹. 관련 4자성어는 不可或缺, 多言或中 등이 있다.

32) 心喪(심상)-고대에 스승이 돌아가시면 제자가 喪事를 치르는데, 喪服은 입지 않고 마음으로 애도하는 것을 가리킴. 동일한 의미의 최초 출전은《禮記》〈檀弓上〉「事師無犯無隱, 左右就養無方, 服勤至死, 心喪三年」 鄭玄(東漢) 注 .. 「心喪, 戚容如父而無服也」에 보인다.

33) 三年(삼년)-3년. 동일한 의미의 최초 출전은 宋祁(北宋), 〈三年〉「三年宦牒托东侯, 旌荡危心斛貯愁」에 보인다.

34) 期年(기년)-만 1년. 동일한 의미의 최초 출전은《左傳》僖公十四年「秋八月辛卯, 沙鹿崩。晉卜偃日 .. 期年將有大咎, 幾亡国」에 보인다.

35) 九月(구월)-9개월, 9월. 9월의 별칭은 菊月, 授衣月, 青女月, 小田月, 長月, 暮秋, 晚秋, 殘秋, 素秋, 秋白, 玄月, 霜序, 季商, 戌月, 季秋, 凉秋, 暮商 등이 있다. 동일한 의미의 최초 출전은《晉書》〈孟嘉傳〉「(嘉)後爲征西桓温参軍, 温甚重之。九月九日, 温燕龍山, 寮佐畢集」에 보인다.

36) 五月(오월)-5개월, 5월. 5월의 별칭은 皋月, 仲夏, 榴月, 鳴蜩, 午月, 端陽, 端月, 蒲月, 惡月, 毒月, 郁蒸, 蕤賓, 天中, 建午 등이 있다. 동일한 의미의 최초 출전은 應劭(東漢),《風俗通義》〈愆禮〉「五月五日生子, 男害父, 女害母」에 보인다.

37) 三月(삼월)-3개월, 3월. 동일한 의미의 최초 출전은 韓偓(唐), 〈三月〉「四時最好是三月, 一去不回唯少年」에 보인다.

38) 友(우)-친구, 우애롭다. 관련 4자성어는 良師益友, 以文會友 등이 있다.

39) 雖(수)-비록. 관련 4자성어는 雖死無悔, 雖覆能復 등이 있다.

40) 最(최)-가장, 매우. 관련 4자성어는 不恥最後, 爲善最樂 등이 있다.

41) 重(중)-관계가 깊다. 관련 4자성어는 德高望重, 山重水復 등이 있다.

42) 不過(불과)-다만, 단지, 副詞이다. 只, 僅僅과 동일하다. 동일한 의미의 최초 출전은《道德經》第六十一章「大國不過欲兼畜人, 小國不過欲入事人」에 보인다. 또 不過~而已의 문장은 다만 ~일 뿐이다.

43) 師喪(사상)-학생이 돌아가신 스승을 위하여 처리하는 喪事. 동일한 의미의 최초 출전은《禮記》〈檀弓上〉「事師無犯無隱, 左右就養無方, 服勤至死, 心喪三年」에 보인다.

44) 欲(욕)-~하려 하다. 관련 4자성어는 隨心所欲, 欲揚先抑 등이 있다.

45) 行(행)-가다. 관련 4자성어는 行不從径, 行而未成 등이 있다.

46) 奔喪(분상)-고대에 군주, 친척, 지위나 항렬이 자기보다 높은 어른(尊長)의 喪을 듣고 외지에서 황급히 돌아가 喪事에 참가하는 것. 동일한 의미의 최초 출전은《左傳》襄公十五年「冬, 晉悼公卒, 遂不克会。鄭公孫夏如

晉奔喪」에 보인다.

47) 當(당)-마땅히. 관련 4자성어는 老當益壯, 以一當十 등이 있다.

48) 朝夕(조석)-아침저녁. 동일한 의미의 최초 출전은《國語》〈晉語八〉「朝夕不相及, 誰能俟五」 韋昭(孫吳) 注 .. 「言朝恐不及夕」에 보인다.

49) 四日(사일)-4일. 동일한 의미의 최초 출전은 李石(宋), 〈扇子詩-其六十九〉「四月四日夏令新, 餘花更饒三日春」에 보인다.

50) 止(지)-그치다, 그만두다. 관련 4자성어는 適可而止, 望梅止渴 등이 있다.

51) 朝(조)-아침. 관련 4자성어는 朝三暮四, 朝令夕(暮)改 등이 있다.

52) 情重(정중)-상호간에 정이 두터운. 感情厚重의 생략이다. 동일한 의미의 최초 출전은 施耐庵(明), 《水滸傳》 第六九回 「他自愿去。說這李行首, 是他舊日的表子, 好生情重, 因此前去」에 보인다.

53) 不(불)-아니다. 부사이고 일반적으로 부정의 의미로 사용된다. 관련 4자성어는 念念不忘, 美中不足 등이 있다.

54) 此限(차한)-此는 대명사로 어떤 일이나 사물을 가리키고, 限은 제한의 의미이다. 只限於此, 僅限於此와 동일하다. 본문에서는 4일째 아침에 곡을 멈추라는 상례의 규정을 가리킨다.

【喪制章6-14국역】

스승과 친구 중에 은정과 도의가 깊거나, 친척 중에 상복을 입지 않아도 되는 관계이지만 상호간에 감정과 교류가 깊은 사람, 서로의 마음을 알아주는 친구로서 매우 친밀한 사람은, 모두 사망했다는 소식을 들은 날에, 만약 갈 길이 멀어서 직접 가서 초상에 참여할 수 없는 경우에는 망자의 신위를 설치하고 곡을 해야 한다. 스승의 경우에는 인정과 의리가 깊고 얕은 정도에 따라서, 어떤 사람은 마음으로(고대에 스승이 돌아가시면 제자가 상사를 치르는데, 상복은 입지 않고 마음으로 애도하는 것) 3년 상을 치르고, 어떤 사람은 만1년 상을 치르고, 어떤 사람은 9개월 상을 치르고, 어떤 사람은 5개월 상을 치르고, 어떤 사람은 3개월 상을 치른다. 친구인 경우에는 비록 가장 관계가 깊더라도 3개월을 초과하지 않는다. 만약 스승의 상에 3년이나 만1년의 상을 치르고자 하지만 분상(고대에 군주, 친척, 지위나 항렬이 자기보다 높은 어른의 초상을 듣고 외지에서 황급히 돌아가 상사에 참가하는 것)할 수 없는 경우에는, 마땅히 아침저녁으로 신위를 설치하고 곡을 하며 4일째에 그만둔다(4일째 아침에 곡을 그친다. 만약 상호간에 정이 두터운 경우에는 4일째에 곡을 그친다는 상례의 규정에 제한받지 않는다).

【喪制章6-14解說】

*「喪禮制度」

중국 고대의 상례제도는 《禮記》 등 禮書에 의거하면 전부 22단계이다. 각각의 명칭과 내용을 간략하게 정리하면 다음과 같다.

初終(임종)→復(망자 招魂 의식)→殮(시신을 正寢에 안치)→命赴(사망 소식을 알림)→吊唁致襚(부고를 접하고 弔喪과 망자 가족 위로)→銘旌(가늘고 긴 홍색 비단에 某某之柩라고 흰색 글씨로 쓰고 대나무에 매달아 세워둠)→沐浴(시신을 정결하게 닦음)→飯含, 襲, 設冒(신분에 따라서 옥, 구슬, 쌀, 조개 등의 물건을 망자의 입에 넣음)→設重, 設燎(신주 대용으로 나물로 만든 신위를 둠)→小殮(사망 다음 날 입관용 수의를 입힘)→大殮(小殮 다음날 입관 의식)→成服(망자 가족들이 상복을 입음)→朝夕哭, 奠(成服 이후부터 下葬 이전까지 아침저녁으로 곡을 함)→筮宅, 卜日(묘지 장소와 매장 일시를 점을 침)→既夕哭(下葬 전날 저녁에 마지막으로 곡을 함)→遷柩(매장 전날에 영구를 사당에 잠시 안치)→發引(發靷)(영구가 묘지로 떠남)→下葬(매장 함)→反哭(매장 이후 빈소로 돌아와서 곡을 함)→虞祭(反哭 이후 즉시 제사를 지냄, 신분에 따라서 士는 3虞, 大夫는 5虞, 諸侯는 7虞祭를 지낸다)→卒哭(虞祭를 전부 마친 후에 곡을 그치는 제사를 지낸다)→祔(졸곡 다음 날 위패를 조상의 사당에 안치함)

이상의 과정으로 미루어 상례제도의 번잡한 정도를 짐작할 수 있다. 이것은 대부분 帝王과 통치 집단의 경우에 한한다. 즉 대량의 인력과 물자를 동원하여 자신의 신분지위를 나타내고 등급관념을 강화함은 물론 통치 질서를 보호 유지하려는 필요와 꼭 부합하는 행위인 것이다. 반면에 피지배계급은 경제 조건의 제한으로 비용과 과정 모두 검소하고 간략하게 치를 수밖에 없다. 결국 상례는 망자와의 이별을 슬퍼하고 위로하는 인간적인 의례에서 시작되었지만, 실제 운용은 현실과 동떨어진 허울뿐이고 통치계층을 위한 제도임을 극명하게 드러내고 있음을 알 수 있다.

【喪制章6-15원문】

凡遭服者, 每月朔日, 設位服其服而會哭(師友雖無服亦同)。月數旣滿, 則於次月朔日, 設位服其服會哭而除之。其間哀至, 則哭可也。

【喪制章6-15음역】

범조복자, 매월삭일, 설위복기복이회곡(사우수무복역동). 월수기만, 즉어차월삭일, 설위복기복회곡이제지. 기간애지, 즉곡가야.

【喪制章6-15주석】

1) 凡(범)-문장 전체를 수식하는 부사로 무릇, 모든의 의미이다. 관련 4자성어는 儀表非凡, 擧止不凡 등이 있다.
2) 遭服者(조복자)-喪服을 입어야 될 경우에 해당하는 사람. 遭는 만나다, 당하다의 의미이지만, 본문에서는 입다, 입게 되다의 의미로 被와 같다. 즉 被服者와 동일하다. 被服에 관한 동일한 의미의 최초 출전은 鮑照(南朝,宋), 〈擬行路難〉 之三 「中有一人字金蘭, 被服纖羅采芳藿」에 보인다.
3) 每月(매월)-매월, 매달. 동일한 의미의 최초 출전은 白居易(唐), 〈贈友五首〉 「一年十二月, 每月有常令」에 보인다.

4) 朔日(삭일)-음력 매월 첫째 날. 동일한 의미의 최초 출전은《說文解字》「朔, 月一日始蘇也」에 보인다.
5) 設位(설위)-망자의 神位를 설치하다. 동일한 의미의 최초 출전은 蔡邕(東漢),〈陳太丘碑文〉「緦麻設位, 哀以送之」에 보인다.
6) 服(복)-본문에서는 동사로 입다. 관련 4자성어는 以德服人, 口服心服 등이 있다. 동일한 의미의 최초 출전은《詩經》〈葛屨〉「要之襋之, 好人服之」에 보인다.
7) 其服(기복)-그 옷. 본문에서는 喪服을 가리킨다. 동일한 의미의 최초 출전은 無名氏(先秦),〈候人〉「維鵜在梁, 不濡其翼。彼其之子, 不稱其服」에 보인다.
8) 而(이)-그리고, 그래서, 그러나. 관련 4자성어는 不言而喩, 適可而止 등이 있다.
9) 會(회)-마땅히, 늘. 應當, 總會와 동일하다. 관련 4자성어는 牽强附會, 以文會友 등이 있다.
10) 哭(곡)-울다. 관련 4자성어는 痛哭流涕, 哭天喊地 등이 있다.
11) 師友(사우)-스승과 친구. 동일한 의미의 최초 출전은《荀子》〈修身〉「庸衆駑散, 則刦之以師友」楊倞(唐) 注 ..「言以師友去其舊性也」에 보인다.
12) 雖(수)-비록. 관련 4자성어는 雖死無悔, 雖覆能復 등이 있다
13) 無服(무복)-고대 喪服制度 중에서 五服을 입는 친척관계에 속하지 않아서 喪服을 입지 않는 관계를 가리킨다. 동일한 의미의 최초 출전은《禮記》〈喪服小記〉「爲父後者, 爲出母無服。無服也者, 喪者不祭故也」에 보인다.
14) 亦同(역동)-또한 같다. 相同, 同樣, 亦然, 也一樣과 동일하다.
15) 月數(월수)-달수. 동일한 의미의 최초 출전은 程大昌(南宋),《考古編》〈正朔一〉「由是推之, 謂變歲初而不移月數者, 非也」에 보인다.
16) 旣(기)-이미. 관련 4자성어는 一言旣出, 旣成事實 등이 있다.
17) 滿(만)-차다. 관련 4자성어는 心滿意足, 金玉滿堂 등이 있다.
18) 則(즉)-곧, 즉. 관련 4자성어는 以身作則, 有物有則 등이 있다.

19) 於(어)-어조사이고, ~에, ~에서, ~보다, ~를, ~에게, ~에 대해서, 이에 있어서 등의 의미로 사용되고 于와 동일하다. 관련 4자성어는 靑出於藍, 耿耿於懷 등이 있다.
20) 次(차)-다음. 관련 4자성어는 三番两次, 不次之位 등이 있다.
21) 月(월)-월, 달. 관련 4자성어는 日積月累, 淸風明月 등이 있다.
22) 除(제)-벗다. 관련 4자성어는 加減乘除. 除舊布新 등이 있다.
23) 之(지)-그것. 즉 之는 대명사로서 其服(喪服)을 가리킨다. 관련 4자성어는 君子之交, 莫逆之友 등이 있다.
24) 其間(기간)-그 사이에. 동일한 의미의 최초 출전은 關漢卿(元), 《四春園》 第一折 「那其間墻里無人看, 墻外行人則要你厮顧盼」에 보인다.
25) 哀至(애지)-슬픔이 일어나면. 동일한 의미의 최초 출전은 劉義慶(南朝, 宋), 《世說新語》〈言語第二〉「簡文崩, 孝武年十餘歲立, 至暝不臨。左右啓 .. 依常應臨。帝曰 .. 哀至則哭, 何常之有 !」에 보인다.
26) 可(가)-가하다, 옳다. 관련 4자성어는 無家可歸, 不可思議 등이 있다.
27) 也(야)-조사로 문장 중간에 혹은 문장 끝에 사용한다. 관련 4자성어는 空空如也, 未嘗有也 등이 있다. 본문의 「每月朔日 …… 可也」는 《家禮》〈喪禮一〉「皆每月朔, 爲位會哭, 月數旣滿, 次月之朔, 乃爲位會哭而除之, 其間哀至則哭可也」에 보인다.

【喪制章6-15국역】

무릇 상복을 입어야 될 경우에 해당하는 사람은 매월 초하루에 망자의 신위를 설치하고 상복을 입고 반드시 곡을 한다(스승이나 친구의 경우 비록 상복은 입지 않더라도 나머지는 또한 동일하다). 달수가 이미 차면 다음 달 초하루에 신위를 설치하고 상복을 입고 곡을 하며 상복을 벗는다. 그 사이에 슬픔이 일어나면 곡을 해도 된다.

【喪制章6-15解說】

*「除服」

제복은 상복을 벗고 일상복으로 갈아입는 것이다. 달리 除喪, 脫服, 脫孝 등으로 일컫는다. 五服制度에 의거하면 망자와의 친소관계에 따라서 상복의 종류와 기간이 다르므로 제복 시간도 또한 각자 다르다. 동일한 의미의 최초 출전은《禮記》〈雜記下〉「有父之喪, 如未沒喪而母死, 其除父之喪也, 服其除服, 卒事, 反喪服」鄭玄(東漢) 注 ..「除服, 謂祥祭之服也」또 孔穎達(唐) 疏 ..「服其除服者, 謂母死旣葬, 後値父應大祥, 除服以應祥事, 故云服其除服也」에 보인다.

【喪制章6-16원문】

凡大功以上喪, 則未葬前, 非有故, 不可出入, 亦不可弔人, 常以治喪講禮爲事。

【喪制章6-16음역】

범대공이상상, 즉미장전, 비유고, 불가출입, 역불가조인, 상이치상강례위사.

【喪制章6-16주석】

1) 凡(범)-문장 전체를 수식하는 부사로 무릇, 모든의 의미이다. 관련 4자성어는 儀表非凡, 擧止不凡 등이 있다.
2) 大功(대공)-대공은 달리 大紅으로 일컫는다. 喪服의 일종으로 五服 중에서 齊衰 다음이다. 喪服은 부드럽고 가는 마포로 만든 옷을 입는다(마포는 齊衰보다 가늘고 小功보다는 거칠다). 大功의 喪服을 입는 기간은 9개월이다. 대공을 입는 대상은 대략 堂兄弟, 미혼의 堂姊妹, 결혼한 고모의 자매, 侄女, 孫婦와 子婦, 侄婦 등이 입는 喪服이다. 동일한 의미의 최초 출전은《儀禮》〈喪服〉「大功布衰裳, 牡麻絰, 無受者」에 보인다.

3) 以上(이상)-수량, 정도, 단계의 위에, 이상, 그 위에. 동일한 의미의 최초 출전은《史記》〈商君列傳〉「民有二男以上不分異者, 倍其賦」에 보인다.
4) 喪(상)-사망자를 애도하며 장사지내는 예의, 상례, 잃다. 관련 4자성어는 喪家之狗, 玩物喪志 등이 있다.
5) 則(즉)-곧, 즉. 관련 4자성어는 以身作則, 有物有則 등이 있다.
6) 未葬(미장)-매장하기 이전. 동일한 의미의 최초 출전은 無名氏(先秦),《杜蕢揚觶》「知悼子卒, 未葬, 平公飮酒, 師曠、李調侍, 鼓鍾」에 보인다.
7) 前(전)-앞, 이전의. 관련 4자성어는 史無前例, 承前啓後 등이 있다.
8) 非(비)-아니다. 관련 4자성어는 口是心非, 是非曲直 등이 있다.
9) 有故(유고)-변고가 있다. 동일한 의미의 최초 출전은 桓寬(東漢),《鹽鐵論》〈疾貪〉「常居則匱於衣食, 有故則賣畜粥業」에 보인다.
10) 不可(불가)-할 수 없다. 可(가능, 되다, 적합, 옳다)의 반대 의미이다. 동일한 의미의 최초 출전은《孫子兵法》〈九變〉「覆軍殺將, 必以五危, 不可不察也」에 보인다.
11) 出入(출입)-나가고 들어오다. 동일한 의미의 최초 출전은《漢書》〈梁孝王武傳〉「梁之侍中、郎、謁者, 著引籍出入天子殿門」에 보인다.
12) 亦(역)-또한. 관련 4자성어는 亦復如是, 不亦悅乎 등이 있다.
13) 弔人(조인)-다른 사람의 喪事에 弔問을 가다. 吊人과 동일하다. 吊과 관련된 동일한 의미의 최초 출전은《儀禮》〈士喪禮〉「君使人吊, 徹帷, 主人迎于寢門外」에 보인다.
14) 常(상)-항상. 관련 4자성어는 變化無常, 人之常情 등이 있다.
15) 以(이)-~함으로써. 관련 4자성어는 一以貫之, 夢寐以求 등이 있다
16) 治喪(치상)-상사를 처리하다. 동일한 의미의 최초 출전은《漢書》〈龔舍傳〉「門人衰絰治喪者百數」에 보인다.
17) 講禮(강례)-예법을 익히다. 習禮와 동일하고 講習之禮의 생략이다. 동일한 의미의 최초 출전은《左傳》昭公十三年「是故明王之制, 使諸侯歲聘以志業, 間朝以講禮」孔穎達(唐) 疏 ..「間一歲, 諸侯親自入朝, 以講習上下之

禮」에 보인다.

18) 爲事(위사)-일삼다, 일처리하다. 즉 본문의 「以治喪講禮爲事」의 번역은 以A爲B의 문장 형태로 A로써 B를 삼다, 또는 A를 가지고 B를 하다라고 번역한다. 또 爲事의 동일한 의미의 최초 출전은 馬王堆 漢墓에서 출토된 帛書, 《戰國縱橫家書》〈蘇秦謂陳軫〉「其爲事甚完, 便楚, 利公」에 보인다.

【喪制章6-16국역】

무릇 대공 이상의 상을 당했을 때에, 아직 매장하기 이전에는 변고가 생기지 않으면 집밖에 출입하는 것은 불가하고 또한 다른 사람의 상사에 조문을 가는 것도 불가하니, 항상 상사를 처리하고 예법을 익히는 것으로써 일삼아야 한다.

【喪制章6-16解說】

*「大功」과 「小功」

대공은 달리 大紅으로 일컫는다. 상복의 일종으로 五服 중에서 齊衰 다음이다. 상복은 부드럽고 가는 마포로 만든 옷을 입는다(마포는 齊衰보다 가늘고 小功보다는 거칠다). 大功의 상복을 입는 기간은 9개월이다. 대공을 입는 대상은 대략 堂兄弟, 미혼의 堂姊妹, 결혼한 고모의 자매, 侄女, 孫婦와 子婦, 侄婦 등이 입는 상복이다. 동일한 의미의 최초 출전은 《儀禮》〈喪服〉「大功布衰裳, 牡麻絰, 無受者」에 보인다.

소공은 달리 上紅으로 일컫는다. 상복의 일종으로 五服 중에서 大功 다음이다. 비교적 부드러운 마포로 만들고 기간은 5개월이다. 소공을 입는 대상은 대략 伯叔祖父母, 伯叔父母, 未嫁祖姑及堂姑, 已嫁堂姊妹, 兄弟妻, 再從兄弟 등이 있다. 동일한 의미의 최초 출전은 《儀禮》〈喪服〉「小功, 布衰掌, 牡麻致, 卽葛五月者。從祖祖父, 從祖父母報., 人祖昆弟., 從父姊妹篇, 孫嫡人者., 爲人後者爲其姊妹嫡人者」에 보인다.

第七, 祭禮章

제사를 지내는 방법

祭祀當依家禮, 必立祠堂, 以奉先主, 置祭田, 具祭器, 宗子主之。

主祠堂者, 每晨謁于大門之內, 再拜(雖非主人, 隨主人同謁無妨), 出入必告。

或有水火盜賊, 則先救祠堂, 遷神主遺書, 次及祭器, 然後及家財。

正(正朝)、至(冬至)、朔(一日)、望(十五日)則參, 俗節則薦以時食。

時祭則散齊四日, 致齊三日, 忌祭則散齊二日, 致齊一日, 參禮則齊宿一日。所謂散齊者, 不弔喪, 不問疾, 不茹葷, 飮酒不得至亂, 凡凶穢之事, 皆不得預(若路中猝遇凶穢, 則掩目而避, 不可視也)。所謂致齊者, 不聽樂, 不出入, 專心想念所祭之人, 思其居處, 思其笑語, 思其所樂, 思其所嗜之謂也。夫然後, 當祭之時, 如見其形, 如聞其聲, 誠至而神享也。

凡祭, 主於盡愛敬之誠而已。貧則稱家之有無, 疾則量筋力而行之, 財力可及者, 自當如儀。

墓祭、忌祭, 世俗輪行, 非禮也。墓祭則雖輪行, 皆祭于墓上, 猶之可也。忌祭不祭于神主, 而乃祭于紙榜, 此甚未安。雖不免輪行, 須具祭饌, 行于家廟, 庶乎可矣。

喪祭二禮, 最是人子致誠處也。已沒之親, 不可追養, 若非喪盡其禮, 祭盡其誠, 則終天之痛, 無事可寓, 無時可洩也, 於人子之情, 當如何哉! 曾子曰 .. "愼終追遠, 民德歸厚矣。" 爲人子者, 所當深念也。

今俗多不識禮, 其行祭之儀, 家家不同, 甚可笑也。若不一裁之以禮, 則終不免紊亂無序, 歸於夷虜之風矣。玆鈔祭禮, 附錄于後, 且爲之圖, 須詳審倣行, 而若父兄不欲, 則當委曲陳達, 期於歸正。

【祭禮章7-1원문】

祭祀當依家禮, 必立祠堂, 以奉先主, 置祭田, 具祭器, 宗子主之。

【祭禮章7-1음역】

제사당의가례, 필입사당, 이봉선주, 치제전, 구제기, 종자주지.

【祭禮章7-1주석】

1) 祭祀(제사)-대략적으로 하늘과 땅, 신령, 죽은 사람의 영혼 등에 제물을 올리고 공경심을 드러내는 의식을 말한다. 본문에서는 조상에 대한 제사를 가리킨다. 즉 돌아가신 조상을 追慕하고 그 은혜에 대한 보은과 감사를 나타내는 예절이다. 동일한 의미의 최초 출전은 《史記》〈周本紀〉「漢興九十有餘載, 天子將封泰山, 東巡狩至河南, 求周苗裔, 封其後嘉三十里地, 號曰周子南君, 比列侯, 以奉其先祭祀」에 보인다.
2) 當(당)-마땅히. 관련 4자성어는 老當益壯, 以一當十 등이 있다.
3) 依(의)-의거하다, 따르다. 관련 4자성어는 依依不舍, 生死相依 등이 있다.
4) 家禮(가례)-《家禮》는 南宋 朱熹의 禮學에 관한 저술이다. 달리 《朱子家禮》라고 일컫는다. 내용은 通禮와 冠禮, 婚禮, 喪禮, 祭禮의 5부분으로 구성되었다. 특히 喪禮는 초년의 부친상을 당한 뒤부터 정리하기 시작하였고, 중년에 모친상을 겪으면서 사리에 맞고 실제로 행하기 쉬운 예의 제도의 필요성을 절감하여 작성하였다고 한다. 《家禮》의 내용은 모두 당시 사회의 풍속을 근거로 하고 고금의 家禮를 참고하여 작성하였다.
5) 必(필)-반드시. 관련 4자성어는 信賞必罰, 事必歸正 등이 있다.
6) 立(입)-세우다, 확립하다. 관련 4자성어는 立身揚名, 三族鼎立 등이 있다. 동일한 의미의 관련 출전은 《論語》〈爲政〉「子曰 .. 吾十有五而志於學, 三十而立, 四十而不惑, 五十而知天命, 六十而耳順, 七十而從心所欲不逾矩」에 보인다. 또 《論語》〈泰伯〉「立於禮, 成於樂」 및 《孝經》〈開宗明義章〉

「立身行道」 등에 보인다.

7) 祠堂(사당)-고대에 조상에게 제사지내던 廟堂을 일컫는다. 동일한 의미의 최초 출전은《漢書》〈文翁傳〉「文翁終於 蜀, 吏民爲立祠堂, 歲時祭祀不絕」에 보인다.

8) 以(이)-~함으로써. 관련 4자성어는 一以貫之, 夢寐以求 등이 있다.

9) 奉(봉)-받들다. 관련 4자성어는 克己奉公, 奉天承運 등이 있다.

10) 先主(선주)-2가지 의미가 있다. 첫째, 돌아가신 황제(先皇)를 가리킨다. 둘째, 돌아가신 조상을 가리킨다. 동일한 의미의 최초 출전은《國語》〈晉語九〉「昔先主文子少衅於難」 韋昭(孫吳) 注 .. 「文子, 簡子之祖趙武」에 보인다. 본문에서는 둘째의 의미이고, 특히 돌아가신 조상의 神主(위패)를 가리킨다.

11) 置(치)-설치하다, 마련하다. 관련 4자성어는 本末倒置, 不容置疑 등이 있다.

12) 祭田(제전)-집안의 토지 중에서 특별히 조상의 제사 비용을 공급하기 위해서 준비한 전답을 가리킨다. 달리 圭土, 位土라고 일컬었다. 종류는 祭位田과 祭位畓이 있다. 동일한 의미의 최초 출전은《朱子家禮》〈通禮〉「初立祠堂, 則計見田。每龕取其二十之一, 以爲祭田, 親盡則以爲墓田」에 보인다.

13) 具(구)-구비하다. 관련 4자성어는 獨具慧眼, 衆目具瞻 등이 있다.

14) 祭器(제기)-제사지낼 때 음식 陳設을 위하여 사용하는 그릇. 동일한 의미의 최초 출전은《禮記》〈王制〉「祭器未成, 不造燕器」에 보인다.

15) 宗子(종자)-宗家의 嫡長子. 종가의 혈통을 계승하고 祖宗의 제사, 喪事, 宴會, 賓客 접대 등을 주관한다. 동일한 의미의 최초 출전은《禮記》〈內則〉「嫡子庶子祗事宗子宗婦。雖貴富, 不敢以貴富入宗子之家」에 보인다.

16) 主(주)-주관하다. 즉 祠堂, 조상에 대한 祭祀, 祭田, 祭器 등을 주관하다. 관련 4자성어는 各以其主, 獨立自主 등이 있다.

17) 之(지)-그것. 즉 之는 대명사로서 본문에서는 사당, 제사, 제전, 제기 등을 가리킨다. 관련 4자성어는 君子之交, 莫逆之友 등이 있다. 본문의 「必

立祠堂 …… 宗子主之」는 《家禮》〈通禮一〉「置祭田, 具祭器」에 보인다.

【祭禮章7-1국역】

제사는 마땅히 《주자가례》에 의거하여 반드시 사당을 세우고 돌아가신 조상의 신주(위패)를 받들며, 집안의 토지 중에서 특별히 조상의 제사 비용을 공급하기 위해서 준비한 전답을 설치하고 제기를 구비하며, 종가의 적장자가 사당, 제사, 제전, 제기 등을 주관해야 한다.

【祭禮章7-1解說】

*「宗子」

종자는 大宗 즉 종가집의 적장자를 가리킨다. 중국 고대 종법제도의 가장 기본적인 원칙인 적장자계승제에 의거하여, 正妻(嫡妻)의 첫 번째 아들인 종자는 부친의 정치권(爵位), 재산권(家産), 제사권(祭祀)을 계승하였다. 주요 책무는 조상에 대한 제사(祭祖先), 상사의 처리(辨喪事), 손님의 접대(接賓客) 등 대소사는 모두 종자가 주관한다.

【祭禮章7-2원문】

主祠堂者, 每晨謁于大門之內, 再拜(雖非主人, 隨主人同謁無妨), 出入必告。

【祭禮章7-2음역】

주사당자, 매신알우대문지내, 재배(수비주인, 수주인동알무방), 출입필고.

【祭禮章7-2주석】

1) 主(주)-주관하는 사람, 즉 宗家의 嫡長子를 가리킨다. 관련 4자성어는 獨立自主, 當家做主 등이 있다.

2) 祠堂(사당)-고대에 조상에게 제사지내던 廟堂을 일컫는다. 동일한 의미의 최초 출전은《漢書》〈文翁傳〉「文翁終於蜀, 吏民爲立祠堂, 歲時祭祀不絶」에 보인다.
3) 者(자)-사람. 관련 4자성어는 來者不拒, 當局者迷 등이 있다.
2) 每(매)-매일. 관련 4자성어는 每時每刻, 每飯不忘 등이 있다.
3) 晨(신)-새벽. 관련 4자성어는 昏定晨省, 牝鷄司晨 등이 있다.
4) 謁(알)-뵙다, 보고하다. 관련 4자성어는 攀高謁貴가 있다.
5) 于(우)-~에, ~으로, 於와 동일하다. 관련 4자성어는 重于泰山, 輕于鴻毛 등이 있다.
6) 大門(대문)-대문. 동일한 의미의 최초 출전은《左傳》哀公十四年「屬徒攻闈與大門」에 보인다.
7) 之(지)-~의, ~중에서. 관련 4자성어는 君子之交, 莫逆之友 등이 있다.
8) 內(내)-안으로, 내면으로는. 관련 4자성어는 外柔內剛, 內憂外患 등이 있다.
9) 再拜(재배)-공경의 뜻을 나타내기 위하여 두 번 절하다. 동일한 의미의 최초 출전은《論語》〈鄕黨〉「問人於他邦, 再拜而送之」에 보인다.
10) 雖(수)-비록. 관련 4자성어는 雖死猶生, 雖死無悔 등이 있다.
11) 非(비)-아니다. 관련 4자성어는 口是心非, 是非曲直 등이 있다.
12) 主人(주인)-주인, 즉 宗家의 嫡長子를 가리킨다. 동일한 의미의 최초 출전은《儀禮》〈士相見禮〉「主人請見, 賓反見, 退, 主人送于門外, 再拜」에 보인다.
13) 隨(수)-따라서. 관련 4자성어는 隨心所欲, 夫唱婦隨 등이 있다.
14) 同(동)-같다, 함께. 관련 4자성어는 與衆不同, 同心協力 등이 있다.
15) 無妨(무방)-해가 없다, 괜찮다. 동일한 의미의 최초 출전은《楚辭》〈招魂〉「歸反故室, 敬而無妨些」王逸(東漢) 注 .. 「妨, 害也」에 보인다. 또 朱熹(南宋)《楚辭集注》.. 「言君魂歸反所居故室, 子孫承事恭敬, 長無禍害也」에 보인다.
16) 出入(출입)-나가고 들어오다. 동일한 의미의 최초 출전은《漢書》〈梁孝

王武傳〉「梁之侍中、郞、謁者, 著引籍出入天子殿門」에 보인다.
17) 必(필)-반드시. 관련 4자성어는 信賞必罰, 事必歸正 등이 있다.
18) 告(고)-알리다, 보고하다. 관련 4자성어는 大功告成, 告老還鄕 등이 있다. 본문은 《家禮》〈通禮一〉「主人晨謁於大門之內, 出入必告」에 보인다.

【祭禮章7-2국역】

사당의 관리를 주관하는 사람은 매일 새벽에 사당의 대문 안에서 문안드리고 두 번 절하며(비록 주인-사당의 관리를 주관하는 사람이 아니라도 주인을 따라서 함께 문안드리는 것은 괜찮다.), 나가고 들어올 때는 반드시 알린다.

【祭禮章7-2解說】

*「再拜」

재배는 고대에 사용되던 일종의 정중한 예절이다. 절하는 방식은 한번 절하고 또 절하는 것으로 상대에게 공경하는 의미를 나타내는 행위이다. 동일한 의미의 최초 출전은 《論語》〈鄕黨〉「問人於他邦, 再拜而送之」에 보인다. 또 어른이나 친구에게 편지를 쓸 때에 敬語로 사용되고 편지의 시작 또는 말미에 사용한다. 동일한 의미의 최초 출전은 《漢書》〈司馬遷傳〉, 所收 〈報任安書〉「太史公牛馬走司馬遷再拜言 …… 略陳固陋, 謹再拜」에 보인다.

【祭禮章7-3원문】

或有水火盜賊, 則先救祠堂, 遷神主遺書, 次及祭器, 然後及家財。

【祭禮章7-3음역】

혹유수화도적, 즉선구사당, 천신주유서, 차급제기, 연후급가재.

【祭禮章7-3주석】

1) 或(혹)-간혹. 관련 4자성어는 不可或缺, 多言或中 등이 있다.
2) 有(유)-있다. 동사이고 無, 沒과 반대이다. 관련 4자성어는 有始無終, 一無所有 등이 있다.
3) 水火(수화)-본문에서는 水災, 火災 등 재난을 가리킨다. 동일한 의미의 최초 출전은 《管子》〈法法〉「蹈白刃, 受矢石, 入水火, 以聽上令」에 보인다.
4) 盜賊(도적)-재물을 훔치고 겁탈하는 행위 또는 사람. 동일한 의미의 최초 출전은 《左傳》 襄公三十一年 「盜賊公行, 而夭厲不戒」에 보인다.
5) 則(즉)-곧, 즉. 관련 4자성어는 以身作則, 有物有則 등이 있다.
6) 先(선)-먼저. 관련 4자성어는 先發制人, 承先啓後 등이 있다.
7) 救(구)-구하다. 관련 4자성어는 見死不救, 治病救人 등이 있다.
8) 祠堂(사당)-고대에 조상에게 제사지내던 廟堂을 일컫는다. 동일한 의미의 최초 출전은 《漢書》〈文翁傳〉「文翁終於蜀, 吏民爲立祠堂, 歲時祭祀不絶」에 보인다.
9) 遷(천)-옮기다. 관련 4자성어는 孟母三遷, 改過遷善 등이 있다.
10) 神主(신주)-돌아가신 조상의 위패를 가리키고, 나무 또는 돌로 만든다. 先主와 동일하다. 동일한 의미의 최초 출전은 《後漢書》〈光武帝紀上〉「大司徒鄧禹入長安, 遣府掾奉十一帝神主, 納於高廟」 李賢(唐) 注 .. 「神主, 以木爲之, 方尺二寸, 穿中央, 達四方。天子主長尺二寸, 諸侯主長一尺」에 보인다.
11) 遺書(유서)-2가지 의미가 있다. 첫째, 옛 조상들이 남긴 서적을 가리킨다. 둘째, 사망하기 전에 남긴 편지를 가리키고, 遺囑과 동일하다. 동일한 의미의 최초 출전은 《書經》〈序〉「春秋左氏傳曰 .. 楚左史倚相, 能讀三墳、五典、八索、九丘, 即謂上世帝王遺書也」에 보인다. 본문에서는 첫째의 의미이다.
12) 次及(차급)-순서에 따라서 이르다. 본문의 及은 옮김에 이르다, 즉 옮기다로 번역하는 것이 무난하다. 동일한 의미의 최초 출전은 《左傳》 成公三年 「若不獲命而使嗣宗職, 次及於事, 而帥偏師以修封疆, 雖遇執事, 其弗

敢違」에 보인다.

13) 祭器(제기)-제사지낼 때 음식 陳設을 위하여 사용하는 그릇. 동일한 의미의 최초 출전은 《禮記》〈王制〉「祭器未成, 不造燕器」에 보인다.

14) 然後(연후)-그렇게 한 뒤에, 연후에. 동일한 의미의 최초 출전은 《禮記》〈學記〉「是故學, 然後知不足., 教, 然後知困」에 보인다.

15) 及(급)-이르를, 및. 관련 4자성어는 後悔莫及, 推己及人 등이 있다.

16) 家財(가재)-가정의 재산. 동일한 의미의 최초 출전은 《史記》〈留侯世家〉「韓破, 良家僮三百人, 弟死不葬, 悉以家財求客刺秦王, 爲韓報仇, 以大父、父五世相韓故」에 보인다. 본문은 《家禮》〈通禮一〉「或有水火盜賊, 則先救祠堂, 遷神主遺書, 次及祭器, 然後及家財」에 보인다.

【祭禮章7-3국역】

혹 수재나 화재나 도적을 당함이 있을 때는, 먼저 사당을 구하고 신주와 옛 조상들이 남긴 서적을 옮기며 순서에 따라서 제기를 옮기고 그렇게 한 뒤에 가정의 재산을 옮겨야 한다.

【祭禮章7-3解說】

*「神主」

신주는 고대에 돌아가신 군주나 제후의 제사를 위해서 만든 표식으로 나무 혹은 돌로 만들었다. 모양은 좁은 장방형이고 중간에 망자의 이름을 적었다. 달리 先主, 神位, 位牌, 牌位 등으로 일컫는다. 후대에 이르러 점차 민간에서도 조상의 신주를 세워서 망자를 제사지내는 표식으로 삼았다. 동일한 의미의 최초 출전은 《春秋穀梁傳》 文公二年 「丁丑作僖公主」 范寧(東晉) 《集解》 ..「爲僖公廟作主也。主蓋神之所憑依 ...... 子長尺二寸, 諸侯長一尺」에 보인다.

【祭禮章7-4원문】

正(正朝)、至(冬至)、朔(一日)、望(十五日)則參, 俗節則薦以時食。

【祭禮章7-4음역】

정(정조)、지(동지)、삭(일일)、망(십오일)즉참, 속절즉천이시식.

【祭禮章7-4주석】

1) 正(정)-정월을 가리킨다. 동일한 의미의 최초 출전은《書經》〈舜典〉「月正元日, 舜格于文祖」에 보인다. 正朝는 정월 초하루를 가리킨다. 正朔과 동일하다. 正朔과 관련된 동일한 의미의 최초 출전은《禮記》〈大傳〉「立權度量, 考文章, 改正朔, 易服色, 殊徽号, 異器械, 別衣服, 此其所得與民變革者也」에 보인다.
2) 至(지)-24절기 중에서 22번째 절기이고, 매년 12월 21일~23일 경이다. 日南至, 冬節, 亞歲 등으로 일컫는다. 동지 습속은 지역별로 다른데, 중국 남방지역에서는 동지에 조상에 제사를 지낸다(祭祖). 동일한 의미의 최초 출전은《後漢書》〈禮儀志〉「冬至前後, 君子安身靜體, 百官絶事」에 보인다.
3) 冬至(동지)-주석2)와 동일하다.
4) 朔(삭)-음력으로 매달 초하루. 관련 4자성어는 窮源朔流, 朔風凜冽 등이 있다.
5) 一日(일일)-매달의 첫날, 첫째 날, 하루. 一天, 一晝夜와 동일하다. 반대는 終歲이다. 동일한 의미의 최초 출전은《詩經》〈采葛〉「一日不見, 如三月兮」에 보인다.
6) 望(망)-음력으로 매월 15일. 관련 4자성어는 守望相助, 德高望重 등이 있다.
7) 十五日(십오일)-매 달의 15일째 날. 위와 동일하다.
8) 則(즉)-곧, 즉. 관련 4자성어는 以身作則, 有物有則 등이 있다.

9) 參(참)-참배하다. 관련 4자성어는 晨参暮省, 松柏参天 등이 있다.
10) 俗節(속절)-민간의 전통 절일 및 풍속. 民俗節日, 習俗節日의 생략이다. 節俗과 동일하다.
11) 薦(천)-제물을 바치다. 進獻, 祭獻과 동일하다. 종류별로 구분하면 薦羞(맛있는 음식을 바침), 薦新(햇곡식과 과일을 바침), 薦胙(고기를 바침)가 있다. 4자성어는 薦賢擧能, 自薦枕席 등이 있다.
12) 以(이)-~함으로써. 관련 4자성어는 一以貫之, 夢寐以求 등이 있다.
13) 時食(시식)-제철에 나는 음식. 동일한 의미의 최초 출전은《禮記》〈中庸〉「春秋脩其祖廟, 陳其宗器, 設其裳衣, 薦其時食」鄭玄(東漢) 注 ..「時食, 四時祭也」에 보인다. 본문의「俗節則薦以時食」은《家禮》〈通禮一〉「正、至、朔、望則參, 俗節則獻以時食」에 보인다.

【祭禮章7-4국역】

정월 초하루와 동짓날, 매달 초하루와 보름날에는 사당에 참배하고, 24절기와 전통 절일에는 제철에 나는 음식으로써 제물을 바친다.

【祭禮章7-4解說】

*「俗節(傳統節日)」

중국 고대 속절(전통절일)의 중요한 것으로는, 春節(음력1월1일) ; 元宵節(음력1월15일) ; 社日節(음력2월2일) ; 上巳節(음력3월3일) ; 寒食節(冬至 이후 105일째 또는 106일째) ; 清明節(양력4月5日 전후) ; 端午節(음력5월5일) ; 七夕節(음력7월7일) ; 中元節(음력7월15일) ; 中秋節(음력8월15일) ; 重陽節(음력9월9일) ; 下元節(음력10월15일) ; 冬至節(음력12月21~23일) ; 除夕(음력12월29일 또는 30일) 등이 있다.

【祭禮章7-5원문】

時祭則散齊四日, 致齊三日, 忌祭則散齊二日, 致齊一日, 參禮則齊宿一日。所謂散齊者, 不弔喪, 不問疾, 不茹葷, 飮酒不得至亂, 凡凶穢之事, 皆不得預(若路中猝遇凶穢, 則掩目而避, 不可視也)。所謂致齊者, 不聽樂, 不出入, 專心想念所祭之人, 思其居處, 思其笑語, 思其所樂, 思其所嗜之謂也。夫然後, 當祭之時, 如見其形, 如聞其聲, 誠至而神享也。

【祭禮章7-5음역】

시제즉산제사일, 치제삼일, 기제즉산제이일, 치제일일, 참례즉제숙일일。소위산제자, 부조상, 불문질, 불여훈, 음주부득지란, 범흉예지사, 개부득예(약노중졸우흉예, 즉엄목이피, 불가시야). 소위치제자, 불청악, 불출입, 전심상념소제지인, 사기거처, 사기소어, 사기소락, 사기소기지위야。부연후, 당제지시, 여견기형, 여문기성, 성지이신향야.

【祭禮章7-5주석】

1) 時祭(시제)- 2가지 의미가 있다. 첫째, 봄, 여름, 가을, 겨울의 중간 달(2월, 5월, 8월, 11월)에 사당에서 제사를 지내다. 둘째, 현재는 가을에 3대 이상 조상 묘에 가서 제사를 지내다. 동일한 의미의 최초 출전은 《禮記》〈曾子問〉「望墓而爲壇, 以時祭」에 보인다. 본문에서는 첫째의 의미이다.
2) 則(즉)-곧, 즉. 관련 4자성어는 以身作則, 有物有則 등이 있다.
3) 散齊(산제)-고대에 부모님 제사를 지내기 7일전부터 여성과 교합하지 않고, 음악을 듣고 즐기지 않고, 타인의 喪事에 조문가지 않는 등 조심하는 의식을 散齊라고 일컫는다. 散齋와 동일하다. 동일한 의미의 최초 출전은 《禮記》〈祭義〉「致齊于內, 散齊于外」에 보인다.
4) 四日(사일)-4일. 동일한 의미의 최초 출전은 李石(宋), 〈扇子詩-其六十九〉「四月四日夏令新, 餘花更饒三日春」에 보인다.
5) 致齊(치제)-고대에 제사 지내기 전에 몸과 마음을 깨끗이 하고 삼가는

의식. 致齋와 동일하다. 동일한 의미의 최초 출전은《禮記》〈祭統〉「故散齊七日以定之, 致齊三日以齊之。定之之謂齊, 齊者精明之至也, 然後可以交于神明也」에 보인다.

6) 三日(삼일)-3일. 동일한 의미의 최초 출전은 戴叔倫(唐), 〈蘭溪棹歌〉「蘭溪三日桃花雨, 半夜鯉魚來上灘」에 보인다.

7) 忌祭(기제)-부모님이 돌아가신 4년 후부터 가족들이 돌아가신 날 하루 이전 저녁에 제사를 지내는 것으로, 제사 범위는 4대 高祖까지이다. 忌日과 동일하다. 동일한 의미의 최초 출전은《禮記》〈祭義〉「君子生則敬養, 死則敬享, 思終身弗辱也。君子有終身之喪, 忌日之謂也。忌日不用, 非不祥也」에 보인다.

8) 二日(이일)-2가지 의미가 있다. 첫째, 이틀. 둘째, 2개의 태양. 동일한 의미의 최초 출전은 張華(西晉), 《博物志》〈異聞〉「夏桀之時, 費昌之河上, 見二日」에 보인다. 본문에서는 첫째의 의미이다.

9) 一日(일일)-하루. 一天, 一晝夜와 동일하다. 반대는 終歲이다. 동일한 의미의 최초 출전은《詩經》〈采葛〉「一日不見, 如三月兮」에 보인다.

10) 參禮(참례)-제사에 참배함. 参拜와 동일하다. 参拜와 관련된 동일한 의미의 최초 출전은《戰國策》〈秦策四〉「秦王欲見頓弱, 頓弱曰 .. 臣之義不参拜, 王能使臣無拜, 卽可矣」에 보인다.

11) 齊宿(제숙)-제계하고 하룻밤을 지내다. 齋宿과 동일하다. 동일한 의미의 최초 출전은《孟子》〈公孫丑下〉「客不悅曰 .. 弟子齊宿而後敢言, 夫子卧而不聽, 請勿復敢見矣」 朱熹(南宋)《集注》..「齊宿, 齋戒越宿也」에 보인다.

12) 所謂(소위)-이른바. 동일한 의미의 최초 출전은《詩經》〈蒹葭〉「所謂伊人, 在水一方」에 보인다.

13) 者(자)-사람. 관련 4자성어는 來者不拒, 當局者迷 등이 있다.

14) 不(불)-아니다. 부사이고 일반적으로 부정의 의미로 사용된다. 관련 4자성어는 念念不忘, 美中不足 등이 있다.

15) 弔喪(조상)-다른 집 喪事에 조문하다. 吊喪, 吊孝와 동일하다. 동일한 의

미의 최초 출전은《左傳》文公八年「穆伯如周吊喪, 不至。以弊奔莒, 從己氏焉」에 보인다.

16) 問疾(문질)- 환자에게 위문가다. 探問疾病의 생략이다. 동일한 의미의 최초 출전은《禮記》〈雜記下〉「弔死而問疾」에 보인다.

17) 茹葷(여훈)-본래 파, 마늘, 부추 등 매운 채소를 가리켰지만, 나중에는 생선과 고기를 먹는 것을 일컬었다. 동일한 의미의 최초 출전은《莊子》〈人間世〉「唯不飮酒、不茹葷者數月矣」成玄英(唐) 疏 ..「葷, 辛菜也」에 보인다.

18) 飮酒(음주)-술을 마시다. 동일한 의미의 최초 출전은 韓愈(唐),〈順宗實錄五〉「天下吏人, 誥至後, 出臨三日皆釋服, 無禁婚嫁、祠祀、飮酒、食肉」에 보인다.

19) 不得(부득)-~하면 안 된다. 동일한 의미의 최초 출전은 晁錯(西漢),〈論貴粟疏〉「夫腹飢不得食, 膚寒不得衣, 雖慈母不能保其子, 君安能以有其民哉 ! 」에 보인다.

20) 至亂(지란)-혼란을 초래하다. 致亂과 동일하다. 동일한 의미의 최초 출전은《三國志演義》第一回「推其致亂之由, 殆始于桓、靈二帝」에 보인다.

21) 凡(범)-문장 전체를 수식하는 부사로 무릇, 모든의 의미이다. 관련 4자성어는 儀表非凡, 擧止不凡 등이 있다.

22) 凶穢(흉예)-흉악하고 더러운 것. 凶邪污穢의 생략이다. 동일한 의미의 최초 출전은 曹植(曹魏),〈漢二祖優劣論〉「夫其蕩滌凶穢, 剿除丑類, 若順迅風而縱烈火, 晒白日而掃朝云也」에 보인다.

23) 事(사))-일, 섬기다. 관련 4자성어는 平安無事, 好事多磨(魔) 등이 있다.

24) 皆(개)-모두. 관련 4자성어는 人人皆知, 全民皆兵 등이 있다.

25) 預(예)-참여하다. 관련 4자성어는 難以預料, 思患預防등이 있다.

26) 若(약)-만약. 관련 4자성어는 若隱若現, 泰然自若 등이 있다.

27) 路中(노중)-길을 가는 중간에서, 가는 도중에. 道路中間의 생략이다. 동일한 의미의 최초 출전은 中国近代史資料叢刊,《辛亥革命》「近兩日内, 租界房屋, 多被開花彈及炸彈所擊, 路中子彈飛揚」에 보인다.

28) 猝(졸)-갑자기. 관련 4자성어는 猝不及防, 猝然長逝 등이 있다.
29) 遇(우)-만나다, 맞닥뜨리다. 値와 동일하다. 관련 4자성어는 懷才不遇, 百年不遇 등이 있다.
30) 掩目(엄목)-눈을 가리다. 동일한 의미의 최초 출전은 陳壽(西晉), 《三國志》〈陳琳傳〉「諺有掩目捕雀。夫微物尙不可欺以得志, 况大國之事, 其可以詐立乎!」에 보인다.
31) 而(이)-그리고, 그래서, 그러나. 관련 4자성어는 不言而喩, 適可而止 등이 있다.
32) 避(피)-피하다. 관련 4자성어는 趨吉避凶, 避而不談 등이 있다.
33) 不可(불가)-할 수 없다. 可(가능, 되다, 적합, 옳다)의 반대 의미이다. 동일한 의미의 최초 출전은《孫子兵法》〈九變〉「覆軍殺將, 必以五危, 不可不察也」에 보인다.
34) 視(시)-보다. 관련 4자성어는 虎視眈眈, 一視同仁 등이 있다.
35) 聽(청)-듣다. 관련 4자성어는 洗耳恭聽, 聽而不聞 등이 있다.
36) 樂(악)-음악을 듣다. 관련 4자성어는 助人爲樂, 知足常樂 등이 있다.
37) 出入(출입)-나가고 들어오다. 동일한 의미의 최초 출전은《漢書》〈梁孝王武傳〉「梁之侍中、郎、謁者, 著引籍出入天子殿門」에 보인다.
38) 專心(전심)-한 가지 일에 집중하다. 專念과 동일하다. 동일한 의미의 최초 출전은《韓非子》〈忠孝〉「專心於事主者, 爲忠臣」에 보인다.
39) 想念(상념)-생각. 동일한 의미의 최초 출전은《後漢書》〈逸民傳〉「念高子兮僕懷思, 想念恢兮爰集玆」에 보인다.
40) 所(소)-~하는 바. 주로 동사의 앞에서 사용된다. 2가지 의미가 있다. 첫째, 동작을 접수하는 사물을 대표한다. 예를 들면 所部(지휘하는 부대), 所謂(말하는 바), 無所謂(이를 바가 없다, 즉 관심 없다) 등이 있다. 둘째, 앞쪽의 爲 혹은 被와 상응하여 피동의 뜻을 나타낸다. 예를 들면 爲人所敬(다른 사람에게 존경을 받다) 등이 있다.
41) 祭(제)-祭禮, 祭祀를 가리킨다. 대략적으로 하늘과 땅, 신령, 죽은 사람의

영혼 등에 제물을 올리고 공경심을 드러내는 의식을 말한다. 본문에서는 조상에 대한 제사를 가리킨다. 즉 돌아가신 조상을 追慕하고 그 은혜에 대한 보은과 감사를 나타내는 예절이다. 동일한 의미의 최초 출전은 《史記》〈周本紀〉「漢興九十有餘載, 天子將封泰山, 東巡狩至河南, 求周苗裔, 封其後嘉三十里地, 號曰周子南君, 比列侯, 以奉其先祭祀」에 보인다.

42) 之(지)-~의, ~중에서. 관련 4자성어는 君子之交, 莫逆之友 등이 있다.

43) 人(인)-어떤 사람. 관련 4자성어는 目中無人, 膾炙人口 등이 있다.

44) 思(사)-생각하다. 관련 4자성어는 不可思議, 朝思暮想 등이 있다.

45) 其(기)-지시대명사로 이, 그, 저 등을 가리킨다. 관련 4자성어는 若無其事, 不計其數 등이 있다.

46) 居處(거처)-일상생활, 평상시 행동거지. 동일한 의미의 최초 출전은 韓愈(唐), 〈贈太傅董公行狀〉「公居處恭, 無妾媵, 不飮酒, 不諂笑, 好惡無所偏, 與人交, 泊如也」에 보인다.

47) 笑語(소어)-말할 때 미소를 띠다, 웃으면서 말을 하다. 동일한 의미의 최초 출전은 《三國志》〈孫策傳〉「(孫)策爲人, 美姿顏, 好笑語, 性闊達聽受, 善于用人。是以士民見者, 莫不盡心, 樂爲致死」에 보인다.

48) 樂(락)-좋아하다. 所樂은 좋아하던 것. 동일한 의미의 최초 출전은 歐陽修(北宋), 〈樂郊詩〉「樂郊何所樂, 所樂從公游」에 보인다.

49) 嗜(기)-즐기다. 所嗜는 즐기시던 것. 동일한 의미의 최초 출전은 白居易(唐), 〈太湖石〉「古之達人, 皆有所嗜。玄晏先生嗜書, 嵇中散嗜琴, 靖節先生嗜酒, 今丞相奇章公嗜石」에 보인다.

50) 謂也(위야)-이것을 일컫는 것이다. 즉 謂此也이고, 此之謂也의 생략이다. 동일한 의미의 최초 출전은 荀子, 〈勸學〉「詩曰 .. 匪交匪舒, 天子所予。此之謂也」에 보인다.

51) 夫(부)-무릇, 그, 저, 관련 4자성어는 夫唱婦隨, 匹夫之勇 등이 있다.

52) 然後(연후)-그렇게 한 뒤에, 연후에. 동일한 의미의 최초 출전은 《禮記》〈學記〉「是故學, 然後知不足., 教, 然後知困」에 보인다.

53) 當(당)-마땅히. 관련 4자성어는 老當益壯, 以一當十 등이 있다.

54) 時(시)-때, 시기. 관련 4자성어는 時不我待, 無時無刻 등이 있다.

55) 如(여)-같다. 관련 4자성어는 吉祥如意, 度日如年 등이 있다.

56) 見(견)-보다. 如見은 돌아가신 분의 모습을 보는 것과 같다. 如同見到의 생략이다. 관련 4자성어는 視而不見, 見善必遷 등이 있다.

57) 形(형)-모습. 其形은 돌아가신 분의 모습. 관련 4자성어는 形形色色, 得意忘形 등이 있다.

58) 聞(문)-듣다. 如聞은 돌아가신 분의 목소리를 듣는 것과 같다. 관련 4자성어는 擧世聞名, 如是我聞 등이 있다.

59) 聲(성)-소리. 其聲은 돌아가신 분의 목소리. 관련 4자성어는 聲東擊西, 異口同聲 등이 있다.

60) 誠至(성지)-지극한 정성. 至誠과 동일하다. 동일한 의미의 최초 출전은 《魏書》〈賀訥〉「又密爲太祖祈禱天神, 請成大業, 出於誠至」에 보인다.

61) 神(신)-돌아가신 조상. 관련 4자성어는 神出鬼没, 神機妙算 등이 있다.

62) 享(향)-흠향하다, 제사를 잘 받아 드시다. 관련 4자성어는 有福同享, 享有盛譽 등이 있다.

63) 也(야)-조사로 문장 중간에 혹은 문장 끝에 사용한다. 관련 4자성어는 空空如也, 未嘗有也 등이 있다.

【祭禮章7-5국역】

시제(봄, 여름, 가을, 겨울의 중간 달인 2월, 5월, 8월, 11월에 사당에서 제사를 지낼 경우에는 산제(제사를 지내기 7일전부터 여성과 교합하지 않고, 음악을 듣고 즐기지 않고, 타인의 상사에 조문가지 않는 등 조심하는 의식)를 4일간 하고, 치제(제사 지내기 전에 몸과 마음을 깨끗이 하고 삼가는 의식)를 3일간 하며, 기제(부모님이 돌아가신 4년 후부터 가족들이 돌아가신 날 하루 이전 저녁에 제사를 지내는 것으로, 제사 범위는 4대 고조까지이다)를 지낼 경우에는 산제를 2일간 하고 치제를 1일간 하며, 제사에 참배할 경우에는 재계하고 하룻밤을 지낸다. 이른바 산제하는 사람은 타인의 상사에 조문하지 않고, 환자를 문병하지 않으며, 파, 마늘, 부추 등 매운 채소를 먹지 않고, 술을 마실 경우에는 혼란을 초래하면 안 되며, 무릇 흉악하고 더러운 일에는 모두 참여하면 안 된다(만일 길을 가는 중간에서 갑자기 흉악하고 더러운 일을 만나면 눈을 가리고 피하며 보지 말아야 한다). 이른바 치제하는 사람은 음악을 듣지 않고, 바깥을 출입하지 않으며, 오로지 제사를 받으실 사람만 생각하고, 돌아가신 분이 생전 평상시 행동거지를 생각하고, 그분이 웃고 말씀하시는 모습을 생각하며, 그분이 좋아하시는 것을 생각하고, 그분이 즐기시던 것을 생각함을 일컫는 것이다. 무릇 그렇게 한 이후에 제사 지낼 때에 돌아가신 분의 형상을 보는듯하고 그분의 음성을 듣는듯하여 지극한 정성에 돌아가신 조상이 흠향하는 것이다.

【祭禮章7-5解說】

*「散齊」와「致齊」

산제와 치제에 관련된 상세한 설명은《禮記》〈祭義〉「致齊于内, 散齊于外。齊之日, 思其居處, 思其笑語, 思其志意, 思其所樂, 思其所嗜。齊三日, 乃見其所爲齊者。祭之日, 入室, 僾然必有見乎其位., 周還出户, 肅然必有聞乎其容聲., 出户而聽, 忾然必有聞乎其嘆息之聲」에 보인다. 즉 "지제 3일은 제실 안에서 진행하고, 산제 7일은 제실 밖에서 진행한다. 치제하는 날에는 돌아가신 분의 생전 평상시 행동거지를 생각하고, 그분이 웃고 말씀하시는 모습을 생각하며, 그분이 생전에 가졌던 뜻을 생각하고, 그분이 좋아하시는 것을 생각하고, 그분이 즐기시던 것을 생각해야 한다. 이렇게 치제를 3일간 하면 이에 진정으로 치제를 했음을 알 수 있다. 제사 당일에는 제실에 들어가면 반드시 돌아가신 분의 용모를 본 것처럼 되고, 제사가 끝나고 몸을 돌려 문을 나설 때에도 숙연하여 반드시 돌아가신 분의 소리가 들리는 것처럼 되며, 문을 나와서도 돌아가신 분이 기뻐하여 반드시 탄식하는 소리가 들리게 된다."라고 하였다. 또《禮記》〈祭統〉「及時將祭, 君子乃齊。齊之爲言齊齊。

齊不齊以致齊者也。是以君子非有大事也, 非有恭敬也, 則不齊。不齊則于物無防也, 嗜欲無止也。及其將齊也, 防其邪物, 訖其嗜欲, 耳不聽樂。故記曰 ..'齊者不樂', 言不敢散其志也。心不苟慮, 必依于道., 手足不苟動, 必依于禮。是故君子之齊也, 專致其精明之德也。故散齊七日以定之, 致齊三日以齊之。定之之謂齊。齊者精明之至也, 然後可以交于神明也」에 보인다. 즉 "장차 제사를 거행할 시기가 되면 군자는 제계한다. 제계는 整齊(가지런함)를 일컫는다. 몸과 마음의 정제하지 않음을 정제함으로써 정제함에 이르게 하는 것이다. 그래서 군자는 제사에 종사하지 않거나 공경함을 필요로 하지 않는 경우에는 제계하지 않는다. 제계하지 않으면 일처리 할 때 금기시 하는 것도 없고 육체적으로 향락을 추구하는 것에도 제한이 없다. 그러나 제계 할 때가 되면 금기시 하는 일은 하지 않고 육체적으로 향락을 추구하는 것도 또한 제한하며 귀로는 음악을 듣지 않는다. 그래서 옛 서적에 기록하기를 .. '제계하는 사람은 음악을 듣지 않는다.'라는 것은 즉 제계 할 때에는 감히 마음을 흩트리지 않는다는 것을 말한 것이다. 마음에 잡념이 없으면 생각하는 바가 바른 도리에 부합하게 되고., 손과 발놀림도 잡스럽게 되지 않고 반드시 규정에 맞게 된다. 그래서 군자의 제계는 오로지 그 몸과 마음이 지극한 정성에 이르게 되는 것이다. 그런 까닭에 산제 7일로써 마음을 안정시키고, 치제 3일로써 제계하는 것이다. 마음을 안정시킴을 齊라 한다. 齊란 정성의 지극한 것이니, 그런 후에 신명과 교류할 수 있는 것이다."라고 하였다.

* 「散齊四日致齊三日」

본문과 동일한 의미의 최초 출전은 《禮記》〈祭統〉「散齊七日以定之, 致齊三日以齊之。定之之謂齊。齊者精明之至也, 然後可以交於神明也」에 보인다. 즉 "산제 7일로써 마음을 안정시키고, 치제 3일로써 제계하는 것이다. 안정시킴을 齊라 한다. 齊란 정성의 지극한 것이니, 그런 후에 신명과 교류할 수 있는 것이다."라고 하였다.

* 「不茹葷飮酒」

본문과 동일한 의미의 최초 출전은 《莊子》〈人間世〉「顔回曰 .. 回之家貧, 唯不飮酒不茹葷者數月矣。如此則可以爲齋乎?」에 보인다. 즉 "안회가 말하기를 .. '나의 집은 가난하여, 오직 술을 마시지 않고 훈채(파, 마늘, 부추 등 매운 채소)를 먹지 않기를 수개월 동안 하였다. 이와 같다면 재계했다고 할 만하지 않겠는가?'"라고 하였다.

【祭禮章7-6원문】

凡祭主於盡愛敬之誠而已。貧則稱家之有無, 疾則量筋力而行之, 財力可及者, 自當如儀。

【祭禮章7-6음역】

범제주어진애경지성이이. 빈즉칭가지유무, 질즉양근력이행지, 재력가급자, 자당여의.

【祭禮章7-6주석】

1) 凡(범)-문장 전체를 수식하는 부사로 무릇, 모든의 의미이다. 관련 4자성어는 儀表非凡, 擧止不凡 등이 있다.
2) 祭(제)-祭禮, 祭祀를 가리킨다. 대략적으로 하늘과 땅, 신령, 죽은 사람의 영혼 등에 제물을 올리고 공경심을 드러내는 의식을 말한다. 본문에서는 조상에 대한 제사를 가리킨다. 즉 돌아가신 조상을 追慕하고 그 은혜에 대한 보은과 감사를 나타내는 예절이다. 동일한 의미의 최초 출전은 《史記》〈周本紀〉「漢興九十有餘載, 天子將封泰山, 東巡狩至河南, 求周苗裔, 封其後嘉三十里地, 號曰周子南君, 比列侯, 以奉其先祭祀」에 보인다.
3) 主(주)-형용사로 가장 중요한, 가장 기본적인. 관련 4자성어는 獨立自主,

自作主張 등이 있다.

4) 於(어)-어조사이고, ~에, ~에서, ~보다, ~를, ~에게, ~에 대해서, 이에 있어서 등의 의미로 사용되고 于와 동일하다. 본문에서는 뒤의 盡愛敬之誠을 主의 목적어로 만들어 주는 역할을 한다. 관련 4자성어는 靑出於藍, 耿耿於懷 등이 있다.

5) 盡(진)-다하다. 관련 4자성어는 盡心竭力, 盡善盡美 등이 있다.

6) 愛敬(애경)-사랑하고 존경하는 마음. 親愛恭敬의 생략이다. 동일한 의미의 최초 출전은《孝經》〈天下〉「愛敬盡於事親, 而德教加於百姓」에 보인다.

7) 之(지)-~의, ~중에서. 관련 4자성어는 君子之交, 莫逆之友 등이 있다.

8) 誠(성)-정성, 지성. 관련 4자성어는 誠心誠意, 精誠所至 등이 있다.

9) 而已(이이)-~일 뿐이다, ~일 따름이다. 동일한 의미의 최초 출전은《論語》〈里仁〉「夫子之道, 忠恕而已矣」에 보인다.

10) 貧(빈)-가난하다. 관련 4자성어는 貧賤之交, 貧賤不移 등이 있다.

11) 則(즉)-곧, 즉. 관련 4자성어는 以身作則, 有物有則 등이 있다.

12) 稱(칭)-적합, 부합하다. 관련 4자성어는 北面稱臣, 稱心如意 등이 있다.

13) 家(가)-집. 관련 4자성어는 四海爲家, 百家爭鳴 등이 있다. 본문의「稱家」는 전 집안, 擧家, 全家와 동일하다. 동일한 의미의 최초 출전은《尹文子》〈大道上〉「田父稱家大怖, 復以告鄰人」에 보인다.

14) 有無(유무)-일반적으로 재산의 있고 없음. 4자성어 稱家有無는 혼례와 상사를 처리할 때는 지나치게 사치스럽게 또는 지나치게 검약하게 하지 말라는 의미이다. 그러나 본문에서는 재산의 있고 없음에 따라서 적합하게 사용하라는 의미로 사용되었을 개연성이 있다. 동일한 의미의 최초 출전은《禮記》〈檀弓上〉「子游問喪具, 夫子曰 .. 稱家之有亡(無)」에 보인다.

15) 疾(질)-병, 질병. 관련 4자성어는 疾惡如仇, 疾風勁草 등이 있다.

16) 量(양)-헤아리다. 관련 4자성어는 功德無量, 寬宏大量 등이 있다.

17) 筋力(근력)-체력. 동일한 의미의 최초 출전은《禮記》〈曲禮上〉「貧者不以貨財爲禮, 老者不以筋力爲禮」에 보인다.

18) 而(이)-그리고, 그래서, 그러나. 관련 4자성어는 不言而喩, 適可而止 등이 있다.

19) 行(행)-행하다. 관련 4자성어는 謹言愼行, 寸步難行등이 있다.

20) 財力(재력)-재력, 재물. 동일한 의미의 최초 출전은 葛洪(東晉), 《抱朴子》〈詰鮑〉「采難得之寶, 貴奇怪之物, 造無益之器, 恣不已之欲, 非鬼非神, 財力安出哉 ! 」에 보인다.

21) 可及(가급)-이르다, 가능하다. 관련 4자성어는 觸手可及, 愚不可及 등이 있다.

22) 者(자)-사람. 관련 4자성어는 來者不拒, 當局者迷 등이 있다.

23) 自當(자당)-스스로 마땅히. 自然應當의 생략이다. 동일한 의미의 최초 출전은 《東觀漢記》〈鄧禹傳〉「赤眉無谷, 自當來降」에 보인다.

24) 如(여)-의거하다, 따르다. 관련 4자성어는 度日如年, 吉祥如意 등이 있다.

25) 儀(의)-예의 규정. 관련 4자성어는 禮儀之邦, 鳳皇來儀 등이 있다.

【祭禮章7-6국역】

무릇 제사는 사랑하고 존경하는 마음으로 정성을 극진히 하는 것이 가장 중요할 뿐이다. 가난하면 지나치게 사치스럽게 하거나 지나치게 검약하게도 하지 말고, 질병이 있으면 근력을 헤아려 제사를 시행하며, 재물과 힘이 미칠 수 있는 자는 스스로 마땅히 예법규정을 따르면 된다.

【祭禮章7-6解說】

*「盡愛敬之誠而已」

본문과 동일한 의미의 최초 출전은 《論語》〈八佾〉「禮, 與其奢也, 寧儉., 喪, 與其易也, 寧戚」에 잘 나타나 있다. 즉 "예의 방면에서는 맹목적으로 사치를 추구하는 것보다 차라리 검소하고 실제적인 것이 낫고., 喪事를 처리할 때는 형식적으로 엄숙하게 하는 것보다 차라리 진심으로 슬퍼하는 것이 낫다."라고 하였다. 이 구절은 예의 근본목적은 형식에 있지 않고 마음에 있음을 강조하고, 예의를 실행하는 것도 마음의 정성과 공경 여부에 있지 겉으로 나타나는 형식에 있지 않음을 강조한 것이다.

* 「稱家之有無」

칭가지유무는 글자와 단어, 4자성어가 다른 의미를 가지고 있다. 稱은 적합, 부합하다의 의미이다. 稱家는 전 집안을 의미하며 擧家, 全家와 동일하다. 동일한 의미의 최초 출전은 《尹文子》〈大道上〉「田父稱家大怖, 復以告鄰人」에 보인다. 稱家有無는 4자성어이고 원래는 婚姻이나 喪事를 처리할 때는 지나치게 사치스럽게 하거나 지나치게 검약하게도 하지 말라는 의미이다. 그러나 본문에서는 재산의 있고 없음에 따라서 적합하게 사용하라는 의미로 사용되었을 개연성이 있다.

【祭禮章7-7원문】

墓祭、忌祭, 世俗輪行, 非禮也。墓祭則雖輪行, 皆祭于墓上, 猶之可也。忌祭不祭于神主, 而乃祭于紙榜, 此甚未安。雖不免輪行, 須具祭饌, 行于家廟, 庶乎可矣。

【祭禮章7-7음역】

묘제、기제, 세속윤행, 비례야。묘제즉수윤행, 개제우묘상, 유지가야。기제부제우신주, 이내제우지방, 차심미안. 수불면윤행, 수구제찬, 행우가묘, 서호가의.

【祭禮章7-7주석】

1) 墓祭(묘제)-망자의 묘 앞에서 지내는 제사로 경건하게 조상을 공경하는 마음을 나타내는 일종의 문화전통이다. 掃墓와 동일하다. 동일한 의미의

최초 출전은《後漢書》〈明帝紀〉「永平元年春正月, 帝率公卿已下朝於 原陵, 如元會儀」 李賢(唐) 注引《漢官儀》 曰 ..「古不墓祭」에 보인다.

2) 忌祭(기제)-부모님이 돌아가신 4년 후부터 가족들이 돌아가신 날 하루 전 저녁에 제사를 지내는 것으로, 제사 범위는 4대 高祖까지이다. 忌日과 동일하다. 동일한 의미의 최초 출전은《禮記》〈祭義〉「君子生則敬養, 死則敬享, 思終身弗辱也。君子有終身之喪, 忌日之謂也。忌日不用, 非不祥也」에 보인다.
3) 世俗(세속)-당시 사회의 풍속습관. 동일한 의미의 최초 출전은《文子》〈道原〉「矜僞以惑世, 畸行以迷衆, 聖人不以爲世俗」에 보인다.
4) 輪(윤)-차례대로, 돌아가며. 관련 4자성어는 六道輪回, 匹馬只輪 등이 있다.
5) 行(행)-행하다. 관련 4자성어는 三十六行, 行色匆匆 등이 있다.
6) 非禮(비례)-예의가 아니다. 동일한 의미의 최초 출전은《論語》〈顏淵〉「非禮勿視, 非禮勿聽, 非禮勿言, 非禮勿動」에 보인다.
7) 也(야)-조사로 문장 중간에 혹은 문장 끝에 사용한다. 관련 4자성어는 空空如也, 未嘗有也 등이 있다.
8) 則(즉)-곧, 즉. 관련 4자성어는 以身作則, 有物有則 등이 있다.
9) 雖(수)-비록. 관련 4자성어는 雖死猶生, 雖死無悔 등이 있다.
10) 皆(개)-모두. 관련 4자성어는 人人皆知, 全民皆兵 등이 있다.
11) 于(우)-~에, ~으로, 於와 동일하다. 관련 4자성어는 重于泰山, 輕于鴻毛 등이 있다.
12) 墓(묘)-묘소, 묘지. 관련 4자성어는 自掘墳墓, 墓木已拱 등이 있다.
13) 上(상)-위. 관련 4자성어는 高高在上, 上行下效 등이 있다.
14) 猶之(유지)-같다. 如, 同, 像과 동일한 의미이다. 동일한 의미의 최초 출전은《論語》〈堯曰〉「猶之與人也, 出納之吝, 謂之有司」 何晏(曹魏) 集解引 孔安國(西漢) 曰 ..「謂財物俱當與人」에 보인다.
15) 可(가)-가하다, 옳다. 관련 4자성어는 無家可歸, 不可思議 등이 있다.

16) 不(불)-아니다. 부사이고 일반적으로 부정의 의미로 사용된다. 관련 4자성어는 念念不忘, 美中不足 등이 있다.
17) 神主(신주)-돌아가신 조상의 위패를 가리키고, 나무 또는 돌로 만든다. 先主와 동일하다. 동일한 의미의 최초 출전은《後漢書》〈光武帝紀上〉「大司徒鄧禹入長安, 遣府掾奉十一帝神主, 納於高廟」李賢(唐) 注 .. 「神主, 以木爲之, 方尺二寸, 穿中央, 達四方。天子主長尺二寸, 諸侯主長一尺」에 보인다.
18) 而乃(이내)-그리고 이에. 然後와 동일하다. 동일한 의미의 최초 출전은《史記》〈呂不韋列傳〉「乃往見子楚, 說曰 .. 吾能大子之門。子楚笑曰 .. 且自大君之門, 而乃大吾門」에 보인다.
19) 紙榜(지방)-신주를 모시고 있지 않는 집안에서 차례나 제사 때 종이에 써서 神主를 대신하였다. 크기는 대략 神主의 크기와 같이 창호지를 오려서 神主의 분면(粉面 : 분을 바른 앞쪽)에 기록된 격식대로 적어서 제사를 지내고, 제사가 끝나면 祝文과 함께 태워버린다.《家禮》에는 반드시 사당을 세우고 神主를 만드는 것을 원칙으로 하지만 紙榜에 대한 규정은 없다. 紙榜은 아마도 일종의 편법으로 사용되었을 가능성이 크다.
20) 此(차)-이것은. 관련 4자성어는 不分彼此, 果然如此 등이 있다.
21) 甚(심)-매우, 심히. 관련 4자성어는 欺人太甚, 自視甚高 등이 있다.
22) 未安(미안)-한국식 표현으로 마음이 안정되지 못한 상태, 마음이 편안하지 않은 등을 가리킨다. 未能安然의 생략이다. 安의 의미는 泰然, 安寧, 安穩, 安好, 安定과 동일하다. 安然 관련 동일한 의미의 최초 출전은《後漢書》〈馮衍傳上〉「老母諸弟見執於軍, 而邑安然不顧者, 豈非重其節乎？」에 보인다.
23) 不免(불면)-면할 수 없다. 必然, 免不了, 難免과 동일하다. 동일한 의미의 최초 출전은《國語》〈晉語八〉「陽子行廉直於晉國, 不免其身, 其知不足稱也」에 보인다.
24) 須(수)-반드시, 모름지기. 관련 4자성어는 相須而行, 不時之須 등이 있다.

25) 具(구)-갖추다. 관련 4자성어는 獨具慧眼, 形具神生 등이 있다.

26) 祭饌(제찬)-제사 음식. 奠饌과 동일하다. 奠饌 관련 동일한 의미의 최초 출전은 李公佐(唐), 《南柯太守傳》「生哀慟發引, 威儀在途, 男女叫號, 人吏奠饌, 攀轅遮道者不可勝數」에 보인다.

27) 家廟(가묘)-조상과 先賢을 제사지내기 위하여 세운 사당. 고대에는 관직이 있는 사람만 家廟를 세울 수 있었다. 上古 시대에는 宗廟라고 일컬었다. 唐代부터 私廟를 건립하기 시작하였고, 宋代에는 家廟로 명칭을 바꿨다. 동일한 의미의 최초 출전은 趙彦衛(南宋), 《雲麓漫钞》 卷二 「文潞公作家廟, 求得唐 杜岐公旧址」에 보인다.

28) 庶乎(서호)-거의 ~하다. 庶幾乎, 幾乎, 或許, 大概, 近似, 差不多와 동일하다. 동일한 의미의 최초 출전은 柳宗元(唐), 《非國語上》 〈問戰〉 「劌之問洎嚴公之對, 皆庶乎知戰之本也」에 보인다.

29) 矣(의)-조사로 문장 끝에 사용되고 了의 의미와 유사하다. 관련 4자성어는 思過半矣, 至矣盡矣 등이 있다.

【祭禮章7-7국역】

묘제(망자의 묘 앞에서 지내는 제사)와 기제(부모님이 돌아가신 4년 후부터 가족들이 돌아가신 날 하루 전 저녁에 제사를 지내는 것)를 당시 사회의 풍속습관에서는 자손들이 돌아가면서 지내는데, 이것은 예의가 아니다. 묘제는 비록 자손들이 돌아가면서 지내더라도 모두 묘소에서 지내니 오히려 괜찮다. 기제는 신주에 제사지내지 않고 지방(신주를 모시고 있지 않는 집안에서 차례나 제사 때 종이에 써서 신주를 대신하는 것)에 제사를 지내니 이는 매우 마음이 편안하지 못하다. 비록 자손들이 돌아가면서 지내는 것을 면할 수 없더라도, 반드시 제사음식을 갖추고 가묘(조상과 先賢을 제사지내기 위하여 세운 사당)에서 지내는 것이 거의 올바른 것 이다.

【祭禮章7-7解說】

* 「墓祭」와 「忌祭」의 개략적인 절차

1. 묘제

1) 준비-하루 전에 제사를 지내기 위해 몸과 마음을 정갈하게 하는데 이를 재계라고 부른다.
2) 산소 청소-날이 밝으면 산소에 가서 두 번 절한다. 묘역을 세 바퀴 돌며 묘소 주변을 살피고 나쁜 풀이나 나무 등을 제거하는 청소를 하고 두 번 절하고 돌아온다.
3) 進饌(진찬)-묘소 앞에 자리를 깔고 제물을 차린다. 제물은 한꺼번에 올린다. 상석이 있으면 상석에 차린다.
4) 降神(강신)-神位가 강림하시기를 청한다.
5) 參神(참신)-神位에게 절하는 절차로 모두 再拜한다.
6) 初獻(초헌), 亞獻(아헌), 終獻(종헌)-신위에게 복을 비는 술을 세 번 올리는 절차이다. 초헌은 첫 술잔을 드리는 절차이고 아헌은 두 번째 술잔을 드리는 절차이며 종헌은 세 번째 술잔을 드리는 절차이다.
7) 辭神(사신)-신위에게 물러난다고 알리는 절차이다.
8) 撤床(철상)-묘제에 참여한 사람들이 절을 올리고 물러나면 제물을 거둔다.
9) 后土祭(후토제)-토지 신에게 그 은혜에 보답하고자 올리는 제사이다.

2. 기제

1) 降神(강신)-神位가 강림하시기를 청한다.
2) 參神(참신)-神位에게 절하는 절차로 모두 再拜한다.
3) 初獻(초헌), 亞獻(아헌), 終獻(종헌)-신위에게 복을 비는 술을 세 번 올리는 절차이다. 초헌은 첫 술잔을 드리는 절차이고 아헌은 두 번째 술잔을 드리는 절차이며 종헌은 세 번째 술잔을 드리는 절차이다.
4) 添酌(첨작)-이미 올린 술잔에 술을 가득 채우는 절차이다.

5) 侑食(유식)-신위가 식사를 하시는 절차이다. 모두 방에서 나와 꿇어앉고 잠시 기다린다.
6) 進茶(진다)-숭늉을 드린 후 밥을 세 번 떠서 숭늉에 말고 숟가락을 손잡이가 서쪽으로 향하게 걸쳐 놓는다.
7) 肅俟小頃(숙사소경)-잠시 머물렀다가 숭늉에 걸쳐 놓은 숟가락을 거두고 밥뚜껑을 덮는다.
8) 辭神(사신)-신위에게 물러난다고 알리는 절차이고 모두 재배한다.
9) 焚祝(분축)-축문을 불사른다.
10) 撤饌(철찬)-제찬을 거둔다.
11) 飮福(음복)-제수에 쓴 음식 중에서 한 가지를 골고루 나눠먹는다.

【祭禮章7-8원문】

喪祭二禮, 最是人子致誠處也。已沒之親, 不可追養, 若非喪盡其禮, 祭盡其誠, 則終天之痛, 無事可寓, 無時可洩也, 於人子之情, 當如何哉! 曾子曰 .. "愼終追遠, 民德歸厚矣。" 爲人子者, 所當深念也。

【祭禮章7-8음역】

상제이례, 최시인자치성처야. 이몰지친, 불가추양, 약비상진기례, 제진기성, 즉종천지통, 무사가우, 무시가설야, 어인자지정, 당여하재! 증자왈 .. "신종추원, 민덕귀후의。" 위인자자, 소당심념야.

【祭禮章7-8주석】

1) 喪祭(상제)-원래는 葬禮 이후의 祭禮를 가리킨다. 본문에서는 喪禮와 祭禮 2가지를 가리킨다. 동일한 의미의 최초 출전은《禮記》〈檀弓下〉「是日也, 以吉祭易喪祭」에 보인다.

2) 二禮(이례)-원래는 《周禮》와 《儀禮》를 가리킨다. 본문에서는 喪禮와 祭禮 2가지 禮法을 가리킨다. 동일한 의미의 최초 출전은 《禮記正義》〈曲禮上〉「此記二禮之遺闕, 故名禮記」에 보인다.
3) 最是(최시)-가장 ~하다. 最爲, 極是, 極爲와 동일하다. 極爲의 동일한 의미의 최초 출전은 袁宏道(明), 《場屋後記》「東岸之洞, 比西稍減, 而面貌衣摺, 極爲閑逸, 生動如欲語」
4) 人子(인자)-자녀. 동일한 의미의 최초 출전은 《禮記》〈曲禮上〉「凡爲人子之禮, 冬溫而夏凊, 昏定而晨省」에 보인다.
5) 致誠(치성)-정성을 다하다. 동일한 의미의 최초 출전은 韓愈(唐), 〈祭十二郎文〉「乃能銜哀致誠, 使建中遠具時羞之奠, 告汝十二郎之靈」에 보인다.
6) 處(처)-본문에서는 처리하다, 담당하다의 의미이다. 관련 4자성어는 和睦相處, 安身之處 등이 있다.
7) 也(야)-조사로 문장 중간에 혹은 문장 끝에 사용한다. 관련 4자성어는 空空如也, 未嘗有也 등이 있다.
8) 已沒(이몰)-이미 돌아가신. 동일한 의미의 최초 출전은 駱賓王(唐), 〈易水送別〉「昔時人已沒, 今日水猶寒」에 보인다.
9) 之(지)-~의, ~중에서. 관련 4자성어는 君子之交, 莫逆之友 등이 있다.
10) 親(친)-부모, 어버이. 관련 4자성어는 親如手足, 大義滅親 등이 있다.
11) 不可(불가)-할 수 없다. 可(가능, 되다, 적합, 옳다)의 반대 의미이다. 동일한 의미의 최초 출전은 《孫子兵法》〈九變〉「覆軍殺將, 必以五危, 不可不察也」에 보인다.
12) 追養(추양)-망자에게 제사를 지내며 계속해서 효도와 봉양하는 도리를 다함. 동일한 의미의 최초 출전은 《禮記》〈祭統〉「祭者, 所以追養繼孝也」孔穎達(唐) 疏 ..「養者是生時養親, 孝者生時事親, 親今既沒, 設禮祭之, 追生時之養, 繼生時之孝」에 보인다.
13) 若非(약비)-만약 ~이 아니면. 如果不是, 要不是와 동일하다. 동일한 의미의 최초 출전은 《後漢書》〈卓茂傳〉「若非公馬, 幸至丞相府歸我」에 보인

다. 본문의 「若非喪盡其禮, 祭盡其誠」은 한문의 어법상 若不盡其禮於喪, 其誠於祭로 표현하는 것이 올바르다.

14) 喪(상)-사망자를 애도하며 장사지내는 예의, 상례, 잃다. 관련 4자성어는 喪家之狗, 玩物喪志 등이 있다.

15) 盡(진)-다하다. 관련 4자성어는 盡心竭力, 盡善盡美 등이 있다.

16) 其(기)-지시대명사로 이, 그, 저 등을 가리킨다. 관련 4자성어는 若無其事, 不計其數 등이 있다.

17) 禮(예)-중국 고대의 등급 사회 속에서 상호간의 행위준칙 및 도덕규범을 가리킨다. 관련 4자성어는 禮尙往來, 克己復禮 등이 있다. 非禮는 상호간의 행위준칙 및 도덕규범에 부합하지 않는 행동을 가리킨다. 禮와 非禮에 대한 동일한 의미의 최초 출전은 《論語》〈先進〉「如其禮樂, 以俟君子」 및 《論語》〈顔淵〉「子曰 .. 克己復禮爲仁。一日克己復禮, 天下歸仁焉。爲仁由己, 而由人乎哉? 顔淵曰 .. 請問其目? 子曰 .. 非禮勿視, 非禮勿聽, 非禮勿言, 非禮勿動」에 보인다.

18) 祭(제)-祭禮, 祭祀를 가리킨다. 대략적으로 하늘과 땅, 신령, 죽은 사람의 영혼 등에 제물을 올리고 공경심을 드러내는 의식을 말한다. 본문에서는 조상에 대한 제사를 가리킨다. 즉 돌아가신 조상을 追慕하고 그 은혜에 대한 보은과 감사를 나타내는 예절이다. 祭祀 관련 동일한 의미의 최초 출전은 《史記》〈周本紀〉「漢興九十有餘載, 天子將封泰山, 東巡狩至河南, 求周苗裔, 封其後嘉三十里地, 號曰周子南君, 比列侯, 以奉其先祭祀」에 보인다.

19) 誠(성)-정성, 지성. 관련 4자성어는 誠心誠意, 精誠所至 등이 있다. 본문의 「喪盡其禮, 祭盡其誠」의 동일한 의미의 최초 출전은 《論語》〈學而〉「曾子曰 .. 愼終追遠, 民德歸厚矣」 朱熹(南宋)《論語集註》 .. 「愼終者, 喪盡其禮, 追遠者, 祭盡其誠」에 보인다.

20) 終天(종천)-평생. 終身과 동일하다. 동일한 의미의 최초 출전은 陶潛(西晉), 〈祭程氏妹文〉「如何一往, 終天不返！」에 보인다. 본문의 「終天之痛」

은 부모의 喪을 가리킨다. 동일한 의미의 최초 출전은 朱熹(南宋), 〈令人羅氏墓表〉「士侄兄弟生不及養, 已負終天之痛矣」에 보인다.

21) 痛(통)-슬픔, 비통함. 관련 4자성어는 痛哭流涕, 痛之入骨 등이 있다.

22) 無事(무사)-~할 일이 없다. 동일한 의미의 최초 출전은《禮記》〈王制〉「天子無事, 與諸侯相見, 曰朝」 鄭玄(東漢) 注 ..「事謂征伐」에 보인다.

23) 可(가)-가하다, 옳다. 관련 4자성어는 無家可歸, 不可思議 등이 있다.

24) 寓(우)-(어버이를 잃은 애통함을 다른 곳에)의탁하다. 관련 4자성어는 寓意深長, 寄興寓情 등이 있다.

25) 無時(무시)-~할 때가 없다. 동일한 의미의 최초 출전은《儀禮》〈既夕禮〉「哭晝夜無时」 鄭玄(東漢) 注 ..「哀至則哭, 非必朝夕」에 보인다.

26) 可洩(가설)-(어버이를 잃은 애통함을)해소하다. 동일한 의미의 최초 출전은《黃帝内經》〈熱論〉第三十一「未滿三日者, 可汗而已., 其滿三日者, 可洩而已」에 보인다.

27) 於(어)-어조사이고, ~에, ~에서, ~보다, ~를, ~에게, ~에 대해서, 이에 있어서 등의 의미로 사용되고 于와 동일하다. 관련 4자성어는 青出於藍, 耿耿於懷 등이 있다.

28) 情(정)-뜻, 생각. 관련 4자성어는 情投意合, 手足之情 등이 있다.

29) 當(당)-마땅히. 관련 4자성어는 老當益壯, 以一當十 등이 있다.

30) 如何(여하)-어떻게, 조치하다. 奈何, 對付, 措置와 동일하다. 동일한 의미의 최초 출전은《易經》〈小過〉「飛鳥以凶, 不可如何也」에 보인다.

31) 哉(재)-감탄, 의문, 반문 등을 나타내는 조사로 啊와 동일하다. 관련 4자성어는 嗚呼哀哉,
何足道哉 등이 있다.

32) 曾子(증자)-曾子(B.C.505-B.C.435)의 姓은 姒이고 曾氏이며 이름은 参이고 字는 子輿이다. 曾点의 아들이고 공자의 제자 중에서 72賢의 하나이고 孔廟 4配 중의 하나이며 儒家學派의 대표인물 중의 하나이다. 후세에 儒學의 5대 聖人 중의 하나인 宗聖으로 일컬어졌다. 春秋 말년의 思想家

로서 愼獨의 修養觀과 孝를 근본으로 하는 孝道觀으로 후세에 깊은 영향을 끼쳤다. 학문으로는《論語》편찬에 참여하였고,《大學》,《孝經》,《曾子十篇》 등을 저술하였다고 전해진다.

33) 曰(왈)-말하다. 관련 4자성어는 美其名曰, 子曰詩云 등이 있다.

34) 愼終(신종)-장례를 치를 때 극진히 예를 다함. 동일한 의미의 최초 출전은《論語》〈學而〉「曾子曰 .. 愼終追遠, 民德歸厚矣」에 보인다.

35) 追遠(추원)-제사를 지낼 때 경건히 조상을 추모함. 동일한 의미의 최초 출전은 위와 동일하다.

36) 民德(민덕)-민중의 도덕. 동일한 의미의 최초 출전은《書經》〈君奭〉「公曰 .. 嗚呼！ 君惟乃知民德, 亦罔不能厥初, 惟其終」

37) 歸厚(귀후)-백성의 성품이 충성스럽고 도탑게 되다. 동일한 의미의 최초 출전은《論語》〈學而〉「曾子曰 .. 愼終追遠, 民德歸厚矣」에 보인다.

38) 矣(의)-조사로 문장 끝에 사용되고 了의 의미와 유사하다. 관련 4자성어는 思過半矣, 至矣盡矣 등이 있다.

39) 爲(위)-되다. 관련 4자성어는 一言爲定, 助人爲樂 등이 있다.

40) 者(자)-사람. 관련 4자성어는 來者不拒, 當局者迷 등이 있다.

41) 所當(소당)-마땅히 ~할 바. 동일한 의미의 최초 출전은《史記》〈項羽本紀〉「吾知公長者, 吾騎此馬五歲, 所當無敵, 嘗一日行千里, 不忍殺之, 以賜公」에 보인다.

42) 深念(심념)-깊이 생각하다. 深深思考와 동일하다. 동일한 의미의 최초 출전은《漢書》〈孝宣王皇后傳〉「孝宣王皇后, 朕之姑, 深念奉質共脩之義, 恩結于心」에 보인다.

【祭禮章7-8국역】

상례와 제례 2가지 예법은 자식으로서 가장 정성을 다해서 처리해야 할 곳이다. 이미 돌아가신 어버이는 계속해서 효도와 봉양하는 도리를 다해서 받들어 모실 수 없으니, 만약 망자를 애도하며 장사지내는 상례에 그 예의를 다하지 않고 제사에 그 정성을 다하지 않는다면, 부모의 상을 당해서는 어버이를 잃은 애통함을 다른 곳에 의탁할 수 있는 일이 없고 그 슬픔을 해소할 때가 없으니, 자식 된 심정으로 마땅히 어떻게 해야 하겠는가! 증자가 말하기를 .. "장례를 치를 때 극진히 예를 다하고 제사를 지낼 때 경건히 조상을 추모하면, 민중의 도덕과 성품이 충성스럽고 도탑게 된다."라고 하였다. 자식 된 자가 마땅히 깊이 생각해야 할 바이다.

【祭禮章7-8解說】

*「終天之痛」

終天은 終身과 동일하고 일생, 한평생의 의미이다. 종천지통은 부모를 잃은 슬픔을 가리킨다. 동일한 의미의 최초 출전은 朱熹(南宋), 〈令人羅氏墓表〉「士佺兄弟生不及養, 已負終天之痛矣」에 보인다. 참고로 한국에서는 임금 혹은 아버지(어버이)를 잃은 슬픔은 天崩之痛 ; 남편을 잃은 슬픔은 崩城之痛 ; 아내를 잃은 슬픔은 叩盆之痛 ; 형제를 잃은 슬픔은 割半之痛 ; 자식을 잃은 슬픔은 喪明之痛 등을 사용한다. 참고로 天崩之痛, 割半之痛은 합당한 출전을 찾지 못했다. 그 외에 중국에서는 부모를 잃은 슬픔은 風木之悲, 如喪考妣 ; 남편을 잃은 슬픔은 崩城之哭 ; 아내를 잃은 슬픔은 叩盆之戚과 喪妻之痛 ; 자식을 잃은 슬픔은 喪明之痛, 西河之痛, 痛抱西河, 抱痛西河 등을 주로 사용한다.

【祭禮章7-9원문】

今俗多不識禮, 其行祭之儀, 家家不同, 甚可笑也。若不一裁之以禮, 則終不免紊亂無序, 歸於夷虜之風矣。玆鈔祭禮, 附錄于後, 且爲之圖, 須詳審倣行, 而若父兄不欲, 則當委曲陳達, 期於歸正。

【祭禮章7-9음역】

금속다불식례, 기행제지의, 가가부동, 심가소야. 약불일재지이례, 즉종불면문란무서, 귀어이로지풍의. 자초제례, 부록우후, 차위지도, 수상심방행, 이약부형불욕, 즉당위곡진달, 기어귀정.

【祭禮章7-9주석】

1) 今俗(세속)-현재 풍속. 동일한 의미의 최초 출전은 賈誼(西漢), 《新書》〈時變〉「今俗侈靡, 以出相驕, 出倫踰等, 以富過其事相竟」에 보인다.
2) 多(다)-대부분. 관련 4자성어는 多多益善, 多才多藝(能) 등이 있다.
3) 不(불)-아니다. 부사이고 일반적으로 부정의 의미로 사용된다. 관련 4자성어는 念念不忘, 美中不足 등이 있다.
4) 識(식)-알다. 관련 4자성어는 目不識丁, 不識時務 등이 있다.
5) 禮(예)-중국 고대의 등급 사회 속에서 상호간의 행위준칙 및 도덕규범을 가리킨다. 관련 4자성어는 禮尙往來, 克己復禮 등이 있다. 非禮는 상호간의 행위준칙 및 도덕규범에 부합하지 않는 행동을 가리킨다. 禮와 非禮에 대한 동일한 의미의 최초 출전은《論語》〈先進〉「如其禮樂, 以俟君子」및《論語》〈顔淵〉「子曰 .. 克己復禮爲仁。一日克己復禮, 天下歸仁焉。爲仁由己, 而由人乎哉? 顔淵曰 .. 請問其目? 子曰 .. 非禮勿視, 非禮勿聽, 非禮勿言, 非禮勿動」에 보인다.
6) 其(기)-지시대명사로 이, 그, 저 등을 가리킨다. 관련 4자성어는 若無其事, 不計其數 등이 있다.
7) 行(행)-거행하다. 行祭는 제사 의례를 거행하다이고, 行收祭禮의 생략이다. 관련 4자성어는 行不從徑, 行而未成 등이 있다.
8) 祭(제)-祭禮, 祭祀를 가리킨다. 대략적으로 하늘과 땅, 신령, 죽은 사람의 영혼 등에 제물을 올리고 공경심을 드러내는 의식을 말한다. 본문에서는 조상에 대한 제사를 가리킨다. 즉 돌아가신 조상을 追慕하고 그 은혜에 대한 보은과 감사를 나타내는 예절이다. 祭祀 관련 동일한 의미의 최초

출전은《史記》〈周本紀〉「漢興九十有餘載, 天子將封泰山, 東巡狩至河南, 求周苗裔, 封其後嘉三十里地, 號曰周子南君, 比列侯, 以奉其先祭祀」에 보인다.

9) 之(지)-~의, ~중에서. 관련 4자성어는 君子之交, 莫逆之友 등이 있다.
10) 儀(의)-예의 규정. 관련 4자성어는 禮儀之邦, 鳳皇來儀 등이 있다.
11) 家家(가가)-집집마다. 每户, 家家户户와 동일하다. 동일한 의미의 최초 출전은《漢書》〈趙廣漢傳〉「其後彊宗大族家家結爲仇讎, 姦黨散落, 風俗大改」에 보인다.
12) 不同(부동)-서로 다르다. 不相同, 不一様과 동일하다. 동일한 의미의 최초 출전은 蕭統(南朝,梁),《文選》〈上書重諫吳王〉「秦卒擒六國, 滅其社稷, 而并天下是何也。則地利不同, 而民輕重不等也」에 보인다.
13) 甚(심)-매우, 심하다. 관련 4자성어는 欺人太甚, 自視甚高 등이 있다.
14) 可笑(가소)-사람들로 하여금 비웃게 하다. 嘲笑와 동일하다. 동일한 의미의 최초 출전은 顏之推(北齊~隋),《顏氏家訓》〈勉學〉「若有知吾鍾之不調, 一何可笑」에 보인다.
15) 也(야)-조사로 문장 중간에 혹은 문장 끝에 사용한다. 관련 4자성어는 空空如也, 未嘗有也 등이 있다.
16) 若不(약불)-만약 ~이 아니라면. 若非, 如果不是, 要不是와 동일하다. 동일한 의미의 최초 출전은《左傳》哀公二十九年「若不諫, 吾將何以事君 ?」에 보인다.
17) 一裁(일재)-동일하게 禮法으로 제재(통일)하다. 동일한 의미의 최초 출전은《新唐書》〈歸崇敬傳〉「教授法, 學生謁師, 摯用服脩一束, 酒一壺, 衫布一裁, 色如師所服」에 보인다.
18) 以(이)-~함으로써. 관련 4자성어는 一以貫之, 夢寐以求 등이 있다.
19) 則(즉)-곧, 즉. 관련 4자성어는 以身作則, 有物有則 등이 있다.
20) 終(종)-끝내. 관련 4자성어는 始終如一, 終身大事 등이 있다.
21) 不免(불면)-면하지 못하다. 必然, 免不了와 동일하다. 동일한 의미의 최

초 출전은《國語》〈晉語八〉「陽子行廉直於 晉國, 不免其身, 其知不足稱也」에 보인다.

22) 紊亂(문란)-문란. 동일한 의미의 최초 출전은 元結(唐), 〈乞免官歸隱表〉「臣常恐荒浪, 失於禮法, 自逸山澤, 豫於生類, 今穢污台省, 紊亂時憲, 此過臣才分, 近於禍辱者矣」에 보인다.

23) 無序(무서)-질서(순서)가 없다. 동일한 의미의 최초 출전은 王羲之(北宋), 〈蘭亭集序〉「蘭亭花無序, 此後莫相離」에 보인다.

24) 歸(귀)-돌아가다. 관련 4자성어는 無家可歸, 落葉歸根 등이 있다.

25) 於(어)-어조사이고, ~에, ~에서, ~보다, ~를, ~에게, ~에 대해서, 이에 있어서 등의 의미로 사용되고 于와 동일하다. 관련 4자성어는 青出於藍, 耿耿於懷 등이 있다.

26) 夷虜(이로)-夷는 고대 중국 동방에 거주하는 종족을 가리킨다. 虜는 고대 중국 북방에 거주하는 종족을 가리킨다. 夷虜는 점차 중국 중원의 漢族을 제외한 사방의 이민족을 가리키고, 문화적으로 낮은 수준의 종족을 멸시하여 부르는 칭호로 사용되었다. 즉 주변 이민족을 가리킨다. 동일한 의미의 최초 출전은 王實甫(元), 〈破窯记一〉「爾以貧富而棄骨肉, 婚嫁而論財禮, 乃夷虜之道也。古者男女之俗, 各擇德焉, 不以其財爲禮」에 보인다.

27) 風(풍)-풍속. 관련 4자성어는 滿面春風, 呼風喚雨 등이 있다.

28) 玆(자)-이에, 여기에. 관련 4자성어는 玆事體大, 念玆在玆 등이 있다.

29) 鈔(초)-기록하다, 쓰다. 관련 4자성어는 露鈔雪纂, 掐尖落鈔 등이 있다.

30) 祭禮(제례)-제사 의례를 가리킨다. 동일한 의미의 최초 출전은《禮記》〈檀弓上〉「祭禮與其敬不足而禮有餘也, 不若禮不足而敬有餘也」에 보인다.

31) 附錄(부록)-부록. 본문의 뒤쪽에 본문과 관계있는 글이나 참고자료를 보충한 부분을 가리킨다. 동일한 의미의 최초 출전은 胡應麟(明), 《少室山房筆叢》〈經籍會通二〉「二酉山房記, 王長公爲余藏書室作者, 今附録此云」에 보인다.

32) 于(우)-~에, ~으로, 於와 동일하다. 관련 4자성어는 重于泰山, 輕于鴻毛

등이 있다.

33) 後(후)-뒤, 나중에. 관련 4자성어는 先禮後兵, 後生可畏 등이 있다.

34) 且(차)-또. 관련 4자성어는 苟且偷生, 死且不虧 등이 있다.

35) 爲之(위지)-그것을 위하여. 동일한 의미의 최초 출전은《道德經》第六十四章「爲之于未有, 治之于未亂」에 보인다.

36) 圖(도)-그림. 관련 4자성어는 大展宏圖, 救亡圖存 등이 있다.

37) 須(수)-반드시, 모름지기. 관련 4자성어는 相須而行, 不時之須 등이 있다.

38) 詳審(상심)-상세히 살피다. 동일한 의미의 최초 출전은 王充(東漢),《張衡》〈問孔〉「夫賢聖下筆造文, 用意詳審, 尙未可謂盡得實., 況倉卒吐音, 安能皆是?」에 보인다.

39) 倣行(방행)-본받아 행하다. 仿照實行의 생략이다. 동일한 의미의 최초 출전은 張鎡(南宋),〈曉出海會過新溪渡〉「喧喧人詰倣行裝, 廣殿燈寒暗古廊」에 보인다.

40) 而(이)-그리고, 그래서, 그러나. 관련 4자성어는 不言而喩, 適可而止 등이 있다.

41) 若(약)-만약. 관련 4자성어는 若隱若現, 泰然自若 등이 있다.

42) 父兄(부형)-아버지와 형님, 즉 어른들을 가리킨다. 동일한 의미의 최초 출전은《三國志》〈周瑜傳〉「將軍以神武雄才, 兼仗父兄之烈, 割據江東, 地方數千里, 兵精足用, 英雄樂業, 尙當橫行天下, 爲漢家除殘去穢」에 보인다.

43) 不欲(불욕)-바라지 말아야 할 것, 하고자 하지 않으면. 동일한 의미의 최초 출전은《孟子》〈盡心章句上〉「無爲其所不爲, 無欲其所不欲」에 보인다.

44) 委曲(위곡)-상세히 서술하다. 詳悉, 詳述과 동일하다. 동일한 의미의 최초 출전은 鮑照(南朝 宋),〈代升天行〉「備聞十帝事, 委曲兩都情」에 보인다.

45) 陳達(진달)-설명하여 전달하다. 陳說轉達의 생략이다. 동일한 의미의 최초 출전은 裵鉶(唐)《傳奇》〈孫恪〉「不幸衝突, 頗益慙駭。幸望陳達于小娘子」에 보인다.

46) 期(기)-희망하다, 바라다. 부사로 사용될 경우에는 반드시의 의미이고

必, 必定, 一定과 동일하다. 관련 4자성어는 後會有期, 不期而遇 등이 있다.
47) 歸正(귀정)-바른 도리로 돌아가다. 동일한 의미의 최초 출전은《後漢書》〈儒林傳論〉「故人識君臣父子之綱, 家知違邪歸正之路」에 보인다.

【祭禮章7-9국역】

현재 풍속은 대부분이 예를 알지 못해서 그 제사 의례를 거행하는 것이 집집마다 서로 달라서 매우 사람들로 하여금 비웃음을 사게 되었다. 만약 동일하게 예법으로 제재(통일)하지 못하면 끝내 문란하고 질서가 없어서 주변 이민족의 미개한 풍속으로 돌아감을 면치 못할 것이다. 이에 제사 의례를 기록하여 뒤에 부록으로 두었고 또 그것을 위하여 그림으로도 그렸으니 반드시 상세히 살피고 본받아 행해야 한다. 그러나 만약 아버지와 형님 등 어른들이 예법대로 하고자 하지 않으면, 마땅히 상세히 설명하고 전달해서 바른 도리로 돌아가기를 희망해야 할 것이다.

【祭禮章7-9解說】

*「夷虜」

이로의 夷는 고대 중국 山東과 淮河 중하류에 거주하는 종족이고, 중국의 동쪽에 거주해서 東夷라고 일컬었다. 동이는 점차 번성하여 9개의 집단으로 확대되어 9夷(畎夷, 于夷, 方夷, 黃夷, 白夷, 赤夷, 玄夷, 風夷, 陽夷) 부락연맹을 형성하게 되었다. 동일한 의미의 최초 출전은《論語》〈子罕〉「子欲居九夷」何晏(曹魏),《論語集解》引 馬融(東漢) 曰 ..「東方之夷有九種」에 보인다. 虜는 고대 중국 서북방에 거주하는 종족으로 주로 羌虜라고 일컫는다. 결론적으로 이로는 점차 중국 중원의 漢族을 제외한 사방의 이민족(東夷, 西戎, 南蠻, 北狄)을 가리키고, 夷虜, 夷狄, 戎狄, 蠻戎, 胡虜 등 복합적으로 사용되어 비교적 문화적으로 낮은 수준의 종족을 멸시하여 부르는 칭호로 사용되었다.

第八, 居家章

가정에서 생활하는 방법

凡居家, 當謹守禮法, 以率妻子及家衆。分之以職, 授之以事, 而責其成功。制財用之節, 量入而爲出, 稱家之有無, 以給上下之衣食, 及吉凶之費, 皆有品節, 而莫不均一。裁省冗費, 禁止奢華, 常須稍存贏餘, 以備不虞。

冠婚之制, 當依家禮, 不可苟且從俗。

兄弟同受父母遺體, 與我如一身, 視之當無彼我之間, 飮食衣服有無, 皆當共之。設使兄飢而弟飽, 弟寒而兄溫, 則是一身之中, 肢體或病或健也, 身心豈得偏安乎! 今人兄弟不相愛者, 皆緣不愛父母故也。若有愛父母之心, 則豈可不愛父母之子乎! 兄弟若有不善之行, 則當積誠忠諫, 漸喩以理, 期於感悟, 不可遽加厲色拂言, 以失其和也。

今之學者, 外雖矜持, 而內鮮篤實。夫婦之間, 衽席之上, 多縱情慾, 失其威儀。故夫婦不相昵狎, 而能相敬者甚少, 如是而欲修身正家, 不亦難乎! 必須夫和而制以義, 妻順而承以正, 夫婦之間, 不失禮敬, 然後家事可治也。若從前相狎, 而一朝遽欲相敬, 其勢難行, 須是與妻相戒, 必去前習, 漸入於禮可也。妻若見我發言持身, 一出於正, 則必漸相信而順從矣。

生子自稍有知識時, 當導之以善。若幼而不敎, 至於旣長, 則習非放心, 敎之甚難, 敎之之序, 當依小學。大抵一家之內, 禮法興行, 簡編筆墨之外, 無他雜技, 則子弟亦無外馳畔學之患矣。兄弟之子, 猶我子也, 其愛之, 其敎之, 當均一, 不可有輕重厚薄也。

婢僕代我之勞, 當先恩而後威, 乃得其心。君之於民, 主之於僕, 其理一也。君不恤民則民散, 民散則國亡, 主不恤僕則僕散, 僕散則家敗, 勢所必至。其於婢僕, 必須軫念飢寒, 資給衣食, 使得其所。而有過惡, 則先須勤勤敎誨, 使之改革。敎之不改, 然後乃施楚撻, 使其心, 知厥主之楚撻, 出於敎誨, 而非所以憎嫉。然後可使改心革面矣。

治家當以禮法, 辨別內外, 雖婢僕, 男女不可混處。男僕非有所使令, 則不可輒入內, 女僕皆當使有定夫, 不可使淫亂, 若淫亂不止者, 則當黜使別居, 毋令汚穢家風。婢僕當令和睦, 若有鬪鬩喧噪者, 則當痛加禁制。

君子憂道, 不當憂貧。但家貧無以資生, 則雖當思救窮之策, 亦只可免飢寒而已, 不可存居積豊足之念, 且不可以世間鄙事, 留滯于心胸之間。古之隱者, 有織屨而食者、樵漁而活者、植杖而耘者, 此等人, 富貴不能動其心。故能安於此, 若有較利害計豊約之念, 則豈不爲心術之害哉! 學者要須以輕富貴、守貧賤爲心。

居家貧窶, 則必爲貧窶所困, 失其所守者多矣。學者正當於此處用功。古人曰 .. "窮視其所不爲, 貧視其所不取。" 孔子曰 .. "小人窮斯濫矣。" 若動於貧窶, 而不能行義, 則焉用學問爲哉!

凡辭受取與之際, 必精思義與非義, 義則取之, 不義則不取, 不可毫髮放過。若朋友, 則有通財之義, 所遺皆當受, 但我非乏而遺以米布, 則不可受也。其他相識者, 則只受其有名之饋, 而無名則不可受也。所謂有名者, 賻喪、贐行、婚禮、周飢乏之類是也。若是大段惡人, 心所鄙惡者, 則其饋雖有名, 受之心必不安, 心不安, 則不可抑而受之也。孟子曰 .. "無爲其所不爲, 無欲其所不欲。此是行義之法也。

中朝則列邑之宰, 有私俸, 故推其餘, 可以周人之急矣。我國則守令, 別無私俸, 只以公穀, 應日用之需, 而若私與他人, 則不論多少, 皆有罪譴, 甚則至於犯贓, 受者亦然。爲士而受守令之饋, 則是乃犯禁也。古者入國而問禁, 則居其國者, 豈可犯禁乎! 守令之饋, 大抵難受, 若私與官庫之穀, 則不論人之親疏, 名之有無, 物之多寡, 皆不可受也(若分厚邑宰, 以衙中私財周急, 則或可受也)。

【居家章8-1원문】

凡居家, 當謹守禮法, 以率妻子及家衆。分之以職, 授之以事, 而責其成功。制財用之節, 量入而爲出, 稱家之有無, 以給上下之衣食, 及吉凶之費, 皆有品節, 而莫不均一。裁省冗費, 禁止奢華, 常須稍存贏餘, 以備不虞。

【居家章8-1음역】

범거가, 당근수예법, 이솔처자급가중. 분지이직, 수지이사, 이책기성공. 제재용지절, 양입이위출, 칭가지유무, 이급상하지의식, 급길흉지비, 개유품절, 이막불균일. 재생용비, 금지사화, 상수초존영여, 이비불우.

【居家章8-1주석】

1) 凡(범)-문장 전체를 수식하는 부사로 무릇, 모든의 의미이다. 관련 4자성어는 儀表非凡, 擧止不凡 등이 있다.
2) 居家(거가)-가정생활. 동일한 의미의 최초 출전은《孝經》〈廣揚名章〉「君子之事親孝, 故忠可移于君., 事兄悌, 故順可移于長., 居家理, 故治可移於官」에 보인다.
3) 當(당)-마땅히. 관련 4자성어는 老當益壯, 以一當十 등이 있다.
4) 謹守(근수)-신중히 지키다. 謹愼守護의 생략이다. 동일한 의미의 최초 출전은《晏子春秋》〈諫下三〉「景公樹竹, 令吏謹守之」에 보인다.
5) 禮法(예법)-예의와 법도. 동일한 의미의 최초 출전은《商君書》〈更法〉「及至禹､湯､盤庚､武丁, 各當時而立法, 因事而制禮, 禮法以時而定, 制令各順其宜」에 보인다.
6) 以(이)-~함으로써. 관련 4자성어는 一以貫之, 夢寐以求 등이 있다.
7) 率(솔)-거느리다. 관련 4자성어는 率土之濱, 百獸率舞 등이 있다.
8) 妻子(처자)-2가지 의미가 있다. 첫째, 자신의 부인을 가리킨다. 둘째, 부인과 자식을 가리킨다. 동일한 의미의 최초 출전은《孟子》〈梁惠王上〉

「是故明君制民之產, 必使仰足以事父母, 俯足以畜妻子」에 보인다. 본문에서는 둘째의 의미이다.

9) 及(급)-이르를, 및. 관련 4자성어는 後悔莫及, 推己及人 등이 있다.
10) 家衆(가중)-집안의 여러 사람들. 동일한 의미의 최초 출전은 馮夢龍(明), 《東周列國志》 第三六回 「呂大夫守住前門, 郤大夫守住後門, 我領家衆據朝門, 以遏救火之人」에 보인다.
11) 分(분)-나누다. 관련 4자성어는 四分五裂, 不分彼此 등이 있다.
12) 之(지)-그것. 즉 之는 대명사로서 본문에서는 그들을 가리킨다. 관련 4자성어는 君子之交, 莫逆之友 등이 있다.
13) 職(직)-직분, 직책. 관련 4자성어는 各有所職, 各司其職 등이 있다.
14) 授(수)-주다. 관련 4자성어는 見危授命, 應天授命 등이 있다.
15) 事(사)-일, 섬기다. 관련 4자성어는 平安無事, 好事多磨(魔), 好事多阻) 등이 있다.
16) 而(이)-그리고, 그래서, 그러나. 관련 4자성어는 不言而喩, 適可而止 등이 있다.
17) 責(책)-요구하다, 바라다. 관련 4자성어는 匹夫有責, 循名責實 등이 있다.
18) 其(기)-지시대명사로 이, 그, 저 등을 가리킨다. 관련 4자성어는 若無其事, 不計其數 등이 있다.
19) 成功(성공)-일을 성취하다. 成就功業(사업)의 생략이다. 동일한 의미의 최초 출전은 《書經》 〈禹貢〉 「禹錫玄圭, 告厥成功」에 보인다.
20) 制(제)-주관하다. 관련 4자성어는 先發制人, 以夷制夷 등이 있다.
21) 財用(재용)-재물의 소비. 동일한 의미의 최초 출전은 《管子》 〈重令〉 「民不務經產, 則倉廩空虛, 財用不足」에 보인다.
22) 節(절)-조절하다. 관련 4자성어는 節哀順變, 節外生枝 등이 있다.
23) 量入爲出(양입위출)-수입의 많고 적음에 근거하여 지출의 한도를 결정하는 것. 동일한 의미의 최초 출전은 《禮記》 〈王制〉 「冢宰制國用, 必于歲之杪。五穀皆入, 然後制國用。用地大小、視年之豊耗, 以三十年之通制國用

量入以爲出」에 보인다.

24) 稱(칭)-적합, 부합하다. 관련 4자성어는 北面稱臣, 稱心如意 등이 있다.

25) 家(가)-집. 관련 4자성어는 四海爲家, 百家爭鳴 등이 있다. 본문의 「稱家」는 전 집안, 擧家, 全家와 동일하다. 동일한 의미의 최초 출전은 《尹文子》〈大道上〉「田父稱家大怖, 復以告鄰人」에 보인다.

26) 有無(유무)-일반적으로 재산의 있고 없음. 4자성어 稱家有無는 혼례와 상사를 처리할 때는 지나치게 사치스럽게 또는 지나치게 검약하게 하지 말라는 의미이다. 그러나 본문에서는 재산의 있고 없음에 따라서 적합하게 사용하라는 의미로 사용되었을 개연성이 있다. 동일한 의미의 최초 출전은 《禮記》〈檀弓上〉「子游問喪具, 夫子曰 .. 稱家之有亡(無)」에 보인다.

27) 給(급)-지급하다. 관련 4자성어는 自給自足, 家給民足 등이 있다.

28) 上下(상하)-윗사람과 아랫사람. 동일한 의미의 최초 출전은 《書經》〈周官〉「宗伯掌邦禮, 治神人, 和上下」 孔穎達(唐) 傳 .. 「和上下尊卑等列」에 보인다.

29) 衣食(의식)-입을 것과 먹을 것, 즉 생계를 가리킨다. 동일한 의미의 최초 출전은 《管子》〈牧民〉「倉廩實而知禮節, 衣食足而知榮辱」에 보인다.

30) 吉凶(길흉)-길한 일과 흉한 일. 동일한 의미의 최초 출전은 《周禮》〈天府〉「凡吉凶之事, 祖廟之中, 沃盥, 執燭」 鄭玄(東漢) 注 .. 「吉事, 四時祭也., 凶事, 后王喪」

31) 費(비)-비용. 관련 4자성어는 枉費日月, 毫不費力 등이 있다.

32) 皆(개)-모두. 관련 4자성어는 人人皆知, 全民皆兵 등이 있다.

33) 有(유)-있다. 동사이고 無, 沒과 반대이다. 관련 4자성어는 有始無終, 一無所有 등이 있다.

34) 品節(품절)-등급과 차례에 따라 차등을 두고 조절하다. 동일한 의미의 최초 출전은 朱熹(南宋), 《家禮》〈通禮一〉「凡爲家長, 必謹守禮法, 以御羣子弟及家衆。分之以職(謂使之掌倉廩、廐庫、庖廚、舍業、田園之類), 授之以事(謂朝夕所幹 及非常之事), 而責其成功。制財用之節, 量入以爲出, 稱家

之有無, 以給上下之衣食, 及吉凶之費, 皆有品節, 而莫不均壹。裁省冗費, 禁止奢華, 常須稍存贏餘, 以備不虞」에 보인다.

35) 莫不(막불)-~하지 않음이 없다. 無不, 莫非와 동일하다. 동일한 의미의 최초 출전은《詩經》〈時邁〉「薄言震之, 莫不震疊」에 보인다.

36) 均一(균일)-균등하게 나누다. 均壹과 동일하다. 동일한 의미의 최초 출전은《詩經》〈鳲鳩序〉「鳲鳩刺不壹也。在位無君子, 用心之不壹也」 孔穎達(唐) 疏 ..「在位之人, 旣用心不壹, 故經四章皆美用心均壹之人, 擧善以駁時惡」에 보인다.

37) 裁省(재성)-삭감하고 절약하다. 동일한 의미의 최초 출전은 袁宏(東晉),《後漢紀》〈順帝紀下〉「訪之羣司, 知當受虛誕之辜, 唯加裁省」에 보인다.

38) 冗費(용비)-쓸데없는 비용. 동일한 의미의 최초 출전은《新唐書》〈康日知傳〉「承訓罷冗费, 市馬益軍, 軍乃奮張」에 보인다.

39) 禁止(금지)-금지하다. 禁令制止의 생략이다. 동일한 의미의 최초 출전은《管子》〈明法〉「人主者, 擅生殺, 處威勢, 操令行禁止之柄以御羣臣」에 보인다.

40) 奢華(사화)-사치하고 호화스럽게. 奢侈浮華의 생략이다. 동일한 의미의 최초 출전은 馬致遠(元),《新水令》〈四時湖水鏡無瑕套〉「雄宴賞, 聚奢華。人不奢華, 山景本無階」에 보인다.

41) 常須(상수)-항상, 반드시. 동일한 의미의 최초 출전은 徽宗(北宋),《大觀茶論》「穀粟之于飢, 絲枲之于寒, 雖庸人孺子皆知。常須而日用, 不以歲時之舒迫而可以興廢也」에 보인다.

42) 稍存(초존)-약간 남겨두다. 동일한 의미의 최초 출전은《舊唐書》〈杜甫傳〉「晉世風槪稍存」에 보인다.

43) 贏餘(영여)-남은 재물. 多餘, 剩餘, 盈餘와 동일하다. 동일한 의미의 최초 출전은《漢書》〈疏廣傳〉「顧自有舊田廬, 令子孫勤力其中, 足以共衣食, 與凡人齊。今復增益之以爲贏餘, 但敎子孫怠墯耳」에 보인다.

44) 備(비)-준비하다. 관련 4자성어는 德才兼備, 有備無患 등이 있다.

45) 不虞(불우)-예기치 못한 일. 동일한 의미의 최초 출전은《國語》〈周語中〉「昔我先王之有天下也, 規方千里, 以爲甸服 …… 以待不庭不虞之患」에 보인다.

【居家章8-1국역】

무릇 가정생활에서는 마땅히 예의와 법도를 신중히 지켜서 부인과 자식 및 집안의 여러 사람들을 거느려야 한다. 그들에게 직분을 나눠서 할 일을 부여해주고 그래서 그 일을 성취하도록 요구해야 한다. 재물 소비의 조절을 주관하고 수입의 많고 적음에 근거하여 지출의 한도를 결정하며, 혼례와 상사를 처리할 때는 지나치게 사치스럽게 또는 지나치게 검약하게 하지 않으면서, 윗사람과 아랫사람의 옷과 음식 및 길사와 흉사의 비용을 지급하고, 모두 등급과 차례에 따라 차등을 두고 조절하여 균일하지 않음이 없어야 한다. 쓸데없는 비용을 삭감하고 절약하고 사치와 호화로움을 금지하며 항상 남은 재물을 약간 남겨둬서 예기치 못한 일에 준비해야 한다.

【居家章8-1解說】

*《家禮》〈通禮一〉

본문은《家禮》〈通禮一〉「凡爲家長, 必謹守禮法, 以御羣子弟及家衆。分之以職(謂使之掌倉廩、廐庫、庖廚、舍業、田園之類), 授之以事(謂朝夕所幹及非常之事), 而責其成功。制財用之節, 量入以爲出, 稱家之有無, 以給上下之衣食, 及吉凶之費, 皆有品節, 而莫不均壹。裁省冗費, 禁止奢華, 常須稍存贏餘, 以備不虞。」에 보인다. 즉 "무릇 가장은 반드시 예의와 법도를 신중히 지켜서 여러 자식 및 집안의 사람들을 거느려야 한다. 그들에게 직분을(그들로 하여금 창고, 마구간, 주방, 재산 정리, 밭과 농장 등 종류를 일컫는다.)나눠서 할 일(아침저녁으로 할 일과 특별한 일)을 부여해주고 그래서 그 일을 성취하도록 요구해야 한다. 재물 소비의 조절을 주관하고 수입의 많고 적음에 근거하여 지출의 한도를 결정하며, 혼례와 상사를 처리할 때는 지나치게 사치스럽게 또는 지나치게 검약하게 하지 않으면서, 윗사람과 아랫사람의 옷과 음식 및 길사와 흉사의 비용을 지급하고, 모두 등급과 차례에 따라 차등을 두고 조절하여 균일하지 않음이 없어야 한다. 쓸데없는 비용을 삭감하고 절약하고 사치와 호화로움을 금지하며 항상 남은 재물을 약간 남겨둬서 예기치 못한 일에 준비해야 한다."라고 하였다.

*「量入爲出과 量出爲入」

양입위출은 정부의 조세 수입의 많고 적음에 근거하여 지출의 한도를 결정하는 것으로 唐代에 陸贄가 주장하였다. 동일한 의미의 최초 출전은 《禮記》〈王制〉「冢宰制國用, 必于歲之杪。五穀皆入, 然後制國用。用地大小, 視年之豊耗, 以三十年之通制國用量入以爲出」에 보인다. 반대는 量出爲入이고 지출에 근거하여 세금 징수의 수량을 결정하는 것으로 唐代에 楊炎이 주장하였다. 동일한 의미의 최초 출전은《資治通鑑》德宗貞元八年〈請均節財賦〉「是以聖王立程, 量入爲出, 雖遇災難, 下無困窮。理化旣衰, 則乃反是, 量出爲入, 不恤所無」에 보인다.

【居家章8-2원문】

冠婚之制, 當依家禮, 不可苟且從俗。

【居家章8-2음역】

관혼지제, 당의가례, 불가구차종속.

【居家章8-2주석】

1) 冠婚(관혼)-冠禮와 婚禮를 가리킨다. 관례는 남자가 20살이 되면 처음으로 관을 쓰고 어른이 되는 의례이다. 혼례는 남녀가 결혼하는 의례이고, 婚은 昏과 통용한다. 《禮記》에 〈冠義〉 와 〈婚義〉 편이 있다. 동일한 의미

의 최초 출전은 《大戴禮記》〈保傅〉「春秋之元, 詩之關雎, 禮之冠婚, 易之乾巛, 皆愼始敬終云爾」에 보인다.

2) 之(지)-~의, ~중에서. 관련 4자성어는 君子之交, 莫逆之友 등이 있다.
3) 制(제)-제도. 관련 4자성어는 先發制人, 以夷制夷 등이 있다.
4) 當(당)-마땅히. 관련 4자성어는 老當益壯, 以一當十 등이 있다.
5) 依(의)-의거하다, 따르다. 관련 4자성어는 依依不舍, 生死相依 등이 있다.
6) 家禮(가례)-《家禮》는 南宋 朱熹의 禮學에 관한 저술이다. 달리 《朱子家禮》라고 일컫는다. 내용은 通禮와 冠禮, 婚禮, 喪禮, 祭禮의 5부분으로 구성되었다. 특히 喪禮는 초년의 부친상을 당한 뒤부터 정리하기 시작하였고, 중년에 모친상을 겪으면서 사리에 맞고 실제로 행하기 쉬운 예의 제도의 필요성을 절감하여 작성하였다고 한다. 《家禮》의 내용은 모두 당시 사회의 풍속을 근거로 하고 고금의 家禮를 참고하여 작성하였다.
7) 不可(불가)-할 수 없다. 可(가능, 되다, 적합, 옳다)의 반대 의미이다. 동일한 의미의 최초 출전은 《孫子兵法》〈九變〉「覆軍殺將, 必以五危, 不可不察也」에 보인다.
8) 苟且(구차)-구차하게, 대충대충. 동일한 의미의 최초 출전은 陸機(西晉), 〈五等論〉「爲上無苟且之心, 群下知膠固之義」에 보인다.
9) 從俗(종속)-민간습속을 따르다. 동일한 의미의 최초 출전은 《禮記》〈曲禮上〉「禮從宜, 使從俗」에 보인다.

【居家章8-2국역】

관례와 혼례의 제도는 마땅히 《주자가례》를 따르고 구차하게 민간습속을 따르면 안 된다.

【居家章8-2解說】

*「冠禮」와「婚禮」

관례와 혼례는 出生, 喪禮, 祭禮와 함께 인생 5禮儀(Rites or passage)라

고 일컫는다. 즉 한 사람의 성장과정 중에 반드시 거쳐야하는 일련의 의식이라고 할 수 있다. 관례는 周나라 시대에 제도화되었고, 20세에 관례를 치른다. 嘉禮의 일종이고 남자의 성년례이다. 宗廟에서 거행하고 관을 씌워주는 加冠과 字를 지어주는 取字가 시행된다. 관례는 남자가 성인이 되었음을 나타내고 결혼할 수 있으며 종족의 일원으로 각종활동에 참여할 수 있게 된다. 여성은 笄禮라고 일컫는다. 관례의 동일한 의미의 최초 출전은《禮記》〈冠義〉「冠者, 禮之始也.....已冠而字之, 成人之道也」에 보인다.

혼례는 원래 昏禮로 적는다. 성인 남녀가 결혼하는 의례이고 嘉禮의 일종이다. 혼례의 의미는 天人合一의 이념과 가정의 형성, 부모에 孝敬 등 전통의 계승과 확산에 중대한 작용을 하였다. 周나라 시대에 제도화 되었고 주요 과정은 三書(聘書, 禮書, 迎書)와 六禮(納采, 問名, 納吉, 納徵, 請期, 親迎)가 있다. 혼례의 동일한 의미의 최초 출전은《禮記》〈昏義〉「昏禮者, 將合二姓之好, 上以事宗廟, 而下以繼後世也, 故君子重之。昏禮是以納采、問名、納吉、納徵、請期、迎親, 皆主人筵幾于廟, 而拜迎于門外」에 보인다. 즉 "혼례라는 것은 장차 남성과 여성 두 집안의 친애함이 결합하여 위로는 종묘 제사로써 조상을 섬기고 아래로는 후손을 잇는 일이기 때문에 군자가 이것을 중시하는 것이다. 혼례는 납채, 문명, 납길, 납징, 청기, 영친의 과정을 거치고, 신랑이 신부 집에 도착하면 모두 신부 측 가장은 사당에 상을 진설하고 그리고 문 밖에서 신랑을 맞이한다."라고 하였다.

【居家章8-3원문】

兄弟同受父母遺體, 與我如一身, 視之當無彼我之間, 飮食衣服有無, 皆當共之。設使兄飢而弟飽, 弟寒而兄溫, 則是一身之中, 肢體或病或健也, 身心豈得偏安乎! 今人兄弟不相愛者, 皆緣不愛父母故也。若有愛父母之心, 則豈可不愛父母之子乎! 兄弟若有不善之行, 則當積誠忠諫, 漸喩以理, 期於感悟,不可遽加厲色拂言, 以失其和也。

【居家章8-3음역】

형제동수부모유체, 여아여일신, 시지당무피아지간, 음식의복유무, 개당공지. 설사형기이제포, 제한이형온, 즉시일신지중, 지체혹병혹건야, 신심기득편안호! 금인형제불상애자, 개연불애부모고야. 약유애부모지심, 즉기가불애부모지자호! 형제약유불선지행, 즉당적성충간, 점유이리, 기어감오, 불가거가여색불언, 이실기화야.

【居家章8-3주석】

1) 兄弟(형제)-형과 동생을 가리킨다. 昆弟, 手足과 동일하다. 동일한 의미의 최초 출전은 《爾雅》〈釋親〉「男子先生爲兄, 後生爲弟」에 보인다.
2) 同受(동수)-함께 받다. 동일한 의미의 최초 출전은 王建(唐), 〈別李贊侍御〉「同受艱難驃騎營, 半年中聽揭槍聲」에 보인다.
3) 父母(부모)-부친과 모친. 동일한 의미의 최초 출전은 《詩經》〈蓼莪〉「哀哀父母, 生我勞瘁」에 보인다.
4) 遺體(유체)-몸, 신체, 부모님이 태어나게 해주신 신체, 즉 자기 몸을 가리킨다. 遺軆와 동일하다. 동일한 의미의 최초 출전은 《禮記》〈祭義〉「身也者, 父母之遺體也」에 보인다.
5) 與(여)-더불어. 與我는 나와 더불어. 관련 4자성어는 與衆不同, 與人爲善 등이 있다.
6) 我(아)-나, 余, 吾, 予와 동일하다. 관련 4자성어는 唯我独尊, 自我陶醉 등이 있다.
7) 如(여)-같다. 관련 4자성어는 吉祥如意, 度日如年 등이 있다.
8) 一身(일신)-한 몸. 동일한 의미의 최초 출전은 《論語》〈鄉黨〉「必有寢衣, 長一身有半」에 보인다.
9) 視(시)-대하다. 관련 4자성어는 虎視眈眈, 一視同仁 등이 있다.

10) 之(지)-본문에서는 형제를 가리킨다. 관련 4자성어는 君子之交, 莫逆之友 등이 있다.
11) 當(당)-마땅히. 관련 4자성어는 老當益壯, 以一當十 등이 있다.
12) 無(무)-없다, 동사이고 有와 반대이다. 관련 4자성어는 史無前例, 無邊無際 등이 있다.
13) 彼我(피아)-그와 나. 彼此와 동일하다. 동일한 의미의 최초 출전은 揚雄(西漢), 〈解嘲〉「世異事變, 人道不殊, 彼我易時, 未知何如」에 보인다.
14) 之間(지간)-~의 사이에. 間의 관련 4자성어는 伯仲之間, 俯仰之間 등이 있다.
15) 飮食(음식)-음식을 먹고 마시는 것. 동일한 의미의 최초 출전은 《書經》〈酒诰〉「爾乃飮食醉飽」에 보인다.
16) 衣服(의복)-옷(명사), 옷을 입다(동사). 명사로 옷을 가리킬 때의 동일한 의미의 최초 출전은 《詩經》〈大東〉「西人之子, 粲粲衣服」에 보인다. 동사로 옷을 입다를 가리킬 때의 동일한 의미의 최초 출전은 《禮記》〈文王世子〉「(文王)鷄初鳴而衣服至于寢門外, 問內豎之御者曰 .. (王季)安否何如」에 보인다.
17) 有無(유무)-일반적으로 있고 없음. 동일한 의미의 최초 출전은 《禮記》〈檀弓上〉「子游問喪具, 夫子曰 .. 稱家之有亡(無)」에 보인다.
18) 皆(개)-모두. 관련 4자성어는 人人皆知, 全民皆兵 등이 있다.
19) 共(공)-함께. 관련 4자성어는 同生共死, 和平共处 등이 있다.
20) 設使(설사)-만약. 如果, 假使, 假如와 동일하다. 동일한 의미의 최초 출전은 鶡冠子(戰國), 《鶡冠子》〈天權〉「設使知之, 其知之者屈己知之矣., 若其弗知者, 雖師而說尙不曉也에 보인다.
21) 飢(기)-굶주림. 관련 4자성어는 飢寒交迫, 面有飢色 등이 있다.
22) 而(이)-그리고, 그래서, 그러나. 관련 4자성어는 不言而喩, 適可而止 등이 있다.
23) 飽(포)-배부름. 관련 4자성어는 飽食暖衣, 衣豊食飽 등이 있다.

24) 寒(한)-추위. 관련 4자성어는 寒來暑往, 寒風刺骨 등이 있다.
25) 溫(온)-따뜻함. 관련 4자성어는 温故知新, 冬温夏凊 등이 있다.
26) 則(즉)-곧, 즉. 관련 4자성어는 以身作則, 有物有則 등이 있다.
27) 是(시)-~이다, 이것. 관련 4자성어는 口是心非, 是非曲直 등이 있다.
28) 中(중)-가운데. 관련 4자성어는 空中樓閣, 雪中送炭 등이 있다.
29) 肢體(지체)-사지, 신체. 동일한 의미의 최초 출전은 《莊子》〈大宗師〉「墮肢體, 黜聰明, 離形去知, 同於大通, 此謂坐忘」에 보인다.
30) 或(혹)-어떤 사람. 관련 4자성어는 不可或缺, 多言或中 등이 있다.
31) 病(병)-병, 질병. 관련 4자성어는 生老病死, 同病相憐 등이 있다.
32) 健(건)-건강. 관련 4자성어는 身心健康, 身輕體健 등이 있다.
33) 也(야)-조사로 문장 중간에 혹은 문장 끝에 사용한다. 관련 4자성어는 空空如也, 未嘗有也 등이 있다.
34) 身心(신심)-몸과 마음. 동일한 의미의 최초 출전은 翁洮(唐), 〈夏〉「身心已在喧闐處, 惟羡滄浪把釣翁」에 보인다.
35) 豈(기)-어찌. 관련 4자성어는 豈有此理, 豈有他哉 등이 있다.
36) 得(득)-얻다, 알다. 관련 4자성어는 得意揚揚, 悠然自得 등이 있다. 본문의 「豈得」은 어찌 ~할 수 있겠는가의 의미이다. 동일한 의미의 최초 출전은 《後漢書》〈孔融傳〉「王室大臣, 豈得以見脇爲辭」에 보인다.
37) 偏安(편안)-한쪽만 편안하다. 동일한 의미의 최초 출전은 諸葛亮(蜀漢), 《後出師表》「先帝慮漢賊不兩立, 王業不偏安, 故托臣以討賊也」에 보인다.
38) 乎(호)-개사로는 ~에, ~에 대하여 ~을(를) 의미이다. 어조사로는 문장의 끝에 사용되어 의문, 반어, 감탄, 명령, 추정 등 의미로 사용된다. 관련 4자성어는 不亦悅乎, 出乎意外 등이 있다.
39) 今人(금인)-지금 사람들. 동일한 의미의 최초 출전은 裵駰(南朝,宋), 《史記集解》「猶今人云其事已可知矣, 皆不信之耳」에 보인다.
40) 不(불)-아니다. 부사이고 일반적으로 부정의 의미로 사용된다. 관련 4자성어는 念念不忘, 美中不足 등이 있다.

41) 相愛(상애)-서로 사랑하다. 동일한 의미의 최초 출전은《莊子》〈天地〉「端正而不知以爲義, 相愛而不知以爲仁」에 보인다.
42) 者(자)-사람. 관련 4자성어는 來者不拒, 當局者迷 등이 있다.
43) 緣(연)-연유하다, 말미암다. 관련 4자성어는 無緣無故, 緣木求語 등이 있다.
44) 愛(애)-사랑. 관련 4자성어는 愛民如子, 恩恩愛愛 등이 있다. 또 동일한 의미의 최초 출전은《禮記》〈禮運〉「何謂人情? 喜、怒、哀、惧、愛、惡、欲」에 보인다.
45) 故(고)-그런 까닭에. 관련 4자성어는 溫故知新, 無緣無故 등이 있다.
46) 若有(약유)-만약 ~이 있다면. 동일한 의미의 최초 출전은 洪應明(明),《菜根譚》〈閑寂〉「若有若無, 半眞半幻, 最足以悅人心目而豁人性靈」에 보인다.
47) 心(심)-마음. 관련 4자성어는 一心一意, 同心協力 등이 있다.
48) 豈可(기가)-어찌 가능하겠는가. 동일한 의미의 최초 출전은《左傳》哀公七年「大國不以禮命于諸侯, 苟不以禮, 豈可量也?」에 보인다.
49) 子(자)-아들, 자녀. 관련 4자성어는 凡夫俗子, 視民如子 등이 있다.
50) 不善(불선)-좋지 않은, 나쁜 일. 동일한 의미의 최초 출전은《書經》〈伊訓〉「作善, 降之百祥., 作不善, 降之百殃」에 보인다.
51) 行(행)-행동하다. 관련 4자성어는 行不從徑, 行而未成 등이 있다.
52) 積誠(적성)-정성을 다하여. 동일한 의미의 최초 출전은 孟郊(唐),〈酬李侍御書記秋夕雨中病假見寄〉「秋风遶衰柳, 遠客聞雨聲., 重兹阻良夕, 孤坐唯積誠」에 보인다.
53) 忠諫(충간)-정성으로 충고하다. 동일한 의미의 최초 출전은《莊子》〈至樂〉「忠諫不聽, 蹲循勿爭」에 보인다.
54) 漸(점)-점차. 관련 4자성어는 漸入佳境, 東漸西被 등이 있다.
55) 喩(유)-깨닫다. 관련 4자성어는 不可理喩, 不言而喩 등이 있다.
56) 以(이)-~함으로써. 관련 4자성어는 一以貫之, 夢寐以求 등이 있다.

57) 理(이)-이치. 관련 4자성어는 順理成章, 置之不理 등이 있다.

58) 期(기)-바라다, 희망하다. 부사로 사용될 경우에는 반드시의 의미이고 必, 必定, 一定과 동일하다. 관련 4자성어는 後會有期, 不期而遇 등이 있다.

59) 於(어)-어조사이고, ~에, ~에서, ~보다, ~를, ~에게, ~에 대해서, 이에 있어서 등의 의미로 사용되고 于와 동일하다. 관련 4자성어는 靑出於藍, 耿耿於懷 등이 있다.

60) 感悟(감오)-감동을 받아 깨우치다. 동일한 의미의 최초 출전은 劉向(西漢), 《列女傳》〈張湯母〉「君子謂張湯母能克己感悟時主」에 보인다.

61) 不可(불가)-할 수 없다. 可(가능, 되다, 적합, 옳다)의 반대 의미이다. 동일한 의미의 최초 출전은 《孫子兵法》〈九變〉「覆軍殺將, 必以五危, 不可不察也」에 보인다.

62) 遽加(거가)-갑자기 ~을 추가하다. 동일한 의미의 최초 출전은 白居易, 〈李陵論〉「武帝不能明察, 下聽流言, 遽加厚誅, 豈非負德 ?」에 보인다.

63) 厲色(여색)-화난 얼굴 모습. 동일한 의미의 최초 출전은 《漢書》〈王莽傳上〉「盱衡厲色, 振揚武怒」에 보인다.

64) 拂言(불언)-거슬리는 말. 동일한 의미의 최초 출전은 《楞嚴經》〈正宗分〉「一聞徵詰, 便白拂言 .. 先稱呼佛爲世尊, 下叙執, 則引十生同計, 自己不負責任」에 보인다.

65) 失(실)-잃다. 관련 4자성어는 大驚失色, 坐失良機 등이 있다.

66) 其(기)-지시대명사로 이, 그, 저 등을 가리킨다. 관련 4자성어는 若無其事, 不計其數 등이 있다.

67) 和(화)-화목. 관련 4자성어는 和平共處, 和顔悅色 등이 있다.

【居家章8-3국역】

형과 동생은 부모님의 몸을 함께 받았으니 나와 더불어 한 몸이므로 형제 대하기를 마땅히 너와 나의 사이(구별)가 없게 해야 하며, 음식을 먹고 마시며 옷을 입는 것에도 있고 없음의 구별이 없게 해서 모두 마땅히 함께 공유해야 한다. 만약 형은 굶주리는데 동생은 배부르고 동생은 추운데 형은 따뜻하다면, 이는 한 몸 가운데 사지가 어떤 곳은 병들고 어떤 곳은 건강한 것으로 몸과 마음이 어찌 한쪽만 편안할 수 있겠는가! 요즘 사람들이 형제간에 서로 사랑하지 못하는 것은 모두 부모님을 사랑하지 못한데서 말미암은 까닭이다. 만약 부모님을 사랑하는 마음이 있다면 어찌 그 부모의 자식을 사랑하지 않을 수 있겠는가! 형제가 만일 좋지 못한 행실을 저지르면, 마땅히 정성을 다하여 충고해서 점차 도리로써 깨닫고 감동을 받아 깨우치기를 바라야지, 갑자기 사나운 얼굴빛과 거슬리는 말을 더하여 서로간의 화목함을 잃게 해서는 안 된다.

【居家章8-3解說】

*「兄弟不相愛者 …… 豈可不愛父母之子乎」

본문의 동일한 의미의 최초 출전은《家禮》〈通禮一〉「若兄若弟, 吾父母之所愛也, 吾其可以不愛乎! 若薄之, 是薄吾父母也」에 보인다. 즉 "형과 아우는 내 부모께서 사랑하는 자식이니 내가 사랑하지 않을 수 있겠는가? 만약 형제를 각박하게 대한다면 내 부모를 각박하게 대하는 것이다."라고 하였다.

*「遺體」

유체는 6가지 의미가 있다. 첫째, 사람이 사망한 후에 남겨진 屍身. 동일한 의미의 최초 출전은《禮記》〈祭義〉「身也者, 父母之遺體也」에 보인다. 둘째, 동물의 死體. 셋째, 친 자식. 동일한 의미의 최초 출전은《漢書》〈霍光傳〉「中孺(霍中孺)趨入拜謁, 將軍迎拜, 因跪曰 .. 去病不早自知爲大人遺體也」에 보인다. 넷째, 신체. 동일한 의미의 최초 출전은 葛洪(東晉),《抱朴子》〈逸民〉「或有乘危冒嶮, 投死忘生, 棄遺體於萬仞之下, 邀榮華於一朝之間, 比夫輕四海愛脛毛之士, 何其緬然邪 ! 」에 보인다. 다섯째, 사람의 屍身을 공경하는 말. 동일한 의미의 최초 출전은 李商隱(唐),〈爲王侍御瓘謝宣吊并賻贈表〉「降憫惻於上公, 厚賻禮於遺體」에 보인다. 여섯째, 이전에 남

겨둔 형체 또는 모양. 동일한 의미의 최초 출전은 劉勰(南朝,梁), 《文心雕龍》〈練字〉「蒼頡者, 李斯之所輯, 而鳥籀之遺體也」에 보인다. 본문에서는 첫째의 의미가 비교적 적합하다.

【居家章8-4원문】

今之學者, 外雖矜持, 而內鮮篤實。夫婦之間, 衽席之上, 多縱情慾, 失其威儀。故夫婦不相昵狎, 而能相敬者甚少, 如是而欲修身正家, 不亦難乎! 必須夫和而制以義, 妻順而承以正, 夫婦之間, 不失禮敬, 然後家事可治也。若從前相狎, 而一朝遽欲相敬, 其勢難行, 須是與妻相戒, 必去前習, 漸入於禮可也。妻若見我發言持身, 一出於正, 則必漸相信而順從矣。

【居家章8-4음역】

금지학자, 외수긍지, 이내선독실. 부부지간, 임석지상, 다종정욕, 실기위의. 고부부불상닐압, 이능상경자심소, 여시이욕수신정가, 불역난호! 필수부화이제이의, 처순이승이정, 부부지간, 불실예경, 연후가사가치야. 약종전상압, 이일조거욕상경, 기세난행, 수시여처상계, 필거전습, 점입어례가야. 처약견아발언지신, 일출어정, 칙필점상신이순종의.

【居家章8-4주석】

1) 今(금)-현재. 관련 4자성어는 博古通今, 古今中外 등이 있다.
2) 之(지)-~의, ~중에서. 관련 4자성어는 君子之交, 莫逆之友 등이 있다.
3) 學者(학자)-배우는 사람, 학문을 연구하는 사람. 즉 전문적으로 모종의 학술체계 연구에 종사하는 사람을 가리킨다. 동일한 의미의 최초 출전은 《論語》〈憲問〉「古之學者爲己, 今之學者爲人」에 보인다.
4) 外(외)-이외에, 바깥으로, 겉으로는. 관련 4자성어는 置之度外, 外柔內剛

등이 있다.

5) 雖(수)-비록. 관련 4자성어는 雖死猶生, 雖死無悔 등이 있다.
6) 矜持(긍지)-신중하게 바른 도리를 지키다. 동일한 의미의 최초 출전은 劉義慶(南朝, 宋),《世說新語》〈雅量〉「王家諸郎, 亦皆可嘉., 聞來覓壻, 咸自矜持」에 보인다.
7) 而(이)-그리고, 그래서, 그러나. 관련 4자성어는 不言而喩, 適可而止 등이 있다.
8) 內(내)-안으로, 내면으로는. 관련 4자성어는 外柔內剛, 內憂外患 등이 있다.
9) 鮮(선)-드물다. 관련 4자성어는 若烹小鮮, 德薄才鮮 등이 있다.
10) 篤實(독실)-순박하고 착실하다. 동일한 의미의 최초 출전은《易經》〈大畜〉「大畜剛健, 篤實輝光, 日新其德」에 보인다.
11) 夫婦(부부)-남편과 아내. 夫妻와 동일하다. 동일한 의미의 최초 출전은《易經》〈序卦〉「有天地然後有萬物, 有萬物然後有男女, 有男女然後有夫婦, 有夫婦然後有父子」에 보인다.
12) 之間(지간)-~의 사이에. 間의 관련 4자성어는 伯仲之間, 俯仰之間 등이 있다.
13) 衽席(임석)-2가지 의미가 있다. 첫째, 잠자리(남녀가 色欲을 밝히는 일). 동일한 의미의 최초 출전은《莊子》〈達生〉「人之所取畏者, 衽席之上, 飮食之間., 而不知爲之戒者, 過也」郭象(西晉) 注 ..「至於色欲之害, 動皆之死地而莫不冒之」에 보인다. 또 成玄英(唐) 疏 ..「況飮食之間, 不能將節., 衽席之上, 恣其淫蕩, 動之死地, 萬無一全」에 보인다. 둘째, 이부자리, 衽席, 臥席과 동일하다. 동일한 의미의 최초 출전은《周禮》〈玉府〉「掌王之燕衣服、衽席、牀笫、凡褻器」鄭玄(東漢) 注引 鄭衆(東漢) 曰 ..「衽席, 單席也」에 보인다. 본문에서는 첫째의 의미이다.
14) 上(상)-위. 관련 4자성어는 高高在上, 上行下效 등이 있다.
15) 多(다)-대부분. 관련 4자성어는 多多益善, 多才多藝(能) 등이 있다.

16) 縱(종)-따르다, 멋대로, 함부로. 관련 4자성어는 縱橫天下, 七縱七擒 등이 있다.

17) 情慾(정욕)-정욕, 이성에 대한 욕망. 동일한 의미의 최초 출전은 《詩經》〈檜風-隰有萇楚序〉「國人疾其君之淫恣, 而思無情慾者也」에 보인다.

18) 失(실)-잃다. 관련 4자성어는 大驚失色, 坐失良機 등이 있다.

19) 其(기)-지시대명사로 이, 그, 저 등을 가리킨다. 관련 4자성어는 若無其事, 不計其數 등이 있다.

20) 威儀(위의)-위엄 있고 엄숙한 몸가짐. 동일한 의미의 최초 출전은 《禮記》〈中庸〉「禮儀三百, 威儀三千」 孔穎達(唐) 疏 .. 「威儀三千者, 卽儀禮中行事之威儀」에 보인다.

21) 故(고)-그런 까닭에. 관련 4자성어는 溫故知新, 無緣無故 등이 있다.

22) 不相(불상)-서로 ~않다. 동일한 의미의 최초 출전은 黃道周(明), 《節寰袁公傳》「于時遼左新潰, 三韓餘衆大東焉, 依東人, 遇遼衆, 不相主客, 時時夜驚, 賴公(袁可立)撫綏無事也」에 보인다.

23) 昵狎(닐압)-친근하여 허물없이 지내다. 親狎과 동일하다. 동일한 의미의 최초 출전은 《宋書》〈廬陵孝獻王義眞傳〉「徐羡之等嫌義眞與靈運、延之暱狎過甚, 故使范晏從容戒之」에 보인다.

24) 能(능)-가능하다, 능히, 능숙하다. 관련 4자성어는 無能爲力, 無所不能 등이 있다. 본문의 「不勉而能」 형식과 관련된 동일한 의미의 최초 출전은 《中庸》 第二十章 「誠者, 不勉而中, 不思而得, 從容中道, 聖人也」에 보인다.

25) 相敬(상경)-부부간에 서로 공경하다. 동일한 의미의 최초 출전은 陳壽(西晉), 《三國志》〈常林傳〉 裴松之(東晉) 注引 .. 《魏略》「其妻常自饋餉之, 林雖在田野, 其相敬如賓」에 보인다.

26) 者(자)-사람. 관련 4자성어는 來者不拒, 當局者迷 등이 있다.

27) 甚少(심소)-매우 적다. 特少, 稀少, 非常少와 동일하다. 동일한 의미의 최초 출전은 賈誼(西漢), 〈論積貯疏〉「生之者甚少, 而靡之者甚多, 天下財産何得不蹶 ! 」에 보인다.

28) 如是(여시)-이와 같이. 如此와 동일하다. 동일한 의미의 최초 출전은《禮記》〈哀公問〉「君子言不過辭, 動不過則, 百姓不命而敬恭, 如是則能敬其身」에 보인다.

29) 欲(욕)-~하고자 하다. 관련 4자성어는 隨心所欲, 欲揚先抑 등이 있다.

30) 修身(수신)-덕성을 함양하고 심신을 수련하다. 동일한 의미의 최초 출전은 元稹(唐), 〈授杜元穎户部侍郎依前翰林學士制〉「愼獨以修身, 推誠以事朕」에 보인다.

31) 正家(정가)-집안을 바르게 다스리다. 동일한 의미의 최초 출전은《易經》〈家人〉「父父、子子、兄兄、弟弟、夫夫、婦婦而家道正, 正家而天下定矣」孔穎達(唐) 疏 ..「入不失父道, 乃至婦不失婦道, 尊卑有序, 上下不失, 而後爲家道之正」에 보인다.

32) 不亦(불역)-또한 ~않겠는가. 본문의「不亦難乎」에서 不亦~乎는 반어형으로, 또한 ~않겠는가?, 또한 ~하지 않겠는가?의 형식이다. 동일한 의미의 최초 출전은《禮記》〈檀弓下〉「武子曰 .. 不亦善乎 ?」에 보인다.

33) 難(난)-어렵다. 관련 4자성어는 左右爲難, 孤掌難鳴 등이 있다.

34) 乎(호)-개사로는 ~에, ~에 대하여 ~을(를) 의미이다. 어조사로는 문장의 끝에 사용되어 의문, 반어, 감탄, 명령, 추정 등 의미로 사용된다. 관련 4자성어는 不亦悅乎, 出乎意外 등이 있다.

35) 必須(필수)-반드시, 꼭. 부사이고 강조의 의미로 사용하며, 뒤에 동사 또는 형용사와 연결된다. 務必, 必定과 동일하다. 동일한 의미의 최초 출전은 顔之推(南北朝~隋),《顔氏家訓》〈後娶〉「河北鄙於側出不預人流, 是以必須重娶」에 보인다. 참고로 必需와는 다르다. 없으면 안 되는, 부족하면 안 되는 의미이다. 동사이고 뒤에 명사와 연결된다.

36) 夫和(부화)-남편은 온화하고. 동일한 의미의 최초 출전은《左傳》昭公二十六年「父慈而教, 子孝而箴, 兄愛而友, 弟敬而順, 夫和而義, 妻柔而正, 姑慈而從, 婦聽而婉, 禮之善物也」에 보인다.

37) 制(제)-제어하다. 관련 4자성어는 先發制人, 以夷制夷 등이 있다.

38) 以(이)-~함으로써. 관련 4자성어는 一以貫之, 夢寐以求 등이 있다.

39) 義(의)-의로움. 관련 4자성어는 大義滅親, 忘恩負義 등이 있다.

40) 妻順(처순)-아내는 유순하고. 婦順과 동일하다. 婦順과 관련된 동일한 의미의 최초 출전은《禮記》〈昏義〉「舅姑入室, 婦以特豚饋, 明婦順也 …… 婦順者, 順于舅姑, 和于室人, 而後當于夫, 以成絲麻布帛之事, 以審守委積蓋藏」孔穎達(唐) 疏 ..「明婦順也者, 言所以特豚饋者, 顯明其爲婦之孝順也」에 보인다.

41) 承(승)-받들다. 관련 4자성어는 一脈相承, 奉天承運 등이 있다.

42) 正(정)-바른 도리. 관련 4자성어는 名正言順, 堂堂正正 등이 있다.

43) 不(불)-아니다. 부사이고 일반적으로 부정의 의미로 사용된다. 관련 4자성어는 念念不忘, 美中不足 등이 있다.

44) 禮敬(예경)-예의에 부합하는 행동으로 공경을 나타냄. 동일한 의미의 최초 출전은《後漢書》〈班超傳〉「鄯善王廣奉 超禮敬甚備」에 보인다.

45) 然後(연후)-그렇게 한 뒤에, 연후에. 동일한 의미의 최초 출전은《禮記》〈學記〉「是故學, 然後知不足., 教, 然後知困」에 보인다.

46) 家事(가사)-집안 일. 동일한 의미의 최초 출전은《左傳》襄公二十七年「子木問於趙孟曰 .. 范武子之德何如? 對曰 .. 夫子之家事治, 言於晉國無隱情, 其祝史陳信於鬼神無愧辭」에 보인다.

47) 可(가)-가하다, 옳다. 관련 4자성어는 無家可歸, 不可思議 등이 있다.

48) 治(치)-다스리다. 관련 4자성어는 無爲而治, 治國安民 등이 있다.

49) 也(야)-조사로 문장 중간에 혹은 문장 끝에 사용한다. 관련 4자성어는 空空如也, 未嘗有也 등이 있다.

50) 若(약)-만약. 관련 4자성어는 若隱若現, 泰然自若 등이 있다.

51) 從前(종전)-이전에는. 以前과 동일하다. 동일한 의미의 최초 출전은《左傳》隱公元年「元年春王正月」孔穎達(唐) 疏 ..「及其史官定策, 雖有一統, 不可半年從前, 半年從後」에 보인다.

52) 相狎(상압)-서로 친하게 지내다. 동일한 의미의 최초 출전은《左傳》襄公

六年「少相狎, 長相優」 杜預(曹魏) 注 .. 「狎, 親至戲也」에 보인다.

53) 一朝(일조)-하루아침에. 동일한 의미의 최초 출전은《詩經》〈彤弓〉「鍾鼓既設, 一朝饗之」에 보인다.

54) 遽(거)-갑자기. 관련 4자성어는 疾言遽色이 있다.

55) 勢(세)-상황, 형세. 관련 4자성어는 勢不两立, 虛張聲勢 등이 있다.

56) 難行(난행)-실행하기 어렵다. 동일한 의미의 최초 출전은 羅貫中(明),《三國志演義》第五○回「小路投華容道, 却近五十餘里., 只是地窄路險, 坑坎難行」에 보인다.

57) 須是(수시)-반드시 ~해야 한다. 一定要와 동일하다. 동일한 의미의 최초 출전은 無名氏(北宋),《大宋宣和遺事》「須是忍耐强行, 勿思佗事」에 보인다.

57) 與(여)-~와 더불어. 관련 4자성어는 與衆不同, 與人爲善 등이 있다.

59) 妻(처)-아내. 관련 4자성어는 賢妻良母(한국에서는 賢母良妻), 結髮夫妻 등이 있다.

60) 相戒(상계)-서로 경계하다. 相互勸戒의 생략이다. 동일한 의미의 최초 출전은 酈道元(北魏),《水經注》〈江水〉「常聞峽中水疾, 書記及口傳悉以臨懼相戒, 曾無稱有山水之美也」에 보인다.

61) 必(필)-반드시. 관련 4자성어는 信賞必罰, 事必歸正 등이 있다.

62) 去(거)-제거하다. 관련 4자성어는 去邪歸正, 一來二去 등이 있다.

63) 前(전)-앞, 이전의. 관련 4자성어는 史無前例, 承前啓後 등이 있다.

64) 習(습)-습속. 관련 4자성어는 相習成風, 習以爲常 등이 있다.

65) 漸入(점입)-점차 들어가다. 동일한 의미의 최초 출전은《晉書》〈顧愷之傳〉「愷之每食甘蔗, 恒自尾至本, 人或怪之。云 .. 漸入佳境」에 보인다.

66) 於(어)-어조사이고, ~에, ~에서, ~보다, ~를, ~에게, ~에 대해서, 이에 있어서 등의 의미로 사용되고 于와 동일하다. 관련 4자성어는 青出於藍, 耿耿於懷 등이 있다.

67) 禮(예)-중국 고대의 등급 사회 속에서 상호간의 행위준칙 및 도덕규범을 가리킨다. 관련 4자성어는 禮尚往來, 克己復禮 등이 있다. 非禮는 상호간

의 행위준칙 및 도덕규범에 부합하지 않는 행동을 가리킨다. 禮와 非禮에 대한 동일한 의미의 최초 출전은《論語》〈先進〉「如其禮樂, 以俟君子」및《論語》〈顏淵〉「子曰 .. 克己復禮爲仁。一日克己復禮, 天下歸仁焉。爲仁由己, 而由人乎哉? 顏淵曰 .. 請問其目? 子曰 .. 非禮勿視, 非禮勿聽, 非禮勿言, 非禮勿動」에 보인다.

68) 可也(가야)-옳을 것이다. 可不, 豈不와 동일하다. 동일한 의미의 최초 출전은《論語》〈學而〉「子曰 .. 可也., 未若貧而樂, 富而好禮者也」에 보인다.

69) 見(견)-보다. 관련 4자성어는 視而不見, 見善必遷 등이 있다.

70) 我(아)-나, 余, 吾, 予와 동일하다. 관련 4자성어는 唯我独尊, 自我陶醉 등이 있다.

71) 發言(발언)-말 하는 것. 동일한 의미의 최초 출전은《史記》〈滑稽列傳〉「武帝時有幸倡郭舍人者, 發言陳辭雖不合大道, 然令人主和說」에 보인다.

72) 持身(지신)-언행 등 몸가짐. 동일한 의미의 최초 출전은《列子》〈說符〉「子列子學于壺丘子林。壺丘子林曰 .. 子知持後, 則可言持身矣」에 나온다.

73) 一出(일출)-한결같이 나오다, 완전히 나오다. 동일한 의미의 최초 출전은《史記》〈呂太后本紀〉「元年, 號令一出太后」에 보인다.

74) 漸(점)-점차. 관련 4자성어는 漸入佳境, 東漸西被 등이 있다.

75) 則(즉)-곧, 즉. 관련 4자성어는 以身作則, 有物有則 등이 있다.

76) 相信(상신)-서로 믿다. 동일한 의미의 최초 출전은《春秋穀梁傳》僖公五年「盟者, 不相信也, 故謹信也」에 보인다.

77) 順從(순종)-순종하다. 동일한 의미의 최초 출전은《孔子家語》〈執轡〉「故令不再而民順從, 刑不用而天下從」에 보인다.

78) 矣(의)-조사로 문장 끝에 사용되고 了의 의미와 유사하다. 관련 4자성어는 思過半矣, 至矣盡矣 등이 있다.

【居家章8-4국역】

요즘의 학문을 연구하는 사람들은 겉으로는 비록 신중하게 바른 도리를 지키는 것 같지만 그 내면으로는 순박하고 착실한 사람이 드물다. 남편과 아내 사이에 색욕을 밝히는데 있어서는 대부분 이성에 대한 욕망에 따라서 그 위엄 있고 엄숙한 몸가짐을 잃게 된다. 그런 까닭에 부부간에 서로 친근하여 허물없이 지내지 않으면서 능히 서로 공경하는 사람은 매우 적은데, 이와 같이 하면서 덕성을 함양하고 심신을 수련하여 집안을 바르게 다스리고자 하는 것은 어렵지 않겠는가! 반드시 남편은 온화하지만 의로움으로써 제어하고 아내는 유순하지만 바른 도리로 받들어서, 부부사이에 예의에 부합하는 행동으로 공경을 나타내는 마음을 잃지 않아야 하고 그렇게 한 뒤에 집안일을 다스릴 수 있게 된다. 만약 이전처럼 서로 친하게 지내다가 하루아침에 갑자기 서로 공경하려하면 그런 상황은 실행하기 어려우므로, 반드시 아내와 더불어 서로 경계하고 필히 이전의 습관을 제거하여 점차 예의(상호간의 행위준칙 및 도덕규범)에 진입하는 것이 옳을 것이다. 아내가 만약 내가 말하는 것과 언행 등 몸가짐이 변함없이 바르게 나오는 것을 보면 반드시 점차 서로 믿고 그리고 순종하게 될 것이다.

【居家章8-4解說】

*「衽席」

임석은 7가지 의미가 있다. 첫째, 이부자리, 袵席, 床褥, 莞簟과 동일하다. 동일한 의미의 최초 출전은《周禮》〈玉府〉「掌王之燕衣服、衽席、牀笫、凡褻器」鄭玄(東漢) 注引 鄭衆(東漢) 曰 ..「衽席, 單席也」에 보인다. 둘째, 누울 수 있는 깔개, 卧席과 동일하다. 동일한 의미의 최초 출전은 韓嬰(西漢),《韓詩外傳》卷二「姬(樊姬)曰 .. 妾得侍於王, 執巾櫛, 振衽席, 十有一年矣」에 보인다. 셋째, 잠자는 장소. 동일한 의미의 최초 출전은 王韜(淸),《變法自强》「視萬里有如咫尺, 經滄波有同袵席」에 보인다. 넷째, 연회자리, 宴席, 座席과 동일하다. 동일한 의미의 최초 출전은《禮記》〈坊記〉「衽席之上, 讓而坐下, 民猶犯貴」에 보인다. 다섯째, 男女의 色欲. 동일한 의미의 최초 출전은《莊子》〈達生〉「人之所取畏者, 袵席之上, 飲食之閒., 而不知爲

之戒者, 過也」 郭象(西晉) 注 ..「至於色欲之害, 動皆之死地而莫不冒之」 또 成玄英(唐) 疏 ..「况飮食之間, 不能將節., 衽席之上, 恣其淫蕩, 動之死地, 萬無一全」에 보인다. 여섯째, 평안하고 안정된 생활을 가리킴. 동일한 의미의 최초 출전은《大戴禮記》〈主言〉「是故明主之守也, 必折衝乎千里之外., 其征也, 衽席之上還師」에 보인다. 일곱째, 平安. 薛福成(淸),《庸盦筆記》〈駱文忠公遺愛〉「蜀民見駱公用兵如此之神速, 以爲諸葛復生, 且出水火而衽席之, 皆曰 .. 駱公活我」에 보인다. 본문에서는 다섯째의 의미가 비교적 합당하다.

【居家章8-5원문】

生子自稍有知識時, 當導之以善。若幼而不敎, 至於旣長, 則習非放心, 敎之甚難, 敎之之序, 當依小學。大抵一家之內, 禮法興行, 簡編筆墨之外, 無他雜技, 則子弟亦無外馳畔學之患矣。兄弟之子, 猶我子也, 其愛之, 其敎之, 當均一, 不可有輕重厚薄也。

【居家章8-5음역】

생자자초유지식시, 당도지이선. 약유이불교, 지어기장, 즉습비방심, 교지심난, 교지지서, 당의소학. 대저일가지내, 예법흥행, 간편필묵지외, 무타잡기, 즉자제역무외치반학지환의, 형제지자, 유아자야, 기애지, 기교지, 당균일, 불가유경중후박야.

【居家章8-5주석】

1) 生子(생자)-자식을 낳다. 동일한 의미의 최초 출전은《史記》〈五帝本紀〉「帝顓頊生子曰窮蟬。顓頊崩, 而玄囂之孫高辛立, 是爲帝嚳」에 보인다.
2) 自(자)-~로부터. 관련 4자성어는 自由自在, 泰然自若 등이 있다.
3) 稍(초)-점차. 관련 4자성어는 稍安毋躁, 稍縱則逝 등이 있다.

4) 有(유)-있다. 동사이고 無, 沒과 반대이다. 관련 4자성어는 有始無終, 一無所有 등이 있다.
5) 知識(지식)-인류의 물질세계 및 지식세계에 대하여 탐색하여 얻은 결과의 전체를 가리킨다. 주로 학문, 상식을 일컬음. 동일한 의미의 최초 출전은 劉向(西漢), 《列女傳》〈齊管妾婧〉「人已語君矣, 君不知識邪?」에 보인다.
6) 時(시)-때, 시기. 관련 4자성어는 時不我待, 無時無刻 등이 있다.
7) 當(당)-마땅히. 관련 4자성어는 老當益壯, 以一當十 등이 있다.
8) 導(도)-인도하다. 관련 4자성어는 諄諄教導, 教導有方 등이 있다.
9) 之(지)-그것. 즉 之는 대명사로서 본문에서는 그들을 가리킨다. 관련 4자성어는 君子之交, 莫逆之友 등이 있다.
10) 以(이)-~함으로써. 관련 4자성어는 一以貫之, 夢寐以求 등이 있다.
11) 善(선)-선행, 잘하다. 관련 4자성어는 多多益善, 盡善盡美 등이 있다.
12) 若(약)-만약. 관련 4자성어는 若隱若現, 泰然自若 등이 있다.
13) 幼(유)-어리다. 관련 4자성어는 長幼有序, 男女老幼 등이 있다.
14) 而(이)-그리고, 그래서, 그러나. 관련 4자성어는 不言而喩, 適可而止 등이 있다.
15) 不(불)-아니다. 부사이고 일반적으로 부정의 의미로 사용된다. 관련 4자성어는 念念不忘, 美中不足 등이 있다.
16) 教(교)-가르치다. 教之의 之는 婢僕을 가리키고, 의미는 노복을 가르치다. 관련 4자성어는 不吝賜教, 因材施教 등이 있다.
17) 至於(지어)-~에 이르다. 至于와 동일하다. 동일한 의미의 최초 출전은 《論語》〈學而〉「夫子至於是邦也, 必聞其政」에 보인다.
18) 旣長(기장)-이미 자라다. 동일한 의미의 최초 출전은 《舊唐書》〈李白列傳〉「旣長, 博通經史, 尤能歌詩」에 보인다.
19) 則(즉)-곧, 즉. 관련 4자성어는 以身作則, 有物有則 등이 있다.
20) 習非(습비)-잘못된 것을 익히다. 동일한 의미의 최초 출전은 葛洪(東晉), 《抱朴子》〈疾謬〉「杯觴路酌, 弦歌行奏, 轉相高尙, 習非成俗」에 보인다.

21) 放心(방심)-2가지 의미가 있다. 첫째, 마음이 편안하고 안정되다. 둘째, 방종하는 마음. 동일한 의미의 최초 출전은《書經》〈畢命〉「雖收放心, 閑之惟艱」에 보인다. 본문에서는 둘째의 의미이다.

22) 甚難(심난)-매우 어렵다. 동일한 의미의 최초 출전은《六祖壇經》卷二「若不呈心偈, 終不得法。良久思惟, 甚難甚難」에 보인다.

23) 敎之之序(교지지서)-가르치는 차례. 가르치는 순서. 敎之의 之는 대명사로서 그, 그들, 그것으로 구체적으로 자식을 가리킨다. 뒤의 之는 관형격어미로서 ~의 또는 ~하는의 의미이다. 序의 관련 4자성어는 秩序井然, 雁行有序 등이 있다.

24) 依(의)-따르다, 의지하다. 관련 4자성어는 依依不舍, 生死相依 등이 있다.

25) 小學(소학)-《小學》은 고대 중국의 전통적인 啓蒙 교재이다. 일반적으로 朱熹가 편찬한 것으로 알고 있지만 사실은 주희의 제자 劉子澄이 편찬하였다. 전체 6卷이고 內, 外篇으로 구분되었다. 內篇의 〈立敎〉, 〈明倫〉, 〈敬身〉 은 道理를 설명하고, 〈稽古〉 는 구체적인 사례를 설명하였다. 外篇의 〈嘉言〉 은 도리를 설명하고 〈善行〉에서는 구체적인 사정을 설명하였다.

26) 大抵(대저)-대개. 大槪, 大致와 동일하다. 동일한 의미의 최초 출전은《史記》〈太史公自序〉「詩三百篇, 大抵賢聖發憤之所爲作也」에 보인다.

27) 一家(일가)-한 가족, 한 집안. 동일한 의미의 최초 출전은《禮記》〈禮運〉「故聖人耐以天下爲一家, 以中國爲一人者, 非意之也」에 보인다.

28) 內(내)-안으로, 내면으로는. 관련 4자성어는 外柔內剛, 內憂外患 등이 있다.

29) 禮法(예법)-예의 법도. 동일한 의미의 최초 출전은《商君書》〈更法〉「及至禹、湯、盤庚、武丁, 各當時而立法, 因事而制禮, 禮法以時而定, 制令各順其宜」에 보인다.

30) 興行(흥행)-성행. 동일한 의미의 최초 출전은《續資治通鑑》宋眞宗咸平元年「上好儉則國有餘財, 下不僭則家有餘資, 自然廉讓興行, 盜賊鮮少」에 보인다.

31) 簡編(간편)-책, 서적. 동일한 의미의 최초 출전은《舊五代史》〈明宗紀七〉「帝御文明殿受册徽號, 册曰 …… 休徵備載於簡編, 徽號過持於謙讓」에 보인다.

32) 筆墨(필묵)-글씨 쓸 때 사용하는 붓과 먹. 달리 글씨 쓰는 것, 문장을 비유하기도 한다. 동일한 의미의 최초 출전은《漢書》〈揚雄傳下〉「聊因筆墨之成文章, 故藉翰林以爲主人, 子墨爲客卿以風」에 보인다.

33) 外(외)-이외에, 바깥으로, 겉으로는. 관련 4자성어는 置之度外, 外柔內剛 등이 있다.

34) 無(무)-없다, 동사이고 有와 반대이다. 관련 4자성어는 史無前例, 無邊無際 등이 있다.

35) 他(타)-기타. 관련 4자성어는 他山之石, 別無他物 등이 있다.

36) 雜技(잡기)-잡다한 놀이. 즉 雜은 다양한, 技는 놀이(技藝)를 가리킨다. 雜伎와 동일하다. 잡기는 일종의 고대 각종 기교를 표현하는 예술의 일종이다. 동일한 의미의 최초 출전은《新唐書》〈穆宗紀〉「長慶元年二月, 觀神策諸軍雜伎」에 보인다.

37) 子弟(자제)-자식과 동생, 젊은이. 동일한 의미의 최초 출전은《左傳》襄公八年「民死亡者, 非其父兄, 卽其子弟」에 보인다.

38) 亦(역)-또한. 관련 4자성어는 亦復如是, 不亦悅乎 등이 있다.

39) 外馳(외치)-밖으로 뛰쳐나가다. 外馳는 馳於外에서 於가 생략되고 馳와 外가 도치되었다. 동일한 의미의 최초 출전은 袁黃(明),《了凡四訓》「若不反躬內省, 而徒向外馳求」에 보인다.

40) 畔(반)-저버리다. 叛과 통한다. 관련 4자성어는 越畔之思, 離經畔道 등이 있다. 본문의「畔學」은 배움을 저버리다.

41) 患(환)-근심. 관련 4자성어는 內憂外患, 有備無患 등이 있다.

42) 矣(의)-조사로 문장 끝에 사용되고 了의 의미와 유사하다. 관련 4자성어는 思過半矣, 至矣盡矣 등이 있다.

43) 子(자)-아들, 자녀. 관련 4자성어는 凡夫俗子, 視民如子 등이 있다.

44) 猶(유)-오히려, 같다. 관련 4자성어는 毫不猶豫, 過猶不及 등이 있다.

45) 我(아)-나, 余, 吾, 予와 동일하다. 관련 4자성어는 唯我独尊, 自我陶醉 등이 있다.

46) 也(야)-조사로 문장 중간에 혹은 문장 끝에 사용한다. 관련 4자성어는 空空如也, 未嘗有也 등이 있다.

47) 其(기)-지시대명사로 이, 그, 저 등을 가리킨다. 관련 4자성어는 若無其事, 不計其數 등이 있다.

48) 愛(애)-사랑. 관련 4자성어는 愛民如子, 恩恩愛愛 등이 있다. 또 동일한 의미의 최초 출전은《禮記》〈禮運〉「何谓人情? 喜、怒、哀、惧、愛、惡、欲」에 보인다.

49) 均一(균일)-똑 같이, 균일하게, 균등하게 나누다. 均壹과 동일하다. 동일한 의미의 최초 출전은《詩經》〈鳲鳩序〉「鳲鳩刺不壹也。在位無君子, 用心之不壹也」孔穎達(唐) 疏 ..「在位之人, 旣用心不壹, 故經四章皆美用心均壹之人, 擧善以駁時惡」에 보인다.

50) 不可(불가)-할 수 없다. 可(가능, 되다, 적합, 옳다)의 반대 의미이다. 동일한 의미의 최초 출전은《孫子兵法》〈九變〉「覆軍殺將, 必以五危, 不可不察也」에 보인다.

51) 輕重(경중)-가볍고 무겁게. 동일한 의미의 최초 출전은《孟子》〈梁惠王上〉「權, 然後知輕重., 度, 然後知長短」에 보인다.

52) 厚薄(후박)-두텁고 엷게. 동일한 의미의 최초 출전은《禮記》〈月令〉「(孟冬之月)飭喪紀, 辨衣裳, 審棺椁之薄厚, 茔丘壟之大小, 高卑厚薄之度, 貴賤之等級」에 보인다.

【居家章8-5국역】

자식을 낳으면 지식이 조금 있을 때부터 마땅히 선행으로써 인도해야 한다. 만약 어려서 가르치지 않고 이미 성장함에 이르면 그릇된 것을 익히고 마음이 방종하게 되어 아이를 가르치기가 매우 어렵게 되는데, 가르치는 차례는 마땅히 《소학》을 따라야 한다. 대개 한 가족 안에서 예의와 법도가 성행하고 책을 읽고 글씨 쓰는 것 이외에 기타 잡다한 놀이가 없으면, 자제들 또한 밖으로 뛰쳐나가거나 배움을 저버리게 되어 근심할 일은 없을 것이다. 형제의 자식은 내 자식과 같으니 그들을 사랑하고 가르치는 것은 마땅히 내 자식과 똑같이 해서, 어느 한쪽을 가벼이 하거나 중시하거나 두텁게 하거나 엷게 해서는 안 된다.

【居家章8-5解說】

*「放心」

방심은 2가지 의미가 있다. 첫째, 마음이 편안하고 안정되다. 동일한 의미의 최초 출전은 《書經》〈畢命〉「雖收放心, 閑之惟艱」에 보인다. 둘째, 방종하는 마음. 放縱, 放肆와 동일하다. 동일한 의미의 최초 출전은 《書經》〈太甲中〉「欲敗度, 縱敗禮」 孔安國(西漢) 傳 ..「言已放縱情欲, 毁敗禮儀法度」에 보인다. 본문에서는 둘째의 의미이다. 참고로 《孟子》〈告子上〉「學問之道無他, 求其放心而已矣」에 보이는 孟子의 求其放心은 잃어버린 本心(天性, 良心-태어나면서부터 하늘로 부여받은 德性, 사람이 善을 행하는 근원으로 仁義禮智를 가리킨다)을 찾고 그것을 통하여 善性을 회복하고 善德을 배양하는 것이다. 사람이 善을 행하지 않는 것(爲不善)은 후천적으로 생겨난 物慾에 가려져서 하늘로부터 부여받은 本心을 잃어버려서 생기는 것이다. 즉 道德修養의 가장 기본적인 요구는 바로 求其放心이다.

【居家章8-6원문】

婢僕代我之勞。當先恩而後威, 乃得其心。君之於民, 主之於僕, 其理一也。君不恤民則民散, 民散則國亡, 主不恤僕則僕散, 僕散則家敗, 勢所必至。其於婢僕, 必須軫念飢寒, 資給衣食, 使得其所。而有過惡, 則先須勤勤敎誨, 使之改革。敎之不改, 然後乃施楚撻, 使其心, 知厥主之楚撻, 出於敎誨, 而非所以憎嫉。然後可使改心革面矣。

【居家章8-6음역】

비복대아지로. 당선은이후위, 내득기심. 군지어민, 주지어복, 기리일야. 군불휼민즉민산, 민산즉국망, 주불휼복즉복산, 복산즉가패, 세소필지. 기어비복, 필수진념기한, 자급의식, 사득기소. 이유과악, 즉선수근근교회, 사지개혁. 교지불개, 연후내시초달, 사기심, 지궐주지초달, 출어교회, 이비소이증질. 연후가사개심혁면의.

【居家章8-6주석】

1) 婢僕(비복)-남녀 노비. 奴僕은 童僕과 女婢를 가리킨다. 동일한 의미의 최초 출전은 顔之推(南北朝~隋), 《顔氏家訓》〈後娶〉「況夫婦之義, 曉夕移之, 婢僕求容, 助相說引, 積年累月, 安有孝子乎」에 보인다.
2) 代(대)-대신하다. 관련 4자성어는 代代相傳, 新陳代謝 등이 있다.
3) 我(아)-나, 余, 吾, 予와 동일하다. 관련 4자성어는 唯我独尊, 自我陶醉 등이 있다.
4) 之(지)-~의, ~중에서. 관련 4자성어는 君子之交, 莫逆之友 등이 있다.
5) 勞(로)-수고, 일. 관련 4자성어는 犬馬之勞, 徒勞無益 등이 있다.
6) 當(당)-마땅히. 관련 4자성어는 老當益壯, 以一當十 등이 있다.
7) 先恩(선은)-먼저 은덕을 베풀다. 동일한 의미의 최초 출전은 《魏書》〈崔挺傳〉「招撫遺散, 先恩後威, 一周之後, 流民大至」에 보인다.
8) 而(이)-그리고, 그래서, 그러나. 관련 4자성어는 不言而喩, 適可而止 등이 있다.
9) 後威(후위)-나중에 위엄을 보이다. 동일한 의미의 최초 출전은 《書經》〈益稷〉 見聖人之敎, 無所不極其至, 必不得已焉而後威之」에 보인다. 또 《禮記》〈表記〉「先祿而後威, 先賞而後罰」에 보인다.

10) 乃(내)-이에. 관련 4자성어는 乃文乃武, 乃祖乃父 등이 있다.
11) 得(득)-얻다, 알다. 관련 4자성어는 得意揚揚, 悠然自得 등이 있다. 본문의 「豈得」은 어찌 ~할 수 있겠는가의 의미이다. 동일한 의미의 최초 출전은 《後漢書》〈孔融傳〉「王室大臣, 豈得以見脇爲辭」에 보인다.
12) 其(기)-지시대명사로 이, 그, 저 등을 가리킨다. 관련 4자성어는 若無其事, 不計其數 등이 있다.
13) 心(심)-마음. 관련 4자성어는 一心一意, 同心協力 등이 있다.
14) 君(군)-군주. 관련 4자성어는 君子之交, 梁上君子 등이 있다.
15) 於(어)-어조사이고, ~에, ~에서, ~보다, ~를, ~에게, ~에 대해서, 이에 있어서 등의 의미로 사용되고 于와 동일하다. 본문에서는 ~에 대하여의 의미이다. 對, 對於와 동일하다. 본문의 「君之於民」의 之는 주격 조사이고, 다음의 「主之於僕」도 동일하다. 관련 4자성어는 青出於藍, 耿耿於懷 등이 있다.
16) 民(민)-백성. 관련 4자성어는 憂國憂民, 視民如子 등이 있다.
17) 主(주)-주인. 관련 4자성어는 獨立自主, 物歸原主 등이 있다.
18) 理(이)-이치, 도리. 본문의 理一은 이치가 동일하다. 관련 4자성어는 理所當然, 豈有此理 등이 있다.
19) 一(일)-하나, 첫째. 관련 4자성어는 一心一意, 一言爲定 등이 있다.
20) 也(야)-조사로 문장 중간에 혹은 문장 끝에 사용한다. 관련 4자성어는 空空如也, 未嘗有也 등이 있다.
21) 不(불)-아니다. 부사이고 일반적으로 부정의 의미로 사용된다. 관련 4자성어는 念念不忘, 美中不足 등이 있다.
22) 恤民(휼민)-백성을 구휼하다. 동일한 의미의 최초 출전은 《左傳》 襄公二十六年 「古之治民者, 勸賞而畏刑, 恤民不倦」 등이 있다.
23) 則(즉)-곧, 즉. 관련 4자성어는 以身作則, 有物有則 등이 있다.
24) 散(산)-흩어지다. 관련 4자성어는 魂飛魄散, 妻離子散 등이 있다.
25) 國(국)-나라. 관련 4자성어는 國泰民安, 傾國之色 등이 있다.

26) 亡(망)-망하다. 없다의 無와 통한다. 관련 4자성어는 家破人亡, 脣亡齒寒 등이 있다.
27) 家(가)-집. 관련 4자성어는 四海爲家, 百家爭鳴 등이 있다.
28) 敗(패)-망하다. 관련 4자성어는 傷風敗俗, 成敗得失 등이 있다.
29) 勢(세)-형세. 관련 4자성어는 勢不兩立, 虛張聲勢 등이 있다.
30) 所(소)-~하는 바. 주로 동사의 앞에서 사용된다. 2가지 의미가 있다. 첫째, 동작을 접수하는 사물을 대표한다. 예를 들면 所部(지휘하는 부대), 所謂(말하는 바), 無所謂(이를 바가 없다, 즉 관심 없다) 등이 있다. 둘째, 앞쪽의 爲 혹은 被와 상응하여 피동의 뜻을 나타낸다. 예를 들면 爲人所敬(다른 사람에게 존경을 받다) 등이 있다.
31) 必至(필지)-반드시 이르다. 본문의 「勢所必至」는 「所必至之勢」의 문장이 도치되면서 之가 생략되었다. 동일한 의미의 최초 출전은 《戰國策》〈齊策四〉「事有必至, 理有固然, 君知之乎?」에 보인다.
32) 必須(필수)-반드시, 꼭. 부사이고 강조의 의미로 사용하며, 뒤에 동사 또는 형용사와 연결된다. 務必, 必定과 동일하다. 동일한 의미의 최초 출전은 顔之推(南北朝~隋), 《顔氏家訓》〈後娶〉「河北鄙於側出不預人流, 是以必須重娶」에 보인다. 참고로 必需와는 다르다. 없으면 안 되는, 부족하면 안 되는 의미이다. 동사이고 뒤에 명사와 연결된다.
33) 軫念(진념)-비통하게 생각하다. 동일한 의미의 최초 출전은 《梁書》〈沈約傳〉「思幽人而軫念, 望東皋而長想」에 보인다.
34) 飢寒(기한)-굶주림과 추위. 飢餓寒冷의 생략이다. 동일한 의미의 최초 출전은 《國語》〈周語下〉「然則無夭昏禮瘥之憂, 而無飢寒乏匱之患, 故上下能相固以待不虞」에 보인다.
35) 資給(자급)-공급하다. 동일한 의미의 최초 출전은 《三國志》〈劉璋傳〉「璋資給先主, 使討張魯, 然后分別」에 보인다.
36) 衣食(의식)-의복과 음식물. 광의의 의미로 기본 생활자료. 동일한 의미의 최초 출전은 《左傳》 莊公十年 「衣食所安, 弗敢專也, 必以分人」에 보인다.

37) 使(사)-~로 하여금. 관련 4자성어는 不辱使命, 擧賢使能 등이 있다.

38) 其所(기소)-적합한 장소(거처), 지정된 위치. 各得其所, 適得其所의 생략하다. 동일한 의미의 최초 출전은《孫子兵法》〈虛實〉「出其所不趨, 趨其所不意」에 보인다.

39) 有(유)-있다. 동사이고 無, 沒과 반대이다. 관련 4자성어는 有始無終, 一無所有 등이 있다.

40) 過惡(과악)-잘못, 죄악. 동일한 의미의 최초 출전은《周禮》〈州長〉「正月之吉, 各屬其州之民而讀法, 以考其德行道藝而勸之, 以糾其過惡而戒之」에 보인다.

41) 先須(선수)-반드시 먼저. 동일한 의미의 최초 출전은 王建(唐), 〈壞屋-官家有壞屋-〉「必使換榱楹, 先須木端直」에 보인다.

42) 勤勤(근근)-간절하고 지극 정성으로. 동일한 의미의 최초 출전은《漢書》〈司馬遷傳〉「曩者辱賜書, 教以愼於接物, 推賢進士爲務, 意氣勤勤懇懇」에 보인다.

43) 敎誨(교회)-가르쳐 훈계하다. 동일한 의미의 최초 출전은《書經》〈無逸〉「古之人, 猶胥訓告, 胥保惠, 胥教誨」에 보인다.

44) 使之(사지)-그들(婢僕)로 하여금. 동일한 의미의 최초 출전은《孟子》〈梁惠王下〉「行或使之, 止或尼之, 行止非人所能也」에 보인다.

45) 改革(개혁)-고치고 바꾸다. 동일한 의미의 최초 출전은《貞觀政要》〈禮樂〉「每嫁女他族, 必廣索聘財, 以多爲貴, 論數定約, 同于市賈, 甚損風俗, 有紊禮經。旣輕重失宜, 理須改革」에 보인다.

46) 敎(교)-가르치다. 教之의 之는 婢僕을 가리키고, 教之는 비복을 가르치다. 관련 4자성어는 不吝賜教, 因材施教 등이 있다.

47) 不改(불개)-고치지 않다. 동일한 의미의 최초 출전은 蕭統(南朝,梁), 《文選》〈思玄賦〉「愿竭力以守誼兮, 雖貧窮而不改」에 보인다.

48) 然後(연후)-그렇게 한 뒤에, 연후에. 동일한 의미의 최초 출전은《禮記》〈學記〉「是故學, 然後知不足., 教, 然後知困」에 보인다.

49) 施(시)-행하다. 관련 4자성어는 因材施教, 發號施令 등이 있다.
50) 楚撻(초달)-회초리를 치다. 동일한 의미의 최초 출전은《後漢書》〈列女傳〉「夫爲夫婦者, 義以和親, 恩以好合, 楚撻旣行, 何義之存 ?」에 보인다.
51) 知(지)-알다. 관련 4자성어는 知足常樂, 一無所知 등이 있다.
52) 厥(궐)-그, 그의. 관련 4자성어는 允執厥中, 克盡厥職 등이 있다.
53) 出(출)-나오다. 관련 4자성어는 神出鬼沒, 人才輩出 등이 있다.
54) 非(비)-아니다. 관련 4자성어는 口是心非, 是非曲直 등이 있다.
55) 所以(소이)-원인, 이유. 동일한 의미의 최초 출전은《韓非子》〈五蠹〉「夫仁義辨智, 非所以持國也」에 보인다.
56) 憎嫉(증질)-미워하고 싫어하다. 憎疾과 동일하다. 憎疾과 관련된 동일한 의미의 최초 출전은《後漢書》〈劉玄傳〉「今公卿大位莫非戎陳, 尙書顯官皆出庸伍 …… 臣非有憎疾以求進也, 但爲陛下惜此擧厝」에 보인다.
57) 可使(가사)-~로 하여금 하게하다. 동일한 의미의 최초 출전은《論語》〈先進〉「千乘之國, 攝乎大國之間, 加之以師旅, 因之以飢饉., 由也爲之, 比及三年, 可使有勇, 且知方也」에 보인다.
58) 改心(개심)-생각이나 태도를 바꾸다. 동일한 의미의 최초 출전은 趙曄(東漢)《吳越春秋》〈句踐入臣外傳〉「吳王謂范蠡曰 .. ……吾欲赦子之罪, 子能改心自新, 棄越歸吳乎 ?」에 보인다.
59) 革面(혁면)-철저히 참회하여 고치다. 동일한 의미의 최초 출전은《易經》〈革卦〉「君子豹變, 小人革面」 王弼(曹魏) 注 ..「小人樂成則變面以順上也」 孔穎達(唐) 疏 ..「小人革面者, 小人處之但能變其顏面容色順上而已」에 보인다.
60) 矣(의)-조사로 문장 끝에 사용되고 了의 의미와 유사하다. 관련 4자성어는 思過半矣, 至矣盡矣 등이 있다.

【居家章8-6국역】

남녀 노비들은 나의 수고로움을 대신하니 마땅히 먼저 은덕을 베풀고 나중에 위엄을 보여야 그 마음을 얻을 수 있다. 군주가 백성에 대해서와 주인이 노비에 대해서 하는 것은 그 이치가 동일하다. 군주가 백성을 구휼하지 않으면 백성은 흩어지고 백성이 흩어지면 나라가 망하고, 주인이 노비를 구휼하지 않으면 노비가 흩어지고 노비가 흩어지면 집이 망하듯이 형세가 반드시 그렇게 되는 것이다. 남녀 노비에 대해서는 반드시 굶주림과 추위를 비통하게 생각하고 옷과 음식을 공급하며 그들로 하여금 적합한 거처를 얻게 해야 한다. 그리고 잘못한 일이 있으면 먼저 반드시 간절하고 지극 정성으로 가르쳐 훈계해서 그들로 하여금 고치고 바꾸게 해야 한다. 그들을 가르쳤는데도 고치지 않으면 그렇게 한 뒤에 회초리를 때리고, 그들의 마음으로 하여금 주인의 회초리가 가르쳐서 훈계하는 마음에서 나오고 미워하고 싫어하는 마음 때문이 아니라는 것을 알게 해야 한다. 그렇게 한 뒤에야 그들로 하여금 생각이나 태도를 바꾸고 철저히 참회하여 고치게 될 것이다.

【居家章8-6解說】

*「勤勤」

근근은 3가지 의미가 있다. 첫째, 쉬지 않고 열심히 노력하다. 동일한 의미의 최초 출전은《漢書》〈王莽傳〉「晨夜屑屑, 寒暑勤勤, 無時休息, 孶孶不已者, 凡以爲天下, 厚劉氏也」에 보인다. 둘째, 간절하고 지극 정성으로. 동일한 의미의 최초 출전은《漢書》〈司馬遷傳〉「曩者辱賜書, 教以愼於接物, 推賢進士爲務, 意氣勤勤懇懇」에 보인다. 셋째, 여러 번. 동일한 의미의 최초 출전은 王通(隋),《中說》〈關朗〉「然夫子今何勤勤於述也」에 보인다. 본문에서는 둘째의 의미이다.

【居家章8-7원문】

治家當以禮法, 辨別內外, 雖婢僕, 男女不可混處。男僕非有所使令, 則不可輒入內, 女僕皆當使有定夫, 不可使淫亂, 若淫亂不止者, 則當黜使別居, 毋令汚穢家風。婢僕當令和睦, 若有鬪鬩喧噪者, 則當痛加禁制。

【居家章8-7음역】

치가당이예법, 변별내외, 수비복, 남녀불가혼처. 남복비유소사령, 즉불가첩입내, 여복개당사유정부, 불가사음란, 약음란부지자, 즉당출사별거, 무령오예가풍. 비복당령화목, 약유투혁훤조자, 칙당통가금제.

【居家章8-7주석】

1) 治家(치가)-집안을 다스리다. 동일한 의미의 최초 출전은《韓非子》〈解老〉「治家, 無用之物不能動其計, 則資有餘」에 보인다.
2) 當(당)-마땅히. 관련 4자성어는 老當益壯, 以一當十 등이 있다.
3) 以(이)-~함으로써. 관련 4자성어는 一以貫之, 夢寐以求 등이 있다.
4) 禮法(예법)-예의 법도. 동일한 의미의 최초 출전은《商君書》〈更法〉「及至禹、湯、盤庚、武丁, 各當時而立法, 因事而制禮, 禮法以時而定, 制令各順其宜」에 보인다.
5) 辨別(변별)-분별하다. 동일한 의미의 최초 출전은 元稹(唐), 〈哭子〉「纔能辨別東西位, 未解分明管帶身」에 보인다.
6) 內外(내외)-본문에서는 남자와 여자를 의미한다. 동일한 의미의 최초 출전은《荀子》〈天論〉「禮義不脩, 內外無別, 男女淫亂」에 보인다.
7) 雖(수)-비록. 관련 4자성어는 雖死猶生, 雖死無悔 등이 있다.
8) 婢僕(비복)-남녀 奴僕 즉 童僕과 女婢를 가리킨다. 동일한 의미의 최초 출전은 顔之推(南北朝~隋), 《顔氏家訓》〈後娶〉「況夫婦之義, 曉夕移之, 婢僕求容, 助相說引, 積年累月, 安有孝子乎」에 보인다.
9) 男女(남녀)-남자와 여자. 동일한 의미의 최초 출전은《易經》〈序卦〉「有天地然後有萬物, 有萬物然後有男女, 有男女然後有夫婦」에 보인다.
10) 不可(불가)-할 수 없다. 可(가능, 되다, 적합, 옳다)의 반대 의미이다. 동일한 의미의 최초 출전은《孫子兵法》〈九變〉「覆軍殺將, 必以五危, 不可

不察也」에 보인다.

11) 混處(혼처)-남녀가 섞여 함께 거주하다. 雜處와 동일하다. 동일한 의미의 최초 출전은《國語》〈齊語〉「四民者, 勿使雜處, 雜處則其言哤, 其事易」에 보인다.

12) 男僕(남복)-남자 노예를 가리킨다. 男의 관련 4자성어는 男女有別, 男耕女織 등이 있다. 僕의 관련 4자성어는 一僕二主, 難更僕數 등이 있다. 동일한 의미의 최초 출전은《易經》〈旅卦〉「旅焚其次, 喪其童僕」에 보인다.

13) 非(비)-아니다. 관련 4자성어는 口是心非, 是非曲直 등이 있다.

14) 有(유)-있다. 동사이고 無, 沒과 반대이다. 관련 4자성어는 有始無終, 一無所有 등이 있다.

15) 所(소)-~하는 바. 주로 동사의 앞에서 사용된다. 2가지 의미가 있다. 첫째, 동작을 접수하는 사물을 대표한다. 예를 들면 所部(지휘하는 부대), 所謂(말하는 바), 無所謂(이를 바가 없다, 즉 관심 없다) 등이 있다. 둘째, 앞쪽의 爲 혹은 被와 상응하여 피동의 뜻을 나타낸다. 예를 들면 爲人所敬(다른 사람에게 존경을 받다) 등이 있다.

16) 使令(사령)-일을 시키다. 差遣, 使喚과 동일하다. 동일한 의미의 최초 출전은《孟子》〈梁惠王上〉「便嬖不足使令於前與」에 보인다.

17) 則(즉)-곧, 즉. 관련 4자성어는 以身作則, 有物有則 등이 있다.

18) 輒(첩)-함부로, 빈번히. 관련 4자성어는 動輒得咎, 有求輒應 등이 있다.

19) 入(입)-들어가다. 관련 4자성어는 單刀直入, 出生入死 등이 있다.

20) 內(내)-안으로, 내면으로는. 본문에서는 內室을 가리킨다. 관련 4자성어는 外柔內剛, 內憂外患 등이 있다.

21) 女僕(여복)-여자 노예를 가리킨다. 梁章巨(淸),《稱謂錄》卷二五 所引《天寶遺事》「長安名妓劉國容, 有姿色, 與進士郭昭述相爱, 後昭述授天長簿, 與國容別, 詰旦赴任。國容使女僕賫短書」에 보인다.

22) 皆(개)-모두. 관련 4자성어는 人人皆知, 全民皆兵 등이 있다.

23) 使有(사유)-~로 하여금 있게 하다. 동일한 의미의 최초 출전은《道德經》

第八十章「小國寡民。使有什伯之器而不用, 使民重死而不遠徙」에 보인다.

24) 定(정)-확정하다. 관련 4자성어는 一言爲定, 心神不定 등이 있다.

25) 夫(부)-무릇, 그, 저, 본문에서는 남편을 가리킨다. 관련 4자성어는 夫唱婦隨, 匹夫之勇 등이 있다.

26) 使(사)-~로 하여금. 관련 4자성어는 不辱使命, 擧賢使能 등이 있다.

27) 淫亂(음란)-음란하다. 즉 성적으로 문란하고 도덕표준을 위반하다. 동일한 의미의 최초 출전은《荀子》〈天論〉「禮義不修, 內外無別, 男女淫亂」에 보인다.

28) 若(약)-만약. 관련 4자성어는 若隱若現, 泰然自若 등이 있다.

29) 不止(부지)-그치지 않다. 동일한 의미의 최초 출전은《左傳》襄公十八年「止, 將爲三軍獲., 不止, 將取其衷」에 보인다.

30) 者(자)-사람. 관련 4자성어는 來者不拒, 當局者迷 등이 있다.

31) 黜(출)-쫒아내다. 관련 4자성어는 罷黜百家, 賞罰黜陟 등이 있다.

32) 別居(별거)-다른 곳에 거주하다. 동일한 의미의 최초 출전은《史記》〈大宛列傳〉「昆莫老, 常恐大祿殺岑娶, 予岑娶萬餘騎別居」에 보인다.

33) 毋令(무령)-~로 하여금 못하게 하다. 동일한 의미의 최초 출전은 李白(唐),〈讀諸葛武侯傳書懷贈長安崔少府叔封昆季〉「毋令管與鮑, 千載獨知名」에 보인다.

34) 汚穢(오예)-더럽히다. 동일한 의미의 최초 출전은 李翀(元),《日聞錄》「古者, 祭之用牲, 以七體爲貴, 羊首牛首, 肩臑心肺, 皆上体也., 至於腎臟臀足之類皆不用, 以其在下而汚穢也」에 보인다.

35) 家風(가풍)-집안의 전통 풍속과 습관. 동일한 의미의 최초 출전은 庾信(北周),《哀江南賦》〈序〉「潘岳之文采, 始述家風., 陸機之辭賦, 先陳世德」에 보인다.

36) 令(영)-지시하다. 관련 4자성어는 朝令夕改, 巧言令色 등이 있다.

37) 和睦(화목)-화목하게 지내다. 동일한 의미의 최초 출전은《左傳》成公十六年「上下和睦, 周旋不逆」에 보인다.

38) 鬪鬩(투혁)-다투다. 鬪爭과 동일하다. 동일한 의미의 최초 출전은《韓非子》〈显学〉「宋榮子 之議, 說不鬪争, 取不隨仇, 不羞囹圄, 見侮不辱, 世主以爲寬而禮之」에 보인다.
39) 喧噪(훤조)-매우 시끄럽게 하다. 喧嘩, 吵鬧와 동일하다. 동일한 의미의 최초 출전은 康駢(唐),《劇談錄》〈長季弘逢惡新婦〉「逆旅有老嫗謂其子曰 .. 惡人將歸矣, 速令備辦茶飯, 勿令喧噪」에 보인다.
40) 痛(통)-철저하게. 관련 4자성어는 痛哭流涕, 痛之入骨 등이 있다.
41) 加(가)-더하다. 관련 4자성어는 雪上加霜, 快馬加鞭 등이 있다.
42) 禁制(금제)-금지하고 제약하다. 禁阻制約의 생략이다. 동일한 의미의 최초 출전은《莊子》〈說劍〉「子之劍何能禁制？」에 보인다.

【居家章8-7국역】

집안을 다스릴 때는 마땅히 예의와 법도로써 남자와 여자를 분별하고, 비록 노예라도 남자와 여자가 섞여 함께 거주할 수 없다. 남자 노예는 일을 시킨바가 있지 않으면 함부로 내실에 들어가면 안 되고, 여자 노예는 모두 마땅히 그들로 하여금 남편을 정해줘서 음란하게 하면 안 되며, 만약 음란한 짓을 그치지 않는 자는 마땅히 쫓아내어 다른 곳에 거주하게 해서 집안의 전통 풍속과 습관을 더럽히지 못하게 해야 한다. 노예들은 마땅히 화목하게 지낼 것을 지시하고, 만약 다투거나 매우 시끄럽게 하는 자가 있으면 마땅히 철저하게 금지하고 제약을 가해야 한다.

【居家章8-7解說】

* 「內外」

내외는 9가지 의미가 있다. 첫째, 내부와 외부. 동일한 의미의 최초 출전은《國語》〈楚語〉「夫美也者, 上下、內外、小大、遠近皆無害焉, 故曰美」에 보인다. 둘째, 皇后六宮(內宮)과 朝廷卿大夫(外廷). 동일한 의미의 최초 출전은《周禮》〈內豎〉「內豎掌內外之通令」鄭玄(東漢) 注 ..「內, 后六宮., 外, 卿

大夫也」에 보인다. 셋째, 조정과 지방. 韓愈(唐), 〈答魏博田僕射書〉「僕射公忠賢, 德爲內外所宗」에 보인다. 넷째, 전시의 후방과 전방. 동일한 의미의 최초 출전은 《孫子》〈作戰〉「凡用兵之法, 馳車千駟, 革車千乘, 带甲十萬, 千里饋粮., 則內外之費、賓客之用、胶漆之材、車甲之奉, 日費千金, 然後十萬之師擧矣」 王皙(北宋) 注 ..「內謂國中, 外謂軍所也」에 보인다. 다섯째, 자신과 기타 사물. 동일한 의미의 최초 출전은 《莊子》〈逍遙遊〉「且擧世譽之而不加勸, 擧世非之而不加沮, 定乎內外之分, 辨乎榮辱之境」 郭象(西晉) 注 ..「內我而外物」에 보인다. 여섯째, 속마음(內心)과 겉모습(外表). 동일한 의미의 최초 출전은 《韓非子》〈解老〉「所謂方者, 內外相應也, 言行相稱也」에 보인다. 일곱째, 수신과 일처리. 동일한 의미의 최초 출전은 韓愈(唐), 〈貞曜先生墓志銘〉「內外完好, 色夷氣清」에 보인다. 여덟째, 男女, 尊卑, 長幼. 동일한 의미의 최초 출전은 《禮記》〈內則〉「凡內外, 鷄初鳴, 咸盥漱, 衣服, 斂枕簟, 灑掃室堂及庭, 布席, 各從其事」 孔希旦(淸) 《禮記集解》 ..「凡內外, 謂尊卑長幼, 莫不皆然也」에 보인다. 아홉째, 여자와 남자. 동일한 의미의 최초 출전은 《荀子》〈天論〉「禮義不脩, 內外無別, 男女淫亂」 등이 있다. 본문에서는아홉째의 의미이다.

*「若有鬪閱喧噪者, 則當痛加禁制」

본문과 동일한 의미의 최초 출전은 《家禮》〈通禮一〉「人, 貴賤不可以無禮, 故使之序長幼。務相雍睦, 其有鬪爭者, 主父主母聞之卽訶, 禁之不止, 卽杖之」에 보인다. 즉 "사람은 귀하고 천함이 있어서 예가 없을 수 없으며, 그런 까닭에 그들로 하여금 나이 많고 어림의 순서가 있게 하였다. 서로 단결하고 화목하며 그 싸우는 자가 있으면 남자 주인이나 여자 주인이 그것을 들으면 즉시 꾸짖고 금지하였는데도 그치지 않으면 바로 곤장을 쳤다."라고 하였다.

【居家章8-8원문】

君子憂道, 不當憂貧。但家貧無以資生, 則雖當思救窮之策, 亦只可免飢寒而已, 不可存居積豊足之念, 且不可以世間鄙事, 留滯于心胸之間。古之隱者, 有織屨而食者、樵漁而活者、植杖而耘者, 此等人, 富貴不能動其心。故能安於此, 若有較利害計豊約之念, 則豈不爲心術之害哉! 學者要須以輕富貴守貧賤爲心。

【居家章8-8음역】

군자우도, 부당우빈. 단가빈무이자생, 즉수당사구궁지책, 역지가면기한이이, 불가존거적풍족지념, 차불가이세간비사, 유체우심흉지간. 고지은자, 유직구이식자, 초어이활자, 식장이운자, 차등인, 부귀불능동기심. 고능안어차, 약유교리해계풍약지념, 즉기불위심술지해재! 학자요수이경부귀수빈천위심.

【居家章8-8주석】

1) 君子(군자)-고대에 학문이 있고 스스로를 수양하여 품덕이 고상한 사람을 일컫는다. 孔子가 본격적으로 사대부와 학문하는 사람의 도덕과 품행 측면에서 인용하였다. 그 후 儒家學派에 의하여 개념상으로 끊임없이 발전하여 학문과 품덕의 최고 경지에 오른 사람을 가리키게 되었다. 동일한 의미의 최초 출전은《周易》〈乾卦〉「天行健, 君子以自强不息」에 보인다. 또 儒家學派의 군자 개념의 동일한 의미의 최초 출전은《論語》〈里仁〉「君子喩于義, 小人喩于利」에 보인다.
2) 憂道(우도)-자신의 수양이 안 됨을 근심하다. 동일한 의미의 최초 출전은《論語》〈衛靈公〉「子曰 .. 君子謀道不謀食。耕也, 餒在其中矣., 學也, 祿在其中矣。君子憂道不憂貧」에 보인다.
3) 不(불)-아니다. 부사이고 일반적으로 부정의 의미로 사용된다. 관련 4자성어는 念念不忘, 美中不足 등이 있다.

4) 當(당)-마땅히. 관련 4자성어는 老當益壯, 以一當十 등이 있다.
5) 憂貧(우빈)-가난을 근심하다. 동일한 의미의 최초 출전은 위의 주석 2)와 같다. 본문의 「君子憂道, 不當憂貧」은 《論語》〈衛靈公〉「子曰 .. 君子謀道不謀食。耕也, 餒在其中矣., 學也, 祿在其中矣。君子憂道不憂貧」에 보인다. 즉 "공자가 말하기를 .. '군자는 도를 추구하지 먹을 것을 추구하지 않는다. 설사 농사를 짓더라도 굶주릴 수 있지만, 도를 추구하는 것을 배우면 봉록을 얻을 수 있게 된다. 그래서 군자는 도에 이르지 못할까를 걱정하지 가난해질 것을 걱정하지는 않는다.'"라고 하였다.
6) 但(단)-다만, 단지, 그러나. 관련 4자성어는 但願如此, 但求無過 등이 있다.
7) 家貧(가빈)-집이 가난하다. 동일한 의미의 최초 출전은 杜甫(唐), 〈客至〉「盤餐市遠無兼味, 樽酒家貧只舊醅」에 보인다.
8) 無以(무이)-없다. 無와 동일하다. 동일한 의미의 최초 출전은 《莊子》〈徐無鬼〉「吾無以爲質矣, 吾無與言之矣」에 보인다.
9) 資生(자생)-살아가다. 동일한 의미의 최초 출전은 《易經》〈坤卦〉「至哉坤元, 萬物資生」 孔穎達(唐) 疏 .. 「萬物資生者, 言萬物資地而生」에 보인다.
10) 則(즉)-곧, 즉. 관련 4자성어는 以身作則, 有物有則 등이 있다.
11) 雖(수)-비록. 관련 4자성어는 雖死猶生, 雖死無悔 등이 있다.
12) 思(사)-생각하다. 관련 4자성어는 不可思議, 朝思暮想 등이 있다.
13) 救窮(구궁)-빈곤을 구제하다. 동일한 의미의 최초 출전은 劉向(西漢), 《說苑》〈反質〉「得珠者不得粟, 得粟者不得珠, 子將何擇? 禽滑釐曰 .. 吾取粟耳, 可以救窮」에 보인다.
14) 之(지)-~의, ~중에서. 관련 4자성어는 君子之交, 莫逆之友 등이 있다.
15) 策(책)-대책. 관련 4자성어는 束手無策, 走爲上策 등이 있다.
16) 亦只(역지)-또한 단지. 동일한 의미의 최초 출전은 王守仁(明), 《傳習錄》「此天理之念常存, 馴至于美大聖神, 亦只從此一念存養擴充去耳」에 보인다.
17) 可(가)-가하다, 옳다. 관련 4자성어는 無家可歸, 不可思議 등이 있다.

18) 免(면)-면하다. 관련 4자성어는 不可避免, 在所難免 등이 있다.
19) 飢寒(기한)-굶주림과 추위. 飢餓寒冷의 생략이다. 동일한 의미의 최초 출전은《國語》〈周語下〉「然則無夭昏禮瘥之憂, 而無飢寒乏匱之患, 故上下能相固以待不虞」에 보인다.
20) 而已(이이)-~일 뿐이다, ~일 따름이다. 동일한 의미의 최초 출전은《論語》〈里仁〉「夫子之道, 忠恕而已矣」에 보인다.
21) 不可(불가)-할 수 없다. 可(가능, 되다, 적합, 옳다)의 반대 의미이다. 동일한 의미의 최초 출전은《孫子兵法》〈九變〉「覆軍殺將, 必以五危, 不可不察也」에 보인다.
22) 存(존)-가지다, 지니다. 存~之念~하는 생각을 가지다. 관련 4자성어는 求同存異, 生死存亡 등이 있다.
23) 居積(거적)-재물을 쌓다. 囤積과 동일하다. 동일한 의미의 최초 출전은 王充(東漢),《論衡》〈知實〉「子貢善居積, 意貴賤之期, 數得其時, 故貨殖多, 富比陶朱」에 보인다.
24) 豊足(풍족)-풍부하고 충분한. 豊富充足의 생략이다. 동일한 의미의 최초 출전은 賈思勰(北魏),《齊民要術》〈序〉「一二年間, 家有丁車大牛, 整頓豊足」에 보인다.
25) 念(염)-생각. 관련 4자성어는 一念之差, 念念不忘 등이 있다.
26) 且(차)-또, 또한. 관련 4자성어는 苟且偷生, 死且不虧 등이 있다.
27) 以(이)-~함으로써. 관련 4자성어는 一以貫之, 夢寐以求 등이 있다.
28) 世間(세간)-사람 사는 세상. 동일한 의미의 최초 출전은 陶潛(東晉)〈飮酒〉「有飮不肯飮, 但顧世間名」에 보인다.
29) 鄙事(비사)-저속하고 번잡한 일. 鄙俗瑣細之事의 생략이다. 동일한 의미의 최초 출전은《論語》〈子罕〉「吾少也賤, 故多能鄙事」何晏(曹魏),《論語集解》引 包咸(東漢) 曰 ..「故多能爲鄙人之事」에 보인다.
30) 留滯(유체)-남겨두다, 묵혀두다. 동일한 의미의 최초 출전은《史記》〈太史公自序〉「是歲天子始建漢家之封, 而太史公留滯周南, 不得與從事, 故發

憤且卒」에 보인다.

31) 于(우)-~에, ~으로, 於와 동일하다. 관련 4자성어는 重于泰山, 輕于鴻毛 등이 있다.

32) 心胸(심흉)-마음. 心中, 內心과 동일하다. 동일한 의미의 최초 출전은《後漢書》〈隗囂傳〉「今孺卿當成敗之際, 遇嚴兵之鋒, 可爲怖栗, 宜斷之心胸, 參之有識」에 보인다.

33) 間(간)-~가운데, ~속에. 관련 4자성어는 頃刻之間, 反間之計 등이 있다.

34) 古(고)-옛날, 이전. 관련 4자성어는 古往今來, 博古通今 등이 있다.

35) 隱者(은자)-속세를 떠나 은거하는 사람. 동일한 의미의 최초 출전은《論語》〈微子〉「子曰 .. 隐者也。使子路反見之, 至則行矣」에 보인다.

36) 有(유)-있다. 동사이고 無, 沒과 반대이다. 관련 4자성어는 有始無終, 一無所有 등이 있다.

37) 織屨(직구)- 삼이나 풀 또는 실, 가죽 등을 재료로 신발을 짜다. 동일한 의미의 최초 출전은《孟子》〈滕文公下〉「彼身織屨, 妻辟纑, 以易之也」에 보인다.

38) 而(이)-그리고, 그래서, 그러나. 관련 4자성어는 不言而喻, 適可而止 등이 있다.

39) 食(식)-먹다, 먹고살다. 관련 4자성어는 弱肉强食, 發憤忘食 등이 있다.

40) 者(자)-사람. 관련 4자성어는 來者不拒, 當局者迷 등이 있다.

41) 樵漁(초어)-땔나무와 물고기를 잡아 생활하다, 또는 나무꾼과 어부. 동일한 의미의 최초 출전은 岑參(唐), 〈終南山雙峰草堂作〉「有時逐樵漁, 盡日不冠帶」에 보인다.

42) 活(활)-생활하다. 관련 4자성어는 死去活來, 你死我活 등이 있다.

43) 植杖(식장)-지팡이에 의지해서 힘들게. 倚杖, 扶杖, 立杖과 동일하다. 동일한 의미의 최초 출전은《論語》〈微子〉「子路從而後, 遇丈人, 以杖荷蓧。子路問曰 .. 子見夫子乎! 丈人曰 .. 四體不勤, 五穀不分。孰爲夫子? 植其杖而芸」에 보인다.

44) 耘(운)-잡초를 제거하다, 김을 매다. 관련 4자성어는 寒耕暑耘, 刀耕火耘 등이 있다.

45) 此等(차등)-이런 종류의. 동일한 의미의 최초 출전은 凌濛初(明), 《二刻拍案惊奇》 卷九 「(朱晦翁)自家道 .. 此等鋤强扶弱的事, 不是我, 誰人肯做 ? 」에 보인다.

46) 人(인)-어떤 사람. 관련 4자성어는 目中無人, 膾炙人口 등이 있다.

47) 富貴(부귀)-부유하고 지위가 높은. 동일한 의미의 최초 출전은 《論語》 〈顔淵〉 「商聞之矣 .. 死生有命, 富貴在天」에 보인다.

48) 能(능)-가능하다, 능히, 능숙하다. 관련 4자성어는 無能爲力, 無所不能 등이 있다.

49) 動(동)-움직이다. 관련 4자성어는 驚天動地, 一擧一動 등이 있다.

50) 其(기)-지시대명사로 이, 그, 저 등을 가리킨다. 관련 4자성어는 若無其事, 不計其數 등이 있다.

51) 心(심)-마음. 관련 4자성어는 一心一意, 同心協力 등이 있다.

52) 故(고)-그런 까닭에. 관련 4자성어는 溫故知新, 無緣無故 등이 있다.

53) 能安(능안)-능히 평안하다. 동일한 의미의 최초 출전은 《大學》 「大學之道, 在明明德, 在親民, 在止于至善。知止而後有定, 定而後能靜, 靜而後能安, 安而後能慮, 慮而後能得」에 보인다.

54) 於此(어차)-이와 같이. 于此, 在此, 如此, 至此와 동일하다. 동일한 의미의 최초 출전은 司馬相如(西漢), 〈上林賦〉 「順天道以殺伐, 時休息於此」에 보인다.

55) 若有(약유)-만약 ~이 있다면. 동일한 의미의 최초 출전은 洪應明(明), 《菜根譚》 〈閑適〉 「若有若無, 半眞半幻, 最足以悅人心目而豁人性靈。眞天地間一妙境也」에 보인다.

56) 較(교)-비교하다. 관련 4자성어는 斤斤計較, 從長計較 등이 있다.

57) 利害(이해)-이익과 손해. 동일한 의미의 최초 출전은 《易經》 〈繫辭下〉 「情僞相感而利害生」 韓康伯(東晉) 注 .. 「情以感物則得利, 僞以感物則致害

也」에 보인다.

58) 計(계)-계산하다. 관련 4자성어는 千方百計, 言聽計從 등이 있다.

59) 豊約(풍약)-풍성한 것과 모자란 것, 풍부한 것과 검약하는 것. 동일한 의미의 최초 출전은 陸機(唐), 〈文賦〉「若夫豐約之裁, 俯仰之形, 因宜適變, 曲有微情」에 보인다.

60) 豈不(기불)-어찌 ~하지 않겠는가? 難道不, 怎麽不와 동일하다. 동일한 의미의 최초 출전은《詩經》〈竹竿〉「豈不爾思, 遠莫致之」에 보인다.

61) 爲(위)-되다. 관련 4자성어는 一言爲定, 助人爲樂 등이 있다.

62) 心術(심술)-마음. 내심. 동일한 의미의 최초 출전은《禮記》〈樂記〉「姦聲亂色不留聰明, 淫樂慝禮不接心術」에 보인다.

63) 害(해)-해롭다. 관련 4자성어는 傷天害理, 損人害己 등이 있다.

64) 哉(재)-감탄, 의문, 반문 등을 나타내는 조사로 啊와 동일하다. 관련 4자성어는 嗚呼哀哉, 何足道哉 등이 있다.

65) 學者(학자)-배우는 사람, 학문을 연구하는 사람. 즉 전문적으로 모종의 학술체계 연구에 종사하는 사람을 가리킨다. 동일한 의미의 최초 출전은《論語》〈憲問〉「古之學者爲己, 今之學者爲人」에 보인다.

66) 要須(요수)-반드시 ~해야 한다. 必須, 需要와 동일하다. 동일한 의미의 최초 출전은《三國志》〈蔣濟傳〉「天下未寧, 要須良臣以鎭邊境」에 보인다.

67) 輕(경)-가볍다. 관련 4자성어는 擧足輕重, 輕重緩急 등이 있다.

68) 守(수)-지키다. 관련 4자성어는 守望相助, 安分守己 등이 있다.

69) 貧賤(빈천)-가난하고 미천한. 貧苦微賤의 생략이다. 동일한 의미의 최초 출전은《管子》〈牧民〉「民惡貧賤, 我富貴之」에 보인다.

【居家章8-8국역】

군자는 자신의 수양이 안 된 것을 근심하고 마땅히 가난함을 근심해서는 안 된다. 그러나 집이 가난하여 살아갈 수 없으면 비록 마땅히 빈곤을 구제할 계책을 생각해야 하지만, 그것 또한 단지 굶주림과 추위를 면할 뿐이면 되고 부유하고 충분하게 재물을 쌓아두려는 생각을 가지면 안 되며, 또한 사람 사는 세상의 저속하고 번잡한 일을 마음속에 남겨둬서는 안 된다. 옛날에 속세를 떠나 은거하는 사람들은 짚신을 짜서 먹고 살거나 땔감을 채취하고 물고기를 잡아 생활하거나 지팡이에 의지해서 힘들게 잡초를 제거하며 살아갔는데, 이런 사람들은 부유하고 지위가 높은 것으로도 그들의 마음을 움직일 수 없었다. 그런 까닭에 능히 이와 같이 평안할 수 있었는데, 만약 이익과 손해를 비교하고 풍성하고 모자라는 것을 계산하는 생각이 있었다면 어찌 마음을 다스리는데 해로움이 되지 않겠는가! 학문을 연구하는 사람은 반드시 부유하고 지위가 높은 것을 가볍게 여기고 가난하고 미천함을 지키는 태도를 마음가짐으로 삼아야 한다.

【居家章8-8解說】

*「隱者」

은자는 隱士와 동일하고 隱居之士, 隱居不仕之士의 생략이며 대부분 賢士라고 일컫는다. 상세한 의미는 독립적인 인격을 유지하고 사상의 자유를 추구하며, 권세에 아부하지 않고 재주와 학식 및 품덕이 뛰어난 인물이며, 무위자연의 인생태도를 숭상하고 학문연구에만 전심하며, 진심으로 시류에 영합하여 관직에 나아가기를 원하지 않고, 향촌에서 농민으로 살거나 강호에서 상업에 종사하거나 산림에서 땔나무를 채취하고 생활하며 숨어사는 선비를 일컫는다. 역사상 저명한 은사로는 許由(唐堯), 巢父(唐堯), 伯夷(商), 叔齊(商), 列子(戰國), 莊子(戰國), 鬼谷子(戰國), 黃石公(秦), 張良(西漢), 鄧禹(東漢), 司馬徽(東漢), 諸葛亮(蜀漢), 陶淵明(東晉), 徐茂公(唐), 苗訓(北宋), 劉伯温(明) 등이 있다. 隱者와 관련된 동일한 의미의 최초 출전은 《論語》〈微子〉「子曰 .. 隱者也。使子路反見之, 至則行矣」에 보인다. 隱士와 관련된 동일한 의미의 최초 출전은 《莊子》〈繕性〉「隱, 故不自隱。古之所謂隱士者, 非伏其身而弗見也」에 보인다.

* 「織屨而食者」

본문과 동일한 의미의 최초 출전은《孟子》〈滕文公下〉「仲子所居之室, 伯夷之所築與？抑亦盜跖之所築與？所食之粟, 伯夷之所樹與？抑亦盜跖之所樹與？是未可知也。曰 .. "是何傷哉？彼身織屨, 妻辟纑, 以易之也」에 보인다. 즉 "'陳仲子가 거주하는 집은 伯夷가 건축했습니까? 아니면 도척이 건축했습니까? 그가 먹는 곡식은 백이가 심은 것입니까? 아니면 도척이 심은 것입니까? 이것은 알 수 없습니다.' 匡章(광장)이 말하기를 .. '이것은 어떤 관계가 있습니까? 그는 스스로 짚신을 짜고 부인은 마를 이용하여 실을 짜며 그것들을 사용하여 필요한 물건과 바꿉니다.'"라고 하였다.

* 「植杖」

식장은 지팡이에 의지해서 힘들게 노동하다. 倚杖, 扶杖, 立杖과 동일하다. 동일한 의미의 최초 출전은《論語》〈微子〉「子路從而後, 遇丈人, 以杖荷蓧。子路問曰 .. 子見夫子乎! 丈人曰 .. 四體不勤, 五穀不分。孰爲夫子? 植其杖而芸」에 보인다. 즉 "자로가 공자를 모시고 가다가 뒤에 처져 있었는데, 지팡이에 잡초를 제거하는 공구를 매고 있던 노인을 만났다. 자로가 묻기를 .. '노인께서는 우리 선생님을 보았습니까?'라고 하였다. 노인이 말하기를 .. '나는 팔다리(사지)를 사용하여 열심히 노동하지 않고 오곡도 분별하지 못합니다. 누가 당신의 선생입니까?'라고 하였다. 그리고는 지팡이에 의지해서 힘들게 김을 매었다."라고 하였다.

【居家章8-9원문】

居家貧窶, 則必爲貧窶所困, 失其所守者多矣。學者正當於此處用功。古人曰 .. "窮視其所不爲, 貧視其所不取。" 孔子曰 .. "小人窮斯濫矣。" 若動於貧窶, 而不能行義, 則焉用學問爲哉! 凡辭受取與之際, 必精思義與非義, 義則取之,不義則不取, 不可毫髮放過。若朋友, 則有通財之義, 所遺皆當受, 但我非乏而遺以米布, 則不可受也。其他相識者, 則只受其有名之饋, 而無名則不可受也。所謂有名者, 賻喪、贐行、助婚禮、周飢乏之類是也。若是大段惡人心所鄙惡者, 則其饋雖有名, 受之心必不安, 心不安, 則不可抑而受之也。孟子曰 .. "無爲其所不爲, 無欲其所不欲。" 此是行義之法也。

【居家章8-9음역】

거가빈구, 즉필위빈구소곤, 실기소수자다의. 학자정당어차처용공. 고인왈 .. "궁시기소불위, 빈시기소불취." 공자왈 .. "소인궁사람의." 약동어빈구, 이불능행의, 즉언용학문위재! 범사수취여지제, 필정사의여비의, 의즉취지, 불의즉불취, 불가호발방과. 약붕우, 즉유통재지의, 소유개당수, 단아비핍이유이미포, 즉불가수야. 기타상식자, 즉지수기유명지궤, 이무명즉불가수야. 소위유명자, 부상、신행、조혼례、주기핍지류시야. 약시대단악인심소비오자, 즉기궤수유명, 수지심필불안, 심불안, 즉불가억이수지야. 맹자왈 .. "무위기소불위, 무욕기소불욕." 차시행의지법야.

【居家章8-9주석】

1) 居家(거가)-가정생활. 동일한 의미의 최초 출전은《孝經》〈廣揚名章〉「君子之事親孝, 故忠可移于君., 事兄悌, 故順可移于長., 居家理, 故治可移於官」에 보인다.
2) 貧窶(빈구)-가난하고 구차함. 貧窮과 동일하다. 동일한 의미의 최초 출전은《荀子》〈大略〉「然故民不困財, 貧窶者有所 竄其手」에 보인다.
3) 則(즉)-곧, 즉. 관련 4자성어는 以身作則, 有物有則 등이 있다.
4) 必(필)-반드시. 관련 4자성어는 物極必反, 信賞必罰 등이 있다.
5) 爲(위)-되다. 관련 4자성어는 一言爲定, 助人爲樂 등이 있다.
6) 所困(소곤)-곤궁을 당하다. 受困과 동일하다. 본문의 「爲貧窶所困」은 爲~所의 형태로 ~에 의하여 ~되다의 수동형 구문이다. 동일한 의미의 최초

출전은 趙壹(東漢), 〈刺世疾邪賦〉「賢者雖獨悟, 所困在群愚。且各守爾分, 勿復空馳驅」에 보인다.

7) 失(실)-잃다. 관련 4자성어는 大驚失色, 坐失良機 등이 있다.
8) 其(기)-지시대명사로 이, 그, 저 등을 가리킨다. 관련 4자성어는 若無其事, 不計其數 등이 있다.
9) 所守(소수)-지켜야 할 바, 즉 지조를 가리킨다. 동일한 의미의 최초 출전은 歐陽修(北宋), 〈朋黨論〉「所守者道義, 所行者忠信, 所惜者名節」에 보인다.
10) 者(자)-사람. 관련 4자성어는 來者不拒, 當局者迷 등이 있다.
11) 多(다)-대부분. 관련 4자성어는 多多益善, 多才多藝(能) 등이 있다.
12) 矣(의)-조사로 문장 끝에 사용되고 了의 의미와 유사하다. 관련 4자성어는 思過半矣, 至矣盡矣 등이 있다.
13) 學者(학자)-배우는 사람, 학문을 연구하는 사람. 즉 전문적으로 모종의 학술체계 연구에 종사하는 사람을 가리킨다. 동일한 의미의 최초 출전은 《論語》〈憲問〉「古之學者爲己, 今之學者爲人」에 보인다.
14) 正(정)-바로. 관련 4자성어는 改邪歸正, 名正言順 등이 있다.
15) 當(당)-마땅히. 관련 4자성어는 老當益壯, 以一當十 등이 있다.
16) 於(어)-어조사이고, ~에, ~에서, ~보다, ~를, ~에게, ~에 대해서, 이에 있어서 등의 의미로 사용되고 于와 동일하다. 본문에서는 ~에 대하여의 의미이다. 對, 對於와 동일하다. 관련 4자성어는 青出於藍, 耿耿於懷 등이 있다.
17) 此處(차처)-이곳, 여기. 此地와 동일하다. 此地와 관련된 동일한 의미의 최초 출전은 駱賓王(唐), 〈于易水送人〉「此地別燕丹, 壯士髮衝冠」에 보인다.
18) 用功(용공)-열심히 학습하다, 열심히 노력하다. 下功夫와 동일하다. 동일한 의미의 최초 출전은 《隋書》〈儒林傳(劉炫)〉「周禮、禮記 …… 論語孔、鄭、王、何、服、杜等注, 凡十三家, 雖義有精粗, 并堪講授。周易、儀禮、穀梁, 用功差少」에 보인다.
19) 古人(고인)-옛사람. 동일한 의미의 최초 출전은 《書經》〈益稷〉「予欲觀古

人之象」에 보인다.

20) 曰(왈)-말하다. 관련 4자성어는 美其名曰, 子曰詩云 등이 있다.

21) 窮(궁)-곤궁한 사람. 관련 4자성어는 山窮水塵, 日暮途窮 등이 있다.

22) 視(시)-살피다. 관련 4자성어는 虎視眈眈, 一視同仁 등이 있다.

23) 所(소)-~하는 바. 주로 동사의 앞에서 사용된다. 2가지 의미가 있다. 첫째, 동작을 접수하는 사물을 대표한다. 예를 들면 所部(지휘하는 부대), 所謂(말하는 바), 無所謂(이를 바가 없다, 즉 관심 없다) 등이 있다. 둘째, 앞쪽의 爲 혹은 被와 상응하여 피동의 뜻을 나타낸다. 예를 들면 爲人所敬(다른 사람에게 존경을 받다) 등이 있다.

24) 不爲(불위)-하지 않는 바. 동일한 의미의 최초 출전은《詩經》〈淇奧〉「善戲謔矣, 不爲虐兮」에 보인다.

25) 貧(빈)-가난한 사람. 관련 4자성어는 貧賤之交, 貧賤不移 등이 있다.

26) 不取(불취)-선택하지 않다. 동일한 의미의 최초 출전은《漢書》〈文帝紀〉「今不選擧焉, 而曰必子, 人其以朕爲忘賢有德者, 而專於子, 非所以憂天下也。朕甚不取」顔師古(隋) 注 ..「不取, 猶言不用此爲善也」에 보인다.

27) 孔子(공자)-공자(기원전551-기원전479)는 姓은 子이고 孔氏이며 이름은 丘이고 字는 仲尼이다. 춘추시기 魯나라 陬邑출신이다. 중국 고대의 위대한 사상가, 정치가, 교육자이고, 儒家學派의 창시자이다. 孔子는 최초로 私學을 열고 仁義禮智信을 주장하였다. 제자가 3천명이고 그 중에서 賢者는 72명이라고 전해진다. 말년에는 六經(詩, 書, 易, 禮, 樂, 春秋)를 수정하였고, 사후에는 제자들이 공자 및 제자들의 言行과 사상을 정리한《論語》를 편찬하였다.

28) 小人(소인)-소인은 여러 가지 의미가 있지만 본문에서는 인격이 낮고 저속한 부류를 가리킨다. 동일한 의미의 최초 출전은《書經》〈大禹謨〉「君子在野, 小人在位」에 보인다.

29) 斯(사)-이에, 즉. 就의 의미와 동일하다. 관련 4자성어는 斯文一脈, 斯斯文文 등이 있다.

30) 濫(남)-넘치다, 함부로 행동하다. 관련 4자성어는 濫用職權, 濫吏贓官 등이 있다. 본문의 「斯濫」은 제멋대로 행동하다, 함부로 행동하다의 의미이다.
31) 若(약)-만약. 관련 4자성어는 若隱若現, 泰然自若 등이 있다.
32) 動(동)-동요하다, 움직이다. 관련 4자성어는 驚天動地, 一擧一動 등이 있다.
33) 而(이)-그리고, 그래서, 그러나. 관련 4자성어는 不言而喩, 適可而止 등이 있다.
34) 不能(불능)-~할 수 없다, 不可能과 동일하다. ~할 수 있다는 可能의 반대이다. 동일한 의미의 최초 출전은 盧照鄰(唐), 〈寄裴舍人書〉「慨然而咏富貴他人合, 貧賤親戚離, 因泣下交頤, 不能自已」에 보인다.
35) 行義(행의)-몸소 仁義를 실행하다. 동일한 의미의 최초 출전은 劉向(西漢), 《說苑》〈指武〉「縱馬華山, 放牛桃林, 示不復用。天下聞者咸謂武王行義於天下, 豈不大哉」에 보인다.
36) 焉用(언용)-어찌 사용할 데가 있겠는가? 본문의 「焉~ 爲哉」의 형식은 어찌 ~하겠는가? 의미이고 何以~ 爲哉와 동일하다. 또 爲哉는 呢(의문조사)의 의미이다. 동일한 의미의 최초 출전은 左丘明(春秋), 〈介之推不言祿〉「言, 身之文也。身將隱, 焉用文之? 是求顯也」에 보인다.
37) 學問(학문)-학문, 체계적인 지식. 동일한 의미의 최초 출전은 《荀子》〈勸學〉「不聞先王之遺言, 不知學問之大也」에 보인다.
38) 哉(재)-감탄, 의문, 반문 등을 나타내는 조사로 啊와 동일하다. 관련 4자성어는 嗚呼哀哉, 何足道哉 등이 있다. 본문의 「爲哉」는 呢(의문조사) 또는 무엇을 할 수 있겠나의 의미로 做什麽呢와 동일하다.
39) 凡(범)-문장 전체를 수식하는 부사로 무릇, 모든의 의미이다. 관련 4자성어는 儀表非凡, 擧止不凡 등이 있다.
40) 辭受(사수)-사양하고 접수하다. 推辭接受의 생략이다. 동일한 의미의 최초 출전은 《莊子》〈秋水〉「吾辭受趣舍, 吾終奈何？」에 보인다.
41) 取與(취여)-받고 주고. 동일한 의미의 최초 출전은 《荀子》〈富國〉「其于

貨財取與計數也, 須孰盡察」 楊倞(唐) 注 .. 「取, 謂賦斂., 與, 謂賜與」에 보인다.

42) 之(지)-~의, ~중에서. 관련 4자성어는 君子之交, 莫逆之友 등이 있다.
43) 際(제)-시기, 때. 관련 4자성어는 無邊無際, 一望無際 등이 있다.
44) 精思(정사)-심사숙고하다. 精心思考의 생략이다. 專心과 동일하다. 동일한 의미의 최초 출전은 王充(東漢),《論衡》〈超奇〉「能精思著文連結篇章者爲鴻儒」에 보인다.
45) 義(의)-道義에 부합하다, 바른 도리. 正道와 동일하다. 관련 4자성어는 大義滅親, 忘恩負義 등이 있다.
46) 與(여)-~와 더불어. 관련 4자성어는 與衆不同, 與人爲善 등이 있다.
47) 非義(비의)-道義에 부합하지 않다. 동일한 의미의 최초 출전은《左傳》定公四年「無謀非德, 無犯非義」에 보인다.
48) 取(취)-받다, 취하다. 관련 4자성어는 舍生取義, 取長補短 등이 있다.
49) 不義(불의)-도의에 부합하지 않는, 부정당한. 동일한 의미의 최초 출전은《論語》〈述而〉「不義而富且貴, 于我如浮雲」에 보인다.
50) 不可(불가)-할 수 없다. 可(가능, 되다, 적합, 옳다)의 반대 의미이다. 동일한 의미의 최초 출전은《孫子兵法》〈九變〉「覆軍殺將, 必以五危, 不可不察也」에 보인다.
51) 毫髮(호발)-극히 작은 터럭만큼이라도, 극소수. 동일한 의미의 최초 출전은 杜甫(唐), 〈敬贈鄭諫議十韵〉「毫髮無遺恨, 波瀾獨老成」에 보인다.
52) 放過(방과)-소홀히 하다. 동일한 의미의 최초 출전은 高明(明),《琵琶記》〈牛小姐愁配〉「雖想爹爹苦不放過., 一定要招做女婿」에 보인다.
53) 朋友(붕우)-친구, 즉 뜻이 같고 추구하는 바가 서로 부합(志同道合)하면서 사귀는 정이 깊은 사람. 동일한 의미의 최초 출전은《易經》〈兌卦〉「君子以朋友講習」 孔穎達(唐) 疏 .. 「同門曰朋, 同志曰友, 朋友聚居, 講習道義」에 보인다.
54) 有(유)-있다. 동사이고 無, 沒과 반대이다. 관련 4자성어는 有始無終, 一

無所有 등이 있다.

55) 通財(통재)-친구 간에 서로 재물을 융통하여 함께 누리다. 본문의 「通財之義」는 친구 간에 서로 재물을 융통하여 함께 누리는 인정과 의리(情義)를 가리킨다. 通財之誼와 동일하다. 동일한 의미의 최초 출전은 朱熹(南宋), 《朱子語類》 卷二九 「愿車馬, 衣輕裘, 與朋友共」에 보인다.

56) 遺(유)-보내다, 주다. 관련 4자성어는 路不拾遺, 一覽無遺 등이 있다.

57) 皆(개)-모두. 관련 4자성어는 人人皆知, 全民皆兵 등이 있다.

58) 受(수)-받다. 관련 4자성어는 自作自受, 四面受敵 등이 있다.

59) 但(단)-다만, 단지, 그러나. 관련 4자성어는 但願如此, 但求無過 등이 있다.

60) 我(아)-나, 余, 吾, 予와 동일하다. 관련 4자성어는 唯我独尊, 自我陶醉 등이 있다.

61) 非乏(비핍)-궁핍하지 않다. 동일한 의미의 최초 출전은 《史記》〈高祖本紀〉「沛公不讓不受, 曰 .. 倉粟多, 非乏, 不欲費人」에 보인다.

62) 以(이)-~함으로써. 관련 4자성어는 一以貫之, 夢寐以求 등이 있다.

63) 米布(미포)-쌀과 옷감. 동일한 의미의 최초 출전은 《明史》〈食貨志〉「凡歲災, 盡蠲二稅, 且貸以米, 甚者賜米布若鈔」에 보인다.

64) 其他(기타)-기타, 그 나머지. 其它, 其佗, 另外, 其餘, 此外와 동일하다. 동일한 의미의 최초 출전은 《漢書》〈西域傳下〉「昆莫起拜, 其佗如故」에 보인다.

65) 相識(상식)-서로 아는 사람. 동일한 의미의 최초 출전은 《禮記》〈曾子問〉「相識有喪服可以與於祭乎 ?」에 보인다.

66) 只(지)-단지, 다만. 只好, 只와 동일하다. 只는 부사로 오직, 다만, ~일 뿐으로 惟나 但과 같이 바로 뒤에 오는 명사를 한정한다. 관련 4자성어는 只言片語, 只字不提 등이 있다.

67) 有名(유명)-정당한 이유가 있다. 동일한 의미의 최초 출전은 《禮記》〈檀弓下〉「師必有名, 人之稱斯也者, 則謂之何」에 보인다.

68) 饋(궤)-물건을 보내다. 관련 4자성어는 中饋乏人, 寢饋難安 등이 있다.

69) 無名(무명)-정당한 이유가 없다. 동일한 의미의 최초 출전은《史記》〈淮陰侯列傳〉「此壯士也。方辱我時, 我寧不能殺之邪? 殺之無名, 故忍而就於此」에 보인다.

70) 所謂(소위)-이른바. 동일한 의미의 최초 출전은《詩經》〈蒹葭〉「所謂伊人, 在水一方」에 보인다.

71) 賻喪(부상)-고대에 喪葬禮는 매우 성대하게 실행하여 재력의 소모가 많았다. 그래서 주위의 친척 및 친구들이 재물을 보내어 장례를 치를 때 도움을 주기 위하여 보내주는 부의금품을 일컫는다. 賻贈과 동일하다. 동일한 의미의 최초 출전은《儀禮》〈旣夕禮〉「知死者贈, 知生者賻」에 보인다.

72) 贐行(신행)-길 떠날 때 노자 돈. 餞行, 路資와 동일하다. 동일한 의미의 최초 출전은《孟子》〈公孫丑下〉「予將有遠行, 行者必有贐, 辭曰餽贐, 予何爲不受?」에 보인다.

73) 助(조)-돕다, 본문에서는 부조를 가리킨다. 관련 4자성어는 拔苗助長, 守望相助 등이 있다.

74) 婚禮(혼례)-결혼 예의, 5禮 중에서 嘉禮에 속한다. 婚姻儀禮의 생략이다. 昏禮와 동일하다. 동일한 의미의 최초 출전은《禮記》〈昏儀〉「昏禮者, 將合二姓之好, 上以事宗廟, 而下以繼後世也, 故君子重之」에 보인다.

75) 周(주)-구제하다. 관련 4자성어는 衆所周知, 周而不比 등이 있다.

76) 飢乏(기핍)-굶주림과 궁핍. 飢餓困乏의 생략이다. 동일한 의미의 최초 출전은 趙曄(東漢),《吳越春秋》〈吳太伯傳〉「隨地造區, 研營種之術, 三年餘, 行人無飢乏之色」에 보인다.

77) 類(유)-사례, 종류. 관련 4자성어는 分門別類, 呼朋引類 등이 있다.

78) 是也(시야)-이것이다. 正也와 동일하다. 동일한 의미의 최초 출전은《戰國策》〈魏策四〉「今日是也。挺劍而起」에 보인다.

79) 若是(약시)-만약 ~이라면, 이와 같다면. 如果是, 如此와 동일하다. 동일한 의미의 최초 출전은《儀禮》〈有司徹〉「司馬在羊鼎之東, 二手執桃匕枋

以挹滄, 注于疏匕, 若是者三」에 보인다.

80) 大段(대단)-대단한, 매우 심한. 동일한 의미의 최초 출전은 朱熹(南宋), 《朱子語類》 卷十三 「世事無時是了, 且揀大段, 無甚緊要底事, 不要做」에 보인다.

81) 惡人(악인)-악한 사람. 동일한 의미의 최초 출전은 揚雄(西漢), 《法言》 〈修身〉 「修其善則爲善人, 修其惡則爲惡人」에 보인다.

82) 心心(심심)-마음. 心心念念과 동일하다. 관련 4자성어는 一心一意, 同心協力 등이 있다.

83) 鄙惡(비악)-천박하고 비열한. 동일한 의미의 최초 출전은 《莊子》 〈人間世〉 「凡事亦然, 始乎諒, 常卒乎鄙」 成玄英(唐) 疏 .. 「凡情常事, 亦復如然, 莫不始則誠信, 終則鄙惡」에 보인다.

84) 雖(수)-비록. 관련 4자성어는 雖死猶生, 雖死無悔 등이 있다.

85) 安(안)편안하다. 관련 4자성어는 安身立命, 一路平安 등이 있다.

86) 抑(억)-참다, 억누르다. 관련 4자성어는 抑强扶弱, 崇本抑末 등이 있다.

87) 也(야)-조사로 문장 중간에 혹은 문장 끝에 사용한다. 관련 4자성어는 空空如也, 未嘗有也 등이 있다.

88) 孟子(맹자)-孟子(기원전372-기원전289)성은 姬이고 孟氏이며 이름은 軻이고 字는 子輿이다. 魯나라 鄒縣 출신이다. 공자 손자의 제자이고(《史記》 〈孟子荀卿列傳〉 「孟子受業子思(孔伋, 孔子의 손자)之門人」) 孔子와 함께 孔孟으로 일컫는다. 戰國 시기 儒家 사상의 대표 인물 중의 하나이고, 중국 고대의 유명한 사상가, 철학가, 정치가, 교육자이다.

89) 無爲(무위)-하지 말고. 別做, 不做와 동일하다. 동일한 의미의 최초 출전은 《左傳》 哀公二十六年〉 「乃盟于少寢之庭, 曰 .. 無爲公室不利 ! 」에 보인다.

90) 不爲(불위)-하지 말아야 할 일, 하고 싶지 않는 바. 동일한 의미의 최초 출전은 《孟子》 〈梁惠王上〉 「爲長者折枝, 語人曰 .. 我不能, 是不爲也, 非不能也」에 보인다.

91) 無欲(무욕)-바라지 말고. 동일한 의미의 최초 출전은《孟子》〈盡心章句上〉「無爲其所不爲, 無欲其所不欲, 如此而已矣」에 보인다.

92) 不欲(불욕)-바라지 말아야 할 것. 동일한 의미의 최초 출전은 위와 동일하다.

93) 此(차)-이것은. 관련 4자성어는 不分彼此, 果然如此 등이 있다.

94) 是(시)-~이다, 이것. 관련 4자성어는 口是心非, 是非曲直 등이 있다.

95) 法(법)-방법. 관련 4자성어는 約法三章, 春秋筆法 등이 있다.

【居家章8-9국역】

가정생활이 가난하고 구차하면 반드시 가난하고 구차함에 곤궁을 당하게 되어 지조를 잃는 사람이 대부분이다. 학문을 연구하는 사람은 바로 마땅히 이것에 대해서 열심히 노력해야 한다. 옛사람이 말하기를 .. "곤경에 처했을 때 지조를 잃지 않고 구차한 일을 하지 않음을 살피고, 가난할 때 의롭지 않은 재물을 받지 않음을 살펴야 한다."라고 하였다. 공자가 말하기를 .. "소인배(인격이 낮고 저속한 부류)는 곤궁하면 이에 함부로 행동한다."라고 하셨다. 만약 가난하고 구차함에 마음이 동요되어서 몸소 인의를 실행할 수 없으면 어찌 학문을 사용할 데가 있겠는가! 무릇 물건을 사양하고 접수하거나 받고 줄 때에는 반드시 도의에 부합하는지 도의에 부합하지 않는지를 심사숙고해서, 도의에 부합하면 그것을 받고 도의에 부합하지 않으면 받지 말아서 매우 작은 것이라도 소홀히 하면 안 된다. 만약 친구라면 서로 재물을 융통하여 함께 누리는 인정과 의리가 있어서 보내주는 것은 모두 마땅히 받지만, 그러나 내가 궁핍하지 않는데도 쌀이나 옷감을 주면 받아서는 안 된다. 그 나머지 서로 아는 사람은 단지 그 정당한 이유가 있는 물건은 받고 정당한 이유가 없는 물건은 받으면 안 된다. 이른바 정당한 이유가 있는 것은, 장례에 도움을 주기 위해서 보내주는 부의금품, 길 떠날 때 노자 돈, 결혼의례에 도움을 주는 물건, 굶주림과 궁핍을 구제하는 종류 등이다. 만약 매우 나쁜 사람으로 마음이 천박하고 비열한

자가 보내주는 것은, 비록 정당한 이유가 있더라도 그것을 받으면 마음이 편안하지 않게 되고 마음이 편안하지 않는데도 참고 그것을 받으면 안 된다. 맹자가 말하기를 .. "자기가 마땅히 할 일이 아닌 일은 하지 않고, 자기가 마땅히 원하지 않는 것은 욕심내지 않는 것 이다."라고 하였다. 이것이 도의를 실행하는 방법인 것이다.

【居家章8-9解說】

*「窮視其所不爲, 貧視其所不取」

본문과 동일한 의미의 최초 출전은 劉向(西漢), 《說苑》〈臣術〉「臣對曰 .. 君不察故也, 貴視其所擧, 富視其所與, 貧視其所不取, 窮視其所不爲, 由此觀之可知也」에 보인다. 즉 "신(이극)이 대답하여 말하기를 .. '군주가 살피지 않았던 까닭입니다. 신분이 귀하게 되었을 때 그가 추천하는 바를 보고, 부유하게 되었을 때 그가 함께하는 바를 보고, 가난하게 되었을 때 그가 취하지 않은 바를 보고, 곤경에 처했을 때 지조를 잃지 않고 구차한 일을 하지 않는 바를 보면, 이것으로 말미암아 그 사람을 보고 알 수 있게 됩니다.'"라고 하였다. 또 《史記》〈魏世家〉「李克曰 .. "君不察故也。居視其所親, 富視其所與, 達視其所擧, 窮視其所不爲, 貧視其所不取, 五者足以定之矣, 何待克哉 ! " 文侯曰 .. "先生就舍, 寡人之相定矣"」에 보인다. 즉 戰國時代 초기 魏나라의 승상 李悝(克)의 「識人五法」의 일부분이다. 魏나라 文侯가 魏成子와 翟璜 두 사람 중에서 승상을 선발하려고 하였다. 그러나 두 사람 모두 재주가 뛰어나서 누구를 선택할지 몰랐다. 그래서 李悝에게 선발의 기준에 대해서 문의하였고, 李悝는 5가지 인재를 구별하는 표준(識人5法)을 제시하였다. 魏나라 文侯는 이에 근거하여 최종적으로 魏成子를 승상으로 선발하였다. 「識人五法」을 요약하면 第一, 居視其所親(평상시 賢人과 함께 하는지를 살핌) ; 第二, 達視其所擧(고위직에 있을 때 어떻게 부하를 선발하는지를 살핌) ; 第三, 富視其所與(부유할 때 가난한 사람을 구제하는지를 살핌) ; 第四, 窮時其所不爲(곤경에 처했을 때 지조를 잃지 않고 구차한 일을 하지 않음을 살핌) ; 第五, 貧視其所不取(가난할 때 의롭지 않은 재물을 받지 않음을 살핌) 등이다.

* 「小人窮斯濫矣」

본문과 동일한 의미의 최초 출전은 《論語》〈衛靈公〉「君子固窮, 小人窮斯濫矣」에 보인다. 즉 孔子가 일행과 함께 천하를 주유할 때에 陳나라에서 양식이 다 떨어져서 모두 굶주림에 몸을 일으킬 기운도 없었다. "자로가 화가 나서 공자를 찾아와서 말하기를 .. '군자도 또한 곤궁한 때가 있습니까?' 공자가 말하기를 .. '군자는 곤궁한 상황에 직면해도 바른 도리를 고수하며 자신의 뜻을 바꾸지 않지만, 소인은 곤궁한 때를 만나면 스스로 절제하지 못하고 제멋대로 행동한다.'"라고 하였다.

* 「朋友有通財之義」

본문과 동일한 의미의 최초 출전은 朱熹(南宋), 《論語集注》「朋友有通財之義, 故雖車馬之重不拜。祭肉則拜者, 敬其祖考, 同于己親也」에 보인다. 즉 "친구 사이에는 서로 재물을 융통하여 함께 누리는 인정과 의리가 있는데, 그런 까닭에 비록 수레와 말 같은 귀중한 물건은 감사하며 받지 않는다. 그러나 제사 때 사용한 고기를 주면 감사히 받는 것은, 친구의 조상을 공경하는 것은 자기 어버이를 공경하는 것과 같기 때문이다."

* 「無爲其所不爲, 無欲其所不欲」

본문과 동일한 의미의 최초 출전은 《孟子》〈盡心上〉「孟子曰 .. 無爲其所不爲, 無欲其所不欲, 如此而已矣」에 보인다. 즉 孟子가 말하기를 .. "자기가 마땅히 할 일이 아닌 일은 하지 않고, 자기가 마땅히 원하지 않는 것은 욕심내지 않는 것 이와 같을 뿐이다."라고 하였다.

【居家章8-10원문】

中朝則列邑之宰, 有私俸, 故推其餘, 可以周人之急矣。我國則守令, 別無私俸, 只以公穀, 應日用之需, 而若私與他人, 則不論多少, 皆有罪譴, 甚則至於犯贓, 受者亦然, 爲士而受守令之饋, 則是乃犯禁也。古者入國而問禁, 則居其國者, 豈可犯禁乎! 守令之饋, 大抵難受, 若私與官庫之穀, 則不論人之親疏, 名之有無, 物之多寡, 皆不可受也。(若分厚邑宰, 以衙中私財周急, 則或可受也)

【居家章8-10음역】

중조즉열읍지재, 유사봉, 고추기여, 가이주인지급의. 아국즉수령, 별무사봉, 지이공곡, 응일용지수, 이약사여타인, 즉불론다소, 개유죄견, 심즉지어범장, 수자역연, 위사이수수령지궤, 즉시내범금야. 고자입국이문금, 즉거기국자, 기가범금호! 수령지궤, 대저난수, 약사여관고지곡, 즉불론인지친소, 명지유무, 물지다과, 개불가수야(약분후읍재, 이아중사재주급, 즉혹가수야).

【居家章8-10주석】

1) 中朝(중조)-중원왕조, 즉 중국을 가리킨다. 동일한 의미의 최초 출전은 《宋史》〈高麗傳〉「以其歲貢中朝, 不敢發兵報怨」에 보인다.
2) 則(즉)-곧, 즉. 관련 4자성어는 以身作則, 有物有則 등이 있다.
3) 列邑(열읍)-여러 고을. 동일한 의미의 최초 출전은 《南齊書》〈孔稚珪列傳〉「致此之由, 又非但律吏之咎, 列邑之宰亦亂其經」에 보인다.
4) 之(지)-~의, ~중에서. 관련 4자성어는 君子之交, 莫逆之友 등이 있다.
5) 宰(재)-고을 수령. 邑宰, 縣令과 동일하다. 관련 4자성어는 白衣宰相, 風流宰相 등이 있다.
6) 有(유)-있다. 동사이고 無, 沒과 반대이다. 관련 4자성어는 有始無終, 一無所有 등이 있다.

7) 私俸(사봉)-봉록, 월급. 私人俸祿의 생략이다. 동일한 의미의 최초 출전은 焦竑(明),《國朝獻徵錄》卷之四十八「召對歡聲載道南部, 起自洪武間, 至是傾圯, 公得請重修而益, 以私俸輪奐」에 보인다.

8) 故(고)-그런 까닭에. 관련 4자성어는 溫故知新, 無緣無故 등이 있다.

9) 推(추)-다른 사람에게 주다. 讓與와 동일하다. 관련 4자성어는 推本溯源, 推而廣之 등이 있다.

10) 其餘(기여)-사용하고 남은 물건이나 재물, 그 나머지. 其他, 此外, 另外, 餘外 등과 동일하다. 동일한 의미의 최초 출전은《論語》〈雍也〉「回也其心三月不違仁, 其餘則日月至焉而已矣」에 보인다.

11) 可以(가이)-할 수 있다. 동일한 의미의 최초 출전은《孟子》〈梁惠王上〉「五畝之宅, 樹之以桑, 五十者可以衣帛矣」에 보인다.

12) 周(주)-구제하다. 관련 4자성어는 衆所周知, 周而不比 등이 있다.

13) 人(인)-어떤 사람. 관련 4자성어는 目中無人, 膾炙人口 등이 있다.

14) 急(급)-급하다, 위급하다. 관련 4자성어는 輕重緩急, 心急如火 등이 있다. 본문의「周人之急」은 周急을 가리키고, 周濟困急의 생략이다. 의미는 타인의 어려움을 구제하다. 동일한 의미의 최초 출전은《論語》〈雍也〉「吾聞之也, 君子周急不繼富」朱熹(南宋)《論語集注》..「急, 窮迫也., 周者, 補不足」에 보인다.

15) 我國(아국)-우리나라, 즉 朝鮮을 가리킨다. 吾國과 동일하다.

16) 守令(수령)-太守, 刺史, 縣令 등 지방관. 동일한 의미의 최초 출전은《史記》〈陳涉世家〉「攻陳, 陳守令皆不在」에 보인다.

17) 別(별)-별도의. 관련 4자성어는 天壤之別, 霸王別姬 등이 있다.

18) 無(무)-없다, 동사이고 有와 반대이다. 관련 4자성어는 史無前例, 無邊無際 등이 있다.

19) 只(지)-단지. 단지, 다만. 只好, 只와 동일하다. 只는 부사로 오직, 다만, ~일 뿐으로 惟나 但과 같이 바로 뒤에 오는 명사를 한정한다. 관련 4자성어는 只言片語, 只字不提 등이 있다.

20) 以(이)-~함으로써. 관련 4자성어는 一以貫之, 夢寐以求 등이 있다.
21) 公穀(공곡)-공공기관에서 소유하는 곡식.
22) 應(응)-충당하다. 관련 4자성어는 因果報應(因果應報), 隨機應變(臨機應變) 등이 있다.
23) 日用(일용)-일상생활, 일상생활 중에. 日用之閑과 동일하고, 日用動靜之間의 생략이다. 동일한 의미의 최초 출전은 朱熹(南宋), 〈答林擇之書〉 之一「今方欲與朋友說, 日用之閑, 常切点檢氣習偏處, 意欲萌處」에 보인다.
24) 需(수)-수요. 본문의 「應日用之需」는 일상생활의 수요에 충당하다. 관련 4자성어는 各取所需, 不時之需 등이 있다.
25) 而(이)-그리고, 그래서, 그러나. 관련 4자성어는 不言而喩, 適可而止 등이 있다.
26) 若(약)-만약. 관련 4자성어는 若隱若現, 泰然自若 등이 있다.
27) 私與(사여)-개인적으로 주다. 동일한 의미의 최초 출전은 《史記》 〈田敬仲完世家〉「貧均孤寡者, 私與之粟, 其子田乞用大斗借出、小斗回收, 使齊之民歸之如流水」에 보인다.
28) 他人(타인)-다른 사람. 別人과 동일하다. 동일한 의미의 최초 출전은 《詩經》 〈巧言〉「他人有心, 予忖度之」에 보인다.
29) 不論(불론)-관계없이. 동일한 의미의 최초 출전은 蕭統(南朝,梁), 《文選》 〈李斯·上書秦始皇〉「今取人則不然, 不問可否、不論曲直」에 보인다.
30) 多少(다소)-많고 적음. 동일한 의미의 최초 출전은 《管子》 〈七法〉「剛柔也, 輕重也, 大小也, 實虛也, 遠近也, 多少也, 謂之計數」에 보인다.
31) 皆(개)-모두. 관련 4자성어는 人人皆知, 全民皆兵 등이 있다.
32) 罪譴(죄견)-죄를 범해서 질책을 받는다. 동일한 의미의 최초 출전은 《後漢書》 〈周舉傳〉「今詔怒, 二尙書已奏其事, 吾獨表此, 必致罪譴」에 보인다.
33) 甚(심)-심할 경우에는. 관련 4자성어는 欺人太甚, 自視甚高 등이 있다.
34) 至於(지어)-~에 이르다. 동일한 의미의 최초 출전은 《論語》 〈學而〉「夫子至於是邦也, 必聞其政」에 보인다.

35) 犯贓(범장)-공물횡령죄. 동일한 의미의 최초 출전은《宋書》〈劉湛傳〉「(湛)爲人剛嚴用法, 姦吏犯贓百錢以上, 皆殺之, 自下莫不震肅」에 보인다.

36) 受(수)-받다. 관련 4자성어는 自作自受, 四面受敵 등이 있다.

37) 者(자)-사람. 관련 4자성어는 來者不拒, 當局者迷 등이 있다.

38) 亦然(역연)-또한 이와 같다. 동일한 의미의 최초 출전은《春秋穀梁傳》成公七年「免牲者, 爲之緇衣纁裳, 有司玄端, 奉送至于南郊, 免牛亦然」에 보인다.

39) 爲士(위사)-선비가 되어, 선비 된 자. 동일한 의미의 최초 출전은 陳亮(南宋),《陳亮集》「爲士者恥言文章、行義, 而曰 .. 盡心知性」에 보인다.

40) 饋(궤)-선물, 물건을 보내다. 관련 4자성어는 中饋乏人, 寢饋難安 등이 있다.

41) 是乃(시내)-이것이 바로. 동일한 의미의 최초 출전은《孟子》〈梁惠王上〉「無傷也, 是乃仁術也。見牛未見羊也。君子之于禽獸也, 見其生, 不忍見其死., 聞其聲, 不忍食其肉。是以君子遠庖厨也」에 보인다.

42) 犯禁(범금)-법률을 위반하다. 觸犯禁令의 생략이다. 동일한 의미의 최초 출전은《周禮》〈司稽〉「掌巡市而察其犯禁者, 與其不物者而搏之」에 보인다.

43) 古者(고자)-옛날에. 동일한 의미의 최초 출전은《詩經》〈都人士〉「古者長民, 衣服不貳, 從容有常」孔穎達(唐),《毛詩正義》傳 ..「古者, 明王時也」에 보인다.

44) 入國(입국)-다른 나라에 들어가다. 동일한 의미의 최초 출전은《管子》〈入國〉「入國四旬, 五行九惠之教」에 보인다.

45) 問禁(문금)-타국의 정치, 교화, 풍속습관 등에 있어서 금지 사항을 묻다. 동일한 의미의 최초 출전은《禮記》〈曲禮上〉「入竟而問禁, 入國而問俗, 入門而問諱」에 보인다.

46) 居(거)-거주하다. 관련 4자성어는 安居樂業, 奇貨可居 등이 있다.

47) 其(기)-지시대명사로 이, 그, 저 등을 가리킨다. 관련 4자성어는 若無其事, 不計其數 등이 있다.

48) 國(국)-나라. 관련 4자성어는 國泰民安, 傾國之色 등이 있다.
49) 豈可(기가)-어찌 가능하겠는가? 동일한 의미의 최초 출전은《左傳》哀公 七年「大國不以禮命于諸侯, 苟不以禮, 豈可量也?」에 보인다.
50) 乎(호)-개사로는 ~에, ~에 대하여 ~을(를) 의미이다. 어조사로는 문장의 끝에 사용되어 의문, 반어, 감탄, 명령, 추정 등 의미로 사용된다. 관련 4자성어는 不亦悅乎, 出乎意外 등이 있다.
51) 大抵(대저)-대개. 大概, 大致와 동일하다. 동일한 의미의 최초 출전은《史記》〈太史公自序〉「詩三百篇, 大抵賢聖發憤之所爲作也」에 보인다.
52) 難受(난수)-받기가 곤란하다. 동일한 의미의 최초 출전은 李頻(唐), 〈辭夏口崔尚書〉「一飯仍難受, 依仁況一年」에 보인다.
53) 官庫(관고)-관청의 창고. 동일한 의미의 최초 출전은 無名氏(南宋), 《都城紀勝》〈酒肆〉「除官庫、子庫、脚店之外, 其餘皆謂之拍户」에 보인다.
54) 穀(곡)-곡식. 관련 4자성어는 五穀豊登, 稻穀飄香 등이 있다.
55) 親疏(친소)-관계가 친밀하거나 소원한. 동일한 의미의 최초 출전은《周禮》〈小宗伯〉「掌三族之別, 以辨親疏」에 보인다.
56) 名(명)-명분. 관련 4자성어는 名實相符, 擧世聞名 등이 있다.
57) 有無(유무)-일반적으로 있고 없음. 동일한 의미의 최초 출전은《禮記》〈檀弓上〉「子游問喪具, 夫子曰 .. 稱家之有亡(無)」에 보인다.
58) 物(물)-물건, 재물. 관련 4자성어는 厚德載物, 地大物博 등이 있다.
59) 多寡(다과)-많고 적고. 多少와 동일하다. 동일한 의미의 최초 출전은《孟子》〈滕文公上〉「布帛長短同, 則賈相若., 麻縷絲絮輕重同, 則賈相若., 五穀多寡同, 則賈相若., 屨大小同, 則賈相若」에 보인다.
60) 分厚(분후)-친분이 두터운. 동일한 의미의 최초 출전은 强至(北宋), 〈依韵答公節〉「此行情分厚, 枉道愿言諧」에 보인다.
61) 不可(불가)-할 수 없다. 可(가능, 되다, 적합, 옳다)의 반대 의미이다. 동일한 의미의 최초 출전은《孫子兵法》〈九變〉「覆軍殺將, 必以五危, 不可不察也」에 보인다.

62) 也(야)-조사로 문장 중간에 혹은 문장 끝에 사용한다. 관련 4자성어는 空空如也, 未嘗有也 등이 있다.

63) 分(분)-친분, 나누다. 관련 4자성어는 四分五裂, 不分彼此 등이 있다.

64) 厚(후)-두터운. 관련 4자성어는 厚顔無恥, 天高地厚 등이 있다.

65) 邑宰(읍재)-縣邑의 수령, 즉 縣令을 가리킨다. 동일한 의미의 최초 출전은 潘岳(西晉), 〈河陽縣作〉「誰謂邑宰輕, 令名恐不劭」에 보인다.

66) 衙(아)-관청. 관련 4자성어는 清水衙門, 衙官屈宋 등이 있다.

67) 中(중)-가운데. 관련 4자성어는 空中樓閣, 雪中送炭 등이 있다.

68) 私財(사재)-개인의 재물. 동일한 의미의 최초 출전은《戰國策》〈齊策五〉「士聞戰則輸私財而富軍市, 輸飮食而待死士」에 보인다.

69) 或(혹)-간혹. 관련 4자성어는 不可或缺, 多言或中 등이 있다.

70) 可(가)-가하다, 옳다. 관련 4자성어는 無家可歸, 不可思議 등이 있다.

【居家章8-10국역】

중국에서는 여러 고을의 수령은 봉록(월급)이 있는데, 그런 까닭에 사용하고 남은 재물은 다른 사람에게 주거나 타인의 위급함을 구제해 줄 수 있다. 우리나라의 고을 수령은 별도의 봉록(월급)이 없고 단지 공공기관에서 소유하고 있는 곡식으로 일상생활 중의 수요에 대응하는데, 만약 개인적으로 다른 사람에게 주면 재물의 많고 적음에 관계없이 모두 죄를 범해서 질책을 받으며, 심할 경우에는 공물횡령죄에 이르게 되고 받은 자도 또한 이와 같게 된다. 선비 된 자가 고을 수령의 선물을 받으면 이것이 바로 법률을 위반하는 것이다. 옛날에 다른 나라에 입국하면 그 나라의 정치 교화 풍속습관 등에 있어서 금지사항을 물어보는데, 그 나라에 거주하면서 어찌 법률을 위반하는 것이 가능하겠는가! 고을 수령의 선물은 대개 받기가 곤란하며 만약 개인적으로 관청의 창고 곡식을 주면, 타인과의 관계가 친밀하거나 소원하거나, 명분이 있거나 없거나, 물건의 많고 적음에 관계없이 모두 받으면 안 된다(만약 고을 수령과 친분이 두터워서 관청의 개인

재물로 위급함을 구제하는 것은 어떤 경우에는 받을 수도 있다).

【居家章8-10解說】

* 「問禁」과 「犯禁」

문금은 다른 지역이나 국가를 방문할 때는 먼저 해당 지역의 정치, 풍속, 습관, 금지 혹은 위험 물품, 환경자원 등 각종 금기사항을 물어서, 해당 지역의 안전과 사회질서 및 규정이나 습관을 범하는 것을 피하고 자신의 안전을 도모하기 위함이다. 즉 새로운 환경에 진입할 경우에 해당 지역의 문화와 습속 및 법률의 중요성을 이해하고 존중할 것을 강조하여 불필요한 충돌이나 오해를 피하는 것을 목적으로 한다. 동일한 의미의 최초 출전은 《禮記》 〈曲禮上〉 「入竟而問禁, 入國而問俗, 入門而問諱」에 보인다. 즉 "국경에 들어갈 때는 금지하는 것을 묻고, 나라에 들어갈 때는 풍속을 묻고, 문에 들어갈 때는 꺼리는 것을 묻는다."라고 하였다. 犯禁은 법률을 위반함을 의미한다. 觸犯禁令의 생략이고 違禁과 동일하다. 동일한 의미의 최초 출전은 《周禮》 〈司稽〉 「掌巡市而察其犯禁者, 與其不物者而搏之」에 보인다.

第九, 接人章

타인과 교류하는 방법

凡接人, 當務和敬。年長以倍, 則父事之, 十年以長, 則兄事之., 五年以長, 亦稍加敬., 最不可恃學自高, 尙氣陵人也。

擇友必取好學、好善、方嚴、直諒之人, 與之同處, 虛受規戒, 以攻吾闕。若其怠惰、好嬉、柔佞、不直者, 則不可交也。

鄕人之善者, 則必須親近通情, 而鄕人之不善者, 亦不可惡言揚其陋行。但待之泛然, 不相往來, 若前日相知者, 則相見, 只敍寒暄, 不交他語, 則自當漸疎, 亦不至於怨怒矣。

同聲相應, 同氣相求, 若我志於學問, 則我必求學問之士, 學問之士, 亦必求我矣。彼名爲學問, 而門庭多雜客, 喧囂度日者, 必其所樂, 不在學問故也。

凡拜揖之禮, 不可預定。大抵父之執友, 則當拜., 洞內年長十五歲以上者, 當拜., 爵階堂上, 而長於我十年以上者, 當拜., 鄕人年長二十歲以上者, 當拜., 而其間高下曲折, 在隨時節中, 亦不必拘於此例。但常以自卑尊人底意思, 存諸胸中可也。詩曰 .. "溫溫恭人, 惟德之基。

人有毁謗我者, 則必反而自省。若我實有可毁之行, 則自責內訟, 不憚改過。若我過甚微, 而增衍附益, 則彼言雖過, 而我實有受謗之苗脈, 亦當剗鋤前愆, 不留毫末。若我本無過, 而捏造虛言, 則此不過妄人而已, 與妄人何足計較虛實哉! 且彼之虛謗, 如風之過耳, 雲之過空, 於我何與哉! 夫如是, 則毁謗之來, 有則改之, 無則加勉, 莫非有益於我也。若聞過自辨, 嘵嘵然不置, 必欲置身於無過之地, 則其過愈深, 而取謗益重矣。昔者或問止謗之道, 文中子曰 .. "莫如自修。請益, 曰 .. "無辨。此言可爲學者之法。

凡侍先生、長者, 當質問義理難曉處, 以明其學。侍鄕黨長老, 當小心恭謹, 不放言語, 有問則敬對以實。與朋友處, 當以道義講磨, 只談文字義理而已, 世俗鄙俚之說, 及時政得失, 守令賢否, 他人過惡, 一切不可掛口。與鄕人處, 雖隨問應答, 而終不可發鄙褻之言, 雖莊栗自持, 而切不可存矜高之色, 惟當以善言誘掖, 必欲引而向學。與幼者處, 當諄諄言孝悌忠信, 使發善心。若此不已, 則鄕俗漸可變也。

常以溫恭慈愛, 惠人濟物爲心, 若其侵人害物之事, 則一毫不可留於心曲。凡人欲利於己, 必至侵害人物。故學者先絶利心, 然後可以學仁矣。

居鄕之士, 非公事禮見及不得已之故, 則不可出入官府。邑宰雖至親, 亦不可數數往見, 況非親舊乎! 若非義干請, 則當一切勿爲也。

【接人章9-1원문】

凡接人, 當務和敬。年長以倍, 則父事之., 十年以長, 則兄事之., 五年以長, 亦稍加敬., 最不可恃學自高, 尙氣陵人也。

【接人章9-1음역】

범접인, 당무화경. 연장이배, 즉부사지., 십년이장, 즉형사지., 오년이장, 역초가경., 최불가시학자고, 상기능인야.

【接人章9-1주석】

1) 凡(범)-문장 전체를 수식하는 부사로 무릇, 모든의 의미이다. 관련 4자성어는 儀表非凡, 擧止不凡 등이 있다.
2) 接人(접인)-타인의 영접, 타인과 교류 접촉. 迎接他人, 接人待物의 생략이다. 동일한 의미의 최초 출전은 陶宗儀(明), 《輟耕錄》 卷五 「右二事可見前輩諸老謙恭退抑, 汲引後進, 待人接物者如此」에 보인다.
3) 當務(당무)-마땅히 힘써야 할 일. 동일한 의미의 최초 출전은 《管子》 〈正世〉 「法禁不立, 則奸邪繁, 故事莫急於當務, 治莫貴於得齊」에 보인다.
4) 和敬(화경)-온화하고 순종하는 태도로 상대를 공경하는 것. 和順恭敬의 생략이다. 동일한 의미의 최초 출전은 《禮記》 〈樂記〉 「樂在宗廟之中, 君臣上下同聽之, 則莫不和敬」에 보인다.
5) 年長(연장)-나이가 많다. 동일한 의미의 최초 출전은 《左傳》 襄公三十年 「晉悼夫人食輿人之城杞者, 絳縣人或年長矣, 無子, 而往與於食」에 보인다.
6) 以(이)-~함으로써. 관련 4자성어는 一以貫之, 夢寐以求 등이 있다.
7) 倍(배)-배, 두 배. 관련 4자성어는 事半功倍, 精神百倍 등이 있다.
8) 則(즉)-곧, 즉. 관련 4자성어는 以身作則, 有物有則 등이 있다.
9) 父事(부사)-자기 아버지처럼 타인을 섬기다. 동일한 의미의 최초 출전은 《禮記》 〈曲禮上〉 「年長以倍, 則父事之., 十年以長, 則兄事之., 五年以長,

則肩隨之」에 보인다.

10) 之(지)-그것. 즉 之는 대명사로서 본문에서는 그들을 가리킨다. 관련 4자성어는 君子之交, 莫逆之友 등이 있다.

11) 十年(십년)-10년, 시간이 오래 됨을 비유. 동일한 의미의 최초 출전은 《左傳》 僖公四年 「一薰一獲, 十年尙猶有臭」에 보인다.

12) 長(장)-나이가 많다. 관련 4자성어는 天長地久, 長生不死 등이 있다.

13) 兄事(형사)-자기 형처럼 타인을 섬기다. 동일한 의미의 최초 출전은 《禮記》 〈曲禮上〉 「年長以倍, 則父事之., 十年以長, 則兄事之., 五年以長, 則肩隨之」에 보인다.

14) 五年-5년. 동일한 의미의 최초 출전은 위와 같다.

15) 亦(역)-또한. 관련 4자성어는 亦復如是, 不亦悅乎 등이 있다.

16) 稍加(초가)-약간 더하다. 稍微增加의 생략이다. 동일한 의미의 최초 출전은 黃文雷(南宋), 〈絶句〉 「一室如窩且屈蟠, 稍加糊冪得心寬」에 보인다.

17) 敬(경)-공경. 관련 4자성어는 敬而遠之, 敬老尊賢 등이 있다.

18) 最不(최불)(可(가)-가장~하면 안 된다. 最의 관련 4자성어는 不恥最後, 爲善最樂 등이 있다. 不의 관련 4자성어는 不正腐敗, 不可抗力 등이 있다.

19) 恃(시)-믿다. 관련 4자성어는 恃才不學, 恃强凌弱 등이 있다.

20) 學(학)-배우다, 학문. 관련 4자성어는 學無止境, 學而不厭 등이 있다.

21) 自高(자고)-스스로를 높이다, 잘난 체하다. 동일한 의미의 최초 출전은 《莊子》 〈田子方〉 「若天之自高, 地之自厚, 日月之自明, 夫何脩焉」에 보인다.

22) 尙氣(상기)-타인을 이기기 좋아하다. 동일한 의미의 최초 출전은 蘇轍(北宋), 《龍川別志》 卷下 「雄(雄州)之僚吏尤之, 曰 .. 萊公(寇準)尙氣, 奈何以此勝之 ? 」에 보인다.

23) 陵人(능인)-남을 업신여기다. 동일한 의미의 최초 출전은 《左傳》 僖公十五年 「重怒, 難任., 陵人, 不祥」에 보인다.

24) 也(야)-조사로 문장 중간에 혹은 문장 끝에 사용한다. 관련 4자성어는 空空如也, 未嘗有也 등이 있다.

【接人章9-1국역】

무릇 타인과의 교류 접촉할 때는 마땅히 온화하고 순종하는 태도로 상대를 공경하기를 힘써야 하고, 나이가 두 배 많으면 자기 아버지처럼 그를 섬기고., 10년 이상 많으면 자기 형처럼 섬기고., 5년 이상 많으면 또한 약간 공경하는 마음을 더하는데., 학문을 믿고 스스로를 높이거나 타인을 이기기 좋아하며 남을 업신여기는 행동은 가장 해서는 안 된다.

【接人章9-1解說】

*「接人」

접인은 2가지 의미가 있다. 첫째, 타인을 영접하다. 迎接他人의 생략이다. 둘째, 타인과 교류 접촉. 接人待物의 생략이다. 동일한 의미의 최초 출전은 陶宗儀(明), 《輟耕錄》 卷五「右二事可見前輩諸老謙恭退抑, 汲引後進, 待人接物者如此」에 보인다. 본문의「接人章」은 사람과의 교류 접촉에 관한 내용이 대부분이므로 둘째의 의미로 보는 것이 합당하다.

【接人章9-2원문】

擇友必取好學、好善、方嚴、直諒之人, 與之同處, 虛受規戒, 以攻吾闕。若其怠惰、好嬉、柔佞、不直者, 則不可交也。

【接人章9-2음역】

택우필취호학、호선、방엄、직량지인, 여지동처, 허수규계, 이공오궐. 약기태타、호희、유녕、부직자, 칙불가교야.

【接人章9-2주석】

1) 擇友(택우)-친구를 가려 사귀다. 選擇朋友의 생략이다. 동일한 의미의 최

초 출전은《三國志演義》「人擇良友而交, 良禽擇木而巢」가 있다.

2) 必(필)-반드시. 관련 4자성어는 관련 4자성어는 物極必反, 信賞必罰 등이 있다.

3) 取(취)-취하다, 선택하다. 관련 4자성어는 舍生取義, 取長補短 등이 있다.

4) 好學(호학)-배우기를 좋아하다. 동일한 의미의 최초 출전은《論語》〈公冶長〉「敏而好學, 不恥下問, 是以謂之文也」에 보인다.

5) 好善(호선)-좋은 일 하는 것을 좋아하다. 동일한 의미의 최초 출전은《周禮》〈合方氏〉「除其怨惡, 同其好善」 鄭玄(東漢) 注 .. 「所好所善, 謂風俗所高尙」에 보인다.

6) 方嚴(방엄)-행동이 바르고 진중하다. 方正嚴肅의 생략이다. 동일한 의미의 최초 출전은《三國志》〈魯肅傳〉「(肅)卒, 權爲擧哀」 裴松之(東晉) 注引韋昭(孫吳), 《吳書》「肅爲人方嚴, 寡於玩飾」에 보인다.

7) 直諒(직량)-정직하고 성실하다. 동일한 의미의 최초 출전은《論語》〈季氏〉「益者三友, 損者三友。友直, 友諒, 友多聞, 益矣。友便辟, 友善柔, 友便佞, 損矣」에 보인다.

8) 之(지)-~의, ~중에서. 관련 4자성어는 君子之交, 莫逆之友 등이 있다.

9) 人(인)-어떤 사람. 관련 4자성어는 目中無人, 膾炙人口 등이 있다.

10) 與之(여지)-그들과 더불어. 동일한 의미의 최초 출전은《孟子》〈梁襄王上〉「出, 語人曰 .. 卒然問曰 .. 天下惡乎定? 吾對曰 ..定于 一。孰能一之? 對曰 .. 不嗜殺人者能一之。孰能與之? 對曰 .. 天下莫不與也」에 보인다.

11) 同處(동처)-함께 교류하다. 共同相處의 생략이다. 동일한 의미의 최초 출전은《後漢書》〈爰延傳〉「善人同處, 則日聞嘉訓」에 보인다.

12) 虛受(허수)-겸허한 마음으로 받아들이다. 虛心接受의 생략이다. 동일한 의미의 최초 출전은《易》〈咸卦〉「山上有澤咸。君子以虛受人」 孔穎達(唐) 疏 .. 「君子以虛受人者, 君子法此咸卦, 下山上澤, 故能空虛其懷, 不自有實, 受納于物, 無所棄遺」에 보인다.

13) 規戒(규계)-정중한 권고와 삼가야 할 것을 알려주다. 規勸告戒의 생략이

다. 동일한 의미의 최초 출전은 葛洪(東晉), 《抱朴子》〈君道〉「經典規戒, 弗聞弗覽, 玩弄褻宴, 是耽是務」에 보인다.

14) 以(이)-~함으로써. 관련 4자성어는 一以貫之, 夢寐以求 등이 있다.
15) 攻(공)-다스리다. 관련 4자성어는 遠交近攻, 攻心爲上 등이 있다.
16) 吾闕(오궐)-나의 결점. 동일한 의미의 최초 출전은 《三國志》〈諸葛亮傳〉「勤攻吾闕, 則事可定」에 보인다.
17) 若(약)-만약. 관련 4자성어는 若隱若現, 泰然自若 등이 있다.
18) 其(기)-지시대명사로 이, 그, 저 등을 가리킨다. 관련 4자성어는 若無其事, 不計其數 등이 있다.
19) 怠惰(태타)-게으름 피우다. 懈怠懶惰의 생략이다. 동일한 의미의 최초 출전은 《國語》〈魯語下〉「朝夕處事, 猶恐忘先人之業, 況有怠惰, 其何以避辟」에 보인다.
20) 好嬉-놀기 좋아하다. 好玩과 동일하다. 동일한 의미의 최초 출전은 梅堯臣(北宋), 〈和吳冲卿學士石屛〉「留爲千古作好玩, 愼勿傾扑同玉碑」에 보인다.
21) 柔佞(유녕)-위선적이고 아첨하기 좋아하는. 동일한 의미의 최초 출전은 皮日休(唐), 〈祀瘧癘文〉「柔佞之言, 惑於君前, 委順未足, 國步移焉」에 보인다.
22) 不(불)-아니다. 부사이고 일반적으로 부정의 의미로 사용된다. 관련 4자성어는 念念不忘, 美中不足 등이 있다.
23) 直(직)-정직하다. 관련 4자성어는 單刀直入, 是非曲直 등이 있다.
24) 可(가)-가하다, 옳다. 관련 4자성어는 無家可歸, 不可思議 등이 있다.
25) 交(교)-사귀다. 관련 4자성어는 莫逆之交, 忘年之交 등이 있다.
26) 也(야)-조사로 문장 중간에 혹은 문장 끝에 사용한다. 관련 4자성어는 空空如也, 未嘗有也 등이 있다.

【接人章9-2국역】

친구는 가려서 사귀고 반드시 배우기를 좋아하고 좋은 일 하는 것을 좋아하며 행동이 바르고 진중하며 정직하고 성실한 사람을 선택하고, 그들과 더불어 교류할 경우에는 정중한 권고와 삼가야 할 것을 겸허한 마음으로 받아들여서 나의 결점을 다스려야 한다. 만약 게으름을 피우고 놀기 좋아하며 위선적이고 아첨하기 좋아하며 정직하지 않은 사람과는 사귀면 안 된다.

【接人章9-2解說】

*「好善」

호선은 2가지 의미가 있다. 첫째, 좋아하고 숭상하다. 好尙과 동일하다. 동일한 의미의 최초 출전은《後漢書》〈劉陶傳〉「好尙或殊, 富貴不求合., 情趣苟同, 貧賤不易意」에 보인다. 둘째, 좋은 일 하는 것을 좋아하다. 동일한 의미의 최초 출전은《周禮》〈合方氏〉「除其怨惡, 同其好善」鄭玄(東漢) 注 ..「所好所善, 謂風俗所高尙」에 보인다. 본문에서는 둘째의 의미이다.

【接人章9-3원문】

鄕人之善者, 則必須親近通情, 而鄕人之不善者, 亦不可惡言揚其陋行。但待之泛然, 不相往來, 若前日相知者, 則相見, 只敍寒暄, 不交他語, 則自當漸疎, 亦不至於怨怒矣。

【接人章9-3음역】

향인지선자, 즉필수친근통정, 이향인지불선자, 역불가악언양기누행. 단대지범연, 불상왕래, 약전일상지자, 즉상견, 지서한훤, 불교타어, 즉자당점소, 역부지어원노의.

【接人章9-3주석】

1) 鄕人(향인)-3가지 의미가 있다. 첫째, 마을 사람. 동일한 의미의 최초 출

전은 李商隱(唐), 〈正月十五夜聞京有燈恨不得觀〉「身閑不睹中興盛, 羞逐鄉人賽紫姑」에 보인다. 둘째, 같은 고향(同鄉) 사람. 동일한 의미의 최초 출전은《左傳》莊公十年「公將戰, 曹劌請見, 其鄉人曰 .. 肉食者謀之, 又何間焉」에 보인다. 셋째, 해당 지역 사람. 王安石(北宋), 〈禿山〉「怪此禿誰使, 鄉人語其由」에 보인다. 본문에서는 첫째의 의미이다.

2) 之(지)-~의, ~중에서. 관련 4자성어는 君子之交, 莫逆之友 등이 있다.
3) 善者(선자)-뛰어난 사람, 좋은 사람. 동일한 의미의 최초 출전은《論語》〈述而〉「子曰 .. 三人行, 必有我師焉。擇其善者而從之, 其不善者而改之」에 보인다.
4) 則(즉)-곧, 즉. 관련 4자성어는 以身作則, 有物有則 등이 있다.
5) 必須(필수)-반드시, 꼭. 부사이고 강조의 의미로 사용하며, 뒤에 동사 또는 형용사와 연결된다. 務必, 必定과 동일하다. 동일한 의미의 최초 출전은 顔之推(南北朝~隋), 《顔氏家訓》〈後聚〉「河北鄙於側出不預人流, 是以必須重娶」에 보인다. 참고로 必需와는 다르다. 없으면 안 되는, 부족하면 안 되는 의미이다. 동사이고 뒤에 명사와 연결된다.
6) 親近(친근)-친하고 관계가 밀접한, 친밀한. 동일한 의미의 최초 출전은《後漢書》〈何進傳〉「紹以爲中官親近至尊, 出入號令, 今不悉廢, 後必爲患」에 보인다.
7) 通情(통정)-서로 감정을 교류하다. 通達情理의 생략이다. 동일한 의미의 최초 출전은 蕭統(南朝,梁), 《文選》〈張衡·東京賦〉「上下通情, 式宴且盤」薛綜(孫吳) 注 ..「言君情通於下, 臣情達於上, 故能安國家, 而君臣歡樂也」에 보인다.
8) 而(이)-그리고, 그래서, 그러나. 관련 4자성어는 不言而喩, 適可而止 등이 있다.
9) 不(불)-아니다. 부사이고 일반적으로 부정의 의미로 사용된다. 관련 4자성어는 念念不忘, 美中不足 등이 있다.
10) 亦(역)-또한. 관련 4자성어는 亦復如是, 不亦悅乎 등이 있다.

11) 不可(불가)-할 수 없다. 可(가능, 되다, 적합, 옳다)의 반대 의미이다. 동일한 의미의 최초 출전은《孫子兵法》〈九變〉「覆軍殺將, 必以五危, 不可不察也」에 보인다.

12) 惡言(악언)-무례하고 비방하는 말. 동일한 의미의 최초 출전은《禮記》〈祭義〉「是故惡言不出於口, 忿言不反於身」에 보인다.

13) 揚(양)-드러내다. 관련 4자성어는 名揚四海, 得意揚揚 등이 있다.

14) 其(기)-지시대명사로 이, 그, 저 등을 가리킨다. 관련 4자성어는 若無其事, 不計其數 등이 있다.

15) 陋行(누행)-鄙陋한 행위, 저속하고 천박한 행동. 동일한 의미의 최초 출전은 譚嗣同(淸),《仁學》八「俗學陋行, 動言名教, 敬若天命而不敢渝, 畏若國憲而不敢議」에 보인다.

16) 但(단)-다만, 단지, 그러나. 관련 4자성어는 但願如此, 但求無過 등이 있다.

17) 待(대)-상대하다. 관련 4자성어는 以逸待勞, 守株待兔 등이 있다.

18) 泛然(범연)-보통, 일반적, 데면데면하게. 동일한 의미의 최초 출전은《莊子》〈田子方〉「臧丈人昧然而不應, 泛然而辭」에 보인다.

19) 相(상)-서로. 관련 4자성어는 心心相印, 肝膽相照 등이 있다.

20) 往來(왕래)-상호 교류(방문). 동일한 의미의 최초 출전은《道德經》第八十章「鄰國相望, 鷄犬之聲相聞, 民至老死不相往來」에 보인다.

21) 若(약)-만약. 관련 4자성어는 若隱若現, 泰然自若 등이 있다.

22) 前日(전일)-지난 날. 동일한 의미의 최초 출전은《孟子》〈公孙丑下〉「孟子致爲臣而歸。王就見孟子, 曰 .. 前日願見而不可得, 得侍同朝, 甚喜」에 보인다.

23) 相知(상지)-절친한 친구. 相互知心의 생략이다. 知心, 摯友, 知音, 老友, 密友, 知己, 心腹, 相熟, 知友, 深交, 好友와 동일하다. 동일한 의미의 최초 출전은《楚辭》〈少司命〉「悲莫悲兮生別離, 樂莫樂兮新相知」에 보인다. 그러나 본문에서는 한국식 해석으로 서로 아는 사람으로 번역하는 것도 문장 내용에 크게 어긋나지 않는다.

24) 相見(상견)-서로 만나다. 相互見面의 생략이다. 동일한 의미의 최초 출전은《禮記》〈曲禮下〉「諸侯未及期相見曰遇」에 보인다.

25) 只(지)-단지. 단지, 다만. 只好, 只와 동일하다. 只는 부사로 오직, 다만, ~일 뿐으로 惟나 但과 같이 바로 뒤에 오는 명사를 한정한다. 관련 4자성어는 只言片語, 只字不提 등이 있다.

26) 敍(서)-대화를 나누다. 관련 4자성어는 敍明罪狀, 宏大敍事 등이 있다.

27) 寒暄(한훤)-날씨와 건강 등 근황과 안부를 묻다. 嘘寒問暖(暄은 溫暖)의 생략이다. 동일한 의미의 최초 출전은 陸游(唐),《南唐書》〈孫忌傳〉「忌口吃, 初與人接, 不能道寒暄., 坐定, 辭辯鋒起」에 보인다.

28) 交(교)-말을 주고받다. 관련 4자성어는 莫逆之交, 忘年之交 등이 있다.

29) 他語(타어)-다른 말. 동일한 의미의 최초 출전은《史記》〈齊悼惠王世家〉「(魏勃)因退立, 股戰而栗, 恐不能言者, 終無他语」에 보인다.

30) 自當(자당)-저절로 마땅히. 自然應當의 생략이다. 동일한 의미의 최초 출전은 班固(東漢),《東觀漢記》〈鄧禹傳〉「赤眉無穀, 自當來降」에 보인다.

31) 漸疎(점소)-점차 소원해지다. 疎漸과 동일하고, 漸漸疎遠의 생략이다. 동일한 의미의 최초 출전은 柳開(北宋),〈上叔父評事論葬書〉「親親之義, 代各不同。當世之與二世, 其爲疎漸之理明矣」에 보인다.

32) 不至(부지)-이르지 않다. 동일한 의미의 최초 출전은《禮記》〈坊記〉「以此坊民, 婦猶有不至者」에 보인다.

33) 於(어)-어조사이고, ~에, ~에서, ~보다, ~를, ~에게, ~에 대해서, 이에 있어서 등의 의미로 사용되고 于와 동일하다. 본문에서는 ~에 대하여의 의미이다. 對, 對於와 동일하다. 관련 4자성어는 青出於藍, 耿耿於懷 등이 있다.

34) 怨怒(원노)-원한과 분노. 怨恨忿怒의 생략이다. 동일한 의미의 최초 출전은《管子》〈形勢〉「風雨無鄉, 而怨怒不及也」에 보인다.

35) 矣(의)-조사로 문장 끝에 사용되고 了의 의미와 유사하다. 관련 4자성어는 思過半矣, 至矣盡矣 등이 있다.

【接人章9-3국역】

마을 사람 중에 뛰어난 사람과는 반드시 친밀하게 서로 감정을 교류하고, 마을 사람 중에 좋지 않은 사람에게는 그들의 저속하고 천박한 행동을 드러내거나 무례하게 비방하는 말을 해서는 안 된다. 다만 그들을 데면데면하게 대하고 서로 왕래하면 안 되며, 만약 지난날에 서로 알던 사람이라면 서로 만나서 단지 날씨와 건강 등 근황과 안부로만 대화를 나누고, 다른 말을 주고받지 않으면 저절로 점차 소원해져서 또한 원한이나 분노함에 이르지는 않게 될 것이다.

【接人章9-3解說】

*「鄕人」

향인은 3가지 의미가 있다. 첫째, 마을 사람. 동일한 의미의 최초 출전은 李商隱(唐), 〈正月十五夜聞京有燈恨不得觀〉「身閑不睹中興盛, 羞逐鄕人賽紫姑」에 보인다. 둘째, 같은 고향(同鄕) 사람. 동일한 의미의 최초 출전은 《左傳》 莊公十年 「公將戰, 曹劌請見, 其鄕人曰 .. 肉食者謀之, 又何間焉」에 보인다. 셋째, 해당 지역 사람. 王安石(北宋), 〈禿山〉「怪此禿誰使, 鄕人語其由」에 보인다. 본문에서는 첫째의 의미라고 번역하는 경우가 대부분이다. 그러나 둘째의 의미도 가능하다. 당시 신분제 상황에 의하면 신분이 다르면 서로 어울릴 경우가 거의 없으므로 동향의 동등 신분의 사람으로 번역해도 의미상 크게 벗어나지 않는다고 사료된다.

*「鄕人之善者」

본문의 동일한 의미의 최초 출전은 《論語》 〈子路〉「子貢問曰 .. 鄕人皆好之, 何如 ? 子曰 .. 未可也。鄕人皆惡之, 何如 ? 子曰 .. 未可也。不如鄕人之善者好之, 其不善者惡之」에 보인다. 즉 "자공이 공자에게 묻기를 .. '마을 사람들이 모두 그를 칭찬하는데 이 사람은 어떻습니까?' 공자가 말하기를 .. '아직 인정할 수 없다.' 자공이 또 묻기를 .. '마을 사람들이 모두 그를 미워하는데 이 사람은 어떻습니까?' 공자가 말하기를 .. '아직 인정할 수 없다.' 이들은 모두 마을 사람들 중에서 덕망 있는 사람들이 그를 칭찬하고 나쁜 행동을 하는 사람들이 그를 미워하는 것만 못하다."라고 하였다.

* 「通情」

통정은 5가지 의미가 있다. 첫째, 서로 감정을 교류하다. 通達情理의 생략이다. 동일한 의미의 최초 출전은 蕭統(南朝,梁), 《文選》〈張衡·東京賦〉「上下通情, 式宴且盤」 薛綜(孫吳) 注 ..「言君情通於下, 臣情達於上, 故能安國家, 而君臣歡樂也」에 보인다. 둘째, 남녀 사이에 성적인 행위. 동일한 의미의 최초 출전은 無名氏(明末清初), 《天雨花》 第十四回 「怎敢這樣來大膽? 與主人姬妾暗通情! 禮義廉耻歸何處?」에 보인다. 셋째, 소식이나 상황을 전해주다. 동일한 의미의 최초 출전은 《三國志》〈董卓傳〉「卓聞之, 以爲毖琼等通情賣己, 皆斬之」에 보인다. 넷째, 人情에 통달하다. 동일한 의미의 최초 출전은 吳承恩(明), 《西遊記》 第七二回 「八戒道 .. 師兄好不通情! 師父在馬上坐得困了, 也讓他下來關關風是」에 보인다. 다섯째, 통상적인 情理. 李漁(清), 《閑情偶寄》〈音律〉「貴遠淺近, 慕古薄今, 天下之通情也」에 보인다. 본문에서는 첫째의 의미이다.

* 「相知」

상지는 원래 절친한 친구를 의미한다. 相互知心의 생략이다. 知心, 摯友, 知音, 老友, 密友, 知己, 心腹, 相熟, 知友, 深交, 好友와 동일하다. 동일한 의미의 최초 출전은 《楚辭》〈少司命〉「悲莫悲兮生別離, 樂莫樂兮新相知」에 보인다. 본문에서는 한국식 해석으로 서로 아는 사람으로 번역하는 것이 비교적 적합하다.

* 「敍寒暄」

서한훤은 날씨와 건강 등 근황과 안부를 묻는 대화를 나누다. 동일한 의미의 최초 출전은《家禮》〈通禮二〉「若卑幼自遠 方至, 見尊長, 遇尊長三人 以上同處者 , 先共再拜, 敘寒暄, 問起居訖」에 보인다. 즉 "만약 항렬이나 나이가 어린 사람이 먼 곳으로부터 와서 어른들을 찾아뵙는데, 어른들이 3명 이상 함께 있을 경우에는 먼저 모두에게 두 번 인사를 하고, 날씨와 건강 등 근황과 안부를 묻는 대화를 나누고 일상생활에 대해서 묻기를 마친다."라고 하였다.

【接人章9-4원문】

同聲相應, 同氣相求, 若我志於學問, 則我必求學問之士, 學問之士, 亦必求我矣。彼名爲學問, 而門庭多雜客, 喧囂度日者, 必其所樂, 不在學問故也。

【接人章9-4음역】

동성상응, 동기상구, 약아지어학문, 즉아필구학문지사, 학문지사, 역필구아의. 피명위학문, 이문정다잡객, 훤효도일자, 필기소요, 부재학문고야.

【接人章9-4주석】

1) 同聲(동성)-소리가 서로 같다. 추구하는 바가 서로 같은 사람을 비유함. 동일한 의미의 최초 출전은《易經》〈乾卦〉「同聲相應, 同氣相求」에 보인다.
2) 相應(상응)-서로 호응하다. 互相呼應의 생략이다. 동일한 의미의 최초 출전은 위와 같다. 즉 본문의「同聲相應」은 같은 소리는 서로 상응하여 울리고이며, 추구하는 바가 서로 같은 사람은 서로 호응하고(동기상응)를 비유한 말이다.
3) 同氣(동기)-2가지 의미가 있다. 첫째, 형제를 가리킨다. 둘째, 추구하는 바가 서로 같은 사람들이 자연적으로 결합하는 것을 가리킨다. 동일한 의미의 최초 출전은 위와 같다. 본문에서는 둘째의 의미이다.

4) 相求(상구)-서로 찾다. 互相尋求의 생략이다. 동일한 의미의 최초 출전은 위와 같다. 즉 본문의 「同氣相求」는 같은 성질은 서로 투합하여 융합하는 것으로, 추구하는 바가 같은 사람은 자연적으로 서로 결합한다(동성상구)를 비유한 말이다.
5) 若(약)-만약. 관련 4자성어는 若隱若現, 泰然自若 등이 있다.
6) 我(아)-나, 余, 吾, 予와 동일하다. 관련 4자성어는 唯我独尊, 自我陶醉 등이 있다.
7) 志(지)-뜻을 두다. 관련 4자성어는 志同道合, 鴻鵠之志 등이 있다.
8) 於(어)-어조사이고, ~에, ~에서, ~보다, ~를, ~에게, ~에 대해서, 이에 있어서 등의 의미로 사용되고 于와 동일하다. 본문에서는 ~에 대하여의 의미이다. 對, 對於와 동일하다. 관련 4자성어는 靑出於藍, 耿耿於懷 등이 있다.
9) 學問(학문)-학문, 체계적인 지식. 동일한 의미의 최초 출전은《荀子》〈勸學〉「不聞先王之遺言, 不知學問之大也」에 보인다.
10) 則(즉)-곧, 즉. 관련 4자성어는 以身作則, 有物有則 등이 있다.
11) 必(필)-반드시. 관련 4자성어는 物極必反, 信賞必罰 등이 있다.
12) 求(구)-구하다, 찾다. 관련 4자성어는 求同存異, 緣木求魚 등이 있다.
13) 之(지)-~의, ~중에서. 관련 4자성어는 君子之交, 莫逆之友 등이 있다.
14) 士(사)-선비. 관련 4자성어는 禮賢下士, 有識之士 등이 있다.
15) 亦(역)-또한. 관련 4자성어는 亦復如是, 不亦悅乎 등이 있다.
16) 矣(의)-조사로 문장 끝에 사용되고 了의 의미와 유사하다. 관련 4자성어는 思過半矣, 至矣盡矣 등이 있다.
17) 彼(피)-저들. 관련 4자성어는 知彼知己, 彼此彼此 등이 있다.
18) 名(명)-명색이. 稱爲, 稱作, 稱之爲와 동일하다. 관련 4자성어는 有名無實, 名實相符 등이 있다.
19) 爲(위)-되다. 관련 4자성어는 一言爲定, 助人爲樂 등이 있다.
20) 而(이)-그리고, 그래서, 그러나. 관련 4자성어는 不言而喩, 適可而止 등이 있다.

21) 門庭(문정)-대문 안쪽의 정원, 가정, 집안. 동일한 의미의 최초 출전은 《易經》〈節卦〉「不出門庭, 凶」에 보인다.
22) 多(다)-많다. 관련 4자성어는 多多益善, 博學多聞 등이 있다.
23) 雜客(잡객)-별로 반갑지 않고 대수롭지 않은 손님. 동일한 의미의 최초 출전은《宋書》〈袁粲傳〉「居負南郭, 時仗策獨游, 素寡往來, 門無雜客, 乃受遺當權, 四方輻湊, 閑居高卧, 一無所接, 談客文士, 所見不過一两人」에 보인다.
24) 喧囂(훤효)-소리가 크고 시끄러운. 동일한 의미의 최초 출전은《南史》〈梁武帝上〉「時以宗廟去牲, 則爲不復血食, 雖公卿異議, 朝野喧囂, 竟不從」에 보인다.
25) 度日(도일)-세월만 헛되이 보내다. 동일한 의미의 최초 출전은《晉書》〈沮渠蒙遜載記〉「人無勸竟之心, 苟爲度日之事」에 보인다.
26) 者(자)-사람. 관련 4자성어는 來者不拒, 當局者迷 등이 있다.
27) 其(기)-지시대명사로 이, 그, 저 등을 가리킨다. 관련 4자성어는 若無其事, 不計其數 등이 있다.
28) 所(소)-~하는 바. 주로 동사의 앞에서 사용된다. 2가지 의미가 있다. 첫째, 동작을 접수하는 사물을 대표한다. 예를 들면 所部(지휘하는 부대), 所謂(말하는 바), 無所謂(이를 바가 없다, 즉 관심 없다) 등이 있다. 둘째, 앞쪽의 爲 혹은 被와 상응하여 피동의 뜻을 나타낸다. 예를 들면 爲人所敬(다른 사람에게 존경을 받다) 등이 있다.
29) 樂(요)-즐기다. 관련 4자성어는 助人爲樂, 知足常樂 등이 있다.
30) 不(불)-아니다. 부사이고 일반적으로 부정의 의미로 사용된다. 관련 4자성어는 念念不忘, 美中不足 등이 있다.
31) 在(재)-있다. 관련 4자성어는 自由自在, 無所不在 등이 있다.
32) 故(고)-그런 까닭에. 관련 4자성어는 溫故知新, 無緣無故 등이 있다.
33) 也(야)-조사로 문장 중간에 혹은 문장 끝에 사용한다. 관련 4자성어는 空空如也, 未嘗有也 등이 있다.

【接人章9-4국역】

추구하는 바가 서로 같은 사람은 서로 호응하고(동기상응), 추구하는 바가 같은 사람은 자연적으로 서로 결합한다(동성상구)는 말이 있듯이, 만약 내가 학문에 뜻을 두었다면 나는 반드시 학문하는 선비를 찾을 것이고 학문하는 선비도 또한 반드시 나를 찾을 것이다. 저들 명색이 학문한다는 사람들이 집안에 별로 반갑지 않고 대수롭지 않은 사람들만 많고 그들과 큰소리로 시끄럽게 떠들며 세월만 헛되이 보내는 사람들은, 반드시 그 즐기는 바가 학문에 있지 않기 때문이다.

【接人章9-4解說】

*「同聲相應, 同氣相求」

본문과 동일한 의미의 최초 출전은《易經》〈乾卦〉「同聲相應, 同氣相求」에 보인다. 이에 대하여 상세한 주석은《易傳》〈文言傳〉「九五曰 .. 飛龍在天, 利見大人, 何謂也 ? 子曰 .. 同聲相應, 同氣相求., 水流濕, 火就燥., 雲從龍, 風從虎。聖人作, 而萬物睹, 本乎天者親上, 本乎地者親下, 則各從其類也」에 보인다. 즉 "九五 효에 이르기를 .. '용이 하늘에서 날아다니는 것은 대인(귀족, 왕공)을 만나기에 유리하다고 했는데, 무슨 의미입니까?' 공자가 이르기를 .. '추구하는 바가 서로 같은 사람은 서로 호응하고 추구하는 바가 서로 같은 사람은 서로 투합하여 융합하며., 물은 낮은 곳을 향하여 흐르고 불은 건조한 곳을 향하여 흩어진다., 구름은 용을 따라서 돌고 바람은 호랑이를 따라다닌다. 성인이 흥기하면 만물이 우러러 존경하고, 하늘에 근본을 둔 것은 하늘에 의지하고 땅에 근본을 둔 것은 땅에 의지하니, 만물은 모두 각자의 종류에 따라서 귀속되는 것이다.'"라고 하였다.

【接人章9-5원문】

凡拜揖之禮, 不可預定。大抵父之執友, 則當拜., 洞內年長十五歲以上者, 當拜., 爵階堂上而長於我十年以上者, 當拜., 鄕人年長二十歲以上者, 當拜., 而其間高下曲折, 在隨時節中, 亦不必拘於此例。但常以自卑尊人底意思, 存諸胸中可也。詩曰 .. "溫溫恭人, 惟德之基。"

【接人章9-5음역】

범배읍지례, 불가예정。대저부지집우, 즉당배., 동내연장십오세이상자, 당배., 작계당상이장어아십년이상자, 당배., 향인연장이십세이상자, 당배., 이기간고하곡절, 재수시절중, 역불필구어차례。단상이자비존인저의사, 존제흉중가야. 시왈 .. "온온공인, 유덕지기."

【接人章9-5주석】

1) 凡(범)-문장 전체를 수식하는 부사로 무릇, 모든의 의미이다. 관련 4자성어는 儀表非凡, 擧止不凡 등이 있다.
2) 拜揖(배읍)-배는 절하는 것, 읍은 두 손을 마주잡고 허리를 굽혀 인사하는 것으로, 보통 절하다, 인사하다의 의미로 사용한다. 동일한 의미의 최초 출전은《後漢書》〈董卓傳〉「卓諷朝廷使光祿勛宣播持節拜卓爲太師, 位在諸侯王上。乃引還長安, 百官迎路拜揖」에 보인다.
3) 之(지)-~의, ~중에서. 관련 4자성어는 君子之交, 莫逆之友 등이 있다.
4) 禮(예)-중국 고대의 등급 사회 속에서 상호간의 행위준칙 및 도덕규범을 가리킨다. 관련 4자성어는 禮尙往來, 克己復禮 등이 있다. 非禮는 상호간의 행위준칙 및 도덕규범에 부합하지 않는 행동을 가리킨다. 禮와 非禮에 대한 동일한 의미의 최초 출전은《論語》〈先進〉「如其禮樂, 以俟君子」및《論語》〈顔淵〉「子曰 .. 克己復禮爲仁。一日克己復禮, 天下歸仁焉。爲仁由己, 而由人乎哉? 顔淵曰 .. 請問其目? 子曰 .. 非禮勿視, 非禮勿聽, 非禮勿言, 非禮勿動」에 보인다.

5) 不可(불가)-할 수 없다. 可(가능, 되다, 적합, 옳다)의 반대 의미이다. 동일한 의미의 최초 출전은《孫子兵法》〈九變〉「覆軍殺將, 必以五危, 不可不察也」에 보인다.
6) 預定(예정)-미리 정하다. 豫先確定의 생략이다. 동일한 의미의 최초 출전은 蘇洵(北宋),《機策》〈審勢〉「今者, 天下幸方治安, 子孫萬世帝王之計, 不可不豫定于此時」에 보인다.
7) 大抵(대저)-대개, 대략. 大槪, 大致와 동일하다. 동일한 의미의 최초 출전은《史記》〈太史公自序〉「詩三百篇, 大抵賢聖發憤之所爲作也」에 보인다.
8) 父(부)-부친. 관련 4자성어는 父慈子孝, 父債子還 등이 있다.
9) 執友(집우)-매우 친밀한 친구. 知心好友와 동일하다. 동일한 의미의 최초 출전은《禮記》〈曲禮上〉「僚友, 稱其弟也。執友, 稱其仁也。交游, 稱其信也」鄭玄(東漢) 注 ..「執友, 志同者」에 보인다.
10) 則(즉)-곧, 즉. 관련 4자성어는 以身作則, 有物有則 등이 있다.
11) 當拜(당배)-마땅히 인사하다. 當然拜揖의 생략이다. 동일한 의미의 최초 출전은 歐陽修(北宋),〈歸田錄〉「太祖皇帝初幸相國寺, 至佛像前燒香, 問當拜與不拜, 僧錄贊寧奏曰 .. 不拜。問其何故, 對曰 .. 見在佛不拜過去佛」에 보인다.
12) 洞內(동내)-마을 안, 동네. 한국식 한자어이다.
13) 年長(연장)-나이가 많은. 年齡增長의 생략이다. 동일한 의미의 최초 출전은《左傳》襄公三十年「晉悼夫人食輿人之城杞者, 絳縣人或年長矣, 無子, 而往與於食」에 보인다.
14) 十(십)-열, 십. 관련 4자성어는 十全十美, 以一當十 등이 있다.
15) 五(오)-오, 다섯째. 관련 4자성어는 五穀豊登, 五體投地 등이 있다.
16) 歲(세)-해, 년, 나이. 관련 4자성어는 歲寒三友, 千秋萬歲 등이 있다.
17) 以上(이상)-수량, 정도, 단계의 위에, 이상, 그 위에. 동일한 의미의 최초 출전은 方苞(清),《獄中雜記》「中家以上」에 보인다.
18) 者(자)-사람. 관련 4자성어는 來者不拒, 當局者迷 등이 있다.

19) 爵階(작계)-작위와 품계. 爵位勳階의 생략이다. 階爵과 동일하고 官階爵位의 생략이다. 동일한 의미의 최초 출전은 賈至(唐), 〈爲韋相讓豳國公表〉「貪榮冒寵, 非臣所圖, 伏願俯垂矜憫, 捨此階爵」에 보인다.
20) 堂上(당상)-1품에서 3품의 고위관리를 일컫는다. 堂上官, 上官과 동일하다. 동일한 의미의 최초 출전은《管子》〈小問〉「客或欲見於齊桓公, 請仕上官, 授祿千鍾」에 보인다.
21) 而(이)-그리고, 그래서, 그러나. 관련 4자성어는 不言而喩, 適可而止 등이 있다.
22) 長(장)-나이가 많다. 관련 4자성어는 天長地久, 長生不死 등이 있다.
23) 於(어)-어조사이고, ~에, ~에서, ~보다, ~를, ~에게, ~에 대해서, 이에 있어서 등의 의미로 사용되고 于와 동일하다. 본문에서는 ~보다의 의미이다. 對, 對於와 동일하다. 관련 4자성어는 青出於藍, 耿耿於懷 등이 있다.
24) 我(아)-나, 余, 吾, 予와 동일하다. 관련 4자성어는 唯我独尊, 自我陶醉 등이 있다.
25) 十年(십년)-10년, 시간이 오래 됨을 비유. 동일한 의미의 최초 출전은 《左传》 僖公四年 「一薰一獲, 十年尙猶有臭」에 보인다.
26) 鄕人(향인)-3가지 의미가 있다. 첫째, 마을 사람. 동일한 의미의 최초 출전은 李商隱(唐), 〈正月十五夜聞京有燈恨不得觀〉「身閑不睹中興盛, 羞逐鄕人賽紫姑」에 보인다. 둘째, 같은 고향(同鄕) 사람. 동일한 의미의 최초 출전은《左傳》莊公十年「公將戰, 曹劌請見, 其鄕人曰 .. 肉食者謀之, 又何間焉」에 보인다. 셋째, 해당 지역 사람. 王安石(北宋), 〈禿山〉「怪此禿誰使, 鄕人語其由」에 보인다. 본문에서는 첫째의 의미이다.
27) 二(이)-둘, 두 번째. 관련 4자성어는 合二爲一, 獨一無二 등이 있다.
28) 其間(기간)-그들 사이. 동일한 의미의 최초 출전은 歐陽修(北宋), 〈醉翁亭記〉「蒼顔白髮, 頹然其間者, 太守醉也」에 보인다.
29) 高下(고하)-높고 낮음. 동일한 의미의 최초 출전은 王弼(曹魏), 《略例》〈明爻通變〉「同聲相應, 高下不必均也., 同氣相求, 體質不必齊也」에 보인다.

30) 曲折(곡절)-여러 가지 복잡하고 상세한 정황. 동일한 의미의 최초 출전은《史記》〈魏其武安侯列傳〉「夫創少瘳, 又復請將軍曰 .. 吾益知吳壁中曲折, 請復往」에 보인다.

31) 在(재)-있다. 관련 4자성어는 自由自在, 無所不在 등이 있다.

32) 隨時(수시)-상황에 따라서. 동일한 의미의 최초 출전은 無名氏(北宋),《五代史平話》〈周史〉「仍令諸州每歲造僧帳。有死亡、歸俗, 皆隨時開落」에 보인다.

33) 節中(절중)-공정, 공평하게하다. 折中, 取正과 동일하다. 동일한 의미의 최초 출전은《楚辭》〈離騷〉「依前聖以節中兮, 喟憑心而厲茲」林雲銘(淸) 注 ..「節中, 即折中, 乃持平之意」에 보인다.

34) 亦(역)-또한. 관련 4자성어는 亦復如是, 不亦悅乎 등이 있다.

35) 不必(불필)-필요 없다. 無須, 不一定, 沒有必要와 동일하다. 동일한 의미의 최초 출전은《商君書》〈修權〉「夫釋權衡而斷輕重, 廢尺寸而意長短, 雖察, 商賈不用, 爲其不必也」에 보인다.

36) 拘(구)-얽매이다. 관련 4자성어는 不拘小節, 放縱不拘 등이 있다.

37) 此例(차례)-이러한 사례. 동일한 의미의 최초 출전은 關漢卿(元),《雜劇》〈錢大尹智寵謝天香〉「舊有此例。既是如此, 着他參見」에 보인다.

38) 但(단)-다만, 단지, 그러나. 관련 4자성어는 但願如此, 但求無過 등이 있다.

39) 常(상)-항상. 관련 4자성어는 變化無常, 人之常情 등이 있다.

40) 以(이)-~함으로써. 관련 4자성어는 一以貫之, 夢寐以求 등이 있다.

41) 自卑(자비)-스스로를 낮추고. 동일한 의미의 최초 출전은《禮記》〈曲禮上〉「夫禮者, 自卑而尊人, 雖負販者必有尊也, 而況富貴乎?」에 보인다.

42) 尊人(존인)-타인을 존경하다. 尊敬他人의 생략이다. 동일한 의미의 최초 출전은 위와 같다.

43) 底(저)-~의. 조사로 之, 的과 동일하다. 관련 4자성어는 井底之蛙, 釜底抽薪 등이 있다.

44) 意思(의사)-뜻, 의미. 동일한 의미의 최초 출전은 王充(東漢),《論衡》〈變

動〉「夫正欲得之而猶不能致, 況自刑賞, 意思不欲求寒温乎！」에 보인다.

45) 存(존)-가지다, 지니다. 관련 4자성어는 求同存異, 生死存亡 등이 있다.

46) 諸(저)-문장 중간에 있을 때는 조사 之와 조사 於 즉 之於의 합한 말이다. 문장 뒤에 있을 때는 之와 乎 즉 之乎의 합한 말이다. 읽을 때는 저로 읽는다. 관련 4자성어는 諸子百家, 反求諸己 등이 있다.

47) 胸中(흉중)-마음 속. 心中과 동일하다. 동일한 의미의 최초 출전은《孟子》〈離婁上〉「胸中正, 則眸子瞭焉., 胸中不正, 則眸子眊焉」에 보인다.

48) 可(가)-옳다, 맞다. 관련 4자성어는 不可思議, 後生可畏 등이 있다.

49) 也(야)-조사로 문장 중간에 혹은 문장 끝에 사용한다. 관련 4자성어는 空空如也, 未嘗有也 등이 있다.

50) 詩(시)-《詩經》을 가리킨다.《詩經》은 중국 고대 최초의 詩歌集으로 대략 西周 초기부터 春秋 중기까지 500년간의 詩歌를 수집하였다. 모두 311편이며 그 중에서 6편(〈南陔〉, 〈白華〉, 〈華黍〉, 〈由庚〉, 〈崇丘〉, 〈由儀〉)은 제목만 있고 내용은 없다. 작자는 대부분 고증할 수 없고, 尹吉甫가 채집하고 孔子가 정리 교정했다고 전해진다. 명칭의 변화는《詩》,《詩三百》을 거치고 西漢 시기에 儒家의 경전으로 존중되어《詩經》으로 일컬어졌다. 내용상 구분은〈風〉,〈雅〉,〈頌〉으로 나눈다.〈風〉은 周나라 시기 각 지역의 歌謠이고,〈雅〉는 周나라의 正聲, 雅乐으로〈小雅〉와〈大雅〉로 구분하며,〈頌〉은 조정과 귀족의 종묘, 제사에 사용된 음악과 노래이고 다시〈周頌〉,〈魯頌〉,〈商頌〉으로 구분한다.《詩經》은 당시의 노동과 애정, 전쟁과 요역, 압박과 반항, 풍속과 혼인, 제사와 연회 및 천지와 동식물 등 사회 상황을 두루 반영하였다.

51) 曰(왈)-말하다. 관련 4자성어는 美其名曰, 子曰詩云 등이 있다.

52) 溫溫(온온)-부드럽고 겸손한 모양. 동일한 의미의 최초 출전은《詩經》〈抑〉「溫溫恭人, 惟德之基」또 溫溫의 상세한 注釋으로는《詩經》〈賓之初筵〉「賓之初筵, 温温其恭」鄭玄(東漢) 箋 ..「温温, 柔和也」에 보인다.

53) 恭人(공인)-너그럽고 겸손하여 타인을 공경하는 사람. 寬厚謙恭과 동일

하다. 동일한 의미의 최초 출전은 《詩經》〈抑〉「溫溫恭人, 惟德之基」에 보인다.

54) 惟(유)-오직, 다만, 단지. 單單, 只是와 동일하다. 관련 4자성어는 惟我獨尊, 惟利是圖 등이 있다.

55) 德(덕)-품덕, 본질. 관련 4자성어는 以德報德, 功德無量 등이 있다.

56) 基(기)-기본, 터전. 관련 4자성어는 開基立業, 墻高基下 등이 있다.

【接人章9-5국역】

무릇 절하고 인사하는 의례는 미리 정할 수가 없다. 대개 아버지의 매우 친한 친구는 마땅히 절하고., 마을 안에서 자기보다 나이가 15세 이상인 사람에게는 마땅히 절하고., 작위와 품계가 3품 이상 고위 관리이고 나이가 자기보다 10세 이상인 사람에게는 마땅히 절하고., 마을 사람 중에 나이가 자기보다 20세 이상인 사람에게는 마땅히 절하는데., 그 사이에 높이고 낮추며 여러 가지 복잡하고 상세한 정황은 상황에 따라서 공평하게 하며 또한 이러한 사례에 얽매일 필요는 없다. 그러나 항상 스스로를 낮추고 타인을 존경하는 뜻을 마음속에 가지고 있는 것이 옳다. 《시경》에 말하기를 .. "부드럽고 겸손한 마음으로 타인을 공경하는 것이 오직 품덕의 기본이다."라고 하였다.

【接人章9-5解說】

* 「堂上」

당상은 4가지 의미가 있다. 첫째, 존경하는 분이 거주하는 곳으로 殿堂 또는 正廳의 위쪽. 동일한 의미의 최초 출전은 《儀禮》〈聘禮〉「堂上八豆, 設于户西西陳」에 보인다. 둘째, 부모를 가리킨다. 동일한 의미의 최초 출전은 沈復(淸), 《浮生六記》〈坎坷記愁〉「堂上春秋高矣, 妾死, 君宜早歸〉에 보인다. 셋째, 관청의 책임자. 동일한 의미의 최초 출전은 曹雪芹(淸), 《紅樓夢》 第九四回 「賈政正要下班, 因堂上發下两省城工估銷册子, 立刻要查核,

一時不能回家」에 보인다. 넷째, 神의 이름. 동일한 의미의 최초 출전은《史記》〈封禪書〉「其梁巫, 祠天、地、天社、天水、房中、堂上之屬」에 보인다. 즉 본문은 셋째의 의미이고, 堂上은 堂上官을 가리킨다. 참고로 조선의 관직은 9품으로 나누고 正1品부터 從9品까지 모두 18등급으로 구분하였다. 그 중에서 正1品부터 正3品堂上은 堂上官으로 일컫고, 正3品堂下부터 正7品은 堂下官 또는 參上官으로 일컬었다. 正7品 이하는 參下官으로 일컬었다. 이로 미루어 正3品 堂上과 堂下는 관직 高下의 분수령임을 알 수 있다.

* 「温温恭人 維德之基」

본문의 동일한 의미의 최초 출전은《詩經》〈抑〉「抑抑威儀, 維德之隅。…… 荏染柔木, 言緡之絲。温温恭人, 維德之基。其維哲人, 告之話言, 順德之行。其維愚人, 覆謂我僭。民各有心」에 보인다. 즉 "외모가 당당하고 품행이 단정하구나. …… 굳세면서도 부드러운 좋은 나무로 악기를 만들고 이에 실을 짜서 현을 만들었구나. 다른 사람에게 온화하고 공경하게 대하는 것이 품덕을 유지하고 향상시키는 근본이다. 만약 당신이 현명한 사람이라면 옛날의 명언을 받들고 보물처럼 여기고 실행할 것이다. 만약 당신이 어리석은 사람이라면 오히려 내가 잘못했다고 말할 것이다. 사람 마음은 각기 달라서 인도하기가 어렵구나."라고 하였다.

【接人章9-6원문】

人有毀謗我者, 則必反而自省。若我實有可毀之行, 則自責內訟, 不憚改過。若我過甚微而增衍附益, 則彼言雖過, 而我實有受謗之苗脈, 亦當剗鋤前愆, 不留毫末。若我本無過, 而捏造虛言, 則此不過妄人而已, 與妄人何足計較虛實哉! 且彼之虛謗, 如風之過耳, 雲之過空, 於我何與哉! 夫如是, 則毀謗之來, 有則改之, 無則加勉, 莫非有益於我也。若聞過自辨, 嘵嘵然不置, 必欲置身於無過之地, 則其過愈深, 而取謗益重矣。昔者或問止謗之道, 文中子曰 .. "莫如自修。" 請益, 曰 .. "無辨。" 此言可爲學者之法。

【接人章9-6음역】

인유훼방아자, 즉필반이자성. 약아실유가훼지행, 즉자책내송, 불탄개과. 약아과심미이증연부익, 즉피언수과, 이아실유수방지묘맥, 역당잔서전건, 불류호말. 약아본무과, 이날조허언, 즉차불과망인이이, 여망인하족계교허실재! 차피지허방, 여풍지과이, 운지과공, 어아하여재! 부여시, 즉훼방지래, 유즉개지, 무즉가면, 막비유익어아야. 약문과자변, 효효연불치, 필욕치신어무과지지, 즉기과유심, 이취방익중의. 석자혹문지방지도, 문중자왈 .. "막여자수." 청익, 왈 .. "무변." 차언가위학자지법.

【接人章9-6주석】

1) 人(인)-타인. 관련 4자성어는 目中無人, 膾炙人口 등이 있다.
2) 有(유)-있다. 동사이고 無, 沒과 반대이다. 관련 4자성어는 有始無終, 一無所有 등이 있다.
3) 毀謗(훼방)-고의로 사실을 날조하고 말로써 모욕을 줘서 타인의 명예를 훼손하는 것. 毁損誹謗의 생략이다. 동일한 의미의 최초 출전은 王充(東漢), 《論衡》〈累害〉「身完全者謂之潔, 被毀謗者謂之辱」에 보인다.
4) 我(아)-나. 余, 吾, 予와 동일하다. 관련 4자성어는 唯我独尊, 自我陶醉 등이 있다.
5) 者(자)-사람. 관련 4자성어는 來者不拒, 當局者迷 등이 있다.
6) 則(즉)-곧, 즉. 관련 4자성어는 以身作則, 有物有則 등이 있다.
7) 必(필)-반드시. 관련 4자성어는 物極必反, 信賞必罰 등이 있다.
8) 反(반)-돌이켜. 관련 4자성어는 擧一反三, 反求諸己 등이 있다.
9) 而(이)-그리고, 그래서, 그러나. 관련 4자성어는 不言而喩, 適可而止 등이 있다.

10) 自省(자성)-스스로 반성하다. 自我反省의 생략이다. 동일한 의미의 최초 출전은《論語》〈里仁〉「子曰 .. 見賢思齊焉, 見不賢而內自省也」에 보인다.
11) 若(약)-만약. 관련 4자성어는 若隱若現, 泰然自若 등이 있다.
12) 實(실)-사실은, 실상은. 관련 4자성어는 實事求是, 名存實亡 등이 있다.
13) 可毁(가훼)-비방 받을 만한. 동일한 의미의 최초 출전은 無名氏(北宋), 《大宋宣和遺事》「石可毁, 名不可滅也 !」에 보인다.
14) 之(지)-~의, ~중에서. 관련 4자성어는 君子之交, 莫逆之友 등이 있다.
15) 行(행)-행동, 행실. 관련 4자성어는 行不從徑, 行而未成 등이 있다.
16) 自責(자책)- 스스로 자책하다. 自我譴責(責備)의 생략이다. 동일한 의미의 최초 출전은《後漢書》〈禮儀志中〉「其旱也, 公卿長官以次行雩禮求雨」何休(東漢) 注 ..「曰 .. 君親之南郊, 以六事謝過自責曰 .. 政不善與 ? 民失職與 ? 宮室崇與 ? 婦謁盛與 ? 苞苴行與 ? 讒夫倡與 ? 使童男女各八人舞而呼雩, 故谓之雩」에 보인다.
17) 內訟(내송)-마음속으로 자신을 꾸짖다. 內自訟과 동일하다. 동일한 의미의 최초 출전은《論語》「公冶長〉「吾未見能見其過而內自訟者也」에 보인다.
18) 不憚(불탄)-꺼리지 않다, 두려워하지 않다. 不畏惧, 不怕와 동일하다. 동일한 의미의 최초 출전은《梁書》〈孔體源傳〉「當官理务, 不憚强御, 常以天下爲己任, 高祖渾委信之」에 보인다.
19) 改過(개과)-잘못된 행동을 고치다. 동일한 의미의 최초 출전은《尙書大傳》卷一下「冒圭者, 天子所與諸侯爲瑞也 …… 無過行者, 得復其圭以歸其國., 有過行者, 留其圭., 能改過者, 復其圭」에 보인다.
20) 過(과)-잘못된 행동. 관련 4자성어는 過猶不及, 不過不及 등이 있다.
21) 甚微(심미)-매우 적은. 동일한 의미의 최초 출전은《莊子》〈庖丁解牛〉「雖然, 每至于族, 吾見其難爲, 怵然爲戒, 視爲止, 行爲遲。動刀甚微, 謋然已解, 如土委地」에 보인다.
22) 增衍(증연)-더하고 부풀리다. 滋生, 滋益과 동일하다. 동일한 의미의 최초 출전은 무명씨(隋), 〈慶元二年皇后册寶十三首其六〉「禕帟流光, 沙祥增

衍」에 보인다. 또 滋益의 동일한 의미의 최초 출전은《周禮》〈外史〉「掌達書名于四方」 賈公彦(唐) 疏 ..「古者之文字少, 直曰名 .. 後代文字多, 則曰字。字者, 滋也., 滋益而名, 故更稱曰字」에 있다.

23) 附益(부익)-서로 관계없는 일을 관계있는 것처럼 보태어 과장하다. 增加, 增益附會와 동일하다. 동일한 의미의 최초 출전은《論語》〈先進〉「季氏富于周公, 而求也爲之聚斂而附益之」에 보인다.

24) 彼(피)-저들. 관련 4자성어는 知彼知己, 彼此彼此 등이 있다.

25) 言(언)-말하다. 관련 4자성어는 一言爲定, 流言蜚語 등이 있다.

26) 雖過(수과)-비록 지나치다 할지라도. 동일한 의미의 최초 출전은 項安世(南宋),《周易玩辭》「如晏子之過儉, 子皐之過哀, 正考父之過恭, 雖過於常理, 皆小節之過, 非大變也」에 보인다.

27) 受謗(수방)-비방을 받다. 동일한 의미의 최초 출전은 温璜(明),《溫氏母訓》「受謗之事, 有必要辨者, 有必不可辨者」에 보인다.

28) 苗脈(묘맥)-사물의 근원. 동일한 의미의 최초 출전은 楊愼(明),〈鄮山正論〉「介甫亦可謂僥幸甚矣, 然其苗脈亦從爲伊川護法中來。甚至介甫作詩罵昌黎, 而考亭亦以其詩爲是」에 보인다.

29) 亦(역)-또한. 관련 4자성어는 亦復如是, 不亦悅乎 등이 있다.

30) 當(당)-마땅히. 관련 4자성어는 老當益壯, 以一當十 등이 있다.

31) 剗鋤(잔서)-제거하다. 消除와 동일하다. 동일한 의미의 최초 출전은 梅堯臣(北宋),〈儼上人粹隱堂〉「十年不出户, 世事皆剗鋤」에 보인다.

32) 前愆(전건)-이전의 잘못. 동일한 의미의 최초 출전은 孔鮒(戰國, 魯)《孔叢子》〈論書〉「憂思三年, 追悔前愆」에 보인다.

33) 不(불)-아니다. 부사이고 일반적으로 부정의 의미로 사용된다. 관련 4자성어는 念念不忘, 美中不足 등이 있다.

34) 留(유)-남기다. 관련 4자성어는 青史留名, 人死留名 등이 있다.

35) 毫末(호말)-털끝만큼. 동일한 의미의 최초 출전은《道德經》第六十四章「合抱之木, 生於毫末., 九層之臺, 起於累土」에 보인다.

36) 本(본)-본래, 근본적으로. 관련 4자성어는 本末倒置, 舍本求末 등이 있다.
37) 無過(무과)-잘못이 없다. 동일한 의미의 최초 출전은《左傳》宣公二年「人誰無過? 過而能改, 善莫大焉」에 보인다.
38) 捏造(날조)-거짓으로 꾸미다. 동일한 의미의 최초 출전은 施耐庵(明),《水滸志》第四十一回「宋江說起江州蔡九知府捏造謠言一事, 說與衆頭領」에 보인다.
39) 虛言(허언)-헛된말, 거짓말. 동일한 의미의 최초 출전은《道德經》第二十二章「古之所謂曲則全者, 豈虛言哉」에 보인다.
40) 此(차)-이것은. 관련 4자성어는 不分彼此, 果然如此 등이 있다.
41) 不過(불과)-다만, 단지, 副詞이다. 只, 僅僅과 동일하다. 동일한 의미의 최초 출전은《道德經》第六十一章「大國不過欲兼畜人, 小國不過欲入事人」에 보인다. 또 不過~而已의 문장은 다만 ~일 뿐이다.
42) 妄人(망인)-망령된 사람, 사리를 분별하지 못하는 사람. 동일한 의미의 최초 출전은《孟子》〈離婁下〉「此亦妄人也已矣」에 보인다.
43) 而已(이이)-~일 뿐이다, ~일 따름이다. 동일한 의미의 최초 출전은《論語》〈里仁〉「夫子之道, 忠恕而已矣」에 보인다.
44) 與(여)-더불어. 관련 4자성어는 與衆不同, 與人爲善 등이 있다.
45) 何足(하족)-어찌 ~할 가치가 있겠는가. 동일한 의미의 최초 출전은《史記》〈秦本紀〉「(百里傒)謝曰 .. 臣亡國之臣, 何足問!」에 보인다.
46) 計較(계교)-따지다, 논쟁하다. 計算, 比較, 爭辯, 爭論 등과 같다. 동일한 의미의 최초 출전은《漢書》〈賈誼傳〉「反脣而相稽」顏師古(隋) 注引 應召(東漢) 曰 ..「稽, 計也, 相與計較也」에 보인다.
47) 虛實(허실)-진실과 거짓. 동일한 의미의 최초 출전은《後漢書》〈度尙傳〉「夫事有虛實, 法有是非」에 보인다.
48) 哉(재)-감탄, 의문, 반문 등을 나타내는 조사로 啊와 동일하다. 관련 4자성어는 嗚呼哀哉, 何足道哉 등이 있다.
49) 且(차)-또, 또한. 관련 4자성어는 苟且偷生, 死且不虧 등이 있다.

50) 虛謗(허방)-거짓 훼손과 비방. 동일한 의미의 최초 출전은《後漢書》〈孔僖傳〉「至如孝武皇帝, 政之美惡, 顯在漢史, 坦如日月, 是爲直說書傳其事, 非虛謗也」
51) 來(래)-오다. 관련 4자성어는 古往今來, 苦盡甘來 등이 있다.
52) 如(여)-같다. 관련 4자성어는 吉祥如意, 度日如年 등이 있다.
53) 風(풍)-바람. 관련 4자성어는 春風化雨, 惠風和暢 등이 있다.
54) 過耳(과이)-귓가를 스쳐지나가는 바람. 즉 자기와 관계가 없어서 조금도 개의치 않음을 비유한다. 동일한 의미의 최초 출전은 趙曄(東漢),《吳越春秋》〈吳王壽夢傳〉「富貴之于我, 如秋風之過耳」에 보인다.
55) 雲(운)-구름. 관련 4자성어는 風雲人物, 雲消霧散 등이 있다.
56) 過空(과공)-구름이 허공을 지나가다. 즉 자기와 관계가 없어서 조금도 개의치 않음을 비유함. 동일한 의미의 최초 출전은 齊己(唐),〈老將〉「馬病霜飛草, 弓閑雁過空」에 보인다.
57) 於(어)-어조사이고, ~에, ~에서, ~보다, ~를, ~에게, ~에 대해서, 이에 있어서 등의 의미로 사용되고 于와 동일하다. 본문에서는 ~에 대하여의 의미이다. 對, 對於와 동일하다. 관련 4자성어는 靑出於藍, 耿耿於懷 등이 있다.
58) 何與(하여)-어떤 관련이 있는가. 何如와 동일하다. 동일한 의미의 최초 출전은《史記》〈司馬相如列傳〉「(齊王)田於海濱 …… 射中獲多, 矜而自功。顧謂僕曰 .. 楚亦有平原廣澤游獵之地饒樂若此者乎？楚王之獵何與寡人？」裵駰(南朝,宋),《史記集解》引 郭璞 曰 ..「與猶如也」에 보인다.
59) 夫(부)-대개, 대체로. 관련 4자성어는 夫唱婦隨, 匹夫之勇 등이 있다.
60) 如是(여시)-이와 같이. 如此와 동일하다. 동일한 의미의 최초 출전은《禮記》〈哀公問〉「君子言不過辭, 動不過則, 百姓不命而敬恭, 如是則能敬其身」에 보인다.
61) 改(개)-고치다. 관련 4자성어는 改過遷善, 朝令夕改 등이 있다.
62) 無(무)-없다, 동사이고 有와 반대이다. 관련 4자성어는 史無前例, 無邊無

際 등이 있다.

63) 加勉(가면)-스스로 같은 잘못을 범하지 않도록 노력하다. 동일한 의미의 최초 출전은 朱熹(南宋),《朱子集注》「曾子以此三者日省其身, 有則改之, 無則加勉, 其自治誠切如此, 可謂得爲學之本矣」에 보인다.

64) 莫非(막비)-~하지 않음이 없다. 無不, 莫不과 동일하다. 동일한 의미의 최초 출전은《詩經》〈北山〉「溥天之下, 莫非王土., 率土之濱, 莫非王臣」에 보인다.

65) 有益(유익)-이로움이 있다. 동일한 의미의 최초 출전은《韓非子》〈六反〉「奸僞無益之民六, 而世譽之如彼., 耕戰有益之民六, 而世毁之如此., 此之謂六反」에 보인다.

66) 也(야)-조사로 문장 중간에 혹은 문장 끝에 사용한다. 관련 4자성어는 空空如也, 未嘗有也 등이 있다.

67) 聞過(문과)-다른 사람이 자신의 잘못을 비평하는 것을 듣다. 동일한 의미의 최초 출전은《孟子》〈公孫丑上〉「子路聞過則喜, 禹聞善言則拜」에 보인다.

68) 自辨(자변)-스스로를 위하여 변명하다. 동일한 의미의 최초 출전은 司馬徽(東漢),《全後漢文》〈誡子書〉「聞汝充役, 室如懸磬, 何以自辨? 論德則吾薄, 說居則吾窮。勿以薄而志不壯, 貧而行不高也」에 보인다.

69) 嘵嘵然(효효연)-두려워하는 모양. 동일한 의미의 최초 출전은 李贄(明),〈又與焦弱侯〉「彼以爲周、程、張、朱者皆口談道德而心存高官, 志在巨富., 既已得高官巨富矣, 仍講道德, 說仁義自若也., 又從而嘵嘵然語人曰 .. 我欲勵俗而風世」에 보인다.

70) 不置(불치)-그대로 두지 않다. 不舍, 不止와 동일하다. 동일한 의미의 최초 출전은《史記》〈周勃世家〉「上居禁中, 召亞夫賜食, 獨置大胾, 無切肉, 又不置箸, 亞夫心不平」에 보인다.

71) 欲(욕)-~하고자 하다. 관련 4자성어는 隨心所欲, 欲揚先抑 등이 있다.

72) 置身(치신)-스스로를 어떤 상황에 두다. 동일한 의미의 최초 출전은 陸游

(南宋), 〈携瘿樽醉梅花下〉「肯從放翁來住山, 誰云置身不得所?」에 보인다.

73) 地(지)-상황, 처지, 위치. 관련 4자성어는 地大物博, 五体投地 등이 있다.

74) 其(기)-지시대명사로 이, 그, 저 등을 가리킨다. 관련 4자성어는 若無其事, 不計其數 등이 있다.

75) 愈深(유심)-더욱 심해지다. 동일한 의미의 최초 출전은 程顥、程頤(北宋), 《二程遺書》「外物之味, 久則可厭., 讀書之味, 愈久愈深」에 보인다.

76) 取謗(취방)-비방을 받다. 동일한 의미의 최초 출전은 姚燧(元), 〈感事〉「取謗因讎惡, 貪權失丐閒」에 보인다.

77) 益重(익중)-더욱 심해지다. 동일한 의미의 최초 출전은 司馬光(北宋), 《訓儉示康》「臣家貧, 客至無器皿、肴、果, 故就酒家觴之。上以無隱, 益重之」에 보인다.

78) 矣(의)-조사로 문장 끝에 사용되고 了의 의미와 유사하다. 관련 4자성어는 思過半矣, 至矣盡矣 등이 있다.

79) 昔者(석자)-옛날에, 이전에. 동일한 의미의 최초 출전은《孟子》〈公孫丑下〉「昔者辭以病, 今日吊, 或者不可乎 …… 昔者疾, 今日愈, 如之何不吊?」赵岐(東漢) 注 ..「昔者, 昨天也」에 보인다.

80) 或(혹)-어떤 사람. 관련 4자성어는 不可或缺, 多言或中 등이 있다.

81) 問(문)-묻다. 관련 4자성어는 不恥下問, 望聞問切 등이 있다.

82) 止謗(지방)-비방을 중지하다. 止息謗言의 생략이다. 본문에서는 비방을 받지 않는 의미로 번역하는 것이 비교적 합리적이다. 동일한 의미의 최초 출전은 徐干(東漢), 《中論》〈虛道〉「語稱救寒莫如重裘, 止謗莫如修身, 療暑莫如親冰, 信矣哉!」에 보인다.

83) 道(도)-방법. 관련 4자성어는 任重道遠, 横行霸道 등이 있다.

84) 文中子(문중자)-王通(584-617)의 字는 仲淹이고 달리 文中子라고 일컫는다. 隋나라의 教育家, 思想家이다. 王通의 저서는《續書》,《續詩》,《元經》,《禮經》,《樂論》,《贊易》 등이 있는데 唐나라 시기에 전부 소실되었다. 또《中說》이 있는데, 王通의 아들 福郊와 福疇가 王通과 제자들의 문답을

기록한 것으로 달리《文中子》라고 일컫는다. 이 책은《論語》의 체제를 모방하여 王道, 天地, 事君, 周公, 問易, 禮樂, 述史, 魏相, 立命, 關朗 등 10篇으로 서술되어 전해지고 있다.

85) 曰(왈)-말하다. 관련 4자성어는 美其名曰, 子曰詩云 등이 있다.

86) 莫如(막여)-~하는 것만 못하다, 같지 않다. 不如와 동일하다. 동일한 의미의 최초 출전은《國語》〈魯語上〉「不厚其棟, 不能任重, 重莫如國, 棟莫如德」에 보인다.

87) 自修(자수)-자신의 덕성을 수양하다. 동일한 의미의 최초 출전은《禮記》〈大學〉「如琢如磨者, 自修也」에 보인다.

88) 請益(청익)-가르침을 요청하다, 더 말해주기를 요청하다. 請教와 동일하다. 동일한 의미의 최초 출전은《禮記》〈曲禮〉「請業則起, 請益則起」에 보인다.

89) 無辨(무변)-시비를 가리려 하지 않다. 無辯과 동일하다. 동일한 의미의 최초 출전은《莊子》〈齊物論〉「果有言邪 ? 其未嘗有言邪 ? 其以爲異於鷇音, 亦有辯乎, 其無辯乎 ?」成玄英(唐) 疏 ..「辯, 別也 …… 夫彼此偏執, 不定是非, 亦何異鷇鳥之音, 有聲無辯 !」에 보인다.

90) 可爲(가위)-마땅히 할 것. 可以爲와 동일하다. 동일한 의미의 최초 출전은《孟子》〈告子下〉「曹交問曰 .. 人皆可以爲堯舜, 有諸 ? 孟子曰 .. 然」에 보인다.

91) 學者(학자)-배우는 사람, 학문을 연구하는 사람. 즉 전문적으로 모종의 학술체계 연구에 종사하는 사람을 가리킨다. 동일한 의미의 최초 출전은《論語》〈憲問〉「古之學者爲己, 今之學者爲人」에 보인다.

92) 法(법)-본보기. 관련 4자성어는 約法三章, 春秋筆法 등이 있다.

【接人章9-6국역】

다른 사람이 나를 고의로 사실을 날조하고 말로써 모욕을 줘서 명예를 훼손함이 있거든, 반드시 돌이켜 스스로를 반성해야 한다. 만약 나에게 실제로 비방 받을만한 행동이 있으면 스스로 자책하고 마음속으로 자신을 꾸짖어서 잘못된 행동을 고치는 것을 꺼리지 말아야 한다. 만약 나의 잘못된 행동이 매우 적은데도 더하고 부풀리거나 서로 관계없는 일을 관계있는 것처럼 보태어 과장했다면, 저들이 말한 것이 비록 지나치다 할지라도 나에게 실제로 비방을 받을 근원이 있는 것이니 또한 마땅히 이전의 잘못을 제거하여 털끝만큼도 남겨둬서는 안 된다. 만약 나에게 본래 잘못이 없는데도 헛된 말을 거짓으로 꾸미는 것은, 이것은 다만 망령된 사람일뿐이니 망령된 사람과 더불어 어찌 진실과 거짓을 따질 가치가 있겠는가! 또 그들의 거짓 훼손과 비방은 바람이 귓가를 스쳐가고 구름이 허공을 지나가는 것처럼 자기와 조금의 관계도 없어서 개의치 않으니 나에게 어떤 관련이 있겠는가! 대개 이와 같이 하면 고의로 사실을 날조하고 말로써 모욕을 줘서 명예를 훼손함이 온다 하더라도, 잘못이 있으면 그것을 고치고 잘못이 없으면 스스로 같은 잘못을 범하지 않도록 노력한다면 나에게 이로움이 있지 않음이 없을 것이다. 만약 다름 사람이 자신의 잘못을 비평하는 것을 듣고도 스스로를 위하여 변명하거나 두려워하는 모양을 그대로 두지 않고 오히려 반드시 스스로를 잘못이 없는 상황에 두려고 하면, 그 잘못은 더욱 심해지고 비방을 받는 것도 더욱 심각해질 것이다. 옛날에 어떤 사람이 비방을 받지 않는 방법에 대해서 물었는데, 문중자가 말하기를 .. "자신의 덕성을 수양하는 것만 못하다."라고 하였다. 더 말해주기를 요청하자 다시 말하기를 "시비를 가리려 하지마라."라고 하였다. 이 말은 마땅히 학문을 연구하는 사람에게 본보기가 될 것이다.

【接人章9-6解說】

*「與妄人何足計較虛實哉! 且彼之虛謗」

본문과 동일한 의미의 최초 출전은 《孟子》〈離婁下〉「孟子曰 .. "君子所以異於人者, 以其存心也。君子以仁存心, 以禮存心。仁者愛人, 有禮者敬人。愛人者, 人恒愛之., 敬人者, 人恒敬之。有人於此, 其待我以橫逆, 則君子必自

反也., 我必不仁也, 必無禮也, 此物奚宜至哉?” 其自反而仁矣, 自反而有禮矣, 其横逆由是也, 君子必自反也., 我必不忠。自反而忠矣, 其横逆由是也, 君子曰 .. “此亦妄人也已矣。如此, 則與禽獸奚擇哉? 於禽獸又何難焉?” 是故君子有終身之憂, 無一朝之患也」에 보인다. 즉 “맹자가 말하기를 .. ‘군자와 일반사람이 다른 것은 마음속에 품은 생각이 다르다 군자가 마음속에 품은 생각은 어짐(仁)이고 예의(禮)이다. 어진 사람은 타인을 사랑하고 예의 있는 사람은 타인을 공경한다. 타인을 사랑하는 사람은 타인도 항상 그를 사랑한다., 타인을 공경하는 사람은 타인도 항상 그를 공경한다. 만약 어떤 사람이 여기에 있는데, 그 사람이 나에게 야만적이고 무례하게 군다면 군자는 반드시 스스로를 돌이켜 생각할 것이다., 내가 반드시 어질지 못한 점이 있구나, 내가 반드시 무례한 점이 있구나, 그렇지 않다면 그 사람의 야만적이고 무례한 행동이 어찌 나에게 이르겠는가?’ 스스로 돌이켜 생각해봐도 타인에게 어질고 예의를 다했는데도 그 야만적이고 무례한 행동이 이른다면, 군자는 반드시 스스로를 돌이켜 생각할 것이다. 내가 반드시 불성실한 점이 있구나. 스스로 돌이켜 생각해봐도 타인에게 성실했는데도 그 사람의 야만적이고 무례한 행동이 이른다면 군자가 말하기를 .. ‘이 사람은 미친 사람이구나. 이와 같이 생각하면 그 사람과 동물을 어찌 구별할 수 있겠는가? 또 동물에 대해서 어찌 비난할 수 있겠는가?’ 이런 까닭에 군자는 죽을 때까지 근심은 있지만 하루 아침저녁의 우환은 없는 것이다.”라고 하였다.

* 「風之過耳, 雲之過空」

첫째, 풍지과이는 원래 4자성어가 「秋風過耳」이다. 의미는 가을바람이 귓가를 스쳐 지나가는 것처럼 자기와 무관하여 조금도 상관하지 않는다. 동일한 의미의 최초 출전은 趙曄(東漢), 《吳越春秋》〈吳王壽夢傳〉「富貴之于我, 如秋風之過耳」에 보인다. 상세한 내용은 춘추시기, 吳나라 왕 壽夢은 가장 사랑하는 작은 아들 季札이 덕망과 재능을 겸비하여 군주가 되기에 적합하다고 여기고 왕의 자리를 물려주려고 하였다. 그러나 季札이 이를 받아들이지 않아서 형 諸樊이 계승하게 될 상황이었다. 諸樊과 季札 형제는 서로 맹세하기를 왕의 자리는 동생들에게 물려주기로 하였다. 諸樊은 동생 季札이 계승할 때를 기다렸다가 부귀영화는 귓가를 스치는 가을바람과 같다고 말하고 깊은 산속에 은거했다는 고사가 전해온다.

둘째, 운지과공은 원래 4자성어가 「雲過天空」이다. 구름이 지나간 후에 하늘이 특별히 광대해 보이는 것처럼 어떤 상황이 이미 지나간 후에 모두 평정을 회복하여 조금도 개의치 않음을 비유함. 동일한 의미의 최초 출전은 文康(淸), 《兒女英雄傳》 第十一回 「把一椿驚風駭浪的案, 辦得來雲過天空」에 보인다. 참고로 본문의 「過空」에 대한 동일한 의미의 최초 출전은 齊己(唐), 〈老將〉 「馬病霜飛草, 弓閑雁過空」에 보인다.

*文中子 王通

왕통(584-617)의 字는 仲淹이고 달리 文中子라고 일컫는다. 隋나라의 교육자, 사상가이다. 저서는 《續書》, 《續詩》, 《元經》, 《禮經》, 《樂論》, 《贊易》 등이 있었는데 唐代에 이르러 전부 소실되었다. 현재 전해지는 것은 왕통의 제자 姚義와 薛收가 편찬한 《文中子說》 10편(王道, 天地, 事君, 周公, 問易, 禮樂, 述史, 魏相, 立命, 關朗)이 있다. 《文中子說》은 달리 《中說》이라 일컫고 왕통과 제자들의 문답을 기록한 것이다. 주요 내용은 三敎合一 사상이 있다. 즉 적극적인 태도로 불교와 도교사상의 장점을 흡수하여 유학의 개조와 발전에 유익한 방편으로 삼았다. 철학적으로는 氣, 形, 識으로 天, 地, 人의 특징을 구별하여 서술하여 일종의 유물주의 사상적 요소가 포함되어 있다. 교육적으로는 王道를 주장하고 유학의 진흥을 교육의 근본 목적으로 삼았다. 또 교재와 교육 방법을 중시하여 유학의 개조와 발전에 크게 공헌하였다.

* 「請益」과 「請敎」

첫째, 청익은 가르침을 요청하다, 더 말해주기를 요청하다의 의미이다.

주로 서간문에서 사용하는 용어이다. 사용하는 경우는 어른, 상급자, 전문가, 정식적인 상황에서 상대방의 의견이나 건의, 도움 등 유익하고 기술적이며 전문적인 문제의 도움을 구할 때 사용한다. 동일한 의미의 최초 출전은 《禮記》〈曲禮〉「請業則起, 請益則起」에 보인다.

둘째, 청교는 청익과 유사한 의미이다. 주로 구어체, 일상적인 경우에 사용하는 용어이다. 사용하는 경우는 일상의 각종 교류 혹은 친구 간에 상대방의 의견이나 건의, 문제해답 등에 도움을 구할 때 사용한다. 청교는 상대적으로 청익보다 존중도가 약간 낮다. 동일한 의미의 최초 출전은 周煇(南宋),《清波雜志》卷六「范忠宣公親族間子弟有請教於公者, 公曰 .. 惟儉可以助廉, 惟恕可以成德, 是爲修身之要」에 보인다.

【接人章9-7원문】

凡侍先生、長者, 當質問義理難曉處, 以明其學。侍鄉黨長老, 當小心恭謹, 不放言語, 有問則敬對以實。與朋友處, 當以道義講磨, 只談文字義理而已, 世俗鄙俚之說, 及時政得失, 守令賢否, 他人過惡, 一切不可掛口。與鄉人處, 雖隨問應答, 而終不可發鄙褻之言, 雖莊栗自持, 而切不可存矜高之色, 惟當以善言誘掖, 必欲引而向學。與幼者處, 當諄諄言孝悌忠信, 使發善心。若此不已, 則鄉俗漸可變也。

【接人章9-7음역】

범시선생、장자, 당질문의리난효처, 이명기학. 시향당장로, 당소심공근, 불방언어, 유문즉경대이실. 여붕우처, 당이도의강마, 지담문자의리이이, 세속비리지세, 급시정득실, 수령현부, 타인과악, 일체불가괘구. 여향인처, 수수문응답, 이종불가발비설지언, 수장율자지, 이절불가존긍고지색, 유당이선언유액, 필욕인이향학. 여유자처, 당순순언효제충신, 사발선심. 약차불이, 즉향속점가변야.

【接人章9-7주석】

1) 凡(범)-문장 전체를 수식하는 부사로 무릇, 모든의 의미이다. 관련 4자성어는 儀表非凡, 擧止不凡 등이 있다.
2) 侍(시)-모시다, 시중들다. 관련 4자성어는 侍執巾櫛, 垂手侍立 등이 있다.
3) 先生(선생)-스승, 선생님. 동일한 의미의 최초 출전은《禮記》〈玉藻〉「(童子)無事, 則立主人之北南面, 見先生, 從人而入」孔穎達(唐) 疏 ..「先生, 師也」에 보인다.
4) 長者(장자)-나이, 항렬, 또는 덕망이 높은 사람. 동일한 의미의 최초 출전은《孟子》〈告子下〉「徐行後長者謂之弟, 疾行先長者謂之不弟」에 보인다.
5) 當(당)-마땅히. 관련 4자성어는 老當益壯, 以一當十 등이 있다.
6) 質問(질문)-질문하다. 동일한 의미의 최초 출전은《漢書》〈劉歆傳〉「時丞相史尹咸以能治左氏, 與歆共校經傳。歆略從咸及丞相翟方進受, 質問大義」顔師古(隋) 注 ..「質, 正」에 보인다.
7) 義理(의리)-첫째, 윤리도덕에 부합하는 행위원칙을 가리킨다. 동일한 의미의 최초 출전은《韓非子》〈難言〉「故度量雖正, 未必聽也., 義理雖全, 未必用也」에 보인다. 둘째, 儒學 경전의 의미를 추구하는 학문을 가리킨다. 동일한 의미의 최초 출전은《漢書》〈劉歆傳〉「及歆治左氏, 引傳文以解經, 轉相發明, 由是章句義理備焉」에 보인다. 셋째, 朱子 이래의 理學은 道義, 道理, 義理, 天理 등으로 기록하였고, 달리 義理之學으로 일컬었다. 동일한 의미의 최초 출전은《二程遺書》卷十八「或讀書講明義理., 或記古今人物, 別其是非., 或應事即物而處其當, 皆窮理也」에 보인다. 본문에서는 셋째의 의미이다.
8) 難(난)-어렵다. 관련 4자성어는 左右爲難, 孤掌難鳴 등이 있다.
9) 曉(효)-깨우치다. 동일한 의미의 최초 출전은 朱熹(南宋),《朱子語類》〈學五〉「看經傳有不可曉處, 且要旁通。待其浹洽, 則當觸類而可通矣」에 보

인다.

10) 處(처)-부분, 장소, 곳. 관련 4자성어는 和睦相處, 和平共處 등이 있다.

11) 明(명)-분명하다, 밝히다. 관련 4자성어는 明明白白 明哲保身 등이 있다.

12) 其學(기학)-그 학문, 그 배움. 동일한 의미의 최초 출전은《禮記》〈學記〉「君子之於學也, 藏焉, 修焉, 息焉, 游焉, 夫然故安其學而親其師, 樂其友而信其道」에 보인다.

13) 鄕黨(향당)-고향, 마을, 향리, 동네. 동일한 의미의 최초 출전은《論語》〈鄕黨〉「孔子之於鄕黨, 恂恂如也, 似不能言者」에 보인다.

14) 長老(장로)-연장자, 노인. 동일한 의미의 최초 출전은《管子》〈五輔〉「養長老, 慈幼孤」에 보인다.

15) 小心(소심)-조심하다. 동일한 의미의 최초 출전은《禮記》〈表記〉「卑己而尊人, 小心而畏義, 求以事君」에 보인다.

16) 恭謹(공근)-공경하며 조심하다. 恭敬勤愼의 생략이다. 동일한 의미의 최초 출전은《史記》〈季布欒布列傳〉「季布弟季心, 氣蓋關中, 遇人恭謹」에 보인다.

17) 放(방)-함부로 하다. 放縱과 동일하다. 관련 4자성어는 百花齊放, 自由放任 등이 있다.

18) 問(문)-묻다. 관련 4자성어는 不恥下問, 有問必答 등이 있다.

19) 敬對(경대)-공경히 대답하다. 동일한 의미의 최초 출전은《禮記》〈內則〉「在父母舅姑之所, 有命之, 應唯敬對, 進退周旋愼齊」에 보인다.

20) 實(실)-사실은, 실상은. 관련 4자성어는 實事求是, 名存實亡 등이 있다.

21) 與(여)-더불어. 관련 4자성어는 與衆不同, 與人爲善 등이 있다.

22) 朋友(붕우)-친구, 즉 뜻이 같고 추구하는 바가 서로 부합(志同道合)하면서 사귀는 정이 깊은 사람. 동일한 의미의 최초 출전은《易經》〈兌卦〉「君子以朋友講習」 孔穎達(唐) 疏 ..「同門曰朋, 同志曰友, 朋友聚居, 講習道義」에 보인다.

23) 道義(도의)-도덕과 의리. 道德義理의 생략이다. 동일한 의미의 최초 출전

은《易經》〈繫辭上〉「成性存存, 道義之門」에 보인다.

24) 講磨(강마)-서적의 내용을 토론하고 학습하다. 講習磨礪의 생략이다. 동일한 의미의 최초 출전은 文同(北宋), 〈謝就差知興元府表〉「是正譌謬, 學問淺而未精., 講磨本元, 才識短而多泥」에 보인다.

25) 只(지)-단지. 단지, 다만. 只好, 只와 동일하다. 只는 부사로 오직, 다만, ~일 뿐으로 惟나 但과 같이 바로 뒤에 오는 명사를 한정한다. 관련 4자성어는 只言片語, 只字不提 등이 있다.

26) 談(담)-이야기하다. 관련 4자성어는 高談闊論, 談笑自若 등이 있다.

27) 文字(문자)-문장을 가리킨다.

28) 而已(이이)-~일 뿐이다, ~일 따름이다. 동일한 의미의 최초 출전은《論語》〈里仁〉「夫子之道, 忠恕而已矣」에 보인다.

29) 世俗(세속)-속세, 세간. 동일한 의미의 최초 출전은《莊子》〈天地〉「夫明白入素, 無爲復朴, 體性抱神, 以游世俗之間者, 汝將固惊邪」에 보인다.

30) 鄙俚(비리)-저속하고 예의 없는. 동일한 의미의 최초 출전은 左思(西晉), 〈魏都賦〉「非鄙俚之言所能具」에 보인다.

31) 說(설)-말, 이야기. 관련 4자성어는 衆說紛紜, 說往說來 등이 있다.

32) 及(급)-이르를, 및. 관련 4자성어는 後悔莫及, 推己及人 등이 있다.

33) 時政(시정)-당시의 정치 조치. 동일한 의미의 최초 출전은《後漢書》〈班超梁慬傳論〉「時政平則文德用, 而武略之士無所奮其力能」에 보인다.

34) 得失(득실)-잘하고 잘 못한 일. 동일한 의미의 최초 출전은《管子》〈七臣七主〉「故一人之治亂在其心, 一國之存亡在其主, 天下得失, 道一人出」尹知章(唐) 注 ..「明主得, 闇主失」에 보인다.

35) 守令(수령)-太守, 刺史, 縣令 등 지방관. 동일한 의미의 최초 출전은《史記》〈陳涉世家〉「攻陳, 陳守令皆不在」에 보인다.

36) 賢否(현부)-어질고 어질지 못한. 동일한 의미의 최초 출전은 吳敬梓(淸), 《儒林外史》第三十二回「雖說施恩不望報, 却也不可這般賢否不明」에 보인다.

37) 他人(타인)-다른 사람. 동일한 의미의 최초 출전은《詩經》〈巧言〉「他人有心, 予忖度之」에 보인다.

38) 過惡(과악)-죄악. 동일한 의미의 최초 출전은《周禮》〈州長〉「正月之吉, 各屬其州之民而讀法, 以考其德行道藝而勸之, 以糾其過惡而戒之」에 보인다.

39) 一切(일체)-일체, 모든 것, 일절은 일체의 비표준어이고, 부인하거나 금지하는 말과 어울려서 아주, 도무지, 전혀, 절대로의 뜻으로 쓰는 말이므로, 본문에서는 일체로 읽어야 한다. 동일한 의미의 최초 출전은 賈思勰(北魏),《齊民要術》〈栽樹〉「凡栽一切樹木, 欲記其陰陽, 不令轉易」에 보인다.

40) 掛口(괘구)-언급하다. 挂口와 동일하다. 동일한 의미의 최초 출전은 歐陽修(北宋),〈與梅聖俞書〉「他事非獨不挂口, 亦不關心, 固無淺深可示人也」에 보인다.

41) 鄕人(향인)-2가지 의미가 있다. 첫째는 마을 사람, 둘째는 같은 고향(同鄕) 사람이다. 여기서는 둘째의 의미이다. 동일한 의미의 최초 출전은《左傳》莊公十年「公將戰, 曹劌請見, 其鄕人曰 .. 肉食者謀之, 又何間焉」에 보인다.

42) 雖(수)-비록. 관련 4자성어는 雖死猶生, 雖死無悔 등이 있다.

43) 隨(수)-따라서. 관련 4자성어는 入鄕隨俗, 隨機應變 등이 있다.

44) 應答(응답)-대답하다. 동일한 의미의 최초 출전은《漢書》〈藝文志〉「論語者, 孔子應答弟子時人及弟子相與言而接聞於夫子之語也」에 보인다.

45) 而(이)-그리고, 그래서, 그러나. 관련 4자성어는 不言而喩, 適可而止 등이 있다.

46) 終(종)-끝까지. 관련 4자성어는 始終如一, 終身大事 등이 있다.

47) 發(발)-말하다, 발설하다. 관련 4자성어는 百發百中, 發憤忘食 등이 있다.

48) 鄙褻(비설)-비루하고 오만한. 동일한 의미의 최초 출전은《北齊書》〈和士開〉「言辭容止, 極諸鄙褻, 以夜繼晝, 無復君臣之禮」에 보인다.

49) 莊栗(장율)-장중, 장엄. 동일한 의미의 최초 출전은《書經》〈舜典〉「直而溫, 寬而栗」孔安國 傳 ..「寬弘而能莊栗」에 보인다.

50) 自持(자지)-스스로 절제하다. 동일한 의미의 최초 출전은《史記》〈儒林列傳〉「寬爲人溫良, 有廉智, 自持, 而善著書」에 보인다.
51) 切(절)-일체. 관련 4자성어는 切磋琢磨, 切問近思 등이 있다.
52) 存(존)-가지다, 지니다. 관련 4자성어는 求同存異, 生死存亡 등이 있다.
53) 矜高(긍고)-매우 교만하다. 동일한 의미의 최초 출전은《三國志》〈魏延傳〉「性矜高, 當時皆避下之, 唯楊儀不假借延, 延以爲至忿, 有如水火」에 보인다.
54) 色(색)-기색, 표정. 관련 4자성어는 五顔六色, 行色悤悤 등이 있다.
55) 惟(유)-오직. 單單, 只是와 동일하다. 관련 4자성어는 惟我獨尊, 惟利是圖 등이 있다.
56) 善言(선언)-유익한 말. 동일한 의미의 최초 출전은《孟子》〈離婁下〉「禹惡旨酒, 而好善言」에 보인다.
57) 誘掖(유액)-인도하고 돌봐줌. 동일한 의미의 최초 출전은《詩經》〈衡門序〉「誘僖公也。願而無立志, 故作是詩以誘掖其君也」 鄭玄(東漢) 箋 ..「誘, 進也。掖, 扶持也」 孔穎達(唐) 疏 ..「誘掖者, 誘謂在前導之, 掖謂在傍扶之, 故以掖爲扶持也」에 보인다.
58) 必(필)-반드시. 관련 4자성어는 物極必反, 信賞必罰 등이 있다.
59) 欲(욕)-~하고자 하다. 관련 4자성어는 隨心所欲, 欲揚先抑 등이 있다.
60) 引(인)-이끌다. 관련 4자성어는 引人注目, 引而不發 등이 있다.
61) 向學(향학)-뜻을 세워 학문을 하게 함. 동일한 의미의 최초 출전은 曾巩(北宋), 〈襄州到任表〉「伏念臣素堅向學之心, 幸遇好文之主」에 보인다.
62) 幼者(유자)-나이 어린사람. 동일한 의미의 최초 출전은《禮記》〈學記〉「幼者聽而弗問, 學不躐等也」에 보인다.
63) 諄諄(순순)-정성스럽게 일깨워주는 모양. 동일한 의미의 최초 출전은《詩經》〈抑〉「誨爾諄諄, 聽我藐藐」에 보인다.
64) 孝悌(효제)-부모에 대한 효성과 형제간의 우애. 동일한 의미의 최초 출전은《論語》〈學而〉「有子曰 .. 其爲人也孝弟, 而好犯上者, 鮮矣., 不好犯

上, 而好作乱者, 未之有也」에 보인다.

65) 忠信(충신)-충성스럽고 믿음이 있다. 동일한 의미의 최초 출전은《易經》〈乾卦〉「君子進德脩业, 忠信所以進德也」에 보인다.

66) 使(사)-~로 하여금. 관련 4자성어는 不辱使命, 擧賢使能 등이 있다.

67) 善心(선심)-선량한 마음. 동일한 의미의 최초 출전은《荀子》〈樂論〉「使其曲直、繁省、廉肉、節奏, 足以感動人之善心」에 보인다.

68) 若此(약차)-이와 같이. 如此와 동일하다. 동일한 의미의 최초 출전은《史記》〈淮陰侯列傳〉「若此, 將軍之所長也」에 보인다.

69) 不已(불이)-그치지 않다. 동일한 의미의 최초 출전은《詩經》〈維天之命〉「維天之命, 於穆不已」孔穎達(唐) 疏 ..「言天道轉運無極止時也」에 보인다.

70) 鄉俗(향속)-고을 풍속. 동일한 의미의 최초 출전은 鮑照(南北朝,宋), 〈代邽街行〉「念我舍鄉俗, 親好久乖違」에 보인다.

71) 漸(점)-점차. 관련 4자성어는 漸入佳境, 東漸西被 등이 있다.

72) 變(변)-변화되다. 관련 4자성어는 千變萬化, 變化無常 등이 있다.

【接人章9-7국역】

무릇 선생과 어른을 모시고 있을 때에는, 마땅히 윤리 도덕에 부합하는 행위원칙에 대해서 이해하기 어려운 부분을 질문하여 그 배움을 분명하게 해야 한다. 고향의 연장자를 모시고 있을 때에는, 마땅히 조심하고 공경하며 말을 함부로 하지 말고 질문을 하시면 곧 사실로써 공경히 대답해야 한다. 친구와 함께 있을 때에는, 마땅히 도덕과 의리에 관한 서적 내용을 토론하고 학습하며 단지 문장과 윤리 도덕에 부합하는 행위 원칙에 대해서만 이야기 할 뿐이고, 세간의 저속하고 예의 없는 말 및 당시의 정치 조치의 잘하고 못한 일이나 지방관의 어질고 어질지 못한 일이나 다른 사람의 죄악 등에 대해서는 일체 언급해서는 안 된다. 동향 사람과 함께 있을 때에는, 비록 질문에 따라서 대답하지만 그래도 끝까지 비루하고 오만한 말을 해서는 안 되고, 비록 장중하고 스스로 절제하는 경우에도 일체 매우 교만한 기색을 드러내서는 안 되며, 오직 마땅히 유익한 말로 권유하고 돌봐줘서 반드시 인도하여 학문으로 향하게 해야 한다. 어린아이와 함께 있을 때에는, 마땅히 효도, 공경, 충성, 신의의 말로 정성스럽게 일깨워줘서 그들로 하여금 선량한 마음을 드러내게 해야 한다. 이와 같이 하는 것을 그치지 않으면 고을의 풍속은 점차 변화될 수 있을 것이다.

【接人章9-7解說】

*「鄕黨」

향당은 마을, 향리, 동네, 동향, 고향(家鄕, 老家) 등의 의미가 있다. 고대 호적 편제 단위로 500家를 黨, 12,500家를 鄕이라 하였으며 이것을 합하여 鄕黨이라고 일컬었다. 동일한 의미의 최초 출전은《周禮》〈大司徒〉「令五家爲比, 使之相保 …… 五黨爲州, 使之相賙., 五州爲鄕, 使之相賓」과《論語》〈鄕黨〉「孔子之於鄕黨, 恂恂如也, 似不能言者」에 보인다. 주로 사용되는 향당의 의미는 대략 2가지가 있다. 첫째, 고향이다. 동일한 의미의 최초 출전은《論語》〈鄕黨〉「孔子之於鄕黨, 恂恂如也, 似不能言者」에 보인다. 둘째, 동향이다. 동일한 의미의 최초 출전은《孟子》〈萬章上〉「鄕黨自好者不爲, 而謂賢者爲之乎 ? 」에 보인다. 본문에서는 첫째의 의미이다.

*「時政得失, 守令賢否, 他人過惡, 一切不可掛口」

본문과 동일한 의미의 최초 출전은《小學》〈嘉言78〉「范益謙座右戒曰, 一, 不言朝廷利害, 邊報差除。二, 不言州縣官員長短得失。三, 不言衆人所作過惡。四, 不言仕進官職, 趨時附勢。五, 不言財利多少, 厭貧求富。六, 不言淫媟戲慢, 評論女色。七, 不言求覓人物, 干索酒食」에 보인다. 즉 "范益謙 座右銘에 말하기를 .. '첫째, 조정의 좋은 점과 나쁜 점 변방지역의 정보와 관직의 임명에 대하여 말하지 말 것. 둘째, 지방 관리의 능력과 품격 및 장점과 단점을 말하지 말 것. 셋째, 일반 사람들의 죄악에 대해서 말하지 말 것. 넷째, 벼슬에 나아가는 것과 시류에 영합하며 권세가에 의탁하는 것에 대해서 말하지 말 것. 다섯째, 재물과 이익의 많고 적음이나 가난을 싫어하고 부를 추구하는 것에 대해서 말하지 말 것. 여섯째, 방탕하고 음란한 행위와 오만한 태도 및 여성의 미모를 논평하는 것에 대해서 말하지 말 것. 일곱째, 사람이나 물건을 요구하거나 술이나 음식을 구하고 찾는 일에 대해서 말하지 말 것.'"이라고 하였다.

【接人章9-8원문】

常以溫恭慈愛, 惠人濟物爲心, 若其侵人害物之事, 則一毫不可留於心曲。凡人欲利於己, 必至侵害人物。故學者先絶利心, 然後可以學仁矣。

【接人章9-8음역】

상이온공자애, 혜인제물위심, 약기침인해물지사, 즉일호불가유어심곡. 범인욕이어기, 필지침해인물. 고학자선절이심, 연후가이학인의.

【接人章9-8주석】

1) 常(상)-항상. 관련 4자성어는 變化無常, 人之常情 등이 있다.
2) 以(이)-~함으로써. 관련 4자성어는 一以貫之, 夢寐以求 등이 있다.
3) 溫恭(온공)-온화하고 공경하는 모양. 温和恭敬의 생략이다. 동일한 의미의 최초 출전은 《書經》〈舜典〉「濬哲文明, 温恭允塞」에 보인다.
4) 慈愛(자애)-인자하고 타인을 사랑하다. 仁慈愛人의 생략이다. 동일한 의미의 최초 출전은 《國語》〈楚語上〉「明慈愛以導之仁, 明昭利以導之文」에 보인다.
5) 惠人(혜인)-타인에게 은혜를 베풀다. 동일한 의미의 최초 출전은 《論語》〈憲問〉「或問子產, 子曰 .. 惠人也」에 보인다.
6) 濟物(제물)-백성에게 온정을 베풀고 구제하다. 濟人과 동일하다. 동일한

의미의 최초 출전은 嵇康, (曹魏), 〈與山巨源絶交書〉「子文無欲卿相而三登令尹, 是乃君子思濟物之意也」에 보인다.

7) 爲(위)-되다. 관련 4자성어는 一言爲定, 助人爲樂 등이 있다.
8) 心(심)-마음. 관련 4자성어는 一心一意, 同心協力 등이 있다.
9) 若(약)-만약. 관련 4자성어는 若隱若現, 泰然自若 등이 있다.
10) 其(기)-지시대명사로 이, 그, 저 등을 가리킨다. 관련 4자성어는 若無其事, 不計其數 등이 있다.
11) 侵人(침인)-타인에게 해를 끼치다. 侵害他人의 생략이다. 동일한 의미의 최초 출전은 秦觀(北宋), 〈游監湖〉「水光入座杯盤瑩, 花氣侵人笑語香」에 보인다.
12) 害物(해물)-백성에게 해를 끼치다. 虐人害物의 생략이다. 동일한 의미의 최초 출전은 胡仲弓(南宋), 〈蛛絲巧〉「蛛絲雖巧能害物, 蠶絲雖拙能利人」에 보인다.
13) 之(지)-~의, ~중에서. 관련 4자성어는 君子之交, 莫逆之友 등이 있다.
14) 事(사)-일, 섬기다. 관련 4자성어는 平安無事, 好事多磨(魔), 好事多阻) 등이 있다.
15) 則(즉)-곧, 즉. 관련 4자성어는 以身作則, 有物有則 등이 있다.
16) 一毫(일호)-털끝만큼도. 동일한 의미의 최초 출전은《列子》〈楊朱〉「古之人損一毫利天下不與也, 悉天下奉一身不取也。人人不損一毫, 人人不利天下, 天下治矣」에 보인다.
17) 不可(불가)-할 수 없다. 可(가능, 되다, 적합, 옳다)의 반대 의미이다. 동일한 의미의 최초 출전은《孫子兵法》〈九變〉「覆軍殺將, 必以五危, 不可不察也」에 보인다.
18) 留(유)-남기다. 관련 4자성어는 青史留名, 豹死留皮 등이 있다.
19) 於(어)-어조사이고, ~에, ~에서, ~보다, ~를, ~에게, ~에 대해서, 이에 있어서 등의 의미로 사용되고 于와 동일하다. 관련 4자성어는 青出於藍, 耿耿於懷 등이 있다.

20) 心曲(심곡)-마음속 깊은 곳. 心事와 동일하다. 동일한 의미의 최초 출전은《詩經》〈小戎〉「言念君子, 温其如玉。在其板屋, 亂我心曲」鄭玄(東漢) 箋 ..「心曲, 心之委曲也」《朱熹集傳》..「心曲, 心中委曲之處也」에 보인다.
21) 凡(범)-문장 전체를 수식하는 부사로 무릇, 모든의 의미이다. 관련 4자성어는 儀表非凡, 擧止不凡 등이 있다.
22) 人(인)-타인. 관련 4자성어는 目中無人, 膾炙人口 등이 있다.
23) 欲(욕)-~~하고자 하다. 관련 4자성어는 隨心所欲, 欲揚先抑 등이 있다.
24) 利(이)-이롭게 하다. 관련 4자성어는 見利思義, 漁父之利 등이 있다.
25) 己(기)-자신. 관련 4자성어는 克己復禮, 知彼知己 등이 있다.
26) 必(필)-반드시. 관련 4자성어는 物極必反, 信賞必罰 등이 있다.
27) 至(지)-이르다. 관련 4자성어는 至高無上, 無所不至 등이 있다.
28) 侵害(침해)-폭력이나 불법적인 수단으로 타인에게 손해를 끼치다. 동일한 의미의 최초 출전은《韓非子》〈難三〉「所謂難者, 必借人成勢而勿使侵害己」에 보인다.
29) 人物(인물)-타인, 사람과 물건. 동일한 의미의 최초 출전은 蘇軾(北宋), 〈赤壁懷古〉「大江東去, 浪淘盡, 千古風流人物」에 보인다.
30) 故(고)-그런 까닭에. 관련 4자성어는 溫故知新, 無緣無故 등이 있다.
31) 學者(학자)-배우는 사람, 학문을 연구하는 사람. 즉 전문적으로 모종의 학술체계 연구에 종사하는 사람을 가리킨다. 동일한 의미의 최초 출전은《論語》〈憲問〉「古之學者爲己, 今之學者爲人」에 보인다.
32) 先(선)-먼저. 관련 4자성어는 先發制人, 承先啓後 등이 있다.
33) 絶(절)-그치다, 끊어지다. 관련 4자성어는 絡繹不絶, 絶代佳人 등이 있다.
34) 利心(이심)-이로움을 가지려는 마음. 利慾之心의 생략이다. 동일한 의미의 최초 출전은《荀子》〈非十二子〉「今之所謂處士者, 無能而云能者也, 無知而云知者也, 利心無足而佯無欲者也」에 보인다.
35) 然後(연후)-그렇게 한 뒤에, 연후에. 동일한 의미의 최초 출전은《禮記》〈學記〉「是故學, 然後知不足., 教, 然後知困」에 보인다.

36) 可以(가이)-할 수 있다. 동일한 의미의 최초 출전은《孟子》〈梁惠王上〉「五畝之宅, 樹之以桑, 五十者可以衣帛矣」에 보인다.

37) 學(학)-배우다, 학문. 관련 4자성어는 學無止境, 學而不厭 등이 있다.

38) 仁(인)-어질다. 관련 4자성어는 殺身成仁, 一視同仁 등이 있다.

39) 矣(의)-조사로 문장 끝에 사용되고 了의 의미와 유사하다. 관련 4자성어는 思過半矣, 至矣盡矣 등이 있다.

【接人章9-8국역】

항상 온화하고 공경하며 인자하고 타인을 사랑하며 타인에게 은혜를 베풀고 백성에게 온정을 베풀며 구제하는 것으로써 마음가짐을 삼고, 만약 타인에게 해를 끼치거나 백성에게 피해를 주는 일은 털끝만큼이라도 마음속 깊은 곳에 남겨둬서는 안 된다. 무릇 사람은 자신을 이롭게 하고자하면 반드시 타인에게 불법적인 수단으로 손해를 끼치게 된다. 그런 까닭에 배우는 사람이라면 먼저 이로움을 가지려는 마음을 끊어버리고, 그렇게 한 뒤에야 인(어짊)을 배울 수 있는 것이다.

【接人章9-8解說】

*「濟物」

제물은 백성에게 온정을 베풀고 구제하다의 의미이다. 동일한 의미의 최초 출전은 嵇康(曹魏), 〈與山巨源絶交書〉「子文無欲卿相而三登令尹, 是乃君子思濟物之意也」에 보인다. 濟人과 동일하다. 동일한 의미의 최초 출전은 裴鉶(唐), 《傳奇》〈韋自東〉「某一生濟人之急, 何爲不可?」에 보인다. 또 제물은 濟人利物의 생략이다. 동일한 의미의 최초 출전은 朱熹(南宋), 〈記外大父祝公遺事〉「歲大疫, 親舊有盡室病卧者, 公每清旦輒携粥藥造之, 遍飮食之而後返, 日以爲常, 其他濟人利物之事不勝計, 雖傾資竭力無吝色」에 보인다. 즉 제물의 개념은 처음에는 단지 물질상의 원조에서 시작되었다. 점차 시대의 변화를 따라서 군자와 성인의 중요 품덕을 실천하는 기준이 되었음은 물론 정신적인 지지와 도덕적인 인도, 기술 혁신과 사회복지의 방식 등 다양한 분야를 포함하게 되었다.

【接人章9-9원문】

居鄕之士, 非公事、禮見及不得已之故, 則不可出入官府。邑宰雖至親, 亦不可數數往見, 況非親舊乎! 若非義干請, 則當一切勿爲也。

【接人章9-9음역】

거향지사, 비공사、예견급부득이지고, 즉불가출입관부. 읍재수지친, 역불가삭삭왕견, 황비친구호! 약비의간청, 즉당일체물위야.

【接人章9-9주석】

1) 居鄕(거향)-고을, 향리에 거주하다. 동일한 의미의 최초 출전은 吳寬(明), 《匏翁家藏集》 卷第四十三「未嘗無師居鄕, 孤陋屢訪于外, 遇諸科有專攻者, 輒師之自少」에 보인다.
2) 之(지)-~의, ~중에서. 관련 4자성어는 君子之交, 莫逆之友 등이 있다.
3) 士(사)-선비. 관련 4자성어는 禮賢下士, 有識之士 등이 있다.
4) 非(비)-아니다. 관련 4자성어는 口是心非, 是非曲直 등이 있다.
5) 公事(공사)-조정의 일 또는 공적인 일. 동일한 의미의 최초 출전은《詩經》〈瞻昂〉「婦無公事, 休其蠶織」朱熹(南宋),《詩經集傳》..「公事, 朝廷之事也」에 보인다.
6) 禮見(예견)-예의를 갖춰 서로 만나다. 見禮와 동일하다. 동일한 의미의 최초 출전은《儀禮》〈士相見禮〉「士相見之禮」에 보인다. 또 馮夢龍(明),《醒世恒言》〈賣油郎獨占花魁〉「親家莘公, 親目阮氏, 齊來見禮」에 보인다.
7) 及(급)-이르를, 및. 관련 4자성어는 後悔莫及, 推己及人 등이 있다.

8) 不得已(부득이)-부득이하게. 無可奈何, 不能不如此와 동일하다. 동일한 의미의 최초 출전은《孟子》〈滕文公下〉「孟子曰 .. 予豈好辯哉？予不得已也」에 보인다.
9) 故(고)-그런 까닭에. 관련 4자성어는 溫故知新, 無緣無故 등이 있다.
10) 則(즉)-곧, 즉. 관련 4자성어는 以身作則, 有物有則 등이 있다.
11) 不可(불가)-할 수 없다. 可(가능, 되다, 적합, 옳다)의 반대 의미이다. 동일한 의미의 최초 출전은《孫子兵法》〈九變〉「覆軍殺將, 必以五危, 不可不察也」에 보인다.
12) 出入(출입)-나가고 들어오다. 동일한 의미의 최초 출전은《漢書》〈梁孝王武傳〉「梁之侍中、郎、謁者, 著引籍出入天子殿門」에 보인다.
13) 官府(관부)-행정기관. 동일한 의미의 최초 출전은 尉繚(戰國),《尉繚子》〈武議〉「農不離其田業, 賈不離其肆宅, 士大夫不離其官府」에 보인다.
14) 邑宰(읍재)-縣邑의 수령, 즉 縣令을 가리킨다. 동일한 의미의 최초 출전은 潘岳(西晉),〈河陽縣作〉「誰謂邑宰輕, 令名恐不劭」에 보인다.
15) 雖(수)-비록. 관련 4자성어는 雖死猶生, 雖死無悔 등이 있다.
16) 至親(지친)-2가지 의미가 있다. 첫째, 가장 친근한 친척을 말한다. 둘째, 관계가 매우 친밀한 사람. 여기서는 두 번째의 의미이다. 동일한 의미의 최초 출전은《後漢書》〈橋玄傳〉「雖臨時戲笑之言, 非至親之篤好, 胡肯爲此辭哉」에 보인다.
17) 亦(역)-또한. 관련 4자성어는 亦復如是, 不亦悅乎 등이 있다.
18) 數數(삭삭)-누차, 빈번히. 屢次, 常常과 동일하다. 동일한 의미의 최초 출전은《漢書》〈李廣傳〉「立政等見陵, 未得私語, 卽目視陵, 而數數自循其刀環」에 보인다.
19) 往見(왕견)-가서 만나다. 前往會見의 생략이다. 동일한 의미의 최초 출전은《莊子》〈天道〉「往見老聃, 而老聃不許」에 보인다.
20) 況(황)-하물며. 관련 4자성어는 盛況空前, 意況大旨에 보인다.
21) 親舊(친구)-오랫동안 교류하던 옛 친구. 동일한 의미의 최초 출전은《國

語》〈周語中〉「王曰 .. 利何如而內, 何如而外? 對曰 .. 尊貴, 明賢, 庸勛, 長老, 愛親, 禮新, 親舊」에 보인다.

22) 乎(호)-개사로는 ~에, ~에 대하여 ~을(를) 의미이다. 어조사로는 문장의 끝에 사용되어 의문, 반어, 감탄, 명령, 추정 등 의미로 사용된다. 관련 4자성어는 不亦悅乎, 出乎意外 등이 있다.

23) 若(약)-만약. 관련 4자성어는 若隱若現, 泰然自若 등이 있다.

24) 非義(비의)-道義(道理)에 맞지 않는. 不義와 동일하다. 동일한 의미의 최초 출전은《左傳》定公四年「無謀非德, 無犯非義」에 보인다.

25) 干請(간청)-간청하다. 請托과 동일하다. 동일한 의미의 최초 출전은《後漢書》〈清河孝王慶傳〉「及今口目尚能言視, 冒昧干請」에 보인다.

26) 當(당)-마땅히. 관련 4자성어는 老當益壯, 以一當十 등이 있다.

27) 一切(일체)-일체, 모든 것, 일절은 일체의 비표준어이고, 부인하거나 금지하는 말과 어울려서 아주, 도무지, 전혀, 절대로의 뜻으로 쓰는 말이므로, 본문에서는 일체로 읽어야 한다. 동일한 의미의 최초 출전은 賈思勰(北魏),《齊民要術》〈栽樹〉「凡栽一切樹木, 欲記其陰陽, 不令轉易」에 보인다.

28) 勿爲(물위)-하지 마라. 동일한 의미의 최초 출전은 陸游(唐),〈旅舍〉「勿羨無年憂寇竊, 狺狺小犬護籬門」에 보인다.

29) 也(야)-조사로 문장 중간에 혹은 문장 끝에 사용한다. 관련 4자성어는 空空如也, 未嘗有也 등이 있다.

【接人章9-9국역】

향리에 거주하는 선비는 공적인 일, 예의를 갖춰 서로 만나는 경우 및 부득이한 까닭이 아니면 행정기관에 출입하면 안 된다. 고을의 수령과 비록 관계가 매우 친밀하여도 또한 빈번히 가서 만나면 안 되는데, 하물며 오랫동안 교류하던 친구가 아닌 경우에는 말 할 필요도 없다. 만약 도리에 맞지 않은 청탁 등은 마땅히 일체 하지 말아야 한다.

【接人章9-9解說】

*「居鄕」

거향은 고을, 향리, 향촌에 거주하다의 의미이다. 동일한 의미의 최초 출전은 吳寬(明), 《匏翁家藏集》 卷第四十三「未嘗無師居鄕, 孤陋屢訪于外, 遇諸科有專攻者, 輒師之自少」에 보인다. 鄕居와 동일하다. 동일한 의미의 최초 출전은 《大戴禮記》〈曾子立事〉「嗜酤酒, 好謳歌, 巷游而鄕居者乎?」에 보인다. 본문의 「居鄕之士」는 향촌에 거주하는 선비를 가리킨다.

第十, 處世章

사회 생활하는 방법

古之學者, 未嘗求仕, 學成則爲上者, 擧而用之。蓋仕者爲人, 非爲己也。今世則不然, 以科擧取人, 雖有通天之學, 絶人之行, 非科擧, 無由進於行道之位。

故父敎其子, 兄勉其弟, 科擧之外, 更無他術, 士習之偸職, 此之由。第今爲士者, 多爲父母之望, 門戶之計, 不免做科業, 亦當利其器, 俟其時, 得失付之天命, 不可貪躁熱中, 以喪其志也。

人言科業爲累, 不能學問。此亦推託之言, 非出於誠心也。古人養親, 有躬耕者、有行傭者、有負米者。夫躬耕、行傭、負米之時, 勤苦甚矣, 何暇讀書乎! 惟其爲親任勞, 旣修子職, 而餘力學文, 亦可進德。今日之爲士者, 不見爲親任勞, 如古人者。只是科業一事, 是親情之所欲。今旣不免做功, 則科業雖與理學不同, 亦是坐而讀書作文。其便於躬耕、行傭、負米, 不啻(翅)百倍。況有餘力, 可讀性理之書哉! 只是做科業者, 例爲得失所動, 心常躁競, 反不若勞力之不害心術。故先賢曰 .. "不患妨功, 惟患奪志。若能爲其事而不喪其守, 則科業理學, 可以竝行不悖矣。今人名爲做擧業, 而實不著功, 名爲做理學, 而實不下手。若責以科業, 則曰 .. "我志於理學, 不能屑屑於此。若責以理學, 則曰 .. "我爲科業所累, 不能用功於實地。如是兩占便宜, 悠悠度日, 卒至於科業理學, 兩無所成, 老大之後, 雖悔何追! 嗚呼! 可不戒哉!

人於未仕時, 惟仕是急, 旣仕後, 又恐失之。如是汨沒, 喪其本心者多矣。豈不可懼哉! 位高者, 主於行道, 道不可行, 則可以退矣。若家貧, 未免祿仕, 則須辭內就外, 辭尊居卑, 以免飢寒而已。雖曰祿仕, 亦當廉勤奉公, 盡其職務, 不可曠官而餔啜也。

【處世章10-1원문】

古之學者, 未嘗求仕, 學成則爲上者, 擧而用之。蓋仕者爲人, 非爲己也。今世則不然, 以科擧取人, 雖有通天之學, 絶人之行, 非科擧, 無由進於行道之位。故父敎其子, 兄勉其弟, 科擧之外, 更無他術, 士習之偸, 職此之由。第今爲士者, 多爲父母之望, 門戶之計, 不免做科業, 亦當利其器, 俟其時, 得失付之天命, 不可貪躁熱中, 以喪其志也。

【處世章10-1음역】

고지학자, 미상구사, 학성즉위상자, 거이용지. 개사자위인, 비위기야. 금세즉불연, 이과거취인, 수유통천지학, 절인지행, 비과거, 무유진어행도지위. 고부교기자, 형면기제, 과거지외, 갱무타술, 사습지투, 직차지유. 제금위사자, 다위부모지망, 문호지계, 불면주과업, 역당이기기, 사기시, 득실부지천명, 불가탐조열중, 이상기지야.

【處世章10-1주석】

1) 古(고)-옛날. 관련 4자성어는 古往今來, 博古通今 등이 있다.
2) 之(지)-~의, ~중에서. 관련 4자성어는 君子之交, 莫逆之友 등이 있다.
3) 學者(학자)-배우는 사람, 학문을 연구하는 사람. 즉 전문적으로 모종의 학술체계 연구에 종사하는 사람을 가리킨다. 동일한 의미의 최초 출전은 《論語》〈憲問〉「古之學者爲己, 今之學者爲人」에 보인다.
4) 未嘗(미상)-일찍이 ~한 적이 없다. 不曾, 未曾과 동일하다. 동일한 의미의 최초 출전은 《論語》〈雍也〉「非公事, 未嘗至於偃之室也」에 보인다.
5) 求仕(구사)-관직을 구하다. 동일한 의미의 최초 출전은 趙琦美(明), 《孤本元明雜劇》〈卓文君〉「今來欲往長安求仕, 必于老夫門首經過」에 보인다.
6) 學成(학성)-학문을 이루다. 동일한 의미의 최초 출전은 無名氏(元), 〈龐涓夜走馬陵道〉「自古道, 學成文武藝, 貨于帝王家。必然見俺二人學業成就,

着俺下山, 進取功名」에 보인다.

7) 則(즉)-곧, 즉. 관련 4자성어는 以身作則, 有物有則 등이 있다.

8) 爲上者(위상자)-윗사람. 上司와 동일하다. 동일한 의미의 최초 출전은 來俊臣(唐), 《羅織經》〈事上卷〉第二「爲上者疑, 爲下者惧。上下背德, 禍必興焉」에 보인다.

9) 擧(거)-등용하다. 관련 4자성어는 擧一反三, 一擧兩得 등이 있다.

10) 而(이)-그리고, 그래서, 그러나. 관련 4자성어는 不言而喩, 適可而止 등이 있다.

11) 用(용)-임용하다. 관련 4자성어는 大材小用, 省吃儉用 등이 있다.

12) 之(지)-그 사람. 관련 4자성어는 君子之交, 莫逆之友 등이 있다.

13) 蓋(개)-대개. 관련 4자성어는 鋪天蓋地, 才華蓋世 등이 있다.

14) 仕者(사자)-官吏, 벼슬하는 사람. 동일한 의미의 최초 출전은《孟子》〈梁惠王上〉「使天下仕者, 皆欲立於王之朝」에 보인다.

15) 爲人(위인)-타인의 칭송 얻기를 위하다. 동일한 의미의 최초 출전은《論語》〈憲問〉「古之學者爲己, 今之學者爲人」에 보인다.

16) 非(비)-아니다. 관련 4자성어는 口是心非, 是非曲直 등이 있다.

17) 爲己(위기)-자신을 수양하다. 동일한 의미의 최초 출전은《論語》〈憲問〉「古之學者爲己, 今之學者爲人」에 보인다.

18) 也(야)-조사로 문장 중간에 혹은 문장 끝에 사용한다. 관련 4자성어는 空空如也, 未嘗有也 등이 있다.

19) 今世(금세)-현재. 동일한 의미의 최초 출전은 劉向(西漢), 《九嘆》〈愍命〉「惜今世其何殊兮, 遠近思而不同」에 보인다.

20) 不然(불연)-그렇지 않다. 동일한 의미의 최초 출전은《論語》〈八佾〉「王孫賈問曰 .. 與其媚於奥, 寧媚於灶, 何謂也? 子曰 .. 不然。獲罪於天, 無所禱也」 邢昺(北宋) 疏 ..「然, 如此也。言我則不如世俗之言也」에 보인다.

21) 以(이)-~함으로써. 관련 4자성어는 一以貫之, 夢寐以求 등이 있다.

22) 科擧(과거)-과거시험. 分科擧拔(人才)의 생략이다. 조선시대에 과거는 文

科, 武科와 雜科(譯科, 醫科, 陰陽科, 律科), 生員試, 進士試가 있었다. 문과와 무과는 같이 실시하였으며, 3년마다 정기적으로 실시하는 式年試와 增廣試, 別試, 庭試, 謁聖試 등의 비정기 시험이 있었다.

23) 取人(취인)-인재를 선발하다. 동일한 의미의 최초 출전은《史記》〈仲尼弟子列傳〉「孔子聞之曰 .. 吾以言取人, 失之宰予., 以貌取人, 失之子羽」에 보인다.

24) 雖(수)-비록. 관련 4자성어는 雖死猶生, 雖死無悔 등이 있다.

25) 有(유)-있다. 동사이고 無, 沒과 반대이다. 관련 4자성어는 有始無終, 一無所有 등이 있다.

26) 通天(통천)-능력이 매우 뛰어남을 묘사함. 동일한 의미의 최초 출전은 杜甫(唐), 〈望岳〉「車箱入谷無歸路, 箭栝通天有一門」에 보인다.

27) 學(학)-배우다, 학문. 관련 4자성어는 學無止境, 學而不厭 등이 있다.

28) 絶人(절인)-자질이 보통사람을 초월하는. 동일한 의미의 최초 출전은《新唐書》〈李适傳〉「之問父令文, 富文辭, 工書, 有力絶人, 世稱三絶」에 보인다.

29) 行(행)-행동, 행실. 관련 4자성어는 行不從徑, 行而未成 등이 있다.

30) 無由(무유)-방법이 없다. 동일한 의미의 최초 출전은《儀禮》〈士相見禮〉「某也願見, 無由達」鄭玄(東漢) 注 ..「無由達, 言久無因緣以自達也」에 보인다.

31) 進(진)-나아가다. 관련 4자성어는 進退兩難, 勇猛精進 등이 있다.

32) 於(어)-어조사이고, ~에, ~에서, ~보다, ~를, ~에게, ~에 대해서, 이에 있어서 등의 의미로 사용되고 于와 동일하다. 관련 4자성어는 青出於藍, 耿耿於懷 등이 있다.

33) 行道(행도)-자기의 주장이나 배운 바를 실천하다. 동일한 의미의 최초 출전은《孝經》〈開宗明義〉「立身行道, 揚名於後世, 以顯父母, 孝之終也」에 보인다.

34) 位(위)-자리, 위치. 관련 4자성어는 三位一體, 九五之位 등이 있다.

35) 故(고)-그런 까닭에. 관련 4자성어는 溫故知新, 無緣無故 등이 있다.
36) 父(부)-부친. 관련 4자성어는 父慈子孝, 父債子還 등이 있다.
37) 教(교)-가르치다. 관련 4자성어는 教學相長, 因材施教 등이 있다.
38) 子(자)-아들, 자녀. 관련 4자성어는 凡夫俗子, 視民如子 등이 있다.
39) 兄(형)-형님. 難兄難弟, 兄友弟恭 등이 있다.
40) 勉(면)-힘쓰다, 노력하도록 권면하다. 관련 4자성어는 勉勉强强, 困勉下學 등이 있다.
41) 其(기)-지시대명사로 이, 그, 저 등을 가리킨다. 관련 4자성어는 若無其事, 不計其數 등이 있다.
42) 弟(제)-동생. 관련 4자성어는 難兄難弟, 兄友弟恭 등이 있다.
43) 外(외)-이외에, 바깥으로, 겉으로는. 관련 4자성어는 置之度外, 外柔內剛 등이 있다.
44) 更無(갱무)-절대 없다. 絶無와 동일하다. 여기서는 다시, 또 의미로 갱으로 읽는다. 동일한 의미의 최초 출전은 寇準(北宋), 〈咏華山〉「只有天在上, 更無山與齊」에 보인다.
45) 他術(타술)-다른 방법. 동일한 의미의 최초 출전은 蘇軾(北宋), 《東坡志林》「頃歲, 孫莘老識文忠公嘗乘間以文字問之。云 .. 無它術, 惟勤讀書而多爲之, 自工」에 보인다.
46) 士(사)-선비. 관련 4자성어는 禮賢下士, 有識之士 등이 있다.
47) 習(습)-버릇이 되다. 관련 4자성어는 相習成風, 習以爲常 등이 있다. 본문의 「士習」은 사대부의 기풍을 의미한다.
48) 偸(투)-천박, 천박한 풍속(기풍). 淺薄, 偸俗, 偸風과 동일한 의미이다. 관련 4자성어는 偸偸摸摸, 偸安苟且 등이 있다.
49) 職此之由(직차지유)-이것으로 말미암아. 4자성어이다. 由于此와 동일하다. 상세히 풀이하면 職은 마땅히 當 ; 之는 어조사, 뜻이 없다. 此之由는 由此의 도치형태이다 ; 由는 인할 因. 동일한 의미의 최초 출전은 范仲淹(北宋), 〈奏上時務書〉「師道旣廢, 文風益澆, 詔令雖繁, 何以戒勸 ? 士無廉

讓, 職此之由」에 보인다.

50) 第(제)-그러나. 但是와 동일하다. 관련 4자성어는 天下第一, 書香門第 등이 있다.

51) 今(금)-지금. 관련 4자성어는 博古通今, 古今中外 등이 있다.

52) 爲(위)-~이 되다, 하다, 만들다. 做, 作, 干, 搞 등과 동일하다. 본문의 「爲士者」는 선비 된 자의 의미이다. 관련 4자성어는 助人爲樂, 一言爲定 등이 있다.

53) 者(자)-사람. 관련 4자성어는 來者不拒, 當局者迷 등이 있다.

54) 多爲(다위)-대부분. 大概, 也許, 可能과 동일하다. 동일한 의미의 최초 출전은 劉長卿(唐), 〈題虎丘寺〉「久迷空寂理, 多爲繁華故」에 보인다.

55) 父母(부모)-부친과 모친. 동일한 의미의 최초 출전은 《詩經》〈蓼莪〉「哀哀父母, 生我勞瘁」에 보인다.

56) 望(망)-바람, 희망. 관련 4자성어는 守望相助, 德高望重 등이 있다.

57) 門戶(문호)-가정, 집안. 동일한 의미의 최초 출전은 颜之推(北齊~隋), 《顔氏家訓》「後娶」「異姓寵則父母被怨, 繼親虐則兄弟爲讎, 家有此者, 皆門户之禍也」에 보인다.

58) 計(계)-계책. 관련 4자성어는 千方百計, 言聽計從 등이 있다.

59) 不免(불면)-면할 수 없다. 必然, 難免, 免不了와 동일하다. 동일한 의미의 최초 출전은 《國語》〈晉語八〉「陽子行廉直於晉國, 不免其身, 其知不足稱也」에 보인다.

60) 做(주)-하다. 作, 爲와 동일하다. 관련 4자성어는 小題大做, 當家做主 등이 있다.

61) 科業(과업)-과거 공부. 동일한 의미의 최초 출전은 《大元聖政國朝典章》〈禮部五·醫學〉「每遇朔望, 詣本處及聚集三皇廟聖前焚香, 各說所行科業」에 보인다.

62) 亦當(역당)-또한 마땅히~하다. 동일한 의미의 최초 출전은 《晉書》〈桓温傳〉「(桓温)以雄武專朝, 窺覦非望 …… 曰 .. 既不能流芳後世, 不足復遺臭

萬載邪!」에 보인다.

63) 利其器(이기기)-利는 ~로 하여금 예리하게 하다. 器는 도구. 즉 실력(공구)을 준비하는 것이 매우 중요하다. 동일한 의미의 최초 출전은《論語》〈衛靈公〉「子貢問爲仁。子曰 .. 工欲善其事, 必先利其器」에 보인다.

64) 俟其時(사기시)-俟는 기다리다. 즉 그 시기를 기다리다. 동일한 의미의 최초 출전은 胡瑗(北宋),《周易口義》〈頤卦〉「凡賢人君子, 居于卑下或貧賤, 而不得其所養者, 必須韜藏仁義、卷懷、道德, 俟其時、需其命、不躁求妄進, 然後可以自得其所養也」에 보인다.

65) 得失(득실)-성공과 실패. 成敗, 利害, 長短, 優劣 등의 의미로 사용된다. 동일한 의미의 최초 출전은《管子》〈七臣七主〉「故一人之治亂在其心, 一國之存亡在其主, 天下得失, 道一人出」尹知章(唐) 注 ..「明主得, 闇主失」에 보인다.

66) 付(부)-맡기다, 의지하다. 관련 4자성어는 應付自如, 天付良緣 등이 있다.

67) 天命(천명)-하늘의 뜻. 동일한 의미의 최초 출전은《書經》〈盤庚上〉「先王有服, 恪謹天命」에 보인다.

68) 不可(불가)-할 수 없다. 可(가능, 되다, 적합, 옳다)의 반대 의미이다. 동일한 의미의 최초 출전은《孫子兵法》〈九變〉「覆軍殺將, 必以五危, 不可不察也」에 보인다.

69) 貪躁(탐조)-조급하게 탐내다. 貪進躁急의 생략이다. 동일한 의미의 최초 출전은 朱熹(南宋),〈答卓周佐書〉「此事首末, 軒共知, 向者亦屢嘗奉告矣, 今乃復見諭如此, 何貪躁不思之甚耶」에 보인다.

70) 熱中(열중)-열중하다. 동일한 의미의 최초 출전은《孟子》〈萬章上〉「仕則慕君, 不得于君則热中」에 보인다.

71) 喪(상)-사망자를 애도하며 장사지내는 예의, 상례, 잃다. 관련 4자성어는 喪家之狗, 玩物喪志 등이 있다.

72) 志(지)-뜻을 두다. 관련 4자성어는 志同道合, 鴻鵠之志 등이 있다.

【處世章10-1국역】

옛날의 학문을 연구하는 사람들은 일찍이 관직을 구하려하지 않아도, 학문이 이루어지면 윗사람이 천거하여 등용하였다. 대개 벼슬하는 사람들은 타인의 칭송을 얻기 위함이지 자신을 수양하기 위한 것은 아니다. 현재는 그렇지 않고 과거로써 인재를 선발하는데, 비록 학문이 매우 뛰어나고 행실이 보통사람을 초월하여도 과거가 아니면 자기의 주장이나 배운 바를 실천할 위치에 나아갈 방법이 없다. 그런 까닭에 아버지가 그 자식을 가르치고 형은 그 동생을 노력하게 권면하며, 과거 이외에는 다른 방법이 절대 없어서 선비들의 기풍이 천박하게 된 것도 이것으로 말미암은 것이다. 그러나 지금의 선비 된 자들은 대부분 부모의 희망과 집안의 계책으로 과거공부를 하지 않을 수 없으니, 또한 마땅히 실력을 준비하고 그 시기를 기다리며 과거시험에 합격과 불합격은 하늘의 뜻에 맡기고 조급하게 탐내거나 그것에만 열중하여 자신의 뜻을 잃어서는 안 된다.

【處世章10-1解說】

*「仕者爲人, 非爲己也」

본문의 위 문장은 학문하는 목적을 爲己之學과 爲人之學으로 구분하여 설명하고 있다. 즉《論語》〈憲問〉「古之學者爲己, 今之學者爲人」과 관계가 깊다. 번역하면 "옛날의 학문을 연구하는 사람들은 자신을 수양하여 내면을 충실히 하려고 하였지만(爲己之學), 오늘날의 학문을 연구하는 사람들은 자신의 명성을 드러내거나 실리를 추구하는 방편으로 삼는다(爲人之學)." 이에 대한 상세한 풀이는 朱熹(南宋),《論語集注》卷七「程子曰 .. 爲己, 欲得之于己也。爲人, 欲見知于人也」 또「程子曰 .. 古之學者爲己, 其終至于成物., 今之學者爲人, 其終至于喪己」에 보인다. 즉 "정자가 말하기를 .. '爲己는 자신에게서 얻으려 하는 것이다. 爲人은 타인에게 인정받으려는 것이다.' 또 "정자가 말하기를 .. '옛날의 학문을 연구하는 사람들은 자신을 수양하여 내면을 충실히 하고 마침내 타인의 하고자 함을 성취시켜주고.,

오늘날의 학문을 연구하는 사람들은 자신의 명성을 드러내거나 실리를 추구하는 방편으로 삼다가 끝내는 자신을 잃게 된다.'" 결론적으로 爲己之學은 스스로의 수양을 제고한 이후에 타인에게까지 확대해 나가는 것으로 자기가 성취하고자 하면 타인을 먼저 성취하게 해주는 것(己欲立而立人)이고, 爲人之學은 자신의 명성을 드러내거나 실리를 추구하는 방편으로 삼아 끝내는 자신을 상실하는 것(終至于喪己)으로 타인에게 조금도 이로움을 주지 않음이다.

*「士習之偸, 職此之由」

본문의 위 문장을 국역하면 "선비들의 기풍이 천박하게 된 것도 이것으로 말미암은 것이다." 즉 士習은 사대부의 기풍을 의미한다. 동일한 의미의 최초 출전은 宋濂(明), 〈評浦陽人物·宋太學生何敏中〉「愚謂世衰道微, 士習日靡, 工文辭而苟利祿, 奔走乞哀于權幸之門, 惟恐不一售者有矣」에 보인다. 偸는 천박, 천박한 풍속(기풍). 淺薄, 偷俗, 偷風과 동일한 의미이다. 職此之由는 이것으로 말미암아. 4자성어이다. 由于此와 동일하다. 상세히 풀이하면 職은 마땅히 當 ; 之는 어조사, 뜻이 없다. 此之由는 由此의 도치형태이다 ; 由는 인할 因. 동일한 의미의 최초 출전은 范仲淹(北宋), 〈奏上時務書〉「師道旣廢, 文風益澆, 詔令雖繁, 何以戒勸? 士無廉讓, 職此之由」에 보인다.

위 문장은 국내 대부분의 번역서에서는「士習之偸職, 此之由」로 표점부호를 하고 국역도 "선비들이 구차하게 벼슬자리를 얻으려하는 것도 이 때문이다."라고 잘못 국역하는데, 마땅히 原文과 대조하고 4자성어 등을 살피는 등 깊이 주의해야 할 곳이다.

【處世章10-2-1원문】

人言科業爲累, 不能學問。此亦推託之言, 非出於誠心也。古人養親, 有躬耕者、有行傭者、有負米者。夫躬耕、行傭、負米之時, 勤苦甚矣, 何暇讀書乎! 惟其爲親任勞, 旣修子職, 而餘力學文, 亦可進德。

【處世章10-2-1음역】

인언과업위루, 불능학문. 차역추탁지언, 비출어성심야. 고인양친, 유궁경자, 유행용자, 유부미자. 부궁경、행용、부미지시, 근고심의, 하가독서호! 유기위친임로, 기수자직, 이여력학문, 역가진덕.

【處世章10-2-1주석】

1) 人(인)-사람, 어떤 사람. 관련 4자성어는 助人爲樂, 目中無人 등이 있다.
2) 言(언)-말하다. 관련 4자성어는 一言爲定, 流言蜚语 등이 있다.
3) 科業(과업)-과거 공부. 동일한 의미의 최초 출전은《大元聖政國朝典章》〈禮部五·醫學〉「每遇朔望, 詣本處及聚集三皇廟聖前焚香, 各說所行科業」에 보인다.
4) 爲(위)-되다. 관련 4자성어는 一言爲定, 助人爲樂 등이 있다.
5) 累(루)-얽매이다, 연루되다. 관련 4자성어는 常年累月, 日積月累 등이 있다.
6) 不能(불능)-~할 수 없다, 不可能과 동일하다. ~할 수 있다는 可能의 반대이다. 동일한 의미의 최초 출전은 盧照鄰(唐),〈寄裴舍人書〉「慨然而咏富貴他人合, 貧賤親戚離, 因泣下交頤, 不能自已」에 보인다.
7) 學問(학문)-학문, 체계적인 지식. 동일한 의미의 최초 출전은《荀子》〈勸學〉「不聞先王之遺言, 不知學問之大也」에 보인다.
8) 此亦(차역)-이것도 또한. 동일한 의미의 최초 출전은《史記》〈游俠列傳序〉「此亦有所長, 非苟而已也」에 보인다.
9) 推託(퇴탁)-핑계를 대다. 推引依托의 생략이다. 동일한 의미의 최초 출전은 徐干(東漢),《中論》〈譴交〉「(桓靈之世)下及小司, 列城墨綬, 莫不相商以得人, 自矜以下士 …… 把臂捩腕, 叩天矢誓, 推托恩好, 不較輕重」에 보

인다.

10) 之(지)-~의, ~중에서. 관련 4자성어는 君子之交, 莫逆之友 등이 있다.

11) 非(비)-아니다. 관련 4자성어는 口是心非, 是非曲直 등이 있다.

12) 出(출)-나오다. 관련 4자성어는 神出鬼沒, 人才輩出 등이 있다.

13) 於(어)-어조사이고, ~에, ~에서, ~보다, ~를, ~에게, ~에 대해서, 이에 있어서 등의 의미로 사용되고 于와 동일하다. 관련 4자성어는 青出於藍, 耿耿於懷 등이 있다.

14) 誠心(성심)-정성스러운 마음. 동일한 의미의 최초 출전은《後漢書》〈張酺傳〉「張酺前入侍講, 屢有諫正, 誾誾惻惻, 出於誠心, 可謂有史魚之風矣」에 보인다.

15) 也(야)-조사로 문장 중간에 혹은 문장 끝에 사용한다. 관련 4자성어는 空空如也, 未嘗有也 등이 있다.

16) 古人(고인)-옛사람. 동일한 의미의 최초 출전은《書經》〈益稷〉「予欲觀古人之象」에 보인다.

17) 養親(양친)-어버이를 봉양하다. 동일한 의미의 최초 출전은《莊子》〈養生主〉「可以保身, 可以全生, 可以養親, 可以盡年」에 보인다.

18) 有(유)-있다. 동사이고 無, 沒과 반대이다. 관련 4자성어는 有始無終, 一無所有 등이 있다.

19) 躬耕(궁경)-몸소 농사를 짓다. 동일한 의미의 최초 출전은 제갈량(蜀漢), 〈出師表〉「臣本布衣, 躬耕于南陽」에 보인다.

20) 者(자)-사람. 관련 4자성어는 來者不拒, 當局者迷 등이 있다.

21) 行傭(행용)-품팔이하다. 동일한 의미의 최초 출전은《後漢書》〈江革傳〉「革轉客下邳, 窮貧裸跣, 行傭以供母, 便身之物, 莫不必給」에 보인다.

22) 負米(부미)-쌀을 짊어지고 오다, 밖에 나가서 대신 일해주고 돈을 받아 부모를 봉양하다. 동일한 의미의 최초 출전은《孔子家語》〈致思〉「子路見於孔子曰 .. 負重涉遠, 不擇地而休., 家貧親老, 不擇祿而仕。昔由也, 事二親之時, 常食藜藿之實, 爲親負米百里之外」에 보인다.

23) 夫(부)-대개, 대체로. 관련 4자성어는 夫唱婦隨, 匹夫之勇 등이 있다.
24) 時(시)-때, 시기. 관련 4자성어는 時不我待, 無時無刻 등이 있다.
25) 勤苦(근고)-힘들게 일하다. 勤勞刻苦의 생략이다. 동일한 의미의 최초 출전은《墨子》〈兼爱下〉「今歲有癘疫, 萬民多有勤苦凍餒, 轉死溝壑中者」에 보인다.
26) 甚(심)-심하다. 관련 4자성어는 欺人太甚, 自視甚高 등이 있다.
27) 矣(의)-조사로 문장 끝에 사용되고 了의 의미와 유사하다. 관련 4자성어는 思過半矣, 至矣盡矣 등이 있다.
28) 何暇(하가)-어찌 겨를이 있겠는가? 동일한 의미의 최초 출전은 韋曜(曹魏), 〈博弈論〉「君子之居室也, 勤身以致養., 其在朝也, 竭命以納忠。臨事且猶旰食, 而何暇博弈之足耽?」에 보인다.
29) 讀書(독서)-책을 읽다. 동일한 의미의 최초 출전은《禮記》〈文王世子〉「秋學禮, 執禮者詔之., 冬讀書, 典書者詔之」에 보인다.
30) 乎(호)-개사로는 ~에, ~에 대하여 ~을(를) 의미이다. 어조사로는 문장의 끝에 사용되어 의문, 반어, 감탄, 명령, 추정 등 의미로 사용된다. 관련 4자성어는 不亦悅乎, 出乎意外 등이 있다.
31) 惟(유)-오직. 單單, 只是와 동일하다. 관련 4자성어는 惟我獨尊, 惟利是圖 등이 있다.
32) 其(기)-지시대명사로 이, 그, 저 등을 가리킨다. 관련 4자성어는 若無其事, 不計其數 등이 있다.
33) 爲親(위친)-어버이를 위하여. 동일한 의미의 최초 출전은《孔子家語》〈致思〉「子路見於孔子曰 .. 負重涉遠, 不擇地而休., 家貧親老, 不擇祿而仕。昔由也, 事二親之時, 常食藜藿之實, 爲親負米百里之外」에 보인다.
34) 任勞(임로)-고생을 마다않다. 동일한 의미의 최초 출전은 桓寬(西漢), 《鹽鐵論》〈刺權〉「夫食萬人之力者, 蒙其憂, 任其勞」에 보인다.
35) 旣(기)-~뿐만 아니라. 즉 문장 뒤의 亦과 함께 ~뿐만 아니라 ~도 또한의 의미이다. 관련 4자성어는 一言旣出, 旣成事實 등이 있다.

36) 修(수)-수행하다. 관련 4자성어는 修心養性, 修齊治平 등이 있다.
37) 子職(자직)-자식이 부모에 대하여 마땅히 해야 할 직분. 동일한 의미의 최초 출전은《孟子》〈萬章上〉「我竭力耕田, 共爲子職而已矣」에 보인다.
38) 而(이)-그리고, 그래서, 그러나. 관련 4자성어는 不言而喩, 適可而止 등이 있다.
39) 餘力(여력)-남아있는 힘. 동일한 의미의 최초 출전은《列子》〈湯問〉「河曲智叟笑而止之曰 .. 甚矣, 汝之不惠。以殘年餘力, 曾不能毁山之一毛, 其如土石何 ? 」에 보인다.
40) 學文(학문)-고대 先王이 남긴 문헌을 배우다. 동일한 의미의 최초 출전은《論語》〈學而〉「弟子入則孝, 出則弟, 謹而信, 凡愛衆, 而親仁, 行有餘力, 則以學文」 邢昺(北宋) 疏 .. 「能行已上諸事, 仍有閑暇餘力, 則可以學先王之遺文」에 보인다.
41) 亦(역)-또한. 관련 4자성어는 亦復如是, 不亦悅乎 등이 있다.
42) 可(가)-옳다, 맞다. 관련 4자성어는 不可思議, 後生可畏 등이 있다.
43) 進德(진덕)-도덕을 증진시키다. 增進道德의 생략이다. 동일한 의미의 최초 출전은《易經》〈乾卦〉「忠信, 所以進德也」에 보인다.

【處世章10-2-1국역】

사람들은 과거 공부에 얽매여서 학문을 할 수 없다고 말한다. 이것은 또한 핑계를 대는 말이고 정성스러운 마음에서 나온 것은 아니다. 옛 사람들은 어버이를 봉양하기 위하여 몸소 농사를 짓는 사람도 있고 품팔이를 하는 사람도 있으며 밖에 나가서 대신 일해주고 돈을 받아 부모를 봉양하는 사람도 있었다. 무릇 몸소 농사를 짓고 품팔이를 하며 밖에 나가서 대신 일해주고 돈을 받아 부모를 봉양할 때에는, 힘들게 일하는 것이 매우 심한데 어찌 책을 읽을 겨를이 있었겠는가! 오직 그 어버이를 위하여 고생을 마다 않고, 자식이 부모에게 마땅히 해야 할 직분을 하고 남아있는 힘으로 고대 선왕이 남긴 문헌을 배울 뿐만 아니라 또한 도덕을 증진시키기도 하였다.

【處世章10-2-1解說】

*「學問」과 「學文」

앞의 학문은 학문, 체계적인 지식을 가리킨다. 동일한 의미의 최초 출전은 《荀子》〈勸學〉「不聞先王之遺言, 不知學問之大也」에 보인다. 뒤의 학문은 첫째, 고대 先王이 남긴 문헌 또는 6藝(書, 禮, 樂, 射, 御, 數)를 배우다. 둘째, 문화 지식을 학습하다. 셋째, 인문과학을 학습하다 등의 의미가 있다. 동일한 의미의 최초 출전은 《論語》〈學而〉「弟子入則孝, 出則弟, 謹而信, 凡愛衆, 而親仁, 行有餘力, 則以學文」 邢昺(北宋) 疏 ..「能行已上諸事, 仍有閑暇餘力, 則可以學先王之遺文」에 보인다. 본문에서는 첫째의 의미이다.

【處世章10-2-2원문】

今日之爲士者, 不見爲親任勞, 如古人者。只是科業一事, 是親情之所欲。今既不免做功, 則科業雖與理學不同, 亦是坐而讀書作文。其便於躬耕、行傭、負米, 不啻(翅)百倍。況有餘力, 可讀性理之書哉!

【處世章10-2-2음역】

금일지위사자, 불견위친임로, 여고인자. 지시과업일사, 시친정지소욕. 금기불면주공, 즉과업수여이학부동, 역시좌이독서작문. 기편어궁경、행용、부미, 불시백배. 황유여력, 가독성리지서재!

【處世章10-2-2주석】

1) 今日(금일)-오늘날. 동일한 의미의 최초 출전은 白居易(唐), 〈同李十一醉憶元九〉「忽憶故人天際去, 計程今日到梁州」에 보인다.

2) 之(지)-~의, ~중에서. 관련 4자성어는 君子之交, 莫逆之友 등이 있다.
3) 爲(위)-~이 되다, 하다, 만들다. 做, 作, 干, 搞 등과 동일하다. 본문의 「爲士者」는 선비 된 자의 의미이다. 관련 4자성어는 助人爲樂, 一言爲定 등이 있다.
4) 士(사)-선비. 관련 4자성어는 禮賢下士, 有識之士 등이 있다.
5) 者(자)-사람. 관련 4자성어는 來者不拒, 當局者迷 등이 있다.
6) 不見(불견)-보지 못했다. 동일한 의미의 최초 출전은《易經》〈艮〉「行其庭, 不見其人」에 보인다.
7) 爲親(위친)-어버이를 위하여. 동일한 의미의 최초 출전은《孔子家語》〈致思〉「子路見於孔子曰 .. 負重涉遠, 不擇地而休., 家貧親老, 不擇祿而仕。昔由也, 事二親之時, 常食藜藿之實, 爲親負米百里之外」에 보인다.
8) 任勞(임로)-고생을 마다않다. 동일한 의미의 최초 출전은 桓寬(西漢),《鹽鐵論》〈刺權〉「夫食萬人之力者, 蒙其憂, 任其勞」에 보인다.
9) 如(여)-같다. 관련 4자성어는 吉祥如意, 度日如年 등이 있다.
10) 古人(고인)-옛사람. 동일한 의미의 최초 출전은《書經》〈益稷〉「予欲觀古人之象」에 보인다.
11) 只是(지시)-단지 ~일 따름이다. 僅僅是, 不過是, 就是와 동일하다. 동일한 의미의 최초 출전은 韓愈(唐), 〈鏡潭〉「魚鰕不用避, 只是照蛟龍」에 보인다.
12) 科業(과업)-과거 공부. 동일한 의미의 최초 출전은《大元聖政國朝典章》〈禮部五·醫學〉「每遇朔望, 詣本處及聚集三皇廟聖前焚香, 各說所行科業」에 보인다.
13) 一事(일사)-한 가지 일. 동일한 의미의 최초 출전은《淮南子》〈繆稱訓〉「察於一事, 通於一伎者, 中人也」에 보인다.
14) 是(시)-~이다, 이것. 관련 4자성어는 口是心非, 是非曲直 등이 있다.
15) 親情(친정)-3가지 의미가 있고, 親戚情誼의 생략이다. 첫째, 친척간의 특별한 감정. 둘째, 부모 자식 간에 존재하는 특수한 감정. 셋째 한국식 표

현으로 어버이 심정. 동일한 의미의 최초 출전은 酈道元(北魏), 《水經注》 〈漸江水〉「質去家已數十年, 親情凋落, 無復向時比矣」에 보인다. 본문에서는 셋째의 의미이다.

16) 所欲(소욕)-바라는 바(일). 동일한 의미의 최초 출전은 《論語》 〈爲政〉「子曰 .. 吾十有五而志于學, 三十而立, 四十而不惑, 五十而知天命, 六十而耳順, 七十而從心所欲不逾矩」에 보인다.

17) 今(금)-지금. 관련 4자성어는 博古通今, 古今中外 등이 있다.

18) 旣(기)-~뿐만 아니라. 즉 문장 뒤의 亦과 함께 ~뿐만 아니라 ~도 또한의 의미이다. 관련 4자성어는 一言旣出, 旣成事實 등이 있다.

19) 不免(불면)-면할 수 없다. 必然, 難免, 免不了와 동일하다. 동일한 의미의 최초 출전은 《國語》 〈晉語八〉「陽子行廉直於晉國, 不免其身, 其知不足稱也」에 보인다.

20) 做(주)-하다. 作, 爲와 동일하다. 관련 4자성어는 小題大做, 當家做主 등이 있다.

21) 功(공)-공부, 일, 노력. 관련 4자성어는 馬到成功, 功成名就 등이 있다.

22) 則(즉)-곧, 즉. 관련 4자성어는 以身作則, 有物有則 등이 있다.

23) 雖(수)-비록. 관련 4자성어는 雖死猶生, 雖死無悔 등이 있다.

24) 與(여)-더불어. 관련 4자성어는 與衆不同, 與人爲善 등이 있다.

25) 理學(이학)-이학의 天理는 道德神學이고 동시에 神權과 王權의 합법적 근거가 되었다. 일반적으로 宋, 元, 明 시기 儒學 사상과 학설의 통칭이다. 그러나 淸代의 顧炎武는 이학은 神學이고 5經과 聖人의 語錄을 채택하지 않고 후대 儒學者들만 섬긴다고 비평하였다. 이학은 달리 道學, 宋學, 義理之學(義理는 道理, 理論, 義理를 의미한다), 宋明理學, 性理學, 朱子學 등으로 일컫는다. 이학은 漢代의 儒學과는 구별된다. 즉 儒學의 表皮에 내부는 佛敎思想으로 채워진 것(儒表佛裏)로 표현하였는데, 이학에서 말하는 사상과 용어는 불교 本體論의 사유체계를 많이 차용하였다. 이학의 주요 두 학파는 첫째, 程朱理學으로 理가 일체사물보다 우선하고

세계 만물을 생산하는 정신적인 것이라는 주장이다. 둘째, 心學으로 陸九淵, 陳獻章, 湛若水, 王陽明을 代表로 하고 心은 우주만물의 주재라고 여겼다. 결론적으로 이학은 宋, 元, 明 이학의 공통특징을 총괄한 것으로 불교가 없으면 이학이 탄생할 수 없고, 순수 儒學이 아니고 불교를 융합한 이후의 유학을 가리킨다. 이학의 출현은 후세 정치 문화 탄생에 깊은 영향을 끼쳤다.

26) 不同(부동)-서로 다르다. 不相同, 不一樣과 동일하다. 동일한 의미의 최초 출전은 蕭統(南朝,梁), 《文選》〈上書重諫吳王〉「秦卒擒六國, 滅其社稷, 而并天下是何也。則地利不同, 而民輕重不等也」에 보인다.

27) 亦(역)-또한. 관련 4자성어는 亦復如是, 不亦悅乎 등이 있다.

28) 坐(좌)-앉다. 관련 4자성어는 坐井觀天, 坐立不安 등이 있다.

29) 而(이)-그리고, 그래서, 그러나. 관련 4자성어는 不言而喩, 適可而止 등이 있다.

30) 讀書(독서)--책을 읽다. 동일한 의미의 최초 출전은《禮記》〈文王世子〉「秋學禮, 執禮者詔之., 冬讀書, 典書者詔之」에 보인다.

31) 作文(작문)-글을 짓다. 동일한 의미의 최초 출전은《漢書》〈師丹傳〉「竊見免大司空丹策書, 泰深痛切, 君子作文, 爲賢者諱」에 보인다.

32) 其(기)-지시대명사로 이, 그, 저 등을 가리킨다. 관련 4자성어는 若無其事, 不計其數 등이 있다.

33) 便(편)-편하다. 관련 4자성어는 便宜行事, 家常便飯 등이 있다.

34) 於(어)-어조사이고, ~에, ~에서, ~보다, ~를, ~에게, ~에 대해서, 이에 있어서 등의 의미로 사용되고 于와 동일하다. 관련 4자성어는 青出於藍, 耿耿於懷 등이 있다.

35) 躬耕(궁경)-몸소 농사를 짓다. 동일한 의미의 최초 출전은 諸葛亮(蜀漢), 〈出師表〉「臣本布衣, 躬耕于南陽」에 보인다.

36) 行傭(행용)-품팔이하다. 동일한 의미의 최초 출전은《後漢書》〈江革傳〉「革轉客下邳, 窮貧裸跣, 行傭以供母, 便身之物, 莫不必給」에 보인다.

37) 負米(부미)-쌀을 짊어지고 오다, 밖에 나가서 대신 일해주고 돈을 받아 부모를 봉양하다. 동일한 의미의 최초 출전은《孔子家語》〈致思〉「子路見於孔子曰 .. 負重涉遠, 不擇地而休., 家貧親老, 不擇禄而仕。昔由也, 事二親之時, 常食藜藿之實, 爲親負米百里之外」에 보인다.

38) 不啻(불시)-~보다 덜하지 않다, ~와 같다. 不翅, 不只, 不止, 不僅僅, 不亞于, 無異于, 如同과 동일하다. 동일한 의미의 최초 출전은《書經》〈多士〉「爾不克敬, 爾不啻不有爾土, 予亦致天之罰于爾躬」孔穎達(唐) 傳 ..「不但不得還本土而已, 我亦致天罰於汝身」에 보인다.

39) 百倍(백배)-백배. 동일한 의미의 최초 출전은《管子》〈度地〉「天地和調, 日有長久, 以此觀之, 其利百倍」에 보인다.

40) 況(황)-하물며. 관련 4자성어는 盛況空前, 意況大旨에 보인다.

41) 有(유)-있다. 동사이고 無, 沒과 반대이다. 관련 4자성어는 有始無終, 一無所有 등이 있다.

42) 餘力(여력)-남아있는 힘. 동일한 의미의 최초 출전은《列子》〈湯問〉「河曲智叟笑而止之曰 .. 甚矣, 汝之不惠。以殘年餘力, 曾不能毁山之一毛, 其如土石何?」에 보인다.

43) 可(가)-옳다, 맞다. 관련 4자성어는 不可思議, 後生可畏 등이 있다.

44) 讀(독)-읽다. 관련 4자성어는 百讀不厭, 熟讀深思 등이 있다.

45) 性理(성리)-송나라의 性理學을 가리키고, 人性과 天理를 의미한다. 동일한 의미의 최초 출전은 陳善(南宋),《捫虱新話》〈本朝文章亦三變〉「唐文章三變, 本朝文章亦三變矣, 荊公以經術, 東坡以議論, 程氏以性理, 三者要各自立門户, 不相蹈襲」에 보인다.

46) 書(서)-책, 서적. 관련 4자성어는 琴棋書畫, 四書五經 등이 있다.

47) 哉(재)-감탄, 의문, 반문 등을 나타내는 조사로 啊와 동일하다. 관련 4자성어는 嗚呼哀哉, 何足道哉 등이 있다.

【處世章10-2-2국역】

오늘날의 선비 된 자들은 어버이를 위하여 고생을 마다 않는 것이 옛날 사람과 같은 자들은 보지 못했다. 단지 과거 공부 한 가지만 어버이 마음이 바라는 바 일 뿐이다. 지금 이미 공부하는 것을 면할 수 없어도 즉 과거 공부는 비록 성리학 공부와는 다르지만 또한 앉아서 책 읽고 글 짓는 것이다. 그 편리함은 몸소 농사를 짓고 품팔이하며 밖에 나가서 대신 일해주고 돈을 받아서 부모를 봉양하는 것보다 백배보다 덜하지 않는다. 하물며 남아있는 힘이 있어서 성리학 책을 읽을 수 있음에야 말 할 것도 없다.

【處世章10-2-2解說】

*「性理」

성리는 3가지 의미가 있다. 첫째, 生命의 원리, 규율을 일컫는다. 동일한 의미의 최초 출전은 後漢書》〈趙咨傳〉「王孫裸葬, 墨夷露骸, 皆達於性理, 貴於速變」에 보인다. 둘째, 정서와 인식을 일컫는다. 동일한 의미의 최초 출전은 葛洪(東晉), 《抱朴子》〈酒誡〉「是以智者嚴㮚括於性理, 不肆神以逐物」에 보인다. 셋째, 人性과 天理이고 송대의 性理之學을 가리킨다. 즉 性은 사람의 천성과 개성 특징을 가리키고, 理는 도덕규범과 원칙을 가리킨다. 동일한 의미의 최초 출전은 陳善(南宋), 《捫虱新話》〈本朝文章亦三變〉「唐文章三變, 本朝文章亦三變矣, 荊公以經術, 東坡以議論, 程氏以性理, 三者要各自立門户, 不相蹈襲」에 보인다. 본문에서는 셋째의 의미이다.

【處世章10-2-3원문】

只是做科業者, 例爲得失所動, 心常躁競, 反不若勞力之不害心術。故先賢曰 .. "不患妨功, 惟患奪志。" 若能爲其事而不喪其守, 則科業理學, 可以竝行不悖矣。

【處世章10-2-3음역】

지시주과업자, 예위득실소동, 심상조경, 반불약노력지불해심술. 고선현왈 .. "불환방공, 유환탈지." 약능위기사이불상기수, 즉과업이학, 가이병행불패의.

【處世章10-2-3주석】

1) 只是(지시)-단지 ~일 따름이다. 僅僅是, 不過是, 就是와 동일하다. 동일한 의미의 최초 출전은 韓愈(唐), 〈鏡潭〉「魚鰕不用避, 只是照蛟龍」에 보인다.
2) 做(주)-하다. 作, 爲와 동일하다. 관련 4자성어는 小題大做, 當家做主 등이 있다.
3) 科業(과업)-과거 공부. 동일한 의미의 최초 출전은《大元聖政國朝典章》〈禮部五·醫學〉「每遇朔望, 詣本處及聚集三皇廟聖前焚香, 各說所行科業」에 보인다.
4) 者(자)-사람. 관련 4자성어는 來者不拒, 當局者迷 등이 있다.
5) 例(예)-사례, 형식, 보통, 일반적으로. 관련 4자성어는 史無前例, 諸如此例 등이 있다.
6) 爲(위)-~이 되다, 하다, 만들다. 做, 作, 干, 搞 등과 동일하다. 관련 4자성어는 助人爲樂, 一言爲定 등이 있다.
7) 得失(득실)-합격 불합격, 성공과 실패. 成敗, 利害, 長短, 優劣 등의 의미로 사용된다. 동일한 의미의 최초 출전은《管子》〈七臣七主〉「故一人之治亂在其心, 一國之存亡在其主, 天下得失, 道一人出」尹知章(唐) 注 .. 「明主得, 闇主失」에 보인다.
8) 所動(소동)-동요되는 바. 동일한 의미의 최초 출전은 馬慧裕(淸), 《武務集要》「攻必先其所寡, 擊必先其所動」에 보인다.
9) 心(심)-마음. 관련 4자성어는 一心一意, 同心協力 등이 있다.
10) 常(상)-항상. 관련 4자성어는 變化無常, 人之常情 등이 있다.
11) 躁競(조경)-초조하거나 경쟁하기에 급급함. 동일한 의미의 최초 출전은

嵇康(曹魏), 〈養生論〉「今以躁競之心, 涉希靜之塗」에 보인다.

12) 反(반)-오히려, 반대로. 관련 4자성어는 擧一反三, 反求諸己 등이 있다.
13) 不若(불약)-같지 않다. 不如, 不依順, 言不祥 등과 동일하다. 동일한 의미의 최초 출전은《墨子》〈親士〉「歸國寶不若獻賢而進士」에 보인다.
14) 勞力(노력)-노력하다, 체력 노동에 종사하다. 동일한 의미의 최초 출전은《左傳》襄公九年「君子勞心, 小人勞力」에 보인다.
15) 之(지)-~의, ~중에서. 관련 4자성어는 君子之交, 莫逆之友 등이 있다.
16) 不(불)-아니다. 부사이고 일반적으로 부정의 의미로 사용된다. 관련 4자성어는 念念不忘, 美中不足 등이 있다.
17) 害(해)-해롭다. 관련 4자성어는 傷天害理, 損人害己 등이 있다.
18) 心術(심술)-마음, 생각, 사고. 心思와 동일하고, 最害於心術의 생략형이다. 동일한 의미의 최초 출전은《禮記》〈樂記〉「姦聲亂色不留聰明, 淫樂慝禮不接心術」에 보인다.
19) 故(고)-그런 까닭에. 관련 4자성어는 溫故知新, 無緣無故 등이 있다.
20) 先賢(선현)-과거의 재능과 덕망을 갖춘 인물. 동일한 의미의 최초 출전은《禮記》〈祭義〉「祀先賢於西學, 所以教諸侯之德也」에 보인다.
21) 曰(왈)-말하다. 관련 4자성어는 美其名曰, 子曰詩云 등이 있다.
22) 不患(불환)-근심하지 않다. 동일한 의미의 최초 출전은《左傳》襄公二十三年「爲人子者, 患不孝, 不患無所」에 보인다.
23) 妨功(방공)-과거 공부가 성현의 학문을 학습하는 것을 방해하다. 동일한 의미의 최초 출전은 李陵(西漢), 〈答蘇武書〉「而防功害能之臣盡为萬户侯」에 보인다.
24) 惟(유)-오직. 單單, 只是와 동일하다. 관련 4자성어는 惟我獨尊, 惟利是圖 등이 있다.
25) 奪志(탈지)-외적인 요인으로 자신의 의지를 바꾸다. 동일한 의미의 최초 출전은《論語》〈子罕〉「三軍可奪帥也, 匹夫不可奪志也」에 보인다.
26) 若(약)-만약. 관련 4자성어는 若隱若現, 泰然自若 등이 있다.

27) 能(능)-가능하다, 능히, 능숙하다. 관련 4자성어는 無能爲力, 無所不能 등이 있다.

28) 其(기)-지시대명사로 이, 그, 저 등을 가리킨다. 관련 4자성어는 若無其事, 不計其數 등이 있다.

29) 事(사)-일, 섬기다. 관련 4자성어는 平安無事, 好事多磨(魔), 好事多阻) 등이 있다.

30) 而(이)-그리고, 그래서, 그러나. 관련 4자성어는 不言而喩, 適可而止 등이 있다.

31) 喪(상)-사망자를 애도하며 장사지내는 예의, 상례, 잃다. 관련 4자성어는 喪家之狗, 玩物喪志 등이 있다.

32) 守(수)-지키다. 관련 4자성어는 守望相助, 安分守己 등이 있다.

33) 則(즉)-곧, 즉. 관련 4자성어는 以身作則, 有物有則 등이 있다.

34) 理學(이학)-이학의 天理는 道德神學이고 동시에 神權과 王權의 합법적 근거가 되었다. 일반적으로 宋, 元, 明 시기 儒學 사상과 학설의 통칭이다. 그러나 淸代의 顧炎武는 이학은 神學이고 5經과 聖人의 語錄을 채택하지 않고 후대 儒學者들만 섬긴다고 비평하였다. 이학은 달리 道學, 宋學, 義理之學(義理는 道理, 理論, 義理를 의미한다), 宋明理學, 性理學, 朱子學 등으로 일컫는다. 이학은 漢代의 儒學과는 구별된다. 즉 儒學의 表皮에 내부는 佛敎思想으로 채워진 것(儒表佛裏)로 표현하였는데, 이학에서 말하는 사상과 용어는 불교 本體論의 사유체계를 많이 차용하였다. 이학의 주요 두 학파는 첫째, 程朱理學으로 理가 일체사물보다 우선하고 세계 만물을 생산하는 정신적인 것이라는 주장이다. 둘째, 心學으로 陸九淵, 陳獻章, 湛若水, 王陽明을 代表로 하고 心은 우주만물의 주재라고 여겼다. 결론적으로 이학은 宋, 元, 明 이학의 공통특징을 총괄한 것으로 불교가 없으면 이학이 탄생할 수 없고, 순수 儒學이 아니고 불교를 융합한 이후의 유학을 가리킨다. 이학의 출현은 후세 정치 문화 탄생에 깊은 영향을 끼쳤다.

35) 可以(가이)-할 수 있다. 동일한 의미의 최초 출전은《孟子》〈梁惠王上〉「五畝之宅, 樹之以桑, 五十者可以衣帛矣」에 보인다.

36) 竝行(병행)-병행하다, 동시 진행하다. 幷行과 동일하다. 동일한 의미의 최초 출전은 馮夢龍, 蔡元放(明),《東周列國志》第二回「東宮太傅、少傅等官, 輔導無狀, 竝行削職！」에 보인다.

37) 不悖(불패)-충돌하지 않다, 어그러지지 않다. 동일한 의미의 최초 출전은《禮記》〈樂記〉「禮樂刑政, 四達而不悖, 則王道備矣」에 보인다.

38) 矣(의)-조사로 문장 끝에 사용되고 了의 의미와 유사하다. 관련 4자성어는 思過半矣, 至矣盡矣 등이 있다.

【處世章10-2-3국역】

단지 과거 공부를 하는 사람들은 일반적으로 과거의 합격과 불합격에 좌우되어 마음이 항상 초초하거나 경쟁하기에 급급해서, 오히려 힘쓰는 노동을 해서 마음에 해를 끼치지 않는 것만 못할 따름이 되었다. 그런 까닭에 옛날에 재능과 덕망을 갖춘 선현들이 말하기를 .. "과거 공부가 성인의 학문을 학습하는 것을 방해할까 걱정하지 말고, 오직 과거 공부로 인해서 성현의 학문을 배우려는 의지가 바뀔까 걱정해야 한다."라고 하였다. 만약 능히 과거 공부하는 일로 성현의 학문을 공부하겠다는 초심을 잃지 않는다면, 과거 공부와 이학 공부를 동시에 진행해도 어긋나지 않을 것이다.

【處世章10-2-3解說】

*「不患妨功, 惟患奪志」

본문과 동일한 의미의 최초 출전은 朱熹(南宋), 呂祖謙(南宋),《近思錄》卷七〈出處進退辭受之義〉「或謂科擧事業, 奪人之功, 是不然。且一月之中, 十日爲擧業, 餘日足可爲學。然人不志此, 必志于彼。故科擧之事, 不患妨功, 惟患奪志」에 보인다. 즉 "어떤 사람이 과거 공부하는 것은 다른 사람이 성현의 학문을 하는 기회를 빼앗는 것이라고 하는데, 그렇지 않다. 마땅히

1달 중에서 10일은 과거 공부하고 나머지는 성현의 학문을 해도 충분하다. 그러나 사람들은 이런 도리에 뜻을 두지 않고 반드시 다른 도리에 뜻을 둔다. 그런 까닭에 과거 공부하는 일로 성현의 학문을 학습하는 것이 방해될까 걱정하지 말고, 과거 공부로 인해서 성현의 학문을 배우려는 자신의 의지가 바뀔까를 걱정해야 한다."라고 하였다. 또 유사한 내용이 王陽明(明), 《王陽明全集》〈文錄一〉「或問 .. 爲學以親故, 不免業擧之累。先生曰 .. 以親之故而業擧爲累于學, 則治田以養其親者, 亦有累于學乎? 先正云 .. 惟患奪志, 但恐爲學之志不眞切耳」에도 보인다. 즉 "어떤 사람이 묻기를 .. '학문을 하는 것은 어버이의 권유 때문이지만 과거 공부에 영향을 끼치지 않을 수 없다.' 선생이 말하기를 .. '어버이의 권유로 과거 공부하는 것이 성현의 학문을 학습하는 것에 영향을 끼친다면, 농사를 지어서 어버이를 봉양하는 것도 또한 성현의 학문을 학습하는 것에 영향을 끼칩니까?' 라고 하였다. 옛날의 성현들이 말하기를 .. '오직 성현의 학문을 학습하려는 의지를 잃을까 걱정하는 것은 다만 성현의 학문을 학습하려는 의지가 진실하고 간절하지 않을까 두려울 뿐이다.'"라고 하였다.

【處世章10-2-4원문】

今人名爲做擧業, 而實不著功, 名爲做理學, 而實不下手。若責以科業, 則曰 .. "我志於理學, 不能屑屑於此," 若責以理學, 則曰 .. "我爲科業所累, 不能用功於實地。" 如是兩占便宜, 悠悠度日, 卒至於科業理學, 兩無所成, 老大之後, 雖悔何追! 嗚呼! 可不戒哉!

【處世章10-2-4음역】

금인명위주거업, 이실부저공, 명위주이학, 이실불하수. 약책이과업, 즉왈 .. "아지어이학, 불능설설어차," 약책이이학, 즉왈 .. "아위과업소루, 불능용공

어실지.” 여시양점편의, 유유도일, 졸지어과업이학, 양무소성, 노대지후, 수회하추! 오호! 가불계재!

【處世章10-2-4주석】

1) 今人(금인)-지금 사람들. 동일한 의미의 최초 출전은 裵駰(南朝,宋), 《史記集解》「猶今人云其事已可知矣, 皆不信之耳」에 보인다.
2) 名(명)-명색이. 稱爲, 稱作, 稱之爲와 동일하다. 관련 4자성어는 有名無實, 名實相符 등이 있다.
3) 爲(위)-~이 되다, 하다, 만들다. 做, 作, 干, 搞 등과 동일하다. 관련 4자성어는 助人爲樂, 一言爲定 등이 있다.
4) 做(주)-하다. 作, 爲와 동일하다. 관련 4자성어는 小題大做, 當家做主 등이 있다.
5) 擧業(거업)-과거 공부. 동일한 의미의 최초 출전은 朱熹(南宋), 《朱子語類》 卷十三 「南安黃謙, 父命之入郡學習擧業」에 보인다.
6) 而(이)-그리고, 그래서, 그러나. 관련 4자성어는 不言而喩, 適可而止 등이 있다.
7) 實(실)-사실은, 실상은. 관련 4자성어는 實事求是, 名存實亡 등이 있다.
8) 不(불)-아니다. 부사이고 일반적으로 부정의 의미로 사용된다. 관련 4자성어는 念念不忘, 美中不足 등이 있다.
9) 著功(저공)-열심히 공부하다. 用功과 동일하다. 동일한 의미의 최초 출전은 袁宏(東晉), 《後漢紀》「雖著功美于當年, 猶欣一遇于千載」에 보인다.
10) 理學(이학)-이학의 天理는 道德神學이고 동시에 神權과 王權의 합법적 근거가 되었다. 일반적으로 宋, 元, 明 시기 儒學 사상과 학설의 통칭이다. 그러나 淸代의 顧炎武는 이학은 神學이고 5經과 聖人의 語錄을 채택하지 않고 후대 儒學者들만 섬긴다고 비평하였다. 이학은 달리 道學, 宋學, 義理之學(義理는 道理, 理論, 義理를 의미한다), 宋明理學, 性理學, 朱子學 등으로 일컫는다. 이학은 漢代의 儒學과는 구별된다. 즉 儒學의 表

皮에 내부는 佛教思想으로 채워진 것(儒表佛裏)로 표현하였는데, 이학에서 말하는 사상과 용어는 불교 本體論의 사유체계를 많이 차용하였다. 이학의 주요 두 학파는 첫째, 程朱理學으로 理가 일체사물보다 우선하고 세계 만물을 생산하는 정신적인 것이라는 주장이다. 둘째, 心學으로 陸九淵, 陳獻章, 湛若水, 王陽明을 代表로 하고 心은 우주만물의 주재라고 여겼다. 결론적으로 이학은 宋, 元, 明 이학의 공통특징을 총괄한 것으로 불교가 없으면 이학이 탄생할 수 없고, 순수 儒學이 아니고 불교를 융합한 이후의 유학을 가리킨다. 이학의 출현은 후세 정치 문화 탄생에 깊은 영향을 끼쳤다.

11) 下手(하수)-착수하다. 着手, 動手와 동일하다. 동일한 의미의 최초 출전은 無名氏(東漢),《漢武故事》「今繼母無狀, 手殺其父, 則下手之日, 母恩絶矣」에 보인다.

12) 若(약)-만약. 관련 4자성어는 若隱若現, 泰然自若 등이 있다.

13) 責(책)-질책하다. 관련 4자성어는 匹夫有責, 循名責實 등이 있다.

14) 以(이)-~함으로써. 관련 4자성어는 一以貫之, 夢寐以求 등이 있다.

15) 科業(과업)-과거 공부. 동일한 의미의 최초 출전은《大元聖政國朝典章》〈禮部五·醫學〉「每遇朔望, 詣本處及聚集三皇廟聖前焚香, 各說所行科業」에 보인다.

16) 則(즉)-곧, 즉. 관련 4자성어는 以身作則, 有物有則 등이 있다.

17) 曰(왈)-말하다. 관련 4자성어는 美其名曰, 子曰詩云 등이 있다.

18) 我(아)-나. 余, 吾, 予와 동일하다. 관련 4자성어는 唯我独尊, 自我陶醉 등이 있다.

19) 志(지)-뜻을 두다. 관련 4자성어는 志同道合, 鴻鵠之志 등이 있다.

20) 於(어)-어조사이고, ~에, ~에서, ~보다, ~를, ~에게, ~에 대해서, 이에 있어서 등의 의미로 사용되고 于와 동일하다. 관련 4자성어는 靑出於藍, 耿耿於懷 등이 있다.

21) 不能(불능)-~할 수 없다, 不可能과 동일하다. ~할 수 있다는 可能의 반대

이다. 동일한 의미의 최초 출전은 盧照鄰(唐), 〈寄裴舍人書〉「慨然而咏富貴他人合, 貧賤親戚離, 因泣下交頤, 不能自已」에 보인다.

22) 屑屑(설설)-개의, 연연하는 모양. 동일한 의미의 최초 출전은 《左傳》 昭公五年 「禮之本末將於此乎在, 而屑屑焉習儀以亟」에 보인다.

23) 此(차)-이것은. 관련 4자성어는 不分彼此, 果然如此 등이 있다.

24) 所(소)-~하는 바. 주로 동사의 앞에서 사용된다. 2가지 의미가 있다. 첫째, 동작을 접수하는 사물을 대표한다. 예를 들면 所部(지휘하는 부대), 所謂(말하는 바), 無所謂(이를 바가 없다, 즉 관심 없다) 등이 있다. 둘째, 앞쪽의 爲 혹은 被와 상응하여 피동의 뜻을 나타낸다. 예를 들면 爲人所敬(다른 사람에게 존경을 받다) 등이 있다.

25) 累(루)-연루되다. 受累와 동일하다. 동일한 의미의 최초 출전은 《左傳》 隱公十一年 「相時而動, 無累後人」에 보인다.

26) 用功(용공)-열심히 학습하다, 열심히 노력하다. 下功夫와 동일하다. 동일한 의미의 최초 출전은 《隋書》 〈儒林傳(劉炫)〉「周禮、禮記 …… 論語孔、鄭、王、何、服、杜等注, 凡十三家, 雖義有精粗, 并堪講授。周易、儀禮、穀梁, 用功差少」에 보인다.

27) 實地(실지)-실제로, 사실상. 동일한 의미의 최초 출전은 王守仁(明), 〈大學問〉「錢德洪曰 .. 學者果能實地用功, 一番聽受, 一番親切」에 보인다.

28) 如是(여시)-이와 같이. 如此와 동일하다. 동일한 의미의 최초 출전은 《禮記》 〈哀公問〉「君子言不過辭, 動不過則, 百姓不命而敬恭, 如是則能敬其身」에 보인다.

29) 兩(양)-둘, 두 가지. 관련 4자성어는 進退兩难, 一擧兩得 등이 있다.

30) 占(점)-차지하다, 사용하다. 관련 4자성어는 占山爲王, 占爲己有 등이 있다.

31) 便宜(편의)-편리, 방편. 동일한 의미의 최초 출전은 《史記》 〈廉頗藺相如列傳〉「以便宜置吏, 市租皆輸入莫府, 爲士卒費」에 보인다.

32) 悠悠(유유)-3가지 의미가 있다. 첫째, 유구한, 요원한. 동일한 의미의 최

초 출전은《詩經》〈黍離〉「悠悠蒼天」에 보인다. 둘째, 근심하는 모양. 동일한 의미의 최초 출전은《詩經》〈十月之交〉「悠悠我里」에 보인다. 셋째, 느긋하고 한가한. 王勃(唐), 〈滕王閣序〉「閑云潭影日悠悠, 物換星移幾度秋」에 보인다. 본문에서는 셋째의 의미이다.

33) 度日(도일)-세월만 헛되이 보내다. 동일한 의미의 최초 출전은《晉書》〈沮渠蒙遜載記〉「人無勸竟之心, 苟爲度日之事」에 보인다.

34) 卒(졸)-마침내, 끝내. 관련 4자성어는 身先士卒, 卒岁穷年 등이 있다.

35) 至於(지어)-~에 이르다. 동일한 의미의 최초 출전은《論語》〈學而〉「夫子至於是邦也, 必聞其政」에 보인다.

36) 無(무)-없다, 동사이고 有와 반대이다. 관련 4자성어는 史無前例, 無邊無際 등이 있다.

37) 成(성)-이루다. 관련 4자성어는 馬到成功, 大器晩成 등이 있다.

38) 老大(노대)-나이 들다. 年老와 동일하다. 동일한 의미의 최초 출전은 郭茂倩(北宋), 《樂府詩集》〈長歌行〉「少壯不努力, 老大徒傷悲」에 보인다.

39) 之後(지후)-이후에, 나중에. 동일한 의미의 최초 출전은《史記》〈孝武本紀〉「自此之後, 方士言祠神者彌衆, 然其效可睹矣」에 보인다.

40) 雖(수)-비록. 관련 4자성어는 雖死猶生, 雖死無悔 등이 있다.

41) 悔(회)-후회하다. 관련 4자성어는 後悔莫及, 死不悔改 등이 있다.

42) 何(하)-어찌. 관련 4자성어는 無可奈何, 無論如何 등이 있다.

43) 追(추)-따르다, 쫓다. 관련 4자성어는 愼終追遠, 追悔莫及 등이 있다.

44) 嗚呼(오호)-아!. 일종의 悲嘆詞. 동일한 의미의 최초 출전은《書經》〈五子之歌〉「嗚呼曷歸, 予懷之悲」에 보인다.

45) 可(가)-옳다, 맞다. 관련 4자성어는 不可思議, 後生可畏 등이 있다.

46) 不戒(불계)-경계하지 않다. 동일한 의미의 최초 출전은 東方朔(西漢), 〈非有先生論〉「遂往不戒, 身没被戮, 宗廟崩弛, 國家爲墟」에 보인다.

47) 哉(재)-감탄, 의문, 반문 등을 나타내는 조사로 啊와 동일하다. 관련 4자성어는 嗚呼哀哉, 何足道哉 등이 있다.

【處世章10-2-4국역】

지금 사람들은 명색이 과거 공부한다고 하지만 사실은 열심히 공부하지 않고, 명색이 이학 공부한다고 하지만 실제로는 공부에 착수하지 않는다. 만약 과거 공부로써 질책하면 말하기를 .. "나는 이학 공부에 뜻을 두고 있어서 이것(과거 공부)에 대해서 연연할 수 없다."라고 하고, 만약 이학 공부로써 질책하면 말하기를 .. "나는 과거 공부에 얽매여서 실제로 이학 공부를 열심히 할 수 없다."라고 말한다. 이와 같이 양쪽으로 편리함을 차지하여 느긋하고 한가하게 세월만 헛되이 보내다가 마침내 과거 공부와 이학 공부 두 가지 모두 이루는 바가 없게 됨에 이르게 되며, 나이 든 이후에 비록 후회한 들 어찌 이를 수 있겠는가! 아! 경계하지 않을 수 있으리오!

【處世章10-2-4解說】

* 「屑屑」

설설은 4가지 의미가 있다. 첫째, 심신이 초췌한 모양. 동일한 의미의 최초 출전은 《左傳》 昭公五年 「禮之本末將於此乎在, 而屑屑焉習儀以亟」에 보인다. 둘째, 자질구레한 사정. 동일한 의미의 최초 출전은 歐陽修(北宋), 〈石曼卿墓表〉 「獨慕古人奇節偉行非常之功, 視世俗屑屑, 無足動其意者」에 보인다. 셋째, 특별히~하는 모양. 동일한 의미의 최초 출전은 《三國志》 〈宗豫傳〉 「吾等年逾七十, 所竊已過, 但少一死耳, 何求於年少輩而屑屑造門邪？」에 보인다. 넷째, 개의하다, 연연해하다. 동일한 의미의 최초 출전은 張世南(南宋), 《游宦紀聞》 卷十 「其家雖號寒啼飢, 而凝式不屑屑也」에 보인다. 본문에서는 넷째의 의미이다.

【處世章10-3원문】

人於未仕時, 惟仕是急, 旣仕後, 又恐失之。如是汨沒, 喪其本心者多矣。豈不可懼哉! 位高者, 主於行道, 道不可行, 則可以退矣。若家貧, 未免祿仕, 則須辭內就外, 辭尊居卑, 以免飢寒而已。雖曰祿仕, 亦當廉勤奉公, 盡其職務, 不可曠官而餔啜也。

【處世章10-3음역】

인어미사시, 유사시급, 기사후, 우공실지。여시골몰, 상기본심자다의。기불가구재! 위고자, 주어행도, 도불가행, 즉가이퇴의。약가빈, 미면녹사, 즉수사내취외, 사존거비, 이면기한이이。수왈녹사, 역당염근봉공, 진기직무, 불가광관이포철야。

【處世章10-3주석】

1) 人(인)-사람, 어떤 사람. 관련 4자성어는 助人爲樂, 目中無人 등이 있다.
2) 於(어)-어조사이고, ~에, ~에서, ~보다, ~를, ~에게, ~에 대해서, 이에 있어서 등의 의미로 사용되고 于와 동일하다. 관련 4자성어는 靑出於藍, 耿耿於懷 등이 있다.
3) 未仕(미사)-벼슬하지 않다. 동일한 의미의 최초 출전은 施耐庵(明), 《水滸傳》〈序〉「人生三十未娶, 不應再娶., 四十未仕, 不應再仕」에 보인다.
4) 時(시)-때, 시기. 관련 4자성어는 時不我待, 無時無刻 등이 있다.
5) 惟(유)-오직. 單單, 只是와 동일하다. 관련 4자성어는 惟我獨尊, 惟利是圖 등이 있다.
6) 仕(사)-벼슬하다. 관련 4자성어는 學優則仕, 懸車致仕 등이 있다.
7) 是(시)-~이다, 이것. 관련 4자성어는 口是心非, 是非曲直 등이 있다.
8) 急(급)-급하다, 위급하다, 급급하다. 관련 4자성어는 輕重緩急, 心急如火 등이 있다.
9) 旣(기)-~뿐만 아니라. 즉 문장 뒤의 亦과 함께 ~뿐만 아니라 ~도 또한의 의미이다. 관련 4자성어는 一言旣出, 旣成事實 등이 있다.
10) 後(후)-뒤, 나중에. 관련 4자성어는 先禮後兵, 後生可畏 등이 있다.
11) 又(우)-또, 다시. 관련 4자성어는 玄之又玄, 又作別論 등이 있다.
12) 恐(공)-두렵다, 걱정이다. 관련 4자성어는 爭先恐後, 有恃無恐 등이 있다.

13) 失(실)-잃다. 관련 4자성어는 大驚失色, 坐失良機 등이 있다.
14) 之(지)-그것. 즉 之는 대명사로서 본문에서는 벼슬을 가리킨다. 관련 4자성어는 君子之交, 莫逆之友 등이 있다.
15) 如是(여시)-이와 같이. 如此와 동일하다. 동일한 의미의 최초 출전은《禮記》〈哀公問〉「君子言不過辭, 動不過則, 百姓不命而敬恭, 如是則能敬其身」에 보인다.
16) 汨沒(골몰)-골몰. 埋沒과 동일하다. 동일한 의미의 최초 출전은 杜甫(唐), 〈寄李十二白二十韵〉「聲名從此大, 汨沒一朝伸」에 보인다.
17) 喪(상)-사망자를 애도하며 장사지내는 예의, 상례, 잃다. 관련 4자성어는 喪家之狗, 玩物喪志 등이 있다.
18) 其(기)-지시대명사로 이, 그, 저 등을 가리킨다. 관련 4자성어는 若無其事, 不計其數 등이 있다.
19) 本心(본심)-원래 마음. 동일한 의미의 최초 출전은 阮瑀(東漢), 〈爲曹公作書與孫權〉「加劉備相扇揚, 事結衅連, 推而行之, 想暢本心, 不願於此也」에 보인다.
20) 者(자)-사람. 관련 4자성어는 來者不拒, 當局者迷 등이 있다.
21) 多(다)-많다. 관련 4자성어는 多多益善, 博學多聞 등이 있다.
22) 矣(의)-조사로 문장 끝에 사용되고 了의 의미와 유사하다. 관련 4자성어는 思過半矣, 至矣盡矣 등이 있다.
23) 豈(기)-어찌. 관련 4자성어는 豈有此理, 豈有他哉 등이 있다.
24) 不可(불가)-할 수 없다. 可(가능, 되다, 적합, 옳다)의 반대 의미이다. 동일한 의미의 최초 출전은《史記》〈刺客列傳〉「誠得劫秦王, 使悉反諸侯侵地, 若曹沫之與齊桓公, 則大善矣., 則不可, 因而刺殺之」에 보인다.
25) 懼(구)-두려워하다. 관련 4자성어는 無所畏懼, 臨難不懼 등이 있다.
26) 哉(재)-감탄, 의문, 반문 등을 나타내는 조사로 啊와 동일하다. 관련 4자성어는 嗚呼哀哉, 何足道哉 등이 있다.
27) 位(위)-자리, 위치. 관련 4자성어는 三位一體, 九五之位 등이 있다.

28) 高(고)-높다. 관련 4자성어는 高枕無憂, 天高地厚 등이 있다.
29) 主(주)-주인, 위주로 하다. 관련 4자성어는 獨立自主, 物歸原主 등이 있다.
30) 行(행)-실행하다. 관련 4자성어는 行不從徑, 行而未成 등이 있다.
31) 道(도)-도, 방법. 관련 4자성어는 任重道遠, 橫行霸道 등이 있다.
32) 則(즉)-곧, 즉. 관련 4자성어는 以身作則, 有物有則 등이 있다.
33) 可以(가이)-할 수 있다. 동일한 의미의 최초 출전은《孟子》〈梁惠王上〉「五畝之宅, 樹之以桑, 五十者可以衣帛矣」에 보인다.
34) 退(퇴)-물러나다. 관련 4자성어는 進退兩難, 功成身退 등이 있다.
35) 若(약)-만약. 관련 4자성어는 若隱若現, 泰然自若 등이 있다.
36) 家貧(가빈)-집이 가난하다. 동일한 의미의 최초 출전은 杜甫(唐), 〈客至〉「盤餐市遠無兼味, 樽酒家貧只舊醅」에 보인다.
37) 未免(미면)-면할 수 없다. 동일한 의미의 최초 출전은《孟子》〈離婁下〉「我由未免爲鄕人也」에 보인다.
38) 祿仕(녹사)-녹봉을 위하여 관직에 나아가다. 동일한 의미의 최초 출전은《詩經》〈君子陰陽序〉「君子遭亂, 相招爲祿仕, 全身遠害而已」에 보인다.
39) 須(수)-반드시, 모름지기. 관련 4자성어는 相須而行, 不時之須 등이 있다.
40) 辭(사)-사양하다. 관련 4자성어는 義不容辭, 與世長辭 등이 있다.
41) 內(내)-안으로, 내면으로는, 내직. 관련 4자성어는 外柔內剛, 內憂外患 등이 있다.
42) 就(취)-나아가다. 관련 4자성어는 功成名就, 取事論事 등이 있다.
43) 外(외)-이외에, 바깥으로, 겉으로는, 외직. 관련 4자성어는 置之度外, 外柔內剛 등이 있다.
44) 辭尊居卑(사존거비)-높은 자리는 사양하고 낮은 자리에 거처함. 4자성어이다. 동일한 의미의 최초 출전은《孟子》〈萬章下〉「爲貧者, 辭尊居卑, 辭富居貧」에 보인다.
45) 以(이)-~함으로써. 관련 4자성어는 一以貫之, 夢寐以求 등이 있다.
46) 免(면)-면하다. 관련 4자성어는 不可避免, 在所難免 등이 있다.

47) 飢寒(기한)-굶주림과 추위. 飢餓寒冷의 생략이다. 동일한 의미의 최초 출전은《國語》〈周語下〉「然則無夭昏禮瘥之憂, 而無飢寒乏匱之患, 故上下能相固以待不虞」에 보인다.

48) 而已(이이)-~일 뿐이다, ~일 따름이다. 동일한 의미의 최초 출전은《論語》〈里仁〉「夫子之道, 忠恕而已矣」에 보인다.

49) 雖(수)-비록. 관련 4자성어는 雖死猶生, 雖死無悔 등이 있다.

50) 曰(왈)-말하다. 관련 4자성어는 美其名曰, 子曰詩云 등이 있다.

51) 亦(역)-또한. 관련 4자성어는 亦復如是, 不亦悅乎 등이 있다.

52) 當(당)-마땅히. 관련 4자성어는 老當益壯, 以一當十 등이 있다.

53) 廉勤(염근)-청렴 근면. 淸廉勤勉의 생략이다. 동일한 의미의 최초 출전은《資治通鑑》唐代宗大歷六年「滉爲人廉勤, 精於簿領」에 보인다.

54) 奉公(봉공)-공적인 일을 받들어 행하다. 奉行公事의 생략이다. 동일한 의미의 최초 출전은《商君書》〈定分〉「故智詐賢能者皆作而爲善, 皆務自治奉公」에 보인다.

55) 盡(진)-다하다. 관련 4자성어는 盡心竭力, 盡善盡美 등이 있다.

56) 職務(직무)직위에 규정된 업무, 직무. 동일한 의미의 최초 출전은 何遜(南朝,梁), 〈爲孔導辭建安王箋〉「雖朝夕曳裾, 無違接侍, 而職務一離, 有同賓客」에 보인다.

57) 曠官(광관)-관직에 적합하지 않은 사람이 자리만 차지하고, 관직을 비워두다. 동일한 의미의 최초 출전은《書經》〈皐陶謨〉「無曠庶官, 天工人其代之」 孔子(春秋) 傳 ..「曠, 空也。位非其人爲空官」에 보인다.

58) 而(이)-그리고, 그래서, 그러나. 관련 4자성어는 不言而喩, 適可而止 등이 있다.

59) 餔啜(포철)-먹고 마시다. 吃喝와 동일하다. 동일한 의미의 최초 출전은《孟子》〈離婁上〉「我不意子學古之道, 而以哺啜也」에 보인다.

60) 也(야)-조사로 문장 중간에 혹은 문장 끝에 사용한다. 관련 4자성어는 空空如也, 未嘗有也 등이 있다.

【處世章10-3국역】

사람들이 아직 벼슬하지 않았을 때에는 오직 벼슬하는 것에만 급급하고, 이미 벼슬을 한 이후에는 또 벼슬을 잃을까 걱정한다. 이와 같이 벼슬하는 일에만 골몰해서 그 본래 마음을 잃는 사람이 많다. 어찌 두려워하지 않으리요! 지위가 높은 사람은 도를 실행하는 것을 위주로 해야 되고 도를 실행할 수 없으면 물러나야 한다. 만약 집이 가난하여 녹봉을 위하여 관직에 나감을 면할 수 없다면, 반드시 내직은 사양하고 외직으로 나아가고 높은 자리는 사양하고 낮은 자리에 거처하며 굶주림과 추위를 면하면 족할 뿐이다. 비록 녹봉을 위하여 관직에 나간다고 말해도 또한 마땅히 청렴 근면하고 공적인 일을 받들어 실행하며 그 직위에 규정된 업무를 다해야 하고, 관직에 적합하지 않은 사람이 자리만 차지하고 먹고 마셔서는 안 된다.

【處世章10-3解說】

*「本心」

본심은 4가지 의미가 있다. 첫째, 天性이다. 동일한 의미의 최초 출전은 《孟子》〈告子上〉「鄕爲身死而不受, 今爲宮室之美爲之 …… 此之謂失其本心」에 보인다. 둘째, 원래 마음. 동일한 의미의 최초 출전은 阮瑀(東漢), 〈爲曹公作書與孫權〉「加劉備相扇揚, 事結舛連, 推而行之, 想暢本心, 不願於此也」에 보인다. 셋째, 진심. 동일한 의미의 최초 출전은 羅虬(唐), 〈比紅兒詩〉「月落潛奔暗解携, 本心誰道獨單棲？ 還緣交甫非良偶, 不肯終身作羿妻」에 보인다. 넷째, 草木의 뿌리. 동일한 의미의 최초 출전은 《漢書》〈蕭望之傳〉「附枝大者賊本心, 私家盛者公室危」 顔師古(隋) 注 ..「本心, 樹之本株也」에 보인다. 본문에서는 둘째의 의미이다.

*「餔啜」

본문의 동일한 의미의 최초 출전은 《孟子》〈離婁上〉「孟子謂樂正子曰 .. 子之從於子敖來, 徒餔啜也。我不意子學古之道, 而以餔啜也」에 보인다. 즉

"맹자가 악정자에게 말하기를 .. '당신이 王驩(字 子敖)을 따라서 제나라에 온 것은 단지 먹고 마시기 위해서이군요. 나는 당신이 옛 성현의 가르침을 배워서 먹고 마시는 일에 사용할 것이라고는 생각지도 못했네요.'"라고 하였다.

擊蒙要訣 影印

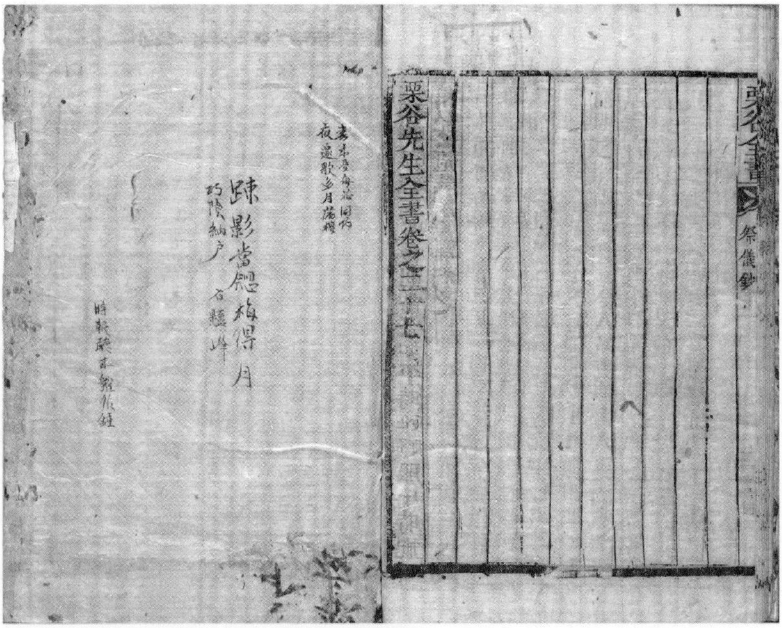
栗谷先生全書卷之二十七

墓祭儀

墓祭依俗制行于四名日（正朝寒食端午秋夕）散齋二日致齋一日具饌每墓依分數如忌祭之儀更設一分之饌以祭土神厥明主人以下玄冠素服黑帶帥執事者詣墓所再拜奉行塋域內外環繞哀省三周其有草棘卽用刀斧鋤斬芟夷灑埽訖復位再拜又除地於墓左以爲祭土神之所陳饌降神參神祝獻（初獻時卽扱匙飯中正筯）如家祭之儀但祝詞曰氣序流易青陽載回（此正朝祝也寒食則曰雨露旣濡端午則曰草木旣長秋夕則曰白露旣降）瞻埽封塋不勝感慕云云亞獻終獻（終獻後徹羹進熟水）辭神乃徹

遂祭土神陳饌降神參神初獻如上儀但祝詞曰某官姓名敢昭告于土地之神某恭修歲事于某親某官府君之墓惟時保佑實賴神休敢以酒饌敬伸奠獻尙饗亞獻終獻辭神乃徹而退

謹按家禮墓祭只於三月擇日行之一年一祭而已今俗於四名日皆行墓祭從俗從厚亦無妨但墓祭行于四時與家廟無等殺亦似未安若講求得中之禮則當於寒食秋夕二節具盛饌讀祝文祭土神一依家禮墓祭之儀正朝端午二節則略備饌物只一獻無祝且不祭土神夫如是則酌古通今似爲得宜

則下一本無亦字有喪又二字

喪服中行祭儀

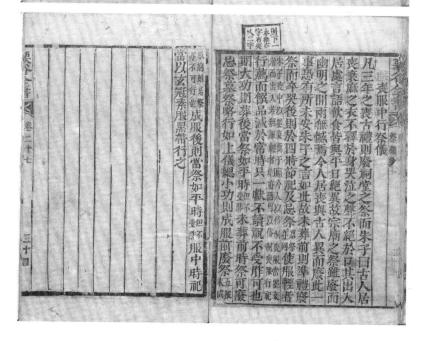

凡三年之喪古禮則廢祠堂之祭而朱子曰古人居喪衰麻之衣不釋於身哭泣之聲不絕於口其出入居處言語飮食皆與平日絕異故宗廟之祭雖廢而幽明之間兩無憾焉今人居喪與古人異而廢此一事恐有所未安朱子之言如此故未葬前則準禮廢祭而卒哭後則於四時節祀及忌祭（墓祭亦同）使服輕者（朱子喪中以墨衰薦于廟今人以俗制喪服當墨衰著而出入若無服輕者則亦可以俗制喪服行祀）行薦而饌品減於常時只一獻不讀祝不受胙可也期大功則葬後當祭如平時（但不受胙）未葬前時祭可廢忌祭墓祭略行如上儀緦小功則成服前廢祭（五服未成服前雖忌祭亦不可行也）成服後則當祭如平時（但不受胙）服中時祀當以玄冠素服黑帶行之

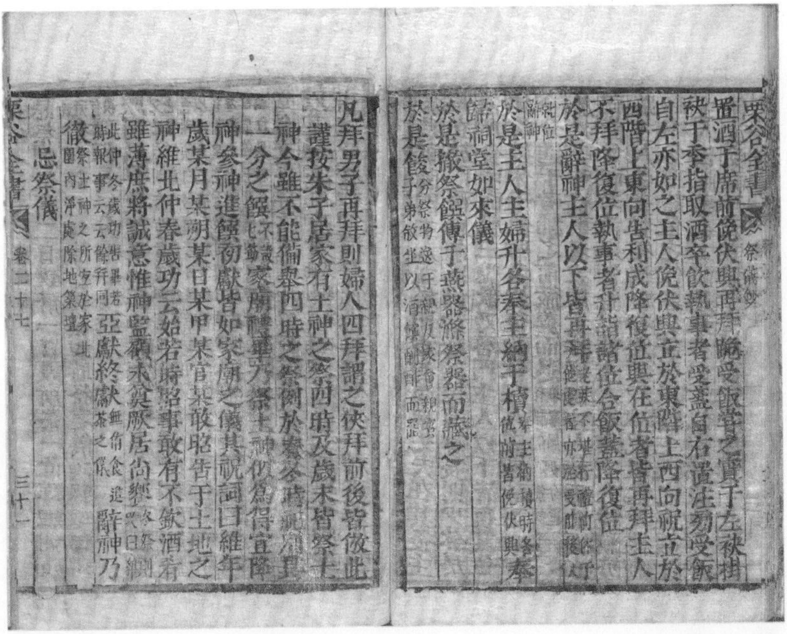

栗谷全書 卷二十七 祭儀鈔

置酒于席前俛伏興再拜跪受飯嘗之實于左袂挂袂于季指取酒卒飲執事者受盞自右置注旁受飯自左亦如之主人俛伏興立於東階上西向祝立於西階上東向告利成降復位與在位者皆再拜主人不拜降復位執事者升詣諸位合飯蓋降復位

於是辭神主人以下皆再拜

於是主人主婦升各奉主納于櫝 奉

歸祠堂如來儀

於是撤祭饌傳于燕器滌祭器而藏之

於是餕（分祭物送于親及族人 以酒饌餉群卑而罷）

凡拜男子再拜則婦人四拜謂之俠拜前後皆倣此

謹按朱子居家有土神之祭四時及歲末皆祭土神今雖不能備舉四時之祭例於春冬兩節祭土一分之饌 家廟禮畢乃祭土神似為得宜降神參神進饌初獻皆如家廟之儀其祝詞曰維年歲某月某朔某日某甲某官某敢昭告于土地之神維此仲春歲功云始若時昭事敢有不欽酒肴雖薄庶將誠意惟神監顧永奠厥居尚饗（冬祭則曰此仲冬歲功告畢若時報事云云餘並同）亞獻終獻（無侑食）進 辭神乃徹（祭土神之所宜於家北園內淨處除地築壇）

忌祭儀

栗谷全書 卷二十七 三十一

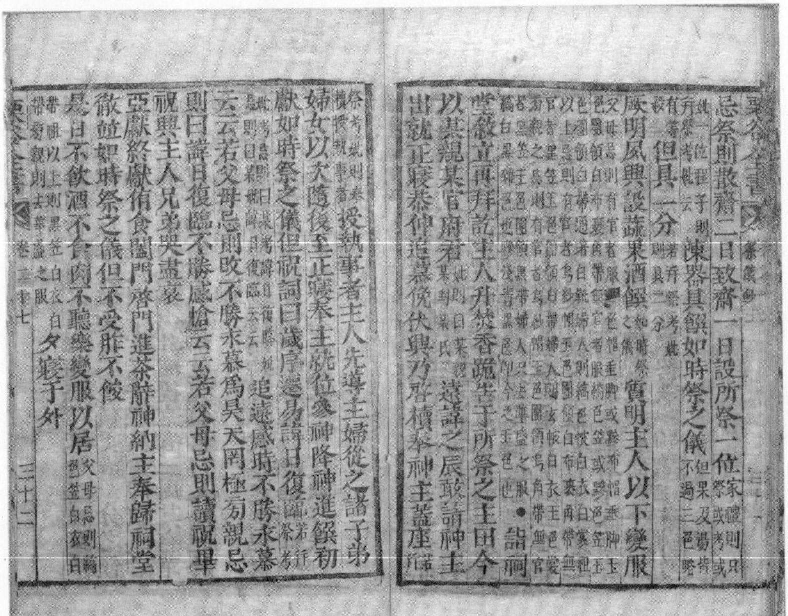

栗谷全書 卷二十七 祭儀鈔

忌祭則散齋二日致齋一日設所祭一位（家禮則只祭一位 程子則考妣並祭云）陳器具饌如時祭之儀（但果及湯炙不過三色略）但具一分（若並祭考妣則具二分）

厥明夙興設蔬果酒饌（如時祭之儀）質明主人以下變服

詣祠堂啟櫝再拜訖主人升焚香跪告于所祭之主曰今以某親某官府君（妣則曰某封某氏）遠諱之辰敢請神主出就正寢恭伸追慕俛伏興乃啟櫝奉神主置座

授執事者主人先導主婦從之諸子弟婦女以次隨後至正寢奉主就位參神降神進饌初獻如時祭之儀但祝詞曰歲序遷易諱日復臨 追遠感時不勝永慕云云若父母忌則改不勝永慕為昊天罔極旁親忌則曰諱日復臨不勝感愴云云若父母忌則讀祝畢祝興主人兄弟哭盡哀

亞獻終獻侑食闔門啓門進茶辭神納主奉歸祠堂徹並如時祭之儀但不受胙不餕

是日不飲酒不食肉不聽樂變服以居（父母忌則縞巾白衣白帶）

（曾祖以上則黑笠白衣白帶 旁親則去華盛之服）夕寢于外

栗谷全書 卷二十七 三十二

盤奉魚肉一人以盤奉餅麪一人以盤奉羹飯從升
至曾祖位前主人奉肉奠于盞盤之西南主婦奉麪
奠于肉西主人奉魚奠于盞盤之東南主婦奉餅奠
于魚東主人奉羹奠于盞盤之東主婦奉飯奠于盞
盤之西諸位皆倣此（若有祔位則使諸子弟婦女分設）諸子弟設湯
于各位皆畢主人以下皆降復位
於是行初獻禮主人升詣曾祖位前執事者一人執
酒注立于其右（冬則先煖酒）主人奉曾祖考盞盤位前東
向立執事者西向斟酒于盞主人奉之奠于故處次
奉曾祖妣盞盤亦如之位前北向立執事者二人各
奉曾祖考妣盞盤立于主人之左右主人跪執事者

亦跪主人受曾祖考盞盤右手執盞祭之茅上（少傾酒也）
以盞盤授執事者奠于故處次受曾祖妣盞盤亦如
之俛伏興少退立執事者進炙肝（臨時炙肝于火鐵）兄弟之
長一人奉之奠于曾祖考妣前盞盤之南祝執版立
於主人之左跪讀曰維某年歲次某甲某月某朔某
日某甲孝曾孫某官某敢昭告于顯曾祖考某官府
君顯曾祖妣某封某氏氣序流易時維仲春（夏秋冬隨時）
追感歲時不勝永慕敢以清酌庶羞祗薦歲事（有祔位則
曰以某親某官府君某親某封某氏祔食）尚饗讀畢興主人再拜退詣諸
位獻祝如初（有祔位則每位讀祝畢兄弟衆男之不爲亞終獻者以次詣本位所祔之位酌
獻如儀不讀祝）祖前祝稱孝孫某敢昭告于顯祖考云云

考前稱孝子某敢昭告于顯考云云考前改不勝永
慕爲昊天罔極既畢皆降復位執事者以他器徹酒
及肝置盞故處
於是行亞獻禮主婦爲之諸婦女執事奉炙肉如初
獻儀但不祭酒不讀祝（主婦有故則諸父若兄弟中最尊者爲之衆子弟執事）
獻畢徹酒及炙肉置盞故處
於是行終獻禮兄弟之長或長男或親賓爲之衆子
弟奉炙肉如亞獻儀
於是侑食主人升執注就斟諸位之酒皆滿立於香
案之東南主婦升扱匕飯中西柄正筯立于香案之
西南皆北向再拜降復位

於是祝闔門主人立於門東西向衆丈夫在其後主
婦立於門西東向衆婦女在其後有尊長則少休於
他所食頃祝聲三噫歆乃啓門主人以下皆復其位
其尊長休于他所者皆復就位主人主婦奉茶（或代以熟
水）分進于考妣之前徹羹而退（有祔位則使諸子弟衆婦女分進）
於是受胙執事者設席于香案前主人就席北面立
祝詣曾祖考前舉酒盞盤詣主人之右主人跪祝亦
跪主人受盞盤祭酒（少傾於地）啐酒（少飲也）祝取匙及楪（前所
設受胙楪）鈔取諸位之飯各少許奉以詣主人之左嘏于
主人曰祖考命工祝承致多福于汝孝孫來汝孝孫
使汝受祿于天宜稼于田眉壽永年勿替引之主人

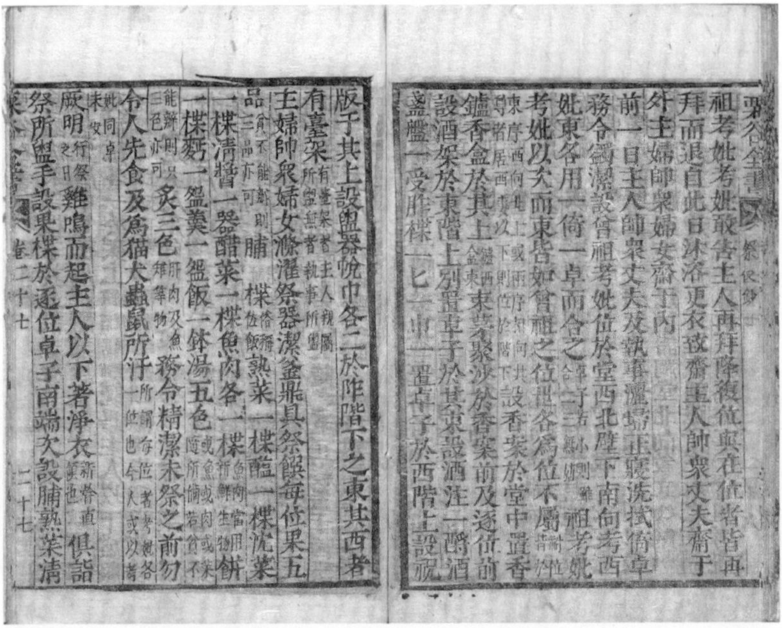

祖考妣考妣敢告主人再拜降復位與在位者皆再拜而退自此日沐浴更衣致齋主人帥衆丈夫齋于外主婦帥衆婦女齋于內

前一日主人帥衆丈夫及執事灑掃正寢洗拭倚卓務令蠲潔設曾祖考妣位於堂西北壁下南向考西妣東各用一倚一卓而合之(卓子若小則[illegible]) 祖考妣考妣以次而東皆如曾祖之位世各爲位不屬(若有祔位則於東序西向北上或兩序相向其尊者居西妻以下則位於階下) 設香案於堂中置香鑪香盒於其上(鑪西盒東) 束茅聚沙於香案前及逐位前設酒架於東階上別置卓子於其東設酒注一爵酒盞盤一受胙楪一匕一巾一置卓子於西階上設祝版于其上設盥器帨巾各二於阼階下之東其西者有臺架(有臺架者主人親屬所盥無者執事所盥)

主婦帥衆婦女滌濯祭器潔釜鼎具祭饌每位果五品(貧不能辦則三品亦可) 脯一楪(俗稱佐飯) 熟菜一楪醢一楪沈菜一楪淸醬一器醋菜一楪魚肉各一楪(魚肉當用新鮮生物) 餅一楪麪一盌羹一盌飯一鉢湯五色(或魚或肉或菜隨所備若貧不能辦則只三色亦可) 炙三色(肝肉及魚雉等物) 務令精潔未祭之前勿令人先食及爲猫犬蟲鼠所汙(所謂每位者考妣各一位也今人或以考妣同卓未安)

厥明(行祭之日) 雞鳴而起主人以下著淨衣(新[illegible]) 俱詣祭所盥手設果楪於逐位卓子南端次設脯熟菜淸

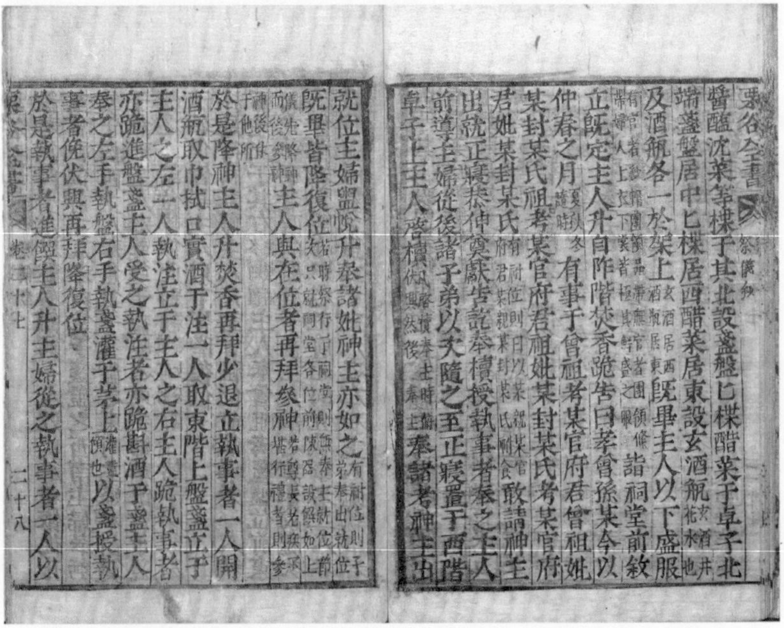

醬醢沈菜等楪于其北設盞盤匕楪醋菜于卓子北端盞盤居中匕楪居西醋菜居東設玄酒甁(玄酒井花水也) 及酒甁各一於架上(玄酒居西酒甁居東) 旣畢主人以下盛服(有官者紗帽團領品帶無官者團領條帶婦人上衣下裳者極其時盛之服) 詣祠堂前敘立旣定主人升自阼階焚香跪告曰孝曾孫某今以仲春之月(夏秋冬隨時) 有事于曾祖考某官府君曾祖妣某封某氏祖考某官府君祖妣某封某氏考某官府君妣某封某氏(有祔位則曰以某親某官府君某親某封某氏祔食) 敢請神主出就正寢恭伸奠獻告說奉櫝授執事者奉之主人前導主婦從後諸子弟以次隨之至正寢置于西階卓子上主人啓櫝(凡啓櫝奉主時俛伏興然後奉主) 奉諸考神主出就位主婦盥帨升奉諸妣神主亦如之(有祔位則子弟奉出就位)

旣畢皆降復位(若時祭行于祠堂則無奉主就位節次只就祠堂各位前陳器設饌如上儀先降神而後參神) 主人與在位者再拜參神(若尊長老疾不堪行禮者則參神後休于他所)

於是降神主人升焚香再拜少退立執事者一人開酒甁取巾拭口實酒于注一人取東階上盤盞立于主人之左一人執注立于主人之右主人跪執事者亦跪進盤盞主人受之執注者亦跪斟酒于盞主人奉之左手執盤右手執盞灌于茅上(灌盡傾也) 以盞授執事者俛伏興再拜降復位

於是執事者進饌主人升主婦從之執事者一人以

旣畢立於香卓前再拜降復位與在位者皆再拜辭神而退按家禮望日則不出主不設酒只設茶今國俗無用茶之禮當於望日不出主只啓櫝不酹酒只焚香使有差等

薦獻儀

俗節謂正月十五日三月三日五月五日六月十五日七月七日八月十五日九月九日及臘日獻以時食時食如藥飯艾餠水團之類若無俗尙之食則當具餠果數品如朔參之儀

有新物則薦須於朔望俗節幷設若五穀可作飯者則當具饌數品同設禮如朔參之儀朔望日亦出主酹酒若魚果之類及菽小麥等不可作飯者則於晨謁之時啓櫝而單獻焚香再拜單獻之物隨得卽薦不必待朔望俗節凡新物未薦前不可

先食若在他鄕則不必然

告事儀

有事則告如朔參之儀獻酒再拜訖主人立於香卓之南祝執版立於主人之左跪讀之畢興主人再拜降復位辭神

告事之祝三代共爲一版自稱以其最尊者爲主如告授官則祝詞曰維某年歲次某甲某月某朔某日某甲孝曾孫某官某敢昭告于顯曾祖考某官府君顯曾祖妣某封某氏顯祖考某官府君顯祖妣某封某氏顯考某官府君顯妣某封某氏某以某月某日蒙恩授某官奉承先訓獲霑祿位餘慶所及不勝感

慕謹以酒果用伸虔告謹告若告貶降則言貶某官荒墜先訓惶恐無地云云告及第則曰蒙恩授某科某第及第奉承先訓獲參出身云云告生進入格則曰蒙恩授生員或進士某等入格奉承先訓獲升國庠云云若介子孫之事則主人亦告而其詞曰介子某或介子某之子某隨時變辭云云告畢當身進于兩階間再拜當身拜時主人西向立降復位與在位者辭神

凡神主移安還安或奉遷他處等事則告祭用朔參之儀若廟中改排器物鋪陳或暫修雨漏處而不動神主之事則告祭用望參之儀告詞則臨時製進

主人生嫡長子則滿月而見如上儀但不用祝主人立於香卓之前告曰某之婦某氏以某月某日生子名某敢見告畢立於香卓東南西向主婦抱子進立於兩階之間再拜主人乃降復位辭神

時祭儀

時祭用春分夏至秋分冬至前期三日告廟若其日有故則退定不由三日以退定之故告廟或依家禮前期一朔以仲月十日若事故無常未可預定不能十日則只以仲月或丁或亥之日擇定前期三日告廟未告廟前亦須前期四日散齋告廟之禮則主人以下詣祠堂北向敍立如朔望之儀皆再拜主人升焚香再拜祝執詞跪于主人之左讀曰孝曾孫某將以某月某日祗薦歲事于曾祖考妣、

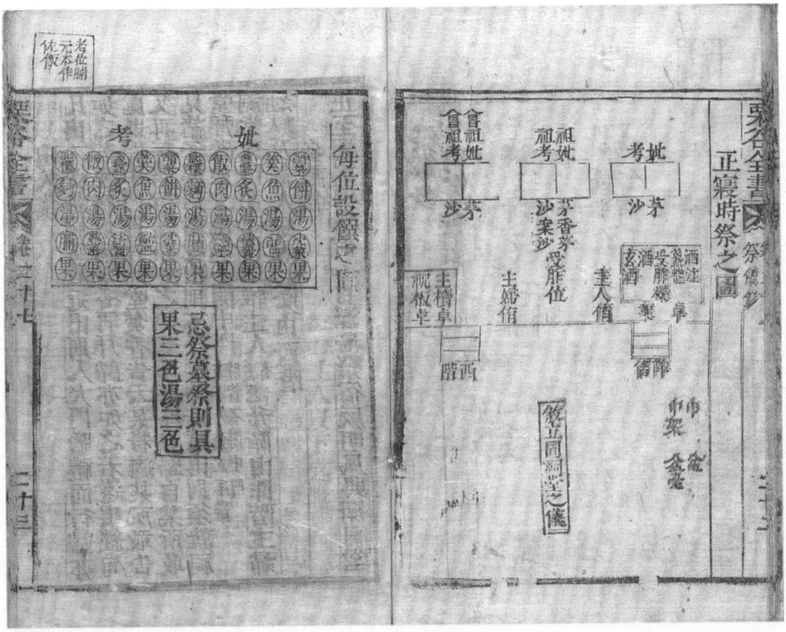

出入儀

凡出入必告祠堂若近出則入大門瞻禮而行歸亦如之若經宿處則焚香再拜歸亦如之若遠出經旬處則開中門再拜升堂焚香告云某將適某所敢告又再拜而行歸亦如之但告云某今日歸自某所敢見諸子異居者近出則不必拜辭若遠出則須就祠堂拜辭如上儀但不開中門(主人外餘人拜辭時皆不開中門)祠堂東階謂之阼階惟主人(主祭者)升降由阼階主婦(主人之妻)及餘人雖尊長必由西階

參禮儀

正至朔望則參前一日灑埽齊宿厥明夙興開祠堂門設茅沙於香案前每位設饌(脯果蔬菜或設餅亦可若正朝冬至則別設饌數品冬至則加以豆粥若冬至行時祭則不行參禮)主人以下盛服(紅團領或直領)入門就位主人盥帨升啓櫝(將啓櫝時必先俯伏興)奉諸考神主置於櫝前主婦盥帨升奉諸妣神主置于考東(若有祔主則分出如前若祔主之卑者則命長子長婦或長女分出)既畢主婦先降主人詣香卓前焚香再拜小退立執事者一人奉酒注詣主人之右一人執盞盤詣主人之左主人跪執事者皆跪主人受注斟酒于盞反注取盞盤奉之左執盤右執盞酹于茅上(傾酒于茅上也)以盞盤授執事者(執事者皆)退俛伏興少退再拜以降神降復位與在位者皆再拜以參神主人升執酒注斟于各位前盞(先於各位前設空盞)

栗谷全書 卷二十七 二十四

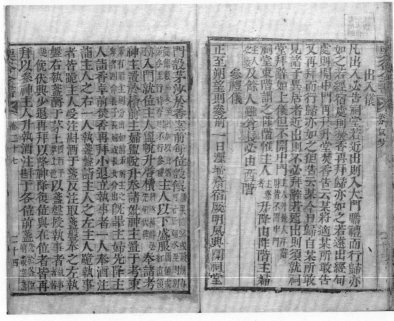

做科業亦當利其器俟其時得失付之天命不可貪躁熱中以喪其志也

人言科業爲累不能學問此亦推託之言非出於誠心也古人養親有躬耕者有行傭者有負米者夫躬耕行傭負米之時勤苦甚矣何暇讀書乎惟其爲親任勞旣修子職而餘力學文亦可進德今日之爲士者不見爲親任勞如古人者只是科業一事是親情之所欲今旣不免做功則科業雖與理學不同亦是坐而讀書作文其便於躬耕行傭負米不翅百倍況有餘力可讀性理之書哉只是做科業者例爲得失所動心常躁競反不若勞力之不害心術故先賢曰不患妨功惟患奪志若能爲其事而不喪其守則科業理學可以并行不悖矣今人名爲做擧業而實不著功名爲做理學而實不下手若責以科業則曰我志於理學不能屑屑於此若責以理學則曰我爲科業所累不能用功於實地如是兩占便宜悠悠度日卒至於科業理學兩無所成老大之後雖悔何追嗚呼可不戒哉

人於未仕時惟仕是急旣仕後又恐失之如是汩沒喪其本心者多矣豈不可懼哉位高者主於行道道不可行則可以退矣若家貧未免祿仕則須辭內就外辭尊居卑以免飢寒而已雖曰祿仕亦當廉勤奉

公盡其職務不可曠官而餔啜也

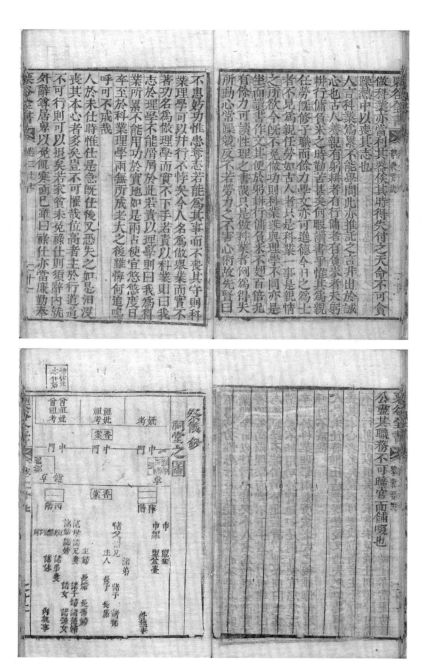

祭儀鈔

祠堂之圖

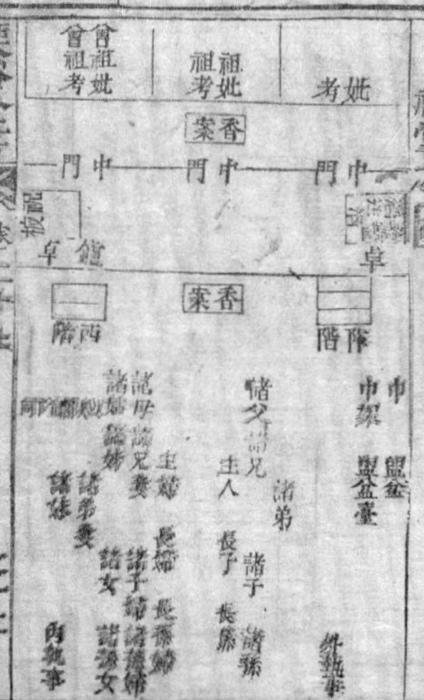

交也
鄉人之善者則必須親近通情而鄉人之不善者亦
不可惡言揚其陋行但待之泛然不相往來若前日
相知者則相見只叙寒暄不交他語則自當漸疎亦
不至於怨怒矣
同聲相應同氣相求若我志於學問則我必求學問
之士學問之士亦必求我矣彼名爲學問而門庭多
雜客喧囂度日者必其所樂不在學問故也
凡拜揖之禮不可預定大抵父之執友則當拜洞內
年長十五歲以上者當拜爵階堂上而長於我十年
以上者當拜鄉人年長二十歲以上者當拜而其間

高下曲折在隨時節中亦不必拘於此例但常以自
卑尊人底意思存諸胸中可也詩曰溫溫恭人惟德
之基
人有毁謗我者則必反而自省若我實有可毁之行
則自責內訟不憚改過若我過甚微而增衍附益則
彼言雖過而我實有受謗之苗脈亦當剗鋤前愆不
留毫末若我本無過而揑造虛言則此不過妄人而
已與妄人何足計較虛實哉且彼之虛謗如風之過
耳雲之過空於我何與哉夫如是則毁謗之來有則
改之無則加勉莫非有益於我也若聞過自辨嘵嘵
然不置必欲置身於無過之地則其過愈深而取謗

益重矣昔者或問止謗之道文中子曰莫如自修請
益曰無辨此言可爲學者之法
凡侍先生長者當質問義理難曉處以明其學侍鄉
黨長老當小心恭謹不放言語有問則敬對以實與
朋友處當以道義講磨只談文字義理而已世俗鄙
俚之說及時政得失守令賢否他人過惡一切不可
掛口與鄉人處雖隨問應答而終不可發鄙褻之言
雖莊栗自持而切不可存矜高之色惟當以善言誘
掖必欲引而向學與幼者處當諄諄言孝悌忠信使
發善心若此不已則鄉俗漸可變也
常以溫恭慈愛惠人濟物爲心若其侵人害物之事

則一毫不可留於心凡人欲利於己必至侵害人
物故學者先絶利心然後可以學仁矣
居鄉之士非公事禮見及不得已之故則不可出入
官府邑宰雖至親亦不可數數往見況非親舊乎若
非義干請則當一切勿爲也

處世章第十

古之學者未嘗求仕學成則爲上者擧而用之蓋仕
者爲人非爲己也今世則不然以科擧取人雖有通
天之學絶人之行非科擧無由進於行道之位故父
教其子兄勉其弟科擧之外更無他術士習之偸職
此之由第今爲士者多爲父母之望門戶之計不免

婢僕代我之勞當先恩而後威乃得其心君之於民主之於僕其理一也君不恤民則民散民散則國亡主不恤僕則僕散僕散則家敗勢所必至其於婢僕必須軫念飢寒資給衣食使得其所而有過惡則先須勤勤教誨使之改革教之不改然後乃施楚撻使其心知厥主之楚撻出於教誨而非所以憎嫉然後可使改心革面矣

治家當以禮法辨別內外雖婢僕男女不可混處男僕非有所使令則不可輒入內女僕皆當使有定夫不可使淫亂若淫亂不止者則當黜使別居毋令汚穢家風婢僕當令和睦若有鬪鬩喧噪者則當痛加禁制

君子憂道不當憂貧但家貧無以資生則雖當思救窮之策亦只可免飢寒而已不可存居積豐足之念且不可以世間鄙事留滯于心胷之間古之隱者有織屨而食者樵漁而活者植杖而耘者此等人富貴不能動其心故能安於此若有較利害計豐約之念則豈不爲心術之害哉學者要須以輕富貴守貧賤爲心

居家貧窶則必爲貧窶所困失其所守者多矣學者正當於此處用功古人曰窮視其所不爲貧視其所不取孔子曰小人窮斯濫矣若動於貧窶而不能行

義則焉用學問爲哉凡辭受取與之際必精思義與非義義則取之不義則不取不可毫髮放過若朋友則有通財之義所遺皆當受但我非乏而遺以米布則不可受也其他相識者則只受其有名之饋而無名則不可受也所謂有名者賻喪贐行助昏禮周飢乏之類是也若是大段惡人心所鄙惡者則其饋雖有名受之心必不安心不安則不可抑而受之也孟子曰無爲其所不爲無欲其所不欲此是行義之法也

中朝則列邑之宰有私俸故推其餘可以周人之急矣我國則守令別無私俸只以公穀應日用之需而若私與他人則不論多少皆有罪譴甚則至於犯贓受者亦然爲士而受守令之饋則是乃犯禁也古者入國而問禁則居其國者豈可犯禁乎守令之饋大抵難受若私與官庫之穀則不論人之親疎名之有無物之多寡皆不可受也（若分厚邑宰以衙中私財周急則或可受也）

接人章第九

凡接人當務和敬年長以倍則父事之十年以長則兄事之五年以長亦稍加敬最不可恃學自高尙氣陵人也

擇友必取好學好善方嚴直諒之人與之同處虛受規戒以攻吾闕若其怠惰好嬉柔佞不直者則不可

不茹葷飲酒不得至亂凡凶穢之事皆不得預(如路中猝遇凶穢則掩目而避不可視也)所謂致齊者不聽樂不出入專心想念所祭之人思其居處思其笑語思其所樂思其所嗜之謂也夫然後當祭之時如見其形如聞其聲誠至而神享也

凡祭主於盡愛敬之誠而已貧則稱家之有無疾則量筋力而行之財力可及者自當如儀

墓祭忌祭世俗輪行非禮也墓祭則雖輪行皆祭于墓上猶之可也忌祭不祭于神主而乃祭于紙榜此甚未安雖不免輪行須具祭饌行于家廟庶乎可矣

喪祭二禮最是人子致誠處也已沒之親不可追養若非喪盡其禮祭盡其誠則終天之痛無事可寓無時可洩也於人子之情當如何哉曾子曰慎終追遠民德歸厚矣爲人子者所當深念也

今俗多不識禮其行祭之儀家家不同甚可笑也若不一裁之以禮則終不免紊亂無序歸於夷虜之風矣玆鈔祭禮附錄于後且爲之圖須詳審倣行而若父兄不欲則當委曲陳達期於歸正

居家章第八

凡居家當謹守禮法以率妻子及家衆分之以職授之以事而責其成功制財用之節量入而爲出稱家之有無以給上下之衣食及吉凶之費皆有品節而

莫不均一裁省冗費禁止奢華常須稍存贏餘以備不虞

冠婚之制當依家禮不可苟且從俗

兄弟同受父母遺體與我如一身視之當無彼我之間飲食衣服有無皆當共之設使兄飢而弟飽弟寒而兄溫則是一身之中肢體或病或健也身心豈得偏安乎今人兄弟不相愛者皆緣不愛父母故也若有愛父母之心則豈可不愛父母之子乎兄弟若有不善之行則當積誠忠諫漸喩以理期於感悟不可遽加厲色拂言以失其和也

今之學者外雖矜持而內鮮篤實夫婦之間衽席之上多縱情慾失其威儀故夫婦不相昵狎而能相敬者甚少如是而欲修身正家不亦難乎必須夫和而制以義妻順而承以正夫婦之間不失禮敬然後家事可治也若從前相狎而一朝遽欲相敬其勢難行須是與妻相戒必去前習漸入於禮可也妻若見我發言持身一出於正則必漸相信而順從矣

生子自稍有知識時當導之以善若幼而不教至於既長則習非放心教之甚難教之之序當依小學大抵一家之內禮法興行簡編筆墨之外無他雜技則子弟亦無外馳畔學之患矣兄弟之子猶我子也其愛之其教之當均一不可有輕重厚薄也

欺親也切宜戒之

今之識禮之家多於葬後返魂此固正禮但時人效顰遂廢廬墓之俗返魂之後各還其家與妻子同處禮坊大壞甚可寒心凡喪親者自度一一從禮無毫分虧欠則當依禮返魂如或未然則當依舊俗廬墓可也

親喪成服之前哭泣不絶於口（氣盡則令婢僕代哭）葬前哭無定時哀至則哭卒哭後則朝夕哭二時而已禮文大槩如此若孝子情至則哭泣豈有定數哉凡喪與其哀不足而禮有餘也不若禮不足而哀有餘也喪事不過盡其哀敬而已

曾子曰人未有自致者也必也親喪乎送死者事親之大節也於此不用其誠惡乎用其誠昔者少連大連善居喪三日不怠三月不懈期悲哀三年憂此是居喪之則也孝誠之至者則不勉而能矣如有不及者則勉而從之可也

人之居喪誠孝不至不能從禮者固不足道矣閒有質美而未學者徒知執禮之爲孝而不知傷生之失正過於哀毁羸疾已作而不忍從權以至滅性者或有之深可惜也是故毁瘠傷生君子謂之不孝

凡有服親戚之喪若他處聞訃則設位而哭若奔喪則至家而成服若不奔喪則四日成服若齊衰之服

則未成服前三日中朝夕爲位會哭（齊衰降大功者亦同）

師友之義重者及親戚之無服而情厚者與凡相知之分密者皆於聞喪之日若道遠不能往臨其喪則設位而哭師則隨其情義深淺或心喪三年或期年或九月或五月或三月友則雖最重不過三月若師喪欲行三年期年者不能奔喪則當朝夕設位而哭四日而止（止於四日之朝○若情重者則不止此限）

凡遭服者每月朔日設位服其服而會哭（師友雖無服亦同）月數旣滿則於次月朔日設位服其服會哭而除之其閒哀至則哭可也

凡大功以上喪則未葬前非有故不可出入亦不可弔人常以治喪講禮爲事

祭禮章第七

祭祀當依家禮必立祠堂以奉先主置祭田具祭器宗子主之

主祠堂者每晨謁于大門之內再拜（雖非主人隨主人同謁無妨）出入必告

或有水火盜賊則先救祠堂遷神主遺書次及祭器然後及家財

正（正朝）至（冬至）朔（一日）望（十五日）則參俗節則薦以時食

時祭則散齊四日致齊三日忌祭則散齊二日致齊一日參禮則齊宿一日所謂散齊者不弔喪不問疾

今人多是被養於父母不能以己力養其父母若此
奄過日月則終無忠養之時也必須躬幹家事自備
甘旨然後子職乃修若父母堅不聽從則雖不能幹
家亦當周旋補助而盡力得甘旨之具以適親口可
也若心心念念在於養親則珍味亦必可得矣每念
王延隆冬盛寒體無全衣而親極滋味令人感歎流
涕也

人家父子間多是愛逾於敬必須痛洗舊習極其尊
敬父母所坐臥處子不敢坐臥所接客處子不敢接
私客上下馬處子不敢上下馬可也

父母之志若非害於義理則當先意承順毫忽不可
違若其害理者則和氣怡色柔聲以諫反覆開陳必
期於聽從

父母有疾心憂色沮捨置他事只以問醫劑藥爲務
疾止復初

日用之間一毫之頃不忘父母然後乃名爲孝彼持
身不謹出言無章嬉戲度日者皆是忘父母者也

日月如流事親不可久也故爲子者須盡誠竭力如
恐不及可也古人詩曰古人一日養不以三公換所
謂愛日者如此

喪制章第六

喪制當一依朱文公家禮若有疑晦處則質問于先

不可之可一本[illegible]

生長者識禮處必盡其禮可也

復時俗例必呼小字非禮也少者則猶可呼名長者
則不可呼名隨生時所稱可也（婦女亦不可呼名）

母喪父在則父爲喪主凡祝辭皆當用夫告妻之例
也

父母初沒妻妾婦及女子皆被髮男子則被髮扱上
衽徒跣（小斂後男子則袒括髮婦人則髽）若子爲他人後者及女子
已嫁者皆不被髮徒跣（男子則免髽）

尸在牀而未殯男女位于尸傍則其位南上以尸頭
所在爲上也旣殯之後女子則依前位于堂上南上
男子則位于階下其位當北上以殯所在爲上也發
引時男女之位復南上以靈柩所在爲上也隨時變
位而各有禮意

今人多不解禮每弔客致慰專不起動只俯伏而已
此非禮也弔客拜靈座而出則喪者當出自喪次向
弔客再拜而哭可也（弔客當答拜）

衰絰非疾病服役則不可脫也

家禮父母之喪成服之日始食粥卒哭之日始疏食
（糲飯也）水飲（不食羹也）不食菜果小祥之後始食菜果（羹亦可食）
禮文如此非有疾病則當從禮文人或有過禮而啜
粥三年者若是誠孝出人無一毫勉強之意則雖過
禮猶或可也若誠孝未至而勉強踰禮則是自欺而

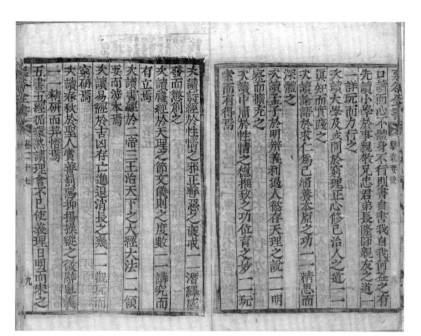

口讀而心不體身不行則書自書我自我何益之有
先讀小學於事親敬兄忠君弟長隆師親友之道一
一詳玩而力行之
次讀大學及或問於窮理正心修己治人之道一一
眞知而實踐之
次讀論語於求仁爲己涵養本原之功一一精思而
深體之
次讀孟子於明辨義利遏人慾存天理之說一一明
察而擴充之
次讀中庸於性情之德推致之功位育之妙一一玩
索而有得焉

次讀詩經於性情之邪正善惡之褒戒一一潛繹感
發而懲創之
次讀禮經於天理之節文儀則之度數一一講究而
有立焉
次讀書經於二帝三王治天下之大經大法一一領
要而溯本焉
次讀易經於吉凶存亡進退消長之幾一一觀玩而
窮研焉
次讀春秋於聖人賞善罰惡抑揚操縱之微辭奧義
一一精研而契悟焉
五書五經循環熟讀理會不已使義理日明而宋之

先正所著之書如近思錄家禮心經二程全書朱子
大全語類及他性理之說宜間間精讀使義理常常
浸灌吾心無時間斷而餘力亦讀史書通古今達事
變以長識見若異端雜類不正之書則不可頃刻披
閱也
凡讀書必熟讀一冊盡曉義趣貫通無疑然後乃改
讀他書不可貪多務得忙迫涉獵也

事親章第五

凡人莫不知親之當孝而孝者甚鮮由不深知父母
之恩故也詩不云乎父兮生我母兮鞠我欲報之德
昊天罔極人子之受生性命血肉皆親所遺喘息呼

吸氣脈相通此身非我私物乃父母之遺氣也故曰
哀哀父母生我劬勞父母之恩爲如何哉豈敢自有
其身以不盡孝於父母乎人能恒存此心則自有向
親之誠矣
凡事父母者一事一行毋敢自專必稟命而後行若
事之可爲者父母不許則必委曲陳達頷可而後行
若終不許則亦不可直遂其情也
每日未明而起盥櫛衣帶就父母寢所下氣怡聲問
燠寒安否昏則詣寢所定其裀席察其溫凉日間侍
奉常愉色婉容應對恭敬左右就養極盡其誠出入
必拜辭拜謁

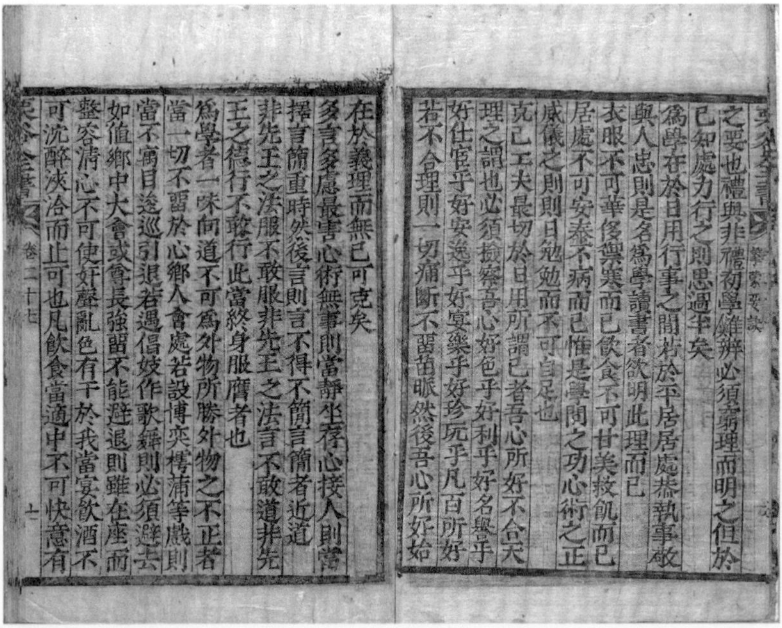

栗谷全書 擊蒙要訣

之要也禮與非禮初學雖辨必須窮理而明之但於
已知處力行之則思過半矣
爲學在於日用行事之間若於平居居處恭執事敬
與人忠則是名爲學讀書者欲明此理而已
衣服不可華侈禦寒而已飮食不可甘美救飢而已
居處不可安泰不病而已惟是學問之功心術之正
威儀之則則日勉勉而不可自足也
克己工夫最切於日用所謂己者吾心所好不合天
理之謂也必須撿察吾心好色乎好利乎好名譽乎
好仕宦乎好安逸乎好宴樂乎好珍玩乎凡百所好
若不合理則一切痛斷不留苗脈然後吾心所好始

在於義理而無已可克矣
多言多慮最害心術無事則當靜坐存心接人則當
擇言簡重時然後言則言不得不簡言簡者近道
非先王之法服不敢服非先王之法言不敢道非先
王之德行不敢行此當終身服膺者也
爲學者一味向道不可爲外物所勝外物之不正者
當一切不留於心鄕人會處若設博奕樗蒱等戲則
當不寓目逡巡引退若遇倡妓作歌舞則必須避去
如値鄕中大會或尊長强留不能避退則雖在座而
整容淸心不可使奸聲亂色有干於我當宴飮酒不
可沈醉浹洽而止可也凡飮食當適中不可快意有

栗谷全書 卷二十七 七

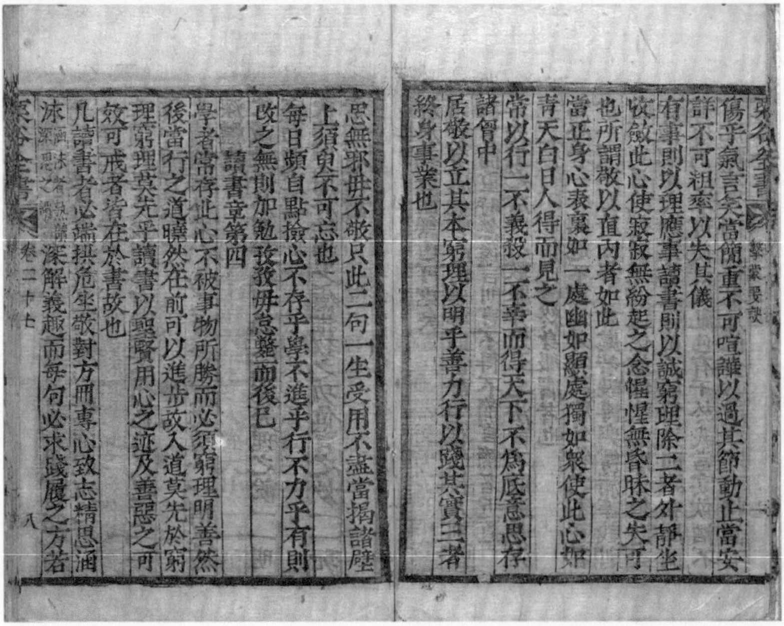

栗谷全書 擊蒙要訣

傷乎氣言笑當簡重不可喧譁以過其節動止當安
詳不可粗率以失其儀
有事則以理應事讀書則以誠窮理除二者外靜坐
收斂此心使寂寂無紛起之念惺惺無昏昧之失可
也所謂敬以直內者如此
當正身心表裏如一處幽如顯處獨如衆使此心如
靑天白日人得而見之
常以行一不義殺一不辜而得天下不爲底意思存
諸胸中
居敬以立其本窮理以明乎善力行以踐其實三者
終身事業也

思無邪毋不敬只此二句一生受用不盡當揭諸壁
上須臾不可忘也
每日頻自點檢心不存乎學不進乎行不力乎有則
改之無則加勉孜孜毋怠斃而後已

讀書章第四

學者常存此心不被事物所勝而必須窮理明善然
後當行之道曉然在前可以進步故入道莫先於窮
理窮理莫先乎讀書以聖賢用心之迹及善惡之可
效可戒者皆在於書故也
凡讀書者必端拱危坐敬對方冊專心致志精思涵
泳(涵泳者熟讀深思之謂)深解義趣而每句必求踐履之方若

栗谷全書 卷二十七 八

以虧損天所賦之本性乎人存此志堅固不退則庶幾乎道矣

凡人自謂立志而不卽用功遲回等待者名爲立志而實無向學之誠故也苟使吾志誠在於學則爲仁由己欲之則至何求於人何待於後哉所貴乎立志者卽下工夫猶恐不及念念不退故也如或志不誠篤因循度日則窮年沒世豈有所成就哉

革舊習章第二

人雖有志於學而不能勇往直前以有所成就者舊習有以沮敗之也舊習之目條列如左若非勵志痛絶則終無爲學之地矣

其一惰其心志放其儀形只思暇逸深厭拘束其二常思動作不能守靜紛紜出入打話度日其三喜同惡異汨於流俗稍欲修飭恐乖於衆其四好以文辭取譽於時剽竊經傳以飾浮藻其五工於筆札業於琴酒優游卒歲自謂淸致其六好聚閑人圍棋局戲飽食終日只資爭競其七歆羨富貴厭薄貧賤惡衣惡食深以爲恥其八嗜慾無節不能斷制貨利聲色其味如蔗習之害心者大槩如斯其餘難以悉擧此習使人志不堅固行不篤實今日所爲明日難改朝悔其行暮已復然必須大奮勇猛之志如將一刀快斷根株淨洗心地無毫髮餘脈而時時每加猛省之

功使此心無一點舊染之汚然後可以論進學之工夫矣

持身章第三

學者必誠心向道不以世俗雜事亂其志然後爲學有基址故夫子曰主忠信朱子釋之曰人不忠信事皆無實爲惡則易爲善則難故必以是爲主焉必以忠信爲主而勇下工夫然後能有所成就黃勉齋所謂眞實心地刻苦工夫兩言盡之矣

常須夙興夜寐衣冠必正容色必肅拱手危坐行步安詳言語愼重一動一靜不可輕忽苟且放過

收斂身心莫切於九容進學益智莫切於九思所謂九容者足容重(不輕擧也若趨于尊長之前則不可拘此)手容恭(手無慢動無事則當端拱不妄動)目容端(定其眼睫視瞻當正不可流眄邪睇)口容止(非言語飮食之時則口常不動)聲容靜(當整攝形氣不可出噦咳等雜聲)頭容直(當正頭直身不可傾回偏倚)氣容肅(當調和鼻息不可使有聲氣)立容德(中立不倚儼然有德之氣像)色容莊(顔色整齊無怠慢之氣)所謂九思者視思明(視無所蔽則明無不見)聽思聰(聽無所壅則聰無不聞)色思溫(容色和舒無忿厲之氣)貌思恭(一身儀形無不端莊)言思忠(一言之發無不忠信)事思敬(一事之作無不敬愼)疑思問(有疑于心必就先覺審問不知不措)忿思難(有忿必懲以理自勝)見得思義(臨財必明義利之辨合義然後取之)常以九容九思存於心而檢其身不可頃刻放捨且書諸座隅時時寓目

非禮勿視非禮勿聽非禮勿言非禮勿動四者修身

栗谷先生全書卷之二十七

擊蒙要訣

序

人生斯世非學問無以爲人所謂學問者亦非異常別件物事也只是爲父當慈爲子當孝爲臣當忠爲夫婦當別爲兄弟當友爲少者當敬長爲朋友當有信皆於日用動靜之間隨事各得其當而已非馳心玄妙希覬奇效者也但不學之人心地茅塞識見茫昧故必須讀書窮理以明當行之路然後造詣得正而踐履得中矣今人不知學問在於日用而妄意高遠難行故推與別人自安暴棄豈不可哀也哉余定

居海山之陽有一二學徒相從問學余慙無以爲師而且恐初學不知向方且無堅固之志而泛泛請益則彼此無補反貽人譏故略書一冊子粗敘立心飭躬奉親接物之方名曰擊蒙要訣欲使學徒觀此洗心立脚當日下功而余亦久患因循欲以自警省焉

丁丑季冬德水李珥書

立志章第一

初學先須立志必以聖人自期不可有一毫自小退託之念蓋衆人與聖人其本性則一也雖氣質不能無淸濁粹駁之異而苟能眞知實踐去其舊染而復其性初則不增毫末而萬善具足矣衆人豈可不以聖人自期乎故孟子道性善而必稱堯舜以實之曰人皆可以爲堯舜豈欺我哉

當常自奮發曰人性本善無古今智愚之殊聖人何故獨爲聖人我則何故獨爲衆人耶良由志不立知不明行不篤耳志之立知之明行之篤皆在我耳豈可他求哉顔淵曰舜何人也予何人也有爲者亦若是我亦當以顔之希舜爲法

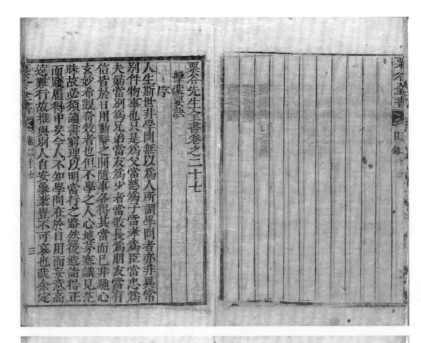

人之容貌不可變醜爲姸膂力不可變弱爲强身體不可變短爲長此則已定之分不可改也惟有心志則可以變愚爲智變不肖爲賢此則心之虛靈不拘於稟受故也莫美於智莫貴於賢何苦而不爲賢智

史畧一 七十七

是聞秦擊晉皆願從推鋒爭死以報德 倍為去声

此回反○韓縣名屬同州按春秋傳晉獻公嬖驪姬欲殺惠公文公等二公奔秦獻公卒惠公入

秦五城以求入国及入而背與故曰倍秦也亡失也善良也法之謂加之以刑也 繆公

送晉文公歸晉立而霸諸侯 事見左傳僖公二十三年 晉

卒秦遣孟明襲鄭因破滑晉襄公敗之崤 ○崤音爻

姓百里名視滑小國名崤山名在河南府永寧縣 繆公不替孟明 句修

政復伐晉得志遂霸西戎 陳氏經曰替廢也言明雖有喪師之罪而

公終不廢之故孟明益修国政卒伐晉有濟河焚舟取王官及封崤尸等事詳見左傳文公三年

栗谷先生全書卷之二十七目錄

擊蒙要訣

栗谷全書 卷二十七 一

栗谷全書 目錄

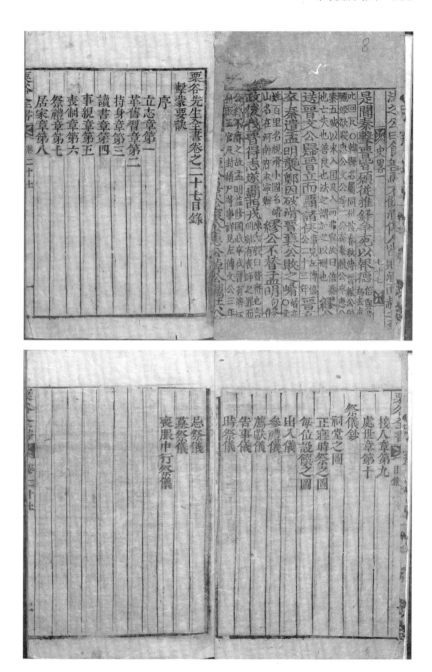

栗谷全書 卷二十七 二

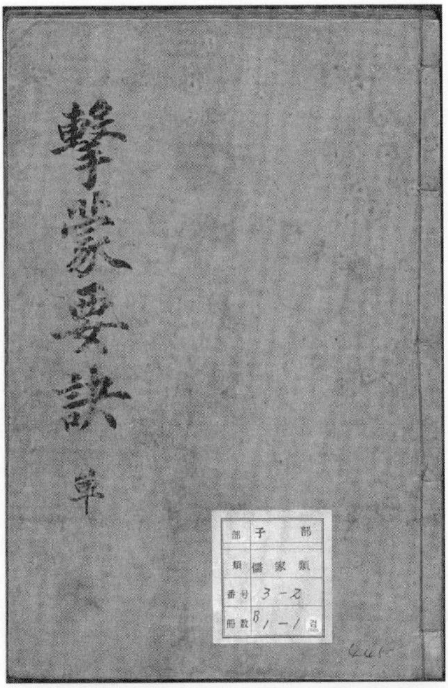
擊蒙要訣
單
部 子部
類 儒家類
番号 3-2

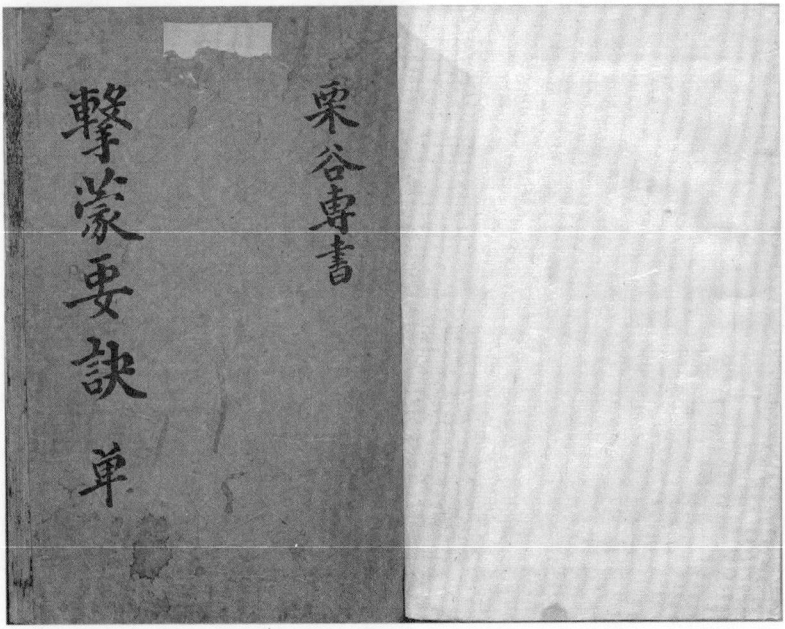
栗谷專書
擊蒙要訣
單

擊蒙要訣 單